Otto Bismarck

Neue Tischgespräche und Interviews

D1724023

Otto Bismarck

Neue Tischgespräche und Interviews

ISBN/EAN: 9783741136191

Hergestellt in Europa, USA, Kanada, Australien, Japan

Cover: Foto ©ninafisch / pixelio.de

Manufactured and distributed by brebook publishing software
(www.brebook.com)

Otto Bismarck

Neue Tischgespräche und Interviews

Fürst Bismarck

Neue Tischgespräche und Interviews

Herausgegeben

von

Heinrich von Poschinger.

2. Auflage.

Deutsche Verlags-Anstalt
Stuttgart, Leipzig, Berlin, Wien
1895

Vorwort.

Die Tischgespräche Bismarck's mit den Parlamentariern, welche ich kürzlich herausgegeben habe, lieferten auf's Neue den Beweis, daß zu den hervorragendsten Eigenschaften, die den Fürsten auszeichnen, zweifellos auch die gehört, einer der besten Wirthe in einem überaus gastlichen Hause zu sein. Die freundliche Aufnahme, die dieses Buch gefunden, legte den Gedanken nahe, auch diejenigen Tischgespräche des ersten Reichskanzlers, welche er mit Personen geführt hat, die dem parlamentarischen Leben ferne stehen, zu einem Ganzen zu vereinigen.

Daran anschließend lasse ich eine Zusammenstellung der Interviews Bismarck's folgen. Es giebt Leute, die bei diesem Worte sogleich bereit sind, auf den Fürsten wegen seiner Empfänge von Journalisten einen Stein zu werfen. Zu ihrer Entschuldigung dient einzig die Thatsache, daß sie die Interviews vollständig nie gelesen, von denselben vielmehr nur durch tendenziöse Auszüge, und zwar aus solchen Zeitungen Kenntniß erhalten haben, die es für eine gesetzliche oder für eine Auslandspflicht Bismarck's hielten, nach seiner Entlassung den Todten zu spielen.

Eine vollständige Herausgabe seiner Interviews wird den Mythus, der sich um dieselben geschlungen hat, zerstören und den Beweis liefern, daß Fürst Bismarck durch die Unterredungen mit den einheimischen und fremden Publizisten dem Vaterlande gedient, der Sache des Friedens genützt und die Zwecke der Regierung gefördert hat.

Frühjahr 1850. An der herzoglichen Tafel in Gotha. Der Nach=
bar des Herrn von Bismarck war der kürzlich verstorbene Kunstmäcen und
Dichter Adolf Friedrich von Schack, welcher Bismarck damals nicht viel Sym=
pathie entgegenbrachte, da sich derselbe als ein entschiedener Gegner des Unions=
werks (Erfurter Parlament) herausgestellt hatte. Der nachmalige Graf Schack
hat natürlich dem Fürsten Bismarck verziehen[1]).

15. Juli 1851. Zur Königlichen Tafel in Sanssouci[2]). Es war
der Tag, da Bismarck zum preußischen Bundestagsgesandten in Frankfurt a. M.
ernannt worden war.

7. Januar 1853. Frankfurt a. M. Graf Bernstorff aus Gartow zum
Essen bei Bismarck. Eingehende Besprechung der Zustände Hannovers[3]).

20. Januar 1853. Frankfurt a. M. Diner zu Ehren des napoleonischen
Gesandten von Tallenay „mit 31 verschiedenen Uniformen, dessen Kosten mir
mein Freund Prokesch von Rechtswegen ersetzen müßte"[4]). (Das Gala=Diner
war eigentlich Sache des letztgenannten Präsidialgesandten, welcher aber damals
von Frankfurt abwesend war.)

28. November 1853. Frankfurt a. M.[5]) Diner bei Herrn von Bismarck,
wozu außer diplomatischen und anderen Notabilitäten der Komponist Friedrich
von Flotow geladen war. Letzterer hatte sich daselbst großer Auszeichnung zu

---

[1]) Graf Schack: „Ein halbes Jahrhundert". I. Bd. 1888. S. 328.

[2]) Diejenigen Tischeinladungen Bismarck's, hinsichtlich deren Unterhaltungen desselben
in der Eigenschaft als Hausherr oder Gast nicht bekannt geworden, sind nicht berücksichtigt.
Eine Ausnahme glaubte ich nur in Bezug auf diejenigen Daten machen zu sollen, welche
in Horst Kohl's „Bismarck=Regesten" unberücksichtigt geblieben sind. In diesem Sinne
erscheint also meine Publikation als eine Ergänzung des Kohl'schen Werkes.

[3]) Die eingehende Unterhaltung findet sich wiedergegeben in einem Briefe Bismard's
an den General von Gerlach d. d. Frankfurt, 8. Januar 1853. Gerlach, Briefwechsel S. 58 f.

[4]) Brief Bismarck's an Gerlach vom 21. Januar 1853. Gerlach, Briefwechsel S. 61 f.

[5]) Um Wiederholungen zu vermeiden, sind die Frankfurter Tischgespräche Bismarck's,
welche sich aus meinem Werke „Preußen im Bundestage" ergeben, hier nicht noch einmal
aufgeführt.

v. Bismarck, Tischgespräche. 1

erfreuen. Der Komponist der „Martha", „Strabella" und „Indra" weilte seit einigen Wochen in Frankfurt, um persönlich die Einstudirung seiner romanti= schen Oper „Rübezahl" zu leiten.

18. Dezember 1853. Bismarck trifft auf einem Frankfurter Diner mit dem Großherzoglich hessischen Ministerpräsidenten von Dalwigk zusammen[1]).

Anfangs April 1854. Frankfurt a. M. Der Bundestagsgesandte giebt Sr. K. H. dem Prinzen Karl bei seiner Durchreise nach Baden ein „lukullisches" Dejeuner[2]).

19. Februar 1855. Frankfurt a. M. Ball bei Bismarck, von etwa 400 Personen besucht, zu welchem die Mitglieder des diplomatischen Korps und der Bundes=Militär=Kommission, die regierenden Bürgermeister, das Offizier= korps der in Frankfurt a. M. garnisonirenden Bundestruppen sowie die Frank= furter haute volée geladen waren. Auch aus Mainz waren Offiziere der dortigen Garnison, sowie mehrere Fremde von Distinktion anwesend. Auf dem Feste war Karneval und kriegerische Zeit durch ein Menuett vertreten, welches von jüngeren Mitgliedern des diplomatischen Korps sowie von preußischen und österreichischen Offizieren in den verschiedenen Militärtrachten des vorigen Jahrhunderts ausgeführt wurde. Die mitwirkenden Damen waren in der entsprechenden Hoftracht der Roccocozeit kostümirt. Es boten sich Kontraste von Einst und Jetzt, der Ost= und Westmächte. Auf raschen Galopp und Polka Mazurka in schnellem Takt folgte in gemessener Weise des alten Dessauer ein Menuett, dessen eine Kolonne von einem preußischen Offizier, die andere von einem Attachée der französischen Gesandtschaft geführt wurde. Der an= genehme Eindruck, welchen diese Ueberraschung auf die Stimmung der Gesell= schaft hervorbrachte, gab dem Feste ebensosehr einen erhöhten Reiz, als der Anblick der reichen und geschmackvollen Kostüme der Vergangenheit, welche sich mit den glänzenden Toiletten des Tages zu einem heiteren Ganzen vereinigten. Die Musik zu den Tänzen wurde von dem Musikkorps des 38. Infanterie= Regiments ausgeführt. Um 1 Uhr begab sich die Gesellschaft zum Souper, dem ein Kotillon folgte, welcher das Ballfest beschloß.

20. Februar 1855. An diesem Tage hatte Herr von Bismarck die Herren, welche am Menuett betheiligt waren, zu einem Diner als Nachfeier geladen.

27. Juli 1855. Frankfurt a. M. Mittagessen bei Bismarck. Geladen waren: Dr. John Lothrop Motley, Graf Rödern (Bruder des damaligen preußischen Gesandten in Dresden) nebst Gemahlin und Schwester, sowie Herr de Veh. Auch das Frühstück hatte Motley am gleichen Tage bereits mit dem Vertreter Preußens im Bundestag getheilt.

---

[1]) Die politischen Fragen, die beide Staatsmänner besprachen, erhellen aus dem Briefe Bismarck's an Gerlach vom 19. Dezember 1853. Gerlach, Briefwechsel S. 130.

[2]) Brief Bismarck's an Gerlach vom 7. April 1854. Gerlach, Briefwechsel S. 150.

Motley, welcher, einer dringenden Einladung Bismarck's Folge leistend, seinen alten Universitätsfreund in Frankfurt a. M. besucht hatte[1]), schrieb hierüber an seine Frau[2]):

„ . . . Ich fürchte nur, daß der Gutsherr hier mich auf die Straße setzen wird, weil ich für ihn ein zu geringer Konsument bin, und Alles, was ich thun kann, ist, daß ich eine Menge Selterwasser verlange.

Die größte Aenderung an Bismarck ist in Bezug auf seine Körperfülle vor sich gegangen; er ist wohlbeleibter geworden, was ihm bei seinen sechs Fuß zum Vortheil gereicht. Seine Stimme und sein Benehmen dagegen sind in ganz auffälliger Weise unverändert geblieben. Seine Frau gefällt mir sehr — sie ist freundlich, intelligent, vollkommen natürlich und behandelt mich wie einen alten Freund.

Im Sommer 1851 fragte Bismarck — wie mir derselbe erzählte der Minister Manteuffel eines Tages plötzlich, ob er den Posten eines Gesandten in Frankfurt annehmen würde, worauf er (obgleich der Vorschlag ihm so unerwartet kam, als wenn ich durch die nächste Post erführe, daß ich zum Gouverneur von Massachusetts gewählt worden sei) nach einem Augenblick der Ueberlegung einfach mit „Ja" antwortete. Der König ließ ihn am selben Tage zu sich berufen und fragte ihn, ob er die Stelle annehmen wolle, worauf er dieselbe kurze Antwort „Ja" gab. Seine Majestät drückte etwas Erstaunen darüber aus, daß er keine Fragen oder Bedingungen stellte; darauf erwiderte Bismarck, Alles, was der König ihm glaube vorschlagen zu können, das halte er sich auch stark genug anzunehmen. Ich schreibe Dir diese Einzelheiten nur, damit Du eine Vorstellung von dem Manne erhältst. . . . Eine solche Ehrlichkeit, einen solchen Muth der Ueberzeugung, ein solches hohes Ehrgefühl und einen solchen tiefen religiösen Glauben, verbunden mit merkwürdigen und hervorragenden Talenten, findet man selten an einem Hofe in einem Manne vereinigt; ich hege keinen Zweifel, daß er bestimmt ist, Premierminister zu werden, wenn sonst nicht seine nicht zu unterdrückende Wahrhaftigkeit für ihn, wie gewöhnlich für Politiker, zum Stein des Anstoßes wird und ihm den Weg verlegt.

Er nahm also die Stelle an und schrieb am nächsten Tage an seine Frau, welche sich zu einem Sommeraufenthalt in einem kleinen Hause an der Seeküste vorbereitete, daß er nicht kommen könne, da er sich schon in Frankfurt als Gesandter niedergelassen habe. Das Resultat war, sagte er, drei Tage Thränen auf ihrer Seite. Er hatte bisher lediglich das Leben eines einfachen Gutsherrn mit bescheidenem Einkommen geführt, hatte niemals eine Stelle in der Regierung oder in der Diplomatie eingenommen und war kaum je bei Hofe gewesen. Er betrat das Amt mit heiliger Scheu vor den Geheimnissen

---

[1]) Das erste Wiedersehen Bismarck's und Motley's seit der Universitätszeit in Göttingen und Berlin.

[2]) »The Correspondence of John Lothrop Motley.« D. L. C. London, John Murray. 1869. Bd. I. S. 174.

1*

der Diplomatie, fand aber bald, wie wenig in dem ganzen „Galimatias" vorhanden war. Meine politische Ansicht ist natürlich von der seinigen sehr verschieden, wenngleich nicht so antipodisch, wie Du denken magst, aber ich kann
mit ihm so frei sprechen wie mit Dir, und ich freue mich, daß ich Gelegenheit
habe, eine entgegengesetzte Anschauung von einem Manne vertreten zu sehen,
dessen Talente und Charakter ich schätze und der so gut in die Karten gesehen hat . . . ."

Ueber Bismard's Haus schreibt Motley in einem Briefe an seine Frau
vom 30. Juli 1855: „Es ist eins derjenigen Häuser, wo Jeder thut, was er
will. Die Empfangszimmer liegen in der Vorderseite des Hauses. Die von
der Familie benutzten Räume, ein Salon und das Speisezimmer, sind nach
hinten hinaus gelegen und haben die Aussicht in den Garten. Hier ist Alles
versammelt: Jung und Alt, Großeltern und Kinder und Hunde; da wird
gegessen, getrunken, geraucht, Piano gespielt und Pistolen geschossen (im Garten).
Alles zu gleicher Zeit. Es ist ein Haushalt, wo Einem Alles angeboten wird
was auf Erden nur immer gegessen oder getrunken werden kann: Portwein,
Sodawasser, Lagerbier, Champagner, Burgunder, Bordeauxwein sind immer
vorhanden, und Jeder raucht beständig die besten Havanna-Cigarren."

25. August 1855. Paris. Zum Diner bei dem preußischen Gesandten
daselbst Grafen von Hatzfeldt[1]). Geladen war unter Anderem der ehemalige
französische Diplomat Rothan. Derselbe schreibt über Bismard[2]): „Er bewunderte unsere Armee und erklärte Napoleon III. für einen großen Herrscher;
er vergaß auch nicht die Kaiserin, die er in seinen Frankfurter Briefen so
wenig geschont hatte, und sagte, daß sie die schönste Frau sei, die er in Paris
gesehen habe, wobei er ohne Zweifel sicher war, daß diese Schmeichelei an
die richtige Adresse gelangen und Früchte tragen werde."

16. Dezember 1855. München. Zur Tafel beim König. „Die Ein-
ladung zur Tafel ist eine in München, besonders für Diplomaten, wenn ihre
Herren nicht etwa da sind, sehr seltene Auszeichnung. Ihrer Majestät der
Königin mußte ich viel von Berlin erzählen, sie sah sehr wohl und sehr hübsch
aus, und trank zwei Glas Bier, ich aber drei. Sie hat sich mit großem
Talte die Liebe und Verehrung aller Parteien gewonnen[3])."

<hr>

[1]) Im August des Jahres 1855, also zu einer Zeit, wo für Eingeweihte der Fall
Sebastopols nicht mehr zweifelhaft war und wo die Königin von England sich zum Besuch
ihres hohen Verbündeten in Paris aufhielt, war auch Bismard, damals preußischer
Bundestagsgesandter in Frankfurt, in der französischen Hauptstadt anwesend. Der Kaiser
empfing ihn in Audienz, man sah ihn an der Seite des Herrn von Talwigt in der Spiegel-
galerie des Schlosses von Versailles. Ob er voraussah, daß der Palast Ludwig's XV. ihn
triumphirend wiedersehen werde? Daran darf man wohl zweifeln. Die Königin von England ließ ihn sich vorstellen, sein Name war damals schon in ganz Europa bekannt.

[2]) Rothan: „Preußen und sein König während des Krimkrieges". Paris. Calman
Lévy. 1888.

[3]) Brief Bismard's an Gerlach vom 21. Dezember 1855. Gerlach, Briefwechsel S. 289 f.

18. Dezember 1855. Stuttgart. Zur Tafel beim König mit dem preußischen Gesandten daselbst Grafen Seckendorff. „Abends hatte ich die Ehre, mit der Frau Kronprinzessin Whist zu einem halben Kreuzer zu spielen, wobei es so heiter und harmlos zuging, daß ich mich namentlich von Zeit zu Zeit zur Ordnung rufen mußte" [1].

1856—1857. Frankfurt a. M. Ueber den Verlauf der Mittagessen bei dem preußischen Bundestagsgesandten schreibt ein vom Jahre 1856 bis Ende Februar 1857 der Gesandtschaft als Attachee beigegebener Kavallerie= Offizier [2]: „Hier gab es besondere Gemüthlichkeit, namentlich wenn etwa die Külser Geschwister kamen oder gar die Kröchelndorfer Arnim's. Wer, der Frau von Arnim, die Hauptempfängerin der später so berühmt gewordenen Bismarckbriefe, in ihren jüngeren Jahren gekannt, hat sich je dem Zauber dieser vornehmen und geistvoll anmuthigen Weiblichkeit zu entziehen vermocht? Noch steht mir ein Vorgang vor Augen, der sie eben in jenen Eigenschaften unendlich reizvoll hervortreten ließ. Die Mittagstafel war beendet. Während der= selben hatten die Geschwister förmlich und für die übrigen Anwesenden sehr ergötzlich sich geneckt und fuhren damit fort, bis sie, der Bruder die Schwester am Arm führend, einen schmalen langen Gang erreicht hatten, der das Speise= zimmer mit den übrigen Wohnräumen verband. Hier faßte Bismarck plötzlich das schlanke Frauenbild und nun flogen die beiden in einer Walzergaloppade vor uns übrigen her den Korridor hinab. Frau von Arnim stieß sich beim Halt ziemlich empfindlich die Hand am Thürrahmen, und nun mußte man die ritterliche Art des um seine Schwester bemühten Bruders sehen und die Grazie, mit welcher diese jenem zulieb ihr schmerzhaftes Unbehagen hinwegleugnete. Ein allerliebster Augenblick.

Tieferen Eindruck allerdings als solche anheimelnden Momente hinterließen andere Nachtischstunden, wie deren das jeweilige jüngste Mitglied der preußischen Bundestagsgesandtschaft wiederholt ein dankbarer Zeuge werden durfte. Diesem nämlich war gleich bei seiner Ankunft von dem gütigen Chef gesagt worden: „So oft Sie am Familientische zu Mittag bei uns sich einfinden wollen, werden Sie willkommen sein. Ihr Platz ist immer bereit." Nicht vieles in meinem Leben bereue ich so aufrichtig, als daß — ob aus Bescheidenheit, ob wegen der Nachgiebigkeit gegen die Thorheiten der Jugend und in dem Herzenszuge zu ihren Schauplätzen hin — jener, in Wahrheit Großes gewährenden Ein= ladung von mir minder häufig entsprochen worden ist, als dies dankbar und klug gewesen wäre. Gleichwohl geschah es wenigstens dafür zur Genüge, daß ich lernend und bewundernd das erlebte, dessen Bericht ich nun hier versuchen will.

Herr von Bismarck ließ unter der Mahlzeit gern durch irgend eine zu= fällige Bemerkung eines der Anwesenden sich dazu anregen, dem berührten Gegenstande zuweilen nur mittels eines einzigen schlagenden Wortes neue

[1] Brief Bismarck's an Gerlach vom 21. Dezember 1855. Gerlach, Briefwechsel S. 291.

[2] „Kapitel aus einem bewegten Leben. Von . . . . dw . . . . ". (Kölnische Zeitung vom 6. November 1892.)

Seiten abzugewinnen, oft aber auch ihm das Thema für höchst eigenartige, geschichtliche, kulturhistorische oder politische Gedankenflüge und Darlegungen zu entnehmen. Er offenbarte dann einen Reichtum an Kenntnissen, eine Ver-trautheit auf den ungleichartigsten Gebieten des modernen Lebens, welche die staunenden und genießenden Zuhörer in der That völlig gefangen nahmen. Wenn dann trotzdem die vorgerückte Stunde in ihr Recht trat oder um der Diener willen die Tafel aufgehoben wurde, dann ereignete es sich wohl, daß Frau von Bismarck mit dem gleichfalls oft geladenen treuen Familienfreunde Herrn von Obernitz, einem — seitdem längst verstorbenen — höheren Tele-graphenbeamten von feinstem und liebenswürdigstem Geist in einem verwachsenen schwachen Körper (man hat ihn wohl scherzhaft die Freundin der Frau von Bismarck genannt), den Empfangszimmern wieder zuschritt, während der Ge-sandte den Attachee aufforderte, eine kaum angebrochene Flasche edlen Rhein-weines am Kamin des gelben Kabinets mit ihm gemeinschaftlich des Weiteren um ihren Inhalt zu befragen. Dieser geräumige, unvergeßliche Kamin nahm eine der Schmalseiten eines hauptnchartig langen Gemaches ganz ein. Im rechten Winkel zu ihm, gleich den Sitzen in einem Pferdebahnwagen, standen zwei bequeme Kanapees, einfach gelbe Tapeten bekleideten die Wände. An der Feuerstelle aber knisterte, wenn die Jahreszeit danach war, die züngelnde Flamme, der Kaminfims reichte aus für Flasche und Glas und gegenüber dem Wirthe saß ein beglückter Gast, ein zwiefacher: seines Hauses und seines Geistes. Dieser Geist, welchem so häufig seither die Natur und die Intuitionen des Künstlers zugesprochen worden sind, offenbarte diese hier unzweifelhaft, ja, man dürfte in erhöhter Bezeichnung sagen: er bethätigte einen Hauch von Seherkraft. Denn Bismarck, anfänglich das Wort an den vor ihm Befindlichen richtend, schien bald diesen zu vergessen oder wenigstens nicht mehr eine, ihn selbst beein-flussende, seinen Gedankengang weiterleitende Antwort desselben zu erwarten. Vielmehr gab er, wie unbekümmert nach außen hin, in die blauen Ringe des Dampfes seiner Cigarre mit drastischer Schilderung das Bild der Dinge, die ihn bewegten, und knüpfte daran seine Folgerungen für die nähere oder fernere Zukunft der werdenden Geschichte, genannt Politik. Der Pariser Friedens-kongreß und die Neuenburger Wirren, Schleswig-Holstein und Polen, vor Allem auch Oesterreich als deutsche Vormacht oder als eben diese nicht länger mehr, zogen an mir vorüber bei solchem Gespräch. „Dann wird vermuthlich die Sache so kommen und darum wird man dann das machen müssen, aber wahrscheinlich es unterlassen . . .“ So etwa sann — vernehmbar dem stummen Lehrling — der vor sich, in sich und um sich Blickende und sorgte dabei selbst für die zur Fortspinnung seines Denkens ihm willkommenen Einwendungen. Der über-wältigte Zuhörer aber jener Monologe meint daran genau sich zu erinnern, daß das Wesentliche von dem, was später zur Zeit, wie aus dem Anlasse des Frank-furter Fürstentages begann, was im Kriege gegen Dänemark fortgesetzt wurde und mit Schicksalsnothwendigkeit über Königgrätz nach Sedan bis zur Kaiser-ausrufung in Versailles führte — daß, sage ich, alles dieses vor den zusammenfinkenben und roth wieder auflobernden Scheiten des Zimmerfeuers hier die Stunden seiner Empfängniß in der Innenwelt jenes Zukunftsmannes erlebte. Man liebt es ja heute mehr noch denn sonst, Zeichnungen denkwürdiger Orte zu veröffentlichen, man läßt Marmorblätter in die Wände zerfallender Häuser ein und auf ihnen steht zu lesen: „Hier warb X. geboren, hier Y. gewiegt, hier Z. vergessen." Nun wohl, begreiflicher wäre es, wenn über dem einzigen Fenster jenes gelben Gemaches in der Gallusgasse zu Frankfurt am Main eine eherne Tafel sichtbar würde mit der Inschrift aus blankem Stahl: „Hier schauete Bismarck" oder „Hier warb das neugeeinte, das wieder zu Ehren gekommene Deutschland gezeugt". —

Bismarck's staatsmännisches Wirken in Frankfurt a. M. ist durch meine Publikation „Preußen im Bundestag" sattsam bekannt. Um so mehr drängt es mich, hier noch über seine menschliche Erscheinung in der damaligen, heut zur Provinzialstadt herabgesunkenen Weltstadt Einiges an der Hand der Aufzeichnungen des Eingangs erwähnten Attachees nachzutragen. Ueber die Art, wie seine Vorstellung bei Herrn von Bismarck erfolgte, schreibt derselbe: „Der Königlich preußische Bundestagsgesandte empfing den jugendlichen, durch gemeinsame Bekannte ihm empfohlenen Besucher mit der ihm eigenen gelassenen artigen, einigermaßen überlegenen Liebenswürdigkeit und hörte nach kurzem allgemeinem Gespräch wohlwollend die Bitte desselben um Befürwortung einer amtlichen Berufung in seine Umgebung. Aber, je unverkennbarer dieses Wohlwollen, um so überraschender war die Antwort des Gebetenen: „Ich habe mich aufrichtig gefreut, Sie kennen zu lernen, und werde thun, was in meinen Kräften steht, um die Erfüllung Ihres Wunsches zu hintertreiben." Bevor ich indessen meines Schreckens recht inne wurde, fuhr der Gesandte fort: „Das wundert Sie, aber setzen Sie sich in meine Lage. Sie haben mir ja nichts zu Leibe gethan. Warum also sollte ich eine Hoffnung Ihnen lassen, die ich in einem Andern bereits selbst genährt habe? Versuchen Sie jedoch wider mich Ihr Glück, und sehe ich Sie dann nochmals hier, so sollen Sie mir herzlich willkommen sein." Dieses Wiedersehen fand nicht allzulange Zeit hernach statt und mein Herr Vorgesetzter hielt Wort. Er regelte die Wesenheit unserer dienstlichen Beziehungen schon gleich gelegentlich meiner Antrittsmeldung bei „Seiner Excellenz". „Excellenz? Nein, mein Lieber, die übliche Hausexcellenz mag hier am Orte mir zustehen, der König aber hat mir diese Bezeichnung noch nicht verliehen. Darum meine ich, wir halten es so: Sie sind Herr..., ich Herr von Bismarck, und außer dem Dienst sind wir gute Kameraden. Im Dienst," so schloß er zwischen Ernst und Munterkeit diese Auseinandersetzung, „im Dienst will ich Sie schon fassen." Dann, als ich, vielleicht etwas betroffen über diesen meinen Verstoß gegen weltmännischen Brauch, ein verlegenes Gesicht zeigte, fügte er wie begütigend noch hinzu: „Nehmen Sie nur ja meine harmlose Bemerkung nicht schwerer als sie gemeint ist, nein, nur etwa so wie den Zuruf Ihres Rittmeisters vor der Front: Bitte um eine halbe Pferdelänge mehr in die Richtung." — Es währte nicht lange, bis ich auch der Herrin des Hauses vorgestellt und schon in den ersten Stunden meiner Bekanntschaft gestimmt war, die von Tag zu Tag, von Jahr zu Jahr mehr sich vertiefende Verehrung zu empfinden, welche Frau von Bismarck von jeher den Bewunderern ihres Mannes und den Freunden ihrer Familie eingeflößt hat.

Wo Bismarck in den Kreis trat, empfing ihn das nicht immer willige oder neidlose Aufmerken der Herren, die Neugier und die kokettirende Kampflust der Damenwelt, und heiter und schlagfertig, scheinbar sorglos nach beiden Richtungen hin stand er seinen Mann. So auch, wenn er voll genußfroben Dankes in gastlicher Theestunde nicht gerade die erste Silbe betonte, wie erging sich der zu jener Zeit vierzigjährige Mann in ruhiger und dennoch sprühender Laune. Er sagt immer das Unerwartete, behaupteten die schönen Lippen um ihn her, und allerdings, es war nicht das geistreichelnde Spiel eines geschulten Salontalentes, sondern die aus unerschöpflichen Quellen fort und fort sich frisch erneuernde Urwüchsigkeit, die als solche ihren Inhaber kaum weniger denn die übrigen Zuhörer überrascht und den Geber zugleich zu einem harmlos mit-genießenden Empfänger macht. Freilich, dieses Behagen um sich her schuf weder die ab und zu in Frankfurt auftauchende müde Eroberungsmiene Mornd's mit ihrem napoleonischen Halbbruder-Nimbus, noch entschlüpfte es den Plauder-Arabesken des Freiherrn von Beust oder dem Handschubleder seiner zierlichen Stieseletten. Verzeihlich daher die kleine Bosheit ihrer oder ähnlicher Treppen-rachsucht, die es liebte, den ehemaligen Deichhauptmann von Schönhausen einen Diplomaten „en sabots" zu nennen, — in der That, sehr verzeihlich; denn, nicht wahr? Besser Holzschuh als Holzweg.

Den geselligen Bismarck kannten, fürchteten und verwöhnten Alle, den arbeitenden sahen staunend die dazu Berufenen. Den schnellen und zugleich unermüdlichen. Es mußte sich in die Seele prägen, wie er seine Berichte diktirte. Im großgemusterten Hausrock aus grünem Seidendamast, die Hände in den Taschen desselben, sein Studirzimmer auf und nieder wandelnd, schien er laut in ungeduldig gewaltsam hervorsprudelnden Sätzen zu denken, nun den Schreibenden zu jäher Hast nöthigend, nun durch irgend eine eingestreute Bemerkung ihm die Feder aus der Hand zwingend, damit die Erschütterung der Lachmuskeln nicht etwa einen Tintenfleck zur Folge habe. Zuweilen ge-schah es, daß Frau von Bismarck den Fleißigen mit einer häuslichen Frage unterbrach, und drollige Zwischenfälle pflegten die Folge davon zu sein. So erinnere ich mich, daß einmal über den bequemen Sitz neu beschaffter seiner Hemden eine Anfrage an den Schreibtisch gebracht wurde. Der Hausherr, welcher eben eines aus diesem Dutzend trug, erklärte sich im Allgemeinen be-friedigt, im Besonderen aber tadelte er die Höhe der Vatermörder und gab durch einen raschen Gebrauch der Papierschere oberhalb seiner Kravatte artig lächelnd das wünschenswerthe Maß der Verkürzung an.

Daneben hielt Herr von Bismarck sich im Dienst durchaus an seine oben erwähnte erste Eröffnung. Der junge Lernende durfte eines Rufes in das Arbeitszimmer des Gesandten zu jeder Stunde gewärtig sein, ja, es kam wohl

vor, daß er, zwischen Mitternacht und Morgen von einem Balle oder dessen
Epilog am Bierkrug heimkehrend, alle seine Müdigkeit bei dem Hut und den
Kotillonschleifen lassen und die eilends hervorgesuchte Feder einen Dauer=
walzer ohne Pausen nach dem Diktat des schon damals oft schlummerlosen
Herrn Gesandten lehren mußte. Bei solchen Anlässen früh oder spät fielen
dann mancherlei Winke auf einen — die Erinnerung täuscht mich nicht —
meist dankbar empfänglichen Boden. Eine geschichtliche Ungenauigkeit hatte
die Frage zur Folge: „Sollte Ihnen ein oder das andere Blatt in Becker's
Weltgeschichte etwa bisher noch entgangen sein?" Auf die Erkundigung nach
einer fürstlichen Verwandtschaft in nicht eben höchststehender Familie hieß die
Antwort: „Das wissen Sie nicht? Der junge Diplomat muß den Gothaer
Hofkalender auswendig wissen; denn die Beziehungen, welche seinen Inhalt
bilden, spielen eine große Rolle in der Politik." Peinlicher wurde einmal
die etwas flüchtige Ausführung eines gegebenen Auftrags gerügt: „Es wird
Ihnen selbst überaus unangenehm sein; denn ohne Zweifel sind Sie mit mir
der Meinung, daß, was ein Kavalier zu thun übernommen hat, schon so gut
wie gethan ist." Eiskalt höflich war der leise Ton ähnlicher Bemerkungen,
deren Klangwirkung indessen wohl Niemand in der Umgebung dieses Mannes
ein zweites Mal sich aussetzte.

Und doch war der also unerbittlich Treffende derselbe, war ganz aus
einem Guß mit dem übermüthigen, dem gastfreien Bismarck im Kreise seiner
Angehörigen, dessen munteres Tischgespräch bald nach Kniephof führte zu den
Entenjagden auf beschilftem Weiher, die der träumende Shakespearefreund
unterbrach, um, die Büchse schußfertig rechts, die entkorkte Champagnerflasche
links im Nachen neben sich, Hamlet zu lesen, bald wieder in die Tage, da
der junge Referendar zu Aachen oder sonst wo lästige Nachbarn aus seiner
Nähe fortgraulte. Als der gleiche Eine gab er sich auch Abends am Klavier
seiner Gemahlin, deren seelenvoller Kunst er rauchend und andächtig versunken
lange zuhören konnte, dann und wann einen Liebling unter ihren Musikstücken
sich ausbittend. Oft war in solchen Feieraugenblicken der Maler Jakob Becker,
genannt Becker von Worms, mit seiner liebenswürdigen Gattin zugegen, der
Schwester des rheinischen Poeten Müller von Königswinter, und den zwei
anmuthigen Töchtern, die der Pinsel des Vaters schön und vielfach und den=
noch niemals ihm selbst zur Befriedigung darstellen konnte. Besonders an=
ziehend gestaltete sich aber die Hausmusik in der Gallengasse, so oft dort Rudolf
von Keudell, der spätere Botschafter, zum Besuche sich einfand, zuweilen im
Geleit seines Freundes, Herrn von Diest, heute Präsident der Regierung zu
Merseburg. Dann wechselten Piano und Cello, Gesang und fröhliche Rede
fast immer als Geister, die von keiner Geisterstunde abhängig waren, und die=
selben sind den Sterblichen, die damals ihnen lauschten, noch jetzt gegenwärtig."

Den letzten Ball, welchen unser Attachee im Bismarck'schen Hause mit=
machte, schildert derselbe wie folgt:

„Es war Ende Februar 1857. Im Regiment machte sich ein Mangel an Offizieren geltend, weßhalb ein Theil der Abkommandirten, mit diesen auch ich, heimberufen wurde.

In jenen Tagen hatte ein durch Zahl, Wahl und Tanzlust der Ein= geladenen besonders angeregt verlaufener Ball auf der preußischen Gesandt= schaft stattgefunden und auf ihm zum letzten Male der junge Lieutenant, halb noch die Bundeslämmer mit Blume und Band, halb schon wieder den Rekruten= drill im Sinne, die Ehren des Ordners und Vortänzers gehabt. Die Geigen waren verklungen, die Schleppen verrauscht und der Schaumwein — so meldete ein Diener eben den um den Hausherrn zu behaglichem Nachgespräch noch vereinigten letzten Gästen — der Sekt bis auf eine allerletzte Flasche ver= trunken. Da rief Herr von Bismarck lachend: „Gut, dann her auch mit dieser noch!" Und er war nun ebenfalls hier nur Premierlieutenant, nur Kamerad, indem er mit herzlichem Wort die Gesundheit des jungen Scheidenden aus= brachte, dessen Gemüth dadurch zwar stolz erhoben, aber freilich auch desto schwerer in dem Seelengepäck des von hinnen Ziehenden sich fühlbar machte."

19. März 1857. Frankfurt a. M. Offizielles Diner zu Ehren des neu ernannten russischen Gesandten von Fonton im Frankfurter Style. „Ueber zwanzig Nummern auf dem Menü und ein Dutzend der sonderbarsten Weine. Ich verabscheue eigentlich diese Stoff= und Geldverwüstungen, aber: „Ob Christian oder Itzig, 's Geschäft bringt's halt so mit sich"[1]).

1. Dezember 1858. Frankfurt a. M. Mittagessen bei Bismarck, an welchem der preußische Gesandte in Stuttgart von Balan nebst Familie theilnimmt[2]).

18. Januar 1859. Berlin. Theilnahme an einem Diner bei dem Minister des Königlichen Hauses von Massow[3]). Bismarck kam dorthin unmittelbar von einer Audienz bei dem Prinzen von Preußen und referirte über seine Unter= redung mit demselben: „Derselbe sei sehr erbittert, daß man sein Ministerium für ein antikonservatives halte; das käme daher, weil Patow darin sei, seine Aufnahme sei aber wider seinen Willen auf Manteuffel's Empfehlung ge= schehen. Für Auerswald stände er, der Prinz, ein, das sei sein vierzigjähriger Freund. Von Arnim=Boitzenburg sagte der Prinz, er wäre Haupt der Gaffron=

[1]) Brief Bismarck's an Gerlach vom 20. März 1857. Gerlach, Briefwechsel S. 326.

[2]) Hiermit in Zusammenhang steht das folgende, bisher unveröffentlichte Schreiben Bismarck's an den Königlich sächsischen Oberst und Militärbevollmächtigten in Frankfurt von Spiegel, d. d. Frankfurt a. M., 30. November 1858: „Ew. Hochwohlgeboren gütiger Einladung für morgen Folge zu leisten, werde ich zu meinem Bedauern durch eine Nach= richt verhindert, die mir soeben zugeht. Ich hatte unseren neuen Gesandten in Stuttgart Herrn Balan eingeladen, auf seiner Durchreise wenigstens einen halben Tag hier zu bleiben und mit den Seinigen bei mir zu essen. Heut schreibt er mir, daß er meine Ein= ladung annehmen und morgen bei mir sein werde. Meine Frau ist mit ihm nicht be= kannt und auch zu angegriffen, um sich mit Fremden viel einlassen zu können; es bleibt mir daher nichts übrig, als auf die Ehre, morgen bei Ihnen zu erscheinen, Verzicht zu leisten. Mit der vorzüglichsten Hochachtung Ew. Hochwohlgeboren ergebenster v. Bismarck."

[3]) Gerlach, Denkwürdigkeiten. Band II. S. 641.

Itzenplitz'schen Fraktion, die das ganze Herrenhaus vereine; das Herrenhaus aber sei oktroyirt und könne daher auch abgeschafft werden."

Mai 1861. St. Petersburg. Professor Dr. H. Brugsch-Pascha stattet auf der Rückreise von Persien dem preußischen Gesandten von Bismarck-Schönhausen einen Besuch ab. Der Letztere beehrte den gelehrten Doktor alsbald mit einer Tischeinladung. Brugsch-Pascha berichtet darüber[1]):

„Frau von Bismarck war von einer Güte gegen mich, die mich sofort für sie einnahm. Sie konnte und wollte es nicht fassen, daß ich Weib und Kind verlassen hatte, um in die weite Ferne zu wandern, und pries Gott, der es so gnädig geführt, daß ich voraussichtlich in wenigen Tagen mein verwaistes Volk daheim wiedersehen durfte. Ich war als ständiger Gast im Hause ausgezeichnet und erhielt damit die Gelegenheit, die einzelnen Mitglieder der Familie und die näheren Freunde derselben kennen zu lernen. Zu den ersteren gehörten die beiden Söhne des Gesandten, Herbert und Wilhelm, die sich zur Zeit meiner Anwesenheit in St. Petersburg im Knabenalter befanden und der Leitung und dem Unterricht eines vortrefflichen Lehrers, des Predigtamtskandidaten Herrn Braune anvertraut waren. Zu den Freunden des Hauses zählte, an der Spitze stehend, der damalige Legationssekretär Herr von Holstein, der, wie es nicht anders sein konnte, der Familie von ganzem Herzen ergeben war. Beide Herren befinden sich noch unter den Lebenden. Herr Braune bekleidet die Stelle eines Gefängnißpredigers in Görlitz, während Herr von Holstein zu den höheren Beamten des Auswärtigen Amts in Berlin zählt.

Die späteren Ereignisse haben es bewiesen, daß der damalige Gesandte Preußens in St. Petersburg, welcher bald darauf, im Frühjahr 1862, zum Botschafter seines Königs in Paris befördert ward, durch seine Thaten unvergänglichen Ruhm erwerben sollte. Jedermann, der zur Zeit meines Aufenthaltes in der russischen Residenz von ihm sprach, schilderte ihn als einen Mann im vollsten Sinne des Wortes, dem neben den geistigen Vorzügen und der unbeugsamen Charakterstärke zugleich eine außerordentliche Körperkraft eigen war. Die Bärenjagd gehörte zu seinen Lieblingsvergnügungen, und ohne Furcht ging der preußische Gesandte auf seinen russischen zottigen Gegner los.

Die Haushaltung beruhte auf einer gesunden, aber durchaus nothwendigen Sparsamkeit, und es kam der Excellenz durchaus nicht darauf an, das Holz zur Feuerung persönlich bei früher Morgenstunde einzukaufen, um Betrügereien vorzubeugen und sich vor Schaden zu bewahren. Einen guten Trunk konnte sich der Gewaltige wohl leisten, wenn auch die Frau Gemahlin so viel als möglich sich bemühte, seine Theilnahme an russischen Herrendiners zu verhindern. Als Herr von Holstein mir vor meiner Abreise aus Petersburg ein solennes Abschiedsessen zum Besten gab, zu welchem auch der damals noch lebende Professor Tischendorf aus Leipzig zugezogen war, wurde mir zugeraunt, die

---

[1]) „Braunschweigische Landes-Zeitung" Nr. 80 vom 17. Februar 1894.

Frau Minister zu bitten, dem Herrn Gemahl die Erlaubniß zur Theilnahme an der abendlichen Tafelrunde zu gewähren. Frau von Bismarck lehnte es mir lächelnd ab, aber dennoch erschien der gestrenge Herr Gesandte gegen zehn Uhr in einem der beliebtesten Restaurants der Residenz, um bis zwei Uhr Morgens gemeinschaftlich mit uns Uebrigen guter Dinge zu sein. Ich kann versichern, daß er der Einzige war, welchem die schweren und reichlichen Bacchusgaben auch nicht das Mindeste angethan hatten.

Im Familienleben mußte man warm werden und von den einfachen aber herzlichen Formen im Hause entzückt sein. Hochmüthiger Stolz und leere Vornehmthuerei waren unbekannt, und ein offenes Herz galt mehr als übertünchte Scheinheiligkeit. Die Unterhaltungen des Gesandten bei Tische waren heiter und fröhlich, nicht selten witzig, und wenn sie auf ernste Dinge übergingen, für jeden Theilnehmer am Mahle im höchsten Maße lehrreich."

Sommer (Juli?) 1862. Paris. Theilnahme an einem von dem sächsischen Gesandten daselbst veranstalteten heiteren Diner au petit moulin rouge, zu welchem u. A. auch der sächsische Ministerpräsident von Beust geladen war.

Am nächsten Tage fand zwischen Bismarck und Beust eine Unterredung statt, die sehr eingehend war und welche, wenn auch die Ansichten der beiden Diplomaten in den deutschen Angelegenheiten nicht immer überein stimmten, dieselben doch näher gebracht haben muß, denn drei Monate darauf, alsbald nach seinem Eintritt in das preußische Ministerium, schrieb Bismarck an Beust einen Brief, worin er denselben nach Berlin einlud[1]).

Gegen Ende Juni 1862. London. Zum Diner bei dem russischen Gesandten Baron von Brunnow daselbst, welches derselbe zu Ehren des zum Besuch der Welt-Ausstellung anwesenden Großherzogs von Sachsen-Weimar gab.

Nach Tisch hatte Bismarck eine längere Unterredung mit Disraeli. Der damalige Führer der Opposition theilte später darüber Folgendes mit[2]): „Ich werde, so ungefähr hatte sich der preußische Staatsmann geäußert, binnen Kurzem genöthigt sein, die Leitung der preußischen Regierung zu übernehmen. Meine erste Sorge wird sein, mit oder ohne Hilfe des Landtags die Armee zu reorganisiren. Mit Recht hat sich der König die Aufgabe gestellt, er kann sie jedoch mit seinen bisherigen Räthen nicht durchführen. Ist die Armee erst auf Achtung gebietenden Stand gebracht, dann werde ich den ersten besten Vorwand ergreifen, um Oesterreich den Krieg zu erklären, den deutschen Bund zu sprengen, die Mittel- und Kleinstaaten zu unterwerfen und Deutschland unter Preußens Führung eine nationale Einheit zu geben. Ich bin hierher gekommen, um dies den Ministern der Königin zu sagen." Disraeli's Kommentar zu diesem seitdem Zug für Zug ausgeführten Programm lautete: „Take care of that man! He means what he says". (Nehmt Euch vor diesem Manne in Acht. Er meint was er sagt.)

---

[1]) Memoiren Beust's. Bd. I. S. 306.

[2]) „Bismarck und Rußland" aus Bidthum: St. Petersburg und London. Bd. II. S. 159.

Auf der Londoner Konferenz von 1863 erfuhr allerdings England bereits, daß der neue Minister in Berlin „means what he said".

Sommer 1862. Paris. Zum Diner bei dem französischen Minister der auswärtigen Angelegenheiten Thouvenel (einem Verwandten der Frau von Kiß). Nach dem Diner hatte sich Bismarck in Gegenwart einiger Personen geäußert, es wäre seine Mission, Neu-Oesterreich zu zerstören, die Schmach von Olmütz auszuwetzen und den dünnen Leib Preußens umfangreicher zu machen[1]).

15. September 1862. Avignon. Ein im Honigmond der jungen Ehe schwärmendes Pärchen, Frankfurter Patrizier, hatte im Hotel Beau séjour an der Table d'hôte, nichts ahnend Platz genommen, als sich plötzlich die Flügelthür des Speisesalons öffnete und ein neuer Gast eintrat, auf den sich unwillkürlich die Blicke der Franzosen richteten. Konnte er doch unter dem kleinen Menschenschlage der Provençalen für einen Riesen gelten. Die markige Körpergestalt, die hohe Stirn, die scharf ausgeprägten Gesichtszüge, der lebhafte Blick der unter buschigen Augenbrauen stark hervortretenden Augen ließen auf eine geist- und kraftvolle Persönlichkeit schließen. Jedermann schien das Gefühl zu haben, daß man diese Gestalt, wenn man sie einmal gesehen, nicht leicht wieder vergißt.

Indessen, unser Frankfurter Pärchen hatte keine Zeit, den Fremdling zu mustern und ereiferte sich eben über das berühmte Altarbild in der Chapelle de la miséricorde, natürlich — war es doch Mitte September 1862 — in deutscher Sprache, als jener mit deutschem Gruß vis-à-vis an der Tafel Platz nahm und mit gewinnender Freundlichkeit seinem Erstaunen Worte lieh, Landsleute in der Provence anzutreffen.

In der Fremde folgt dem ersten Wort die Vorstellung auf dem Fuße und sie wäre eigentlich nur von einer Seite nothwendig gewesen, denn der junge Frankfurter Kaufmann Lüning antwortete, als ihm der Name von Bismarck-Schönhausen entgegentönte:

„O, Excellenz, zwar habe ich Sie nur ein Mal in Frankfurt am Main gesehen, aber in meinem Leben vergesse ich nicht die Aufregung unserer guten Bürgerschaft über die näheren Umstände."

„Und die waren?" fragte Bismarck.

„Es war auf der Zeil am Vorabende des österreichisch-italienischen Krieges und Sie promenirten zum Aerger der Oesterreicher und der Frankfurter, die auf ein Bündniß mit Preußen rechneten, Arm in Arm mit dem italienischen Gesandten Grafen Barral auf und ab."

„Ja," lachte Bismarck, „und zum Aerger des Grafen Rechberg. Aber die Herren Oesterreicher waren rascher als ich. Am nächsten Morgen hatte ich schon die telegraphische Ordre, die mich nach Petersburg versetzte. — Aber pardon, gnädige Frau, da sehen Sie uns Deutsche. Bei den ersten Worten in der Fremde sind wir so ungalant, über die garstige Politik zu schwatzen und vergessen in der Provence den provençalischen Ritterdienst."

[1]) Graf Arthur Scherr-Thoß. Deutsche Rundschau, Bd. 25. S. 64.

Der preußische Gesandte plauderte wie ein jugendlicher Kavalier mit der gebildeten jungen Frau, und erst, als schließlich einem gemüthlichen Pokuliren eine duftige Havanna folgte, kam man nochmals auf die leidige Politik, und Bismarck erzählte, daß er auf der Rückreise von Biarritz begriffen sei, wo er mit dem Kaiser Napoleon konferirt habe. Schließlich acceptirte er den Vor= schlag Lüning's, sich an einem kleinen Ausflug in die Umgegend zu betheiligen. Es war der Tag, da Bismarck aus der Hand der Frau Lüning den „Oelzweig von Avignon" empfing und in seine Brieftasche steckte[1]), welchen er am 30. September 1862 in der Budgetkommission des Abgeordneten= hauses Herrn von Bockum=Dolffs mit den Worten zeigte: „Diesen Oelzweig habe ich von Avignon mitgebracht, um ihn der Fortschrittspartei als Friedens= zeichen zu bieten; ich sehe aber, daß ich damit zu früh komme."

28. Oktober 1862. St. Cloud. Zum Diner beim Kaiser Napoleon. Bismarck war in Folge seiner Ernennung zum Minister der auswärtigen An= gelegenheiten zur Ueberreichung seines Abberufungsschreibens nach Paris gereist. Mit dem französischen Minister des Auswärtigen Drouyn de Lhuys hatte er wiederholte Besprechungen.

August 1863. Baden=Baden. Abendessen bei Bismarck, an dem der sächsische Ministerpräsident Freiherr von Beust theilnahm. Derselbe begleitete den König Johann von Sachsen nach Baden=Baden, um den König von Preußen zum Erscheinen auf dem Frankfurter Fürstentage zu bestimmen, und seine Aufgabe war es, sich mit Bismarck zu verständigen.

Beust berichtet darüber[2]):

„Meine Aufgabe war es, mit dem preußischen Ministerpräsidenten Herrn von Bismarck Vernehmung zu pflegen. Wir kamen in den Nachmittagsstunden an. Ich suchte Herrn von Bismarck, welcher in dem 1860 von Kaiser Napoleon bewohnten Stephanienbad abgestiegen war, vergeblich auf, fand ihn aber später. Es war schon spät am Tage und Bismarck bat mich, an seinem Abendessen Theil zu nehmen, welcher Einladung ich gerne folgte. Seine ersten Worte waren: „Sie kommen, um uns ins Verderben zu reißen — wird Ihnen nicht gelingen." — „Ich begreife Sie nicht," entgegnete ich, „wenn Ihr König morgen nach Frankfurt geht, sich in der Versammlung einfindet, die Fürsten mit herz= lichen Worten begrüßt mit der Erklärung: Er sei bereit, sich an ihren Berathungen zu betheiligen, da er aber eben zwei ernste Kuren gebraucht habe, müsse er um Aufschub bitten und werde einige Wochen später sich gerne wieder einfinden; wenn," sagte ich, „der König das thut, so verläßt der Kongreß Frankfurt am nächsten Tag," worauf Bismarck erwiderte: „Was Sie da sagen, ist möglich, sehr möglich, aber nicht gewiß." Als ich darauf meine weiteren Bemühungen mit den Worten einleitete: „Sie haben mir ja bisher Vertrauen geschenkt,"

---

[1]) Vgl. die Erzählung: „Der Oelzweig von Avignon" von Christoph Bild. „Ber= liner Neueste Nachrichten" vom 19. März 1890, Nr. 142.

[2]) Beust: „Memoiren". Bd. 1. S. 332.

unterbrach er mich: „Vertrauen habe ich gar nicht mehr, seitdem Sie die Leip=
ziger Rede gehalten haben[1])". Ist es nicht bemerkenswerth, daß der Begründer

[1]) Gemeint ist die Rede, welche Beust im Jahre 1863 bei dem allgemeinen deutschen
Turnfeste in Leipzig gehalten hat. Beust meint, diese Rede habe Bismarck nun deswillen
so unwillig gemacht, weil er daraus entnommen, daß er (Beust) von dem österreichischen
Projekt des Frankfurter Fürstentags schon vor der Verwirklichung desselben Kenntniß ge=
habt habe, wenn nicht gar der Urheber des sich daran knüpfenden Reformprojektes sei,
jedenfalls Gewußtes Bismarck verschwiegen habe. Die Rede läßt aber doch auch noch eine
andere Deutung für den Unwillen Bismarck's zu, die der feinfühlige Leser gewiß heraus=
finden wird, wenn wir ihm nachstehend den Text dieser Rede unterbreiten, welche nun
einmal den Grund zu dem Zerwürfnisse Bismarck's und Beust's gegeben haben soll. Sie
lautet: „Im Namen des Landes, welches in diesen Tagen der Schauplatz eines großen
deutschen Verbrüderungsfestes werden soll, heiße auch ich Sie, die Sie gekommen sind, die
deutschen Stämme dabei würdig zu vertreten, an dieser Stelle freudig willkommen. Es
sind der Regierung dieses Landes Worte freundlicher Anerkennung gewidmet worden. Ich
nehme sie als ehrendes Zeugniß dankend entgegen. Der edle Fürst, der über dieses Land
gebietet, steht keinem seiner Bundesgenossen, dessen sei man überzeugt, an echter deutscher
Gesinnung nach, und darum auch konnte die Veranstaltung und Förderung eines Festes
von so entschieden nationaler Bedeutung vertrauensvoll dem Gemeinsinn einer Stadt
überlassen werden, die durch ihr reges geistiges Leben zu einer würdigen Trägerin der
nationalen Ideen sich erhoben hat. Wir stellten uns die Aufgabe, Alles fern zu halten,
was der Verherrlichung dieser Feier hemmend und störend entgegentreten konnte; um so
gewisser ist nun unsere Zuversicht, daß auch von anderer Seite kein Mißton hineinhallen
werde. Denn diese großartige Begegnung, die ja bestimmt ist, die vereinte deutsche Kraft
zu veranschaulichen, sie wird ihren Zweck um so sicherer erreichen, je mehr sie den
Stempel jeder selbstbewußten Kraft, die freie Selbstbeschränkung aufzuweisen vermag.
Meine Herren, es wird heute manches beredte Wort zu Ihnen gesprochen werden, und
man wird daran erkennen, daß in Sachsen das freie Wort nicht gebannt ist. Erwarten
Sie nicht von einem Manne, der nun bereits eine lange Reihe von Jahren in den Tiefen
des geschäftlich politischen Lebens sich bewegt und der an der Hand der Erfahrung auch
die Kehrseiten der Dinge kennen gelernt hat, daß er mit der frischen Begeisterung, wie sie
das Erfassen des Gedankens allein eingiebt, zu Ihnen rede; aber mißtrauen Sie darum
nicht seinen Worten, wenn er Sie versichert, daß die Fürsten Teutschlands und ihre Re=
gierungen den Aufschwung, den das allgemeine deutsche Bewußtsein mehr und mehr ge=
wonnen hat, nicht allein erkennen und begreifen, sondern daß sie auch aufrichtig sich damit
befreunden, und zwar darum, weil sie in dieser Entwicklung des deutschen Gefühles den
besten Stützpunkt für ihre eigenen Bestrebungen erkennen lernen. Die Zeiten sind gottlob
vorüber, wo ein deutscher Staat ernstlich daran denken mochte, sich vom deutschen Bruder=
lande zu sondern, oder im Auslande seinen Halt zu suchen. Enger Anschluß der eigenen
Interessen und Einrichtungen an die des deutschen Nachbars in der Zeit des Friedens,
gerüstetes Zusammenstehen mit ihm in der Zeit der Gefahr, das ist die einzige Politik,
die vernünftigerweise heute für einen deutschen Staat gedacht werden kann; es ist aber
auch die Politik, die alle deutschen Regierungen haben. Mögen ihre Wege auseinander=
gehen, ihre Zielpunkte sind dieselben, und je mehr und je beharrlicher die deutschen Stämme
in brüderlicher Gesinnung sich einander zuneigen, desto eher werden auch die Fürsten und
Staaten Teutschlands sich auf dem gemeinsamen Wege zusammenfinden der zu dem vom
deutschen Volke so sehnlich herbeigewünschten Ziele führt. Darum begrüße ich dieses Fest
als ein Fest der Eintracht mit aufrichtiger Freude; möge es werden zu einem Bausteine
für das Werk der Einigung, dessen Gelingen allein die dereinstige Einheit deutschen Wollens
und Vollbringens verbürgt. Darum vor Allem Eintracht im großen deutschen Vaterland.
Sie lebe hoch!"

des Deutschen Reichs mir sein Vertrauen entzog, weil ich in einer öffentlichen Versammlung von Deutschland und deutscher Einheit gesprochen hatte? Wie es seine Gewohnheit ist, selbst in Augenblicken der Verstimmung in einen scherz= haften Ton zu verfallen, fügte er hinzu: „Sie machen auf solche Weise nur Ihre Freunde irre. — Sehen Sie, in Preußen hatten Sie keinen besseren Freund, als den General Manteuffel. Wie der Ihre Rede gelesen hatte, wurde er krank, mußte sich vierundzwanzig Stunden ins Bett legen und rief einmal über das andere: Wie kann man sich so in einem Menschen irren!" Von seinem Königlichen Herrn sagte er nur Folgendes: „Wissen Sie, der König ist über den Besuch Ihres Herrn sehr verdrießlich. Er sagt: Hätte man mir wenigstens meinen Schwiegersohn geschickt, dem würde ich den Kopf gewaschen haben: aber nun schickt man mir noch den ehrwürdigen König von Sachsen!"

Die Abfassung der abschlägigen Antwort des Königs auf die von sämmt= lichen Fürsten unterzeichnete Einladung mußte viel Mühe gemacht haben, denn Bismarck brachte sie Beust erst in ziemlich vorgerückter Nachtzeit.

Ende April 1864. Souper mit Seiner Majestät dem König Wilhelm auf dem Bahnhof in Hamburg. Es nahmen daran noch Theil: der Chef des Militärkabinets, General Freiherr von Manteuffel, der dienstthuende Flügel= Adjutant und der verwundete Hauptmann von Gerhard. Letzterer (bekannt unter dem Schriftstellernamen Gerhard von Amyntor) schreibt darüber:

Es war ein ziemlich warmer Aprilabend des Jahres 1864. Auf dem hell erleuchteten Platze vor dem Bahnhofe der alten Hansestadt Hamburg stand eine Kompagnie Bürgermilitär mit Spielleuten und Fahne. Das Publikum flutete in dichten, schwarzen Haufen von allen Seiten heran, staute sich aber an der bewaffneten städtischen Macht, wie an einem Wellenbrecher, denn der Bahnhof war abgesperrt, da der König von Preußen mit seinem Gefolge daselbst eintreffen und die Rückreise nach Berlin antreten sollte. Der König hatte die kürzlich eroberten Düppeler Schanzen besichtigt und auf dem Trümmerfelde derselben am 21. April eine Parade über seine tapfern Sturmkolonnen abgehalten.

Uns, die wir verwundet nach Hamburg „evakuirt" worden waren und der Parade hatten fern bleiben müssen, blutete das Herz. Die Nachricht, daß der oberste Kriegsherr Hamburg passiren würde, hatte uns alarmirt, und wir schlichen, wankten und hinkten mit Binden und Bandagen, Stöcken und Krücken, nach dem Bahnhofe, um einen Blick der blauen Königsaugen zu erhaschen.

Das Hamburger Militär öffnete uns eine Gasse; wir kreuzten den leeren Platz vor dem Bahnhofe und stiegen die Stufen des Empfangsgebäudes empor. In der Vorhalle blieben wir erwartungsvoll stehen, und ich ver= schnaufte mich von der ungewohnten Anstrengung des Gehens.

Plötzlich ertönte die scharfe Frage:

„Was wollen die Herren?"

Ich blickte auf und erkannte den Chef des Militärkabinets, den Freiherrn von Manteuffel, der, in einen Mantel gehüllt, in den Vorflur getreten war.

„Wir bitten um die Ehre, Excellenz, uns bei Seiner Majestät melden zu dürfen," erwiderte ich, die Hand am Helmschirme.

Der General ließ sich unsere Namen nennen, verschwand, kam nach einer Weile hastig zurück und forderte uns auf, ihm zu folgen.

Bald standen wir vor dem huldvollen Monarchen, der an jeden von uns ein paar theilnehmende Fragen richtete, seinen Allerhöchsten Dank für die Meldung aussprach und uns dann gnädigst entließ.

„Welch' ein König!" sagte begeistert der Lichtenstein-Husar, der an meiner Seite wieder den Vorflur gewann.

Da hörte ich hinter mir meinen Namen rufen.

Ich wandte mich um.

Der General von Manteuffel war wieder herausgetreten und sagte leise: „Kommen Sie zurück zu Seiner Majestät!"

Mir schlug das Herz bis an den Hals.

Ich ließ meine Leidensgenossen weitergehen und kehrte mit dem General um. Wieder stand ich vor dem Könige.

Kaum erinnere ich mich noch des genauen Wortlautes seiner Fragen. Ich mußte über die näheren Umstände berichten, unter denen ich verwundet worden war, und schließlich bot mir der König die Hand und verlieh mir eine Kriegsdekoration.

„Haben Sie schon zur Nacht gespeist?" fragte er leutselig.

„Noch nicht, Eure Majestät."

„So essen Sie mit uns; legen Sie ab!"

Ich war wie betäubt: der Donner der dänischen Geschütze hatten geringeren Eindruck auf mich gemacht, als diese Huld meines obersten Kriegsherrn.

Bescheiden entledigte ich mich einer meiner Krücken und wagte, mich im Raume umzusehen.

Es war ein vornehm eingerichtetes Extrazimmer des Empfangsgebäudes. Außer dem Könige, dem General von Manteuffel und meiner Wenigkeit war nur noch eine hünenhafte Gestalt in hohen Reiterstiefeln im Zimmer; ein dienst= thuender Flügel-Adjutant ging durch die Glasthür nach dem Perron geschäftig hin und her. Noch nie hatte ich den damaligen Vorsitzenden des Staats= ministeriums, Herrn von Bismarck, gesehen; aber wir alle verschlangen seine Reden, wie sie von den Zeitungen berichtet wurden, und instinktiv wußte ich sofort: dort der Recke mit der gewaltigen Stirn und dem strengen und dennoch sympathischen Antlitz, das ist Bismarck!

„Was hat Ihnen der König gesagt?" fragte mich der Chef des Militär= kabinets leise und angelegentlich.

„Seine Majestät haben mir den Rothen Adler=Orden mit Schwertern ver= liehen."

„Ich gratulire," erwiderte der General und machte sich hastig eine kurze Notiz.

Ein plötzlicher Einfall verlockte mich.

v. Bismarck. Tischgespräche. 2

Ich hinkte an den Hünen mit den großen Reiterstiefeln heran, der wie ein Erzkoloß unbewegt verharrte, nannte meinen Namen und meldete ihm ganz gehorsamst meine Dekorirung.

Herr von Bismarck bot mir die Hand:

„Empfangen Sie meinen kameradschaftlichen Glückwunsch."

So also klang die Stimme des merkwürdigen Mannes, dem, wenn er öffentlich sprach, schon Europa zu lauschen begann! Welch' ein unvergeßlicher Abend war das für mich, der ich bisher, fern vom Getriebe der Welt, in einer kleinen westfälischen Garnison die Gestalt dieses Mannes nur in meinen Träumen erblickt hatte!

Das Souper wurde aufgetragen.

Herr von Bismarck berührte mit dem Zeigefinger leicht den linken Brust-theil meines Waffenrockes und flüsterte lächelnd:

„Dort ist noch mehr Platz ... hoffentlich kommen noch bessere Zeiten."

Der König setzte sich zur Tafel, und wir mußten seinem Beispiele folgen.

Mir war gar wunderbar zu Muthe. Ich war damals ein simpler Haupt-mann ohne „Konnerien und Protektion" und, wie in einem Zaubermärchen, stellte ich plötzlich das vierte Mitglied einer so außerordentlich vornehmen und berühmten Tafelrunde dar. Ich saß links vom Könige, zu meiner Linken saß General von Manteuffel und mir gegenüber Bismarck, der „ultrareaktionäre und gedankenarme Junker", als welchen ihn die damaligen Blätter der „Opposi-tion um jeden Preis" auszumalen pflegten.

Erst dachte ich dem Räthsel des Bismarck'schen Wortes nach: „Hoffentlich kommen noch bessere Zeiten." Was für Zeiten meinte er denn? Neue Kriege? neue Siege und Ehren? Welche Pläne wälzte denn der so finster brütende Geist? Ach, was hätte ich darum gegeben, wenn ich nach Herzenslust mit meinem Gegenüber hätte plaudern dürfen! Doch dazu war meine Lage keines-wegs angethan. Es war ein etwas eilfertiges, diplomatisch-schweigsames Abend-essen; und als mich gar der König ein paarmal mit einer kurzen Frage beehrt hatte, da verlor ich jedes feste Ziel für mein Thun und ertappte mich plötzlich auf der ganz banalen Betrachtung, wie doch die Stangenspargel, die man uns gerade vorsetzte, an einer Königlichen Tafel noch von ganz andrer Dicke und Ausgesuchtheit waren als an dem schwelgerischen Tische des reichsten Hamburger Börsenfürsten.

Das Souper war beendet. Ein höherer Bahnbeamter erschien und meldete, daß der Extrazug bereit stehe. Der König nickte mir huldvoll zu und begab sich nach dem Perron. Ich folgte in einiger Entfernung, um der Abfahrt bei-zuwohnen. Man hatte einen schweren Teppich bis an die Wagen des Zuges gebreitet, und als Herr von Bismarck darüber hinwegschritt, machte er plötzlich eine heftige Bewegung mit dem Fuße, als ob er eine Falte des Teppichs glatt striche oder irgend einen kleinen, im Wege liegenden Gegenstand fortschleuderte.

Da tönte in meiner Nähe, wo einige städtische Polizeibeamte Spalier bildeten, in köstlichstem Hamburger Platt, das ich hier hochdeutsch wiedergeben will, der leise Ausruf:

„Du, luck mal, das ist ein preußischer Stiefel! wo der hintritt, da wächst kein Gras mehr."

„Donnerwetter!" erwiderte eine andere Stimme, ebenfalls nur zischelnd, „wenn die preußischen Junker alle von dem Holze geschnitten sind, dann kann sich der Preußenkönig Glück wünschen."

Die fernere Unterhaltung der beiden Sicherheitsorgane wurde vom Pfeifen der Maschine verschlungen. Der Zug hatte sich in Bewegung gesetzt, und stramm, trotz meiner Krücken, salutirte ich den am Wagenfenster stehenden Monarchen. —

Das war mein erstes Zusammensein mit dem heutigen Reichskanzler und Fürsten. Es wird mir immer unvergessen bleiben wegen der räthselhaften Aeußerung desselben und wegen des scharfen Blickes der Hamburger Polizei= beamten, die an dem „preußischen Junker" längst die Eisenhand erkannt hatten, mit der er das deutsche Vaterland zu neuer Herrlichkeit führen sollte."

26. Juli 1864. Wien. Zum Mittagessen bei dem amerikanischen Gesandten daselbst, John Motley, zu welchem noch der preußische Gesandte daselbst, Baron von Werther geladen war.

Motley schreibt darüber am 27. Juli an seine Mutter[1]):

„Bismarck ist jetzt preußischer Premierminister und gegenwärtig hier wegen der Verhandlungen über einen Friedensschluß mit Dänemark. Wir waren in unserer Jugend sehr intim und haben die Verbindung immer aufrecht erhalten, nachdem wir unsere alte Freundschaft vor sechs Jahren in Frankfurt, wo er preußischer Gesandter bei der Bundesversammlung war, erneuert hatten. Er bat, da Niemand außer Werther anwesend war, wir möchten von alten Zeiten sprechen und wieder jung mit einander sein. Sage Lily, er habe sehr be= dauert, sie hier nicht anzutreffen, da er so viel Lobenswerthes über sie von Baron Werther und Anderen gehört habe. Ich bedauere es auch außerordentlich. Lily wird Dir Alles über ihn in politischer Beziehung erzählen. Er ist ein ebenso aufrichtiger und entschiedener Monarchist und Absolutist, wie ich ein Republikaner bin."

Am 16. August 1864 schreibt Motley aus demselben Anlaß an seine älteste Tochter[2]):

„Das Einzige, was Bewegung in die stille Oberfläche unseres Daseins brachte, war das Erscheinen des wackeren Bismarck. Deine Mutter hat Dir schon von ihm erzählt und es war für mich das größte Vergnügen, ihn wieder zu sehen. Er und Werther speisten bei uns eines Tags en famille, und wir tranken dabei drei Flaschen Klaret (doch nicht Jeder); aber wir saßen bis nach halb neun Uhr bei Tisch, zum großen Schrecken der Diener; denn welcher

---

[1]) The correspondence of Motley. Bd. II. S. 166.
[2]) The correspondence of Motley. Bd. II. S. 171.

wohlerzogene Dienstbote in Wien kann das Verweilen bei Tisch nach den Fingerschalen ertragen? Natürlich meldeten das „Fremdenblatt" und einige andere Zeitungen am nächsten Morgen, daß „Sir Motley", der amerikanische Gesandte, dem Minister Bismarck, dem Grafen Rechberg, dem dänischen Be= vollmächtigten und einer Reihe anderer Gäste, von denen ich die meisten gar nicht persönlich kenne, ein „Galadiner" gegeben habe. Als Revanche gaben wir, wie Dir, glaube ich, Deine Mutter mitgetheilt hat, drei Tage später ein Diner von zwölf Gedecken und die Zeitungen meldeten am nächsten Morgen gewissenhaft, Baron Werther habe Bismarck zu Ehren ein Galadiner gegeben, und fügten ein Verzeichniß der Eingeladenen hinzu, von denen kein Einziger dabei gewesen war."

25. August 1864. Kettenhof bei Wien. Zum Diner bei dem österreichi= schen Minister des Auswärtigen Grafen Rechberg. (Kettenhof, etwa 1 Stunde von Wien, war gewählt worden, weil bei einem Diner in Wien Graf Rechberg Herrn von Bismarck nicht den ersten Platz in Gegenwart der in Wien accreditirten Botschafter hätte einräumen können.) Nach Tisch plauderte Bismarck in der Nische eines Fensters, seine Cigarre rauchend, mit einem kleinen Kreise, worunter sich der Wirth nicht befand, über den beendeten Krieg der deutschen Großmächte gegen Dänemark. Der preußische Minister äußerte sich in gemäßigter Weise, ohne irgend sich glorificiren zu wollen, und er gab gerne zu, daß die Lorbeeren von Düppel in zu starker und zahlreicher Gesellschaft gepflückt worden seien, als daß man sich darauf viel zu gute thun könne. Er sprach vom Kriege mehr, um denselben zu expliciren, fast um sich zu entschuldigen; denn es umstanden ihn in diesem Augenblick fast nur nichtdeutsche Diplomaten. Er bedauerte den Krieg, und indem er sich über eine Lösung der Sache freute, welche Europa das Schauspiel der Allianz der beiden deutschen Großmächte gegeben hatte, setzte er auseinander, wie eine wahrhaft freundliche und unparteiische Intervention höchst wahrscheinlich eine friedliche Lösung hätte herbeiführen können.

„Die Beschwerden des Bundes über Dänemark — sagte Bismarck — konnten, wiewohl sie sehr alten Datums waren, dennoch leicht auf friedlichem Wege erledigt werden; und es ist sehr wahrscheinlich, daß daraus niemals ein Krieg entstanden wäre, wenn es sich um Beziehungen eines Staates zu einem anderen gehandelt hätte. Zum Unglück für Dänemark gehörte das streitige Gebiet zum deutschen Bunde, d. h. zu einer Vereinigung, in welcher die Ver= antwortlichkeit getheilt war und ganz verschwand, und in welcher Jeder lauter schreien wollte als sein Nachbar; und der Kriegseifer der Kleinstaaten Deutsch= lands war um so mehr entflammt, als sie vollkommen fühlten, daß die Last des Krieges im gegebenen Augenblick ausschließlich auf die beiden großen Bundes= genossen zurückfallen würde. In Bezug auf Ruhm, nationale Begeisterung und deutsche Entschließungen träumten und sprachen sie von der Gleichheit der Bundesverhältnisse; in Bezug auf den Krieg und die Lasten ließen sie Unter= schiede zu; daher die Aufwallung Klein=Deutschlands und die verhältnißmäßige

Zurückhaltung der beiden Großmächte im Beginn des Konflikts. Wäre in diesem Augenblick eine einsichtsvolle und nachdrückliche Intervention erfolgt, so wäre es vielleicht möglich gewesen, den Krieg zu vermeiden."

Nun wäre diese Intervention nicht in wirksamer Weise erfolgt, und die Lage durch die Rivalität der beiden großen Bundesgenossen allmählich ver= wickelter geworden. Einer von beiden, Preußen, welches das, was die Deutschen damals nationale Begeisterung nannten, nicht empfand, hatte den Gedanken gehabt, die Vortheile jener Stimmung zu benutzen und Arm und Degen für das gemeinsame Vaterland zu bieten. Sogleich war Oesterreich in die Linie eingetreten, und da keine von den beiden deutschen Großmächten der anderen das ausschließliche Vorrecht, allein gegen Dänemark für den Bund zu kämpfen, überlassen wollte, so hätten sie sich zum gemeinsamen Kampfe gegen Däne= mark verbunden.

Alle diese Umstände waren den Zuhörern, welche den preußischen Minister umstanden, vollkommen bekannt. Er wußte dies selbst sehr wohl, so daß, wenn er sich so den Anschein, als ob er ganz frei und ungezwungen spreche, gab, er absolut nichts riskirte und sich in keiner Weise bloßstellte.

Im Laufe des Gesprächs bemerkte einer der Theilnehmer, daß Rußland vielleicht mehr als jede andere Macht mit Erfolg hätte interveniren können, denn die russische Regierung war in Folge ihrer Beziehungen zu Dänemark und Preußen vollkommen in der Lage, auf beide einen heilsamen Einfluß auszuüben. Ohne Zweifel, äußerte ein Anderer, und dieser Einfluß wäre auch sicherlich benutzt worden, wenn es sich nur um Preußen und Dänemark gehandelt hätte, aber es handelte sich um Deutschland, und die russische Kanzlei hält sich gern von Allem, was Deutschland betrifft, fern. Der Kanzler ist, sagt man, antideutsch aus Prinzip, aus Politik, und selbst ein wenig wegen persönlicher Erfahrungen. Man erzählte, daß er nach einem Aufenthalte in Wien als Minister oder Geschäftsträger in seiner Jugend diese Residenzstadt wenig befriedigt über die ihm zu Theil gewordene Aufnahme verlassen habe, und daß diese üble Erinnerung seitdem auf seine Stimmung gegen die Deutschen nachtheilig eingewirkt habe.

Bei diesen Worten wurde Bismarck unruhig, wie wenn er persönlich interpellirt worden wäre.

„Aber, ich sehe nicht ein — sagte er — inwiefern die einem Vertreter Ruß= lands in Wien zu Theil gewordene Aufnahme auf die Gesinnungen desselben in Bezug auf Deutschland von Einfluß sein kann. Wir in Berlin betrachten Wien zur Zeit als eine nichtdeutsche Stadt, und was in Wien vorgeht, als außer Beziehung zu Deutschland stehend. Ich weiß wohl, daß die Stadt Wien eigentlich auf deutschem Gebiet liegt, aber sie ist die Hauptstadt eines nicht= deutschen Reichs, und ich lege dagegen Verwahrung ein, daß man uns Deutsche dafür mithaftbar macht, was in Wien geschieht." Indem er sich mit einem etwas ironischen Lächeln abwandte: „Ich fürchte, daß der Ort schlecht gewählt ist, um Ihnen dieses Glaubensbekenntniß abzulegen; aber, glauben Sie, man gewinnt nichts, wenn man seine Augen den offenkundigen Thatsachen verschließt; es ist angenscheinlich, daß die österreichische Monarchie wenig deutsch ist, wenn man die Zahl der deutschen Provinzen derselben mit derjenigen der nichtdeutschen vergleicht. Sie thäte also viel besser, sich auf ihre wirkliche Kraft, welche in dem Bunde ihrer zahlreichen Völkerschaften beruht, zu stützen, als dem Traume einer Oberherrschaft in Deutschland nachzulaufen, welche wir derselben streitig machen und auf welche sie keinen Anspruch hat. Was deutlich ist, wird früher oder später zu Deutschland zurückkehren, das ist unvermeidlich. Es ist nicht schwieriger, Wien von Berlin aus zu regieren, wie Pest von Wien aus. Es würde sogar leichter sein."

Diese Worte, von denen unser Gewährsmann[1]) behauptet, daß sie wortgetreu seien, was zum Mindesten bezweifelt werden darf, machten, wie man wohl denken kann, auf alle, welche den preußischen Minister umstanden, gewaltigen Eindruck. Ein entstehendes kurzes Schweigen benutzte Bismarck, um die Fensternische zu verlassen und sich unter die anderen Gruppen in dem sehr finster gewordenen Salon zu mischen.

Einige Augenblicke später hörte man seine Stimme von Neuem erschallen, er nahm in fröhlichem Tone von dem Gastgeber Abschied, um nach Wien zurückzukehren. Eine Viertelstunde später setzten sich alle übrigen Gäste auf demselben staubigen Wege staffelförmig in Bewegung.

Dieses Gastmahl war, vergessen wir es nicht, zur Zeit der engen Verbindung Oesterreichs mit Preußen gegeben worden. Zwei Jahre später, an gleichem Datum, befanden sich Oesterreich und Preußen im Kriege.

Mitte November 1864. Berlin. Zum Thee bei dem Gymnasial-Direktor Dr. Bonnell, bei dem Bismarck sich im Jahre 1831 in Pension befand. Bonnell hatte dem Ministerpräsidenten zu der Verleihung des Schwarzen Adler-Ordens am 14. November 1864 schriftlich seinen Glückwunsch ausgesprochen und Bismarck stattete seinem ehemaligen Lehrer persönlich seinen Dank ab. Mit Bonnell's Familie am Theetisch sitzend, erzählte er viel von Biarritz, wo er sich sehr wohlgefallen, berührte flüchtig die zahlreichen Drohbriefe und Mordanschläge, mit denen er inkommodirt werde, die er aber verachte, weil noch niemals eine Partei Vortheil aus dem politischen Mord gezogen habe, dann aber erzählte er von einem Traume, den er in Biarritz gehabt. In diesem Traume sei er auf einem Gebirgspfade in die Höhe gestiegen, der immer enger geworden sei, bis er endlich vor einer hohen Wand gestanden und neben sich in einen tiefen Abgrund geblickt habe. Einen Augenblick habe er überlegt, ob er umkehren solle, dann habe er sich entschlossen und mit seiner Gerte einen Schlag gegen die Wand geführt, augenblicklich sei diese verschwunden und der Weg frei gewesen. Nachdem er noch Manches aus alter und neuer Zeit gesprochen, stand er auf und sagte: „Jetzt muß ich gehen, sonst beunruhigt sich meine Frau wieder!"

4. Oktober 1865. Paris. Zum Diner auf der preußischen Gesandtschaft,

---

[1]) Andreas Memor (Gramont: L'Allemagne nouvelle, S. 146 f.

Anwesend war noch der französische Minister Trouyn de Lhuys und mehrere Mitglieder der Diplomatie.

5. Oktober 1865. Biarritz. Zum Dejeuner bei dem Kaiser Napoleon, bei welcher Gelegenheit letzterer sich lebhaft nach der Richtung erkundigte, welche Preußen Angesichts der Wirren in den Donaufürstenthümern einhalten würde [1]. Die Aussicht, daß diese Länder dermaleinst dazu dienen könnten, Oesterreich für Venetien zu entschädigen, ließ sich besonders im Hinblick auf bestimmte Andeutungen, welche der französische Geschäftsträger Lefebvre in Berlin Herrn von Bismarck früher gegeben, im Hintergrunde erkennen. Bismarck entgegnete, daß Preußens direktes Interesse an dem Schicksal der Donaufürstenthümer bisher nicht über die Sicherstellung des deutschen Verkehrs in denselben hinausgehe, und daß Preußens Mitwirkung zu etwaiger Neugestaltung der Zukunft jener Länder durch die Nothwendigkeit bedingt sei, mit Rußland über eine für Preußen verhältnißmäßig weniger wichtige Frage nicht in Verwicklungen zu gerathen. Die Zuverläßigkeit der freundschaftlichen Verhältnisse Preußens zu Rußland, und die Bedeutsamkeit der nachbarlichen Beziehungen machten es Preußen zur Pflicht, das seit lange zwischen beiden Höfen bestehende Vertrauen nicht zu untergraben. Der Kaiser schien der Wahrheit dieser Bemerkung Gerechtigkeit widerfahren zu lassen.

Er entwickelte ferner das Interesse, welches Europa daran habe, die Quelle ansteckender Krankheiten zu verstopfen, welche, wie gegenwärtig die Cholera, ihren Ursprung aus den Wallfahrten nach Mekka entnähmen und sich durch die heimkehrenden Pilger dem Westen mittheilen. Der Kaiser Napoleon glaubte, daß durch gemeinsame Schritte der europäischen Mächte Gefahren dieser Art erheblich vermindert werden könnten, und sprach die Hoffnung aus, daß Preußen geneigt sein würde, hierzu mitzuwirken. Obschon Bismarck die Gefahr nicht verkannte, daß durch Eingriffe in die Wallfahrtsangelegenheiten der Fanatismus der Muhamedaner erregt und der Orient, absichtlich oder unabsichtlich, in Aufruhr versetzt werden kann, so glaubte derselbe doch in allgemeinen Worten die Ueberzeugung aussprechen zu sollen, daß Preußen sich bei jedem Werke der Zivilisation in jener Richtung bereitwillig betheiligen würde, so weit dasselbe in der Lage sei, einen Einfluß in diesen entfernteren Gegenden zu üben.

5. November 1865. Paris. Diner zu Ehren Bismard's im Ministerium des Auswärtigen, an welchem Graf von der Goltz, Rouher, Behic, Raudon, General Fleury und andere Notabilitäten des Hofes theilnahmen.

„Wie man sieht, hat Herr von Bismarck seinen dreitägigen Aufenthalt in Paris vortrefflich angewandt!" [2] bemerkte die „France" zu dieser Mittheilung und fügte hinzu, daß Graf Bismard am folgenden Tage früh die direkte Rückreise nach Berlin antreten werde.

---

[1] v. Sybel: „Die Gründung des Teutschen Reichs". Bd. IV. S. 213—221.

[2] Dem »Mémorial diplomatique« zufolge hatte sich Bismard auf der Reise von

24

10. März 1866. Berlin. Zum Mittagessen bei dem sächsischen Ge=
sandten Grafen Hohenthal. Im Laufe der Unterhaltung frug die Gräfin
Hohenthal den neben ihr sitzenden preußischen Ministerpräsidenten: „Sagen
Sie mir doch, Excellenz, ist es wirklich wahr, daß Sie Oesterreich bekriegen
und Sachsen erobern wollen?" Bismarck erwiderte mit größter Freundlich=
keit: „Ganz gewiß ist das wahr, theuerste Gräfin; vom ersten Tage meines
Ministeriums an habe ich keinen anderen Gedanken gehabt; unsere Kanonen
sind heute gegossen, und Sie sollen bald sehen, wie sie der österreichischen
Artillerie überlegen sind." — „Entsetzlich!" rief die Dame; „aber — fuhr sie
fort — dann geben Sie mir einen Freundesrath, da Sie einmal in offen=
herziger Laune sind: ich habe zwei Besitzungen, auf welche soll ich mich
flüchten, auf mein Gut in Böhmen oder auf mein Schloß bei Leipzig?" —
„Wenn Sie mir glauben wollen — antwortete Bismarck — reisen Sie nicht
nach Böhmen; eben dort, und wenn ich nicht irre, gerade in der Nähe Ihres
Gutes, werden wir die Oesterreicher schlagen; Sie könnten dort also schreck=
liche Abenteuer erleben. Gehen Sie ruhig nach Sachsen; bei Leipzig wird
nichts vorfallen, und Sie werden nicht einmal durch Einquartierung belästigt
werden, denn Ihr Schloß Knauthayn liegt an keiner Etappenstraße[1])."

Als bald nachher Bismarck von anderen Diplomaten über diese Aeußerung
besorglich interpellirt wurde, lachte er, daß man von der Verspottung einer
unpassenden Frage Notiz nähme. Herr von Beust aber nahm, in Erinnerung
an seine langjährige Feindseligkeit gegen Preußens Politik, die Sache äußerst
ernsthaft, sandte die wichtige Enthüllung nach Wien, rief Oesterreichs mäch=
tigen Schutz an und erklärte, daß, wenn Oesterreich jetzt rüste, sämmtliche
Mittelstaaten fest zu ihm stehen, anderen Falls aber der Freundschaft Oester=
reichs für immer den Rücken kehren würden.

17. März 1866. Berlin. Zum Diner bei dem italienischen Gesandten
Grafen Barral, welchem der vornehmste Theil des diplomatischen Korps und
der italienische General Govone beiwohnte[2]). Bei dieser Gelegenheit unterhielt
Graf Bismarck den General Govone aufs Neue von der gegenseitigen Nützlich=
keit eines Allianz=Tractats zwischen Italien und Preußen. Bismarck sagte zu
Govone, die Nachrichten, die er im Laufe des Tages erhalten habe, zeigten,
daß bis jetzt noch nichts den Wiener Hof so sehr erbittert habe, als der Verdacht
von Unterhandlungen mit Italien: er fügte bei, daß auf diese Weise, wenn
Preußen seine Schiffe noch nicht verbrannt habe, sie doch schon brennen, daß er
(Govone) dem vorgeschlagenen Tractate volles Vertrauen entgegen bringen könne,

---

Biarritz nach Paris in Bordeaux aufgehalten, um die auf Kosten der preußischen Regierung
bei Arman bestellten und in der Arbeit begriffenen Kriegsschiffe zu besichtigen.

[1]) Rothan: La politique française en 1866, S. 112, nach einer Mittheilung des Grafen
Hohenthal selbst.

[2]) La Marmora: Un peu plus de lumière sur les événements politiques et militaires de l'année 1866. Diese Quelle ist bekanntlich mit großer Vorsicht zu benutzen.

denn Se. Majestät der König Wilhelm sei ohne Zweifel der letzte Souverain in Europa, welcher von einer übernommenen Verpflichtung zurücktrete. Auch — fügte Bismarck bei — sei es augenscheinlich, daß die italienische Frage viel reifer sei, als die deutsche, und es wäre vielleicht auch passender, daß die erste Bewegung, um Feuer ans Pulverfaß zu legen, von Italien ausginge; und hier sprach er von Freikorps, die man nach Venedig werfen könnte u. s. w. Govone antwortete, Italien sei in diesem Augenblicke hierzu nicht geneigt. Die im höchsten Grade verständige und richtige öffentliche Meinung sei ganz darauf gerichtet, die administrative und finanzielle Ordnung des Landes zu vollenden, da sie wohl wisse, daß, wenn diese beendigt sei, die anderen politischen Fragen sich von selbst lösen würden; die öffentliche Meinung würde aber ohne Zweifel eine günstige und unvorhergesehene Gelegenheit, die venetianische Frage früher zu lösen, gut aufnehmen, und unter diesem Gesichtspunkte habe der italienische Ministerpräsident La Marmora ihn, Govone, nach Berlin gesendet, da er geglaubt habe, Preußen sei zum Kriege geneigt; aber Italien fühle zu sehr, daß es nicht passend wäre, etwas zu überstürzen, als daß die Regierung es klug finden könnte, eine Initiative von der Natur, wie Bismarck sie vorgeschlagen, zu übernehmen.

Darauf sagte Graf Bismarck: „Aber Sie können ja warten, die Finanzen zwingen Sie nicht, eine Lösung zu überstürzen, und Sie können sich mit uns vereinigen, um nach dem Programm, das ich Ihnen entwickelt habe, binnen sechs Monaten gemeinsam vorzugehen." Govone erwiderte, daß man daran sei, den Stand der Finanzen zu verbessern. Die Annahme, daß Italien durch den Stand seiner Finanzen fortgerissen werden könnte, eine Lösung zu beschleunigen, sei unzutreffend.

„Aber ich glaube — setzte der General Govone hinzu — daß die Regierung von Florenz sich weigern würde, zu warten und inzwischen Verpflichtungen für entfernte Eventualitäten Preußen gegenüber zu übernehmen, denn es könnte der Fall eintreten, daß Italien später, um der Heiligkeit eines Vertrages treu zu bleiben, andere Interessen opfern müßte. Denken Ew. Exzellenz z. B. an die Möglichkeit, daß binnen sechs Monaten die Verhältnisse uns der römischen Frage gegenüberstellen würden, und Sie werden die Berechtigung unserer Bedenken einsehen."

Drei Wochen nach diesem ernsten Gespräche (8. April 1866) wurde das Bündniß zwischen Italien und Preußen unterzeichnet, und am 23. Juni überschritten die ersten Preußen die böhmische Grenze.

7. Mai 1866[1]). Familiendiner, zu welchem einige Freunde des Hauses geladen waren. Als Bismarck Nachmittags bald nach fünf Uhr von dem Vortrage beim König zurückkehrend zu Fuß die Linden heraufkam, fand ungefähr der russischen Gesandtschaft gegenüber das Blind'sche Attentat auf ihn statt. Blind hatte drei Schüsse auf den Ministerpräsidenten abgegeben, von denen

---

[1]) Wenn ein anderer Ort nicht angegeben ist, so ist stets Berlin gemeint.

eine Kugel — wie sich später herausstellte — ihn in der Seite gestreift hatte[1]). Bismarck überwand rasch das Gefühl der Schwäche, das ihm in Folge der Erschütterung des Rückgrats durch die getroffene Rippe auf einen Moment angekommen, er übergab den Verbrecher, den er mit eiserner Faust fest= gehalten, Offizieren und Mannschaften vom ersten Bataillon des zweiten Garde=Regiments zu Fuß, welches eben die Straße herunter marschirt kam, und schritt seinem Hotel in der Wilhelmstraße zu, welches er erreichte, bevor die Kunde von dem Attentat dahin gedrungen war.

Es war in der Zeit vor dem Kriege gegen Oesterreich nichts Ungewöhn= liches, daß der Ministerpräsident länger als sonst bei dem König blieb, so daß häufig das für fünf Uhr bestimmte Diner um eine halbe Stunde und länger hinausgeschoben werden mußte. So überraschte es denn auch an jenem Tage nicht, daß der Minister später erschien. Niemand im Hause hatte auch nur eine Ahnung von dem meuchlerischen Mordanfall unter den Linden und von der wunderbaren Rettung des Hausherrn. Es war eine kleine Gesellschaft im Salon der Frau von Bismarck versammelt, die den Ministerpräsidenten er= wartete; dieser trat endlich ein, Niemand merkte ihm irgend welche Unruhe oder Aufregung an, nur schien es Einigen, als ob er freundlicher noch als sonst grüßte. Mit den Worten: „Ei! wie eine liebe Gesellschaft!" nahm er seinen Weg nach seinem Arbeitszimmer, wo er in der Regel noch einige Minuten verweilte, bevor er zu Tisch ging. Heute berichtete er kurz den Vorfall dem Könige. Darauf kam er zurück zu der Tischgesellschaft und sagte, wie er das häufig zu thun pflegte, wenn er sehr spät kam, in spaßhaft vorwurfsvollem Tone zu seiner Gemahlin: „Warum essen wir denn heute gar nicht?" Er näherte sich einer Dame, um dieselbe zu Tisch zu führen, da erst, beim Aus= gang aus dem Salon, trat er auf seine Gemahlin zu, küßte sie auf die Stirn und sprach: „Mein Kind! sie haben auf mich geschossen, aber es ist nichts!"

So zart und vorsichtig nun auch diese Mittheilung gemacht wurde, so malte sich doch begreiflicher Weise das Erschrecken auf allen Gesichtern, dann drängte sich Alles um Bismarck in Freude um die wunderbare Erhaltung. Dieser aber ließ sich nicht aufhalten, ging zum Speisesaal und saß nach dem kurzen Tischgebet vor seiner Suppe, die ihm um so trefflicher munden mochte, je weniger er, nach Menschengedanken, noch eine halbe Stunde zuvor ein Anrecht auf dieselbe zu haben schien. Der hinzugekommene Arzt sagte nachher, als man allerlei Theorien darüber aufstellte, wie das Attentat habe so unschädlich verlaufen können, mit Recht: „Meine Herren, es ist hier nur eine Erklärung, Gott hat seine Hand dazwischen gehabt!"

Es sollte überhaupt an jenem Tage ein vielfach unterbrochenes Diner sein. Noch vor 6 Uhr, also etwa eine halbe Stunde nach dem Mordanfall, kam der König, der selbst von seiner Suppe aufgestanden war, um seinen

---

[1]) Eine genaue Schilderung des Hergangs des Attentats findet sich in meinem Werke: „Fürst Bismarck und die Parlamentarier". 2. Auflage. S. 81 f.

Minister gleich zu beglückwünschen. Bismarck ging seinem Königlichen Herrn bis zur Treppe entgegen und blieb kurze Zeit mit ihm allein. Das mag wohl ein tiefbewegtes Wiedersehen gewesen sein für Beide, für den theuren Herrn, daß er seinem bewährten Diener noch die lebenswarme Hand drücken konnte, wie für den Minister, der zu jeder Stunde bereit, für seinen König zu sterben, sei es nun auf dem Schlachtfelde oder auf dem Straßenpflaster! Von Zeremoniell war im Ministerium des Auswärtigen an jenem Tage wenig die Rede. Kaum hatte sich der König entfernt, so erschienen nach einander die in Berlin anwesenden Prinzen des Königlichen Hauses, die sich mit an den Familientisch setzten und ein Glas Wein auf Bismarck's Wohl tranken. Die Gesellschaft wurde, je weiter sich die Kunde von dem Mordanfall verbreitete, immer größer; der greise Generalfeldmarschall Graf Wrangel gehörte zu den Ersten, welche herbeieilten, ihre Theilnahme auszusprechen. Generale, Minister, Gesandte, Freunde und Verehrer, ja auch politische Gegner drängten sich um den so wunderbar dem Vaterlande erhaltenen theuren Mann. Unten in dem Hausflur wimmelte es stundenlang von Männern aller Stände, welche als Zeichen ihrer Theilnahme ihre Namen in die ausgelegten Listen eintrugen[1]).

24. Mai 1866. Offizielles Diner bei dem englischen Botschafter in Berlin Lord August Loftus am Geburtstag der Königin von England.

In einer Unterhaltung mit Loftus über die Frage von Krieg und Frieden bemerkte Bismarck: „Weshalb war im Grunde Attila ein größerer Mann (a greater man) als Ihr Mr. John Bright? Er hat einen größeren Namen in der Geschichte zurückgelassen. Der Herzog von Wellington wird in der Geschichte bekannt sein als großer warrior und nicht als friedliebender Staatsmann."

5. Juni 1866. Der französische Publizist Vilbort bei Bismarck zu Tisch. Als sich derselbe bereits Tags vorher gegen Mitternacht nach einer längeren Unterredung von dem Ministerpräsidenten verabschiedete, ergriff Bismarck seine Hand und sagte: „Ich möchte Sie gerne wiedersehen und noch einmal mit Ihnen plaudern. Kommen Sie doch morgen zum Diner zu uns, das ist die einzige Stunde des Tages und der Nacht, wo ich mir selbst ein wenig angehöre; jetzt muß ich arbeiten, bis die Sonne meine Lampe auslöscht"[2]).

Bismarck würzte das Mahl mit dem attischen Salz unerschöpflicher Einfälle. Keine Sorge auf seiner Stirn oder in seinen Augen, und doch stand man im schrecklichsten Augenblick der Krise, der Krieg sollte am Tage darauf erklärt werden. Er unterhielt sich mit Vilbort von Frankreich, von Paris, selbst über den Ball Mabille, und ebenso, als wenn er am Abend vorher daran Theil genommen hätte. Das war ein ununterbrochener Strahl von seinen und beißenden Scherzen, der von seinen Lippen unter tausend pitteresken

---

[1]) Beispiel: „Das Buch vom Grafen Bismarck". S. 315.
[2]) Vergl. zum Folgenden: Vilbort: „Das Werk des Herrn von Bismarck".

Formen sprudelte; er lachte immer zuerst und von ganzem Herzen. Aber indem er sich abwechselnd seiner heiteren und seiner bitteren Stimmung hingab, überhörte er nicht ein Wort von dem, was um ihn gesprochen wurde.

Pariser Zeitungen, die denselben Morgen nach Berlin gekommen waren, zogen die Existenz des preußisch-italienischen Vertrages oder wenigstens die Gleichheit der Bedingungen dieses Bündnisses für Preußen und für Italien in Zweifel. Im Laufe der Unterhaltung hatte Wilbort darauf eine Anspielung gemacht, da er in der That ein großes Interesse daran hatte, über diesen Punkt etwas zu erfahren. Bismarck stellte sich zuerst taub, aber im Augenblicke, wo man sich von der Tafel erheben wollte, sagte er zu Wilbort: „Ich muß Ihnen jetzt noch das Dessert anbieten," und er zeigte Wilbort, mit dem Finger auf die einzelnen Klauseln hinweisend, den preußisch-italienischen Vertrag.

Diese Ungezwungenheit und diese joviale Laune in einem kritischen Augenblick machten einen um so tieferen Eindruck auf Wilbort, als in Wahrheit Bismarck nicht auf Rosen gebettet war. Erstlich hatte er unaufhörlich mit dem schwankenden Könige zu kämpfen. Er hatte den Kronprinzen gegen sich, der sich dem Kriege widersetzte und dessen parlamentarische Tendenzen keineswegs mit einer gewaltsamen Politik harmonirten. Unter seinen erklärten Gegnern zählten die Königin, die sich fern in Baden-Baden aufhielt, und die Königin-Wittwe, welche in Pillnitz bei der sächsischen Königsfamilie am Frieden arbeitete. So kam es, daß Bismarck den König Wilhelm immer von Neuem auf den Weg zurückbringen mußte, den er eingeschlagen hatte, er, der Staatsmann mit der Hartnäckigkeit, die unbeugsam ihr Ziel verfolgte und es erreichen wollte. Der Minister, sagte man in Berlin, muß jeden Morgen den Uhrmacher spielen, der die abgelaufene Uhr wieder aufzieht.

Ende Juni 1866. Ein alter Verehrer Bismarck's, welcher an einem der Tage, da die ersten Erfolge der preußischen Waffen nach Berlin kamen, von Bismarck zu Tisch geladen worden war, fand ihn frischer und kräftiger als je. Während des lebhaftesten Gesprächs kam die Nachricht, daß die telegraphische Verbindung mit Italien unterbrochen sei, Bismarck wendete sich an den Legationsrath von Keudell und sagte: „Lieber Keudell, geben Sie doch den Befehl, daß die Telegramme über London befördert werden sollen!" Dann fuhr er in seinem Gespräch fort. Gleich nach Tisch wurde General von Moltke gemeldet, Bismarck ging hinaus, kehrte aber nach etwa zehn Minuten ganz unbefangen zurück und lud seinen Gast ein, ihn in den Garten zu begleiten, obwohl anzunehmen, daß er in diesen zehn Minuten sicher die wichtigsten und folgenschwersten Verabredungen getroffen. Der General von Werder wurde gemeldet, wieder eine Unterredung; dann erzählte Bismarck im Garten, daß er an diesem Mittag, durch anhaltende Arbeit im höchsten Grade ermüdet, im Vorzimmer des Königs wartend, auf einem Sopha eingeschlafen sei. Er freute sich seines Gartens und stieg auf den Eiskeller, von dem er einen Blick ins Grüne der schönen, großen Gärten hinter dem Palais des Hotels der Wilhelmstraße hat.

7. August 1866. Theeabend bei Bismarck, bei welchem cirka zwanzig Personen, darunter der französische Journalist Vilbort, zugegen waren. Letzterer wollte sich von Bismarck verabschieden und befand sich gegen zehn Uhr Abends im Kabinet des Premierministers, als man Benedetti, den Gesandten Frankreichs, anmeldete. „Nehmen Sie eine Tasse Thee im Salon — sagte Bismarck zu Vilbort — ich stehe gleich zu Diensten." Zwei Stunden vergingen, es schlug Mitternacht, dann ein Uhr Morgens. Endlich erschien Bismarck mit heiterer Stirn, ein Lächeln auf den Lippen. Man nahm den Thee, man rauchte und trank Bier. Die Unterhaltung drehte sich in wechselweise leichtem oder ernstem Ton um Deutschland, Italien und Frankreich. Damals waren in Berlin Gerüchte über einen Krieg mit Frankreich im Umlaufe. Im Augenblicke des Aufbruchs sagte Vilbort zu Bismarck: „Wollen Sie mir gestatten, Excellenz, eine höchst indiskrete Frage an Sie zu richten: bringe ich den Frieden oder den Krieg mit nach Paris?" Bismarck erwiderte lebhaft: „Freundschaft, dauernde Freundschaft mit Frankreich! Ich lebe der festen Hoffnung, daß Frankreich und Preußen künftighin den Dualismus der Intelligenz und des Fortschritts bilden werden."

Tags darauf erhielt Vilbort von Herrn von Keudell einen Kommentar hierzu, indem Letzterer sagte:

„Ehe vierzehn Tage um sind, werden wir den Krieg am Rhein haben, wenn Frankreich auf seinen Gebietsforderungen besteht. Es verlangt von uns, was wir ihm weder geben können, noch geben wollen. Preußen wird nicht einen Zoll breit germanischen Bodens abtreten; wir könnten es nicht, ohne ganz Deutschland gegen uns zu empören, und wenn es sein muß, so wollen wir es doch lieber gegen Frankreich, als gegen uns empören"[1].

16. August 1866. Festdiner im Kroll'schen Lokale, welches die Stadt Berlin zu Ehren Bismarck's, Roon's und Moltke's veranstaltet hatte.

Das Komitee bestand aus dem Grafen Eberhard zu Stolberg, General von Brandt, Oberbürgermeister Seydel, stellvertretenden Stadtverordneten-vorsteher Halske, Geheimen Kommerzienrath Bleichröder, Kommerzienrath Voll-gold, Professor Steffeck, Oberbürgermeister Beyer, General-Landschaftsrath von Blanckenburg, Kommerzienrath Krause, Hotelbesitzer Krüger, Fabrikbesitzer Jos. Joach. Liebermann und Geheimen Regierungsrath Scabell.

Bei der Kürze der Zeit war es nicht möglich, die Listen zur Einzeichnung für die Theilnehmer an dem Festessen in weiterer Ausdehnung zu versenden, und es mußte deshalb durch die Zeitungen darauf verwiesen werden, daß sie an bestimmten Orten auslagen. Obschon dies nur zwei Tage lang geschehen konnte, waren dieselben doch bald mit Unterschriften bedeckt, und auf die erste Zeitungsnachricht gingen selbst telegraphische Bestellungen auf Converts aus weiter Ferne, so aus Bremen und Bordeaux ein. Die Betheiligung erfolgte

---

[1] Vilbort: „Das Werk des Herrn von Bismarck". S. 191 f.

aus allen gebildeten Kreisen Berlins ohne Beimischung einer politischen Partei=
färbung und war somit ein reiner Ausdruck der allgemeinen Anerkennung, die
den drei Männern gezollt wurde.

Der große Königssaal war in schöner und sinniger Weise dekorirt.

Um fünf Uhr begann das Konzert im Garten. Der Saal füllte sich mit
den Festgenossen, die Logen mit Damen, und bald bot das Ganze ein glänzend
belebtes Bild. Die Mitglieder des Komitees hielten sich im Rittersaal ver=
sammelt, um die drei Ehrengäste bei ihrem Eintreffen zu empfangen, was kurz
vor sechs Uhr geschah, unter den Klängen des Königgrätzer Marsches und dem
jubelnden Zuruf der ganzen Versammlung, wozu die Damen, mit den Tüchern
aus den Logen wehend, ihr Willkommen fügten. Sobald die Versammlung,
an achthundert Personen, ihre Sitze an Tischen eingenommen, begrüßte sie ein
Männer=Quartett des auf der Galerie placirten Orchesters mit dem „Gott grüße
Dich" von Mücke, worauf das Diner begann, während dessen unter Leitung
des Direktors Engel von der Kapelle und dem Opernpersonal der Bühne ab=
wechselnd ein Konzert ausgeführt wurde.

Den ersten Toast brachte, unter lautloser Stille der ganzen Versammlung,
der Präsident des Herrenhauses und Militär=Inspekteur der freiwilligen Kranken=
pflege, Eberhard Graf zu Stolberg=Wernigerode auf den König, den Kron=
prinzen, die Prinzen und das Königliche Haus in begeisterten, weithin tönenden
Worten.

Den zweiten Toast brachte der Oberbürgermeister der Hauptstadt, Geheimer
Rath Seydel auf die drei gefeierten Gäste mit nachstehenden Worten aus:
„Festlich hier versammelt, um dem Herrn Ministerpräsidenten Grafen von Bis=
marck, dem Herrn Kriegs= und Marineminister General von Roon, dem Herrn
Chef des Generalstabes der Armee General Freiherrn von Moltke nach ihrer
Rückkehr aus dem Feldlager unsere Verehrung und unseren Dank zu bezeugen,
folge ich dem mir gewordenen ehrenvollen Auftrage, wenn ich Sie auffordere,
auf das Wohl dieser Männer, die so fest zusammengestanden und so treu mit=
geholfen haben an dem großen Werke unseres Königlichen Herrn, ein gemein=
sames Glas zu leeren. Es giebt in dem Leben der Staaten Momente, die für
die ganze Zukunft ihre Geschicke entscheiden, für lange Zeit die Richtung ihres
Regens und Handelns bestimmen. Trügen nicht alle Zeichen, darf die Ver=
gangenheit für die Zukunft zeugen, so haben wir eben ein solches Stufenjahr
unseres öffentlichen Lebens angetreten, womit ein neues, ein höheres, ein reicheres
Leben von nun an für uns sich gestaltet. Diesen Moment, inhaltsschwer und
zukunftsreich, diesen bedeutungsvollen Wendepunkt unseres Volks= und Staats=
lebens herbeigeführt zu haben, durch Thaten kühn und groß, durch Thaten voll
gestaltender Kraft, voll bedingender Macht für alle kommende Entwickelung,
das ist nächst des Königs das Verdienst der Männer, die wir heute feiern.
Wir haben die gewaltige Kraft erkannt, die in unserem Volke, in diesem unserem
wunderbaren Staatsleben ruht, die nicht nur eine gebundene war, nicht nur

ahnungslos schlummerte, unversucht, unerkannt und sich selbst nicht kennend, sondern die auch ihr eigener Feind zu werden, die ohne Ziel und ohne Leitung in Richtungen zu schweifen drohte, in denen sie sich selbst zerstörte. Sie haben diese Kraft mit dem Blick des Genius erkannt, sie haben es verstanden, dieselbe in vollendeter Organisation zusammenzufassen, sie haben endlich es verstanden, sie, und zwar kühn, zu gebrauchen, sie in die Bahn des Ringens um große Ziele, um Ziele des Lebens und des Strebens werth, in die Bahn des Sieges zu lenken. (Beifall.) Und vor dem großen Werke, dem Ziele und dem Preis dieses gewaltigen Zeitkampfes und Sieges stehen wir fast noch wie in einem Traume befangen. Unternommen im Vertrauen auf die Kraft und die Treue des preußischen Volkes, unternommen zugleich in gerechter Abwehr und in hoher energievoller Auffassung von Preußens weltgeschichtlichem Beruf entspricht dies Werk, ohne das echt preußische Gepräge zu verleugnen, zugleich dem großen tiefgehenden Zuge im Geiste des deutschen Volkes, giebt es dem nationalen Gedanken, den Hoffnungen und Träumen der edelsten deutschen Männer Gestalt, Leben, gesicherte Zukunft. (Beifall.) Was auch in dem Entwickelungsgange des Völker- und Staaten-Treibens oder -Förderns sich regen oder wirken mag, die letzte vollendete Entscheidung ist dem hohen Geiste des Menschen übergeben, der mit kühnem Griff die lang gereiste Frucht bricht, der mit fester, nicht zuckender Hand die alte Form zerschlägt und der neuen andrängenden Ent-wickelung, dem neuen höheren Leben Raum schafft. (Lebhafter Beifall.) Wohl ziehen die gewaltig treibenden Wogen weitere und weitere Kreise und werden nicht sofort in wiedergewonnenem Gleichgewicht sich glätten; noch ist die große Stunde nicht abgelaufen, noch ringt der Tag mit dem Dunkel und die Waagschalen schwan-ken; was aber auch die Zukunft uns bringen, welche Arbeit, welche Gefahr aus ihr sich ergeben mag, Dank sei es den gefeierten Männern dieses Tages, wir fühlen festen Boden unter unseren Füßen und tragen guten Muth in unseren Herzen. (Beifall.) Preußens Volk und Staat ist zum Bewußtsein seiner Kraft gekommen, einem Jeden ist das engere Leben weniger werth geworden; über Alles werth aber das Vaterland, seine Macht, Ehre, seine Zukunft. (Beifall.) Und die Hundert-tausende der tapferen Söhne des Vaterlandes, die heimkehrenden Sieger, sie führen diesem stolzen Bewußtsein, dieser Opferfreudigkeit des Volkes Tausende und Tausende neuer Elemente echten nationalen Lebens zu gemeinsamer That zu. So bringen wir denn unseren Dank und unsere Verehrung dar zunächst dem Manne festen Herzens, klaren Blickes und erfindungsreichen Geistes, der, an das Steuer gestellt, stets die Zeichen der Zeit wohl beachtet, stets den rechten Moment erkannt, mit Energie erfaßt, mit dauernden Gedanken be-fruchtet und den höchst möglichen Erfolg kühn und bewußt ihm abgerungen hat. (Beifall.) Dem Mann dann, der es verstanden hat, die Volks- und Heereskraft Preußens zu fester, bewundernswerther, keinen Augenblick und an keiner Stelle versagender Schlagfertigkeit zu organisiren und sie mit echtem Kriegergeist zu erfüllen. (Beifall.) Dem Manne endlich, den der Volks- und Soldatenmund den „Schweiger" und den „Macher" nennt (lebhafter Beifall), den Repräsentanten und Exponenten der Intelligenz unseres preußischen Heeres (Beifall), der diesem unserem tapferen Heere die Bahn des Sieges mit sicherer Hand vorgezeichnet hat. (Beifall.) Zum Zeichen dieses Dankes, des Vertrauens, mit dem wir diese preußischen Männer auch in die kommenden Tage begleiten werden, sei es zu Tagen des Friedens und der Freiheit, sei es zu Tagen neuen, großen Kampfes, fordere ich Sie auf, die Gläser zu erheben und mit mir ein Hoch auszubringen, und zwar auf die historisch hergebrachten Namen ohne großen Titel, den Grafen von Bismarck, den General von Roon, den General Freiherrn von Moltke. Sie leben hoch und abermals hoch!"

Den Glanzpunkt des Festes bildete die Rede des Ministerpräsidenten, in welcher er die Begrüßung mit einem Hoch auf die Stadt Berlin beantwortete.

Die tiefste Stille verbreitete sich, als Graf Bismarck sich erhob und ungefähr Folgendes sprach:

„Erlauben Sie mir, meine Herren, daß ich wenige Worte des Dankes spreche, im Namen der beiden Herren Generale mir gegenüber und in meinem eigenen Namen, für die beredten Worte, mit denen der Herr Oberbürgermeister dieser Stadt mir gegenüber unserer Drei gedacht hat. Wir nehmen Ihren Dank, Ihre Wünsche, Ihre Anerkennung insoweit entgegen, als wir alle Drei der großen Körperschaft angehören, deren Gesundheit mein verehrter Herr Nachbar mir zur Rechten (General von Brandt) hier ausgebracht hat, dem preußischen Heere. Wir nehmen kein anderes Verdienst in Anspruch, als dasjenige dieser Körperschaft und ich nenne sie mit Stolz die erste der zivilisirten Welt, der wir an unserer Stelle angehören, ein Jeder nach der militärischen Ordnung, die uns angewiesen wird im Dienste des Königs. In diesem Sinne, meine Herren, danke ich Ihnen von Herzen aufrichtig, in meinem eigenen Namen und ich bin überzeugt, damit auch die Meinung der beiden hochgestellten Generale, die mir gegenüber sitzen, auszusprechen. Da es aber der Herr Oberbürgermeister dieser Stadt war, der Ihren Wünschen für uns Ausdruck gab, so lenkt sich der Gedanke ganz natürlich auf das große Gemeinwesen, in dessen Mitte wir uns hier befinden, dem wir durch mehr oder weniger enge und nahe Bande, sei es auch nur als vorübergehende Einwohner, angehören. Dies Berlin gilt im Ausland als der Preußen vertretende Typus. Wir müssen uns das gefallen lassen, aber wir können es uns auch gefallen lassen, denn ich wenigstens verlange nach Herz, Hand und Mund nicht besser vertreten zu werden. Was den Mund anbelangt, so brauche ich mich darüber nicht weiter auszulassen. Die Beredsamkeit, welche richtige Berliner Kinder nach jeder Richtung hin und in jeder Lage des Lebens entwickeln, ist zu bekannt, als daß ich darüber etwas zu sagen brauche. Aber auch die Hand hat alle meine Sympathien. Meine Herren, diese Hand ist fest und offen; sie ist fest auf dem Schlachtfelde, wo es gilt, dreinzuschlagen, das haben die Berliner Regimenter in allen Kriegen Preußens seit dem großen Kurfürsten bewiesen; sie ist offen für den Nothleidenden jeder Zeit, das haben die Lazarethe dieser Zeit, das hat eine jede Zeit bewiesen, wo irgend eine Noth das Land heimgejucht hat. Aber auch nicht blos Hand und Mund, auch das Herz fitzt auf dem rechten Fleck, das hat die Stadt jederzeit bewiesen, wenn es darauf ankam. Wenn das Vaterland in Gefahr und Noth war, dann bewies sie, daß unter der Glätte des Berliner Witzes ein tiefes und edles Leben saß, stets bereit, sich und sein Alles hinzugeben für den gemeinsamen Zweck, für König und Vaterland; dann sind stets alle Farben Eins gewesen in dem Gefühl, daß, wo das Vaterland in Gefahr, wo der König ruft, wir alle die Kinder eines Landes sind, und in diesem Gefühl ist uns diese Stadt Berlin, die ein bewegteres politisches Leben führt wie jede andere im Lande, stets mit dem höchsten Beispiele vorangegangen. Ich fordere Sie deshalb aus ganzem Herzen und aus ganzer Ueberzeugung auf, mit mir das Glas zu leeren auf das Wohl der Stadt Berlin. Sie lebe hoch! und abermals hoch!"

Der Beifall, der die Rede des Ministerpräsidenten oft unterbrach, brach am Schlusse aufs lebhafteste aus. Selbst die größten Demokraten jubelten nach dieser Rede dem großen Staatsmanne zu, und wer an dem Tage sah und hörte, der mußte glauben, daß Bismarck populär auch im gewöhnlichen Sinne des Wortes sei; der Enthusiasmus kannte keine Grenze mehr und die Gäste eilten von allen Seiten herbei, um mit ihm anzustoßen. Als sich der Sturm etwas gelegt hatte, sah man auch den Direktor Dr. Bonnell vom Friedrich-Werder'schen Gymnasium hervortreten.

Bismarck ergriff beide Hände seines ehemaligen Lehrers und dankte ihm aufs herzlichste für einen poetischen Gruß, den ihm dieser bei seiner Rückkehr gewidmet, scherzhaft bedauernd, daß er noch nicht Zeit gefunden habe, denselben in alcäischen Strophen zu erwidern. Der gegenüber sitzende Oberbürgermeister fragte, ob der Ministerpräsident auch seine Söhne auf dem Werder habe: „Jawohl — entgegnete Bismarck — und ich selbst bin ein Schüler Bonnell's gewesen!" Dann stellte er Allen seinen alten Lehrer in der herzlichsten Weise vor.

In größter Heiterkeit dauerte dann die Tafel bis gegen 10 Uhr fort, während draußen im Garten ein buntes Feuerwerk seine Raketen emporsandte und mit einer farbenprächtigen „Victoria!" schloß. Von der Tafel aus waren viele telegraphische Meldungen in ferne Gegenden, bis nach Amerika, gesendet worden.

Lange noch wogte die Zahl der Gäste — Damen und Herren — durch den illuminirten Garten und freute sich des schönen Festes, das durch nichts gestört war.

Ende Oktober 1866. Putbus auf Rügen. Diner beim Fürsten Putbus daselbst. (Geladen war u. A. auch ein verspäteter Badegast Rügens, Arnold Wellmer, welcher darüber schreibt[1]):

„Eine breite, mit Teppichen belegte Marmortreppe führt mich in das zweite Geschoß und in den großen Empfangsalon. Er ist noch leer. Ich habe Muße, mich umzusehen. Drei riesige Oelgemälde aus Rügens Geschichte schmückten die

---

[1] Gartenlaube. III. Jahrgang. 1867, Nr. 14.

Wände: Taufe des ersten Herrn zu Putbus — Gründung der ersten christlichen Kirche auf Rügen durch einen Putbus — Tod des letzten Herzogs von Pommern. Das Prachtstück des hohen weiten Saales ist jedoch der Marmorkamin. Er ist in Rom gearbeitet und stellt in vielen Figuren eine Eberjagd dar. Ein herrlicher Amor von Bissen, einem talentvollen Schüler Thorwaldsen's, erzählt von einer schaurigen Dezembernacht voll Sturm und Feuerswuth: Der Amor des Schülers kam mit einem Brandfleck am Fuße davon — Venus, Bacchus, Amor und Psyche des Meisters gingen für immer in den Flammen unter.

Ein Blick durch die hohen Bogenfenster — und ein wunderreiches Bild, reicher als alle Kunstwerke der Welt, ist wie mit einem Zauberschlage vor mir aufgerollt: eine Mondscheinlandschaft, wie ich sie noch nie gesehen! Ueber leise wogende Baumwipfel schau ich in die Ebene hinab, wo die weißen Dörfer mit einzelnen blinkenden Lichtlein wie im Traume daliegen — dort blitzt mein lieber Selliner See hinter dem Baumgrün hervor — und drüber hinaus dehnt sich weit, weit das flimmernde Meer! Doch was leuchtet da aus dem Meere plötzlich so grell auf? — jetzt ist es ein großes, rothes Licht — jetzt ein gelbes ... und nun verschwindet es auf Augenblicke ganz ...

Das ist der Leuchtthurm der kleinen Insel Oie!

Ich denke an die zwei Dutzend Menschen, die auf jenem Fleckchen Erde im Meere still dahinleben und nicht von den Wellen, nur von den Meereswogen umrauscht werden .... und schaue und sinne und träume.

Da öffnet sich hinter mir die Thür, ich wende mich um, einige Herren treten in den Salon. Das offene Gesicht meines gütigen und liebenswürdigen fürstlichen Wirthes zeigt, wie immer, Heiterkeit und Wohlwollen. Da fällt mein Auge auf den Herrn an seiner Seite — und bleibt wie gebannt haften. Ich erkenne ihn auf den ersten Blick, ich sah ihn aber noch nie so nah. Es ist ein hoher stattlicher Mann, schlank und doch kraftvoll gebaut. Die Haltung ist militärisch straff, aber noch immer voll jugendlicher Eleganz, obgleich sich schon dreiundfünfzig Jahre auf sie niedersenkten. Die Bewegung ist vornehm, kühn, und doch leicht und ungezwungen. Und auf dieser ritterlichen Figur sitzt ein Kopf, der sich schwer beschreiben läßt, ein Kopf, den man aber nie müde wird, anzuschauen, und den man sein Leben lang nicht wieder vergißt! Die gedankenreich gewölbte Stirn wird von spärlichem dunkelblondem Haar, schon grau gemischt, leicht umschattet. Ein starker Schnurrbart giebt dem sonst glatt rasirten Gesicht einen militärischen Beigeschmack. Das, wenn ich so sagen darf, etwas vorgebaute Auge ist klar und lebhaft, häufig von einem hellen Blitz durchzuckt, so daß es schwer fällt, seine Farbe zu erkennen. Die Gesichtsfarbe ist matt und von jener eigenthümlichen Blässe, die auf körperliche Leiden und arbeitsvoll durchwachte Nächte, Tage voll zehrender Gedanken und geistiger Anspannung schließen läßt. Die schmalen Lippen umspielt ein geistreiches Lächeln, in diesem Augenblick ein liebenswürdiges, harmlos heiteres Lächeln — aber ein Lächeln, dem man es ansieht, daß es nur eines leichten Juckens bedarf, um es zu einem ironisch vernichtenden zu machen.

Und dies Gesicht sieht älter aus — bedeutend älter, wie die Figur, zu der es gehört! Die Kleidung ist überaus schmucklos: ein dunkler Buckskinrock, eine gleiche Weste, graue Beinkleider — sie paßt aber zu der ganzen Erscheinung so gut, ja giebt der Figur etwas so jugendlich Frisches, fast burschikos Keckes, daß ich mir einbilde, der leichtfertige Frack an Stelle des derben Buckskinrocks würde meinem Auge wehe thun.

Und jetzt erschließt sich dies liebenswürdige Lächeln zu einem hellen, fröhlichen Lachen — nichts kann wohlthuender klingen . . . o, wie mich das freut, ihn — den Meister seiner Zeit, der aber an dieser Zeit schwer, wie der arme verzauberte Atlas am Himmelsgewölbe zu tragen hat, in diesem Augenblicke fröhlich zu sehen — ihn, der über seiner Riesenarbeit alle Rücksicht auf sein körperliches Wohl vergaß, der durch seinen Feuergeist den um sein Recht betrogenen Leib aufrecht erhielt und ihm erst nach errungenem Ziele erlaubte, müde und krank zu sein und in Rügens gesegneter Waldluft Genesung zu suchen — ihn, den Frankreich nicht ohne Neid den preußischen Richelieu nennt . . . Graf Otto von Bismarck!

Auf Einladung des Fürsten Putbus ist Graf Bismarck Anfangs Oktober nebst Familie nach Putbus übergesiedelt und bewohnt dort ein reizend am Park gelegenes fürstliches Gartenhaus, von dessen Terrasse man eine wunderbar schöne Aussicht auf das Meer und den üppigen Urwald der Insel Vilm hat. Dies Panorama erinnert lebhaft an den Blick auf den Golf von Neapel.

In dieser frischen Natur und grünen Einsamkeit lebt der Graf mit Frau und Tochter still und zurückgezogen, einfach wie ein schlichter Privatmann. Seine beiden Söhne, frische Gymnasiasten, sind am Schlusse der Herbstferien nach Berlin zurückgekehrt, Cicero und Horaz winkten gebieterisch.

Der Graf ist Patient, er bedarf der Ruhe. Er empfängt weder Korporationen noch Deputationen noch Ergebenheitsbesuche; die Gräfin vertritt den Vielgesuchten in liebenswürdigster Weise. In freundschaftlich geselligem Verkehr steht der Graf nur mit dem Fürsten und der Fürstin Putbus, die das nahe Jagdschloß bewohnen und Alles aufbieten, ihrem Gaste den Aufenthalt auf Rügen so angenehm und wohlthuend als möglich zu machen.

An schönen Tagen sieht man den Grafen im schmucklosesten Kostüme, den historischen gelbbraunen, vielbeuligen Kalabreser tief in die Stirn gedrückt, allein oder mit Frau und Tochter weite Spaziergänge durch den Park und an das Meer hinab machen.

. . . Und jetzt werde ich dem Grafen Bismarck vorgestellt. Seine Verbeugung ist vornehm und höflich, sein Gesicht freundlich ernst. Ein schneller, scharfer Blick aus den blitzenden Augen überfliegt mich, mir ist zu Muth, als bliebe diesem Augenblitz keine Falte meines Inneren verschlossen.

Der Graf redet mich an, seine Stimme klingt tief und ruhig; er sagt mir in der höflichsten Weise, daß er am Morgen auf dem Schloßteiche im Putbusser Parke schon fingerdickes Eis gesehen habe

Ich brachte glücklich hervor, daß ich in Sellin schon am 3. Oktober Eis gesehen habe.

Gutmüthig lächelnd sagte der Graf: „Ja, Rügen hat eigenthümliche Temperaturverhältnisse, durch die Kleinheit und Zerrissenheit der Insel in viele Halbinseln bedingt, indem das Meer, das ja stets von einer viel gleich= mäßigeren Temperatur ist, wie die Luft, überall tief in die Landeinschnitte eindringt und der Luft seine Temperatur mittheilt. Der Fürst sagt mir, daß es im Winter auf Rügen viel wärmer ist, wie bei uns in Berlin. Sie sind Badegast?"

„Ein eingefrorener, Excellenz!"

„Ich dachte schon, ich sei der letzte Badegast auf Rügen — jedenfalls werde ich aber wohl der letzte bleiben. Wenn ich hier auch jetzt keine See= bäder mehr nehmen kann, wie früher im Oktober und November in Biarritz, so erweisen sich mir doch die köstlich frischen Seeluftbäder von Putbus fast eben so sehr als „Bäder der Verjüngung", wie die Herbstseebäder von Biarritz. Ich hoffe, auch jetzt nicht zum letzten Mal in dem schönen Putbus zu sein, ich habe es in diesen wenigen Wochen sehr lieb gewonnen. Wenn ich wieder nach Rügen komme, geht es auch in die See hinein. Und wie ruhig kann ich hier in Putbus leben — wenn ich nach Biarritz gehe und dort zufällig mit IHM zu gleicher Zeit „Bäder der Verjüngung" nehme — wie entsetzlich schreit die liebe Welt immer gleich über hohe, geheimnißvolle Politik! Meine Spazier= gänge in dem selten schönen, naturfrischen Putbusser Parke, am Meeresstrande und in den nahen Wäldern thun mir sehr gut, vor Allem aber die friedliche Stille des grünen Oertchens, das mit seinen sauberen, weißen Häusern lebhaft an eine Herrenhuter Kolonie erinnert. Ich begreife nicht, daß das Badepublikum sich in letzter Zeit von seinem schönen früheren Lieblinge fern hält — doch mutabile semper femina — und bei Familienbadereisen hat die Frau doch stets die erste Stimme!"

„Excellenz haben bei Aufzählung der Schönheiten und Annehmlichkeiten von Putbus aber gerade eine Spezialität unseres Badeortes vergessen!" sagt ein Herr der Gesellschaft.

„Und die wäre?"

„Ein Briefträger für Liebende!"

„Ein Briefsteller für Liebende soll unter Umständen ein sehr nützliches Möbel sein, ich hab es nicht ausprobirt, postillons d'amour giebt es auch aller Orten — mit und ohne Uniform — aber Ihre Spezialität ist mir un= bekannt!"

„Da war über Sommer eine Russin hier im Bade, natürlich eine Gräfin, denn geringer thun es die Russen nicht. Die russische Gräfin hatte natürlich eine schöne Tochter, welche natürlich einen armen russischen Gardeoffizier von Herzen und mit Schmerzen liebt — und natürlich wollte es die Mutter nicht leiden. Die Tochter sagte zum Briefträger: „Für jeden Brief aus Peters= burg, den Sie direkt an mich abgeben, erhalten Sie einen Thaler." Die Mutter sagte zum Briefträger: „Für jeden Brief an meine Tochter, den Sie mir aushändigen, erhalten Sie zwei Thaler." Der Briefträger hat ein gutes Herz und erzählte der Tochter die Offerte der Mutter wieder — und sie zahlte ihm pro Brief drei Thaler Bestellgeld!"

„Wie unpraktisch doch alle Liebenden sind — andere nüchterne Leute rekommandiren wichtige Briefe ganz einfach. Für Ihren Briefträger für Liebende ist es aber ein großes Glück, daß er ein so gutes spekulatives Herz hat und sich bei den zwei Thalern der Mutter nicht beruhigte — sonst würde ihm doch Kollege Itzenplitz ein wenig aufs Dach steigen!"

Inzwischen sind die Damen in den Salon getreten. Neben der schönen und geistreichen jungen Schloßherrin geht eine ältere Dame im einfachen, grauen Seidenkleide. Das schwarze, reiche Haar ist schlicht gescheitelt und ohne jeden Kopfputz. Das dunkle Auge blickt mit heiterem Lebensernste ruhig klar umher, auf dem bescheidenen Gesichte ruht ein gewinnender Zug von Wohl= wollen und hausmütterlichem Wohlthun, verbunden mit Geist und Charakter. Eine thatkräftige Tüchtigkeit im Denken und Handeln spricht trotz aller Anspruchslosigkeit aus dem ganzen Auftreten der Dame.

Das ist die Gräfin Bismarck. Ihre Tochter, die Komtesse Marie Bismarck, ist eine junge Dame von kaum achtzehn Jahren, mit weichen Zügen und stillen, dunklen Augen.

„Es ist servirt!" — Die kleine Gesellschaft tritt in den mit Porzellan getäfelten und mit alterthümlichem reichen Geschirr auf dem Büffet ge= schmückten Speisesaal. Schnell und zwanglos nimmt jeder Platz, wo er ihn findet.

Das Diner wird mit Austern eröffnet. Es ist ein Vergnügen, zu sehen, mit welcher Eleganz und Praxis Graf Bismarck seine Austern schlürft. Die Gräfin läßt ihren Teller unberührt stehen.

„So gut wurde es uns nicht in Böhmen, meine Herren! — sagt der Graf heiter zu einigen Offizieren der Gesellschaft — da fehlte uns oft das liebe Stückchen Brot oder Fleisch, oder gar alles beides!"

„Excellenz, dafür waren wir im Kriege und in Feindes Land. Ein wunderliches Mittagsmahl werde ich übrigens nie vergessen. Es war nach der Schlacht von Münchengrätz und wir hatten uns redlich müde und hungrig geschlagen, und was gabs da zu essen? Trockene ungesalzene Kartoffeln und — Champagner!"

„Der König hat selber alles mit durchgemacht — sagt der Graf ernst — da wurden dem Soldaten Entbehrungen und Strapazen leicht! Ich war in der Schlacht von Königgrätz in der Suite des Königs, und gar oft waren wir mitten im Gewühl des Kampfes. Um Mittag trat eine momentane Windstille im Brausen der Schlacht ein, der Kronprinz wurde auf dem Schlachtfelde er= wartet — mit Sehnsucht erwartet. In dieser bangen Pause fragte der König seine Umgebung ob niemand etwas zu essen habe, ihn hungere. Der Reitknecht hatte etwas Wein, ein Offizier zog verschämt ein winziges Stückchen Wurst aus seiner Ledertasche, und freudestrahlend trat ein Soldat heran, ein Stück Kommisbrot in freier Faust. „Mein Sohn, hast Du denn selber schon zu Mittag gegessen?" fragte der König. „Nein, Majestät!" — So wollen wir ehrlich theilen!" Und der König brach das Stück Brot durch und reichte dem Soldaten die Hälfte. „Da nimm es nur; Dein König dankt Dir!" Nicht lange darauf rückte der Kronprinz mit seiner Armee heran, gerade zur rechten Zeit! Unsere plattdeutschen Soldaten nannten ihn fortan auch nur „Prinz taur rechten Tied!" Die Schlacht wüthete von Neuem. Der König, mit seiner Suite auf einem Hügel haltend, hatte seine ganze Aufmerksamkeit auf den Gang des Kampfes gerichtet und achtete nicht im geringsten auf die ihn dicht umsausenden Granaten. Auf meine wiederholte Bitte, Majestät möge sich nicht so rücksichtslos dem mörderischen Feuer aussetzen, erhielt ich die Königliche Antwort: „Der oberste Kriegsherr steht dort, wohin er gehört!" Erst später, als der König beim Dorfe Lipa persönlich das Vorgehen der Kavallerie befohlen hatte und die Granaten wieder um ihn herum niederfielen, wagte ich aufs Neue zu bitten: „Majestät, da Sie keine Rücksicht auf Ihre Person nehmen, so haben Sie wenigstens Mitleid mit Ihrem Ministerpräsidenten, von dem Ihr getreues preußisches Volk seinen König fordern wird, im Namen dieses Volkes bitte ich: verlassen Sie diese gefährliche Stelle!" Da reichte mir der König die Hand: „Nun, Bismarck, so lassen Sie uns weiter reiten!" Der König wandte auch wirklich seine Rappstute „Sadowa", der er nach der Schlacht von Sadowa selbst diesen Namen gegeben hatte, und setzte sie in einen so langsamen Galopp, gerade, als wäre es ein Spazierritt die Linden hinunter in den Thiergarten. Da juckte es mir doch in Händen und Füßen — Sie Alle, und noch manche andere Leute, kennen ja den alten beißblütigen Bismarck — ich ritt meinen Dunkelfuchs dicht an die Sadowa heran und versetzte ihr einen kräftigen Stoß mit meiner Stiefelspitze; sie machte einen Satz vorwärts und der König blickte sich verwundert um. Ich glaube, er hat es gemerkt, aber er sagte nichts."

„Führten Excellenz während des Krieges einen Revolver bei sich?"

„Nein, ich habe ihn auch nur ein Mal mit wirklichem Bedauern vermißt. Es war gleich nach der Schlacht von Königgrätz. Ich ritt einsam über das Leichenfeld, es war ein Anblick, um das Blut in den Adern erstarren zu lassen, grausig, blutig, unvergeßlich! Da sehe ich vor mir ein armes schönes Pferd, beide Hinterfüße sind ihm durch eine Granate fortgerissen. So stemmt es sich zitternd und jämmerlich wiehernd auf die Vorderfüße und schaut mich mit den großen nassen Augen wie hilfeflehend an: da wünschte ich mir eine Kugel, sie der armen Kreatur ins Herz zu jagen. Aber auch Bilder voll rührender Poesie und unwiderstehlicher Komik hatte das Schlachtfeld aufzuweisen. So sah ich noch während des Kampfes einen blutjungen Offizier, bleich und schön wie ein Schlafender, an einem Gartenzaun lehnen. Er war todt. Drinnen im Garten standen die Rosen in voller Blüthe. Ein Soldat brach sich soeben hastig eine Hand voll, dann stieg er über den Zaun und legte die Rosen dem jungen

Helden auf die Brust, wo die Uniform ein ganz kleines, rundes Loch zeigte. „Kennen Sie den Offizier?" fragte ich. „Nein, Herr Major," erwiderte er, „aber ich sah ihn kämpfen wie ein Löwe und fallen wie ein Lamm, da wollt ich ihn doch wenigstens vor den Pferdehufen schützen und trug ihn an den Zaun; meiner lieben Mutter haben wir auch einst Rosen mit in die Erde ge= geben!" schwang sich auf sein Pferd und stürmte wieder in den Kampf hinein."

„Lieber Graf, Sie sprachen auch von Komik auf dem Schlachtfelde?"

„Ja, Fürstin, ich habe wirklich trotz der ernsten Situation nie etwas Komischeres gesehen, wie den von der Berliner Garde=Artillerie aufgezogenen und mit ins Feld geführten riesigen Ziegenbock im wildesten Kugelregen an der Seite des Trompeters mit possirlichen Sätzen auf den Feind losstürmend! Die Oesterreicher sollen auch wahrhaftig geglaubt haben, in jenem Ziegenbocke stecke Herr Satanas, mit dem der arme Bismarck einen kleinen Privatpakt gegen die unüberwindliche eiserne Brigade gemacht habe!"

„Lieber Otto," sagt die Gräfin herzlich, „dies Gericht solltest Du lieber vorübergehen lassen, es thut Deinen kranken Magennerven augenblicklich nicht gut!"

„Meine Damen, ist Ihnen schon ein solches Prachtexemplar von gehor= samem Ehemanne vorgekommen?" und Graf Bismarck schiebt die Schüssel zurück.

„Da sind Sie also, liebe Gräfin, außer dem Könige die einzig Glück= liche, der unser eiserner Graf sich beugt!" sagt Fürst Putbus.

„O nein," lacht die Gräfin, „Otto beugt sich auch sonst noch Jemandem, wenn es nicht gut anders geht!"

„Und wer ist dieser Mächtige?"

„Rathen Sie, doch nein, Sie rathen es ja unmöglich, mein eiserner Mann gehorcht seinem — Koch!"

„Ja, was thut man nicht Alles, um nur im eigenen Hause Ruhe und Frieden zu haben, nachdem man den Krieg draußen gründlich gekostet hat!" sagt der Graf mit tragischem Gesicht. „Also, wir hatten gestern in unserer Villa Putbus ziemlich spät und wirklich recht solide gefrühstückt, kalten Hammel= braten und Sauerkraut; das Gericht hält bekanntlich eine Weile vor, und als unsere Dinerstunde da war, hatten wir Alle keinen Appetit. Ueberdies wollte ich gern noch vor dem Mittagessen ein angefangenes Schriftstück beenden. Der Koch schickt hinein, es sei angerichtet. Ich schicke hinaus: „Eine halbe Stunde warten!" Nach dieser halben Stunde läßt der Koch wieder ans Essen mahnen, ich lasse hinaussagen: „Noch keinen Hunger, eine halbe Stunde warten!" Das ist dem Premier meiner Küche aber zu viel, er läßt seinem Kollegen Premier brevi manu zurücksagen, er, der Premier Preußens, möge die Güte haben, jetzt mit oder ohne Hunger zu essen, er, der Premier der Küche, könne das Essen nicht länger genießbar erhalten — und der Kollege gehorchte!"

Einer der Tischgäste erzählte eine Geschichte, wie während des Krieges von 1866 ein Lieutenant von Schwanefeld sich des Auftrags entledigte, auf

einer böhmischen Eisenbahnstation für den französischen Botschafter Benedetti
ein gutes Souper bereit zu halten, das in ganz dünnem Thee ohne Rum,
Sahne ohne Zucker und einem Stückchen Kommisbrot bestand — die Setzeier
und das Stückchen Schinken waren von den Offizieren selbst gegessen worden.

„Ihr Lieutenant Schwanefeld in seiner Sorge um das Anbrennen der
Setzeier," sagte Graf Bismarck heiter und schüttete kleine Stückchen Eis in
seinen Champagner, „erinnert mich lebhaft an eine gute, alte Person, die sich
redlich um meine Knabenzeit verdient gemacht hat. Sie hieß Trine Neumann
und stammte von meinem väterlichen Gute Schönhausen in der Altmark. Als
mein Bruder und ich auf das Gymnasium kamen, wurde Trine Neumann uns
als Haushof-, Küchen-, Keller- und Sittenmeisterin von Hause mitgegeben.
Sie hatte uns Jungen herzlich lieb und that Alles, was sie uns an den Augen
absehen konnte. So machte sie uns zu Abend fast immer unser Leibgericht:
Eierkuchen! Wenn wir gegen Abend ausgingen, ermahnte Trine Neumann
uns regelmäßig: „Bliewt büt nich so lang ut, dat min Kauken nich afbacken!"
und regelmäßig, wenn wir endlich nach Hause kamen, hörten wir die gute
Trine schon von Weitem wie einen Rohrsperling schimpfen: „Dunnerwetter,
Jungens, ut Juch wat in'n Leben nir Vernünftigs — dei Kauken fünd all
wedder afbackt!" Und dies Thema wurde in allen möglichen Variationen zu
der Länge von Ciceros Philippika ausgesponnen, aber der Zorn der guten
Trine war immer bald verraucht, wenn sie sah, wie vortrefflich ihre „afbackten
Kauken" uns Jungen schmeckten!"

„Und wo blieb Trine Neumann?"

„Als wir ihrer milden Zucht und ihren Eierkuchen entwuchsen, ging sie
nach Schönhausen zurück, dort liegt sie nun schon längst unter dem grünen
Rasen! Gute Trine Neumann, wie würdest Du Dich gefreut haben, wenn
Du noch erlebt hättest, daß aus Deinem tollen Otto mit der Zeit doch noch
etwas leidlich „Vernünftigs" geworden ist!"

„Nach den Setzeiern Ihres Lieutenants von Schwanefeld zu schließen,
haben die Herren im Felde sich wirklich bedenklich hohe Aufgaben in der
edlen Kochkunst gestellt!" sagte die Gräfin Bismarck zu dem Offizier, der vorhin die Geschichte von dem verfehlten Souper des Herrn Benedetti erzählte.

„Wenn Excellenz . . ."

„Bitte, nennen Sie mich nicht Excellenz, das ist ein Titel, den ich für
mich durchaus nicht hübsch finde. Es giebt Leute, die mir, um ihre Sache
recht gut zu machen, die Excellenz wohl zehn Mal in einem Athemzuge ins
Gesicht werfen, und das hat mir die Excellenz recht herzlich verleidet. Am
liebsten höre ich mich Frau von Bismarck nennen, das erinnert mich so freundlich an eine stille, frohe Zeit, wo Otto und ich als bescheidene Landedelleute
an der Elbe auf unserem alten Schönhausen Muße hatten, einander und
unseren Dorfleuten zu leben — jetzt gehört mein Mann der ganzen Welt an!"

„Liebes Kind, die Zeiten von Schönhausen kehren uns, so Gott will, noch
einst wieder, wenn wir alt sind und die Welt uns nicht mehr gebrauchen

kann!" und Graf Bismarck nickte seiner Frau mit einem herzlichen Lächeln zu. „Wenn Du die Bedingung stellst, dann ist es mit Herrn und Frau von Bismarck auf Schönhausen für immer vorbei; Du wirst nie alt, so lange noch eine Faser an Dir lebt, und auch die wird die Welt noch gebrauchen! -- Doch Sie wollten von der Kochkunst im Felde erzählen!"

„Ich wollte nur bemerken, gnädige Gräfin, daß unser redliches, gastrosophisches Streben im Allgemeinen weit höher ging, als Eier und Speck in die Pfanne zu schlagen. Es ist wirklich erstaunlich, welch ein enormes Kochgenie die Offiziere zu Zeiten entwickelten und welche Ungeheuerlichkeiten von unmöglichen Beefsteaks, ragouts fins und halb oder ganz verbrannten Enten und Gänsen sie im Schweiße ihres Angesichts zu Stande brachten, als legten sie alle Abende Henriette Davidis oder den gastrosophischen Baron von Vaerst andächtig unter ihre Kopfkissen — nein, unter ihre Tornister, denn Kopfkissen gab es hin und wieder nur mal für Sonntagskinder."

„Auf Kopfkissen — fällt der Ministerpräsident ein — hätte ich um jeden ganz gerne verzichtet, wenn es nur immer eine leidlich reine Streu gegeben hätte. Das Stroh war aber bei dem riesigen Häckselappetite unserer Pferde ein zu kostbarer und gesuchter Artikel, als daß er für unsere Bequemlichkeit verwendet werden konnte. Die verwetterten böhmischen Matratzen, in der Mitte hoch, an den Seiten abschüssig und oben und unten zu kurz, machen mir noch jetzt Kreuzschmerzen, so oft ich daran denke. Ein Mal habe ich sogar auf offenem Markte kampirt. Ich komme nach der Schlacht von Königgrätz in finsterer Nacht mutterseelenallein in ein abscheuliches böhmisches Nest mit einem unaussprechlichen Namen. Den König hatte ich, auf ein hartes Sopha gebettet, verlassen. Alle Häuser sind dunkel und verschlossen. Ich klopfe an ein halbes Dutzend Thüren, zerklopfe ein Dutzend Fenster — keine Seele meldet sich. Da tappe ich durch einen Thorweg auf einen ungepflasterten Hof — plötzlich hört der Boden unter meinen Füßen auf, und ich ruhe ziemlich sanft auf einem Düngerhaufen. Mit der Weichheit meines Lagers hätte ich nun schon zufrieden sein können — aber an die Odeurs wollte sich meine Nase durchaus nicht so schnell gewöhnen. Ich rapple mich also wieder auf, komme auf die Straße und endlich auf den Marktplatz. Da steht so etwas von Säulenhalle — ob es jonische oder dorische oder böhmische Säulen waren, kann ich nicht verrathen, doch glaube ich das letztere. Ah! denke ich, Glückspilz, hier hast du noch wenigstens ein Dach über dem Kopfe — und strecke mich auf die bloßen Steine nieder. Da fühle ich nur zu deutlich, daß hier den Tag über schleppfüßiges Hornvieh gestanden hat — aber ich rücke und rühre mich nicht, so sehr hatte ich die Lust zu einer neuen Odyssee verloren. Ich war todtmüde und schlief bald wie ein Murmelthier. Und doch war dies noch nicht das schlechteste Nachtlager, das ich in Böhmen fand, — mit Grausen und Hüttweh denke ich an eine Nacht in einer Kinderbettstelle zurück!"

„Kinderbettstelle? -- Preußens Ministerpräsident in einer Kinderbettstelle — wie stellten Sie das an, lieber Graf?"

42

„O, das war leider sehr einfach, meine Gnädige — ich klappte mich zusammen wie ein Taschenmesser!"

Solche Plaudereien, meistens an kleine Abenteuer und Anekdoten des jüngst beendeten Krieges anknüpfend, da fast sämmtliche Herren der Gesell=schaft als Johanniterritter oder Offiziere die Schlachtfelder gesehen hatten, flatterten heiter um die reiche Tafel.

Beim Dessert erschienen die Töchterchen des Hauses.

Kaffee, Liqueur und Cigarren werden im Salon gereicht.

„Den Werth einer guten Cigarre lernt man wirklich erst schätzen, wenn sie die letzte ihres Stammes und wenig Aussicht auf Ersatz ist," sagt Graf Bismarck und giebt sich mit Behagen dem Genuß seiner vorzüglichen Havanna hin. „Bei Königgrätz hatte ich nur noch eine einzige Cigarre in der Tasche, und die hütete ich während der ganzen Schlacht, wie ein Geizhals seinen Schatz. Ich gönnte sie mir nämlich augenblicklich selber noch nicht. Mit blühenden Farben malte ich mir die wonnige Stunde aus, in der ich sie nach der Schlacht in Siegesruhe rauchen wollte. Aber ich hatte mich schon wieder verrechnet — mit dem einen Rechenfehler ist es also doch ein mißlich Ding!"

„Und wer machte Ihnen einen Strich durch die Rechnung?"

„Ein armer Dragoner. Hilflos lag er da, beide Arme waren ihm zer=schmettert, und er wimmerte nach einer Erquickung. Ich suchte in allen Taschen nach — ich fand nur Gold — und das nutzte ihm nichts . . ., doch halt, ich hatte ja noch eine kostbare Cigarre! Die rauchte ich ihm an und steckte sie ihm zwischen die Zähne . . ., das dankbare Lächeln des Unglücklichen hätten Sie sehen sollen . . ., so köstlich hat mir noch keine Cigarre geschmeckt, als diese, die ich — nicht rauchte!"

Der Graf war an das Fenster getreten und schaute in den mondhellen Abend hinaus. „Ah! dort liegt Mönchgut ja so klar vor uns, wie am hellen Tage! Diese vom Meer fast bis auf die Gräten zersetzte Halbinsel ist doch ein wunderlich Stücklein Erde. Ich kann lebhaft nachfühlen, daß die lieben närri=schen Mönchguter in ihrer schlichten Ursprünglichkeit und Abgeschlossenheit von aller Welt die glücklichsten Geschöpfe sind. Das, was wir Kinder der Welt Glück nennen, kennen sie kaum dem Namen nach, sie entbehren es also auch nicht. Ein Boot, eine Hütte, Weib und Kind . . . und sie haben Alles! Wenn der Neid nicht ein gar zu garstig' Ding wäre, ich könnte diese Naturkinder um ihr Leben ohne Sturm und Kampf, ohne Ehrgeiz und ohne schlaflose Nächte beneiden . . . Ich habe da von ureignen, patriarchalischen Sitten auf Mönch=gut gehört — was hat das mit der „blauen Schürze" für eine Bewandniß?"

„Diese originelle Volkssitte ist nun auch fast verschollen," entgegnete unser Badegast, „sie, wie alles Volksthümliche, verkriecht sich vor dem Lächeln der spottsüchtigen Welt immer tiefer, bis man sie zuletzt gar nicht mehr wieder finden kann. Ich wanderte noch in diesen Tagen durch Mönchgut und fragte auch nach der blauen Schürze. Die Leute sahen mich groß an und dachten, ich wollte sie zum Besten haben. Endlich traf ich eine uralte Frau, die hatte einst selber ihre blaue Schürze vor die Hausthür gehängt. Sie erzählte mir auch davon. Die Mönchguter heirathen nur untereinander; man findet darum einzelne Namen auf der ganzen Halbinsel immer wiederkehrend. Wenn nun ein Mönchguter Mädchen der alten Zeit ein kleines Heirathsgut hatte, eine Hütte oder auch nur ein Heringsboot, so war sie dadurch berechtigt, sich selber einen Mann zu wählen. Wollte sie die „Frijagd" — ihre Jagd auf einen Freier beginnen, so hängte sie ihre blaue Schürze vor die Hausthür und stellte sich selber hinter die Thür. Die heirathslustigen Burschen gingen dann in ihrem besten Putze im langen Zuge, einer nach dem anderen, an der blauen Schürze vorüber . . . bis der Rechte kam, da lief die Freijägerin geschwind hinaus, schlang ihre Arme um seinen Hals — und nach drei Wochen war Hochzeit!"

„Das ist wenigstens ein eben so einfacher, als ehrlicher Prozeß, um das Mädchen glücklich an den Mann zu bringen!"

„Und doch nicht immer glücklich, Excellenz; da habe ich von meinen Streifereien durch Mönchgut kürzlich ein kleines plattdeutsches Gedicht „Dei Frijagd" heimgebracht, das . . . ."

„Plattdeutsch? O, das liebe ich sehr. Das ist noch ein Nachklang aus meiner Jugend, in der ich häufig auf dem väterlichen Gute Kniephof bei Nau= gard in Pommern zu Besuch war. Auch meine Frau kultivirt das Platt= deutsche mit Vorliebe und liest es prächtig vor. So verdanken wir Reuter's naturwüchsigen plattdeutschen Geschichten auch hier auf Rügen, da ich mich häufig schonen muß, manche frohe Stunde. Augenblicklich lesen wir „Ut mine Stromtid" mit vielem Vergnügen. Und nun ihre Frijagd!"

„Hier ist sie:

Min blage Schört hängt vör dei Dör,
Dat häll min Mutte dahn,
Wi is dat Hart so weich un schwer,
Un möt geputzt hier stahn.

Ick schul well dörch dei Törenritz,
Min Mutte steiht bi mi,
Vehl Burschen in ehrn Sündageblitz
Gahn an di Schört vörbi.

Aim Niklas deiht so traurig gahn —
O, dörit ick rut in Hail.
Dei Arm' um minen Leiwsten schlahn —
Min Mutte höll mi fast!

Dei riele Michel stolz heran —
Min Mutte stött mi rut —
Dat Hart so weich — in'n Oeg dei Thran
— und ick bün Michels Brut!"

„Die uralte Geschichte, die immer neu bleibt, also auch schon auf dieser von der Kultur so wenig beleckten Erdscholle — o weh! tout comme chez nous! Sie sprechen das Plattdeutsche aber sehr geläufig!"

„Es ist meine Muttersprache, Excellenz, Französisch und Englisch kann man wie ein Franzose und Engländer sprechen lernen, aber das Plattdeutsche muß man schon beim ersten Lallen üben!"

„Mir sind stets Vergleichungen des Plattdeutschen mit dem Hochdeutschen interessant gewesen — bemerkte der Graf — und gern forsche ich den Wandlungen nach, die das Hochdeutsche zu bestehen hatte, ehe es sich aus dem Altdeutsch-Platten zu seiner jetzigen Form entfalten konnte. Originell ist, mit welcher ängstlichen Gewissenhaftigkeit das Hochdeutsche die Vokale des Plattdeutschen geradezu umkehrt: z. B. Brut in Braut — und dann wieder im Gegensatze dazu: Bauk in Buch!"

Das Diner ist vorüber, Mitternacht nahe. Putbus schläft. Nur in dem freundlichen Gartenhause am fürstlichen Küchengarten brennt noch Licht.

Graf Bismarck ist noch auf, aber es ist nicht mehr derselbe heitere Plauderer Bismarck, der liebenswürdige, witzige Gesellschafter, wie wir ihn noch kurz vorher bei dem Diner gesehen haben — bei diesem Lichte wacht in stiller Nachtstunde der Ministerpräsident Bismarck.

Er, der nach Rügen gekommen ist, auszuruhen von der Arbeit, sitzt an einem mit Papieren bedeckten Tische in straffer Haltung, die rechte Hand ist geschlossen, das fast finstere Gesicht, die gedankenschwere Stirn sind in Falten gezogen — der eiserne Graf arbeitet!

Preußen schläft. Es mag immerhin schlafen: der eiserne Graf wacht; wie eine Verkörperung der Devise seines fünfhundertjährigen Wappens sitzt er da: „Das Wegkraut Ihr mir sollt lassen stahn!" —

Da über den längeren Aufenthalt des Grafen Bismarck auf der Insel Rügen und seine Beziehungen zu dem Fürsten Putbus, abgesehen von dieser Erzählung, nichts bekannt ist, so werden hier einige nähere Mittheilungen darüber nicht unerwünscht sein.

Fürst Putbus kannte den Grafen Bismarck schon von Berlin her und war erst kurze Zeit vorher mit dem Ministerpräsidenten in Nikolsburg zusammengetroffen; er hatte an dem Feldzug 1866 als Johanniter theilgenommen und war von dem kommandirenden General des Armeekorps, dem er attachirt war, nach Nikolsburg geschickt worden, um dort etwas Authentisches über die Lage der Friedensverhandlungen zu erfragen. Fürst Putbus wurde in Nikolsburg sogleich zur Königlichen Tafel befohlen und erfuhr dort die großen politischen Erfolge, welche Preußen in Norddeutschland schon so gut als sicher errungen hatte.

Die Erholungsreise nach Rügen hatte Bismarck in Gesellschaft seiner Frau und Tochter unternommen. Am 6. Oktober 1866 traf der Ministerpräsident von Karlsburg kommend in Putbus ein und stieg im Hotel du Nord ab, um am anderen Tage auf dem Jagdschlosse des Fürsten einzutreffen. Abends brachte der Gesangverein ein Ständchen und auf eine kurze Ansprache und Begrüßung unterhielt sich Graf Bismarck freundlichst und dankend kurze Zeit in kühler Abendluft. Eine vielleicht in Folge hiervon eingetretene Erkältung rief einen Krankheitsanfall hervor, der jedoch durch den Dr. Hohenbaum, der die ganze Nacht am Bette des Kranken blieb, beseitigt wurde. — Fürst Putbus wohnte damals mit seiner Familie auf dem Jagdschloß, da das Schloß in Putbus, welches ein Jahr vorher abgebrannt war, noch nicht wiederhergestellt war. Als der Fürst die Erkrankung Bismarcks erfuhr, machte er demselben sofort einen Besuch und schlug ihm vor, während der Rekonvalescenz eine Villa zu beziehen, welche ihm gehörte und in welcher er sonst den Sommer zu verleben pflegte. Bismarck nahm die Einladung an und war etwa 6 Wochen lang Gast des Fürsten Putbus. Diese Villa liegt im Park dicht bei der Stadt Putbus, mit Terrassen u. s. w. und einer prachtvollen Aussicht auf das Meer.

Nach acht Tagen machte Bismarck schon größere Spaziergänge, und als seine Söhne später ebenfalls eingetroffen waren, stattete er mit seiner Familie häufig dem Fürsten Putbus auf dem etwa 1½ Meilen entfernten Jagdschloß einen Besuch ab. Als sich Bismarck mehr erholt hatte, betheiligte er sich als passionirter Jäger lebhaft an den um diese Zeit von dem Fürsten Putbus veranstalteten Jagden, zu welchen immer noch einige Freunde und Nachbarn des Fürsten geladen waren, und die Diners, welche sich den Jagden anschlossen, bekamen durch die Theilnahme Bismarck's und seine geistreiche Unterhaltung eine besondere Würze. In dem fürstlichen Jagdschlosse auf Rügen werden noch heute zahlreiche Geweihe von Hirschen aufbewahrt, welche die Bezeichnung tragen: „Erlegt vom Ministerpräsidenten Grafen Bismarck."

Bei den weiten Spaziergängen, die Bismarck meistens allein unternahm, war er den Bewohnern der Insel gegenüber von großer Leutseligkeit und zeigte Interesse für alle ihre Verhältnisse, wobei ihm sehr zu statten kam, daß er der plattdeutschen Sprache vollständig mächtig war.

Von Putbus aus kann man eine Reihe der schönsten Parthien machen. Sehr beliebt ist die nach dem anderthalb Meilen von Putbus entfernten Jagd= schlosse. Die Aussicht vom Thurme dieses Schlosses bietet das schönste Rügen= panorama. Dorthin wollte sich der Kanzler an einem etwas regnerischen Tage begeben. Der Wagen hielt vor der Thür, Bismarck trat heraus und sah, mit dem Einsteigen zögernd, besorgt den mit Wolken überzogenen Himmel an. Der Kutscher sah dieses Zögern, mochte es aber wohl anders deuten, denn er sagte bedächtig in der breiten platten Sprache der Vorpommern: „Stiegen Sie man ruhig in, ick hew all ganz anner Lüd führt, as Sei sünd! Uhlensbarg und Mandüweln" (Eulenburg und Manteuffel).

Höchst belustigt stieg Bismarck ein und auf dem Jagdschlosse angelangt, erzählte er den dort anwesenden Gästen von dem Kutscher, der schon mit so viel berühmten Männern zu thun gehabt hatte.

Der Ministerpräsident war zu jener Zeit augenscheinlich mißgestimmt über die politische Entwickelung nach dem Kriege, welche nicht in allen Punkten seinen Intentionen entsprochen haben mag. Ohne die Punkte zu accentuiren, die ihm Anlaß zu Differenzen gegeben hatten, war seine Mißstimmung doch aus allen seinen Gesprächen zu entnehmen.

Vielfach empfing Bismarck auch Besuche seiner Freunde, auch traten mit=
unter Beamte aus Berlin ein, die er zum Vortrag befohlen hatte. Unter seinen
speziellen Freunden sei Graf Bismarck-Bohlen erwähnt, welcher auch in dem
Feldzuge 1870/71 sein steter Begleiter war.

Als Graf Bismarck am 1. Dezember früh von Rügen abreiste — und
zwar später als Fürst Putbus, welcher geschäftlich Mitte November abreisen
mußte — war derselbe vollständig hergestellt, und er hat später wiederholt
dem Fürsten gegenüber ausgesprochen, wie wohl ihm die frische, gute Luft
und die Ruhe in Putbus gethan hätte.

Selbstredend wurden die freundlichen Beziehungen zwischen dem Hause
des Fürsten Putbus und dem des Ministerpräsidenten auch in Berlin fort=
gesetzt, und es gab eine Zeit (Anfangs der siebenziger Jahre), wo Fürst Put=
bus fast täglich Abends zum Thee Gast im Bismarck'schen Salon war; die
Stellung des Fürsten als erster Vice=Präsident des Herrenhauses legte einen
solchen intimen Verkehr nahe.

Während des Feldzugs gegen Frankreich war Fürst Putbus dem Haupt=
quartier des damaligen Kronprinzen als Militär=Inspekteur der freiwilligen
Krankenpflege attachirt, und er nahm, wie auch M. Busch in „Graf Bismarck
und seine Leute" erzählt, wiederholt an den interessanten Tischgesellschaften
bei Bismarck in der Rue de Provence in Versailles theil.

8. Februar 1867. Begrüßung der im Hotel Royal zum Diner versam=
melten Mitglieder der Bevollmächtigten=Konferenz.

Das Abschiedsdiner wurde von dem Wirklichen Geheimen Rath von
Savigny gegeben. Geladen waren außerdem noch die Ministerial=Direktoren
Delbrück und von Philipsborn, die Geheimen Legationsräthe von Kendell
und Moenig, der Ober=Post=Direktor Stephan und der sächsische Kriegsminister
von Fabrice. Nach Aufhebung der Tafel im Königlichen Palais erschien von
dort auch Graf Bismarck, begrüßte im Auftrage des Königs die Versammlung
und brachte ein Hoch aus auf die deutschen Fürsten, die freien Städte und
auf das deutsche Volk.

27. März 1867. Ballfest bei Bismarck. Dasselbe fiel mitten in die durch
die Luxemburger Frage entstandenen politischen Wirren. Der König, welcher
das Fest mit seiner Gegenwart beehrte, unterhielt sich mit dem französischen
Botschafter; seine Laune war vortrefflich, er schien sich mit Luxemburg nicht
zu beschäftigen, sprach vielmehr mit Genugthuung über seine nahe Reise nach
Paris und zeigte sich besonders angenehm davon berührt, daß der Kaiser ihn
eingeladen hätte, in den Tuilerien abzusteigen. Bismarck machte den Wirth
mit jugendlichem Eifer. Man würde, so gut war er aufgelegt, nicht vermuthet
haben, daß er die ganzen Tage im Parlamente mit der Bekämpfung einer
spöttischen und herausfordernden Opposition zubrachte. Er schien die Geschäfte
vergessen zu wollen, aber der Botschafter Frankreichs war es, der Bismarck

auflauerte und begierig die erste Gelegenheit ergriff, um die Luxemburger Frage zum Gegenstand einer langen politischen Unterredung zu machen[1]).

August 1867. Diner bei Bismarck, zu welchem der Direktor Bonnell und die übrigen Lehrer des Friedrich-Werder'schen Gymnasiums, welches die beiden Söhne des Kanzlers besuchten, geladen waren.

Als bei Tisch das Gespräch auf die kurze Zeit vorher durch die Neutra= litätserklärung Luxemburgs erledigte Luxemburger Frage kam, sprach einer der Gäste die Meinung aus, daß es Preußen doch hätte auf einen Krieg mit Frankreich ankommen lassen müssen. Bismarck versetzte sehr ernst: „Mein lieber Professor, ein solcher Krieg hätte uns wenigstens 30000 brave Sol= daten gekostet und uns im besten Falle keinen Gewinn gebracht. Wer aber nur ein Mal in das brechende Auge eines sterbenden Kriegers auf dem Schlachtfelde geblickt hat, der besinnt sich, bevor er einen Krieg anfängt."

Als er nach dem Diner mit einigen Gästen im Garten spazierte, blieb er an einem offenen Rasenplatze stehen und erzählte, wie er 1866 in jener Nacht vor dem schweren Junitage, an welchem die Kriegserklärung gegen Oesterreich erfolgte, auf diesem Platz unruhig und tief bewegt auf= und ab= geschritten sei. In qualvoller Bangigkeit habe er die Königliche Entscheidung erwartet. Als er endlich in seine Wohnung gekommen, habe ihn seine Frau gefragt, was denn geschehen sei, daß er so verstört aussehe. „Eben weil nichts geschehen ist, darum bin ich so aufgeregt!" antwortete er und ging in sein Kabinet. Einige Minuten später, kurz vor Mitternacht, erhielt er die Königliche Entscheidung, die Kriegserklärung.

12. März 1868. Diner bei Bismarck zu Ehren des Prinzen Napoleon, zu welchem die Minister, die Botschafter Frankreichs und Englands, die Mit= glieder des Bundesraths und des Zollbundesraths, der französische Militär= bevollmächtigte Oberst von Stoffel, die Begleiter des Prinzen und mehrere andere Personen von Distinktion geladen waren[2]).

21. Mai 1868. Theilnahme an dem Frühstück der Kaufmannschaft zu Ehren der Mitglieder des Zollparlaments in der Berliner Börse. Bei dem= selben brachte Bismarck folgenden Toast aus:

„Wenn ich den soeben gebrachten Toast meines verehrten Kollegen, des Vorsitzenden des Zollparlaments[3]) nicht ganz freisprechen kann von einem gewissen

---

[1]) Das Nähere hierüber, mit dem bei diesem Schriftsteller nöthigen Vorbehalte, s. in Rothan: L'affaire de Luxembourg S. 219.

[2]) „Magdeburger Zeitung" Nr. 63 vom 14. März 1868.

[3]) Der Toast des Präsidenten des Zollparlaments Dr. Simson lautete: „Das Volk der nordöstlichen Marken unseres deutschen Vaterlandes hat in stiller, ernster, beharrlicher Arbeit dem kargen Boden ungeahnte Segnungen abgerungen, dem Handel und der In= dustrie sind Stätten gegründet, welche von der Natur dazu nicht vorbestimmt schienen, nirgend herrlicher und wundervoller, als in dieser großen und guten Stadt. Diese große Hauptstätte preußischen, das heißt deutschen Handels, preußischen, das ist deutschen Ge=

Egoismus, indem er eine captatio benevolentiae an die Jury richtete, welche
nachher über uns zu Gericht sitzen und sagen soll: „Ihr habt Eure Sache gut
gemacht!", wenn ich mich von dieser Klippe fern halte, so lassen Sie mich dem
Gefühle Ausdruck geben, welches uns Norddeutsche dahin leitet, unsern süd=
deutschen Brüdern einen Scheidegruß zuzurufen. Die kurze Zeit unseres Bei=
sammenseins ist schnell vergangen, wie ein Frühlingstag; möge denn die Nach=
wirkung sein wie die des Frühlings auf die künftige Zeit! Ich glaube, daß sie
nach der Gemeinsamkeit der Arbeit für die deutschen Interessen die Ueberzeugung
mit nach Hause nehmen werden, daß Sie hier Bruderherzen und Bruderbände
finden werden für jegliche Lage des Lebens! und daß jedes erneute Beisammen=
sein dies Verhältniß stärken wird und muß! Lassen Sie uns dies Verhältniß
festhalten, lassen Sie uns dies Familienleben pflegen. In diesem Sinne rufe
ich den süddeutschen Brüdern ein herzliches: Auf Wiedersehn! zu."
Stürmischer Beifall von allen Seiten folgte diesen Worten[1]).

1. Oktober 1868. Familiendiner bei Bismarck, zu welchem der Bürger=
meister sowie die Deputation des Magistrats und der Stadtverordneten von
Bülow, welche dem Ministerpräsidenten das Ehrenbürgerdiplom dieser Stadt
überbracht hatten, zugezogen wurden.

Bismarck empfing die Bülower Herren mit bekannter Leutseligkeit und
sagte unter Anderem, daß er dieses Diplom um so lieber annehme, als sich
Bülow stets als eine patriotische und königstreue Stadt bewährt habe. Nach
dem Diner bot er der Deputation die Gastfreundschaft seines Hauses für die

wettbestkleißes, steht an Energie und hoher Bedeutung schon heute keiner der Erde nach.
Das Zollparlament ist auch zur Pflege der wirthschaftlichen Interessen der Nation ge=
gründet und berufen. Niemand vermag zu weissagen, wann es sich zu der Volksvertre=
tung des Gesammtstaates deutscher Nation entwickelt, in dieselbe vollendet haben wird.
Denn Gottes Zeiten sind eben sein Geheimniß! Aber in dieser Beschränkung ist sich das
Zollparlament bewußt, den ewigen Ideen zu dienen, welche auch die Materie durchleuchten,
durchgeistigen, verklären! In aller Begrenzung unseres gegenwärtigen Berufs halten wir
uns unsere Aufgaben für das Gesammtvaterland gegenwärtig, in dessen einem Interesse
schließlich alle wahren Interessen seiner Stämme und Staaten friedlich zusammentreffen
müssen. Und in dem Gefühl dieser Wechselbeziehung lassen Sie uns die Gläser füllen.
Es gilt einem der wichtigsten und angesehensten Träger der Entwickelung unseres deut=
schen Vaterlandes, dem Handels= und Gewerbestand der Stadt Berlin, seinem Heile, seinem
wohlverdienten Gedeihen! Er lebe hoch!"
[1]) Der bayerische Ministerpräsident Fürst Hohenlohe erwiderte den Scheidegruß des
Bundeskanzlers, wie folgt: „Die Begeisterung, welche die Worte des Bundeskanzlers in
den Herzen der Süddeutschen hervorgerufen haben, mag Ihnen beweisen, daß eine An=
näherung zwischen Süd und Nord stattgefunden hat, welche nicht vermindert, sondern ver=
mehrt worden ist durch die Arbeit des Zollparlamentes. Ich glaube, Sie werden mit mir
übereinstimmen, wenn ich sage, die Arbeit deutschen Geistes hat das Band der Stämme
enger gestaltet. Diesem Verständniß deutschen Geistes ist eine Aufgabe zu Theil ge=
worden, edler, herrlicher und höher als andere sogenannte zivilisatorische Missionen.
Lassen Sie uns in diesem Geist, lassen Sie uns in dieser Aufgabe zusammenhalten, und
in diesem Sinne bringe ich ein Hoch der Vereinigung der deutschen Stämme!"

Nacht an. Die ehrsamen Bürger aber erklärten, sie hätten ihren sorglichen und auch neugierigen Ehehälften versprochen, vor Mitternacht wieder heim zu sein, und müßten ihr Versprechen halten. Darauf wandte sich die Gräfin lächelnd zu ihrem Gemahl und sagte: „Da Du jetzt auch Bürger von Bülow bist, so wäre es mir sehr lieb, wenn Du von jetzt ab diesem guten Beispiele Deiner Bülower Kollegen folgtest!" Bismarck lachte und zuckte die Achseln, eine Antwort hat er nicht gegeben.

18. Januar 1869. Unterhaltung mit dem Prinzen von Wales auf einem Diner bei dem König.

4. März 1869. Theilnahme an dem Diner bei dem nordamerikanischen Gesandten in Berlin Mr. Bankroft zur Feier der Uebernahme der Präsident= schaft durch den General Grant.

Bei demselben brachte Bismarck folgenden Trinkspruch aus:

„Erlauben Sie mir, meine Herren, Ihre Unterhaltung durch einige Worte über die Veranlassung, welche uns zusammengeführt hat, zu unterbrechen. Dies ist der Tag, an welchem jenseit des Ozeans der siegreiche Feldherr der Ver= einigten Staaten sein Amt als Präsident derselben antritt. Dieses Ereigniß, insofern es von der höchsten Wichtigkeit für die Vereinigten Staaten ist, hat auch einen besonderen Anspruch auf das sympathische Interesse unseres Landes, denn es war ein König von Preußen, es war Friedrich II., welcher bei der Entstehung der großen nordamerikanischen Republik ihre Unabhängigkeit als der erste unter den nicht Krieg führenden Mächten begrüßte. Was die späteren Beziehungen zwischen beiden Ländern betrifft, so gereicht es mir zur größten Freude, nicht nur aus meiner persönlichen Erfahrung als preußischer Minister, sondern auch aus den Archiven der preußischen Geschichte es als eine Thatsache hinstellen zu können, daß jenes herzliche Verständniß, welches von Washington und Friedrich begründet worden ist, niemals die geringste Störung erlitten hat. Nicht nur ist niemals eine Schwierigkeit zwischen beiden Ländern hervor= getreten, sondern es hat sich nicht einmal etwas ereignet, das zwischen ihnen auch nur eine erläuternde Erklärung nöthig gemacht hätte. Es ist deshalb für mich nicht nur eine sehr angenehme, sondern auch eine mir wohl= anstehende Pflicht, Sie zu bitten, mit mir mit deutschem Weine die Gesundheit des Präsidenten der Vereinigten Staaten, des Generals Grant zu trinken!"

Nach dem Diner wurden die Gäste in ein Rauchzimmer geführt, wo die Büsten Washington's und Friedrich des Großen mit den Nationalfarben in hellster Beleuchtung prangten.

9. März 1869. Die Prüfungskommission des Friedrich=Werder'schen Gymna= siums zu Tisch bei Bismarck. Die Unterhaltung bewegte sich ungezwungen wie gewöhnlich; da erhob sich der Kanzler mit dem Glase in der Hand und sprach etwa Folgendes: „Vor 38 Jahren um dieselbe Zeit habe ich das Abiturienten= examen bestanden und zwar vor demselben und unter Leitung desselben Mannes,

der jetzt meine beiden Söhne zu gleichem Ziel geleitet hat. Ich weiß, was ich ihm verdanke. Mögen auch meine Söhne ihm ein dankbares Andenken bewahren. Indem ich Sie, verehrte Anwesende, auffordere, auf das Wohl meines alten lieben Lehrers, des Direktors Bonnell anzustoßen, verbinde ich damit zugleich den Dank an die übrigen Lehrer meiner beiden Söhne!"

14. Juni 1869. Hannover. Frühstück mit zwei ehemaligen Korps=brüdern, dem Kriegsrath a. D. Oldekop und dem Konsistorialdirektor Bödeker. Abends wurde Bismarck beim Aussteigen vor dem Theater so lebhaft begrüßt, daß er Mühe hatte, sich diesen Kundgebungen zu entziehen.

Vor Juli 1870. In Berlin trug Graf Bismarck immer Generalsuni=form und im Vorzimmer stand ein Tisch mit dem Helm des Premiers. Nach einem Diner beim Grafen Bismarck nahm Benedetti den Helm eines Tages und setzte ihn auf. Er nahm ihn sofort wieder ab und stellte ihn mit den Worten auf den Tisch: „Sein Kopf ist entschieden stärker (plus forte) als der meinige", eine Beobachtung, die sich hinsichtlich der späteren Ereignisse als zutreffend erwies[1].

13. Juli 1870. General von Moltke und der Kriegsminister von Roon allein bei Bismarck zu Tisch. Während desselben traf nach 6 Uhr folgende Depesche des Geheimen Rath Abeken ein:

„Seine Majestät der König schreibt mir:

Graf Benedetti fing Mich auf der Promenade ab, um auf zuletzt sehr zudringliche Art von Mir zu verlangen, Ich sollte ihn autorisiren, sofort zu telegraphiren, daß Ich für alle Zukunft Mich verpflichtete, niemals wieder Meine Zustimmung zu geben, wenn die Hohenzollern auf ihre Kandidatur zurückkämen. Ich wies ihn zuletzt etwas ernst zurück, da man à tout jamais dergleichen Engagements nicht nehmen dürfe noch könne. Natürlich sagte Ich ihm, daß Ich noch nichts erhalten hätte, und da er über Paris und Madrid früher benachrichtigt sei als Ich, er wohl einsähe, daß Mein Gouvernement wiederum außer Spiel sei.

Da Seine Majestät dem Grafen Benedetti gesagt, daß er Nachricht vom Fürsten erwarte, hat Allerhöchstderselbe, mit Rücksicht auf die obige Zu=muthung, auf des Grafen Eulenburg und meinen Vortrag, beschlossen, den Grafen Benedetti nicht mehr zu empfangen, sondern ihm nur durch einen Adjutanten sagen zu lassen: daß Seine Majestät jetzt vom Fürsten die Be=stätigung der Nachricht erhalten, die Benedetti aus Paris schon gehabt, und dem Botschafter nichts weiter zu sagen habe.

Seine Majestät stellt Eurer Excellenz anheim, ob nicht die neue Forde=rung Benedetti's und ihre Zurückweisung sogleich sowohl unseren Gesandten als in der Presse mitgetheilt werden sollte."

Beide Generäle scheinen sich der politischen Tragweite dieses Telegramms

[1] The Diplomatic Reminiscences of Lord Augustus Loftus. 1862 1879. Bd. I, S. 135.

nicht bewußt geworden zu sein; sie hatten den Eindruck, daß die Situation eine friedliche sei[1]).

Der Kanzler theilte diesen Eindruck aber nicht. Er machte dann in Gegenwart seiner beiden Gäste einen Auszug aus dem Telegramm durch Streichungen ohne eigene Zusätze. Dieser Auszug wurde sofort an alle preußischen Gesandtschaften verschickt und der Berliner Presse mitgetheilt. Derselbe lautete: „Telegramm aus Ems. 13. Juli 1870. Nachdem die Nachrichten von der Entsagung des Erbprinzen von Hohenzollern der Kaiserlich französischen Regierung von der Königlich spanischen amtlich mitgetheilt worden sind, hat der französische Botschafter in Ems an Seine Majestät den König noch die Forderung gestellt, ihn zu autorisiren, daß er nach Paris telegraphire, daß Seine Majestät sich für alle Zukunft verpflichte, niemals wieder seine Zustimmung zu geben, wenn die Hohenzollern auf ihre Kandidatur wieder zurückkommen sollten. Seine Majestät der König hat es darauf abgelehnt, den französischen Botschafter nochmals zu empfangen, und demselben durch den Adjutanten vom Dienst sagen lassen, daß Seine Majestät dem Botschafter nichts weiter mitzutheilen habe."

28. Juli 1870. Abendgesellschaft bei Bismarck. Derselbe erzählt[1]) einigen Vertrauten, er habe soeben durch einen geheimen Agenten ein Anerbieten von Frankreich erhalten, wonach, wenn Preußen Frankreich Belgien garantiren würde, die süddeutschen Staaten, Bayern eingeschlossen, von Preußen annektirt werden sollten, und daß durch Annahme dieses Arrangements der Krieg verhütet werden würde.

12. August 1870. Hauptquartier Faulquemont. Abendessen bei Bismarck in einer unscheinbaren Bauernhütte. An demselben nahmen theil: Graf Bismarck-Bohlen, Graf Lehndorf, Graf Nedern, Adjutant des Prinzen Friedrich Karl, und der Geheime Rath und Direktor der Feldpolizei Stieber; Hofrath Taglioni ging ab und zu. Der Ministerpräsident hatte nach dem Essen den Kaffee selbst gekocht. Graf Bismarck war eine Zeit lang allein mit Stieber und schloß einen kurzen Rückblick auf sein Leben mit den Worten: „Was doch aus einem pommerschen Landjunker, den früher alle Welt angefeindet, alles werden kann."

21. August 1870. Pont-à-Mousson. Der amerikanische General Philip H. Sheridan speist mit Bismarck beim König. Sheridan schreibt darüber[3]):

„Das Essen war einfach, es bestand aus Suppe, einem Braten und zwei oder drei Gemüsen, als Wein gab es gewöhnlichen Tischwein und Burgunder. Eine ansehnliche Zahl von Personen hohen Ranges war anwesend, jedoch

---

[1] M. Busch: „Unser Reichskanzler". Bd. II. S. 65 f.
[2] The Diplomatic Reminiscences of Lord Augustus Loftus. 1562—1579. Bd. I. S. 132.
[3] Sheridan: „Erinnerungen aus dem deutsch-französischen Kriege". Leipzig, Karl Reißner, 1889. S. 37.

4*

sprach Niemand englisch, ausgenommen Bismarck, der dem König zunächst saß und den Dolmetscher machte, wenn Se. Majestät mit mir sprach. Die Ereignisse, die sich eben abgespielt hatten, wurden nur wenig berührt, dagegen that der König manche Frage betreffs unseres Rebellionkrieges, namentlich solche, welche General Grant's Feldzug vor Vicksburgh betrafen und vielleicht dadurch nahe gelegt wurden, daß in den letzten Bewegungen der deutschen Armee mehrere verwandte Grundsätze der Kriegswissenschaft zur Anwendung gekommen waren."

1. September 1870. Improvisirtes „Frühstück", welches der König am Tage der Schlacht von Sedan Nachmittags zwischen 3 und 4 Uhr während einer Ruhepause, nachdem die Schlacht bereits entschieden war, einer Anzahl Herren aus seiner Umgebung gab; ein Wirth aus der Nähe hatte einen tüchtigen Imbiß, bestehend aus Brot, Coteletten und Erbsen, nebst einem reichlichen Vorrath von Rothwein und Sherry herbeigeschafft. Unter den Theilnehmern befanden sich: Prinz Karl, der Großherzog von Mecklenburg-Schwerin, der Großherzog von Sachsen-Weimar, der Herzog von Sachsen-Coburg-Gotha, Bismarck, Moltke, Roon, Graf Hatzfeldt, der englische Oberst Walter, der amerikanische General Sheridan und dessen Adjutant, General Forsyth. Alle waren in gehobener Stimmung, war doch der Krieg an einem Wendepunkte angelangt, der die vollständige Niederwerfung Frankreichs für die nächste Zukunft in Aussicht stellte[1].

Im Anschluß an dieses eigenartige Frühstück will ich ein Vorkommniß mittheilen, welches beweist, wie blitzartig sich bei Bismarck an eine Thatsache die entferntliegendsten Schlüsse einstellten.

Während der Schlacht von Sedan wurde der Fürst Putbus von dem General von Blumenthal nach einer Batterie geschickt, mit dem Auftrage, sie sollte das Feuern einstellen, da einzelne ihrer Geschosse deutsche Truppen zu treffen drohten. Nachdem sich Fürst Putbus dieses Auftrages entledigt hatte, begegnete er auf dem Rückwege französischen Gefangenen, mit denen er sich in ein Gespräch einließ und von denen er erfuhr, daß sie den Kaiser Napoleon noch an demselben Morgen bei der um versammelten Armee gesehen hätten. Die Nachricht dünkte dem Fürsten Putbus wichtig genug, um sie einer Person aus der Umgebung des Königs, an welcher der Fürst eben vorbeiritt, mitzutheilen. Sie wurde alsbald dem König berichtet, der mit Bismarck und Moltke in der Nähe stand. Der König war Anfangs über die Mittheilung fast ärgerlich, ließ aber sofort den Fürsten Putbus zu sich kommen und bedeutete ihm, eine solche „Tartarennachricht" dürfe man nicht melden, wenn sie nicht fest verbürgt sei. Die Bestätigung folgte freilich bald auf dem Fuße. Als Bismarck die erste, noch unkontrolirbare Kunde davon erhielt, sagte derselbe, gegen den Fürsten Putbus gewandt: „Wenn es wahr ist, so ist der Friedensschluß in weite Ferne gerückt." Alle Anderen dachten, mit der Ge-

[1] Sheridan: „Erinnerungen". S. 55, 56.

fangennahme Napoleon's sei der Friedensschluß vor der Thür. Bismarck allein zog mit Blitzesschnelle die letzten politischen Schlüsse, indem er sich sagte, daß nach der Gefangennahme Napoleon's Niemand mehr da sei, mit dem er den Frieden schließen könne.

3. September 1870. Hauptquartier Vendresse. Theilnahme an dem Mittagsmahle des großen Hauptquartiers.

Bei demselben brachte Se. Majestät der König folgenden Trinkspruch aus: „Wir müssen heut aus Dankbarkeit auf das Wohl Meiner braven Armee trinken. Sie, Kriegsminister von Roon, haben unser Schwert geschärft; Sie, General von Moltke, haben es geleitet, und Sie, Graf von Bismarck, haben seit Jahren durch die Leitung der Politik Preußen auf seinen jetzigen Höhe= punkt gebracht. Lassen Sie Uns also auf das Wohl der Armee, der drei von Mir Genannten und jedes Einzelnen unter den Anwesenden trinken, der nach seinen Kräften zu den bisherigen Erfolgen beigetragen hat¹)." — —

Man erinnert sich, daß im Jahre 1872 von einem bekannten Pariser Boulevardblatte der Abdruck eines Briefes veröffentlicht wurde, welchen Bis= marck aus Vendresse unterm 3. September 1870 an seine Gemahlin richtete²). Wie kam dieser Brief in französische Hände? Nach der Schlacht von Sedan wurde am Tage der Kapitulation in der Umgebung des Königs Wilhelm und des Kronprinzen bekannt gemacht, daß eine Feldpost im Begriffe sei abzugehen und dies eine Gelegenheit wäre, noch Briefe nach der Heimath mitzusenden. Von dieser Gelegenheit machten der Kronprinz, Bismarck und viele Andere Gebrauch, da natürlich Jeder über die Ereignisse der letzten 24 Stunden etwas nach Hause schreiben wollte. Gerade diese Post wurde unglücklicher Weise bei einem Ausfall der Besatzung der Festung Verdun von den Franzosen ab= gefaßt. Das Merkwürdige bei der Sache ist, daß von der ganzen Post nur der oben erwähnte Brief Bismarck's veröffentlicht wurde. Als der damalige Kronprinz erfuhr, daß die Post in Feindeshände gelangt sei, war er auf das unangenehmste berührt, denn er hatte gerade in dem ihr anvertrauten Briefe sehr ungünstige Urtheile über hohe Personen aus der Umgebung des Königs niedergelegt. Der Kronprinz schrieb, was vielleicht noch nicht bekannt ist, jeden Tag an seine Gemahlin.

8. September 1870. Reims. Der amerikanische General Philip H. Sheri= dan speist bei Bismarck. Der letztere sprach sich aufs rückhaltloseste dahin aus, daß die deutschen Armeen nach der Schlacht von Sedan nicht gleich auf Paris marschiren sollten; er sah — wie Sheridan glaubte — die Errichtung einer Republik voraus und fürchtete dieselbe, während er für den Fall, daß gleich nach Sedan Frieden geschlossen worden wäre, die Hoffnung hegte, daß das

¹) Hahn: „Fürst Bismarck. Sein politisches Leben und Wirken." Bd. II. S. 112.
²) Zu vergleichen die „National Zeitung" Nr. 365 vom 7. August 1872 S. 1.

Kaiserthum in der Person des Kaiserlichen Prinzen fortgesetzt werden könne,
der dann in der Erinnerung, daß er den Thron dem Einfluß der Deutschen
verdanke, in seinen Händen fügsam sein würde[1]).

8. Oktober 1870. Versailles. Graf Bismarck speist bei dem Kron=
prinzen in Gesellschaft des Amerikaners John L. O'Sullivan, welcher ehedem
die Stellung eines Ministerresidenten der Vereinigten Staaten von Nordamerika
in Lissabon inne hatte, und welcher zu der Klasse jener Leute zählte, welche
à tout prix glaubten, durch ihre Vermittlung den Frieden herstellen zu können[2]).
Der amerikanische Gesandte Washburne hatte denselben an den General Sbe=
ridan empfohlen. O'Sullivan saß bei dem Diner Bismarck zunächst und sprach
über seine Lieblingstheorie, die Neutralität. Beim Weggehen gab ihm Bis=
marck die Hand und sagte, er wäre erfreut, seine Bekanntschaft zu machen.
„Aber Mr. O'Sullivan — sagte Bismarck — eine merkwürdige Sache begegnet
mir manchmal. Ich mache Nachmittags die Bekanntschaft eines sehr angeneh=
men Herrn und am folgenden Morgen sehe ich mich wider Willen gezwungen,
ihn aus Versailles weisen zu lassen.“ O'Sullivan erwähnte dies zu den Freun=
den, welche er Abends besuchte, fand darin aber keine Anspielung auf sich.
Sie fanden es indessen. Er ging nach seinem Hotel und fand vor seiner Thür
einen preußischen Offizier mit dem Befehl, daß er in der Nacht Versailles zu
verlassen habe. Er remonstrirte und man willigte schließlich ein, daß er um
acht Uhr Morgens abreisen sollte. Vor seiner Schlafzimmerthür wurde eine
Schildwache aufgestellt, welche glaubte, die genaue Erfüllung ihrer Pflicht ver=
lange, daß sie alle fünf Minuten während der Nacht die Thür öffne, um sich
zu überzeugen, daß der Gefangene nicht entwischt sei.

12. Oktober 1870. Versailles. Abends wurde dem Kanzler durch den
Lieutenant von Uslar eine kurz vorher aus Paris herausgekommene Persönlichkeit
zugeführt, deren Pässe auf „M. Angel de Ballevo, Vice=Präsident der spanischen
Finanz=Kommission in Paris, Attachée der spanischen Botschaft“ lauteten. Da
Bismarck diesen Angaben nicht traute, sich aber Gewißheit über die Person des
Spaniers in möglichst unauffälliger Weise verschaffen wollte, bot er ihm einen
Imbiß an, zu dem er noch den Grafen Hatzfeldt und seinen Neffen, den
Lieutenant Grafen Bismarck hinzuzog. Bismarck bat, ihn zunächst wegen einer
dringenden Arbeit auf kurze Zeit zu entschuldigen, und die drei Herren setzten
sich in dem durch Kerzen, welche auf leere Weinflaschen gesteckt waren, erleuchteten
Speisesaal zu Tisch, wobei Graf Hatzfeldt die Unterhaltung führte[3]). Wäh=

---

[1]) Sheridan: „Erinnerungen". S. 60.

[2]) Der gedachte Herr kam Bismarck gleich verdächtig vor, und M. Busch erhielt den
Auftrag, sich über seine Antezedentien zu erkundigen. Vgl. „Graf Bismarck und seine
Leute". Bd. I. S. 334, 335.

[3]) Die nachfolgenden Tischgespräche sind der Broschüre entnommen: »Un diner à
Versailles chez M. de Bismarck« par Angel de Miranda. 4. Edition. Bruxelles, Office
de Publicité. Bei der Reproduktion der Worte Bismark's wird man gut thun, nicht
darauf zu schwören. Der Gang der Unterhaltung mag richtig wiedergegeben sein und auch
sonst manches, das den Stempel der Echtheit an sich trägt.

rend dieser dem Spanier versicherte, daß die Deutschen bald in Paris ein=
rücken würden, daß die Loire=Armee vernichtet sei und Metz nächstens kapi=
tuliren werde, vergaß er keineswegs, den Gast über die geringsten Einzelheiten
der Lage in Paris auszuforschen.

„Sind die Klubs noch geöffnet? Sind noch vornehme Leute da? Wie
gewöhnen sich diese Herren daran, mit den Sanskulottes zusammen zu leben,
welche eine unerträgliche Tyrannei ausüben?“ u. s. w.

Der Spanier antwortete, wie es war, d. h. daß der Patriotismus die
Abstände weggeräumt habe, daß es übrigens keineswegs Tyrannei oder Sans=
kulottes, sondern nur Bürger gebe, die zusammen zu den Verschanzungen
schritten, die Sorge um die Regelung ihrer gegenseitigen Beziehungen aber
auf später verschöben.

Mittlerweile kehrte der Kanzler zurück; er setzte sich auf einen Stuhl dem
Spanier gegenüber und verlangte Burgunder. Der Haushofmeister trat in
Begleitung eines Bediensteten ein; sie brachten eine Anzahl Flaschen. Bismarck
kostete die erste; es war Wein aus Nuits; er fand keinen Anklang. Eine
zweite Flasche wurde entkorkt; diesmal schien er befriedigt; er prüfte den
Stoff im Licht der Kerze und rief: „Ausgezeichnet! der ist aus Romanée.“

„Sie sind Kenner, Herr Graf,“ antwortete der Spanier, „und in dieser
Hinsicht werden Sie mit dem Keller dieses Hauses zufrieden sein . . . .“

Bismarck unterbrach ihn: „Sie sind im Irrthum, dieser Wein ist nicht
aus diesem Hause hier, er stammt aus dem Hôtel des Reservoirs. Ich würde
Bedenken tragen, für mich selbst das Geringste zu requiriren. Alles, was ich
brauche, kaufe ich; ich will nicht, daß meine Söhne über mich zu erröthen
haben. Das wird Ihnen,“ sagte er, auf die als Leuchter dienenden Flaschen
zeigend, hinzu, „den hier herrschenden Mangel erklären.“

Als Bismarck bemerkte, daß das diskrete Lächeln, mit welchem der
Spanier diese Worte anfnahm, ein wenig Ungläubigkeit ausdrückte, inter=
pellirte er lebhaft den Bediensteten:

„Wie viel bezahlen Sie für diesen Romanée?“

„Sechs oder acht Thaler . . . . Excellenz,“ stotterte der Diener. „Wohl
acht Thaler, glaube ich.“

Die Unterhaltung drehte sich weiter um diesen Gegenstand, da Bismarck
von seinem Keller in Berlin sprach.

„Ein ausgezeichneter Keller — sagte er — denn ich habe einen außer=
ordentlichen Lieferanten, den Marquis de T . . . . ., welchen Sie in Paris
kennen gelernt haben müssen. Das ist ein Diplomat, welcher Talleyrand
einmal in seinem Leben ausgestochen hat, indem er den Minister der auswärtigen
Angelegenheiten des Kaisers zwang, ihn zum Marquis zu machen, ohne dies zu
wissen. Er ist der Sohn eines reichen Landwirths und hieß einfach Lemarquis.
Nachdem er erreicht hatte, daß er als Attachee der französischen Gesandtschaft
nach Frankfurt geschickt worden war, fügte er seinem Namen den Namen eines
seinem Vater gehörenden Landgutes hinzu; das machte Lemarquis de T . . . . ;

dann gewöhnte er sich allmählich daran, daß man seinen Namen in zwei Worten schrieb; endlich schrieb er ihn selbst so. Er kam nach Berlin; ich kannte die Geschichte; als ich das Vergnügen bemerkte, mit welchem er sich Marquis anreden ließ, schmeichelte ich dieser Manier und ließ bei einem diplomatischen Diner unter sein Gedeck eine Speisekarte legen, auf welcher sein Titel auf die aristokratischste Weise schön rund geschrieben stand. Er war hierüber gerührt und schickte mir am nächsten Tage einen Korb ausgezeichneter Burgunder= weine, welche er von seinen Gütern in Frankreich bezog. Seitdem ist er mein Lieferant geblieben und ich befinde mich wohl dabei."

Bismarck erzählte dies Alles mit großer Lustigkeit, welche den Diplomaten, dessen Geschicklichkeit in diesem Augenblick ganz Europa in Ungewißheit erhielt, wenig errathen ließ.

Man kam auf Paris, dessen Hülfsmittel Bismarck für erschöpft erklärte, und auf die Pariser zu sprechen, welche ohne Zweifel schnellstens kapituliren wollten und die Männer des Stadthauses verwünschten.

Der Spanier bezeichnete die ganze Bevölkerung von Paris als zur Ver= theidigung bis auf das Aeußerste entschlossen, was Bismarck nicht glauben wollte.

„Die Eitelkeit hält sie jetzt aufrecht," sagte der Letztere; „das ist der Grundton des französischen Charakters. Sie wird aber vor einem wirklichen Leiden nicht lange Stand halten. Man wird mich niemals glauben machen, daß Paris eine heroische Stadt ist, und wie dem auch sei, wir werden schließ= lich doch in dieselbe einrücken."

„Das wird mit Gewalt nicht geschehen," versetzte der Spanier, „wosern Sie sich nicht dazu entschließen, die Stadt durch Bombardement zu zerstören und einen großen Theil Ihres Heeres zu opfern."

„Wie man das machen wird, geht mich nichts an," erwiderte Bismarck, „das ist Sache der Generäle; wenn ich meine Ansicht darüber äußern sollte, — was nicht der Fall ist —, würde ich niemals den Sturmangriff vorschlagen, weil ich wie Sie glaube, daß die Pariser sehr viel Muth besitzen und leb= haften Widerstand leisten würden; in diesem Falle würden wir große Verluste erleiden, das ist nicht zu bezweifeln; also die Sache kostet mehr, als sie werth ist. Um so mehr sind wir sicher, daß wir mit etwas Geduld, Dank der zwei Verbündeten, welche wir in der Stadt haben, siegen werden: der Rothen und des Hungers."

„Die Rothen scheinen mir aber von der Nationalgarde in genügendem Respekt gehalten zu werden," antwortete der Spanier, „was den Hunger an= betrifft, das wird noch lange dauern."

„Sei es drum! Wir werden nöthigenfalls noch Monate warten, aber wir werden einziehen!"

„Fürchten Sie denn nicht," warf der Spanier ein, „wenn die Sache sich so ausdehnt, die Ankunft einer Hülfsarmee oder die Intervention ganz Europas?"

„Wo werden Sie diese Armee hernehmen?" versetzte Bismarck, „von der Loire, wo einige Bataillone, welche eher Menschentrupps als regelmäßige

Truppen darstellen, soeben auseinander gesprengt worden sind? Aus Metz, dessen ausgehungerte Garnison täglich Parlamentäre behufs Verhandlung über die Kapitulation schickt? Geben Sie diesen Irrthum auf: Frankreich hat keine Armee mehr und wird auf Jahre keine haben.

Was die neutralen Mächte anbetrifft, so sind sie gegen uns mindestens ebenso freundlich gesinnt, wie gegen Frankreich, dessen Dünkel, dessen ruhelose und agressive Politik seit zwei Jahrhunderten eine Gefahr für Europa gewesen ist. Uebrigens scheint es mir, als ob jede der betheiligten Mächte binnen Kurzem genug mit ihren eigenen Angelegenheiten zu thun haben wird. Schlimmstenfalls werden wir eine fremde Intervention in einem Kriege, welchen wir allein und auf eigene Gefahr unternommen haben, uns zu verbitten wissen."

„In Paris," warf der Spanier ein, „hatte man großes Vertrauen zu den von Herrn Thiers unternommenen Verhandlungen."

„Diese Verhandlungen, glauben Sie mir," sagte der Kanzler, „betreffen im Grunde viel weniger den Frieden, als die Thronbesteigung der Prinzen von Orleans. Die Franzosen sind unschlau, wenn sie das nicht begriffen haben. Uebrigens haben sie es vielleicht begriffen und sind darum noch mehr dafür eingenommen, mit Herrn Jules Favre anzufangen und mit dem General Trochu aufzuhören. Ich begreife, daß man dies Alles lieber will, als die Diktatur des Herrn Gambetta, dieses Advokaten ohne Klienten, dessen ganzes politisches Gepäck in Kaffeehausexpektorationen und in drei in der Kammer gehaltenen Reden voll liberaler Phrasen besteht."

„Ich glaube nicht," entgegnete der Spanier, „daß man die Mission des Herrn Thiers in diesem Sinne in Paris aufgefaßt hat. Jedenfalls wurde in Paris gesagt, daß Rußland und England übereingekommen wären, zu interveniren."

„Was sagt man nicht Alles in Paris? Rußland und England im Einverständniß!" .... Ha! Ha! Ha! Der Kanzler lachte laut und sah dabei den Grafen Hatzfeldt an, welcher respektvoll mit einem diskreten Lächeln erwiderte, worauf er fortfuhr: „Und Ihr Spanier, werdet Ihr auch in diese schreckliche Koalition gegen uns eintreten? .... Ich hätte geglaubt, daß Sie in diesem Kriege unsere Verbündeten sein würden."

„Der Herr Graf belieben zu scherzen!" warf der Spanier ein.

„Nicht im geringsten. Wir haben den Krieg doch auch ein wenig für Sie geführt, und ich würde es natürlich gefunden haben, daß Sie an unserer Seite marschirt wären. Darum habe ich am Tage nach der Kriegserklärung den Marschall Prim fragen lassen, welches Kontingent Spanien stellen würde. Ich bin sehr überrascht gewesen, als ich wahrnahm, daß der Marschall vor den Folgen seiner Politik zurückschreckte."

„Ich bitte um Verzeihung!" erwiderte der Spanier lebhaft, „Spanien hat ebensowenig wie der Marschall Prim die Gewohnheit, zurückzuweichen.

Wenn der Prinz von Hohenzollern seine Kandidatur nicht zurückgezogen hätte und wenn wir für die Erhaltung unseres Rechts hätten kämpfen müssen, würden wir uns selbst gegen Frankreich geschlagen haben."

„Es ist sehr schade, daß die Sache nicht so gekommen ist," entgegnete Bismarck, „Frankreich wäre dann im Norden und im Süden gefaßt worden und wir würden zu dieser Stunde in Paris sein. Welch ein Aufschwung für Ihr schon zu lange schlummerndes Volk!"

Nach einer Pause fügte er hinzu: „Und welche Absichten hat der Marschall Prim jetzt?"

„Ich weiß es nicht," antwortete der Spanier, „der Marschall beehrt mich mit seinem Vertrauen, jedoch nicht bis zu dem Grade, mich in seine politischen Pläne einzuweihen."

„Nun wohl! da Sie ja bald mit ihm zusammentreffen werden, so sagen Sie ihm, er möge bedenken .... Ich bin nicht der Mann, mich in die Angelegenheiten Anderer zu mischen, und Preußen hat nicht im geringsten die Absicht, in die innere Politik Spaniens oder eines anderen Landes sich einzumengen. Indessen, man kann sagen, daß die Wahl eines deutschen Prinzen für Sie die Garantie einer Regeneration geboten hätte .... Sehen Sie, die lateinische Rasse ist verbraucht; ich gebe zu, sie hat große Dinge ausgeführt, aber heute ist ihre Bestimmung erfüllt; sie ist dazu berufen, abzunehmen und möglicher Weise schließlich ganz zu verschwinden — als Gesammtheit wenigstens. Weiter sehende Staatsmänner der lateinischen Länder sollten diesen Umwandlungsprozeß beschleunigen und leiten, anstatt in unfruchtbaren Anstrengungen sich zu erschöpfen, um eine vom Schicksal bestimmte Sache zu verhindern .... Unser Prinz auf Ihrem Throne würde den Spaniern ohne Gewaltsamkeit und ohne Demüthigung etwas deutsches Mark beigebracht haben. Die germanische Rasse ist jung, kräftig, ebenso voller Tugenden und Unternehmungsgeist, wie Sie es ehemals waren. Den nordischen Völkern gehört die Zukunft und sie treten nur in die ruhmvolle Rolle ein, welche sie für das Wohl der Menschheit auszufüllen bestimmt sind ...."

Nachdem über die Ereignisse des Feldzugs, von Sedan, von dem Eroberungszuge des deutschen Heeres, von der Mission Burnsides, von der Zusammenkunft mit Jules Favre u. s. w. gesprochen worden war, wandte sich die Unterhaltung aufs Neue der Einnahme von Paris und dem Friedensschlusse zu.

„Wir werden," erwiderte Bismarck auf einige skeptische Bemerkungen des Spaniers, „Paris und Frankreich so lange wie nothwendig besetzen und werden warten, bis das Land sich rekonstituirt hat; wir werden schließlich schon eine Regierung, welche unterhandeln will, finden, und wäre es auch die des Robert Macaire. Das Wesentlichste für uns ist, daß wir zu den Bedingungen, welche wir mit vollem Rechte stellen, Frieden schließen und gute Sicherstellung des Vertrages erlangen. Das Uebrige kümmert uns wenig. Und wer sagt uns übrigens, daß der Kaiser nicht wiederkommen wird — oder wenigstens seine Dynastie? Was kann ihm Frankreich vorwerfen? Daß er besiegt wurde, als er den innigsten Wunsch des Landes ausführen wollte: die Eroberung des Rheins ...... Ich würde nicht erstaunt sein, wenn die Mehrheit der Nation ihn zurückruft."

Auf die Einwendung des Spaniers, daß seiner Ansicht nach die Los-trennung von Elsaß und Lothringen von Frankreich in keiner Weise einen dauerhaften Frieden erhoffen lasse, erklärte Bismarck:

„Auf alle Fälle ist das der Wille des Königs ..... Uebrigens kann der Friede, unter welchen Bedingungen er auch immer zu Stande kommen mag, nur ein Waffenstillstand sein; Frankreich ist zu eitel, um uns jemals seine Niederlagen zu verzeihen. Wenn wir morgen einwilligen, das französische Gebiet ohne Forderung einer Entschädigung zu verlassen, die französische Eitel-keit würde nicht weniger leiden und man würde uns zu einem neuen Kriege reizen, sobald Frankreich es könnte. Unsere Politik muß also im Interesse Deutschlands und ganz Europas darauf hinzielen, Frankreich möglichst zu schwächen und es auf lange Zeit unfähig zu machen, den allgemeinen Frieden zu stören."

Nach diesen Worten entstand ein düsteres Schweigen; der Spanier machte schüchtern die Bemerkung:

„Sie stellen, Herr Graf, immer den Willen des Königs voran, indessen wird Europa in Ihnen den obersten Richter in diesem Kriege erblicken."

„Wenn Europa so urtheilt," erwiderte Bismarck, „so würde es sich täuschen; aber ich glaube, nur in Frankreich denkt man so oberflächlich. Dieses undisziplinirte Volk, welches daran gewöhnt ist, das Spielzeug politischer Abenteurer zu sein, kann unsere Achtung vor der Monarchie, unsere Organi-sation, die Festigkeit unserer hierarchischen Ordnung nicht begreifen. Bei uns, mein Herr, giebt es keinen anderen souveränen Willen, als den des Königs; allein der König will, weil er allein das Recht hat, zu wollen. Wie hoch ich auch gestellt bin, ich bin nur das Werkzeug seines politischen Willens, wie die Generäle die Werkzeuge seines militärischen Willens sind. Wenn Se. Majestät einen Gedanken ausspricht, so habe ich die Maßnahmen zur Ausführung des-selben vorzuschlagen, und mein Ruhm besteht darin, daß mir manchmal diese Aufgabe gelingt. Uebrigens ist in diesem Augenblick meine Thätigkeit der-jenigen der Befehlshaber des Heeres vollständig untergeordnet ....., welche nicht immer meiner Meinung sind."

Nachdem die Unterredung mehrere Stunden gewährt und der Spanier um die Erlaubniß gebeten hatte, sich entfernen zu dürfen, begleitete ihn Bismarck bis zur Thür und sagte, indem er ihn seinem Neffen überwies:

„Man findet schwer Unterkommen in Versailles. Ich habe Ihnen ein Quartier zurecht machen lassen. Morgen werde ich mein Möglichstes thun, um bei der Militärbehörde zu erreichen, daß sie Ihnen ohne Verzug Ihre Passirscheine aushändigt."

Der Spanier fand seinen Wagen vor der Thür, fünf Minuten später setzte ihn derselbe vor Nummer achtzehn der Rue Montbauran ab, wo Zimmer

„für eine Person von Distinktion" bestellt worden waren. Die Ordonnanz, welche ihn begleitet hatte, sagte zum Besitzer:

„Sorgen Sie für diesen Herrn, das ist eine große Persönlichkeit; Seine Excellenz hat drei Stunden mit ihm gesprochen und er hat mir soeben zwanzig Francs gegeben . . . ."

Ach! Seine Größe sollte bald zu Falle kommen.

Bismarck mochten die Haltung und die Reden des spanischen Diplomaten, welcher ostentativ den Stern Isabella's und das Kreuz Saint Jean de Jerusalem, letzteres am Halse, trug, auffällig gewesen sein, denn er ließ alsbald Erkundigungen über die Persönlichkeit seines Tischgastes anstellen. Das Ergebniß war: Angel de Valleyo war identisch mit einem Redakteur des „Gaulois", welcher unter dem Namen Angel de Miranda erst kürzlich für dieses Blatt einen von Haß und Galle gegen Preußen erfüllten Artikel geschrieben hatte, worin unter Anderem der König Wilhelm ein „caporal mystique" genannt worden war. In Folge dessen wurde unser Spanier polizeilich überwacht und bereits am 14. Oktober verhaftet, demnächst nach Mainz transportirt und dort als Gefangener „auf Ehrenwort" internirt. Dies hinderte ihn jedoch nicht daran, sich bald heimlich aus dem Staube zu machen[1]).

25. Oktober 1870. Versailles. Zum Diner beim Kronprinzen. Dem ebenfalls geladenen badischen Minister Freiherrn von Freydorf erzählte Bismarck von den Entbehrungen im Felde. „Für das Hauptquartier wird nicht viel gesorgt, und es gilt der Grundsatz: Jeder kann sich für sein Geld selbst verpflegen. Am Tage von Gravelotte z. B. sind wir früh ausgeritten, Nachts 2 oder 3 Uhr, und haben bis zum Abend nichts zu essen bekommen. Da endlich habe ich mir für 20 Francs 5 Eier gekauft. Ich habe, da ich sehr hungrig war, zwei davon gegessen, bin dann mit den drei übrigen zu General Sheridan und einem Dritten, die mit mir dasselbe Schicksal getheilt, geritten und habe ihnen, meinen Vorempfang der beiden Eier verschweigend, zu ihrer großen Freude angeboten, die 3 Eier brüderlich mit mir zu theilen."[2])

Diese Erzählung wird durch die Darstellung von Busch bestätigt. Danach hatte man am 18. August 1870 selbst für den König, als er äußerte, daß er Hunger habe, anfangs nichts als trockenes Brot. Endlich trieb man ein Paar Coteletten auf, gerade genug für den König aber nicht für seine Umgebung. Der Kanzler erzählte, auf seine Person kommend, auf der Fahrt nach Busancy: „Ich hatte den ganzen Tag nichts als Kommißbrot und Speck gehabt. Jetzt

---

[1]) W. Busch erwähnt in seinem Werke: „Graf Bismarck und seine Leute" den Vorgang nur summarisch. Vgl. Bd. I. S. 252. Am 14. Oktober erzählte ein Schutzmann Busch: „Den Spanier, der vorgestern bei Excellenz war, hätten wir, und auch seinen Diener. Ist ein Spion, haben ihn abgefaßt und einen Plan unserer Truppenaufstellung bei ihm gefunden."

[2]) „Briefe und Tagebücher eines deutschen Ministers." Deutsche Revue. Jahrgang VIII. Bd. 4. S. 252.

friegten wir ein Paar Eier — fünf oder sechs. Die Andern wollten sie gekocht; ich aber esse sie gern roh, und so unterschlug ich ein Paar und zerschlug sie an meinem Degenknopf, was mich sehr erfrischte. Als es dann wieder Tag geworden war, genoß ich das erste Warme seit sechsunddreißig Stunden, — es war nur eine Erbswurstsuppe, die mir General Göben gab, sie schmeckte aber ganz vortrefflich." Später hatte es noch ein gebratenes Huhn gegeben, „an dessen Zähigkeit aber der beste Zahn verzweifelte". Es war dem Minister von einem Marketender angeboten worden, nachdem er von einem Soldaten ein ungekochtes gekauft hatte. Bismarck hatte jenes angenommen, dafür bezahlt und dem Manne noch obendrein das von dem Soldaten erworbene gereicht. „Wenn wir uns im Kriege wieder treffen," sagte er, „so geben Sie es mir gebraten wieder. Wo nicht, so hoffe ich, daß Sie es mir in Berlin zurückerstatten."

Erst nach der Installation Bismarck's in Rheims, Ferrières und Versailles fing Ueberfluß an seiner Tafel zu herrschen an.

26. Oktober 1870. Versailles. Theilnahme an dem Diner bei Seiner Majestät dem König in der Präfektur, wozu noch geladen waren: Kriegsminister von Roon, die Generäle von Moltke und von Treskow, eine zahlreiche militärische Umgebung, Hofmarschälle, Adjutanten, Minister, darunter auch der badische Minister Freiherr von Freydorf. Die hohen Stirnen und starken, mehr oder weniger grauen Bärte der versammelten Krieger erinnerten Freydorf an das Gastmahl Wallensteins[1]).

27. Januar 1871. Versailles. Frühstück bei Bismarck, an welchem der zum zweiten Male aus Paris eingetroffene Jules Favre, dessen Ordonnanzoffizier Graf Hérisson und eine militärische Kommission, bestehend aus dem General de Beaufort d'Hautpoul und seinem Generalstabsoffizier, dem Lieutenant Calvel, sowie Graf Hatzfeldt, Lothar Bucher, der Lieutenant Graf von Bismarck-Bohlen und Lieutenant von Uslar theilnahmen.

General d'Hautpoul hatte sich Anfangs heftig geweigert, die Reise nach Versailles mitzumachen, weil er befürchtete, den Anblick des siegreichen Feindes nicht ertragen zu können, und weil er ahnte, daß er seine Unterschrift unter die demüthigenden Kapitulationsverhandlungen setzen sollte. Sein Nervensystem mochte auch unter der Belagerung gelitten haben, genug, es traten ihm die Thränen in die Augen, als er hörte, daß er sich ohne Widerrede dem Zuge Favre's anschließen solle.

Ueber das Verhalten des Generals am Tische Bismarck's schreibt Graf Hérisson in seinem „Journal d'un officier d'ordonnance":

„Der arme General d'Hautpoul zeigte auf seinem Antlitz die Spuren des schrecklichen Kampfes, den die Pflicht und sein Stolz in ihm ausgefochten hatten. Seine Züge waren thatsächlich verzerrt: er war während der Fahrt um zehn

Jahre gealtert. Schroff, düster, schweigsam saß er da, die Serviette auf den Knieen, kaum anrührend, was man ihm anbot, denn die Kehle war ihm wie zugeschnürt; auch antwortete er nur einsilbig auf die von höflichem Mitgefühl und Rücksicht diktirten Worte, die der Kanzler an ihn richtete.

Er trank rasch nach einander drei große Gläser Wasser aus und plötzlich, ich weiß nicht mehr in Folge welcher von einem deutschen Offizier gemachten Bemerkung, brach er, wie wenn eine Sprungfeder in ihm losgegangen wäre, lebhaft in die Worte aus:

„Ah! Es ist ein Glück für Sie, daß wir hierher gekommen sind, um zu unterhandeln, denn unsere Truppen sind von den vortrefflichsten Gefühlen beseelt. Meine Mobil- und Nationalgardisten sind vollkommene Soldaten geworden und wenn es von mir abgehangen hätte, würden Sie, anstatt ruhig hier zu speisen, wie Sie es jetzt thun, mitsammt Ihrem Diner, weit von hier entfernt sein."

Wenn bei Tisch, nach einer lebhaften Unterhaltung, plötzlich ein tiefes Schweigen eintritt, pflegt man zu sagen: „ein Engel fliegt durch's Zimmer"; Andere behaupten, daß eine große Erstarrung einträte. In der That gab es eine große Erstarrung, oder, da mir die erste Metapher besser gefällt, ein Engel flog durch's Zimmer. Der Engel des Patriotismus war es, der über unseren Häuptern schwebte.

Die Mahlzeit verlief aufs peinlichste. Als wir von der Tafel aufstanden, hatte ich mich hinter Jules Favre gestellt. Herr von Bismarck machte eine Handbewegung nach der Thüre des Salons. Seine Gäste verstanden den stummen Befehl ihres Chefs und verschwanden. Der Kanzler gesellte sich wieder zu uns und über die Achsel nach dem General d'Hautpoul hinzeigend, der am andern Ende des Zimmers in fieberhafter Aufregung mit den Fingern auf einer Fenster- scheibe trommelte, sagte er zum Minister:

„Wenn Sie die Absicht haben, den Herrn wieder mitzubringen, so heißt das so viel, als Sie wollen nicht unterhandeln, und da können wir sofort die Verhandlungen abbrechen."

Jules Favre bat um Entschuldigung. Er erklärte, daß der General sehr wider seinen Willen und einzig und allein um zu gehorchen, um eine schmerzliche Pflicht zu erfüllen, mitgekommen sei. Er versprach dem Kanzler, daß ihn am nächsten Tage ein anderer militärischer Bevollmächtigter begleiten werde. — —

Da über das seltsame Verhalten des Generals de Beaufort verschiedene Lesarten existiren[1], so will ich noch mittheilen, was er selbst über seine Vor- stellung bei Bismarck und die Theilnahme an jenem Frühstücke erzählt hat[2].

„Der Empfang der Gäste durch den Kanzler erfolgte in der allerhöflichsten Weise. Bei der demnächst folgenden Besprechung lächelte Bismarck oft und seine Aussprache war, aus Gewohnheit oder Gutmüthigkeit, sehr sanft.

---

[1] Bismarck bemerkte, Beaufort habe sich wie ein Mann ohne Erziehung benommen; er glaubte, der gute General habe zu stark dejeunirt. M. Busch a. a. O. Bd. II. S. 254 f.

[2] Déposition de M. le général Beaufort, Enquête parlament. Bd. III. S. 165 f.

Er verbeugte sich beim Eintreten tief und grüßte Alle der Reihe nach. Jules Favre stellte die übrigen Herren vor. General Beaufort näherte sich darauf Bismarck und wiederholte ihm gegenüber die Worte, welche er zu den preußischen Offizieren bei Passirung der Vorposten in Sèvres gesprochen hatte, indem er sagte, er sei gegen seinen Willen in Mitte der Preußen, er hätte lieber mit Kanonen auf sie geschossen, als mit ihrem Minister zu unterhandeln.

Er wäre übrigens sehr glücklich, fügte er hinzu, die Bekanntschaft des Herrn von Bismarck zu machen, für den er Hochachtung hege, und den Grafen von Moltke wieder zu sehen, welcher sich an der Spitze einer preußischen militärischen Mission in Konstantinopel befand, als er selbst in Egypten und Syrien war.

„Wir haben viel zu thun, Excellenz," sagte darauf Jules Favre, „wir möchten, wenn nichts entgegensteht, sogleich die Verhandlungen beginnen."

„Ich kann allein über den Waffenstillstand nicht verhandeln," versetzte Bismarck, „ich bin in militärischen Fragen inkompetent, die Anwesenheit des Grafen von Moltke ist nothwendig. Der König hat ihn um Mittag zu sich befohlen und er wird vor zwei Uhr nicht zurückkehren. Ich hoffe, Sie werden bis dahin an meiner Tafel Platz nehmen, wo für Sie Gedecke bereits auf= gelegt sind."

Die französischen Abgesandten konnten dies in höflichem Tone gemachte Anerbieten nicht gut ablehnen. Man trat in einen Speisesaal ein, in welchem bereits sechs Personen warteten. Bismarck ließ Jules Favre am Ende der Tafel Platz nehmen und lud den General Beaufort ein, sich ihm gegenüber zur Rechten des Herrn Jules Favre auf der langen Seite der Tafel zu setzen. Rechts von dem General Beaufort war der preußische Hauptmann, welcher in Sèvres im Wagen Platz genommen hatte, dann kam der Lieute= nant Calvel, rechts von demselben der Vetter des Grafen Bismarck. Gegen= über saßen in folgender Reihenfolge: Herr von Hatzfeldt, Lieutenant von Uslar und ein kleiner, alter, verkrüppelter Mann mit dem Schwarzen Adler (?) dekorirt, dessen Name dem Erzähler unserer Geschichte unbekannt blieb[1]).

Das Frühstück war kräftig und die Unterhaltung unbedeutend. Lieutenant Calvel erfuhr indessen von seinem linken Nachbar, daß die Preußen in der Schlacht vom 19. Januar nur 25000 Mann im Kampfe hatten. Gegen Ende baten die Herren von Uslar und von Hatzfeldt Herrn Calvel, mit ihnen anzustoßen.

General Beaufort aß seiner Gewohnheit gemäß wenig und rauchte viel. Beim Einnehmen des Kaffees beeilte sich daher Bismarck, ihm ausgezeichnete Cigarren anzubieten, welche er, wie er sagte, soeben direkt aus der Havanna erhalten hatte."

Demnächst begannen die Kapitulationsverhandlungen.

---

[1]) Es wird L. Bucher gemeint sein.

64

29. Januar 1871. Versailles. Diner bei Bismarck, zu welchem auch der zur Anknüpfung von Friedensverhandlungen in Versailles anwesende Minister Jules Favre mit seinem Ordonnanz-Offizier, dem Grafen Hérisson, geladen war. —

Graf Hérisson schreibt darüber in seinem Buch „Journal d'un officier d'ordonnance":

„Es war sieben Uhr, Herr von Bismarck lud uns zum Diner ein, und wir stiegen in das Erdgeschoß hinunter. Etwa zwölf Offiziere und Beamte warteten in großer Uniform. Bismarck trug die Oberstenuniform der weißen Kürassiere, und für mich lag ein schmerzlicher Kontrast zwischen diesem Koloß, der in seinem Rock eingepreßt war, mit der gewölbten Brust, den breiten Schultern, strotzend vor Gesundheit und Kraft, dem Vertreter Deutschlands, und zwischen dem gebückt einhergehenden, hageren, langen, in seinem Ueber-zieher schlotternden Advokaten, dem Vertreter Frankreichs, welchem das weiße Haar über die Backen herabhing. Ich erinnere mich, daß der Tisch sehr reichlich versehen, mit massiven Silberbestecken eines Reisenecessaires gedeckt und mit nur zwei Kerzen auf leeren Flaschenhälsen beleuchtet war. Dieser Umstand allein gemahnte an das Lagerleben. Graf Bismarck, welcher Herrn Jules Favre noch immer nicht als Bevollmächtigten, als Minister behandelt hatte, nahm die Mitte der Tafel ein und hieß mich zu seiner Rechten Platz nehmen. Ich war verwirrt und warf einen fragenden Blick auf den Minister, der resignirt sagte: „Nur zu, Kindchen!" Und ich setzte mich zur Linken des Kanzlers, welcher sogleich mit tüchtigem Appetit zu essen und, immer sprechend, abwechselnd in großen Zügen Bier oder Champagner aus einem silbernen Becher mit seinem Namenszuge zu trinken begann. Die Unterhaltung wurde von der ganzen Gesellschaft in französischer Sprache geführt.

Groß war mein Erstaunen, als Graf Bismarck plötzlich zu mir sagte: „Herr v. Hérisson, ich sehe Sie heute nicht zum ersten Mal . . . Warten Sie! Ja, es war in Baden-Baden im Jahre 1866 auf der Freitreppe des Messmer'schen Hauses, wo der König von Preußen wohnte. Die Fürstin Mentschikoff hat Sie mir vorgestellt." Dem war in der That so, und ich stimmte gern in den Chorus der Offiziere und Beamten ein, welche vor Bewunderung außer sich waren und riefen: „Welches Gedächtniß! Das ist wunderbar. Welch ein erstaunlicher Mann! Er allein ist solches im Stande!" Der arme Jules saß indessen ein-gesunken, unter seinen weißen Haaren begraben, auf seinem Stuhle. Wenn man das Wort an ihn richtete, so schüttelte er sich wie aus einem Traume auf, und von Zeit zu Zeit wischte er sich die Augen mit der Serviette. Gewiß, ich ehrte diesen patriotischen Schmerz, aber ich hätte doch gewollt, daß er sich zu-rückhaltender zeigte, und um nun den Eindruck zu verwischen, fing ich mit unserem Generalstab nach Pariser Art zu „blagniren" (lügen) an. Glauben Sie doch nicht, sagte ich unter Anderem, daß wir so ausgehungert sind, wie erzählt wird. Wir besitzen überdies eine Leichtlebigkeit, eine Elastizität, die macht, daß wir da noch lachen und scherzen, wo andere Völker sich niederschmettern lassen. Man war im Anfang der Belagerung gegen die Stadtsergeanten sehr erbost und wollte sie ins Wasser werfen. Da stutzten sie sich die Schnurrbärte und machten nur noch zu Dreien ihre Runden, um sich nöthigenfalls hilfreiche Hand zu leisten. Heute denkt Niemand mehr an sie und sie gehen paarweise. Man sagt, dies geschehe deshalb, weil die Uebriggebliebenen den Dritten auf= gegessen hätten.

Dann fing ich an, ihnen von dem Feldzug in China zu erzählen, Ge= schichten aus einer anderen Welt.

Das schien mir besser, als von Politik zu reden, von der ich Nichts ver= stand, oder vom gegenwärtigen Kriege, wo ich nur für mich betrübende Themata gefunden hätte.

Herr von Bismarck gleicht unseren Staatsmännern in keiner Beziehung. Er ist nicht im geringsten feierlich. Er ist sogar von Grund aus heiter und schleudert manchmal mitten in die ernstesten Fragen einen Scherz hinein, einen humoristischen Einfall, durch den man immer die gewaltige Tatze des Löwen hindurchfühlt.

Ich muß außerdem annehmen, daß meine Anekdoten ihm nicht mißfielen, denn ich las später in dem Buch des Dr. Moritz Busch, seines Sekretärs, betitelt „Graf Bismarck und seine Leute im französischen Kriege":[1] Zum Danke für diese und andere Histörchen erzählte unser Chef Herrn von Hérisson verschiedene Dinge, die man in den Pariser Klubs und Salons noch nicht wissen konnte und die man dort mit Vergnügen hören würde. Zum Beispiel, wie Rothschild sich in Ferrières betrug und die Metamorphose, durch welche der Großvater Amschel, Dank dem Kurfürsten von Hessen, aus einem kleinen Juden ein großer wurde. Er nannte ihn zu verschiedenen Malen den Hofjuden und ging dann darauf über, die Juden des polnischen Adels zu charakterisiren.

Herr von Bismarck erzählte mir in der That, daß die Deutschen sich über den ihnen in Ferrières bereiteten Empfang sehr zu beklagen gehabt hätten. Nach seiner Ansicht war mehr der Intendant des Baron von Rothschild Schuld daran, als der Baron selbst. „Aber," fügte er hinzu, „wie der Herr so der Knecht."

Ich erlaubte mir, ihm zu bemerken, wie er begreifen müsse, daß ich seine Gefühle nicht theilen könne, sondern daß ich als französischer Offizier um so mehr geneigt sei, den Muth des Baron von Rothschild zu bewundern, da er, indem er solchen Muth bewies, viel mehr riskirte als viele Andere.

Im Uebrigen beeilte ich mich, die Unterhaltung von dem Thema abzuleiten, das Herr von Bismarck angeschlagen hatte, und brachte ihn auf Jagdgeschichten. Da ist er unerschöpflich.

Als wir wieder mit Jules Favre[2], hinaufgingen, war das Eis gebrochen

---

[1] Vgl. Bd. II. S. 296.

[2] Derselbe nahm bei seiner Anwesenheit in Versailles mehrfach an der Tischgesell= schaft bei Bismarck theil. Dagegen machte Thiers während seines Versailler Aufenthalts vom 30 Oktober bis 6. November 1870 von der Gastfreundschaft Bismarck's niemals

und der französische Bevollmächtigte schien sehr erstaunt über die vertraulichen Ausdrücke, mit denen der Kanzler die bei Tisch angesponnene Unterhaltung beendete." [1]

23. bis 28. Januar 1871. Versailles. Im Gefolge des Kanzlers befand sich auch der Geheime Regierungsrath aus dem Staatsministerium Hermann Wagener, welcher, wenn keine Behinderung vorlag, regelmäßig mit dem diplomatischen Generalstabe Bismarck's bei diesem speiste. Ueber die denkwürdigen Tage, da auch Jules Favre das Mittagsmahl des Grafen Bismarck theilte, schreibt Hermann Wagener: [2]

„Jules Favre hatte seine Haltung einigermaßen gewechselt, so daß der Tragöde nur noch selten zum Vorschein kam. Graf Hérisson, sein gewöhnlicher Begleiter, der in späterer Zeit mehrfach von sich reden gemacht, schien die Rolle eines Militär-Attachées zu spielen, doch war seine Stellung, so viel man äußerlich wahrnehmen konnte, eine durchaus untergeordnete. Favre, der sich eines sehr guten Appetites erfreute, war persönlich ein recht unbedeutender Diplomat, doch trat dies neuerdings weniger zu Tage, da er bereits als antizipirter, auswärtiger Minister des Herrn Thiers und nach dessen Instruktion funktionirte. Seine frühere Redseligkeit hatte einem diplomatischen Schweigen Platz gemacht, welches ihn klüger erscheinen ließ, als er war; er war ein ganz geschickter Advokat.

Wie gewöhnlich schloß sich an das Diner eine Art von Kauserie, während der die Friedenscigarre geraucht und eine Reihe von Fragen in leichter Weise gestreift wurde. Bei solchen Gelegenheiten entfaltete Bismarck seine ganze Kunst, seinen Gegenpart diplomatisch bis auf das Hemde auszuziehen, und es machte einen geradezu komischen Eindruck, das Erstaunen des Herrn Jules Favre wahrzunehmen, daß der deutsche Kanzler über Alles so vortrefflich unterrichtet war, obschon dieser ihm nur dasjenige wiederholte, was er ihm kurz zuvor abgefragt hatte."

30. Januar 1871. Versailles. Zu den Verhandlungen über den Abschluß des Waffenstillstandes hatte der Minister Jules Favre auch den Polizei-Präfekten Cresson hinzugezogen, welcher mit Bismarck und dem General von Stosch speziell wegen der Wiederverproviantirung von Paris zu unterhandeln hatte. Cresson war ebenfalls zum Diner geladen; [3] er mußte aber dankend ablehnen, da ihn die Detailerörterungen zu dem General Stosch riefen.

Gebrauch, doch ließ der Letztere auch durch ihn sich nicht geniren. „Ich beneide Eure Excellenz — sagte der Kanzler — um Ihre Arbeitskraft und Ausdauer, doch kann ich Sie wohl bewundern, aber Ihnen nicht nachahmen. Ich muß essen, und zwar zu meiner gewohnten Zeit."

[1] Der „Figaro" schrieb am 27. Februar 1885, Bismarck habe die Gespräche mit Hérisson später als richtig bestätigt.

[2] „Deutsche Revue", Dezember 1888, S. 269 ff.

[3] Vergl. M. Busch: „Graf Bismarck und seine Leute". Bd. II. S. 303.

Wenige Minuten, bevor die Tischgesellschaft des Kanzlers ihr Mahl beendet hatte, war er in die Wohnung Bismarck's zurückgekehrt und in den an den Speisesaal angrenzenden Salon geführt worden, wo er den Eintritt der Tisch= gäste abwartete, ohne seinerseits irgend welche Erfrischungen anzunehmen. Plötzlich öffneten sich die Flügelthüren des Speisesaals, um den politischen und militärischen Generalstab passiren zu lassen, welchen Bismarck zu Ehren des Ministers Favre und seiner Begleiter um sich versammelt hatte.[1] Fürst Bismarck erschien als der Erste, er hatte Jules Favre unter seinen Arm ge= faßt und schien ihn gleichzeitig zu halten und zu führen. Cresson erhob sich beim Eintritt des Kanzlers von dem Fauteuil, worauf er Platz genommen hatte, und der nun für Bismarck frei stand. In demselben Augenblick nahte sich Bismarck dem Polizei=Präfekten, seinen Gästen vorauseilend, berührte Cresson mit leichtem Druck an der Schulter und sagte: „Bitte, Herr Polizei= Präsident, Ihren Fauteuil nicht zu verlassen. Ich wünsche mich mit Ihnen zu unterhalten." In demselben Augenblicke ergriff er einen hinter dem Klavier stehenden Strohstuhl und setzte ihn neben Cresson, ihn gleichfalls zum Sitzen einladend. Auf diese Weise hatte derselbe den Vorzug, doch wenigstens an der Nachtischunterhaltung noch etwas theilzunehmen. Militärisch gelleidete Diener servirten nunmehr in großen silbernen Tassen etwas Kaffee. Der Kanzler stellte demnächst eine ihm gereichte Liförflasche in seine Nähe auf das Piano und sagte zu Cresson, eine kleine silberne Liförschale in den Händen bewegend: „Ich möchte wohl wissen, Herr Polizei=Präsident, welches das Ergebniß Ihrer Besprechung mit General Stosch war."

Cresson referirte eingehend und schloß, daß er morgen mit dem Handels= minister wiederkommen werde, um den Preis für die nach Paris bewilligten deutschen Zufuhren zu bestimmen.

„Ich bin mit alledem sehr zufrieden," antwortete Bismarck, „das Ab= kommen ist ganz gut. Ich würde mich gar so sehr freuen, Transporte von Lebensmitteln in Paris einziehen zu sehen."

Dabei lachte der Kanzler aus vollem Halse. Cresson gab sich das Ansehen, als ob er an eine Anwandlung von Großmuth glaubte, und sprach:

„Eure Excellenz hat der Welt und Paris gezeigt, daß Sie ein furchtbarer Feind sind; jetzt wollen Sie ohne Zweifel beweisen, daß Sie auch ein edel= müthiger Feind sind."

Der Kanzler goß sich aufs Neue ein und erwiderte Cresson aus einem Athem:

„Nicht doch, ganz und gar nicht . . . . aber ich denke, wenn die Pariser lange und gute Transporte von Lebensmitteln in ihre Stadt einfahren sehen werden sie sehr zufrieden sein; das wird ihrem Gemüthszustande wohlthun!"

Der Streich war gradaus und scharf. Cresson suchte ihm zu begegnen.

---

[1] Die folgenden Nachtischgespräche sind einem Aufsatze in der »Revue des Deux Mondes« vom 1. April 1891 entnommen, welcher Cresson selbst zum Verfasser hatte.

„Eure Excellenz irrt sich," sagte er, „und kennt sicherlich weder die Pariser noch ihren Gemüthszustand. Dieser letztere ist vortrefflich. Paris würde, wenn man es befragt, den Waffenstillstand ablehnen. Ruhm und Vaterland gehen ihm über sein Brot." —

„Ja, doch, ja," erwiderte der Kanzler, „das ist ja möglich. Es giebt auch dort brave Leute. So viel aber ist gewiß, wenn in Deutschland ein General gewagt hätte, eine Bevölkerung von zwei Millionen Seelen in einer Stadt, welche keine Citadelle ist, dem Hungertode auszusetzen, würden wir ihn vor ein Kriegsgericht stellen."

Die Stimme des Kanzlers war dabei etwas lauter geworden und Cresson blickte, ehe er ihm antwortete, auf Jules Favre, der am Kamine gelehnt stand und der Konversation mit den Augen folgte. Gewiß hätte er gern sein Gespräch mit dem preußischen Offizier abgebrochen, um Cresson zu Hülfe zu kommen; das war ihm aber nicht möglich und Cresson sprach daher:

„Diese Menschlichkeitsrücksichten haben wahrscheinlich auf die Entschließungen der Regierung der Landesvertheidigung einen besonderen Einfluß geübt und zu Gunsten des Waffenstillstandes entschieden; aber sie werden von dem Patriotismus der Pariser Bevölkerung nicht verstanden, welche vielmehr noch weitere Opfer bringen und den Kampf fortsetzen möchte."

Cresson stand auf und der Kanzler erhob sich ebenfalls. Er wendete sich zu Favre, ergriff seine Hand und zog ihn lebhaft zu Cresson, indem er mit dem Ausdruck der aufrichtigsten Ueberzeugung sagte:

„Das ist der beste, der edelste und treueste Republikaner, den ich in meinem ganzen Leben gekannt habe." [1]

13. Februar 1871. Versailles. Bei Tisch kam das Gespräch auf den vorhergegangenen Besuch des französischen Kardinals Bonnechose und die mit demselben geführten Gespräche. „Ich hoffe — sagte Graf Bismarck — es auch noch zum Vertrauensmann der katholischen Kirche zu bringen. Nichts kann thörichter sein, als mich für einen Feind des römischen Stuhles zu halten. Für mich ist der Papst an erster Stelle eine politische Figur, und ich habe einen angeborenen Respekt vor allen realen Mächten und Gewalten. Ein Mann, der über die Gewissen von zweihundert Millionen Menschen verfügt, ist für mich ein großer Monarch, und ich würde nicht das mindeste Bedenken tragen, geeignetenfalls in politischen Dingen auch die Vermittelung und selbst auch den Schiedsspruch des Papstes zu provoziren. Das noli me tangere ist für mich nur die europäische Machtstellung des geeinigten Deutschland, welche verstän-

---

[1] An einer anderen Stelle erzählt Cresson: Aus Anlaß der Ruinen von Saint-Cloud, die noch brannten, so daß ihr Rauch den Horizont verfinsterte, machte Favre dem Kanzler die lebhaftesten Vorwürfe und zog sich damit folgende harte Antwort zu:

„Haben Sie jemals unser Deutschland besucht? Haben Sie nicht die Ruinen unserer Schlösser gesehen? Eure Heere haben sie ohne Erbarmen gebrandschatzt und zerstört."

digerweise als der werthvollste Edelstein in der päpstlichen Schatzkammer be=
trachtet werden sollte."

Natürlich kamen dabei auch die inneren Zustände Frankreichs zur Sprache,
und der Kanzler wiederholte, wohl nicht ohne Hinblick auf gewisse Persönlich=
keiten, welche heute seine Gäste waren, daß man vielfach von einer legitimistischen
Restaurationspolitik zu träumen scheine, daß aber die deutsche Politik ganz andere
Wege wandele und die Republik in keiner Weise geniren werde. „Bonapartisten,
Bourbons, Orleans: sie werden uns zunächst Alle ziemlich gleichmäßig hassen,
und es fragt sich für uns nur, welche Regierung die geringste Gefahr für uns
in sich birgt. Die Bourbons haben Deutschland am meisten geschädigt, und es
hat für uns keinen Sinn, die Nachkommen dessen, welcher uns Elsaß und Loth=
ringen im Frieden geraubt, wieder in die Tuilerien einzuführen. Ist auch der
Krieg durch eine Frau in Szene gesetzt, der Friede wird jedenfalls von Männern
geschlossen werden."

28. März 1871. Berlin.[1]) Diner bei Bismarck, an welchem Graf Dürck=
heim und die andern Mitglieder der elsässischen Deputation, ferner der Minister
Delbrück, der Präsekt des Elsaß, Graf Lurburg u. A. theilnahmen. Während
des Mahls wurden die Angelegenheiten des Elsaß eingehend besprochen. Graf
Dürckheim war von der Verwaltung Elsaß=Lothringens nach Berlin gesandt
worden, um den Berathungen des Kongresses deutscher Landwirthe beizuwohnen.
Ueber diesen Aufenthalt berichtet derselbe:[2]) „Bei dieser Veranlassung hatte ich
das Glück und die Ehre, mehrere Male beim Reichskanzler zu Familiendiners
eingeladen zu werden. Den Fürsten fand ich äußerst liebenswürdig, ja herzlich
für mich gestimmt, doch von Politik war bei diesen Gelegenheiten nicht mehr
die Rede. Der Fürst hatte damals, wie er sagen würde, „die elsässische Ge=
schichte im Magen" und sprach nicht gern davon. An jenen Tagen waren
gerade die elsässischen Abgeordneten mit ihrem leeren Proteste im Reichstag
erschienen und trotzend wieder abgezogen. Das hatte den ehernen Mann sehr
übel gestimmt, und es war auch ganz dazu geeignet, seine Sympathie für die
Reichslande abzukühlen.

Nie werde ich die Herzensgüte der Fürstin Bismarck vergessen. Die
ausgezeichnete Frau behandelte mich wie einen Verwandten ihres Hauses und
verschaffte mir Gelegenheit, den Fürsten sehen und sprechen zu dürfen.

Da ich für mich persönlich dem Reichskanzler nichts zu sagen und zu be=
gehren hatte, war ich desto freier in meinen warmen Empfehlungen für das
Wohl meines Landes."[3])

10 Mai 1871. Frankfurt a. M., 2¹/₄ Uhr Nachmittags. Gabelfrühstück

---

[1]) Wenn in Zukunft ein anderer Ort nicht genannt ist, so ist stets wiederum Berlin
gemeint.

[2]) In seinem Werke „Erinnerungen alter und neuer Zeit". Bd. II. S. 295.

[3]) 4 Mai 1871. Diner bei Bismarck, zu welchem die Mitglieder des Bundesraths
Einladungen erhalten hatten.

im Schwan, nachdem das Friedens=Instrument vom Fürsten Bismarck sowie von den deutschen und französischen Bevollmächtigten unterzeichnet worden war. Dasselbe währte bis gegen 4½ Uhr, worauf Jules Favre und Pouyer=Quertier das Hotel verließen, um mit ihrer Begleitung bereits um 7 Uhr abzureisen.

10. Mai 1871. Frankfurt a. M., 6 Uhr Abends. Theilnahme an dem Diner beim Oberbürgermeister Dr. Mumm. Außerdem waren zugegen: Graf Arnim, Graf Hatzfeldt, Graf Henckel von Donnersmarck, Graf Wartensleben, General von Loën, General von Rauch, Polizei=Präsident von Madai, Bürgermeister Dr. Berg, Baron R. von Erlanger, von Guaita, von Thümen, M. Gontard, R. Brentano, G. Seufferheld, Bankdirektor Gille, Dom= baumeister Denzinger, Dr. Varrentrapp, Dr. Spieß und Andere, im Ganzen 22 Personen.

Oberbürgermeister Dr. Mumm begrüßte den Reichskanzler bei seiner An= kunft in scherzhafter Weise als den „Friedensengel" und erhob sich beim Mahle zu einem Toast, in welchem er dem Fürsten für die hohe Auszeichnung, die er ihm zu Theil werden lasse, dankte — eine Auszeichnung, die er sich nur als dem Vertreter der Stadt und ihrer Einwohner erwiesen betrachte. „Möge es — schloß der Trinkspruch — Eurer Durchlaucht vergönnt sein, die An= gelegenheiten des Deutschen Reichs noch lange zu leiten und Ihr großes Werk zu vollenden."

Fürst Bismarck erwiderte: „Es hat mir zu einer großen Freude gereicht, wieder einmal längere Zeit in Frankfurt zu verweilen, das mit mir durch so manche Freundschaftsbande verknüpft ist, und daß dies gerade bei einem so denkwürdigen Anlaß hat geschehen können. Es ist mir ein schöner Gedanke, daß der erste große politische Akt des wiedererstandenen Deutschen Reichs gerade in Frankfurt, der alten Kaiser= und Krönungsstadt, sich hat vollziehen können, und ich wünsche von Herzen, daß der Friede von Frankfurt auch den Frieden für Frankfurt und mit Frankfurt bringen möge. Ich trinke auf das Wohl der Stadt, die ich in diesem Augenblicke repräsentirt sehe durch die Wirthin des Hauses!"

Die Tafel war mit Lorbeer= und Palmenblättern umkränzt. Auch das Menu trug eine entsprechende Randeinfassung, woran anknüpfend Graf Henckel äußerte, es sei sonst seine Gewohnheit nicht, die Menus mit sich zu nehmen, aber dies Menu gehöre zum 10. Mai.

Nach aufgehobener Tafel bildete sich um den Fürsten ein Kreis, der seinen Aeußerungen mit Spannung lauschte. „Die Garantien für Ausführung des Friedens — so sagte er — sind wesentlich verstärkt; die Fristen der Zahlung der Kriegsentschädigung sind verkürzt, die Dauer der Okkupation der Pariser Forts dagegen verlängert. Die Zahlung der ersten 500 Millionen wird 30 Tage nach der Einnahme von Paris erfolgen. Die elsaß=lothringischen Bahnen, für welche die französischen Unterhändler anfänglich 800 Millionen gefordert hatten, sind mit 300 Millionen von den Kriegskosten in Abrechnung zu bringen.

Es wäre wohl möglich gewesen, noch weitere 30 bis 36 Millionen davon herunter zu handeln, das Geschäft aber ist so bonnet und conlant abgewickelt worden, daß ich von weiterer Preſſion Abſtand genommen habe. Schmerzlich hat es mich berührt, daß ich den perſönlichen Wunſch des Kaiſers: die Schlachtfelder, auf denen die Gräber unſerer Helden ſich befinden, in unſere Hände zu bringen, nicht habe erfüllen können, wiewohl ich ermächtigt geweſen bin, jede Summe dafür zu bieten. Der Wunſch iſt an der unerſchütterlichen Feſtigkeit der franzöſiſchen Unterhändler geſcheitert."

Bei dem Geſpräch von der Proklamirung des Unfehlbarkeits-Dogmas und von der Schwierigkeit der Stellung eines Kultusminiſters gegenüber ſolchen dogmatiſchen Streitigkeiten äußerte der Fürſt: „Das Schlimme an einem Kultusminiſter iſt, daß er nie vergißt, welcher Konfeſſion er angehört, und daher immer Partei bleiben wird. Mir wäre deshalb ein Jude als Kultusminiſter am liebſten".[1]

Graf Wartensleben erzählte über den Gang der Pourparlers mit den abgereiſten franzöſiſchen Bevollmächtigten: „Einmal ſah der Kanzler — es war nach der erſten Beſprechung mit Favre und Pouyer-Cuertier — ſehr angegriffen und verdrießlich aus, und als ich ihn deshalb fragte, erwiderte er, die Franzoſen hätten ſich ungemein zäh gezeigt. Er ſagte mir dann, wie er ſich einen Bundesgenoſſen gegen ſie in ihrem eigenen Lager geſchaffen habe. „Ich ſchlug nämlich — ſagte er — Favre vor, ſich doch zu den Verhandlungen Herrn Goulard mitzubringen, der ja Mitglied der Nationalverſammlung ſei. Er war erſt ſehr erſtaunt darüber und wollte nichts davon wiſſen. Ich ſtellte ihm aber vor, daß dies für ihn nützlich ſein werde. Goulard würde ſich dadurch geſchmeichelt fühlen und ihm dankbar ſein, auch würde er ihn, da er mitverhandelt, in der Nationalverſammlung vertheidigen müſſen, und ſo willigte er denn ein." Er war aber auch für den Chef recht nützlich; denn der kleine behäbige Herr mit der weißen Binde und den Vatermördern war auch ihm für die Zuziehung dankbar, als Favre ſchließlich „Ja" geſagt hatte. Er ſprach immer, wenn die beiden Anderen etwas nicht billigen wollten, für das Nachgeben; es würde ſchon gehen, es würde ſich zu Hauſe ſchon verantworten laſſen, er dächte doch, daß man dazu „Ja" ſagen könnte. Zuletzt dankte Favre dem Chef förmlich, daß er ihm den Rath gegeben, Goulard mit zu betheiligen."

13. Mai 1871. Abendgeſellſchaft bei Bismarck, zu welcher wiederum

---

[1] Als im Jahre 1848 einige Tage lang Ausſicht vorhanden ſchien, daß in Preußen ein Miniſterium aus den Reihen der entſchieden liberalen Parteien gebildet werden ſollte, da muſterten die Chefs die Reihen ihrer Genoſſen, um für die einzelnen Miniſterien die paſſenden Perſonen zu finden, und es hatten damals in Bezug auf die Auswahl der Perſonen ſchon Verhandlungen mit dem Hofe naheſtehenden Perſonen ſtattgefunden. Für das Kultusminiſterium war damals von Seiten der Führer der liberalen Partei der Abgeordnete Dr. Roſch aus Königsberg in Ausſicht genommen und ſeine Perſon war auch acceptirt, aber am andern Tage kam der Unterhändler zurück und meinte, man könne den Dr. Roſch unmöglich zum Kultusminiſter machen, da derſelbe ein Jude ſei.

die elfäſſer Deputation, beſtehend aus den Herren Graf Dürckheim, Klein (Maire von Straßburg) und Rablé, geladen war.

Als ſich Graf Dürckheim gegen Mitternacht von dem Fürſten verabſchiedete, legte er ihm das Elſaß nochmals aufs wärmſte ans Herz, worauf Bismarck den Grafen augenſcheinlich bewegt, vor der ganzen Geſellſchaft umarmte und ſagte: „Sie können vollkommen beruhigt ſein, Ihr Vaterland wird nie ſtief= mütterlich behandelt werden."[1]

17. Mai 1871. Diner bei Bismarck, zu welchem ſämmtliche deutſche Diplomaten und höhere Beamten Einladungen erhalten hatten, die bei Abſchluß des definitiven Friedens mit Frankreich in Frankfurt oder in Berlin betheiligt geweſen waren. Süddeutſchland war dabei durch den bayeriſchen bevollmäch= tigten Miniſter Grafen Quadt, den württembergiſchen Geheimen Legationsrath Grafen Urküll, den württembergiſchen Legationsrath Baron Maucler, den badiſchen bevollmächtigten Miniſter Freiherrn von Schweiter, den bayeriſchen Legationsrath von Rubhardt und den kaiſerlichen Legationsſekretär Grafen Mantzau vertreten. Der Reichskanzler trank während des Diners auf das Wohl ſämmtlicher Bundesfürſten, und Graf Quadt erwiderte mit einem Toaſt auf Seine Majeſtät den Kaiſer.

24. Mai 1871. Der Reichstagsabgeordnete Graf Fred Frankenberg zum Thee bei der Fürſtin Bismarck. Mit Unterbrechung ſeiner Arbeit erſchien der Kanzler im kleinen Kreiſe und las folgende Depeſche aus Paris vor: Die Tuilerien ſind von den Kommunards angebrannt, der Louvre geſährdet, Stadt= haus, Finanzminiſterium, Palaſt der Ehrenlegion, Rue de Rivoli und andere Gebäude ſtehen in Flammen. „Unter dieſen anderen Gebäuden wird wohl unſere Botſchaft inbegriffen ſein," fügte der Fürſt hinzu.

12. Juni 1871. Diner bei Bismarck, welchem beiwohnten: Der Kaiſer, Fürſt und Fürſtin Pleß, Fürſt und Fürſtin Karolath, Graf und Gräfin Dönhoff (aus Wien), Gräfin Benkendorff, Graf und Gräfin Hatzfeldt, Graf Lehndorff, Major von Alten, General von Werder, Fräulein von Eiſendecker, Frau von Schreckenſtein, Fürſt, Fürſtin und Komteſſe (Tochter) von Bismarck.

18. Auguſt 1871. Gaſtein. Theilnahme an dem Diner beim Kaiſer Wilhelm zu Ehren des Geburtstages des Kaiſers Franz Joſeph, dem auch der öſterreichiſche Reichskanzler Graf Beuſt beiwohnte. Bei dieſer Entrevue machten die beiden Reichskanzler bereits ſchriftliche Aufzeichnungen als Grund= lage für das abzuſchließende Bündniß.

19. Auguſt 1871. Gaſtein. Theilnahme an dem Diner, welches dem Fürſten Bismarck von Herrn G. Chriſt in der Reſtauration von Hofgaſtein

---

[1] Graf Dürckheim: „Erinnerungen ꝛc." Bd. II. S. 255.

gegeben wurde, und an welchem noch Graf Beust und einige andere Oesterreicher theilnahmen.

Herr Christ war ein wohlhabender und wohllebender Frankfurter und hatte in der Zeit, als Bismarck Bundestagsgesandter war, viel mit ihm verkehrt; er war verheirathet mit einer Nichte der Gräfin Meran, Wittwe des Erzherzogs Johann, und war Badegast in Gastein. Gegen den Schluß des Diners richtete der Wirth an Bismarck im besten Frankfurter Dialekt, jedoch so, daß Beust es hören konnte, die Worte: „Aber, sage Sie, warum sind Sie 1866 nicht nach Wien hineingegange?" — Eine etwas mürrische Antwort hielt ihn nicht ab, fortzufahren: „Ja, Sie habbe es ja uns in Frankfurt immer gesagt, es würde der schönste Tag Ihres Lebens, wann Sie in Wien einreite würde!" — Tableau ist leicht auszumalen.[1]

20. August 1871. Gastein. Diner auf der sogenannten Schweizerhütte, welches Graf Beust dem Fürsten Bismarck gab. An demselben nahmen noch die in der Begleitung des Fürsten befindlichen Herren von Keudell und Abeken, sowie Sektionschef von Hofmann theil. Das Diner wurde auf einer Art Gloriette auf einer Anhöhe servirt, von wo aus man die Straße übersehen konnte. Plötzlich wurde die Ankunft einer Extrapost bemerkt und die Vermuthung ausgesprochen, es werde sich darin Graf Arnim, welcher soeben zum Botschafter in Paris ernannt worden war, befinden. Beust schickte sogleich Jemand dem Wagen entgegen und ließ den Grafen Arnim bitten, an dem Diner theilzunehmen. Die Tischgesellschaft sah, daß der Wagen halten blieb, ohne daß der Geladene sich zeigte. Endlich entdeckte man, daß er ausgestiegen war und hinter dem Wagen Toilette machte, während die Tischgesellschaft selbst im Morgenanzug war. „Mit einem solchen Menschen," sagte Bismarck, „soll man nun höhere Politik treiben!" Neben diesem Scherz konnte aber einem aufmerksamen Beobachter während des Diners nicht entgehen, daß zwischen Bismarck und Arnim schon damals das Verhältniß kein gutes war und sich das Gegentheil in einigen recht verständlichen Unfreundlichkeiten erkennbar machte.[2]

21. März 1872. Diner bei Bismarck, zu welchem unter Anderem auch die elsässische Delegation von Notabeln geladen war, welche nach Berlin gekommen war, um dem Reichskanzler die Wünsche und Bedürfnisse der annektirten Provinzen mündlich vorzutragen. Es waren dies: Graf Dürkheim, Julius Segenwald, Präsident der Handelskammer von Straßburg, Nessel, Bürgermeister der Stadt Hagenau, A. Reichard, Fabrikdirektor in Erstein, und Herrenschmidt, Großindustrieller aus Straßburg.

Sämmtliche Herren hatten den Frieden zwischen Frankreich und Deutschland ohne Hintergedanken als fait accompli anerkannt und sich zu einem

---

[1] Graf Beust: „Aus drei Vierteljahrhunderten". Bd. II. S. 482.
[2] Graf Beust a. a. O. Bd. II. S. 482.

würdevollen Entgegenkommen im Interesse ihres näheren Vaterlandes bereit erklärt.

Ueber die Tischeinladung berichtet Graf Dürckheim:[1])

„Beim Diner saß ich neben der Tochter des Hauses, jetzt Gräfin von Rantzau, welche in Abwesenheit der Frau Fürstin die Honneurs der Tafel machte. Der Fürst sprach mich mehrere Male an und fragte, ob meine Nachbarin auch gut für mich sorge.

Nach der Tafel nahm er mich vertraulich unter dem Arm und sagte: „Lieber Graf, vor Jahr und Tag soll von der Wehrpflicht nicht die Rede sein!"

„Ei! Durchlaucht — entgegnete ich — da sind wir ja noch weit von unserer Rechnung, wir haben fünf Jahre Aufschub begehrt."

„Das ist unmöglich," sagte der Fürst, und sprach dann von seinem Plan, ein elsässisches Ministerium zu gründen, zu dessen Bildung hauptsächlich einheimische Persönlichkeiten herangezogen werden sollten.

Ueber die Wehrpflicht waren schon vorher Verhandlungen zwischen Bismarck und der elsässischen Delegation geführt worden. Als die Elsässer einstimmig behaupteten, es wäre nicht möglich dieselbe vor einigen Jahren in den Reichslanden einzuführen, weil zu viele der jungen Leute schon in der Mobilgarde gedient hätten und man ihnen nicht zumuthen könne, so schnell in eine andere Armee zu treten, sagte Fürst Bismarck:

„Ich habe Anfangs dasselbe Gefühl gehabt, mußte es jedoch unterdrücken weil es das gute war, und Sie wissen ja, daß nach dem schlimmen aber wahren Worte Talleyrand's dieses erste Gefühl in politischen Sachen immer beseitigt werden soll. Das Gefühl muß der Vernunft weichen und so ging es mir, als Graf Moltke, Graf Roon und der Kaiser selbst mich eines Besseren überzeugten. Es wurde meiner ersten Ansicht mit Recht entgegengehalten, daß es nicht möglich und den andern Bundesstaaten gegenüber höchst ungerecht wäre, für Elsaß-Lothringen eine Ausnahme zu machen, ferner, daß die beste und schleunigste Assimilirung der Elsässer mit Deutschland durch die Kameradschaft in der Armee zu bezwecken sei."

Wir sahen wohl, daß diese Frage schon entschieden war und unsere Bitten und Einwendungen keine Wirkung auf den ehernen Kanzler machen würden und dennoch wehrten wir uns hartnäckig gegen eine Zumuthung, welche uns nicht nur grausam, sondern unpolitisch und für unser Land höchst schädlich schien. Im Grunde und besonders von seinem Standpunkt aus hatte der Fürst vollkommen recht, die Erfahrung hat es bewiesen: die Kameradschaft in der Armee trug schon viel dazu bei, manche Vorurtheile beseitigen zu helfen und die Optanten sind wegen der Wehrpflicht allein nicht zahlreicher geworden."

Auch über die Verfassung der Reichslande war schon vorher gesprochen werden. Als Graf Dürckheim fragte, welche Form der Fürst der künftigen

[1]) „Erinnerungen alter und neuerer Zeit". Bd. II. S. 261—69.

Regierung der Reichslande zu geben gedenke, jagte er: „Sie werden ein Vater=
land bekommen, das dem ganzen Reich und niemand Anderem angehören kann.
Das Reich überträgt jedoch durch den Bundesrath Seiner Majestät dem Kaiser
die landesherrlichen Rechte: Ihr Souverän ist Kaiser Wilhelm, wie er der Herr=
scher über das ganze Reich ist." „Man hatte — bemerkte Graf Türdheim —
von einem deutschen Fürsten gesprochen, der die Regentschaft in Elsaß=Lothringen
übernehmen würde." „O! das leide ich nicht — fiel der Fürst rasch ein —
die hohen Herrschaften taugen für solche Arbeit nicht, wir bedürfen im Elsaß
nur Arbeiter, keine Fürsten und Hofchargen: il n'y aurait du reste chez vous
ni agréments ni distractions pour un prince et, vous lo savez, les princes
aiment à s'amuser."

24. bis 30. Juli 1872. Varzin. John Lothrop Motley hatte mit
seiner Tochter Lily (damals Mrs. Ives, später Lady Harcourt) der wieder=
holten Einladung Bismarck's Folge gegeben und demselben in Varzin einen
achttägigen Besuch abgestattet, wodurch er Gelegenheit hatte, am 28. Juli
die silberne Hochzeit des Bismarck'schen Ehepaares mitzufeiern. Ueber seine
Ankunft und den Aufenthalt im Bismarck'schen Hause macht er seinen An=
gehörigen höchst interessante Mittheilungen.[1]

Am 25. Juli schreibt Motley an seine Frau:

„Wir hatten eine anderthalbstündige Fahrt zu Wagen von der Station
Schlawe bis Varzin. Als der Postillon blies und wir vor die Thür fuhren,
kamen Bismarck, seine Frau, Marie und Herbert alle heraus an unseren
Wagen und bewillkommneten uns auf das herzlichste. Ich fand seine Er=
scheinung wenig verändert seit 1864, was mich überrascht hat. Er ist etwas stärker
und sein Gesicht mehr durchfurcht, aber so ausdrucksvoll und mächtig wie jemals.

Die Lebensweise ist höchst ungenirt, wirst Du denken, wenn ich Dir sage,
daß wir direkt vom Wagen in das Eßzimmer (nach einer staubigen, heißen
Reise von zehn Stunden mit der Eisenbahn und im Wagen) geführt und ge=
nöthigt wurden, uns zu setzen und am Essen theilzunehmen, welches halb vor=
über war, da wir in Folge eines Zwischenfalles eine Stunde später eintrafen,
als wir erwartet worden waren. Nach dem Essen machten Bismarck und ich
einen weiten Spaziergang im Walde, er sprach während der ganzen Zeit in
der einfachsten, scherzhaftesten und interessantesten Weise über Dinge aller
Art, welche in diesen furchtbaren Jahren sich ereignet hatten, aber er sprach
davon gerade wie alltägliche Leute über alltägliche Dinge sprechen — ohne
jede Ziererei.

Die Wahrheit ist, er ist wirklich so einfach, er läßt sich so geben, daß
man immer zu sich selbst sagen muß, das ist der große Bismarck, der größte
lebende Mann und einer der größten historischen Charaktere, die jemals lebten.
Wenn man familiär mit Probdignags verkehrt, so scheint es für den Angen=

---

[1] The correspondence of Motley. Bd. II. S. 340—341.

blid, daß Jeder auch ein Brobdignag (Riesen aus „Gulliver's Reisen") ist, das kann man regelmäßig bemerken; man vergißt für den Augenblick den Vergleich mit der eigenen Kleinheit. Es giebt in gewissen Dörfern, welche wir kennen gelernt haben, eine große Menge Menschen, welche einen viel frostigeren Schatten über ihre Umgebung verbreiten, als Bismarck.

Am Abend saßen wir zwanglos bei einander; einige tranken Thee, einige Bier, einige Selterwasser; Bismarck rauchte eine Pfeife. Er raucht jetzt sehr wenig und nur leichten Taback aus der Pfeife. Als ich ihn zuletzt sah, rauchte er immerfort die stärksten Cigarren. Jetzt sagt er, er könne, selbst wenn sein Leben davon abhinge, nicht eine einzige Cigarre rauchen. Er hat Abscheu davor. Ein Gutsnachbar, Herr von Thadden, und seine Frau sind die einzigen Gäste; sie reisen heute Nachmittag ab. Dieser pommersche Freund hatte die Schlacht von Königgrätz mitgemacht, und Bismarck erzählte unzählige Anekdoten über diese große Schlacht; er theilte ferner einige sehr merkwürdige und interessante Einzelheiten über die Unterhandlungen in Nikols-burg mit. Ich wünschte, Du hättest ihn gehört. Du kennst seine Art und Weise. Er ist am wenigsten Poseur von allen den großen und kleinen Män-nern, die ich je gesehen habe. Alles kommt so frei und sorglos heraus; aber ich wünschte, es könnte ein unsichtbarer, selbstregistrirender Apparat immer in seinem Knopfloch besestigt sein, so daß seine Gespräche verewigt werden könnten. Ueber die Nikolsburger Konferenzen sagte er Vieles, was meine stets darüber gehegten Ansichten bestätigte.

Die Militärs waren der Ansicht, daß man nach Sadowa in Wien ein-rücke. Bismarck widersprach dieser Ansicht kräftig. Er sagte, es wäre absolut nöthig, Oesterreich nicht zu demüthigen, nichts zu thun, was freundliche Be-ziehungen zu demselben in Zukunft unmöglich machen würde. Er sagte, viele Leute hätten mit ihm nicht sprechen wollen. Die Ereignisse haben Bismarck's Verfahren vollständig gerechtfertigt, wie Alle jetzt zugeben. Es wäre leicht ge-wesen, nach Wien oder nach Ungarn zu gehen, das Zurückkommen würde aber gefahrvoll gewesen sein. Ich fragte ihn, ob er jetzt mit dem Kaiser von Oester-reich auf gutem Fuße stehe. Er bejahte dies; der Kaiser wäre vergangenes Jahr in Salzburg außerordentlich gütig gegen ihn gewesen, derselbe sei auf ihn zugekommen, sobald er in der Thür des Zimmers erschienen sei. Er sagte, er habe sich, als er noch jünger war, für einen leidlich tüchtigen Burschen ge-halten, jetzt sei er aber überzeugt, daß Niemand irgend welche Macht über die Ereignisse habe, daß Niemand wirklich mächtig oder groß sei, und er müsse lachen, wenn man ihm das Kompliment mache, daß er weise, scharfsinnig sei und großen Einfluß über die Welt ausübe. Ein Mann in der Stellung, in welche er gestellt sei, wäre genöthigt, während Außerhalbstehende zum Beispiel darüber Betrachtungen anstellten, ob es morgen regnet oder ob die Sonne scheint, schnell zu entscheiden, es wird regnen oder es wird schön sein, um demnach mit allen ihm zur Verfügung stehenden Kräften zu handeln. Wenn er richtig gerathen habe, sage alle Welt: welche Weisheit, welche Propheten-

gabe! wenn falsch, würden alle alten Weiber mit Besenstielen nach ihm ge=
schlagen haben.

Wenn er sonst nichts gelernt habe, sagte er, so habe er Bescheidenheit
gelernt. In meinen Augen ist er der unaffektirteste und auch der genialste
Mensch, der je gelebt hat. Er sieht aus wie ein Koloß, aber seine Gesundheit
ist schon etwas erschüttert. Er kann nicht vor vier oder fünf Uhr Morgens
einschlafen. Natürlich folgt ihm die Arbeit nach hierher, soweit ich aber bis
jetzt gesehen habe, scheint ihm dieselbe nur wenig Sorge zu machen. Er sieht
aus wie ein ganz der Muße lebender Landedelmann.

Die Wälder und der Park um das Haus sind schön, aber ungepflegt und
wild, nicht wie bei einem englischen Landsitz. Wir haben, seit ich zum ersten
Male schrieb, lange Spaziergänge und Gespräche im Walde gehabt, ein ange=
nehmes Familien=Essen und dann eine lange Fahrt durch die ausgedehnten
Buchen= und Eichenwaldungen gemacht, aus welchen das Besitzthum haupt=
sächlich besteht. Ich beabsichtige nicht, Bismarck's Worte noch weiter aufzu=
zeichnen, denn ich habe die Empfindung, als ob ich ein Reporter des „New=
York Herald" wäre. Er spricht sich frei über Alles und Jedes aus, sagt unter
Anderem, daß es keine größere Dummheit für Deutschland geben könne, als
ein anderes Land anzugreifen, daß, wenn Rußland ihm die baltischen Pro=
vinzen als Geschenk anböte, er sie nicht annehmen würde. Bezüglich Hollands
würde es der reine Wahnsinn sein, die Unabhängigkeit desselben durch In=
vasion oder Okkupation antasten zu wollen. Das sei weder ihm noch sonst
Jemand eingefallen. Was Belgien anbetreffe, so würde Frankreich allerdings
jederzeit auf alle Abmachungen mit Deutschland eingegangen sein, wenn ihm
gestattet worden wäre, Belgien zu nehmen. Ich wünschte, ich könnte die
Schilderung wiederholen, welche er über sein Zusammentreffen mit Jules Favre
und später mit Thiers und Favre gab, als über den Frieden verhandelt
wurde.

Einen Zug darf ich aber nicht vergessen. Favre schrie ein wenig, oder
affektirte dies, und sprach sehr pathetisch und heldenmüthig. Bismarck sagte
ihm, er brauche nicht zu ihm zu sprechen, als wenn er eine parlamentarische
Versammlung wäre; sie wären beide in geschäftlicher Absicht bei einander und
er sei gegen Beredsamkeit jedweder Art vollkommen abgehärtet. Favre bat
ihn, nicht zu erzählen, daß er so schwach gewesen sei, zu weinen, und Bismarck
war sehr belustigt, als er aus dem später von Favre veröffentlichten gedruckten
Bericht ersah, daß Favre selbst mit den von ihm vergossenen Thränen ge=
prahlt hatte."

Am 27. Juli 1872 schreibt John Lothrop Motley aus Varzin seiner Frau:

„Es ist mir sehr erfreulich gewesen, mit Bismarck die ganze Zeit so ver=
traulich und angenehm im Familienkreise zu verleben. Wir hatten lange, lange
Gespräche über die großen Ereignisse, in welchen er der Hauptmitwirkende ge=
wesen ist, und er spricht beständig so ganz sans gêne, mit soviel Freimüthig-

keit und Einfachheit, daß es ein großes Vergnügen ist, ihm zuzuhören. Wie sehr wünschte ich, daß Du ihm gleichfalls zuhören könntest! Ich finde ihn wenig verändert oder gealtert, aber sein Nervensystem ist sehr erschüttert und er leidet an Schlaflosigkeit.

Morgen ist Bismarck's silberne Hochzeit (25 Jahre verheirathet). Sein Bruder nebst Frau und Sohn sind soeben angekommen und ein anderer alter Freund, der pommersche Gutsbesitzer von Blankenburg.

Das Haus ist nicht groß, ein sehr bescheidenes Schloß, aber die Wälder, Spaziergänge und Fahrten sind sehr hübsch.

Wir sind soeben von einer zweistündigen Fahrt durch den Wald zurückgekehrt. Wir frühstücken zu beliebiger Zeit, speisen gewöhnlich um halb vier, da Bismarck nicht spät zu Mittag essen darf, und nach Tisch machen wir jene Waldausflüge und gehen nach einem kurzen gemeinsamen Abendessen gegen 12 Uhr zu Bett."

Am 30. Juli 1872 schreibt Motley aus Varzin seiner jüngsten Tochter:

„Es ist ein unendliches Vergnügen, Bismarck's Unterhaltung zuzuhören, die Geschichte Europas während der letzten sechs ereignißvollen Jahre in einer so leicht fließenden freimüthigen Art von dem großen Manne erzählt zu hören, welcher der Hauptmitwirkende und Leiter dieser erstaunlichen Geschichte war. Er hat keine Abneigung gegen Louis Napoleon; er bemerkte, er sei schon lange der Meinung gewesen, sein Herz sei besser und sein Kopf weniger tüchtig, als die Welt zu glauben geneigt war.

Die silberne Hochzeit war sehr interessant. Glückwunschbriefe und Telegramme kamen während des ganzen Tages an, vom Kaiser und Kronprinzen bis zu studentischen Vereinigungen in allen Theilen Deutschlands, von Schützenvereinen, den verschiedenartigsten Personen und Gesellschaften aller Art, wie von Männer- und Frauenvereinen. Wir gingen Morgens erst zur Kirche, fuhren dann verschiedene Stunden im Walde umher und speisten um 6 Uhr zu Mittag. Es war weiter keine Gesellschaft da als sein Bruder mit Frau und Sohn und ein anderer alter Freund, sowie einige Beamte und zum Haushalt gehörige Leute. Mitten im Mahle sagte die Gräfin Marie plötzlich zu mir: „Sie müssen einen Toast auf Papa ausbringen", und dabei klopfte sie sofort an ein Glas, unterbrach dadurch die ganze Unterhaltung und lenkte die allgemeine Aufmerksamkeit auf meine Rede. Es war eine meisterhafte Leistung in der deutschen Sprache, sie dauerte fünfundzwanzig Sekunden und endete mit vielem Gläserklingen und hip, hip, hurray. Nach dem Essen hielt Bismarck einige kleine Ansprachen an die Dorfbewohner und die Musikanten. Abends wurde eine mächtige Punschbowle gebraut und wir rauchten und waren vergnügt bis nach Mitternacht. Ich glaube, die Glückwunschtelegramme sind gezählt worden; es sind gegen zweihundert.

Morgen früh reisen wir nach halb acht ab und treffen um 6 Uhr Nachmittags in Berlin ein."

Am 1. August 1872 endlich schreibt John Lothrop Motley aus Berlin seiner Frau über seinen Varziner Aufenthalt:

„Das Leben in Varzin verläuft sehr einfach, aber die Unregelmäßigkeit in den Stunden ist sehr groß. Gewöhnlich kam ich und ebenso Lily zwischen neun und zehn Uhr hinunter; Frau von Bismarck, Marie und die Söhne traten nach einander ein und frühstückten mit uns. Bismarck erschien erst gegen elf Uhr. Sein Frühstück ist sehr leicht, ein Ei und eine Tasse Kaffee, dann greift er zur Meerschaumpfeife. Während er da sitzt und mit uns Allen spricht, legt ihm sein Sekretär die Briefstöße vor, mit denen er auch an seinem Ruhesitz gepeinigt wird; dann macht er mit einem etwa einen Fuß langen Bleistift Bemerkungen über die zu ertheilenden Antworten und die sonstigen Verfügungen. Inzwischen spielen die jungen Herren in einem anderen Theile des Zimmers Billard und ein großer schwarzer Hund Namens Sultan springt überall umher und knüpft mit Jedem Verkehr an. Ich habe sehr bedauert, daß Susie nicht mit uns kommen konnte; Marie sprach viel von ihr und bedauerte sehr, daß sie nicht mitgekommen war; ich bin sicher, Susie würde sie gerne gehabt haben, sie ist voll von Scherz, von Possen und guter Laune; sie wird sehr zärtlich geliebt, aber nicht verwöhnt. Nach dem Frühstück machten Bismarck und ich immer einen langen Spaziergang, während dessen er immer erzählte — meistens über die Ereignisse des französischen Krieges. Ich habe in meinen Briefen an Dich, Susie und Mary so viele Einzelheiten mitgetheilt, daß es thöricht wäre, noch weitere kleine Bruchstücke davon mitzutheilen. Die festgesetzte Mittagessen-Zeit war drei Uhr, aber wir setzten uns selten vor drei Viertel auf vier zu Tisch, ohne uns umzukleiden und ohne Abendtoilette. Das Mittagessen war immer gut und einfach, die Weine excellent. Seine beiden Söhne sind männlich, thätig, wohlerzogen und sehen gut aus. Die tiefe Zuneigung, welche er für seine Frau und Kinder hegt, ist erfreulich mit anzusehen; er wird, wie Du Dir denken kannst, von ihnen geradezu vergöttert. Die hier zugebrachte Woche ist für Lily und mich eine Erinnerung für unser ganzes Leben. Die Abreise war schmerzlich für mich, denn der Himmel weiß, ob ich ihn je wiedersehen werde".[1]

6. September 1872. Diner bei Bismarck, an dem die Herren von Holstein und von Rosenberg, Graf Herbert Bismarck und der bekannte Komiker des Wallner-Theaters Helmerding theilnahmen.[2]

Helmerding schilderte den Hergang folgendermaßen: Eines schönen Tages empfing ich den Besuch des Herrn von Rosenberg, des ersten Sportsman Deutschlands, welcher in den Hofkreisen sehr beliebt ist. Er sagte mir mit einer fast offiziellen Miene:

---

[1] Diese schmerzliche Ahnung ist in Erfüllung gegangen. Am 31. Juli 1872, Morgens um 7½ Uhr nahm er von dem geliebten Jugendfreund Abschied und hat ihn nie wiedergesehen.

[2] Zu denjenigen, welche dem Fürsten Bismarck zur Feier seiner silbernen Hochzeit beglückwünscht hatten, gehörte auch Helmerding. Der Reichskanzler hatte am 5. September Abends für diese Aufmerksamkeit demselben seinen Dank sagen lassen.

„Ich bin von dem Fürsten und der Fürstin Bismarck beauftragt worden, Sie zum Diner bei ihnen einzuladen."

Nun frage ich, ob ich ein Recht hatte stolz zu sein; der bestimmte Tag war gerade derselbe, an dem man die Ankunft des Kaisers von Oesterreich erwartete.

Ich warf mich in meinen Frack, nahm eine offene Droschke erster Klasse und rief dem Kutscher stolz zu: „Zum Fürsten Bismarck!"

Obgleich der Wagenverkehr auf den Hauptstraßen untersagt war, wurde meine Droschke nicht ein einziges Mal angehalten. Jedenfalls erkannte man mich. Wenn man seit zwanzig Jahren die Hauptrollen an demselben Theater spielt, kennt einen Jedermann.

Auch hörte ich die Straßenjungen rufen: „Nanu, kiek mal Helmerdingen!"

Ich fuhr wie ein Triumphator. Ich nahm zuerst die Huldigungen ent= gegen, welche die Volksmenge für den Kaiser von Oesterreich vorbereitet hatte.

Ein Freund, der mir begegnete, frug mich, wohin ich fahre. „Je nun," antwortete ich mit der natürlichsten Miene von der Welt, „ich fahre zu Ctto."

Da, gerade im nämlichen Augenblicke, was sehe ich? Der Fürst selber fährt im offenen Wagen in entgegengesetzter Richtung an mir vorüber.

Er grüßt mich, ich ihn gleichfalls, aber — ich versichere — ohne zu lachen. Ich sehe nach meiner Uhr, es fehlten nur wenige Minuten bis zur Dinerzeit. Und mein Wirth fährt davon!

Ich glaubte von Herrn von Rosenberg zum Narren gehabt zu sein, und um mich zu beruhigen, leerte ich bei der nächsten Bude eine Flasche Selters. Darauf fuhr ich mit Königlicher Pünktlichkeit beim Fürsten Bismarck vor.

Ich trat in ein kleines Zimmer und traf dort mehrere Herren, die mir ihre Freude bezeugten, mich zu sehen.

Eine junge Dame kam mir entgegen und sagte: „Mein Vater ist zum Empfange des Kaisers von Oesterreich nach dem Schlosse berufen worden, Herr Helmerding, er wird indessen sehr bald zurückkehren."

Auf dem Tische sah ich einen Ordensschmuck, welchen der Fürst, wie man mir sagte, denselben Tag erhalten hatte. Es war ein großes, sehr schönes, mit Brillanten besetztes Kreuz.

Bald darauf trat der Fürst ein, begrüßte jeden der Gäste mit seiner ge= wöhnlichen Heiterkeit, reichte mir die Hand und entschuldigte sein spätes Kommen.

„Ich habe beim Empfang des Kaisers von Oesterreich als Dekoration dienen müssen," sagte er, „aber nun können wir in Ruhe plaudern."

„Ah, Sie betrachten meinen neuen Orden. Wen stellt dieser Biedermann hier in der Mitte vor?"

„Es ist der heilige Andreas."

„Woher wissen Sie das, Herr Helmerding?"

„Das sieht man, wenn man das Kreuz umdreht."

„Dann werde ich es wohl umgekehrt tragen müssen," meinte der Fürst lachend.

8. September 1872. Diplomatisches Diner bei Bismarck, zu welchem der russische Reichskanzler Fürst Gortschakoff, der Kriegsminister Melutine, der Feldmarschall und Generaladjutant Graf Berg, der österreichische Ministerpräsident Graf Andrassy, die Generaladjutanten Graf Bellegarde und Bejacsewich u. A. geladen waren.

19. September bis 14. Dezember 1872. Aufenthalt in Barzin. In diese Zeit fällt ein Besuch, welchen der Geheime Legationsrath Aegidi seinem Chef machte.[1] In den Händen Aegidi's befand sich damals die Leitung der Beziehungen des Auswärtigen Amts zur Presse. Die dienstliche Stellung Aegidi's in der Umgebung des Fürsten Bismarck bedingte eine genaue Kenntniß der politischen Absichten und Ziele desselben. Aegidi sah seinen Chef fast täglich und er durfte sich zu jeder Zeit melden lassen. Es gab einen Tag, da Fürst Bismarck ihn acht Mal rufen ließ, und zwar mußte der Rath von Mittag ab zu jeder Stunde der Befehle des Kanzlers gewärtig sein.

Wenn Bismarck an den Untergebenen große Anforderungen stellte, so hatte der Letztere dafür einen Vorgesetzten, wie er sich ihn nur wünschen konnte; er war ihm gegenüber stets der Gentleman.

Aegidi hatte zwar den Charakter eines vortragenden Rathes; der Vortragende war aber zumeist nicht Aegidi, sondern Bismarck.

Bismarck's Aufträge für die Presse waren so prägnant in der Ausdrucksweise, daß, wenn Aegidi die Worte des Kanzlers gebraucht hätte, Jeder den Artikel als von Bismarck stammend angesehen hätte. Es galt also und kostete oft nicht wenig Mühe, den Gedanken in ein weniger scharf geprägtes Gewand zu kleiden.

Wenn Fürst Bismarck Aegidi mitunter Aufträge für die „Norddeutsche Allgemeine Zeitung" ertheilte, von denen sich der Letztere keine gute Wirkung versprach, so brauchte derselbe die Vorsicht, den Artikel im Bürstenabzug Seiner Durchlaucht vorzulegen. Es kam vor, daß der Chef sie alsdann selbst kassirte beziehungsweise zerriß.

An einem Abend ertheilte Bismarck Aegidi zu fünf verschiedenen Malen den Auftrag, sich gewisse Akten vorlegen zu lassen und auf Grund derselben Denkschriften auszuarbeiten. Aegidi ließ sich die Akten geben und arbeitete bis halb drei Uhr Nachts; die Schriftstücke, die er entwarf, wurden sofort mundirt. Um elf Uhr bemerkte der dienstthuende Subalternbeamte, er müsse nunmehr Schluß machen, da er morgen früh acht Uhr den Dienst wieder aufzunehmen habe. Aegidi schrieb nun weiter und vereinbarte mit dem Beamten, daß er sein in ein Couvert eingeschlossenes Konzept morgen in aller Frühe ins Reine schreiben und auf den Arbeitstisch des Fürsten legen lassen solle.

Am folgenden Morgen erwartete Aegidi, zum Fürsten gerufen zu werden. Dies traf auch zu, aber von den Promemorias war nicht die Rede. Am

---

[1] Ein solcher Besuch Aegidi's in Barzin war bereits im Jahre 1871 vorausgegangen.

folgenden Abend ließ der Fürst in später Abendstunde (gegen zehn Uhr) Aegidi rufen, machte Mittheilungen, die aber mit den Denkschriften nichts gemein hatten, und sagte ihm, als er nach den Arbeiten fragte: „Ihre Promemorias liegen hier unter dieser Lawine von Akten begraben." Als aber Aegidi am anderen Vormittag in das Amt kam, lagen alle fünf umfangreichen Denkschriften auf seinem Arbeitstisch, durchkorrigirt und bis auf das letzte Komma revidirt. Der Kanzler hatte den ganzen Stoß Sachen noch in der Nacht erledigt.

Aegidi hielt sich nur die Abende des Sonntags frei, an welchen er Gelehrte, Künstler und Beamte bei sich zu sehen pflegte. Eines Sonntags Abends ließ Fürst Bismarck Aegidi zu sich rufen. — „Er ist auf dem Bureau nicht anwesend," lautete die Antwort. „Es ist gut," bemerkte der Fürst. An einem zweiten Sonntag wiederholte sich der Vorgang; nun ließ Fürst Bismarck den Vorstand des Zentralbureaus, Geheimen Hofrath Roland zu sich rufen. Dieser meldete: „Aegidi kommt Sonntags Abends nicht auf das Bureau." — „Nichts einzuwenden — bemerkte Fürst Bismarck — ich will nur wissen, wo er zu treffen ist."

Eines Sonntags Abends, da Aegidi Gäste bei sich hatte, meldete ein Kanzleidiener, der Reichskanzler lasse den Herrn Geheimen Rath bitten; der Wagen des Auswärtigen Amts sei vor der Thür, bereit, ihn abzuholen.

Bismarck bat nun Aegidi, sich ihm gegenüber niederzulassen. Er habe das Bedürfniß, ihn heute in verschiedene sachliche und persönliche Verhältnisse einzuführen. Und nun fing Bismarck an, im Lapidarstyl einen Vortrag zu halten, der Aegidi reichsten Stoff abgeben konnte, vor Allem aber orientirend wirkte.

Vorträge von längerer Dauer konnten Bismarck sehr ungehalten machen. Als Aegidi eines Tags zum Vortrag zu seinem Chef hinaufging — er arbeitete unmittelbar unter dem Arbeitszimmer desselben — kam ihm einer der Räthe entgegen, ihm zurufend: „Machen Sie rasch kehrt, der Fürst ist heute in schlechtester Laune." — Aegidi hatte aber eine dringliche Sache und ließ sich nicht abhalten. Zu seinem großen Erstaunen war der Kanzler ihm gegenüber von unveränderter Liebenswürdigkeit. Der Geheime Rath hatte fünf Minuten gebraucht, um auf den Kern des Vortrags zu gelangen, und Bismarck hatte einfach die Geduld verloren.

Aegidi, der bald die Sache heraus hatte, trug nun eines Tags einen Gegenstand sehr aphoristisch vor, so daß Bismarck bald veranlaßt wurde, zu sagen: „Das verstehe ich nicht. Wie liegt der Punkt?" Auf diese Weise konnte Aegidi die Frage gründlich erledigen. Ein zweites Mal gelang derselbe Kniff. Beim dritten Mal aber erhob der Kanzler den Finger, als wollte er sagen: „Glaubst Du, ich sei hinter Deine Schliche nicht gekommen? Wage es noch einmal!"

Lange vor dem Eintritt in den Dienst des Auswärtigen Amts hatte Aegidi während des französischen Krieges am 6. August eine Kolonne freiwilliger Krankenpfleger aus Bonn, wo er damals Professor war, ins Feld geführt.

Nach heißer Arbeit am 16. August stand Aegidi zu Trouville am frühesten Morgen des 17. August vor einem Hause, wo er für seine Kolonne Kaffee zubereiten ließ, und bekam bald den General von Voigts-Rhetz zu sehen, den er von Berlin her seit 1848 kannte. Beim Abschied fragte er den Adjutanten, einen Jugendfreund: „Wo wird jetzt hingeritten?" Er erhielt zur Antwort: „Der General reitet wohl an das Ende des Ortes, wo die Johanniter ein-quartirt sind."

Bald darauf sieht Aegidi Bismarck zu Pferde hinter der alten Kirche hervorkommen. „Guten Morgen, Excellenz!" — „Guten Morgen, Professor Aegidi!" Darauf fragte Bismarck: „Können Sie mir sagen, wo der General von Voigts-Rhetz zu finden ist?" — „Wohl, Excellenz, am Ende des Orts, im letzten Hause, bei den Johannitern dürften Sie ihn treffen." „Danke, danke," erwiderte Bismarck im Tone tiefster Erregung.

Als Aegidi einige Jahre später in Varzin der Gast des Fürsten war, sagte derselbe: „Durchlaucht, darf ich eine Frage an Sie richten?" — „Immerbin." — „Erinnern Sich Durchlaucht der Begegnung in Tronville? Ich kann mir noch jetzt den bewegten Dank nicht erklären dafür, daß ich den Aufenthalt des Generals von Voigts-Rhetz bezeichnete." — „Das erklärt sich so," erwiderte Fürst Bismarck, „spät in der Nacht und noch früh am Morgen erhielt ich die Nachricht, daß mein Sohn Herbert in der Schlacht gefallen und daß Bill verwundet sei. Ich wollte natürlich sofort zu ihnen eilen und erhielt den Wink, Voigts-Rhetz könne mir Auskunft geben, wo das 1. Garde-Dragoner-Regiment lag. Da gaben Sie mir den Fingerzeig, der freilich ver-kehrt war. Trotzdem kam ich in dem Hause der Johanniter auf die Fährte, denn ich hörte, das Dragoner-Regiment kampire ganz in der Nähe. Ich überzeugte mich bald, daß Bill wohl und munter, und daß Herbert zwar verwundet war, glücklicherweise aber nicht lebensgefährlich."

„Denke Dir," fuhr Bismarck zu seiner Frau gewendet fort, „die Nachricht wäre ja doch keinen Tag zu verheimlichen gewesen — ich hätte Dir mitgetheilt: Herbert auf dem Schlachtfelde gefallen." — „Dann hätte ich Dir nie verziehen, daß Du den Krieg begonnen," entgegnete die Fürstin. Diese Aeußerung verfehlte den Fürsten Bismarck in Aufregung. Er den Krieg begonnen, hervorgerufen, er, der drei Jahre vorher in der Luxemburger Frage so viel Friedensliebe an den Tag gelegt hatte! Und nun erzählte Bismarck den Verlauf der Luxemburger Krisis. Als die Verwickelung unlösbar schien, ließ der König Bismarck rufen, um ihm die Frage vorzulegen, ob der Krieg noch vermieden werden könne? „Diese Frage kann nur Gott beantworten, aber was geschehen kann, ihn zu verhindern, soll versucht werden." Moltke habe bemerkt, die Franzosen seien so wenig gerüstet, daß der Krieg einem militärischen Spaziergange nach Paris gleichen würde. Bismarck hielt den Krieg für wahrscheinlich, früher oder später, wünschte ihn aber hinauszuschieben.

6*

Aegidi war zwei Mal der Gast des Fürsten in Varzin, einmal im Jahre 1871, ein zweites Mal im darauf folgenden Jahre. Beim Ausfahren machte ihm Bismarck die wunderlichsten Eröffnungen. Einmal stiegen sie bei einem Fuchsbau aus und Bismarck erklärte seinem vertragenden Rath die ganze Struktur desselben. — „Sehen Sie diese Nebbühner auffliegen; dort lassen sie sich nieder; sie wollen uns glauben machen, daß sie nach derselben Richtung weiter wandern. Aber mit nichten. Sie wollen uns nur überlisten und werden demnächst gerade die entgegengesetzte Richtung einschlagen."

Bucher, der gleichzeitig in Varzin verweilte, hatte rasend zu thun: Fürst Bismarck lud ihn eines Tages ein, ihn und Aegidi auf der Fahrt zu begleiten; Bucher machte aber eine pantomimische Bewegung, die andeutete, er habe die Hände voll Arbeit.

Als sie einmal zu Dritt ausfuhren, machte der Kutscher Bismarck aufmerksam, daß dort ein lange Zeit krank gewesener Arbeiter beschäftigt sei. Bismarck ließ halten, griff in die Tasche und überzeugte sich bald, daß er kein Geld bei sich habe. Bucher hatte nur ein Fünfzigpfennigstück. Das war zu wenig. Aegidi konnte einen Thaler reichen. „Das ist ausreichend," und nach liebevoller Erkundigung überreichte der Fürst seinem Arbeiter die Münze. Am folgenden Morgen kam Bismarck an Aegidi heran und drückte ihm, ohne ein Wort zu sagen, den Thaler in die Hand. — Er hat ihn als Andenken aufbewahrt.

Ein ander Mal kamen sie bei einem Storchnest vorüber, wo zwei Störche gerade sich mit einer Störchin zu schaffen machten. „Ich sehe — bemerkte Bismarck zu Aegidi, der den Vorgang mit Interesse verfolgte, — Sie sind ein Freund französischer Romane, sonst würden Sie nicht mit dem Eifer die Ehebruchsgeschichte verfolgen, die dort oben sich eben abspielt.

Die „Norddeutsche Allgemeine Zeitung" brachte zur selben Zeit im Feuilleton einen englischen Roman. Es kam die Rede auf seinen Ausgang. „Den kann ich Dir genau sagen," bemerkte der Fürst zur Fürstin gewendet. Als Bismarck die ganze Entwickelung vorausgesagt hatte, bemerkte Aegidi, der den Roman in der Ursprache gelesen hatte: „Aber so ist es, Durchlaucht haben den Roman in der Ursprache gelesen?" — „Meineswegs." — Er hatte nur vermöge seiner Divinationsgabe sich das ganze Gebäude aus der Disposition des Romans herausgebildet. Aegidi war sprachlos.

Eines Mittags kam Bismarck müde in den Kreis der Seinen. „Bis sieben Uhr früh habe ich heute nicht schlafen können. — Nur wegen Portugal. Sie haben dort das Ministerium gestürzt, und die Neubildung hat mich nicht schlafen lassen. Immer aufs Neue erwog ich alle Faktoren, die bei dessen Bildung in Frage kommen können, und ich habe die Sache nicht aus dem Kopfe bringen können." Und dabei entwickelte er eine Kenntniß der leitenden Personen und der Parteien in Portugal, die nicht zu glauben war.

Aegidi gab einmal seinem Erstaunen über die allgemeinen Kenntnisse Bismarck's auf den allerverschiedensten Gebieten, der Philologie, der Naturwissenschaft, der Geschichte ꝛc. Ausdruck. Bismarck antwortete: „Das habe ich Alles davon her, daß ich in der Zeit, da ich noch nichts zu thun hatte, auf meinem Gute eine Bibliothek alles Könnens und Wissens verstand und sie buchstäblich verschlang."

Wenn Aegidi bei dem Fürsten Bismarck in Varzin zu Gast war, gestattete derselbe nicht, daß er arbeitete. „Dazu habe ich Sie nicht kommen lassen." Nur ein einziges Mal bat er ihn um eine kleine Arbeit, aber in unglaublich liebenswürdiger Weise.

Wenn Bismarck mit Aegidi spazieren ging, so amüsirte es ihn, zu sehen, daß der kleine Aegidi so und so viel Schritte machen mußte, um einem Schritt Bismarck's folgen zu können. Es muß ein Anblick für Götter gewesen sein, die beiden Männer neben einander herschreiten zu sehen.

An einem Abend erzählte Fürst Bismarck, daß er Nachts in Versailles gern in seinem Garten spazieren ging; die Franzosen wußten dies, deshalb mußten, ohne daß er es wußte, mehrere Schildwachen daselbst postirt werden, um Attentate zu verhüten. „Weil nur der Mond mich wieder anscheint! — setzte er hinzu — in Versailles wollte weder er von mir, noch ich von ihm etwas wissen."

Aegidi ging 1878 nach Gastein zur Kur, unwissend, daß Bismarck auch von seinem Arzt diesen Kurort anempfohlen erhalten hatte. Auf der Reise, die Aegidi von Salzburg ab zu Wagen machte, erfuhr derselbe, daß Bismarck an einer Station in einigen Minuten vorbeifahren müsse. Als der Zug vorüber sauste, erkannte Bismarck Aegidi und grüßte lange mit dem Hut nach. In Gastein hielt sich Aegidi zurück und gab nur seine Karte bei dem Kanzler ab. Am letzten Tage vor der Abreise (14. September) wurde Aegidi dann noch mit einer Einladung zu Tisch beehrt. Außer dem Fürsten, der Fürstin, den Söhnen und Herrn von Tiedemann war Niemand zugegen. Der Fürst war ungemein gesprächig und anregend.

Nach Tisch, da Alles aufgestanden war, verweilte Fürst Bismarck noch eine Zeit lang allein mit Aegidi und erkundigte sich in der theilnehmendsten Weise über seine Pläne (Professur), um ihm dann schließlich noch politische Eröffnungen zu machen. So weihte er ihn in die letzten Züge seiner Politik ein: über seine Unterredung mit Andrassy, die Wünsche Oesterreichs und die Aufnahme, die dieselbe bei ihm erfahren hatte.

Aegidi hat seitdem den Fürsten Bismarck nicht wieder gesprochen. Zwar war er beim siebzigsten Geburtstag desselben noch im Kanzlerpalais, und zwar auf den ausdrücklichsten Rath Rottenburg's, der ihm erst gegen zwei Uhr zu kommen gerathen hatte. Aegidi drängte sich nicht vor; gleichwohl bemerkte ihn der Fürst in der zweiten Reihe der Gratulanten und reichte ihm die Hand.

Aegidi hat nie aufgehört, dem Fürsten bei festlichen Anlässen zu schreiben; außerdem auch noch an dem Tage, da derselbe seine große Rede über das

Bündniß mit Oesterreich gehalten hat (6. Februar 1888). Auf diese Begrüßung antwortete Bismarck Aegidi in einem Briefe, in dem er an ihre
gemeinsame Arbeit in verbindlicher Weise anspielte.

8. Januar 1873. Zum Diner beim Fürsten Bismarck hatte die zur
Ueberreichung des Diploms als Ehrenbürger der Stadt Stendal eingetroffene
Deputation, bestehend aus dem Bürgermeister Dr. Kindervater, dem Stadtver-
ordneten-Vorsteher, Rechtsanwalt von Hagen, dessen Stellvertreter, Rendanten
Brehmer und dem Steuerinspektor Meyenburg, Einladungen erhalten.

Der Bürgermeister Dr. Kindervater überreichte das Diplom mit einer
kurzen Ansprache, worauf der Fürst erwiderte, daß es für ihn eine besondere
Freude sei, gerade in Stendal das Bürgerrecht zu erlangen, weil er dadurch
wieder in den uralten landsmännischen Verband aufgenommen und Bürger
der Stadt werde, aus der seine Altvordern vor Jahrhunderten durch die
Verfolgungen fanatischer Priester vertrieben seien. Derselbe Streit, zwar in
anderen, doch kaum veränderten Formen, finde den Urenkel auch jetzt noch
auf dem Kampfplatze vor.

Die Deputation fand den Fürsten, der zu Ehren derselben die Uniform
seines altmärkischen Landwehrregiments angelegt hatte, im Kreise seiner Familie
und einiger derselben nahe stehender Personen. Auch der Staatsminister von
Kamcke und der Legationssekretär Stumm waren anwesend.

9. Januar 1873. Unter den Tischgästen befand sich der Kaufmann
Berghoff aus Melbourne, welcher dem Fürsten einen Besuch gemacht hatte.
Berghoff berichtet darüber:

„Wir waren eben gegen Ende des Essens und verspeisten einen Kalkutta-
hahn aus Varzin, als eine Ordonnanz hereintrat mit einem Telegramm aus
London (vom Gesandten von Bernstorff). Bismarck legte es auf den Tisch,
um sein Augenglas hervorzuholen, und weil ich so nahe bei ihm saß, las ich,
daß Napoleon am Morgen in Chislehurst gestorben sei. Als Bismarck das
Telegramm durchgelesen hatte, sagte er zu seiner Frau: „Ich habe Dir ja
gesagt, die Operation könne er nicht aushalten. Napoleon ist heute Morgen
gestorben." Darauf wendete er sich an den Mann, welcher ihm das Telegramm
gebracht, und fragte: „Hat Seine Majestät der Kaiser ein Telegramm erhalten?"
Und nach der Antwort: „Nein, nur Eure Durchlaucht." — „Dann bringen
Sie dies Telegramm gleich zum Kaiser." - Fürstin Bismarck fragte ihn:
„Otto, Du wirst wohl Trauer anlegen?" worauf Bismarck erwiderte, daß
Napoleon ein guter Mann, aber schwach gewesen, daß er eine gute That nie
vergaß; nur einmal hätte er ihn hintergangen, als er (Bismarck) vor Wien
stand nach der Schlacht von Königgrätz und Napoleon ihm die Depesche ein-
schickte, wenn die Preußen weitergingen, würde er einrücken. Das hätte er
ihm nie vergessen, und jetzt wäre ihm das auch wieder zurückgezahlt.

2. Februar 1873. Zum Diner war die zur Ueberreichung des Ehrenbürgerbriefes der Stadt Genthin eingetroffene Deputation, bestehend aus dem Bürgermeister Winter und dem Stadtverordneten-Vorsteher, Justizrath Schwertfeger, eingeladen worden.

Februar 1873. Familiendiner, an dem der Kaufmann Wilhelm Bürckert theilnahm. Als Fürst Bismarck, aus Frankreich heimkehrend, am 8. März 1871 durch Frankfurt a. M. reiste, wurde ihm eine Ovation bereitet, und im Gespräch mit dem Veranstalter derselben, Kaufmann Bürckert, hatte der Fürst die Liebenswürdigkeit, denselben, wenn er einmal nach Berlin käme, zum Besuch einzuladen. Der Fürst hatte das nicht vergessen, denn als Herr Bürckert sich bei dem Reichskanzler meldete, wurde er alsbald mit einer Einladung zu Tisch beehrt.

15. März 1873. Auf der Abendgesellschaft des französischen Botschafters. Der Berliner Korrespondent der „Gazette de France" wußte darüber Folgendes zu berichten: „Fürst Bismarck erschien schon früh. Ich habe ihn niemals aufgeräumter, in seinem Aussehen kräftiger, in seinem Wesen gemüthlicher gesehen. Er trug die Kürassieruniform und hielt seinen historischen großen Helm von blankem Stahl an der Spitze in der Hand Er richtete einige artige Worte an die älteste Tochter des Botschafters, Fräulein Marie von GontautBiron, welche mit gewohnter Liebenswürdigkeit die Honneurs machte, wendete sich darauf zu der Frau eines der französischen Sekretäre und rühmte ihr den Eifer, welchen ihr Mann in den Unterhandlungen entwickelt hatte; er plauderte dann einige Minuten mit dem Militär-Attachee, dem Fürsten Polignac. In diesem Augenblicke traten die vier japanischen Gesandten, die des Nachmittags bei ihm gespeist hatten, etwas schüchtern und verlegen in den Salon. Der Fürst bemerkte scherzend: Ce sont des petits hommes, mais des hautes personnages. Dann verschwand er in einem Salon mitten in einem Schwarm junger und hübscher Damen, die mit Diamanten besät und in schwarze Spitzen gehüllt waren, denn man trug Trauer um die Königin von Württemberg. Die Offiziere, welche sehr zahlreich erschienen sind, verneigen sich tief vor dem Fürsten und alle diese martialischen Köpfe beugen sich, wie die Aehren im Sturmwind."

2. Juli 1874. Familiendiner, an welchem die Deputation zur Ueberreichung des kunstvoll in Erz gegossenen Diploms des Ehrenbürgerrechts der Stadt Chemnitz, bestehend aus dem Bürgermeister Müller, Stadtrath Focke, Stadtrath Seyfert, Stadtverordneten-Vorsteher, Advolat Dr. jur. Enzmann und den Stadtverordneten Oskar Ancke und Dr. med. Eichhorn, theilnahm.

Bei der Tafel brachte der Fürst, den Becher mit deutschem Rebensafte gefüllt, als Bürger von Chemnitz einen Toast auf den König von Sachsen, auf das Oberhaupt der Stadt Chemnitz, „seinen" Bürgermeister, und auf die Bürgerschaft von Chemnitz in deren anwesenden Vertretern aus, welchen Bürger meister Müller durch ein begeistertes Hoch auf den Kaiser, den Reichskanzler und das Haus Bismarck erwiderte.

Die Gäste verweilten nach aufgehobener Tafel noch längere Zeit im Gespräche mit dem Hausherrn in dem Garten des Auswärtigen Amts.

2. Juli 1874. Nachtisch-Unterhaltung mit Mitgliedern der Kapelle des sächsischen Schützen-Regiments Nr. 108.

Die Kapelle konzertirte in Berlin und brachte bei dieser Gelegenheit dem zur Zeit auf der Reise von Varzin nach Kissingen begriffenen Fürsten Bismarck während dessen kurzen Aufenthaltes in Berlin eine Tischmusik, worauf sie vom Fürsten empfangen wurde. Den Aufzeichnungen eines Mitgliedes der Kapelle, welche derselbe alsbald nach dem Besuche gemacht hat, entnehmen wir Folgendes:

In ein Zimmer geführt, fanden wir uns der Gattin und Tochter des Fürsten gegenüber, welchen wir in der leutseligsten Weise vorgestellt wurden „Hier sind nun die Gemächer meiner Frau," erklärte der Fürst, und auf einen Schrank zeigend, fuhr er fort: „Wie Sie sehen, hat meine Frau die Kasse, und denen von Ihnen, die verheirathet sind, will ich den guten Rath geben, ebenfalls der Frau das Portemonnaie zu lassen und nicht mehr daraus zu nehmen, als sie Ihnen giebt. Ich habe auch von Anfang an meiner Frau das Geld überlassen und dafür in Politik gemacht, und ich habe mich recht gut dabei gefunden."

Hiernach führte der Fürst uns in ein nach dem Garten zu gelegenes Zimmer, welches er als das Arbeitszimmer seiner Räthe bezeichnete und wo auch mehrere Herren arbeiteten. Plötzlich zog der Fürst aus einer Ecke selbst einen Tisch hervor und sagte: „Hier ist auch noch etwas Merkwürdiges, was Sie sehen müssen. Dies ist nämlich der Tisch, auf welchem in Versailles der Friede unterzeichnet wurde. Hier saßen wir nun — erzählte der Fürst weiter — Herr Thiers, Favre und ich, und spielten alle drei Strohmann. Daß der Strohmann aber schließlich gewann, dazu haben Sie auch geholfen; denn wären nicht Alle so tapfer gewesen, so hätte ich keine Trümpfe in die Hand bekommen. Als wir zu unterhandeln begannen, wollten die Herren mein Französisch gar nicht verstehen, weil ich nämlich zu viel forderte; darauf sprach ich deutsch mit ihnen, das wollten sie jedoch erst recht nicht verstehen; endlich verständigten wir uns aber und sie bewilligten Alles, und als sie unterschrieben hatten, sprach ich auch wieder französisch mit ihnen. Wir hätten schon vor zweihundert Jahren nicht nöthig gehabt, uns von den Franzosen tyrannisiren zu lassen, wenn wir einig gewesen wären — sprach der Fürst weiter — doch nun sind wir, Gott sei Dank! einig, und ich hoffe, wir werden es auch bleiben; jetzt kann uns außer dem lieben Gott so leicht Niemand etwas anhaben. Was aber nun die Franzosen unter sich haben, das geht uns nichts an; sollten sie aber uns noch einmal verlangen, dann werden wir sie wieder auf den Rücken werfen."

„Doch," unterbrach sich der Fürst, „da Sie mich nun besucht haben, so müssen wir doch auch ein wenig zusammen vespern," und so führte er uns zurück nach dem chinesischen Zimmer, wo bereits eine ganze Batterie Weinflaschen und viele Torten aufgestellt waren. Auf den Wunsch des Fürsten ließen wir uns nun nicht nöthigen und sprachen Wein und Kuchen gut zu. Seine Durchlaucht ließ sich auch ein Glas bringen und darauf die Aeltesten des Chors, welche den Krieg von 1866 mitgemacht hatten, zu sich rufen. Es war für Alle ein feierlicher Moment, als hierauf jeder einzelne der Vorgetretenen dem Fürsten auf seinen Wunsch die Hand reichen und versprechen mußte, daß Alles aus jener Zeit vergeben und vergessen sei. Dabei sagte der Fürst: „Sagen Sie jedem ehrlichen Sachsen, daß ich stets den Hut vor ihnen ziehe, denn sie allein hatten den Muth, uns noch einmal die Front zu zeigen, als die Anderen Alle den Kopf verloren hatten. Sie müssen einsehen, daß es damals so kommen mußte, wir mußten sehen, wer von uns der Stärkere sei." Hierauf ließ er sich den Chorältesten Namens Döhler vorstellen und fragte ihn, was er wohl anfangen werde, wenn er vom Militär abgehe. „Zur Gensdarmerie oder Telegraphie denke ich zu gehen," antwortete dieser. „Nun, wenn Sie einmal zur Telegraphie wollen, dann wenden Sie sich an mich," erwiderte der Kanzler, „denn da habe ich auch etwas mitzureden."

Der Fürst zeigte seinen Gästen noch ein Schreibzeug von schwarzem Marmor, auf dem ein sterbender Löwe ruht, und sagte: „Dies ist ein Geschenk von Kaiser Wilhelm, während derselbe vergangenen Winter so krank war. Er meinte, es solle sein letztes Geschenk sein, aber Gott sei Dank, der Löwe ist wieder gesund geworden." Bei diesen Worten schimmerten Thränen in den Augen des Kanzlers.

13. Juli 1874. Kissingen. Tag des Attentats auf Bismarck. Bei Tisch äußerte er jovial: „Die Sache ist zwar nicht kurgemäß, aber das Geschäft bringt es eben so mit sich."

6. August 1874. Kissingen. Theilnahme an dem zur Erinnerung an die Schlacht von Wörth im kleinen Saale des Kurhauses abgehaltenen Diner, zu welchem außer einer Anzahl preußischer und bayerischer Offiziere Polizeipräsident von Madai, Graf von Pappenheim und Dr. Sotier — im Ganzen siebenzehn Personen — geladen waren.

Fürst Bismarck hatte von der Vorausbedingung sein Erscheinen abhängig gemacht, daß kein Toast ausgebracht werde. Die Stimmung war im Allgemeinen sehr heiter, und der Fürst — den Speisen und Getränken fleißig zusprechend — unterhielt die Gesellschaft im Besonderen von seiner Begegnung mit Napoleon nach der Schlacht bei Sedan. Er zog eine Parallele zwischen dieser und jenem Tage, an welchem er 1867 vor der Abreise von Paris zum letzten Male mit Napoleon in St. Cloud zusammengetroffen war; wie er, der Fürst, angesichts des diktatorischen Auftretens Napoleons schon damals über kurz oder lang eine Katastrophe befürchtet habe, und wie auch Napoleon damals einen Bruch in den Beziehungen vorausgesehen haben müsse, denn nach den üblichen Reden über die Reise sei in der Unterhaltung eine peinliche Unterbrechung eingetreten, bis man die Sprache auf das wichtigste aller Gebiete — auf das Wetter — gebracht habe. Anders habe es an jenem Tage ausgesehen, als die Uebergabe von Sedan angekündigt worden war! Auf der Landstraße allein dem geschlagenen französischen Kaiser entgegen reitend, habe er mehrere daherkommende Bauern vergeblich nach einer eleganten Equipage mit hohen französischen Offizieren gefragt, bis er endlich von fern eine einfache Kalesche entlang fahren sah, unter deren Insassen er sehr bald Napoleon erkannte. Herangekommen, hätten der Kaiser und seine Begleiter die Käppis gelüftet. Er, der Fürst, im Begriff, die Begrüßungen zu erwidern, sei mit seiner Hand bei dem aus der Brusttasche hervorragenden Revolvergriffe vorbeigestreift, in diesem Momente wäre Napoleon kreideweiß geworden. Als derselbe dann gefragt habe, wo er absteigen könne, sei er, der Fürst, selbst in Verlegenheit gewesen und habe nicht anders als zu dem kleinen Schlößchen rathen können, an welchem er vor dem Zusammentreffen vorüber geritten sei. Nach dieser Richtung habe Napoleon dem Kutscher befohlen zu fahren, nach wenigen Minuten sei er jedoch, wahrscheinlich Insulten seitens seiner Landsleute befürchtend, davon abgekommen und habe den Wunsch geäußert, bei einem seitwärts gelegenen kleinen Häuschen Halt zu machen. Dahin sei er, der Fürst, vorausgeritten, habe sein Pferd angebunden und das Zimmer der Bewohner — eines Webers und seiner Frau, welche am Webstuhle gesessen — betreten, um Aufenthaltsbewilligung für sich und die ankommenden Offiziere ersuchend. Mittlerweile sei auch schon Napoleon in das Zimmer eingetreten, habe einen Stuhl in das Freie hinausgetragen und die anderen herauszubringen gebeten. Der Weber erkannte den Kaiser sogleich. Hier also sei er, der Fürst, seit jener letzten Verabschiedung zum ersten Male wieder mit Napoleon zusammengetroffen. Die erste Frage, welche er an denselben gerichtet: ob man nunmehr Frieden schließen könne? habe Napoleon mit einer Hinweisung auf die Regierung in Paris beantwortet. Dann sei, während eine Ordonnanz in das Hauptquartier abgegangen war, in der Unterhaltung zwischen ihnen wieder eine peinliche Pause eingetreten, bis endlich die Sprache wieder auf das Wetter gekommen sei! — Das Weitere ist zur Genüge bekannt. Der eine Umstand verdient noch Beachtung: Napoleon hat bei dieser letzteren Begegnung nicht, wie vielfach bildlich dargestellt, dem Könige seinen Degen überreicht, der Degen ist vielmehr schon vorher dem Könige überbracht worden, welcher ihn aus Höflichkeitsrücksichten wieder an Napoleon zurücksandte. Erwähnt sei hier noch, daß Kaiser Wilhelm die Depesche vom Attentat des Böttchergesellen Kullmann auf den Fürsten (13 Juli 1½ Uhr Nachmittags) während seiner Fahrt von Ulm nach Augsburg erhielt, bei seiner kurz darauf erfolgenden Begegnung mit König Ludwig aber keinerlei Erwähnung von dem Vorfalle machte, bis während der Tafel dem König Ludwig selbst die telegraphische Nachricht überbracht wurde, nach deren Durchlesen der Letztere in die Worte ausbrach: „Gott sei Dank, daß es kein Bayer war!"

Damit war das Gespräch auf König Ludwig gelenkt. Die Erinnerung an Wörth gab den weiteren Stoff dazu. Bismarck hob, wie immer, die hohen Verdienste des Königs um die nationale Sache hervor und sprach von dem bekannten Briefe an König Wilhelm vom 3. Dezember 1870, worin es hieß: „Ich habe mich an die deutschen Fürsten mit dem Vorschlage gewendet, ge= meinschaftlich mit mir bei Eurer Majestät in Anregung zu bringen, daß die Ausübung der Präsidialrechte des Bundes mit Führung des Titels eines deutschen Kaisers verbunden werde [1]."

Gewisse Dinge, die bezüglich des Königs Ludwig damals schon stark in Umlauf waren, gestattete man sich erst zu berühren, als die Gesellschaft sich beim letzten Gange, das beißt bei der Cigarre, in Gruppen auflöste, die flüsternde Zwiegespräche hielten.

Bismarck's Aussehen war ein gesundes; den Arm trug er nicht mehr in der Binde, wenn auch die Hand noch verbunden war.

21. August 1874. Varzin. Familiendiner, zu dem Graf Eulenburg und eine aus Lauenburg i. P. eingetroffene Deputation, bestehend aus dem Bürger= meister Bartholdy und dem Stadtverordneten=Vorsteher Ripkow, zugezogen wurde. Bürgermeister Bartholdy führte die Frau Fürstin, der Fürst selbst begleitete Herrn Ripkow.

Die Deputation hatte den Auftrag: 1. den Fürsten Bismarck zu der Er= rettung aus dem Kullmann'schen Attentat zu beglückwünschen, wofür er mit Kopfnicken und sichtlicher Rührung dankte; 2. ihn einzuladen, der Enthüllungs= feier des Siegesdenkmals beizuwohnen, was er unter Hinweis auf die Reise

---

[1] Spätere Enthüllungen über König Ludwig II. von Bayern haben die Vorstellungen der öffentlichen Meinung über die Verdienste des Königs von Bayern in Beziehung auf die in dem Briefe erwähnte Anregung beträchtlich herabgemindert. Bei Gelegenheit der Erörterungen darüber in der Presse war von den „Dresdener Nachrichten" dem ver= storbenen König von Sachsen ein besonderes Verdienst zuerkannt worden. Nach dieser sächsischen Darstellung, welche auch in der amtlichen „Leipziger Zeitung" bestätigt wurde, hatte König Ludwig auf eine vertrauliche Anfrage des Fürsten Bismarck hin die Initiative in der Kaiserfrage zuerst schroff abgelehnt. Alsdann war von Versailles aus beim König Johann von Sachsen angefragt worden. Dieser erklärte sich ohne Bedenken bereit, den Vorschlag zu machen, König Wilhelm die Kaiserkrone anzubieten. Als dann der Groß= herzog von Baden, so heißt es in der sächsischen Darstellung, bei König Ludwig Schritte that und ihm zugleich aus der Geneigtheit des sächsischen Königs kein Hehl machte, ent= schloß sich König Ludwig, den bekannten Brief an den König Wilhelm zu schreiben. Bismarck hat das erste Verdienst in dieser Sache stets dem König Ludwig zugeschrieben, oder doch die Nebenumstände ignorirt, wie es auch der Kronprinz von Preußen im Sep= tember 1875 in Augsburg that, wo er in einem Toaste sagte: „Wenn wir erleben durften, was Generationen heiß erschnten, nämlich das Reich an Kopf und Gliedern neugestaltet wieder aufgerichtet zu sehen, so ist es für Sie hier noch besonders hervorzuheben, daß König Ludwig es war, der die Anregung dazu gegeben hat."

und Aufregungen ablehnen mußte; 3. ihn zu bitten, der Stadt Lauenburg die Ehre zu erweisen, ihr Ehrenbürger zu sein, was er dankbar annahm.

1. Oktober 1875. Varzin. Familiendiner, zu dem einige Gutsnachbarn geladen waren.

Dem Briefe eines Gutsbesitzers entnehmen wir folgenden Abschnitt: Heute war ich zum zweiten Male beim Fürsten Bismarck in Varzin zum Diner befohlen. Der Fürst war in guter Laune und sah sehr wohl aus. Er sprach ausnahmsweise ziemlich viel von Politik. Ueber Frankreich sagte er: „Es ist recht gut für uns, daß die klerikale Strömung die Oberhand hat, weil dadurch seine Wehrfähigkeit geschwächt wird. Ein Bataillon, in welchem der Aumönier (Feldprediger) mehr gilt, als der Major, das schlägt man leicht. Da ist viel Heuchelei, aber wenig Dienst darin!" Dieser Satz, den ich wörtlich anführe, würde jedenfalls zum geflügelten Worte werden, wenn er publik würde.

22. November 1875. Graf Lehndorff und der im Auswärtigen Amt be=
schäftigte Assessor von Kurowski an der fürstlichen Tafel.

Da über das Verhältniß des letztgenannten Tischgastes zum Kanzler noch nichts bekannt ist, so mögen hier einige Notizen hierüber eingeflochten werden. Am 18. Dezember 1874 wurde Herr von Kurowski Bismarck auf der an diesem Abend stattgehabten parlamentarischen Soiree durch den Grafen Wend zu Eulenburg vorgestellt. Vom 19. April 1875 bis 9. Mai 1875 vertrat derselbe den Geheimen Legationsrath Aegidi in dem diesem unterstellten De=
partement der politischen Presse Am 24. November 1875 wurden Herrn von Kurowski von Bismarck die Geschäfte des Spezialbureaus des Reichs=
kanzlers übertragen. Diese wichtigen Geschäfte führte er bis zum 11. No=
vember 1878, an welchem Tage Bismarck das Spezialbureau dem Grafen Wilhelm Bismarck übertrug.

Um ermessen zu können, welche wichtige Stellung Herr von Kurowski drei Jahre lang einnahm, ist zu bedenken, daß es bis dahin noch keine Reichs=
kanzlei gab. (Dieselbe wurde erst im Mai 1878 in das Leben gerufen.) Es fällt in seine Amtszeit der Kulturkampf in seiner höchsten Blüthe, das Gezisch der Verleumdungsära, die Intriguen der Hofpartei, der Abgang Delbrück's, die Attentate von Hödel und Nobiling, die Entwickelung der Sozialdemokratie, die Vorbereitung der Zolltarifreform. Die erinnerungsreichen Reisen, wie sie spätere Herren in der Umgebung Bismarck's mitmachten, waren ihm nicht beschieden.

30. November 1875. Familiendiner, zu welchem die Deputation zur Ueber=
reichung des von Professor Scheuren in Düsseldorf ausgeführten Ehrenbürger=
briefes der Stadt Köln, bestehend aus dem Oberbürgermeister Dr. Hermann Becker und den Stadtverordneten Classen und Horst, zugezogen wurde.

Der Reichskanzler betrachtete das kunstvolle symbolische Diplom mit lebhaftem Interesse und sprach seine Freude und Dankbarkeit aus über das Ehrenbürgerrecht einer so geschichtlich hervorragenden Stadt, welche immer eine Kulturstätte des Rheines gewesen sei.

22. März 1876. Diplomatisches Diner, woran die Fürstin Bismarck wegen Unpäßlichkeit nicht theilnehmen konnte.

Der Reichskanzler forderte den Grafen Perglas, als „seinen ersten Verbündeten", wie er sich ausdrückte, auf, den Platz ihm gegenüber einzunehmen. Es war dies sicherlich eine Auszeichnung, da die Mitglieder des deutschen Bundesraths in Berlin bekanntlich als besondere Vertreter der deutschen Regierungen und in dieser Beziehung nicht identisch mit dem diplomatischen Korps angesehen werden.

Etwa zwei Jahre vorher hatte bei einem Hoffeste Fürst Bismarck den bayerischen Gesandten Grafen Perglas eingeladen, mit ihm unter den Mitgliedern des Bundesraths an dem Defilee vor dem Kaiser theilzunehmen. Graf Perglas hielt sich indessen zu den auswärtigen Diplomaten, worauf ihn der Kanzler bald darauf französisch anredete und, als sich Graf Perglas darüber verwundert zeigte, ihm lächelnd sagte: „Da Bayern wieder seine europäische Stellung eingenommen hat, muß ich Sie schon in der in der Diplomatie üblichen Sprache anreden." [1]

23. März 1876. Der frühere Kriegsminister von Roon zu einem kleinen Diner bei Bismarck. Roon schrieb darüber:

„.... Nach Tisch setzte Bismarck sich zu mir und wir plauderten Verschiedenes. Indessen verhinderte die Mitanwesenheit der anderen Gäste bald die Fortsetzung unseres tête-à-tête, und ich zog mich früh zurück; ob ich ihn wohl noch einmal wiedersehen werde, den verwegenen Steuermann?"

8. April 1876. Diner bei Bismarck, zu welchem die Mitglieder der in Berlin versammelten Reichs-Cholera-Kommission, bestehend aus dem Geheimen Rath Professor Dr. von Pettenkofer aus München, Geheimen Medizinalrath und Professor Dr. Hirsch aus Berlin, Generalarzt Dr. Mehlhausen aus Berlin, Geheimen Medizinalrath Dr. Günther aus Dresden und Ober-Medizinalrath Dr. Volz aus Karlsruhe, geladen waren.

Als Vorstand der Cholera-Kommission hatte Professor Dr. von Pettenkofer den Fürsten Bismarck gebeten, ihm und den Mitgliedern der Kommission eine Audienz zu bewilligen; anstatt dieser wurden die Herren zur Tafel geladen. [2]

---

[1] Der Gothaer Kalender hat später eine Unterscheidung zwischen den Mitgliedern des deutschen Bundesraths und denjenigen des diplomatischen Korps hergestellt.

[2] Die nachfolgenden Notizen über den Verlauf des Diners verdanke ich der Güte des Dr. Günther, zur Zeit Präsident des Königlich sächsischen Landes-Medizinal Kollegiums in Dresden. Er und von Pettenkofer sind die einzigen noch lebenden Mitglieder der damaligen Kommission.

Der Fürst, welcher sehr guter Laune war, zeigte seinen Gästen vor Tisch die kürzlich angekommene Kassette aus Hanau, auf deren Deckel zwei Kämpfer in getriebenem Silber zu sehen waren, ein großer und ein kleiner; der große, meinte er, werde er wohl sein sollen, der kleine wahrscheinlich Lasker. Bei Tisch waren noch anwesend: die Frau Fürstin, die jetzige Gräfin von Rantzau, damals in tiefer Trauer um ihren verstorbenen Bräutigam, Graf Herbert, Geheimer Regierungsrath Obernier, und der damalige Leibarzt des Fürsten, Dr. Strud. Nach Tisch lud Bismarck die Herren von der Kommission ein, mit ihm an einem runden Tisch Platz zu nehmen; die Fürstin setzte sich an ein Fenster mit einer Stickerei, im Hintergrunde lag der Reichshund. Dr. Günther versuchte den Fürsten dafür zu interessiren, daß in ganz Deutschland nach einheitlichem Plane Untersuchungen über die Art und den Grad der Fluß= verunreinigungen angestellt würden. Der Fürst meinte: „Ach, geht mit Euren Wasseruntersuchungen, dabei kommt nichts heraus. Den Wein und das Bier müßt Ihr untersuchen: es ist unglaublich, was da für Verfälschungen vor= kommen." Dr. Günther erwiderte, daß bei dem ihm bekannt gewordenen Untersuchungen bisher der Zusatz wirklich schädlicher Stoffe zum Biere nicht nachgewiesen worden sei. Wenn Jemand nachtheilige Folgen nach dem Bier= genusse verspüre, sei an erster Stelle anzunehmen, daß er zu viel getrunken, an zweiter, daß das Bier nicht gut gepflegt gewesen, an dritter, daß die ver= wendeten Ingredienten nicht ganz einwandfrei gewesen; von Pettenkofer be= stätigte, daß er auch zu dieser Anschauung gelangt sei. Der Fürst hielt seine Behauptung aufrecht und erklärte die häufige Untersuchung von Bier und Wein für erforderlich.

Dann erörterte er die Frage, wie es wohl kommen möge, daß zur Zeit in vielen Gegenden Preußens kein Wein mehr gebaut werde, in welchen früher welcher gebaut worden sei. Entweder sei das Klima seit jener Zeit rauber geworden, oder unser Geschmack verfeinert, so daß wir die Erzeugnisse mancher Gegenden nicht mehr zu trinken vermöchten. Letzterer Auffassung neigte er zu, ohne daß von irgend einer Seite widersprochen wurde.

Endlich führte der Fürst in längerer, durch eine Menge von Beispielen erläuterter Darlegung aus, daß durch eine Mischung des germanischen Ele= mentes mit dem slavischen etwas Brauchbares zu Stande komme. Das slavische Element allein sei zu weich, das germanische allein zu rauh. Die Verschmel= zung beider liefere etwas Tüchtiges. —

Professor von Pettenkofer, der berühmte Münchener Gelehrte, den ich um eine Aeußerung über die Eindrücke fragte, die Bismarck auf ihn bei seiner persönlichen Begegnung mit demselben gemacht habe, bemerkte mir:

Was ich nicht vergessen kann, ist der Scharfsinn und das Wohlwollen, mit welchem Fürst Bismarck die Aufgaben der Kommission förderte. Für die Entwickelung der öffentlichen Gesundheitspflege und der wissenschaftlichen Hygiene hat man überhaupt der persönlichen Initiative des Fürsten mehr zu danken, als man heutzutage glaubt. Die Errichtung der Cholera-Kommission für das Teutsche Reich im Jahre 1873 war ein erster Schritt. Daß dieser wirklich für das Allgemeine und nicht für einen engen Gesichtskreis galt, geht schon daraus hervor, daß von den Mitgliedern der Kommission nur zwei aus Berlin, die übrigen aus Sachsen, Baden und Bayern genommen waren.

Ein zweiter, viel größerer Schritt war die Errichtung des Kaiserlichen Gesundheitsamts, welches geradezu als eine Marksäule im Entwickelungsgange der öffentlichen Gesundheitspflege in Teutschland bezeichnet werden kann. Seine Durchlaucht ließ durch den Königlich preußischen Gesandten in München, den Grafen Werthern, im Jahre 1876 bei mir anfragen, ob ich geneigt wäre, die Direktion des neu zu begründenden Amtes zu übernehmen. Ich lehnte die ehrenvolle Anfrage dankend ab aus zwei Gründen. Erstens war eben der Bau eines hygienischen Instituts der Universität München beschlossen worden, wofür der bayerische Landtag eine hohe Summe bewilligt hatte. Ich sollte 1873 an die Universität Wien übersiedeln, wo man mir ein Institut nach meinem Sinne einrichten wollte. Da wir bayerischen Universitätsprofessoren eidlich verpflichtet sind, einen Ruf, bevor wir zusagen, dem Ministerium anzuzeigen, frug mich Minister von Lutz, um welchen Preis ich in München bleiben würde. Ich antwortete, ich verlange gar nichts für mich, aber die Errichtung eines hygienischen Instituts, was allerdings viel Geld koste. Herr Dr. von Lutz brachte beim nächsten Landtage das Postulat ein und wurde von dem damaligen Referenten im Finanzausschusse des Landtags, Domkapitular Schmidt, warm unterstützt. Die Summe (190000 fl.) wurde bewilligt.

Als ich nun, ehe der Bau begonnen war, zum Minister Dr. von Lutz kam und ihm die Anfrage des Grafen Werthern mittheilte, eröffnete er mir ganz kurz, er könne mich nicht abhalten, als Direktor des Kaiserlichen Gesundheitsamts nach Berlin zu gehen, aber er versichere mir, daß dann auch die Universität München kein hygienisches Institut erhalte. Der Bau sei von der Kammer wesentlich nur aus Rücksicht auf meine persönliche Leitung des Instituts bewilligt worden und man werde ihm sehr dankbar sein, wenn er das Geld spare.

Ein zweiter Grund war, den ich auch Seiner Durchlaucht in einem Schreiben zum Ausdruck brachte, daß ich der Ansicht sei, daß sich als Direktor des Kaiserlichen Gesundheitsamts ein Arzt oder Hygieniker von Fach weniger eigne, als ein wohl geschulter Verwaltungsbeamter. Aerzte und Hygieniker und Naturforscher gehörten in die Laboratorien des Gesundheitsamts, aber die verschiedenen Beziehungen der öffentlichen Gesundheitspflege zur Staatsverwaltung überblicke ein hervorragender Verwaltungsbeamter viel besser.

Zum ersten Direktor des Amts wurde allerdings ein Arzt, Ober-Stabsarzt Dr. Struck ernannt, welcher dem Fürsten sehr nahe stand. Unter der Direktion von Struck ließ der Fürst das segensreiche Gesetz über Lebensmittel und Gebrauchsgegenstände ausarbeiten. Unter Struck kam auch der jetzt weltberühmte Bakteriologe Dr. Robert Koch in das Kaiserliche Gesundheitsamt. Aber als

Dr. Strud zurücktrat, wurde doch ein Verwaltungsbeamter, Geheimer Rath W. Köhler vom Fürsten als Direktor vorgeschlagen. Unter Köhler kam das Amt in vollste Blüthe und mit vollem Rechte hat die Universität Marburg den Juristen Köhler zum Doctor medicinae honoris causa ernannt. Diese Thatsachen dürften genügen, um dem Fürsten Bismarck nicht nur in der politischen Geschichte, sondern auch in der Entwickelungsgeschichte der öffentlichen Gesundheitspflege und der Hygiene Bewunderung zu zollen.

19. Mai 1876. Familientafel, zu der die zur Ueberreichung des Ehrenbürgerbriefes der Stadt Magdeburg vorher empfangene Deputation, bestehend aus dem Oberbürgermeister Hasselbach, dem Bürgermeister Böttcher, dem Stadtverordneten-Vorsteher, Generaldirektor Listemann und dem Ackermeister Rudolph, als ältestem Mitgliede der Stadtverordneten-Versammlung, hinzugezogen wurde.

7. Juni 1876. Abschiedsdiner, welches Fürst Bismarck dem bisherigen Präsidenten des Reichskanzler-Amts Dr. Delbrück gab.

Zu demselben waren geladen: der Staatssekretär des Auswärtigen Amts, Staatsminister von Bülow, die Mitglieder des Staatsministeriums, die drei Direktoren des Reichskanzler-Amts, der Präsident des Reichs-Eisenbahn-Amts Maybach, Geheimer Rath Schumann und Geheimer Rath Michaëlis.

In dem Toaste auf Delbrück dankte Bismarck demselben für seine hingebende und eifrige Mitwirkung an dem Ausbau des Reichs, unter besonderer Betonung des Vielen, was er von ihm gelernt habe. Delbrück lehnte dieses Kompliment bescheiden ab und bemerkte, er sei es vielmehr, der durch Bismarck's praktischen Blick gefördert worden sei, und schloß mit einem Hoch auf den Reichskanzler. Die Thatsache, daß trotz dieser Versicherungen kein Theil von dem anderen mehr etwas hinzulernen wollte, war aber nicht aus der Welt zu schaffen.

15. Januar 1877. Unter den zum Familiendiner Geladenen befand sich der Direktor der Königlichen Akademie der Künste Anton von Werner, welcher damals vielfach beim Fürsten Bismarck war, um Portraitstudien für sein Bild „Die Kaiserproklamirung in Versailles" zu machen, welches dem Kaiser Wilhelm am 22. März 1877 zu seinem 80. Geburtstage übergeben wurde.

Bei dieser Gelegenheit überreichte Herr von Werner dem Fürsten das erste Exemplar der vollendeten, von ihm illustrirten neuen (zweiten) Auflage des von Scheffel'schen berühmten Werkes „Gaudeamus". Mit dem bekannten hingebenden Interesse desselben für alles Hervorragende und Schöne begann der Fürst sofort seiner Umgebung aus diesem humorsprudelnden Werke Scheffel's selbst vorzulesen und die Werner'schen Illustrationen zu erläutern. Fürst Bismarck nahm dabei eine so trauliche Haltung ein und aus seinen Gesichtszügen sprach so viel Heiterkeit, daß sich der Akademie-Direktor unwillkürlich gedrängt fühlte, diese freundliche Szene, eine der so seltenen Mußestunden des Fürsten, in sein Skizzenbuch einzutragen. So entstand die bekannte und viel bewunderte Bismarck-Skizze Anton von Werner's.

Scheffel war 1876 im Sommer in Kissingen mit dem Fürsten Bismarck bekannt geworden. Anton von Werner kannte Bismarck schon von Versailles her. Später besuchte er den Kanzler in Friedrichsruh, um sich den Besitz einer Skizze für das im Berliner Rathhaus befindliche große Bild des Berliner Kongresses zu verschaffen. Der Kanzler war aber nur schwer zu bewegen, zu sitzen. Auch konnte Anton von Werner die betreffende Skizze für sein historisches Gemälde nicht wohl verwerthen, da Bismarck's Gesichtsfarbe von dem Landaufenthalt viel zu gebräunt und röthlich war, während für das Kongreßbild der damalige blasse Teint desselben am Platze war.

1. Februar 1877. Diner zu Ehren der Mitglieder des Reichsbank-Kuratoriums unter Zuziehung des Chefs des Spezialbureaus des Reichskanzlers, Assessors von Kurowski.

Das Reichsbank-Kuratorium, welches alle zwei Jahre vom Bundesrath neu gewählt wird, bestand damals aus dem Finanzminister Camphausen, dem Ministerialrath von Landgraf, dem Ministerialpräsidenten Ellstätter und dem Senator Dr. Schröder.

2. April 1877. Familiendiner, zu welchem die Deputation zur Ueberreichung des Ehrenbürgerbriefes der Stadt Göttingen[1] eine Einladung erhalten hatte.

Die Politik wurde fast völlig vermieden, und Göttingen mit seinen alten Reminiszenzen, sowie das Universitätsleben im Allgemeinen bildeten den Hauptstoff der Unterhaltung.

Beim Abschied wurde der Fürst zu einem Besuche der Stadt Göttingen eingeladen, welche Einladung mit der Bemerkung lächelnd angenommen wurde, daß, falls ein solcher Besuch ganz inkognito geschehen könne, er gern das alte Göttingen wiedersähe. Das könnte nun die Deputation nicht zusagen. Dieselbe wurde entlassen mit den Versicherungen des Fürsten und der Fürstin, daß die freundliche Erinnerung der Stadt Göttingen dem Fürsten ein schönes Geburtstagsgeschenk gewesen sei, und mit der Bitte, dafür der Bürgerschaft Göttingens den herzlichsten Dank auszusprechen.

8. Juli 1877. Assessor von Kurowski[2] folgt dem Tags vorher nach Varzin abgereisten Reichskanzler dorthin und versieht bei demselben persönlichen Dienst bis zum 19. August 1877.

---

[1] Die Uebergabe hatte bereits am Tage vorher, dem Geburtstage Bismarck's, stattgefunden.

[2] Vergl. oben S. 92.

19. September 1877. Salzburg. Der österreichische Ministerpräsident Graf Andrassy nimmt an dem Mittagessen des Kanzlers theil.

Mitte October 1877. Varzin. Dr. Moritz Busch, der sich im October 1877 auf Einladung des Fürsten Bismarck mehrere Tage in Varzin aufgehalten hatte, theilt über die Lebensweise des Fürsten daselbst, sowie über die während dieser Zeit bei und nach Tisch geführten Gespräche Folgendes mit:[1]

Die Tagesordnung im Varziner Herrenhause ist etwa folgende. Zwischen zehn und elf Uhr setzt sich der Kanzler mit der Familie und den etwaigen Gästen des Hauses zu einem Frühstück nach englischer Art, bei dem ich ihn selbst aber nur Milch und dann eine oder zwei Tassen schwarzen Kaffee trinken sowie etwas geröstetes Weißbrot nebst zwei weichgekochten Eiern essen sah. Dabei legt man ihm die von der Post und dem Telegraphenamt gekommenen Eingänge vor, über deren Erledigung er sofort die nothwendigen Weisungen ertheilt. Kurz vor oder nach diesem Lunch werden mit den Pächtern, Bauern oder Förstern der Herrschaft sowie mit Handwerksleuten Privatgeschäfte besprochen. Zwischen ein und zwei Uhr folgt hierauf ein Ritt oder eine Ausfahrt im offenen Wagen, oft weit hinaus ins Gelände.

Zwischen fünf und sechs Uhr Abends findet das Diner statt, wobei der Kanzler zum Schlusse eigenhändig auch seine beiden Hunde von einem Teller mit Fleisch zu speisen pflegt.

Nach dem Essen pflegte der Kanzler während meiner Anwesenheit beim Kaffee, der unmittelbar nach dem Diner eingenommen wurde, eine lange Studentenpfeife in der Hand, eine zweite neben sich in Reserve, Platz zu nehmen, zu rauchen und sich mit der Gesellschaft zu unterhalten, wobei er, wie immer bei solchen Gelegenheiten, mancherlei Denkwürdiges äußerte und erzählte.

Wir sprachen vom böhmischen Feldzuge, und da erwähnte der Fürst unter Anderem folgende charakteristische Episode: „Im Kriegsrathe zu Nikolsburg, der auf meiner Stube gehalten wurde, wollten die Anderen den Feldzug weiter fortsetzen, nach Ungarn hinein. Ich aber war dagegen — die Cholera, die ungarischen Steppen, die bedenkliche Frontveränderung, politische Rücksichten und — Anderes, was ich zu überlegen gab. Sie aber blieben dabei, und vergebens sprach ich noch einmal gegen den Plan. Da ging ich aus der Stube hinaus in die Kammer, die blos durch einen Bretterverschlag getrennt war, schloß ab und warf mich auf das Bett, wo ich laut weinte vor nervöser Aufregung. Da wurden sie drüben nach einer Weile Alle still und die Sache unterblieb."

Eine andere Aeußerung betraf den Türkenkrieg von 1877, der im October dieses Jahres bekanntlich eine für die russische Armee nicht günstige Wendung genommen hatte. Der Fürst sagte, als das hervorgehoben wurde: „Wenn ich der Kaiser Alexander wäre, so führte ich meine Truppen jetzt auf das linke

---

[1] „Grenzboten" 1879, Jahrgang XXXVIII, II. Semester, S. 495 ff.

Donauufer zurück und bliebe da den Winter über stehen, erließe aber zugleich ein Manifest an die Mächte, worin ich erklärte, daß ich den Krieg, wo nöthig, sieben Jahre fortsetzen würde, und wenn ich ihn zuletzt mit Bauern mit Mist= gabeln und Dreschflegeln führen sollte. Meiner Russen wäre ich dabei sicher. Zum nächsten Frühjahre nähme ich dann zuerst ein Paar von den großen Festungen an der Donau ein und arbeitete mich von da allmählich weiter."

Wieder an einem anderen Abend unterhielt man sich vom Ausgange des Krieges mit Frankreich, und der Minister erzählte: „Der König wollte mir, als ich Fürst wurde, Elsaß und Lothringen ins Wappen geben. Ich hätte aber lieber Schleswig=Holstein drin gehabt; denn das ist die diplomatische Kampagne, auf die ich am stolzesten bin. Alles war dabei gegen mich, Oester= reich, die kleinen deutschen Staaten, die Liberalen, die Engländer — nun, man weiß ja, wer noch. Rußlands war man nicht recht sicher. Mit Napoleon, da ging es, der dachte uns damit zu verpflichten. — — — Wir hatten da= mals eine Staatsrathssitzung, wo ich eine der längsten Reden hielt, die ich je abgeschossen habe, und Vieles sagte, was den Zuhörern unerhört und unmög= lich vorgekommen sein muß. Nach ihren erstaunten Mienen zu urtheilen, dachten sie offenbar, ich hätte zu stark gefrühstückt. Costenoble führte das Protokoll, und wie ich mir das nachher ansah, fand ich, daß die Stellen, wo ich am deutlichsten und eindringlichsten geworden war, weggelassen waren. Ich machte ihn darauf aufmerksam. Ja, sagte er, das wäre richtig, er hätte aber ge= meint, daß mir das lieb sein würde, wenn das wegbliebe. Ich erwiderte: ganz und gar nicht. Sie dachten wohl, ich hätte einen gepfiffen? Aber ich bestehe darauf, daß es, wie ich es gesagt habe, hineinkommt."

Eines Abends klagte der Fürst, daß er von seiner politischen Thätigkeit wenig Freude und Befriedigung gehabt. Er habe damit Niemand glücklich gemacht, sich selbst nicht, seine Familie nicht, auch Andere nicht, wohl aber Viele unglücklich. „Ohne mich hätte es drei große Kriege nicht gegeben, wären achtzigtausend Menschen nicht umgekommen, und Eltern, Brüder, Schwestern, Wittwen trauerten nicht. Das habe ich indeß mit Gott abgemacht. Aber Freude habe ich wenig oder gar keine gehabt von Allem, was ich gethan habe, dagegen viel Verdruß, Sorge und Mühe," was er dann noch eine Zeit lang weiter ausführte. Wir schwiegen befremdet, aber ich hörte später, daß er in den letzten Jahren schon wiederholt sich in ähnlicher Weise geäußert habe.

Man konnte an Achill denken, wenn er im Zelte des Lagers vor Ilion zu König Priamus sagt:

> „Wir schaffen ja nichts mit unserer starrenden Schwermuth;
> Also bestimmten der Sterblichen Loos, der armen, die Götter,
> Trübe in Gram zu leben, allein sie selber sind sorgenlos."

Die Rede des Kanzlers, des „ehernen Charakters", den man sich so gern als stolzen und seiner selbst sichern Geist vorgestellt hätte, nahm sich, besonders angesichts der Viktoria in der Ecke ihm gegenüber, die ihm die Lorbeerkrone

:*

zuwerfen wollte, wie ein Echo der Stimmung aus, welche in der Betrachtung „To be or not to be" seufzt und Hamlet ausrufen läßt:

> »How woary, stale, flat and unprofitable
> Seem to me all the uses of this world!
> Fyo on't! O fyo! 'tis an unweeded garden,
> That grows to seed; things rank and gross in nature
> Possess it merely«

Noch lebhafter aber als an all diesen Pessimismus fand man sich an die Stelle des Koheleth erinnert, wo der Verfasser den königlichen Prediger klagen läßt: „Da ich aber ansah alle meine Werke, die meine Hand gethan hatte, und Mühe, die ich gehabt hatte, siehe, da war alles eitel und Jammer und nichts mehr unter der Sonne."

Was war es? Möglicherweise die Folge körperlicher Prozesse, die peinliche Träume auch bei wachen Personen hervorrufen können, Ueberreiztheit durch Denken und Sorgen, eine Dissonanz des nervösen Wesens des Redenden, vielleicht aber auch — und zwar kommt mir das wahrscheinlicher vor — ein unbewußter Durchbruch und Erguß seines christlichen Empfindens. — —

Die Vorliebe Bismarck's für große Hunde, und speziell die Gewohnheit, die Vierfüßler mit zu Tisch zu nehmen, läßt sich bis in dessen Jugend verfolgen. Als er in Kniephof lebte,[1]) galt seine große dänische Dogge in der ganzen Gegend als bevorzugte „Persönlichkeit". Ebendaselbst spielten in seinem Haushalte junge Rangen aus der Sippe Reinekes eine Rolle. In Petersburg traten an deren Stelle zwei Bärenjünglinge, welche er, bis sie, zu reiferen Jahren gelangt, Zierden der zoologischen Gärten in Frankfurt und Köln wurden, wie Hunde in den Zimmern des Gesandtschaftspalais hielt. „Mischka," so erzählt Hesekiel, „erschien da wohl zu größter Belustigung der Gäste plötzlich bei Tafel, spazierte gar artig zwischen den Tellern und Gläsern auf dem Tische herum, kniff dann und wann den aufwartenden Diener in die Wade und rutschte auf der im Speisesaale befindlichen Rutschbahn." In Varzin war 1877 Sultel, eine Ulmer Dogge, die Graf Holnstein in München dem Fürsten geschenkt, der Zimmergenoß des Letzteren, und mit „seiner Gattin" Flörchen sein Begleiter auf allen Gängen und Ritten, bis irgend ein landsahrender Strolch oder sonstwer das treue und harmlose Thier brutal erschlug. Noch 1883 bewahrte der Kanzler ein Bild (Silhouette oder gefärbte Photographie) seines vierfüßigen Freundes unter den Sachen, die auf seinem Schreibtisch standen.

April 1878. M. Busch zu Gast. Als sich Bismarck im Verlauf des Gesprächs einen „alten Mann" nannte und die Fürstin darauf einwendete: „Du bist aber doch erst dreiundsechzig Jahre," erwiderte er: „Ja, aber ich habe immer schnell und baar gelebt." Dann setzte er, zu Busch gewendet, hinzu:

---

[1]) M. Busch: „Unser Reichskanzler." Bd. II. S. 419.

„Baar, das heißt, ich bin immer ganz bei der Sache gewesen, mit meinem vollen Wesen -- was erreicht wurde, ich habe dafür bezahlt mit meinen Kräften und meiner Gesundheit."[1]

17. Juni 1878. Diner für die Mitglieder des Berliner Kongresses.

Für das Diner lautete die Parole: „Kein Wort von Politik!" Trotzdem gelang es dem griechischen Gesandten Rhangabé, eine Gelegenheit zu erhaschen, das, was ihm und seinem Vaterlande am Herzen lag, zum Ausdruck zu bringen. Die Speisekarte spiegelte gleich der Tafelmusik den internationalen Charakter der Veranstaltung wieder. So gab es denn auch einen Gang, der auf den Namen „Macedonien" getauft war; als dies Gericht, eine Gemüseart, Rhangabé gereicht wurde, wies er die Schüssel zurück. „Aber Excellenz," rief Bismarck, der ihm gegenüber saß, „weshalb nehmen Sie nicht ein bischen Macedonien?" Darauf die Excellenz zu allgemeinem Ergötzen: „Nur ein bischen, Durchlaucht? Das Ganze möchte ich."

18. Juni 1878. Tischgäste: der Adjutant des Kaisers Graf Lehndorff, der russische Staatsmann, Mitglied des Berliner Kongresses Graf Schuwaloff, der Assessor von Kurowski.

27. Juni 1878. Diner zu Ehren des früheren Präsidenten der Vereinigten Staaten, General Grant. Der Wirth saß neben Mrs. Grant, der amerikanische Gesandte in Berlin, Bayard Taylor, zwischen der Fürstin und der Gräfin Marie, die beide so liebenswürdig waren, daß der Gesandte, die Folgen einer Indigestion und die ärztlichen Vorschriften nicht achtend, von Allem aß, was kam. Der Tag hatte ihn aufs Neue voll Bewunderung für den Kanzler erfüllt. Ende August 1878 schrieb Bayard Taylor nach Hause über seine Berliner Eindrücke: „Wen habe ich nicht gesehen und gesprochen? Bismarck, Gortschakoff, Beaconsfield, Andrassy, Waddington, Mehemet Ali Pascha, Curtius, Mommsen, Lepsius, Helmholtz, Grant. Sie sind allesammt liebenswürdige, zugängliche Menschen. Bismarck aber ist ein Mensch, der Einen mit Staunen erfüllt."

6. Juli 1878. Diner, an welchem die Kongreßdelegirten Frankreichs, Oesterreichs und Italiens sowie Lord und Lady Salisbury theilnahmen.

Als der Berliner Kongreß seine Verhandlungen nahezu beendet hatte, gedachte der Kronprinz den Theilnehmern an dem Kongreß ein großes Abschiedsdiner zu geben, welches er selbst als „Friedensdiner" bezeichnete. Fürst Bismarck, von dem Kronprinzen beauftragt, sich mit den Kongreßtheilnehmern über Tag und Stunde des Diners zu verständigen, wandte sich zunächst an den britischen Premierminister Lord Beaconsfield. „Aber Seine Kaiserliche Hoheit spricht bereits von Frieden und Abschied," bemerkte Beaconsfield, „das nennt man doch das Fell des Bären verkaufen, bevor man ihn erlegt hat." — „Nun," replizirte Bismarck, „so übernehmen Sie es, den Bären zu erlegen." „Das ist auch meine Absicht," versicherte Lord Beaconsfield. Bismarck mußte über dieses Wortspiel herzlich lachen, wiewohl seine Freunde, die Russen, die Kosten zu tragen hatten.

19. Oktober 1878. Diner, an welchem der freikonservative Abgeordnete Fürst zu Carolath-Beuthen und der nationalliberale Abgeordnete Bepel theil-nahmen. Bismarck zeigte sich gut aufgelegt wegen des wenige Stunden vorher erfolgten Zustandekommens des Sozialistengesetzes.

6. November 1878. Diner im Kongreßsaal des Reichskanzler-Palais zur Feier der Hochzeit der Tochter des Reichskanzlers, Marie, mit dem Legationssekretär Grafen Kuno von Rantzau.

Die Tafel — im großen Speisesaal zu ungefähr 60 Kouverts gedeckt — war überaus reich mit dem goldenen und silbernen Hausschatz der fürstlichen Familie dekorirt. Unter den prächtigen Aufsätzen figurirte inmitten der Tafel ein in Silber getriebener Tafelaufsatz, gekrönt durch die Germania und das Dreigespann aus oxydirtem Silber, ein Geschenk des russischen Hofes.

Der Reichskanzler führte die Gräfin Charlotte Rantzau, die älteste Schwester seines Schwiegersohnes; die Fürstin Bismarck wurde vom Major Grafen Rantzau zu Tisch geleitet. Die Neuvermählten nahmen ihre Plätze zwischen denen der fürstlichen Eltern der jungen Frau ein; gegenüber saßen Herr von Arnim-Kröchelndorff mit der Gemahlin des Majors Grafen von Rantzau und der Landrath von Bismarck-Rangard mit der Gräfin von Brockdorff-Ahlefeldt.

Den ersten Toast brachte in kurzen, aber herzlichen Worten der Reichs-kanzler auf den Kaiser aus; es folgte alsdann der Staatssekretär des Aus-wärtigen Amts, Staatsminister von Bülow, der mit schwungvollen Worten sein Glas auf das Wohl des Brautpaares leerte. Hierauf erhob sich der Major Graf von Rantzau und feierte in beredten Worten das Elternpaar, den Reichskanzler Fürsten von Bismarck und die Fürstin, seine Gemahlin. Das Lob des Kanzlers führte naturgemäß auf die Politik und Herr von Kleist-Retzow übernahm es, dem deutschen Vaterlande ein Hoch zu weihen. Nach-dem noch Graf Lehndorff der Brautjungfern und Brautführer gedacht, ergriff als Letzter nochmals der Reichskanzler das Wort, um auf die Verbindungen der Familien Bismarck und Rantzau zu trinken, von ihnen gelte der Wahl-spruch Schleswig-Holsteins: „Up ewig ungedeelt!"

Das Mahl dauerte bis gegen sieben Uhr, worauf die Gäste bei trau-lichem Plaudern den Kaffee einnahmen. — —

Ein charakteristischer Zug des Fürsten Bismarck ist die Zuvorkommenheit gegen seine Gäste. Wer überhaupt an seine Tafel gezogen wird, wird mit ausgesuchter Höflichkeit behandelt, gleichviel, ob er sich in einflußreicher oder unansehnlicher Stellung befindet. Was ich sagen will, soll an einem Beispiel erörtert werden.

Fürst Bismarck hatte in früheren Jahren (man muß bis an das Ende der siebziger Jahre zurückdenken), wenn er in Varzin weilte, alle vierzehn Tage einmal die Frau des Pastors Mulert in Wussow bei Varzin, eine einfache Pommerin, zu Tisch geladen. Wenn gemeldet worden war, daß servirt sei, näherte sich Bismarck mit ausgesuchter Höflichkeit der Frau Pastorin und bat um deren Arm, um sie zu Tisch führen zu dürfen. Nach aufgehobener Tafel bot er jedesmal der würdigen Frau Pastorin wieder den Arm und führte sie in das anstoßende Zimmer, wo der Kaffee eingenommen zu werden pflegte. Dann nach einer kleinen Verbeugung: „Darf ich bitten, eine Pfeife Taback rauchen zu dürfen?" — Als einmal eine aus einem regierenden Hause stam= mende Prinzessin nach Varzin kam, machte es Bismarck um kein Haar anders, als bei der Frau Pastorin aus Wussow.[1] Auch in seinem Anzug bei Tisch war keine Veränderung wahrzunehmen.

17. Dezember 1878. Friedrichsruh. Der Finanzminister Hobrecht[2] Tischgast des Fürsten Bismarck.

Auf Anregung des Fürsten Reichskanzlers wurden im Sommer 1878 Pläne einer Finanz= und Steuerreform ausgearbeitet. Das Reich sollte auf= hören, ein lästiger Kostgänger bei den Einzelstaaten zu sein; die bessere Aus=

---

[1] Am 21. November 1887 feierte der Pastor Mulert seinen achtzigsten Geburtstag. Dazu erhielt er von der Frau Fürstin Bismarck ein freundliches Schreiben nebst einer Sendung von zwölf Flaschen alten Portweins vom Jahrgang 1822 „zur Stärkung des greisen Geburtstagskindes"; Mittags lief ein Telegramm des damals in Berlin — es war die Zeit des Zarenbesuchs — weilenden Reichskanzlers ein, und Abends kam noch von eben demselben ein silberner, innen vergoldeter Becher mit des Fürsten eingravirtem Wappen und darunter: „1807—1887". Diese Aufmerksamkeit, die dem Pastor Mulert von seinem großen Patron erwiesen wurde, dürfte Ersterer um so höher geschätzt haben, als der Reichskanzler, der damals, von Friedrichsruh kommend, nur wenige Tage in Berlin ver= weilte, in vollstem Maße in Anspruch genommen war.]

[2] Hobrecht, Arthur Heinrich Rudolf Johnson, Staatsminister a. D., Wirklicher Ge= heimer Rath, wohnhaft in Groß=Lichterfelde bei Berlin, geboren 14. August 1824 in Ro= bierzyn, Kreis Pr.=Stargard, evangelisch. Gewählt zum Abgeordnetenhaus für den 4. Wahl= kreis Danzig (nationalliberal). Seit 1879 Abgeordneter desselben Wahlbezirkes; 1851—81 und seit 1886 Mitglied des Reichstags. Besuchte das Kollegium Fridericianum und das Altstädtische Gymnasium in Königsberg i. Pr., die Universitäten Königsberg, Leipzig und Halle, trat in Naumburg 1844 in den Justizdienst, nach Beschäftigung bei den Gerichten Elbing, Braunsberg, Marienwerder 1846 zur Verwaltung über, wurde während des Noth= standes im Winter 1847—48 mit der Verwaltung des Landrathsamts Rybnik (Ober= schlesien), dann bis Ende 1849 mit der Verwaltung des Landrathsamts Grottkau betraut. 1850—53 Regierungs=Assessor in Posen, 1853—56 Spezialkommissar in Gleiwitz, 1856—60 Regierungs=Assessor in Marienwerder, dann bis 1863 Hilfsarbeiter im Ministerium des Innern; 1863—72 Oberbürgermeister in Breslau, 1872 bis März 1878 Oberbürgermeister von Berlin; Staats= und Finanzminister von März 1878 bis Juli 1879. 1863—78 Mit= glied des Herrenhauses.

nutzung seiner eigenen Steuerquelle sollte es in den Stand setzen, den Finanzen der Einzelstaaten zu Hülfe zu kommen. Gegen die Durchführung eines solchen Plans war ein starker Widerstand vorauszusehen, wenn es nicht gelang, die Besorgniß vor einer Schmälerung der parlamentarischen Budgetrechte zu beseitigen. Anfangs Dezember 1878 hatte der Staatsminister Hobrecht im Staatsministerium eine zur Beseitigung dieser Besorgniß bestimmte Klausel (sie erhielt dann durch die Allerhöchste Kabinetsordre vom 26. Dezember ihre Sanktion) vorgetragen, es war beschlossen, die Zustimmung des noch in Friedrichsruh weilenden Fürsten dazu einzuholen; der Finanzminister Hobrecht frug an, ob ihm ein mündlicher Vortrag genehm sei. Die bejahende Antwort enthielt zugleich die Aufforderung an den Finanzminister, sein Jagdzeug nicht zu vergessen.

Gerade in jenen Tagen hatten gewisse Verhandlungen über die Verstärkung des evangelischen Ober-Kirchenraths zu einer peinlichen Krisis geführt. Der Kaiser verlangte die Berufung zweier bestimmter Geistlichen, in denen der Kultusminister Falk ausgesprochene Gegner der von ihm erstatteten Entwickelung sah. Der Vize-Präsident des Staatsministeriums Graf Stolberg suchte eine Lösung im Sinne Falk's herbeizuführen, war aber nicht zum Ziele gelangt und bat den Minister Hobrecht jetzt, da er nach Friedrichsruh reisen wollte, auch diese Angelegenheit beim Fürsten zur Sprache zu bringen.

Am 17. Dezember langte der Finanzminister zum zweiten Frühstück in Friedrichsruh an. Die amtliche Besprechung wurde auf den Abend verschoben. Nach dem Frühstück machte derselbe mit dem Fürsten eine mehrstündige Fahrt in offenem Wagen durch den Forst und einige an seiner Grenze liegende Dörfer und Vorwerke. Es war kalt und stürmisch, die Winterlandschaft aber und der tiefverschneite Wald boten entzückende Bilder. Erst ziemlich spät, nach einem reichen Diner, als Pfeife und Cigarre angezündet waren, zog sich Bismarck mit seinem Gaste in das Arbeitszimmer des Fürsten zur Verhandlung zurück. Hobrecht's Hauptabsicht war rasch genug erledigt. Der Fürst erklärte sich nach kurzem Besinnen mit der Ordre, wie der Finanzminister sie formulirt hatte, einverstanden. Der Vortrag der Falk'schen Streitfrage aber erweckte seinen stärksten Unwillen. Der Gegenstand des Kampfes schien ihm unwichtig oder doch zur Zeit bedeutungslos; er schalt heftig über den Eigensinn der einen, die Ungeschicklichkeit der anderen, hierbei betheiligten Personen; Hobrecht war über die ihm fremde Angelegenheit zu wenig informirt, um befriedigende Aufklärungen geben zu können, und beschränkte sich darauf, hervorzuheben, wie sehr alle Minister die Beilegung des drohenden Konflikts wünschen müßten und nur von seiner (des Fürsten) Vermittelung hoffen könnten. Der Fürst öffnete die Thür eines angrenzenden Zimmers, in dem Graf Herbert wohnte, rief seinen Sohn und bat ihn, ihm als Schreiber zu dienen. Auf und ab schreitend, diktirte er seinem Sohne, während Hobrecht, eine Cigarre nach der anderen rauchend, zuhörte, erfüllt mit staunender Bewunderung der schöpferischen Kraft und Leistungsfähigkeit Bismarck's.

Ein Uhr Nachts war vorüber, als das fertige Schriftstück noch einmal durchgelesen wurde, Graf Herbert sagte „Gute Nacht" und der Fürst begann sofort über die Frage der Tabaksbesteuerung zu sprechen. Der Bericht der Enquetekommission mit umfangreichen Beilagen war, kürzlich gedruckt, vor ein paar Tagen in seine Hände gekommen. Mit dem Ergebniß war der Fürst äußerst unzufrieden, die Mehrzahl der Gutachten hielt er für gefärbt, die gefundenen Rechnungsresultate für falsch, die zur Lösung gemachten Vorschläge für unbrauchbar. Während der Finanzminister bis dahin geglaubt hatte, daß es dem Reichskanzler lediglich um den hohen Ertrag, ganz und gar nicht nur die Form der Besteuerung zu thun sei, empfing derselbe jetzt zum ersten Male den Eindruck, daß ihm die Form des Monopols an sich entschieden wünschens- und erstrebenswerth erschien. Den Finanzminister hatten alle seine Untersuchungen zu der Ueberzeugung gebracht, daß das Monopol bei anständiger Erledigung der Entschädigungsfrage nicht viel bringen könne. Der Fürst brach die Unterhaltung ab, da er einen Theil der Berichte noch nicht gelesen, und schlug — im Anschluß an die Frage des Tabackszolls — eine Besprechung der zollpolitischen Frage im Allgemeinen vor. Er war noch völlig frisch, obwohl zwei Uhr nach Mitternacht vorüber. Nun aber mußte der Minister Hobrecht streiken. Am frühesten Morgen, vor der Abreise, hatte derselbe in Berlin noch mehrere Sachen erledigen müssen; die Eisenbahnreise, die lange Waldfahrt, opulentes Mittagessen mit sehr viel mehr Wein, als er zu trinken gewohnt war, dann eine Kette schwerer Cigarren, sein Schlafbedürfniß war also verzeihlich und er bat, das Bett aufsuchen zu dürfen, zumal er zeitig zur Jagd aufbrechen wollte und der Schlitten des Oberförsters schon um sieben Uhr vor der Thür warten sollte.

Es zeigte sich, daß schon Alles im Hause schlief; der Fürst geleitete den Minister selbst die Treppe hinauf in das für ihn bestimmte Gemach und setzte, als dieser sein Licht auf den Tisch gestellt hatte, die begonnene Erörterung fort. Der Finanzminister begann sich auszukleiden und rückte einen Stuhl an eines der beiden Betten, die an der langen Wand standen. Da erst bemerkte derselbe, daß keines von beiden zum Schlafen aufgemacht war; über beiden hingen noch Bettdecken und, wie er die erste aufhob, zeigten sich bunte Zindeln — das Bett war nicht bezogen. Wahrscheinlich war also das andere für den Minister bestimmt; er hob die zweite Decke — dieselbe Geschichte! Auch so würde derselbe trefflich geschlafen haben; indessen der Fürst hatte es bemerkt, wie Hobrecht von einem Bette zum anderen ging, trat heran und entdeckte nun auch seinerseits den Mangel. Ob ein anderes Zimmer für den Minister bestimmt war, ob die Zurichtung versäumt war, bleibe dahingestellt. Genug, der Fürst wollte nicht dulden, daß Hobrecht mit dem ungemachten Bett vorlieb nahm; er rief den Kammerdiener, dann, als Niemand kam, trat er auf den Korridor und Hobrecht hörte die Stimme des Telamoniers durch das stille Haus dröhnen. Der Kammerdiener kam und verschwand wieder, um Hülfe zu suchen; endlich erschien ein weibliches Wesen mit der nöthigen Wäsche auf dem

linken Arm. Erst als Alles in Ordnung war, nahm der Fürst freundlich
Abschied.

Der Oberförster war pünktlich und brauchte nicht auf den Finanzminister
zu warten. Die Fahrt ging in den südlich der Eisenbahn liegenden Theil der
Forsten. Das Wild stand in den lichten Stangen rudelweise, der Minister
kam mehrmals zu Schuß. Besonderes Vergnügen machte es ihm, als
der Oberförster einige dicht verschneite, höchst malerische Rieserschonungen
durch ein paar herbeigerufene Holzschläger abtreiben ließ. Aus der einen
brachen zwei Schweine, von denen das zweite noch schußgerecht; Hobrecht
feuerte und fand im Schnee bald Schweißspuren, folgte mit dem Schweißhunde
am Riemen und fieß nach einigen hundert Schritten auf das schon ver-
endete Schwein.

Um elf Uhr trafen die Schützen mit dem reich beladenen Wildschlitten
(zwei Spießer, zwei oder drei Dammthiere und dem Stücke Schwarzwild)
wieder vor dem Schlosse ein, wo Fürst und Fürstin ihren Gast auf das gütigste
begrüßten und zum guten Erfolge beglückwünschten. Den Mittagszug durfte
der Minister nicht versäumen; der amtliche Zweck seiner Fahrt war nach
Wunsch erledigt, als fürstliches Weihnachtsgeschenk wurde ihm das Schwarzwild zur Bahn gebracht. Das Bild des gastlichen Schlosses im Sachsenwalde
bewahrt der Minister in dankbarer Erinnerung.

Mehrere Jahre später erzählte Herr von Tiedemann dem Staatsminister
Hobrecht, der Fürst habe bald nach seiner Abreise von Friedrichsruh das Bedauern ausgesprochen, daß er nicht dazu gekommen sei, ihm bezüglich seiner
wirthschaftspolitischen Absichten etwas zu sagen, wie er sich vorgenommen.
Dies ist sehr wahrscheinlich. Denn das bekannte, hochbedeutsame Schreiben
des Reichskanzlers an den Bundesrath über die Nothwendigkeit stärkeren
Schutzes der einheimischen Produktion datirt vom 15. Dezember 1878;[1] es
war noch nicht ausgegeben, sein Inhalt dem Finanzminister völlig fremd, als
er am 17. und 18. Dezember in Friedrichsruh war.[2]

War es wirklich der Wunsch des Fürsten, damals über seine wirthschaftlichen Pläne und Entschlüsse mit dem Minister Hobrecht zu sprechen, wie derselbe es heute glaubt, so hat Hobrecht die Vereitelung der Absicht am meisten
zu beklagen. Er würde durch die überraschende Veröffentlichung eines neuen
wirthschaftspolitischen Programms, ohne jeden Versuch einer vorgängigen Verständigung mit ihm als dem dabei doch sehr wesentlich interessirten Minister,
nicht in der Schärfe, wie es damals geschah, empfindlich berührt worden sein.

7. März 1879. Diner, zu welchem die Reichstagsabgeordneten Dr. von
Schwarze aus Dresden und Vogel aus Chemnitz, der Handelskammerpräsident

---

[1] Dasselbe findet sich abgedruckt in meinem Werke „Fürst Bismarck und die Parlamentarier". Bd. 1. S. 170.

[2] Die Publikation dieses Schreibens erfolgte erst am 24. Dezember 1878. Vergl. den
Artikel der „Post" Nr. 355 vom 24. Dezember 1878.

Rülke und Geheimer Kommerzienrath Zschille aus Dresden, Kommerzienrath A. Göbe, Gustav Hartmann und Stadtrath Reiß aus Chemnitz geladen waren.[1] An der Tafel nahmen auch die Frau Fürstin, Gräfin Rantzau und die Grafen Herbert und Wilhelm Bismarck theil.

Während und nach der Tafel sprach sich der Fürst in ebenso freimütiger als eingehender Weise über die schwebenden Zoll- und Steuerfragen aus, und den Gästen fiel die Entschiedenheit auf, mit welcher der Kanzler sich der Eventualität gegenüber aussprach, daß ihm der gegenwärtige Reichstag die Durchführung seiner Wirthschaftspolitik unmöglich mache.

12. April 1879. Lothar Bucher Tischgast. Der Fürst erzählt Reminiszenzen aus dem Jahre 1848.

26. Mai 1879. Um fünf Uhr Galadiner zu 25 Gedecken im Kongreßsaal des Reichskanzler-Palais, bei welchem der Kaiser und der Großherzog von Mecklenburg-Schwerin zugegen waren. Außerdem nahmen theil: die Gräfin Otto zu Stolberg-Wernigerode, Fürst und Fürstin Pleß, Fürst und Fürstin Anton Radziwill, der Botschafter Fürst zu Hohenlohe-Schillingsfürst, der Minister Maybach nebst Gemahlin, die Minister Hofmann, von Bülow und Graf Eulenburg, der General à la suite Graf Lehndorff, Flügeladjutant Major von Lindequist, Graf und Gräfin Rantzau, Graf Plessen-Ivenack, der Adjutant des Großherzogs von Mecklenburg, Major von Quitzow, die Grafen Herbert und Wilhelm Bismarck.

Nach Aufhebung der Tafel wurde in den Zimmern der Fürstin Bismarck der Kaffee eingenommen; der Kaiser nahm mit dem Großherzog die glänzenden Festräume des Reichskanzler-Palais, welche der Kaiser zum ersten Male betrat, in Augenschein und verweilte dann noch in freundlicher Unterhaltung mit den Anwesenden bis siebeneinhalb Uhr.

Der Reichskanzler erbat bei dieser Gelegenheit von Seiner Majestät einen mehrmonatlichen Urlaub in seinen dienstlichen Beziehungen.

28. Mai 1879. Diner, an welchem der Oberpräsident a. D. von Kleist-Retzow, Vize-Ober-Zeremonienmeister von Roeder und Vize-Ober-Zeremonienmeister Graf Eulenburg theilnahmen.

Spätherbst 1879. Der Geheime Legationsrath von Holstein befand sich (mit Unterbrechung von vierzehn Tagen) bis in den Winter hinein nahezu drei

---

[1] Auch in den gewerblichen Kreisen Sachsens war der Wunsch entstanden, der Dankbarkeit für Bismarck's Wirthschafts-Reformpolitik in Form einer Adresse Ausdruck zu geben, welche sich bald mit mehr als 3200 Firmen, die eine Arbeiterzahl von nahezu 300 000 Personen beschäftigten, bedeckte. Die Adresse wurde dem Fürsten übersandt und von ihm wohlwollend aufgenommen. Die obengenannten Kommerziellen, welche Mitunterzeichner der Zustimmungs-Adresse waren, wurden bei ihrer Anwesenheit zu Tisch geaden und von den beiden sächsischen Reichstagsabgeordneten dem Fürsten vorgestellt.

Monate bei Bismarck in Varzin zu Gast, und zwar ganz allein und ohne einen Sekretär.

5. März 1880. Diner, an welchem theilnahmen: die Herren Geheimer Kommerzienrath Schwartzkopff-Berlin, Spinnerei-Direktor Haßler-Augsburg, Geheimer Kommerzienrath Hamel-Ruhrort, Geheimer Kommerzienrath Zschille-Dresden, Kommerzienrath Wolff-M.-Gladbach, General-Direktor und Reichs-tagsabgeordneter Richter-Königshütte, General-Direktor und Reichstagsabgeord-neter Servaes-Laar, Kommerzienrath Dr. Websky-W.-Waltersdorf, Fabrik-besitzer Winter-Wertheim bei Hameln, Fabrikbesitzer Schwartz (in Firma: Schlumberger fils & Co.), Mülhausen im Elsaß und der Geschäftsträger des Zentral-Verbandes deutscher Industrieller, Regierungsrath a. D. Beutner.

Es waren dies die Mitglieder einer Deputation, welche der Ausschuß des Zentral-Verbandes deutscher Industrieller erwählt hatte, mit dem Auftrage, dem Reichskanzler eine Adresse zu überbringen, worin die segensreichen Wir-kungen des neuen Zolltarifs konstatirt wurden, und die Hoffnung ausgesprochen wurde, daß eine lange Periode der Wohlfahrt und des wirthschaftlichen Ge-deihens in unserem Vaterlande einkehren werde.

22. März 1880. Diner zu Ehren des Kaiserlichen Geburtstages, zu welchem die Chefs der Missionen, der rumänische Ministerpräsident Bratiano, der Chef der Reichskanzlei, Geheimer Ober-Regierungsrath Tiedemann und der Geheime Rath Körte aus dem Reichs-Eisenbahn-Amt eingeladen waren. Die Tafel war zu etwa fünfzig Gedecken im Kongreßsaale servirt.

Lord Odo Russel führte die Fürstin zu Tisch, zu deren Linken der türkische Botschafter Platz nahm; der Reichskanzler saß zwischen dem italienischen Bot-schafter, welcher der Gräfin Rantzau die Hand geboten, und dem Grafen de Saint Vallier. Die Tafelordnung war diesmal streng nach dem Datum der Uebergabe des Akkreditivs geordnet. Während des Diners erhob sich der großbritannische Botschafter Lord Russel und brachte mit den Worten: „Mes-sieurs, permettez moi de boire à la santé de Sa Majesté l'Empereur d'Allemagne et Roi de Prusse!" das Hoch auf den Kaiser aus, wobei die Gesellschaft sich gegenseitig verneigte, ohne anzustoßen. Unmittelbar darauf toastete der Reichskanzler auf die Souveraine und Mächte, deren Vertreter er bei sich zu sehen die Ehre habe.

26. Mai 1880. Die Kölner Deputation, bestehend aus dem Oberbürger-meister Dr. Becker und den Stadtverordneten Levendecker und Kösen, zu Tisch. Bismarck zeigte lebhaftes Interesse für die Kölner Stadterweiterung und sagte den Verhandlungen der Stadt seine wohlwollende Theilnahme zu.

16. Juni 1880. Diplomatisches Diner, zu welchem auch die Mitglieder der Konferenz zur Festellung der neuen türkisch-griechischen Grenze eingeladen waren.

Der französische General Perrier, damals Oberst und Direktor der geographischen Abtheilung im Kriegsministerium und technischer Vertreter Frankreichs, war, da er eine große Orts- und Sachkenntniß bekundete, zum Berichterstatter ernannt worden und erhielt wegen seiner Referate die einmüthigen Glückwünsche seiner Kollegen.

Derselbe schreibt in der „Revue internationale" über dies Diner: Als ich in Parade-Uniform den Salon in der Wilhelmstraße betrat, begrüßte mich Fürst Bismarck in herzlichster Weise und rief, die beiden Hände auf meine Achseln stemmend: „Wie groß Sie sind, Herr Oberst!" — „Nicht so groß, wie Eure Durchlaucht!" erwiderte ich. Nach dem Diner, wo der Fürst die trefflichste Laune und einen entsprechend robusten Appetit bekundete, nahm mich der Reichskanzler unter den Arm und führte mich, den Uebrigen voran, in den Garten. „Jetzt müssen Sie von meinem Cognac kosten," sagte er. „Ich habe seit zwanzig Jahren eine vorzügliche Quelle in Bordeaux; wenn Sie wollen, kann ich Ihnen die Adresse mittheilen." Das Gespräch wurde ungemein lebhaft, man erzählte Anekdoten, namentlich mußten die Südfranzosen herhalten; Bismarck zeigte, daß er auch auf diesem Felde bewandert sei, und gab einige klassische Marseiller Geschichtchen zum Besten. Der anwesende italienische Botschafter bemerkte dazu, daß ich auch ein Südländer, und zwar ein eingefleischter wäre. „Doch nicht etwa aus Marseille?" frug der Kanzler lächelnd in der Erinnerung an die vorgebrachten Witze. — „O nein," antwortete ich, „ich bin in den Sevennen zu Hause." — „Also vermuthlich ein Protestant?" Ich bejahte die Frage und Bismarck begann von den aus Südfrankreich vertriebenen Protestanten zu reden, schilderte in den lebhaftesten Farben ihren Auszug, ihre Ankunft nach Preußen und zeigte sich ungemein bewandert in der Geschichte dieser Emigranten. „Im französischen Süden," sagte er schließlich, „da ist es gut leben, wäre ich dort, so würde ich nicht so stark an Rheuma leiden." Und nun berührte der Kanzler die Geschichte des Albigenser Krieges, erzählte von den Troubadouren und deklamirte — allerdings mit stark ausgesprochener teutonischer Betonung — im altprovençalischen Urtext ein Gedicht des Minnesängers Bertran de Born aus dem vierzehnten Jahrhundert. Dabei wurde dem Cognac aus der „vorzüglichen Quelle" wacker zugesprochen, bis die Fürstin ihren Gatten zart aufmerksam machte, daß die Abendkühle bedenklich zunehme, was die Gäste als das Zeichen zum Aufbruch betrachteten.

9. August 1880. Kissingen. Der Botschafter Graf Münster und der Präsident der Regierung von Unterfranken und Aschaffenburg Graf Luxburg Tischgäste des Fürsten.

14. August 1880. Kissingen. Der Minister der öffentlichen Arbeiten Maybach und Albertus von Ohlendorf aus Hamburg Tischgäste.

9. Januar 1881. Die Beamten des preußischen Ministeriums für Handel und Gewerbe bei ihrem Chef zu Tisch. Bekanntlich war Fürst Bismarck an

Stelle des Staatsministers Hofmann zum Handelsminister ernannt worden, zuerst (23. August 1880) provisorisch, am 15. September 1880 in definitiver Weise. Der Kanzler trug seinem neuen Amte zu Anfang das lebhafteste Interesse entgegen. Da derselbe den Herbst bis in den Winter hinein in Friedrichsruh weilte, so war eine persönliche Uebernahme der Amtsgeschäfte des Ministeriums ausgeschlossen. Von dem Wunsche beseelt, sich zunächst in dem neuen Geschäftskreise zu orientiren, verfügte er, daß ihm von allen Ein= gängen des Ministeriums in Form eines Journals Kenntniß gegeben werde. Jene Piecen, die der Kanzler einsehen, oder zeichnen, oder worüber er Vortrag haben wollte, bezeichnete er in margine mit Bleistift. Außerdem verfügte er, daß ihm alle an fremde Behörden, also z. B. an das Reich, die preußischen Ministerien gerichteten Schreiben zur Unterschrift vorgelegt werden. Nur die Zeichnung der an unterstellte Behörden gehenden Erlasse (Handelskammern, Bezirksregierungen, Private 2c.) überließ er dem Unterstaatssekretär.

Als Fürst Bismarck am 8. Januar 1881 nach Berlin zurückkehrte, drängte es ihn, mit seinen Räthen im Handelsministerium persönlich Fühlung zu ge= winnen. Andere Minister oder Staatssekretäre lassen sich beim Amtsantritt ihre Räthe entweder bei Gelegenheit einer Sitzung vorstellen, oder sie ent= bieten sich dieselben zur Vorstellung durch den abgehenden Chef. Der Handels= minister Bismarck wählte einen anderen Weg. Am Tage seiner Ankunft ließ er den Befehl ergehen, daß der Unterstaatssekretär und die vortragenden Räthe auf den nächsten Tag zum Diner bei ihm eingeladen werden. Die Bestimmung erfolgte, obwohl noch keiner der Herren Zeit gefunden hatte, im Reichskanzler=Palais sich durch Abgabe der Karte zu melden. Dieser Höflich= keitsakt wurde nun nach Empfang der Einladung rasch nachgeholt. Als dem Fürsten berichtet wurde, daß der Unterstaatssekretär Dr. Jacobi und die vier vortragenden Räthe Wendt, Rommel, Dr. Stüve und Lohmann die Einladung angenommen, schien er von der Kleinheit der Behörde überrascht, und bedachte nachträglich auch noch die Hilfsarbeiter Ullmann und Dr. Hepf mit Einladungen.

Dem Mittagessen wohnten außer den Familienmitgliedern auch noch der Chef der Reichskanzlei von Tiedemann und Geheimer Rath Rudolf Lindau an. Der Unterstaatssekretär Jacobi führte die Fürstin zu Tisch, der Haus= herr setzte an seine Seite den Aeltesten der Räthe.

Der Fürst animirte zum Trinken von seinem Portwein, dem er selbst tüchtig zusprach. Er sei damit reichlichst versehen und wohl einer der größten Besitzer von Portwein in Deutschland.

Seinem Tischnachbar erzählte Bismarck unter Anderem folgende Ge= schichte: „Ich ritt eines Tages gegen den Grunewald zu in die Umgebung Berlins und sah mich plötzlich gegenüber einer Heerde Schafe, deren gutes Aussehen mich bestimmte, Halt zu machen und mich nach dem Züchter zu er= kundigen. Ich erfuhr, daß die Heerde einem Berliner Stadtrath gehörte, fragte dann, ob ich einen Hammel kaufen könne, und schloß, da der Schäfer die Frage bejahte, das Geschäft alsbald ab. Wenige Tage später stand der

Hammel bei Gelegenheit eines diplomatischen Diners auf meiner Tafel. Ich hatte meiner Frau erzählt, wie ich in den Besitz des Thieres gekommen war, und von ihr muß die Kunde in die Küche gedrungen sein. Genug, der Gang war auf der Speisenkarte verzeichnet als „Southown Battard à la Municipal". Es dauerte nicht lange und ich besuchte ein Diner bei dem russischen Botschafter und fand auf dem Menu zu meiner großen Ueberraschung als Braten „Southown Battard à la Municipal". Ich konnte mich eines Lächelns nicht enthalten und erfuhr später, der Koch des russischen Botschafters habe sich das Menu meines Diners zu verschaffen gewußt und schlankweg, ohne den Zusammenhang zu ahnen, die auf meiner Karte stehende Bezeichnung auch für sein Hammelbraten-Gericht gewählt."

Nach Tisch trennte sich die Gesellschaft in zwei Theile. Die Fürstin, die Gräfin Rantzau, die Söhne des Kanzlers, von Tiedemann und Rudolph Lindau bildeten eine Gruppe, während der Handelsminister seine Räthe an einem anderen Tisch um sich vereinte.

Der Fürst war ungemein aufgeräumt und erfreute seine Räthe mit Erzählungen über die intimsten Vorgänge aus seinem Leben. Er sprach von seinem diesem Jahr wieder so lange ausgedehnten Landleben, von seinem Gesundheitszustande und von dem Jahre 1866, wobei er ausdrücklich in Abrede stellte, daß er das Königreich Sachsen habe annektiren wollen.

Das Gespräch lenkte sich auf die neue Stellung des Kanzlers als Chef des Handelsministeriums und hierbei fiel denn bald das denkwürdige Wort: „Ich bin unter Sie gekommen, wie Odysseus unter die Freier." Der fürstliche Hausherr betrachtete also das Handelsministerium als seine Domäne, die andere Eindringlinge in Besitz genommen hatten, und wo es sich darum handelte, die Luft zu säubern und die Lästigen vor die Thüre zu setzen. Von Denen, die bei dem klassischen Vergleiche des Hausherrn wohlgefällig lächelten, hatte wohl keiner sofort die ganze Tragweite desselben sich vor Augen geführt. Und doch war das Gleichniß nicht etwa ein Spaß des Hausherrn.

Der neue Odysseus hatte bald im Handelsministerium gründlich aufgeräumt. Wenige Monate später waren zwei der Hauptkräfte, Dr. Jacobi und Dr. Stüve, aus dem Hause.[1] Was übrig blieb, waren leicht lenksame Beamte, welchen der Fürst überdies in der Person des Dr. von Moeller einen Vorgesetzten nach seinem Geschmacke gab.

_____

[1] Zu Jacobi hatte der Kanzler zu Anfang nicht das volle Vertrauen. Derselbe war nicht von ihm, sondern während Bismarck's längerer Fernhaltung von den Geschäften von dem Ministerpräsidenten Grafen Roon zum vortragenden Rath ernannt worden. Jacobi huldigte einer streng konservativen Richtung. Später hat sich Fürst Bismarck davon überzeugt, daß er sich von einem nicht begründeten Vorgefühl hatte leiten lassen, und ihr gegenseitiges Verhältniß ließ absolut nichts zu wünschen übrig. Von Stüve wußte der Kanzler, daß er, als Anhänger des Freihandels, die von ihm inaugurirte nationale Handelspolitik nicht unterstützen würde.

Bismarck betonte sein Interesse an den Geschäften des Handelsministeriums, welche vielfach Fragen berührten, die ihm persönlich nicht fremd seien. Die von dem Ministerium ausgehende Verwaltung, die Bismarck durch die nunmehr bereits seit mehreren Monaten geführte Korrespondenz hinlänglich kennen gelernt hatte, fand seinen Beifall; nur der Geist, von dem dieselbe getragen sei, bedürfe einer Auffrischung.

Man sprach von der gegenwärtigen Stellung des Handelsministeriums und einer der Räthe meinte, seinen Idealen entspreche dieselbe nicht; es möchte vielmehr eine Union desselben mit dem Reichsamt des Innern in der Weise eingeleitet werden, wie sie bereits zwischen dem Auswärtigen Amt des Reichs und dem preußischen Ministerium der auswärtigen Angelegenheiten bestehe. Der Hausherr erwiderte, an sich sei auch ihm dieser Plan sympathisch; er würde das komplizirte Räderwerk im Reiche und Preußen um eine Schraube vereinfachen. Und doch halte er die Maßregel für inopportun und werde sie seinerseits nicht ausführen.

„Die Bundesregierungen würden fürchten, daß die Chefs die Angelegenheiten des Reichs durch die preußische Brille sähen, sie würden dieselben in preußischen Interessen befangen wähnen; sie befürchteten davon eine Verpreußung des Reichs.

Ich bin objektiv genug, um mich in die Lage der anderen Staaten hineinzudenken. Für die Schaffung eines Reichs-Handelsamts mögen Sie mich einmal bereit finden, für Verquickung preußischer und Reichsämter rühre ich keine Hand."

25. April 1881. Der russische General-Adjutant Graf Peter Schuwaloff nimmt am Diner Bismarck's theil.

2. Mai 1881. Desgleichen der österreichische Botschafter Graf Széchényi.

12. Mai 1881. Desgleichen der Kaiserliche Statthalter in Elsaß-Lothringen Freiherr von Manteuffel.

28. Mai 1881. Diner, zu welchem der Kaiser erschienen war und sämmtliche Minister nebst Gemahlinnen Einladungen erhalten hatten.

Anfangs November 1881. Varzin. Familiendiner, zu welchem der Kaufmann Behrend aus Köslin geladen war.[1]

---

[1] Wenn Bismarck in Varzin war, unterhielt er mit der Mehrzahl seiner pommerschen Nachbarn freundliche persönliche Beziehungen, die in häufigem ungezwungenem Verkehr ihren äußeren Ausdruck fanden. Fast täglich sah der Kanzler einen oder mehrere derselben als Gäste an seiner Tafel. — Die Gebrüder Behrend waren die Pächter der dem Fürsten gehörigen beiden Papiermühlen in Varzin und standen mit dem Kanzler seit einer langen Reihe von Jahren in ununterbrochenem Verkehr.

Bei Tisch gab eine zufällige Bemerkung seines Gastes dem Fürsten Bis=
marck Veranlassung, sich über seine Stellung zur Judenfrage zu äußern. Er
sprach in eingehendster Weise darüber und ließ dabei starke Schlaglichter auf
einzelne bezeichnende Phasen der Bewegung fallen. Dann sagte er unter
Anderem auf die sich selbst gestellte Frage, ob er mit der antisemitischen Be=
wegung einverstanden sei: „Nichts kann unrichtiger sein. Ich mißbillige ganz
entschieden diesen Kampf gegen die Juden, sei es, daß er auf konfessioneller
oder gar auf der Grundlage der Abstammung sich bewege. Mit gleichem Rechte
könnte man eines Tages über Deutsche von polnischer oder französischer Ab=
stammung herfallen wollen und sagen, es seien keine Deutschen. Daß die Juden
mit Vorliebe sich mit Handelsgeschäften befassen, nun, das ist Geschmackssache;
durch ihre frühere Ausschließung von anderen Berufsarten mag das wohl be=
gründet sein. Aber sicherlich berechtigt es nicht, über ihre größere Wohl=
habenheit jene aufreizenden Aeußerungen zu thun, die ich durchaus verwerflich
finde, weil sie den Neid und die Mißgunst der Menge erregen. Ich werde
niemals darauf eingehen, daß den Juden die ihnen verfassungsmäßig zustehen=
den Rechte in irgend einer Weise verkümmert werden. Die geistige Organi=
sation der Juden im Allgemeinen macht sie zur Kritik geneigt und so findet
man sie wohl vorzugsweise in der Opposition, aber ich mache keinen Unter=
schied zwischen christlichen und jüdischen Gegnern meiner Wirthschaftspolitik,
die ich nach meiner Ueberzeugung als ersprießlich für das Land verachte.
Wenn ich zustimmende Adressen und Telegramme beantwortet habe, so erfüllte
ich damit eine Pflicht der Höflichkeit, wie ich dies schon Richter erwiderte:
ich würde mit Vergnügen ebenso höfliche Antworten auf Zustimmungsworte
der Fortschrittspartei gegeben haben, ich habe nur keine erhalten."[1]

Als Moritz Busch im Herbste 1883 mit Bismarck über vorstehende Mit=
theilung sprach, bemerkte derselbe:

„Man könnte noch hinzufügen, daß die Juden in ihrer Polemik gegen
mich nie so gemein gewesen sind, als meine christlichen Gegner in der Fort=
schrittspartei und in der konservativen während der Zeit der „Reichsglocke".
Ich würde trotzdem für den Kampf ein Verständniß haben, wenn man statt
Juden setzte: Preßjuden."[2]

---

[1] Die „Post" schrieb am 9. November 1881 (Nr. 308): In Betreff der Judenfrage
haben wir von ihm zwar eine scharfe Verurtheilung der Judenhetzen, aber auch der Er=
scheinungen auf wirthschaftlichem Gebiete gehört, durch welche die ungebildete Bevölke=
rung gegen die Juden erbittert wird. Worüber wir ihn persönlich haben klagen hören,
das war die „Undankbarkeit" der Juden, die ihre volle Gleichstellung gerade der von
ihm geleiteten Reichsgesetzgebung verdanken und seitdem in Presse und Parlament aus=
nahmslos ihn und seine Politik ansielen wie — (wir wollen das Wort lieber nicht wieder=
holen). Er fügte hinzu: „Die Juden thun, was sie können, um mich zum Antisemiten
zu machen."

[2] M. Busch „Unser Reichskanzler", Bd. I, S. 155: Wir haben aber Grund, an=
zunehmen, daß ihm die Agitation der Antisemiten zwar nicht ganz unbegreiflich, aber
unzeitgemäß erschien und in Folge dessen unerwünscht war. Dies drückte ein Artikel der

13. November 1881. Am Tage nach der Rückkehr des Fürsten aus Varzin sieht derselbe die Räthe der politischen Abtheilung des Auswärtigen Amtes bei sich zu Tisch. Unter den Anwesenden L. Bucher.

28. November 1881. Um fünf Uhr Familiendiner, an welchem der Staatssekretär des Auswärtigen Amts Graf Hatzfeldt und der bisherige französische Botschafter in Berlin Graf de Saint Vallier theilnahmen.

Bei dem Empfang, welcher dem Grafen de Saint Vallier von Seiten des Fürsten Bismarck kurz vorher zu Theil ward, sprach dieser dem Botschafter sein aufrichtigstes Bedauern über dessen Rücktritt aus und versicherte ihm, daß auch der Kaiser seine Demission sehr bedauere. Als das Gespräch sich auf den Nachfolger des Botschafters wandte, sagte Graf de Saint Vallier, daß er dem Fürsten die offizielle Mittheilung von der Ernennung des Barons de Courcel zum neuen Botschafter zu machen habe. Als der Reichskanzler darauf fragte: „Sind Sie mit Ihrem Nachfolger befreundet?" erwiderte Graf de Saint Vallier: „Er wird ganz in meine Fußtapfen treten; er kann gewissermaßen, wenn ich mich eines gemüthlichen Ausdrucks bedienen darf, noch in meine warmen Pantoffeln schlüpfen. Baron de Courcel darf mit gutem Gewissen den Botschafterposten übernehmen, er kann thun, was mir verboten ist. Ich bin mit meinen politischen Ueberzeugungen oft hervorgetreten, Baron de Courcel hat keine politische Vergangenheit, die ihn bindet, er hat sich zu keinem Programm bekannt, mit dem er in Widerspruch gerathen würde. Er hat seine Thätigkeit bis jetzt ausschließlich auf die Erledigung des rein Geschäftlichen verwandt; er hat ausgezeichnete Arbeiten in den Bureaus geliefert und ist nicht auf die Tribüne gestiegen. So erklärt es sich denn auch, daß man von diesem verdienstvollen und kenntnißreichen Beamten im Auslande bisher sehr wenig gehört hat, und ich habe schon zu meiner Ueberraschung die Wahrnehmung gemacht, daß man ihn sogar für einen homo novus hält. Das ist keineswegs der Fall. Ich kenne keinen Diplomaten, den ich mit wärmeren Empfehlungen ausstatten könnte."

Als de Saint Vallier hinzufügte: „Baron de Courcel gehört zu meinen besten Freunden!" gab Fürst Bismarck seiner Zufriedenheit damit Ausdruck, indem er sagte: „Nun, dann bedarf es keines Lobes mehr aus Ihrem Munde; Ihre wenigen Worte genügen mir, mich der festen Ueberzeugung hinzugeben, daß Ihr Nachfolger dieselbe politische Richtung befolgen wird, wie Sie, und daß er somit hier gern empfangen wird."

„Norddeutschen Allgemeinen Zeitung" mit ziemlich deutlichen Worten aus, doch mit der Bemerkung, daß die Juden dem Kanzler für sein Verhalten zu ihrer Emanzipation Dank schuldeten, ihm diesen aber vorenthielten, indem sie meist die Opposition gegen seine Politik verstärkten und unterstützten, — eine Behauptung, die bekanntermaßen Thatsache ist und die der Fürst mir im Privatgespräch mit dem Bemerken wiederholte: „Die, welche was haben, bezahlen ihre Steuern, schreiben keine demokratischen Leitartikel und gehen nicht auf die Barrikaden, die Anderen sind es."

Bei dem Diner wurde die Politik weiter nicht berührt, dagegen bat der Reichskanzler den Botschafter, ihn nochmals zu besuchen.

10. Dezember 1881. Diplomatisches Diner zu Ehren der außerordentlichen türkischen Mission. An demselben nahmen theil: der Muschir Ali Nizami der Privatsekretär des Sultans Rischid-Bey, die Adjutanten Senjallah-Bey und Osman-Bey, der Attachée Haidar-Bey, der hiesige türkische Botschafter Sadullah-Pascha, der Botschafter Graf Hatzfeldt und der Legationsrath Graf Rabolinski.

6. Januar 1882. Diner, an welchem unter Anderem der russische Militärbevollmächtigte Fürst Dolgorouki, der Botschafter Graf Hatzfeldt, der Unterstaatssekretär Dr. Busch, der General Graf Walderjee und Baron Heyking theilnahmen.

7. Januar 1882. Diner, an welchem der frühere österreichische Minister Schäffle, Professor Adolph Wagner, Staatssekretär des Innern, Staatsminister von Boetticher, die Geheimen Räthe Lohmann und Dr. Rottenburg, sowie Baron Heyking theilnahmen.

Nach Tisch bildete die Arbeiterversicherung und die mit ihr zusammenhängenden Fragen den Gegenstand einer längeren Unterhaltung, deren Fortsetzung in Aussicht genommen wurde.

3. Februar 1882. Diner, zu welchem der frühere außerordentliche englische Botschafter in Konstantinopel Göschen, Staatssekretär Scholz und Reichsbank-Präsident von Dechend geladen waren.

Gegenstand der Unterhaltung bildete hauptsächlich die Münz- und Währungsfrage. Ueber die letztere hatte Herr Göschen während seines hiesigen Aufenthalts auch mit mehreren Abgeordneten sich besprochen.

4. Februar 1882. Diner, an welchem theilnahmen: der Präsident des Reichsgerichts Simson, der Ober-Reichsanwalt Freiherr von Seckendorff, der Staatssekretär Dr. von Schelling und der Justizminister Dr. Friedberg.

Nach Tisch fand eine längere Unterredung statt, die sich um die wieder akut gewordene Frage drehte, auf welche Weise und durch welche Mittel die Differenzgeschäfte an der Börse zu beschränken seien, ob durch eine sehr hohe Besteuerung, durch scharfe strafgesetzliche Bestimmungen, oder ob es angezeigt erscheinen dürfte, Differenzgeschäfte an der Börse ganz zu verbieten.

13. März 1882. Zur fürstlichen Tafel war geladen der elsaß-lothringische Unterstaatssekretär Dr. von Mayr, welcher als Regierungskommissar die Tabackmonopol-Vorlage im Bundesrath vertrat.

22. März 1882. Diner zur Feier des Geburtstages Seiner Majestät des Kaisers.

Bei demselben soll der Reichskanzler folgenden Ausspruch gethan haben: „Gerade weil der Volkswirthschaftsrath das Tabackmonopol abgelehnt hat, muß der Reichstag zusammenberufen werden; hätte der Volkswirthschaftsrath das Monopol angenommen, so hätte die Reichstagsberufung eher unterbleiben können."

15. Juni 1882. Diner, zu welchem der Kaiser erschienen war. Es nahmen unter Anderem theil: Kammerpräsident von Wallenberg, Geheimer Regierungsrath von Kurowsky und Oberst von Stülpnagel mit ihren Gemahlinnen, Freifrau von Spitzemberg, die Generäle Graf Brandenburg, Graf Waldersee, Graf Lehndorff und Fürst Radziwill, der Botschafter Graf Hatzfeldt und der Unterstaatssekretär Dr. Busch.

18. Juni 1882. Diplomatisches Diner, zu welchem die Botschafter der sechs Großmächte, der Staatssekretär des Auswärtigen Amts, Staatsminister Graf Paul Hatzfeldt u. s. w. geladen waren.

Nach demselben fand eine anderthalbstündige Konferenz über die egyptische Frage statt, worauf der Reichskanzler die Beitrittserklärung Deutschlands zum Zusammentritt der Botschafter-Konferenz in Konstantinopel bekannt gab.

8. Dezember 1882. Familiendiner, zu welchem der frühere Direktor der Nationalbank für Deutschland Dr. H. Löwenfeld und Paul Lindau geladen waren; mit ihnen speisten noch das gräflich Rantzau'sche Ehepaar und Graf Wilhelm Bismarck.

Dr. Löwenfeld schreibt über den Verlauf des Mittagsmahls:[1])

Wir durften den beiden Damen des Hauses den Arm reichen und zu den beiden Seiten des Fürsten Platz nehmen. Die ganze Tischgesellschaft bestand aus nur sieben Personen. Das Gespräch kam rasch in Gang und verbreitete sich über alle möglichen Dinge. Die vornehme Gewandtheit aller Familienmitglieder versteht es, ihre Gäste sehr rasch von dem Drucke der ungewohnten Situation zu befreien. Man fühlt sich nach wenigen Minuten, als ob man ein langjähriger Gast des Hauses wäre, und selbstverständlich ruft diese Empfindung der zunehmenden Sicherheit, gepaart mit dem Bewußtsein von der unmittelbaren Nähe des Fürsten, einen unbeschreiblichen Reiz hervor. Der Fürst ist im geselligen Verkehr ein vollendet liebenswürdiger Mann. Schweninger war zu jener Zeit noch nicht bis zu ihm selbst vorgedrungen; er fungirte vorerst als Arzt des Grafen Wilhelm. Der Fürst kannte also die Schranken noch nicht, welche ihm künftig in Bezug auf Essen und Trinken gezogen werden sollten. Er leistete in jeder Beziehung bei Tisch sehr Schätzenswerthes; dabei vergaß er aber keinen Augenblick die Sorge um seine Gäste, denen sein alter Diener mit schon zitternder Hand die Gläser stets von Neuem füllte. Mein Freund Paul Lindau und ich haben uns später bekannt, daß wir

---

[1]) In „Nord und Süd", Bd. 33, Heft 97.

kaum jemals in unserem Leben auf ein Niedersitzen so viele und schwere Weine getrunken haben, als an der Tafel des Fürsten Bismarck. Wir würden es auch da nicht vermocht haben, wenn nicht unser auf das Höchste gespannte Interesse und die dadurch provozirte innere Erregung als konsumirender Faktor mitgewirkt hätte. Der Zufall brachte die Rede auf einen besonders edlen spanischen Wein, welchen der Fürst kürzlich bezogen hatte, und diese zufällige Erwähnung war ihm ein ausreichender und — wie er selbst sagte — ganz willkommener Anlaß, den Wein sofort auftischen zu lassen und ihm dann tüchtig zuzusprechen, wobei wir ihm angemessen sekundirten. Zwischendurch genoß der Fürst ansehnliche Quantitäten eines Getränkes, das er sich bereitete, indem er ein großes Glas mit Sauerbrunnen füllte und eine mit einem silbernen Gefäß abgemessene Dosis Champagner hinzusetzte. Den warmen Braten verschmähte er und konzentrirte sich — seiner Gewohnheit nach — auf die kalten Bratenreste des vorangegangenen Tages. Das Tischgespräch bewegte sich ohne Auswahl auf den verschiedensten Gebieten. Auch auf Angelegenheiten der eigenen Wirthschaft kam die Rede. Der Fürst stellte einige bezügliche Fragen an seinen Schwiegersohn, wobei er sich, vielleicht um diese intimen Dinge ein wenig zu verschleiern, des plattdeutschen Dialektes bediente, und in demselben Dialekte wurden auch die Antworten gegeben. Es versteht sich, daß Bemerkungen und kurze Anweisungen über Staatsgeschäfte zwischendurch liefen und daß auch hin und wieder einmal eine schleunige Dienstsache präsentirt wurde. Fürst Bismarck ist bekanntlich stets im Dienst und immer von einer kleinen Adjutantur umgeben, zu der in unserer Zeit insbesondere Graf Bill und Graf Rantau gehörten. Das Diner hatte eine knappe Stunde in Anspruch genommen; man erhob sich, um in den Salon zurückzukehren, wo die Cigarren und der Kaffee gereicht wurden und woselbst man dann um den großen Tisch — was die Herren betrifft, rauchend und einem außerordentlich feinen Cognac zusprechend — Platz nahm. Das Werner'sche Kongreßbild war gerade fertig geworden und eine große Photographie davon war im Salon aufgestellt. Dem Fürsten gefiel seine eigene Erscheinung auf dem Bilde nicht und er sprach sich in höchst humoristischer Weise über den Eindruck aus, den seine Gestalt ihm zu machen schien. Sehr bald wendete sich dann das Gespräch auf die Politik. Der Fürst hatte behaglich und mit einer langen Pfeife bewaffnet in einem Sessel Platz genommen. Die Herren saßen um ihn herum. Die Damen hatten sich an der anderen Seite des Tisches plazirt und durchmusterten die eingegangenen Abendblätter. Der Fürst war vortrefflicher Laune und liebenswürdig genug, seinen Gästen das Reizvollste zu bieten, was als Nachtisch zu denken war, indem er die Bereitwilligkeit zu erkennen gab, sich ein wenig politisch vernehmen lassen. Selbstverständlich blieben alle schwebenden Fragen außer Betracht. Dagegen glaubten die geladenen Tischgäste zwanglos einzelne Erlebnisse aus der Vergangenheit in Angriff nehmen zu dürfen. Paul Lindau entwickelte hierbei eine wundervolle Unverfrorenheit; er gab dem Gespräch die entscheidende Wendung, indem er den Fürsten, als dieser seine Begegnung mit

Napoleon nach Sedan Erwähnung gethan hatte, mit unbefangener Miene fragte, ob Durchlaucht denn mit Napoleon schon vor Sedan einmal in Berührung gekommen wäre. Es lag darin eine Kompromittirung der eigenen historischen und politischen Kenntnisse des Fragestellers, die zu stark war, um glaubhaft zu sein. Der Fürst ließ sie aber freundlichst passiren und nahm sofort Gelegenheit, sich in einer Reihe der interessantesten Einzelheiten über seine vielfachen Berührungen mit Napoleon, deren erste schon bald nach dem Pariser Kongreß von 1856 stattgefunden hatte, zu verbreiten. Es zeigte sich, daß die bekannten Versionen, welche über diese Begegnungen bestehen, nicht zutreffend sind. Napoleon hatte gleich von Anfang an für den damals noch wenig bekannten preußischen Diplomaten ein gewisses Interesse gefaßt. Er entwickelte ihm gelegentlich einen politischen Plan, dessen Spitze sich gegen Oesterreich richtete, welches der Kaiser mit Hülfe der Seemächte zweiten Ranges attaquiren wollte. Bismarck wies ihm das Ungeheuerliche und Unausführbare dieses Projektes nach und machte ihm dabei die ihn frappirende Bemerkung, er möge dasselbe nicht etwa dem derzeitigen preußischen Gesandten in Paris mittheilen, da dieser es sogleich nach Berlin melden würde; er selbst verspreche zu schweigen. „Vous vous embourberez. Sire," sagte er wörtlich zum Kaiser, indem er, der ein klassisches Französisch spricht, gegen die Derbheit des angewendeten Ausdrucks zugleich mit der Frage Deckung suchte, „ob dieses Wort gut französisch sei." „Parfaitement," erwiderte Napoleon, den die Bemerkung um ihrer sachlichen Bedeutung willen sehr nachdenklich zu machen schien. Bei späteren Besuchen hat sich Napoleon dann auch öfter über Angelegenheiten der inneren französischen Politik mit ihm unterhalten, wobei ihm Fürst Bismarck sogar einmal den Rath ertheilte, er möge doch dem Konstitutionalismus in Frankreich eine etwas breitere Grundlage geben, freilich unter dem Vorbehalt, daß er sich einer leistungsfähigen Militärmacht in Paris stets versichert halten müsse. Die oft erwähnte Unterredung über den preußischen Verfassungskonflikt hat wirklich stattgefunden. Napoleon betonte gegenüber Bismarck die Gefahr des Ausbruchs einer Revolution in Preußen, worauf Bismarck ihm die Antwort gab: „Revolutionen machen in Preußen nur die Könige." Dieses Wort rief bei Napoleon ein vom französischen Standpunkte allerdings begreifliches ungläubiges Erstaunen hervor. Im Ganzen bekundete der Fürst in Bezug auf den französischen Kaiser ein aufrichtiges Wohlwollen. Seinem Urtheil nach war Napoleon ein Mann von unleugbarem Verstand und ein vollkommener Gentleman. Die Begegnung nach Sedan ist für den Fürsten eine überaus peinliche Stunde gewesen.

Frühjahr 1883. Professor Schaper beim Fürsten zu Tisch. Es sollte demselben, da der Fürst, wenigstens in früherer Zeit, Malern und Bildhauern ungern zu sitzen liebte, Gelegenheit gegeben werden, für eine zum Bismarck-Jubiläum (1885) bestimmte Büste Studien zu machen.

Bei dem im Jahre 1879 auf dem Augustiner-Platze in Köln enthüllten Denkmal hatte Schaper den Schädel Bismarck's modellirt, ohne denselben gemeſſen zu haben. Schaper hatte aber vom Fürſten, an den er ſich gewandt hatte, ſeinen vollſtändigen Anzug, von Kopf bis zu Fuß, erhalten; außerdem hatte er das Glück, in der Perſon eines Berliner Schutzmanns einen Menſchen zu finden, der äußerlich ganz Bismarck's Dimenſionen hatte. Den ſteckte er in die Uniform hinein und modellirte danach. Zudem hatte Schaper noch ein oder zwei Mal Gelegenheit erhalten, den Fürſten in ſeinem Hauſe zu ſehen; das half aber nicht viel, da eine eigentliche Sitzung nicht ſtattfand.

Ueber die zum Bismarck-Jubiläum von Schaper hergeſtellte Büſte ſchwebte ein beſſerer Stern, denn der Meiſter wurde dieſes Mal — wie geſagt — zu Tiſch geladen und hatte nunmehr Gelegenheit, den Fürſten eingehend zu ſtudiren. Nach Tiſch, als der Kanzler gemüthlich ſein Pfeifchen rauchte, zog Schaper plötzlich ſein Handwerkszeug aus der Taſche, ſagte nur: „Erlauben Sie, Durchlaucht!" und begann mit dem Zirkel Bismarck's Kopf genau ab-zumeſſen. Es ſollten damit für ewige Zeiten ſeine Größenproportionen feſt-gelegt werden. Als der Reichshund ſah, wie Schaper ſeinen Herrn bearbeitete, wollte er auf den Meiſter losſpringen, und er wäre ſicher nicht mit heiler Haut zur Wilhelmſtraße hinausgegangen, hätte nicht der Herr dem Tyras den Standpunkt gründlich klar gemacht. Der Fürſt hielt ſich bei der Aus-meſſung ruhig und Schaper ſuchte denſelben über das Oede der Manipula-tion durch kleine Geſchichten hinwegzubringen. Unter Anderem erzählte er, ein Spaßvogel habe auf dem Kölner Karneval ſeiner Bismarckſtatue mit Hülfe von Schlagſahne einen weißen Vollbart wachſen laſſen.

Man wird ſich erinnern, daß Bismarck am 3. Dezember 1882 zur großen Ueberraſchung der Berliner im weißen Vollbart aus Varzin zurückgekehrt war.[1]) Der Kanzler lachte herzlich über die Geſchichte; als Schaper aber noch hinzu-fügte, dem Witzbold ſei der Streich ſchlecht bekommen, da er arretirt worden ſei, wurde Bismarck unwillig: „Das hätte man mir telegraphiren ſollen, ich hätte ſofort ſeine Freilaſſung verfügt."

Bei Tiſch und nachher war der Hausherr redſelig und aufgeräumt; er erzählte insbeſondere von Rußland.

Die von Schaper gemachten Meſſungen könnten für Künſtler eigentlich nur in eine Zeichnung eingeſchrieben Werth haben, doch will ich die haupt-ſächlichſten Maaße, auf die es ja doch nur ankommt, hier mittheilen. Der Durchmeſſer des Schädels von der Stirn bis zum Hinterkopf beträgt 0,215 Meter, vom Kinn bis zur hinteren Scheitelhöhe 0,27 Meter, der Durchmeſſer des Schädels in der Vorderanſicht über den Ohren iſt 0,183 Meter; die Länge des Geſichts vom Kinn bis zu den Augenbrauen iſt 0,14 Meter, die Breite des Geſichts, d. h. der Jochbeine, iſt 0,16 Meter.

---

[1]) Der gewiſſenhafte Chroniſt meldet, daß, als Bismarck am 12. März 1883 von Friedrichsruh zurückkehrte, der weiße Vollbart gefallen und nur noch der üppige Schnurr-bart übrig geblieben war.

Außer Schaper hat Bismarck nur sehr vereinzelt noch einem Bildhauer gesessen. Zu den Auserwählten zählt der Professor Begas in Berlin. Herr von Bleichröder war es, der gerne eine Büste Bismarck's von diesem Meister besessen hätte und der demzufolge die Bekanntschaft von Bismarck und Begas vermittelte. Begas wurde zunächst zu einem Frühstück zum Kanzler geladen, an dem noch Professor Schweninger und Professor Knaus theilnahmen. Zu einer Sitzung kam es bei diesem ersten Zusammentreffen nicht. Begas hatte aber immerhin Gelegenheit, sich die Züge des Fürsten Bismarck oberflächlich einzuprägen. Unter Benutzung aller ihm zu Gebote stehenden Hülfsmittel (Photographien, hauptsächlich der Lenbach'schen Portraits) ging Professor Begas nunmehr an seine Arbeit, in der Hoffnung, später noch Gelegenheit zu erhalten, an dem Werke zu verbessern, was der erste Entwurf etwa zu wünschen übrig ließ. Eine Einladung, die Professor Begas bald darauf zu einer parla= mentarischen Soiree erhielt, förderte ihn nicht sehr, obwohl der hohe Hausherr den besten Willen zeigte, ihm dienlich zu sein. Im Laufe des Abends näherte sich nämlich Bismarck dem Künstler, bat denselben, ihn zu begleiten, und führte ihn an einen kleinen Tisch, woselbst er ihn Platz nehmen hieß. Der Fürst selbst setzte sich an einen Nebentisch, umgeben von dem Reichstags=Präsidenten von Levetzow und einer Anzahl anderer Abgeordneter, mit denen er sich in eine zwanglose Unterhaltung einließ. Entscheidend war erst eine spätere Tisch= einladung an Begas im Hause des Kanzlers, die dieselbe offenbar dem gleich= zeitig anwesenden Professor Franz von Lenbach verdankte. Begas hatte seine bereits fertige Büste mitgebracht und genoß das seltene Glück, daß Fürst Bismarck nach Tisch ihm etwa eine halbe Stunde lang saß. Als nach Ver= lauf derselben der Fürst sich die Statue besah, machte derselbe noch eine kleine Ausstellung, die dem Künstler die Gunst zutrug, daß Bismarck noch einmal sich in Positur setzte. Begas, der in fieberhafter Thätigkeit jede Sekunde ausnutzte, war besonders durch das Auge des Fürsten hingerissen. „Nein, dieses Auge — bemerkte er, zu Lenbach gewandt, — sehen Sie nur, wie es über Alles hinwegsicht."

„Sie machen mir da — erwiderte der Kanzler — ein sehr zweifelhaftes Kompliment."

April 1883. Der Geheime Regierungsrath und vortragende Rath im Reichsamt des Innern Bödiker mehrmals bei Bismarck zu Gast. Demselben war im Jahre 1882 während der Erkrankung seines Chefs die Aufgabe zu= gefallen, unter ungünstigen Parteiverhältnissen im Reichstage die damalige Novelle zur Gewerbeordnung zu vertreten, welche bezweckte, die mit dem Ge= werbebetrieb im Umherziehen auf dem Gebiete der öffentlichen Sicherheit, Ord= nung und Sittlichkeit verknüpften Gefahren wirksamer als bisher zu bekämpfen.[1]

---

[1] Der Gesetzentwurf, betr. die Abänderung der Gewerbeordnung (Reichstags=Druck= sache Nr. 5 der II. Legislatur Periode, Session 1882), war dem Reichstage unter dem 27. April 1882 zugegangen.

Bödiker hatte damals im Reichstage sehr zu kämpfen. Er ergriff das Wort bei der **ersten Berathung** am 5. Mai 1882; bei der **zweiten Berathung** am 5. April 1883 (2 Mal), 6. April (2 Mal), 7. April (2 Mal), 9. April (3 Mal), 10. April (4 Mal), 11. April (5 Mal), 12. April (6 Mal), 13. April (3 Mal), 14. April und 2. Mai (je 1 Mal), 4. Mai (2 Mal), 9. Mai (1 Mal); endlich bei der **dritten Berathung** am 28. und 29. Mai (je 2 Mal), 30. Mai (7 Mal), 31. Mai (6 Mal), 1. Juni (4 Mal).

Der Kanzler, welcher die Reichstagsverhandlungen aus den stenographischen Berichten aufmerksam verfolgte, sah den jungen vortragenden Rath in dieser Zeit mehrmals bei sich zu Tisch, um bei der Pfeife über den einzunehmenden Standpunkt mit ihm zu sprechen.

Als die Novelle Gesetzeskraft erlangt hatte, glaubte Bismarck die seltenen Leistungen Bödiker's mit einer besonderen Anerkennung belohnen zu sollen, und beantragte für denselben beim Kaiser den Rothen Adler-Orden. Den betreffenden Immediatbericht zeichnete der Kanzler selbst. Außerdem richtete er an Bödiker das nachfolgende Privatschreiben:

Berlin, den 7. Juni 1883.

In Erwiderung auf Eurer Hochwohlgeboren Schreiben vom 5. d. Mts. kann ich Ihnen nur meinen herzlichen Dank für die Tapferkeit aussprechen, mit der Sie im Reichstage nicht nur Ihre sachliche Aufgabe vertreten, sondern sich auch der abwesenden Mitglieder des Bundesraths angenommen haben. Daß die vollen und halben Gegner Ihnen dafür feindlich sind, ist natürlich und steht mit meiner eigenen langjährigen parlamentarischen Erfahrung in Uebereinstimmung. Ich habe gleich Ihnen die Schwierigkeiten kennen gelernt, welche gebildete und wohlerzogene Leute zu überwinden haben, um die Rohheit unserer parlamentarischen Klopffechter mit dem nöthigen Maß von Geringschätzung entgegenzunehmen, und ihnen die unverdiente Ehre der sittlichen Gleichstellung auch innerlich zu versagen. Die wiederholten und erbitterten Kämpfe, in denen Sie allein im Gefecht standen, werden Sie in dem Gefühl der Verachtung für solche Gegner bestärkt haben, welche weder ehrlich noch achtbar genug sind, um verletzen zu können.

Zu diesem Gewinn tritt der weitere hinzu, daß Sie durch Ihre Tapferkeit alle Freunde der Monarchie für sich gewonnen haben, und so dürfen Sie denn meines Erachtens mit hoher Befriedigung auf Ihre erste parlamentarische Kampagne zurückblicken.

von Bismarck.

31. August 1883. **Salzburg.** Familiendiner bei Bismarck, an welchem der österreichische Minister des Auswärtigen Graf Kalnoky und der Statthalter Graf Thun theilnahmen.

29. November bis 2. Dezember 1883. Staatsminister von Boetticher und die Geheimen Regierungsräthe Bödiker und Gamp Gäste des Fürsten Bismarck

in Friedrichsruh, um die Grundzüge des dem Bundesrath und Reichstag vorzulegenden Entwurfs eines Gesetzes, betreffend die Unfallversicherung der Arbeiter, zu berathen. Ueber die Vorbereitung dieses grundlegenden Gesetzwerkes und die Mitwirkung der beiden obengenannten Geheimräthe ist Folgendes zu bemerken: Mit der Vorbereitung der Gesetzgebung über die Kranken= und Unfall= versicherung war der Geheimrath Bödiker[1]) in den ersten Stadien nicht befaßt. Die Aufgabe war zunächst den Händen des gleichfalls im Reichsamt des Innern beschäftigten Geheimraths Lohmann anvertraut, mit welchem sich Bismarck hinsichtlich der beiden ersten dem Reichstag vorgelegten Unfallgesetzentwürfe zu einigen wußte. Bekanntlich umfaßte der erste Entwurf Unfallversicherung und Krankenversicherung, mit Reichszuschuß und Zentralisirung der gesammten Unfallversicherung in einer Reichs=Versicherungsanstalt. Nach Ausscheidung der Krankenversicherung als selbständiges Gesetz wurde der zweite Entwurf der Unfallversicherung auf genossenschaftliche Basis gestellt, und zwar noch unter Beibehaltung des Reichszuschusses.[2]) Der dritte Entwurf beruhte auf einer berufsgenossenschaftlichen Organisation der gewerblichen Unternehmer, auf Grundlage ausgedehnter Selbstverwaltung und erweiterter Betheiligung der Arbeiter behufs Wahrung ihrer Rechte. Ueber diese dem Reichstag unterm 6. März. 1884 unterbreitete Vorlage[3]) hatte sich Bismarck mit Lohmann nicht mehr einigen können, und doch gingen — bei Lichte betrachtet — ihre Ansichten nicht sehr weit auseinander. Genossenschaften erstrebten sie Beide, nur wollte Lohmann die Last Betriebsgenossenschaften auflegen, Bismarck Berufs= genossenschaften. Lohmann wollte die heterogensten Betriebe, also zum Beispiel den Bäcker und den Schlosser, vorausgesetzt, daß dieselben den gleichen Gefahren ausgesetzt waren, unter einen Hut bringen, während Bismarck gerade in Berufsgenossenschaften die richtige Lösung gefunden zu haben glaubte. Lohmann erklärte diesen Ausweg für unpraktikabel, während Bismarck ihm vorhielt, daß Lohmann's Plan von dem Reichstag zurückgewiesen werden würde. Des Streites müde, ließ Bismarck schließlich den Unterstaatssekretär im Handelsministerium Dr. von Moeller rufen und bedeutete ihm, da Lohmann strike, solle Geheimrath Gamp aus dem Handelsministerium die Arbeit in die Hand nehmen und zunächst die Grundzüge des Entwurfs nach den vom Kanzler gegebenen Direktiven ausarbeiten. So drohte der Schwerpunkt für die Ausarbeitung der ganzen Sozialgesetzgebung sich aus dem Ressort des Reichsamts des Innern in das des preußischen Handelsministeriums zu verflüchtigen.

Diese Entwickelung konnte dem Staatssekretär des Innern nicht gleichgültig sein — genug, eines Tages erhielt Geheimrath Bödiker den Auftrag, sich nun auch seinerseits an die Ausarbeitung von Grundsätzen für die Unfallversicherung auf berufsgenossenschaftlicher Grundlage zu machen. Als

---

[1]) Vergl. oben S. 120.
[2]) Wegen der Einzelheiten vergleiche mein Werk „Fürst Bismarck als Volkswirth", Bd. II, S. 115.
[3]) A. a. O. S. 162.

die Vorarbeiten beiderseits beendet waren, fragte der Staatssekretär des Innern bei Bismarck an, ob er zum entscheidenden Vortrage die beiden Geheimräthe Böhler und Gamp nach Friedrichsruh mitbringen dürfe. Auf eine bejahende Antwort erfolgte die Reise.

Auch Geheimrath Gamp war dem Fürsten Bismarck kein Fremder mehr Er gehörte ursprünglich dem Eisenbahn-Ressort an und verdankte seinen Uebertritt in das Handelsministerium seinem grundlegenden Werke: „Die wirthschaftlich-sozialen Aufgaben unserer Zeit", Berlin 1880. Bismarck entdeckte darin eine Reihe von Anschauungen, die sich mit seinen eigenen deckten. Gamp erhielt darauf in den ersten Tagen des Januar 1882 die Aufforderung, sich beim Fürsten zu melden; er wurde bald darauf von Bismarck zu Tisch geladen, bei welcher Gelegenheit der Kanzler jedoch seines Buches kaum Erwähnung that, dafür aber ihm anbot, in das Ministerium zu treten. Gamp ist darauf mehrfach in persönliche dienstliche Beziehungen zu Bismarck gelangt, worüber das Nähere in meinem Werke „Fürst Bismarck als Volkswirth"[1]) zu finden ist. Unbekannt ist, daß Bismarck bereits zu dem Vater des Geheimraths Gamp Beziehungen hatte, was aus einem bisher unveröffentlichten Briefe des Kanzlers zu ersehen ist, der noch heute sehr viel Wahres enthält und deshalb der Vergessenheit entrissen zu werden verdient. Derselbe ist unterm 13. Mai 1869 an den Rittergutsbesitzer Gamp auf Massaunen in Ostpreußen gerichtet und lautet:

. „Eurer Wohlgeboren danke ich verbindlichst für Ihr gefälliges Schreiben vom 20. v. Mts. Dasselbe beurtheilt die Vorlage der vereinigten Bundesregierungen wegen Erhöhung der Branntweinsteuer[2]) mit größerer Unbefangenheit, als mir bisher entgegen getreten ist. Sie schätzen, gestützt auf eine 37jährige Erfahrung, den Nutzen der Brennerei für Erhöhung des Dungmaterials und des Körner-Ertrages als so ausreichend, daß Sie entschlossen sind, auch nach Erhöhung der Steuer den Brennereibetrieb fortzusetzen, zumal, wenn gleichzeitig ein Petroleumzoll eingeführt wird, durch welchen der Rübsenbau einigen Vortheil erlange. Sie legen dabei mit Recht Werth auf die Vergütung der vollen, auf exportirtem Spiritus ruhenden Steuer. Denn bei einer Waare — wie der Spiritus —, von welcher in Norddeutschland weit mehr erzeugt wird, als der inländische Bedarf beträgt, so daß zirka ein Fünftel der Gesammtproduktion Absatz im Auslande suchen muß, bildet der Export einen sehr wichtigen Faktor für den Preis im Inlande.

Früher wurde die Höhe der Export-Bonifikation durch Ministerial-Reskript regulirt. Sie wurde bei der letzten Erhöhung der Branntweinsteuer

<hr>

[1]) Vergl. daselbst Bd. III, S. 225, 228, 229, 231 ff., 241.

[2]) Gemeint ist der von dem Grafen Bismarck dem Reichstag im Frühjahr 1869 vorgelegte Gesetzentwurf, betreffend die Besteuerung des Branntweins, auf den die Agrarier übel zu sprechen waren, und in Bezug auf den behauptet wurde, Bismarck schlachte die Henne, welche die goldenen Eier legt. Näheres hierüber findet man in dem Werke „Fürst Bismarck als Volkswirth", Band I, Seite 59, und in den „Aktenstücken" Band I, Seite 128 und 129.

von zwei auf drei Silbergroschen pro 20 Quart Maischraum, nicht um fünfzig Prozent, sondern nur von acht Pfennig auf zehn Pfennig für das Quart Branntwein und nachträglich — auf lebhafte Beschwerde der Landwirthe — auf den jetzigen, im Bundesgesetz vom 8. Juli v. Js. § 5 beibehaltenen Satz von elf Pfennig für das Quart Branntwein gesteigert. Während unter diesen Umständen bisher der norddeutsche Spiritus im Welthandel nicht völlig un= belastet und gesichert war, will der vorgelegte Gesetzentwurf das Prinzip der vollen Ausfuhrvergütung annehmen und deren Gewährung gesetzlich fest= stellen. Sobald bestehende Staatsverträge nicht mehr daran hindern, wird mein Bemühen dahin gerichtet sein, auch einen Ersatz des Aufwandes, welcher der Spiritusfabrikation durch die Steuerkontrole und die dazu nöthigen Ein= richtungen erwächst, neben der vollen Erstattung der gezahlten Steuer für den exportirten Spiritus, herbeizuführen. Es ist unbestreitbar, daß dadurch die Konkurrenzfähigkeit des norddeutschen Spiritus auf dem Weltmarkt erhöht, die Ausfuhr gesteigert, der inländische Markt also von der bestehenden Ueber= produktion mehr als bisher entlastet werden muß, und es läßt sich mit Wahr= scheinlichkeit schließen, daß demnach die vorgeschlagene Maßregel eine Steige= rung des Verbrauchs von norddeutschem Spiritus im Auslande zur Folge haben wird. Es freut mich, aus Eurer Wohlgeboren Schreiben zu ersehen, daß ein erfahrener Fachmann bei ruhiger Betrachtung die Finanzpolitik, welche die Regierung in dieser Lebensfrage für das Brennereigewerbe jetzt einschlagen will, als die richtige erkannt hat."

Im Laufe des Vortrages, welcher dem Kanzler in Friedrichsruh über die Organisation der Unfallversicherung erstattet wurde, entschied Bismarck alle einzelnen Fragen mit unglaublicher Sicherheit und unter Eröffnung der weitesten Gesichtspunkte für die Regelung der ganzen Sozialgesetzgebung.

Nachdem die Grundzüge in allen Punkten festgestellt waren, verabschiedete sich Geheimrath Gamp von Bismarck, wogegen Geheimrath Bödiker mit seinem Chef noch einen zweiten Tag in Friedrichsruh verweilte. Galt es doch, dem Fürsten noch fernere Vorträge zu erstatten, insbesondere über den Gesetzentwurf, betreffend den Feingehalt der Gold= und Silberwaaren, welcher im Reichstag bei der erstmaligen Vorlage nicht zur Erledigung gelangt war. Der Kanzler bestimmte die Wiedervorlage dieses Entwurfs an den Reichstag. Die Vertretung desselben, der dieses Mal zur Annahme seitens des Reichstags gelangte, oblag ausschließlich dem Geheimrath Bödiker.

28. Februar 1884. Friedrichsruh. Fürst Bismarck sieht die beiden Delegirten des Generalcomitees der landschaftlichen Vereine in Bayern, Grafen von Lerchenfeld und Professor May, welche den Sitzungen des deutschen Land= wirthschaftsraths in Berlin beigewohnt hatten, bei sich zu Gast. Gegenstand der Besprechung war die Erhöhung der Getreidezölle.

8. Juni 1884. Zur Tafel bei dem Kaiser, zu welcher auch die Mitglieder der Gesandtschaft der Transvaal-Republik geladen waren, welche aus dem Präsidenten Krüger und den Herren Dutoit und Smit bestand. Interessant war es, wie schnell Fürst Bismarck und die Transvaaler sich sprachlich verständigten. Zuerst wollte der Reichskanzler bei dem vorher stattgehabten Empfang der Deputation durch den Kaiser sich des Englischen bedienen, welches den Herren geläufig war. Als er aber bei der Ansprache Krüger's den afrikanisch-holländischen Dialekt der Herren vernahm, und ihn — ziemlich gut verstand, faßte der Reichskanzler sich kurz und redete die südafrikanischen Gäste einfach im pommerschen Platt an. Einen Augenblick gab es allgemeines Verdutztsein. Den Herren von Transvaal war es denn doch überraschend, daß der deutsche Kanzler Alles könne, anscheinend sogar „afrikaanderisch" sprechen. Im nächsten Augenblick waren sie aber doppelt herzlich erfreut, als sich herausstellte, daß in der That das Plattdeutsch, welches der Kanzler gebrauchte, ihrer Heimathsprache so ähnelte, daß eine gegenseitige Unterhaltung mit einiger Nachhülfe englischer Brocken ganz gut möglich war. Infolge dessen war das Gespräch bei dem Galadiner im Kaiserlichen Palais zwischen ihnen und dem Fürsten Bismarck ein ganz flottes, und die Folge des ungezwungenen Verkehrs war, daß der Reichskanzler die Transvaaler so vollständig für sich einnahm, wie er nur irgend wünschen konnte.

10. Juni 1884. Diner, an welchem der Kaiser und unter Anderem der General von Caprivi theilnahm.

15. September 1884. Skierniewicze. Theilnahme an dem Diner aus Anlaß der Zusammenkunft der Kaiser von Deutschland, Oesterreich und Rußland. Nach dem Diner unterhielt die Kaiserin von Rußland sich mit Bismarck. Als dabei ihr Blick auf die in gemeinsamer Unterhaltung zusammenstehenden drei Kaiser fiel, bemerkte sie zu dem Fürsten in bewegtem Tone: „Wie glücklich bin ich über dieses Zusammenstehen der drei Fürsten, es hätte schon längst geschehen sein müssen und sollte immer so bleiben." Der Reichskanzler antwortete darauf: „Eure Majestät dürfen überzeugt sein, daß es meine Lebensaufgabe ist, diesem Wunsche Erfüllung zu sichern; und sollte dies einmal durch unabwendbare Verhältnisse nicht möglich sein, dann wird mich die Neugestaltung nicht mehr als Minister sehen."

Ungefähr 10. Oktober 1884. Friedrichsruh. Familiendiner, an welchem der bekannte Händelbiograph Dr. Chrysander aus Bergedorf theilnahm.

Anknüpfend an die bekannten Vorgänge in Hamburg, wo Herrn Woermann die Frage vorgelegt wurde, wie er sich im Reichstag, wenn das Aufhören der staatlichen Selbständigkeit Hamburgs zur Sprache käme, stellen würde, äußerte sich der Reichskanzler wie folgt:

„Ich möchte nur wissen, wer denn die Selbständigkeit Hamburgs als unabhängigen Theil des Reichs eigentlich antasten soll? Das Reich doch gewiß nicht, denn diesem ist an einer selbständigen Stellung der Seehandelsstädte, besonders Hamburgs, gerade am meisten gelegen. Schade, daß wir nicht noch mehr davon haben, sechs solche freie Städte im Bunde würden ein Segen sein. Wenn nun die vorhandenen gar noch aufhörten, so bliebe nichts mehr, als die größeren Preußen, Bayern u. s. w., und da würden die Bundesraths-Verhandlungen erst recht schwierig werden."

Der Fürst setzte dieses noch im Einzelnen auseinander und schloß mit den sehr nachdrücklich betonten Worten:

„Die kleineren Staaten im Bunde sind der Mörtel für die übrigen."

19. Januar 1885. Diner zu Ehren der westafrikanischen Konferenz;[1] auch die Fürstin war zugegen, welche den italienischen und den österreichischen Botschafter zu Nachbarn hatte; ihr gegenüber saß der Reichskanzler zwischen Saïd Pascha und Baron de Courcel, mit welch letzterem er eine sehr lebhafte Konversation unterhielt.

Der Fürst war in heiterer Stimmung und plauderte rückhaltlos, ohne jedoch die schwebenden politischen Fragen direkt zu berühren. Nach Tische, als er im Kreise seiner Gäste und zu nicht geringer Verwunderung einiger derselben eine lange Pfeife rauchte, während sonst Cigarren angeboten waren, fragte er, als er die Gesandten Portugals und Belgiens in eifrigem Gespräche sah: „Wann werden Sie zu einer Verständigung kommen? Ich wünsche nur Handels-freiheit am Kongo, und es soll mir gleichgültig sein, von welchem die Oberhoheit beanspruchenden Staate ich sie erhalte."

27. März 1885. Der berühmte Göttinger Rechtslehrer, Geheimer Regierungsrath Professor Dr. Rudolph von Ihering drei Stunden bei Bismarck zu Gast. Ueber dieses denkwürdige Zusammentreffen liegen Aufzeichnungen Ihering's vor, denen ich nachstehenden Abschnitt[2] entnehme.

---

[1] Zu demselben hatten Einladungen erhalten: die Botschafter Graf Széchényi, Graf de Launan, Baron de Courcel, Sir Malet und Saïd Pascha mit seinem Botschaftsrath Chan Bagdadian, ferner die Mitglieder der Kongokonferenz: Graf Benomar, de Bind, Marquis de Penafiel, Graf Kapnist, Baron Lambremont, van der Straaten, Mr. Kasson, Baron von Bildt, van der Hoven, Mr. Sanford, Mr. Stanley, Herr Woermann, die Geheimen Legationsräthe von Kusserow und Busch, die Grafen Herbert und Wilhelm von Bismark, Mr. de Serpa, sowie die einzelnen Räthe der Botschafter, im Ganzen ungefähr 40 Personen.

[2] Der Schriftsteller Karl Emil Franzos hat denselben in der Zeitschrift „Deutsche Dichtung", XIII. Bd. 2. Heft Oktober 1892, S. 47 ff. veröffentlicht. Karl Franzos stand bereits seit dem Jahre 1881 mit Ihering in brieflichem Verkehr. Im Jahre 1886 lernte derselbe Ihering in Wien persönlich kennen, und bei dieser Gelegenheit gestattete er Franzos, den theilweisen Abdruck jener Aufzeichnung. Franzos selbst schreibt darüber: „Er hatte sie für seine Freunde niedergeschrieben, an den Druck dachte er nicht: Als ich ihn fragte, ob er sie mir nicht als Beitrag für eine damals von mir herausgegebene Zeitschrift überlassen wolle, sagte er: „Nach meinem Tode sollen Sie drucken dürfen, was für weitere Kreise gehört." Dann wollten wir erst in dreißig Jahren darüber verhandeln, erwiderte ich . . Er aber ließ sich sofort das Manuskript reichen und bezeichnete die Stellen."

Ich wurde am 27. März 1885[1]) vom Fürsten Bismarck in Berlin em=
pfangen; ich war als Dekan der Juristen=Fakultät (von Göttingen) beauftragt,
ihm anläßlich seines 70. Geburtstages unser Doktor=Diplom zu überreichen.
Der Fürst lud mich zum Diner ein.

Ich erlaubte mir, Bismarck bei dieser Gelegenheit auf seine Studienzeit
in Göttingen zu bringen und ihn nach seinen Lehrern zu fragen.

Von Letzteren, sagte er, habe er wenig gehabt; sie hätten ihm kein Inter=
esse für die Jurisprudenz abzugewinnen vermocht, nur der Historiker Heeren
hätte ihn angeregt. Mit der Arbeit sei es in Göttingen nicht viel geworden,
insbesondere seien die Ferien, die der Student damals noch auf der Univer=
sität zuzubringen pflegte, von ihm und seinen Bekannten fast nur dem Karten=
spiel und Trinken gewidmet gewesen. Es sei ein arges Leben gewesen, das
er dort — bekanntlich als Korpsbursche — geführt habe.

Mit den Pedellen scheint er in nähere Berührung gekommen zu sein, als
mit seinen Lehrern. Eines derselben erinnerte er sich noch sehr genau und
nannte ihn mit Namen. Von seinen Lehrern nannte er nur Hugo und den
Privatdozenten Valett, bei dem er Pandekten gehört hatte, die übrigen schienen
ihm entfallen zu sein.

Mit Humor gedachte er noch des kalten Bades, das er nicht selten, wenn
er des Nachts von der Kneipe in sein am Wall, neben der dort kanalisirten
Leine gelegenes Haus zurückgekehrt sei, in der Leine, um sich abzukühlen, ge=
nommen hat. Dieses Haus steht noch jetzt und ist zur Erinnerung an Bis=
marck mit einer Marmortafel versehen. Es ist ein Gartenhaus, aus einem
einzigen Zimmer bestehend; Bismarck war also der einzige Bewohner desselben
und mußte den Hausthorschlüssel stets mit sich führen; kein Hauswirth be=
aufsichtigte sein Kommen und Gehen, er war völlig unabhängig.

Bei seiner Entfernung von Göttingen ward ihm eine Karzerstrafe zudiktirt
die er in Berlin, wohin er von dort ging, abzubüßen hatte. Bei dem großen
Studenten=Kommers, der am Vorabend der Bismarckfeier stattfand und an dem
sich Deputationen von Studirenden aller deutschen Universitäten betheiligten,
benutzte der Rektor der Universität Berlin, Professor Dernburg, diesen Umstand,
in launiger Weise, um das Verhalten von Göttingen von Einst und Jetzt in
ein grelles Licht zu setzen. „Damals — sagte er — hat man Bismarck einen
Haftbefehl nachgeschickt und jetzt sendet man ihm den Doktor juris."

Der Bericht Bismarcks über seine Berliner Studentenzeit berührte auch
den berühmten Rechtsgelehrten Herrn von Savigny.

„Ich habe — sagte Bismarck — ihn nur zwei Mal im Kolleg gesehen
aber oft im Hause".[2])

---

[1]) In dem Aufsatz von Franzos steht fälschlich der 25. März 1885. Auch im Uebrigen
habe ich geglaubt, den Text so festzustellen zu sollen, wie er meines Wissens unanfechtbar ist.
[2]) Graf Beust erzählt in seinem Memoirenwerke „Aus drei Vierteljahrhunderten".
Bd. I, S. 50, er habe Bismarck zum ersten Mal im Hause des Herrn Savigny kennen
gelernt.

Bismarck kam dann auch auf die Eitelkeit des Gelehrten zu sprechen und bediente sich hierbei eines ungemein drastischen Ausdrucks.

Die Ueberreichung des Diploms fand nach Tisch beim Kaffee statt. Ich erbat mir die Erlaubniß, die Bismarck betreffenden Stellen vorzulesen. Als ich geendet hatte, sagte er lächelnd:

„Da sehe ich einmal, was ich für'n Mann bin."

Als ich mich verabschiedete, nahm er noch einmal auf die ihm verliehene neue Würde Bezug, indem er scherzhaft zu mir sagte:

„Ich kann Sie ja fortan als Herr Kollege begrüßen!"

Worauf ich erwiderte: „Ich bedaure nur, daß dies nicht auch meiner= seits geschehen kann."

Wenige Tage darauf nahm er Veranlassung, öffentlich der neuen Würde zu gedenken. Es geschah bei Gelegenheit des 60. Doktor=Jubiläums Rankes, dem er als dem Altmeister der Gelehrtenzunft als „neucreirter Göttinger Doktor" seine Gratulation abstattete. Später folgte auch ein spezielles Dank= schreiben an unsere Fakultät.

31. März 1885. Friedrichsruh. Diner zur Vorfeier des Geburtstages des Fürsten Bismarck, zu dem 40 Personen Einladungen erhalten hatten. Es waren zugegen die Offizierkorps vom Magdeburgischen Kürassier=Regiment Nr. 7, die beiden Bataillonskommandeure und Adjutanten der beiden Land= wehrbataillone Stendal und Burg des 1. Magdeburgischen Landwehr=Regi= ments Nr. 26. Das Offizierkorps des Magdeburgischen Kürassier=Regiments überreichte vor der Tafel dem Fürsten einen Ehrenpallasch.

Den Toast auf Seine Majestät brachte der Reichskanzler aus, den Toast auf den Fürsten der Kommandeur des Magdeburgischen Kürassier=Regiments, Oberstlieutenant v. d. Osten. Darauf toastete Fürst Bismarck noch einmal auf das unerschütterliche Fußvolk und die unaufhaltsame Reiterei seiner Heimath. Die Regimentsmusik der Magdeburger Kürassiere spielte bei der Tafel.[1]

1. April 1885. Frühschoppen im Kanzler=Palais nach Erledigung der verschiedenen offiziellen Begrüßungen.

Im Verlaufe der „Morgensprache" wurde von der Studentenschaft ein Salamander auf den Fürsten gerieben. Der überströmenden Begeisterung der Musensöhne fiel beim „Exercitium salamandri" manch ein Glas zum Opfer, aber gebrochene Gläser bedeuten Glück im Volksmunde. Staatsminister von Mittnacht toastete auf die Fürstin. Studiosus von Zedlitz brachte ein Hoch

---

[1] Das Menu des Diners war folgendes: Les Huitres. — Le Consommé à la Sé= vigné. — Les Bouchées à la St. Hubert. — Les Sandres à la Hollandaise. — Les Selles de rennes, Sauce poivrade. — Les Cailles en chaufroix. — Les Soufflés à l'Impératrice. — Les Poulardes rôties. — Les Bécasses rôties. Les Salades, les compotes. — Les As= perges en branches. Les Selleries à l'Espagnole. — Les Savarins à la Montmorency. — Les Plombières Prince Pückler. — Dessert.

auf den Reichskanzler, dem die Jugend ein größeres Verständniß für die großen Thaten von 1864, 1866 und 1870 entgegentrage, als die ältere Generation, dem die Jugend selbstzeit vertraue und folge, auch wenn sie den großen Ideen des erhabenen Staatsmannes nicht gleich bis zu ihren Zielen zu folgen vermöge. Fürst Bismarck trank darauf das Wohl der Jugend, welche ihre Vertreter hierher entsandt habe, als lebendige Zeugen der Generationen, auf welchen die Zukunft des Reichs beruhe.

Anfangs April 1885. Einem Tischgast gegenüber äußerte Bismarck: „Der Hauptgrund, der für die Einführung des Tabackmonopols spreche, sei der unverhältnißmäßige Gewinn, den der Zwischenhändler (Detaillist) beim Tabacks= geschäft mache. Aehnlich verhalte es sich beim Branntweinverkauf. „In Varzin löst der dortige Krugwirth aus dem Liter Branntwein, das er bei mir für 20 Pfennig bezieht, im Detailverkauf 80 Pfennig, in Berlin wird es mit 1 Mark 60 Pfennig, und wenn noch ein paar Tropfen irgend einer höchst billigen Essenz hinzugethan werden, mit 3 Mark 20 Pfennig verwerthet."

7. Mai 1885. Der Fürst hatte am Jahrestage des Blind'schen Attentats einen Gast zu Tische, der sich durch große Körperfülle auszeichnete, und eben deshalb das medizinische Interesse des Kanzlers, oder besser gesagt, seine Theil= nahme erweckte. „Noch so jung, und schon so stark," bemerkte der Kanzler, der sich eingehend erkundigte, ob das Körpergewicht dem Träger denn nicht lästig falle. „Wie viel Pfund wiegen Sie? Darf ich fragen wie alt Sie sind?" — „37 Jahr." — „Das ist viel zu viel für Sie", und auf den anwesenden Professor Dr. Schweninger deutend, „gehen Sie zu dem da und lassen Sie sich erleichtern!"

Nach Tisch begannen die Jüngeren zu tanzen, der Fürst hatte an diesem Tage sein obligates Militär=Konzert. Mit einem Male umfaßte der fürstliche Hausherr seine Gemahlin, um sich am Tanze zu betheiligen; die beiden an= wesenden Reichshunde aber konnten sich über den ihnen gebotenen ungewohnten Anblick gar nicht beruhigen, sie wähnten wohl gar, ihr Herr sei im Handgemenge, und es kostete nicht wenig Mühe, die Thiere von dem Losstürzen zurückzuhalten.

Da ich nun wiederum bei dem Kapitel des „Hundes" angekommen bin, so will ich noch eine andere kurzweilige Geschichte erzählen, welche sich um das Jahr 1880 zugetragen hat. Zu dieser Zeit besaß die Gräfin Rantzau ein allerliebstes weißes Hündchen, welches der „Reichshund" eines Tages überfiel und verletzte. Der Vorgang versetzte Bismarck in große Aufregung, wovon Lenbach und der Minister eines fremden Staates — dem ich die Erzählung verdanke — Zeuge wurde. Beide waren zur selben Stunde erschienen; Lenbach, als Vertrauter des Hauses, wurde in das Vorzimmer des Kanzlers geführt, der Diplomat in den nebenan befindlichen Empfangssalon. Plötzlich öffnet sich die Thür von Bismarck's Arbeitszimmer, derselbe tritt mit einer Reitpeitsche in der Hand heraus, durchschreitet das Vorzimmer nach flüchtiger

Begrüßung Lenbach's, begiebt sich in den Empfangssälen, versucht vergeblich zu sprechen und kehrt wieder zu Lenbach zurück. Hier findet Bismarck endlich wieder Worte und theilt dem Meister mit, er habe eben den „Reichsbund" ge= züchtigt, so lange er den Arm zu heben im Stande gewesen wäre, die Aufregung und körperliche Anstrengung habe ihn aber vollständig der Sprache beraubt. Er malte sich sodann den Schrecken und die Verwunderung des im Empfangs= salon befindlichen Diplomaten aus, als dieser ihn mit der Reitpeitsche in der Hand durch die Thür hervortreten, mit dem Worte ringen und sich dann wieder nach den Wohnräumen zurückziehen sah. Derselbe wurde dann auf den anderen Tag zur Audienz gebeten. Bismarck aber scherzte und meinte, dem schade es nicht, es wäre ein „Rother".

12. November 1885. Friedrichsruh. Familiendiner, an welchem Graf und Gräfin Rantzau und die zur Ueberreichung des Ehrenbürgerbriefes der Stadt Osnabrück eingetroffenen Herren Oberbürgermeister Brüning und Kron= anwalt a. D. Wolter theilnahmen.

Oberbürgermeister Brüning führte die Frau Fürstin, Kronanwalt Wolter die Gräfin Rantzau zu Tisch und nahmen die Plätze rechts und links vom Fürsten ein. Nach Tisch fand die Uebergabe des Ehrenbürgerbriefes und der ihn verwahrenden geschnitzten Eichenholztruhe statt. Beide Stücke fanden bei dem Fürsten Bismarck großen Beifall und wurden von ihm, wie von seiner Familie in allen Einzelheiten eingehend besichtigt und anerkannt. Besonders wurde hervorgehoben, daß die Idee, den Ehrenbürgerbrief in einer geschnitzten Truhe zu verwahren, eine sehr gute, und ihre Verwirklichung um so mehr von Interesse sei, als das Eichenholz von einer historischen Stätte herstamme. Die meisten dem Fürsten Bismarck gewidmeten Ehrenbürgerbriefe sind, wie die Fürstin erwähnte, in Mappen verwahrt. Die Stunden nach Tisch bis zu dem Abends gegen zehn Uhr nach Hamburg zurückfahrenden Zuge verliefen in derselben an= regenden Weise, wie die Mittagstafel. Der Fürst sah wohl aus, war aufgeräumt und erzählte manche interessante Episode aus seinem Leben. Dabei wurde in der Unterhaltung die Politik selten gestreift, wohl aber wurden Ansichten über Steuern und Zölle ausgetauscht, auch die Verhältnisse der Industrie der Osnabrücker Gegend berührt.

Fürst Bismarck beauftragte die Deputation, den städtischen Kollegien und der gesammten Osnabrücker Bürgerschaft — aus ihr lief auch während der Mittagstafel ein von vielen Bürgern unterzeichnetes Begrüßungstelegramm bei dem Fürsten ein — für die ihm gewordene Ehrenbezeugung seinen herzlichsten Dank zu sagen. „Vergessen Sie nicht, meinen herzlichsten Dank meinen Mitbürgern in Osnabrück zu melden" waren noch ein Mal bei dem Abschiede seine Worte.

4. Februar 1886. Familiendiner. Der Fürst äußerte hierbei, die Theilnahme an den Verhandlungen des Staatsraths würde den Betheiligten bereits lästig. [*)]

---

*) Die „Post" bemerkte dazu, daß die Schwierigkeiten für den Zusammentritt des Staatsraths nicht, wie die Presse gemeint habe, durch die Betheiligung der auswärtigen

10. Mai 1886. Der Fürst ist bei Tisch in besonders guter Stimmung, weil er Großvater geworden war. Im Laufe des Tages hatte Graf Wilhelm, damals Landrath in Hanau, dem Vater das frohe Familienereigniß mit folgender Redewendung mitgetheilt: „Bin Vater geworden, leider ist es nur ein Mädchen." Indessen der Kanzler wußte Trost und beglückwünschte den Sohn mit dem Zusatze: „Tröste Dich, Marie war auch nur ein Mädchen." Es war eine feine Anspielung auf die Erstgeborene des Kanzlers, die nachmalige Gräfin Rantzau, der bald zwei Söhne folgen sollten.

12. Juli 1886. Kissingen. Die bayerischen Minister von Lutz und von Crailsheim werden auf dem Bahnhof in Kissingen von dem Geheimrath Dr. Rottenburg empfangen und zum Fürsten Bismarck geleitet, bei dem sie speisen.

22. Juli 1886. Kissingen. Nachmittags 4 Uhr. Fürst Bismarck holt den zum Besuch eingetroffenen österreichischen Ministerpräsidenten Grafen Kalnoky zum Diner ab.

1. August 1886. München. Mit Gemahlin zum Diner bei dem Prinz-Regenten von Bayern. Außerdem waren geladen: der preußische Gesandte Graf Werthern, die Minister von Lutz und von Crailsheim, der General-Adjutant General von Freyschlag, der Flügel-Adjutant von Lerchenfeld und Geheimrath Dr. Rottenburg.

4. August 1886. Gastein. Mit Gemahlin bei dem zu Ehren der Kaiserin von Oesterreich vom deutschen Kaiser veranstalteten Diner. Fürst Bismarck saß zur Linken der Kaiserin.

7. August 1886. Gastein. Zum Diner beim Kaiser.

25. August 1886. Franzensbad. Mit der Fürstin zum Diner in der Königsvilla bei dem russischen Minister des Auswärtigen von Giers.

Außerdem waren zugegen: der russische Botschafter in London von Staal, der russische Botschafter in Paris von Mohrenheim, sowie die russischen Gesandten in Kopenhagen und in Washington Graf Toll und von Struwe.

Mitglieder entständen. Die Aeußerung „zielte vielmehr nach einer ganz anderen Stelle". Welche Stelle dies war, darüber ließ die „Post" keinen Zweifel, indem sie auf die Wichtigkeit hinwies, „daß sie in dem Staatsrath liegende Möglichkeit, den Thronerben an den Geschäften des Staats in leitender Stellung zu betheiligen, nicht unbenutzt bleibt". „Denn die Nichtbetheiligung führt naturgemäß zunächst zur Entfremdung gegenüber den leitenden Gesichtspunkten der Regierungspolitik und ihren Trägern und in Konsequenz davon alsdann nur zu leicht zum Gegensatze gegen beide. Die Geschichte der meisten Länder, insbesondere auch Preußens, weist zahlreiche Beispiele eines zumeist auf diese Ursache zurückzuführenden Gegensatzes zwischen dem gegenwärtigen und dem zukünftigen Regiment auf." Fortschrittliche Stimmen schlossen aus dem Artikel der „Post", daß „der betreffenden Stelle" die Thätigkeit im Staatsrath insoweit lästig geworden sei, als sie sich auf das Branntweinmonopol beziehen sollte.

Nach dem Diner veranstaltete die Franzensbader Kurkapelle eine Sere=
nade, welche die Familie Giers, das Fürstenpaar Bismarck und sämmtliche
anwesenden Diplomaten von einem großen Balkon der Königsvilla anhörten.
Fürst Bismarck schien in der rosigsten Laune zu sein und rauchte eine Ciga=
rette, während die Kapelle „Heil Dir im Siegeskranz" und die russische
Volkshymne spielte. Hierauf ließ er den Musikdirektor Tomaschek zu sich
bitten, dankte ihm für das Vergnügen und erklärte, in keinem Kurorte eine
ähnlich gute Musik gehört zu haben. Nur wünsche er noch die österreichische
Volkshymne zu hören; als dieselbe gespielt wurde, erhob sich die ganze Ver=
sammlung auf dem Balkon und die zahlreichen Anwesenden brachen in Jubel
aus. Bismarck dankte wiederholt dem Direktor Tomaschek bei seiner Abfahrt
nach dem Hotel Hübner.

26. August 1886. Frühstück in Franzensbad. Nach demselben traten
Bismarck und Giers auf den Balkon des Hotels und wurden von den zahl=
reich versammelten Kurgästen von Franzensbad enthusiastisch begrüßt. „Das
gilt Ihnen, Durchlaucht," bemerkte der russische Minister zum Reichskanzler.
„Nein — erwiderte Bismarck — das gilt unserer Allianz." Der Fürst befand
sich damals in Franzensbad in köstlicher Laune, die zahlreichen Ovationen,
welche ihm auf der Reise durch Bayern auf dem Wege nach Gastein und
zurück zu Theil geworden waren, hatten ihn angenehm berührt. Auf dem
Wege zur Eisenbahn, die Bismarck Nachmittags um zweieinhalb Uhr nach
Berlin führte, trugen Bismarck und sämmtliche russische Herren Kornblumen
im Knopfloch. — Im Hotel Hübner schlief er mit zwei Revolvern neben
seinem Bette. Da ich an beiden Tagen auch in Franzensbad verweilte, so
habe ich darüber noch Manches aufgezeichnet, was in den Rahmen dieses
Buches nicht recht passen will, darum für eine andere Gelegenheit aufgespart
bleiben soll.

9. Februar 1887. Diner zu Ehren des japanischen Marineministers
Grafen Saigo, an welchem theilnahmen: Kapitän zur See Shibajama,
Herr Komatsubara, Graf Anenokosi, Graf zu Eulenburg, der Staatsminister
Dr. Lucius, Admiral von der Goltz, Graf Berchem, die Geheimen Legations=
räthe Lindau und Krauel, Geheimer Ober=Regierungsrath Dr. Rottenburg,
Kapitän zur See Köster, Legationsrath Raschdau, der japanische Legations=
Sekretär Matsuno=ke=Jnouve und Konsul von Mohl.

22. März 1887. Diplomatisches Diner zur Feier des neunzigsten Ge=
burtstages des Kaisers. Dasselbe vereinigte im Kongreßsaale zwischen fünfzig
bis sechzig Personen. Von Damen war nur die Fürstin von Bismarck und
die Gräfin zu Rantzau anwesend. Die Plätze hatte man, altem Brauche ge=
mäß, so vertheilt, daß Fürst und Fürstin Bismarck einander gegenüber
saßen, ihnen zur Seite die Botschafter nach dem Alter ihrer Beglaubi=
gung am hiesigen Hofe; an sie reihten sich die Vertreter anderer fremder

sowie deutscher Staaten. Den Toast auf den Kaiser brachte der Doyen des diplomatischen Korps, der italienische Botschafter Graf de Launay, aus, darauf erwiderte der Reichskanzler mit einem Toast auf die Fürsten und Staaten, deren Vertreter anwesend waren.

1. April 1887. Professor Franz von Lenbach zur Tafel gezogen. Derselbe war nur zu dem einen Zwecke von Rom nach Berlin gereist, um die Feier des Geburtstages Bismarck's mitmachen zu können.

Der Tag brachte wie jedes Jahr eine Fülle von Beweisen der Verehrung und Theilnahme, welche aus allen Welttheilen zusammengeströmt waren. Blumenspenden in großer Anzahl, auch von außerhalb, schmückten die Empfangsräume; an 600 Telegramme, unter denen sich Gratulationen von vielen Souveränen und regierenden Fürsten befanden, waren eingelaufen.

Sommer 1887. Friedrichsruh. Familiendiner, zu dem der Fabrikant Max Krause hinzugezogen wurde.

Derselbe überbrachte dem Fürsten den auf Beschluß einer Anzahl von Papier-Fachmännern hergestellten Schreibschrank, welcher ursprünglich dazu bestimmt war, dem Reichskanzler zu seinem siebzigsten Geburtstage am 1. April 1885 den Dank und die Anerkennung der Papier-Industrie auszudrücken.

19. Juli 1887. Varzin. Frühstück, an welchem das Offizierkorps des 5. Husaren-Regiments aus Stolp in Pommern theilnahm. Die Offiziere hatten einen zweitägigen Distanceritt unternommen, welcher sie auch nach Varzin führte. Man ließ fragen, ob der Fürst geneigt sei, die Herren zu empfangen, und erhielt als Antwort eine freundliche Einladung zum Frühstück, wobei der Reichskanzler in liebenswürdiger Weise den Wirth machte. Der Fürst trank bei dem Frühstück keinen Wein, nur als der Sekt gereicht wurde, leerte er ein Glas zu Ehren der pommerschen Husarenoffiziere.[1]

23. September 1887. Friedrichsruh. Diner zur Feier des 25jährigen Minister-Jubiläums des Fürsten Bismarck, an welchem die Prinzen Wilhelm und Heinrich, welche Nachmittags viereinhalb Uhr in Friedrichsruh eingetroffen waren, und Andere theilnahmen.

Von einer offiziellen Feier war abgesehen worden, da fünfundzwanzigjährige Dienstjubiläen gewöhnlich nicht amtlich begangen werden. Der Reichskanzler saß bis gegen Mittag an seinem Schreibtische, die laufenden Geschäfte erledigend, als sei der Jubiläumstag ein Wochentag wie jeder andere. Den

---

[1] 6. September 1887. Während des Diners in Kissingen brachte das Musikkorps des 9. bayerischen Infanterie-Regiments "Wrede" unter Leitung seines Kapellmeisters Schreck eine Serenade. Während derselben kam Bismarck zur Kapelle herab, gratulirte dem Kapellmeister zu der ausgezeichneten Schulung seiner Kapelle und ließ die beiden Aeltesten der Spielleute antreten, mit denen er sich in der leutseligsten Weise unterhielt.

Wünschen des Kanzlers entsprechend, war dessen Ruhe durch keinerlei Ovation gestört, sondern jede festliche Kundgebung auf den Spätnachmittag, wo Prinz Wilhelm und andere hohe Gäste erwartet wurden, aufgespart werden.

Nach dem Diner unternahm Prinz Wilhelm mit dem Fürsten Bismarck und Prinz Heinrich mit dem Grafen Herbert Bismarck eine Fahrt durch den Wald, von welcher sie gegen sechseinhalb Uhr zurückkehrten.

Was die Stimmung verdarb, waren die Nachrichten über das Befinden des damaligen Kronprinzen, späteren Kaisers Friedrich. Der Umstand, daß derselbe auf seiner Reise von England über Frankfurt nach Toblach Berlin nicht berührt hatte, schmerzte und verdroß. Mackenzie wurde nicht glimpflich besprochen, zumal sein Ritterschlag in Balmoral vom 8. September. Der Pessimismus herrschte vor.

1. Oktober 1887. Friedrichsruh. Abendessen, an welchem der zum Besuch eingetroffene italienische Ministerpräsident und Minister des Auswärtigen Crispi mit seinen Sekretären sowie Graf Herbert Bismarck, Geheimer Ober-Regierungsrath Dr. von Rottenburg und Dr. Schweninger theilnahmen.

Crispi, welcher der Fürstin Bismarck den Arm geboten hatte, nahm zwischen dieser und dem Fürsten Platz.

Ein Begleiter Crispi's berichtet darüber:[1] Die Unterhaltung wurde bald lebhaft. Bismarck schien sich wohl zu befinden und war vorzüglich angelegt. Die Fürstin, etwas leidend, nahm aber trotzdem theil an der Unterhaltung.

Der Kanzler und der Minister sprachen zunächst von ihrer letzten Begegnung in Gastein 1877. Crispi war damals Präsident der Deputirtenkammer und einer der hervorragendsten Männer der Linken, die im Jahre zuvor an das Ruder gekommen war. Er hatte bei dieser Gelegenheit das Portefeuille, welches ihm Depretis angeboten, zurückgewiesen und vielleicht das schon einmal erwähnte Wort wiederholt: „Ich heiße: Morgen."

Die beiden Staatsmänner wechselten einige melancholische Betrachtungen über den allzu schnellen Lauf der Jahre. „Sie gut ausfüllen — sagte der Fürst — ist die Hauptsache." Nach einer Erkundigung nach dem Befinden des italienischen Königspaares fragte er: „Und General Cucchi, wie geht es ihm?"[2]

Crispi berichtigte den seinem Freunde gegebenen Titel General, da derselbe zwar ein heldenhafter Soldat gewesen, aber auf der militärischen Stufenleiter nie so hoch gestiegen war. Er fügte hinzu, Cucchi würde sich vortrefflich

---

[1] „Deutsche Revue", XIX. April-Heft.

[2] Bismarck meinte den Abgeordneten, heutigen Senator Francesco Cucchi, einen der tapferen Waffengefährten Garibaldi's und Crispi's beim Feldzuge der Tausend. Er hatte ihn 1870/71 während des Krieges in Frankreich kennen gelernt, dessen Verlauf Cucchi als Attachee beim deutschen Generalstabe verfolgte, bei welchem er in einer nicht offiziellen, aber deutlich bestimmten Stellung die Linke des italienischen Parlaments vertrat.

befinden, wenn er nicht von Zeit zu Zeit noch Schmerzen von der Wunde an der Schulter fühlte, die er am 27. Mai 1860 empfing, als er in Palermo eindrang.

Die Unterhaltung sprang nun plötzlich ab und wandte sich den internationalen Verträgen zu. „Was bleibt von den Verträgen von 1815? Nichts mehr!"

„Und was mich betrifft – sagte der Fürst – so habe ich Einiges dazu beigetragen, dieselben vollends zu vernichten."

„Was bleibt vom Vertrag von 1856 übrig? – bemerkte Crispi – Nichts, oder beinahe nichts! Prinzipielle Erklärungen über die Blokaden.... Und der Vertrag von 1878, der Berliner Vertrag selbst, hat er nicht schon einige Risse erfahren? Ist er nicht schon in Fetzen?"

„Ja, – sagte Bismarck – aber indem man diese Fetzen bewahrt, rettet man den Frieden."

Der Fürst erklärte sodann, wie seine gegenwärtige Wohnung in Friedrichsruh aussah, bevor er den Sachsenwald vom König als Geschenk bekommen hatte.

Er mußte das Haus für die Bedürfnisse einer Familie einrichten und hatte einen Theil desselben umgebaut; so besteht zum Beispiel jedes der gegenwärtigen Schlafzimmer aus zwei früheren Zimmern. „Sie werden das an der Decke erkennen, wo man trotz des Anstrichs die Spur der ursprünglichen Eintheilung unterscheidet..."

„Das Geschenk, welches mir der Kaiser mit diesem Walde und dieser Bebauung gemacht hat, war durchaus nicht geeignet, den Bewohnern der Umgegend zu gefallen, die gewohnt waren, sich in diesem Erdenwinkel zu Hause zu fühlen. Auch selbst nach meiner Installation, während meine Familie und ich das Haus schon bewohnten, fuhren sie fort – die Macht der Gewohnheit! – hier herumzustreifen, wie in früheren Zeiten. Unsere Gegenwart genirte sie durchaus nicht. Ich hatte die Mauer, welche den Besitz gegen die Seite der Eisenbahn zu abschließt, noch nicht errichten lassen. So kamen sie denn zu mir herein, als ob sie zu Hause wären, und spazierten um mein Haus, wie früher..., es hat wenig gefehlt, und sie hätten mir zugemuthet, ihnen Zimmer zu vermiethen. Einige kamen und drückten ihr Gesicht an die Fenster meines Schlafzimmers, um zu sehen, was ich thue, da ich natürlicherweise der Hauptgegenstand für ihre Neugier war – oder, wenn Sie wollen, für ihr Interesse... Mein Gott! wenn man im Krieg war und das Lagerleben mitgemacht hat, genirt man sich so leicht nicht..., man würde das Hemd im Angesichte von zehntausend Menschen wechseln..., aber ich fühlte mich nicht zu Hause, und was mir einerlei war, konnte für die Damen eine Verlegenheit sein..., so habe ich mich denn nach der Seite abgeschlossen, von welcher die Zudringlichen hereinzukommen pflegten."

2. Oktober 1887. Friedrichsruh. Frühstückstafel, an welcher der Minister Crispi nebst Begleitung theilnahm.

Der erwähnte Begleiter Crispi's berichtet darüber: Das Frühstück hält sich zwischen dem englischen Lunch und dem, was man in Frankreich im achtzehnten Jahrhundert „Ambigu" nannte. Mehrere kalte Platten, Schinken, Geflügel, Butter 2c. stehen auf dem Tisch. Es bedient sich, wer will, und man reicht sich dieselben nachbarlich. Währenddem reichen die Diener warme Gerichte herum, Eier, Koteletten, Beefsteaks, Kartoffeln 2c.

Wissen Sie, wie man das bei uns nennt?" fragt der Fürst seinen Nachbar zur Linken, indem er auf prächtige, nach englischer Art gekochte Kartoffeln zeigt.

„Nun . . . Kartoffeln, Durchlaucht."

„Ja . . . aber man nennt sie auch pommersche Bananen. Diese Bezeichnung werden Sie wohl nicht kennen."

„Nein . . . diese Bananen nähren schöne Grenadiere."

„Das ist wahr . . . Sehen Sie diesen Schwenninger, der trotzdem nicht will, daß ich welche essen soll. Ach, der böse Doktor!"

„Sit modus in rebus!" antwortet der Doktor.

Aus höflicher Aufmerksamkeit hatte der- oder diejenige, welche die Speisekarte zusammenstellte, ein italienisches Gericht eingefügt. Man reicht Maccaroni, und der Fürst nimmt sich, als an ihn die Reihe kommt, ziemlich viel.

Der Minister drückt sein Erstaunen aus, daß Doktor Schweninger dem Fürsten italienische Mehlspeisen zu essen gestatte.

„Die Aerzte — sagte er — möchten sie auch mir, der ich sie immer gegessen habe, verbieten. Wenn ich auf ihn hörte, würde Schweninger es mit mir machen, wie sein Kollege mit Sancho Pansa, dem Gouverneur der Insel Barataria . . ., er verbietet mir die Maccaroni, aber ich esse sie doch."

Aus Gewohnheit oder aus Dankbarkeit, als eine Art von Mahnung oder als Erinnerung stehen gesalzene Heringe auf dem Tische, jene vielbesprochenen Heringe, welche einige Wochen hindurch die einzige Nahrung des Fürsten bildeten. Seine Durchlaucht bietet sie seinen Gästen an und fordert sie auf, sie zu kosten.

„Das ißt man nicht allein . . . Damit der Hering wahrhaft gut sei, muß man ihn mit Butter und pommerschen Bananen essen. Bedienen Sie sich, wenn Sie Lust haben."

Seine Durchlaucht wendet sich an den Professor Schweninger: „Sie haben mich nicht gesund gemacht, täuschen Sie sich darüber nicht, die Heringe haben es gethan."

An Getränken haben die Gäste des Fürsten die Wahl zwischen Wein und Bier. Man servirt Bordeaux und Moselwein, beide in der entsprechenden Temperatur, das heißt den Bordeaux etwas warm und den Moselwein kühl Der Fürst hält viel auf diese Details.

Der Minister hält sich an gewöhnlichen Bordeaux, den der Fürst bescheiden — nach englischer Art — seinen „Claret" nennt und der ein ausgezeichneter St. Julien ist.

Wir machen dem Fürsten unsere Komplimente über die Vortrefflichkeit seiner Weine, die offenbar Sorten ersten Ranges sind.

„Richten Sie Ihre Komplimente an meinen Sohn. Graf Herbert hat gegenwärtig die Leitung des Kellers. Ich muß sagen, daß er sich dieser Aufgabe trefflich entledigt."

Man spricht von den italienischen Weinen, von ihren Mängeln, von den guten Eigenschaften, die sie besitzen, und von denjenigen, welche sie gewinnen könnten, wenn die italienischen Probuzenten die Geschicklichkeit, die Geräthschaften der französischen Probuzenten hätten.

„Frankreich ist von Italien abhängig, was die Weine zum Verschneiden betrifft."

„Die Zeit wird kommen, wo wir selbst Vorbeaur in Apulien machen werden ..."

„Sie müssen Tischweine machen und anerkannte, dauernde Marken ..."

Crispi rühmt den Wein von Syrakus und bittet die Fürstin um die Erlaubniß, ihr einige Kisten schicken zu dürfen. Er wendet sich an sie und nicht an den Fürsten, denn dieser zugleich starke und süße Wein ist eher ein Damenwein.

Er spricht von den Reben, die er noch kürzlich auf seinen Besitzungen in Syrakus pflanzen ließ.

Der Fürst kennt Norditalien, das er mit Frau von Bismarck im Jahre 1847 auf der Hochzeitsreise besuchte. Er sah damals Mailand, Genua und Venedig, wo er sich zur gleichen Zeit befand, wie König Friedrich Wilhelm IV. Da Se. D. die italienischen Städte bei ihren italienischen Namen nennt — Venezia, Genova, Milano —, so fragt ihn Jemand, ob er als Polyglotte auch unsere Sprache kenne.

„Un poco. — antwortet er — genug, um eine Zeitung zu lesen und zu verstehen. Ich kenne eine gewisse Zahl von Stammwörtern, aber ich vermag den Modus und die Suffixe nicht zu finden. So kenne ich das Zeitwort leggere, aber vielleicht könnte ich es nicht nach allen Zeiten und nach allen Personen konjugiren: io leggo, tu leggi ..."

Der Fürst hatte seine beiden Hunde, Tyras und Rebekka, bei sich. Von Zeit zu Zeit wirft er dem einen oder dem anderen ein Stück Brot hin. Es sind die durch die Biographen und die Karikaturenzeichner populär gewordenen Ulmer Doggen. Es kommt ein Augenblick, in welchem der Fürst mit der Hündin zu spielen beginnt und sie neckt, indem er ihr ein Stück Brot hinhält, das er wieder zurückzieht und thut, als ob er es hinwerfen wollte, und es in der Hand behält, um es von Neuem zu zeigen und zurückzuziehen, und so weiter.

Einer macht die Bemerkung, daß man in der Politik manchmal dasselbe Spiel getrieben hat. Man könnte in der Geschichte manchen großen Staatsmann finden, der es mit einem Staate, den er födern will, so machte, wie der Kanzler mit seiner Hündin.

Die Tischgenossen wundern sich über die Mäßigkeit des Herrn Crispi.
In der That, wenn der Italiener anerkanntermaßen mäßig ist, so ist Crispi
noch ein Mäßiger unter den Mäßigen. Er ißt wenig und trinkt noch weniger
— eine einzige Sorte Wein und niemals ungemischt.[1]

Zum Nachtisch kamen prachtvolle Früchte: Birnen, Aepfel, erstaunlich
große, schöne und wohlschmeckende Trauben. Wir haben in Italien — magna
parens frugum — ähnliche Früchte selten gesehen.

„Das ist — sagte der Fürst — ein Geschenk aus Rheinpreußen. Man
bekommt viele Geschenke in meiner Stellung, und zwar durchaus uneigen-
nützige Geschenke. Man muß sie annehmen. Was soll man thun? Man
kann sie nicht ablehnen, das würde die Leute verstimmen und beleidigen."

Beim Kaffee behauptet Dr. Schweninger, der vielleicht zu Paradoxen
aufgelegt ist, daß ein Mann von guter Gesundheit zwölf kleine Gläschen
Cognac an einem Tage trinken müsse. Wahrscheinlich ändert sich die Zahl
nach dem Breitegrad und dem Klima. Er entwickelt seine These mit Geist.
Was ihn anbelangt, so erweist er dem Cognac des Fürsten alle Ehre, wenn
auch nicht in solchem Maße.

Der Fürst bittet den Arzt um die Erlaubniß, „ein Gläschen" Cognac zu
Ehren des „Signor Crispi" trinken zu dürfen. Die Gelegenheit ist eine zu
seltene und zu glückliche, um ihn dieses Vergnügens zu berauben.

Dr. Schweninger zögert oder stellt sich, als ob er zögere.

„So ist es immer! Er will mir meine Einfälle nicht hingeben lassen
wenn es sich um Dinge handelt, die er gerne hat. Er hat Angst, daß ihm
nicht genug bleibt . . . Beruhigen Sie sich, mein Lieber, was den Cognac
anbelangt. Es bleibt für Sie noch übrig, auch wenn Sie mich trinken lassen.
Ich habe noch vierhundert Flaschen von derselben Sorte und vom selben
Jahrgang . . . und er ist sehr alt"

Man geht in den Salon. Graf Herbert bietet Cigarren, der Fürst Feuer an.

2. Oktober 1887. Friedrichsruh. Familiendiner, an welchem der Minister Crispi nebst Sekretären und der Nachmittags eingetroffene italienische
Botschafter in Berlin Graf de Launay u. A. theilnahmen.

Der wiederholt erwähnte Begleiter Crispi's berichtet darüber: Crispi hat
der Fürstin den Arm angeboten. Man macht einige Komplimente, um nach

[1] Einem anderen Bericht über den Aufenthalt Crispi's in Friedrichsruh zufolge
ließ der Reichskanzler zwei große Krüge Bier bringen, einen von diesen vor Crispi auf
den Tisch stellen und forderte denselben nun auf, davon zu trinken. Crispi bemerkte,
daß er nur Wasser trinke, was den Kanzler nicht wenig in Staunen setzte. Aber er
sagte kein Wort, sondern rückte, als er das für ihn bestimmte Glas ausgetrunken hatte,
auch das andere vor sich hin und leerte es allmählich. Kurz darauf wurden zwei Pfeifen
gebracht und Bismarck bot Crispi eine derselben an, nachdem er sich die seine angezündet hatte. „Durchlaucht — bemerkte Crispi — ich danke Ihnen, ich rauche nicht." —
„Wie — rief da Fürst Bismarck aus — Sie trinken nicht, Sie rauchen nicht, welch ein
seltsamer Mensch sind Sie!"

ihnen einzutreten. Der Fürst intervenirt: „Circulez, messieurs, circulez," wie in Paris die Polizeidiener sagen . . .

Graf de Launay geht voran, und der Fürst faßt familiär einen von uns unter den Arm . . .

Der Tisch ist heute Abend mit großem Luxus von Glas, Porzellan und Silber gedeckt.

Nach den Austern, der Suppe und dem Fisch kam ein großes Stück Rind= fleisch, auf englische Art bereitet, mit Reis . . . Der Reis war eine neue Auf= merksamkeit unserer Hauswirthe, welche wollten, daß wir bei jeder Mahlzeit auf ihrem Tisch eine unserer Nationalspeisen finden sollten.

Man spricht an einem Ende der Tafel von deutscher Litteratur und von Lieblingsschriftstellern: Goethe, Schiller und Lessing werden der Reihe nach besprochen. . . . Einer von uns erklärt sich für einen großen Bewunderer Jean Paul Richter's und rühmt die Originalität dieses Schriftstellers. Die Herren von Rottenburg und Schweninger scheinen seine Bewunderung nicht zu theilen.

„Man liest ihn heute in Deutschland sehr wenig mehr," bemerkt der Fürst vom anderen Ende der Tafel.

Infolge, ich weiß nicht welcher, Ideenverbindung hört man den Fürsten sagen:

„Meine Herren, es juckt mich mächtig, vor Ihnen viel Böses über Boulanger zu sagen . . ." Das übrige hört man nicht; das Gespräch kommt nun auf Napoleon III.

„Napoleon," sagte der Fürst, „war kein schlechter Mensch; er wollte das Gute . . ."

Crispi bemerkt, daß er keinen festen Willen gehabt, daß seine Politik zugleich „überlegt und chimärisch, verwickelt und naiv war;" indem er für das Gute zu arbeiten glaubte, knebelte er die Freiheit in Frankreich und hielt Europa zwanzig Jahre lang unter der Drohung unbestimmter und schlecht definirter Absichten; indem er es erheben wollte, führte er sein Land zu Kata= strophen und zum Ruin."

„Er war unwissend," fährt Bismarck fort, „ich habe dies nicht ohne Ueber= raschung gemerkt, denn er war in einem deutschen Lyceum erzogen worden, und die Studien in Deutschland waren zu seiner Zeit schon gut geleitet und gründlich. Er kannte die Geschichte schlecht, mit Ausnahme der Geschichte des ersten Kaiserreichs und auch diese nur nach seiner Art, das heißt, vom Gesichts= punkte der Verherrlichung des ersten Napoleon und der Vorbereitung einer Wiederherstellung des Kaiserreichs . . . Er war in der Geographie und Statistik schlecht bewandert. Man hat seinem Verstand zu viel, und seinem Herzen nicht genug Ehre erwiesen."

Bismarck spricht von der traurigen Lage, in der sich zur Zeit des Pariser Kongresses Preußen befand. „Preußen stand damals sehr niedrig. . . . Nicht nur hatte es im Jahre 1850 die Demüthigung von Olmütz erduldet, nicht nur war seine Rolle in Deutschland gleich Null, da sich Oesterreich und die anderen

Staaten gegen dasselbe verschworen hatten, sondern es hatte auch in den folgenden Jahren Mißtrauen bei den anderen Mächten erweckt und war, alles in allem, aus der orientalischen Krisis mit vermindertem Ansehen hervorgegangen . . . Oesterreich hatte die Zulassung Preußens zu den Konferenzen in Paris vorgeschlagen, aber Rußland machte keine ernstlichen Anstrengungen in diesem Sinn und England widersetzte sich. Es gab einen Augenblick, im Anfang des Februar 1856, wo man die Bemühungen, die Theilnahme Preußens an den Unterhandlungen herbei zu führen, als endgiltig gescheitert betrachtete. Baron von Manteuffel, der, in seiner Eigenschaft als Minister der auswärtigen Angelegenheiten, Preußen dort zu vertreten hatte, mußte sich Demüthigungen gefallen lassen.

Man ließ ihn im Vorzimmer warten, während die Bevollmächtigten der anderen Mächte ihre Berathungen schon begonnen hatten . . .

Nur als der Kaiser der Franzosen darauf bestand, wurde der preußische Abgesandte zu den Sitzungen zugelassen.

„An der Stelle Manteuffel's — sagte der Fürst — hätte ich mir das nicht gefallen lassen, sondern mich zurückgezogen . . . was auch besser gewesen wäre. Hätten wir den Vertrag nicht unterzeichnet, so wären wir nachher freier gewesen."

Als Braten trägt man einen prächtigen Hirschziemer auf.

„Gehörte das Thier zu Ihrem Wildstand, Durchlaucht?"

„Nein," sagte der Fürst, „ich schieße nicht gern mein Wild . . ."

Man spricht von der Küche. „Die französische Küche ist im allgemeinen ausgezeichnet," sagte der Fürst. „Aber die französischen Köche verstehen nicht die großen Stücke, besonders das große Wildpret, herzurichten. Dazu bedarf es einer besonderen Kunst, die sie nicht besitzen. Uebrigens darf man, wenn man das Wildpret gut genießen will, nicht ungeduldig sein, und die Franzosen sind es. Man muß zu warten verstehen; das frische Wildpret hat nie seinen ganzen Wohlgeschmack . . . es muß gebeizt werden und abliegen . . . Das Stück, das Sie versuchen werden, hat vierzehn Tage gelegen; es wird zart und wohlschmeckend sein. Die französischen Köche glauben, es genüge, das Fleisch zu klopfen, was dasselbe mürbe macht, aber seine Güte nicht erhöht."

Nach einer Pause fügt er hinzu: „Das ist vielleicht eine Sache des nationalen Charakters: die Franzosen klopfen gern . . ."

Der Fürst liebt es, Doktor Schweninger „anzuziehen". „In den Aerzten steckt immer etwas vom Priester . . . so thun sie gerne, was sie den anderen zu thun verbieten."

Die süße Speise ist von einer Maraschinocrème begleitet.

„Der Maraschino ist ein italienischer Liqueur, nicht wahr?" fragt der Fürst. „Woraus macht man ihn?"

Wir antworten, der Maraschino werde aus einer Gattung wilder Kirschen gemacht, die namentlich in Dalmatien wächst und die man in der dortigen Sprache Marasca nennt. Der beste Maraschino kommt denn auch aus Zara.

Während man mit dem Grafen Herbert von Italien spricht, zieht das Lachen der Tischnachbarn des Fürsten, der Crispi zu seiner Rechten und den Grafen Launay zu seiner Linken hat, die Aufmerksamkeit nach seiner Seite. Bismarck erzählt soeben die Geschichte eines seiner alten Kollegen im preußischen Kabinet, welcher zu gleicher Zeit die Oberaufsicht über die Waldungen und diejenige über die Königlichen Meiereien hatte.

„Die Verwaltung der Waldungen war ewig im Prozeß mit derjenigen der Meiereien. Der Minister unterzeichnete für und gegen jede Verwaltung, abwechselungsweise und alles ohne zu lesen . . . Uebrigens, auch wenn er gelesen hätte, so hätte das nichts geändert."

Man steht von Tisch auf und wünscht sich gegenseitig „Mahlzeit".

Noch wird folgender von dem Begleiter Crispi's nicht erwähnter Vorgang zu erwähnen sein. Bei Tisch sagte Crispi, es wäre wohl einzig in der Geschichte, daß Vater und Sohn an der Spitze der Diplomatie eines Staates ständen, wie dies bei Fürst Bismarck und seinem muthmaßlichen Nachfolger dem Grafen Herbert der Fall sei. „Keineswegs," erwiderte Bismarck, „Excellenz wollen nur an den älteren und jüngeren Pitt denken." — „Ja, das war doch etwas andres," meinte Crispi. „Nun," sagte Bismarck, „eine Aehnlichkeit hatten sie doch in ihrem staatsmännischen Wirken mit uns. Sie mußten immer auf der Wacht gegen Frankreich sein."

3. Oktober 1887. Friedrichsruh. Frühstück, an welchem der Minister Crispi nebst seinen Begleitern, der Botschafter Graf Launay u. s. w. theilnahmen

Der Fürst und die Fürstin lassen sich's trotz der trüben Stunde nicht nehmen, ihren Gast bis zur Bahn zu begleiten.

Man frühstückt ziemlich schweigsam. Der Fürst wechselt einige Worte mit Crispi und dem Grafen Launay; aber ein Schleier von Trauer liegt auf Allen.

Dr. Schweninger sucht die Gemüther zu erheitern. Er trällert in die Ohren seines Nachbarn die ersten Noten des Studentenliedes: „Muß i denn, muß i denn zum Städtele 'naus . . ." Man spricht von deutschen Volksliedern, und man war einigermaßen erstaunt, daß Italiener schwäbische und thüringische Lieder kennen, wie wenn sie ihr Studentenkommersbuch in der Tasche hätten. Man würde noch gern von dem schönen deutschen Universitätsleben sprechen, aber die Augenblicke sind gezählt. .

Crispi dankt dem Fürsten für seine herzliche Gastfreundschaft; der Fürst seinerseits dankt dem Minister für seinen angenehmen Besuch — in warmen und gerührten Worten.[1]

---

[1] Skizzenhafte Mittheilungen über die zwischen Bismarck und Crispi geführten politischen Gespräche brachte ein Berichterstatter der „Frankfurter Zeitung", welcher Crispi am 3. Oktober 1887 Abends nach seiner Ankunft in Frankfurt a. M. gesprochen hatte. Die Richtigkeit der Angaben wurden von der italienischen Zeitung „Riforma" bestätigt. Vgl. die „Post", Nr. 276 v. 9. Oktober 1887.

13. Oktober 1887. Friedrichsruh. Familiendiner, an welchem der Geheime Kommerzienrath Alfred Krupp theilnahm.

28. Oktober 1887. Friedrichsruh. Familiendiner, zu welchem der Musikgelehrte Dr. Chrysander aus Bergedorf und der nationalliberale Reichs-tagsabgeordnete und Bierbrauereibesitzer Haslebt aus Harburg eine Einladung erhalten hatten.

Dr. Chrysander war ein häufiger Tischgast in Friedrichsruh; derselbe, neben seinen musikalischen Neigungen mit Leib und Seele der edlen Obstzucht ergeben, hatte einst Gelegenheit, junge und sehr kostbare Obstbäume in den Bismarck'schen Parkanlagen, die erfroren waren und trotz aller gärtnerischen Bemühungen nicht wieder emporzukommen schienen, wieder völlig triebfähig zu machen. Seit dieser Zeit hat der Fürst an demselben einen angenehmen Gutsnachbar gefunden.

Ueberhaupt pflegte der Reichskanzler zur Mittags- und auch zur Abendtafel sehr häufig um einer anregenden Geselligkeit willen aus Hamburg sowie aus der weitern und nähern Umgegend Gäste heranzuziehen, die oftmals in ganz anderen als politischen oder volkswirthschaftlichen Interessenkreisen lebten.[1]

18. November 1887. Theilnahme an dem Galadiner im Königlichen Schlosse zu Ehren des Kaisers Alexander III.

Gegen Ende der Tafel schickte Kaiser Alexander seinen Leibjäger zum Reichskanzler, um ihn zu benachrichtigen, daß er ein Glas Wein mit ihm zu trinken wünsche. Fürst Bismarck erhob sich und leerte sein Glas mit einer Verbeugung zum Zaren. Bei der Tafel war der Reichskanzler in bester Stimmung, auch noch unmittelbar nach Tisch, bis zu dem Augenblicke, da der russische Botschafter Graf Schuwaloff ihm gegenüber das Ungehörige der Tisch-ordnung besprach. Der Reichskanzler hatte nämlich seinen Platz an der Tafel nicht gegenüber dem Kaiser von Rußland angewiesen erhalten, vielmehr saß derselbe auf derselben Seite wie die Fürstlichkeiten. Der letzte in der Reihe derselben war der Prinz von Hohenzollern; neben ihm kam Bismarck zu sitzen, dann folgte Graf Brandenburg. Der Kaiser von Rußland konnte also Bis-marck nicht sehen. Gegenüber dem Kaiser von Rußland waren der Ober-hofkämmerer Graf Otto Stolberg-Wernigerode und Graf Moltke placirt, ihnen zunächst saß Graf Schuwaloff. Der Letztere war sehr erstaunt über diese selt-same Tischordnung.

„Wenn der Kaiser hier zur Stelle ist, so stelle ich doch nichts vor; dann bin ich nur der Adjutant desselben. Ich vertrete doch den Kaiser als Bot-schafter. Wenn es aber nichts zu vertreten giebt, wie komme ich zu der Ehre eines so bevorzugten Platzes?"

---

[1] Wegen der mit Haslebt geführten Tischgespräche siehe die zweite Auflage meines Werkes „Fürst Bismarck und die Parlamentarier", 2. Aufl. S. 201.

Fürst Bismarck ließ sich beim Diner nichts merken, daß die Tischordnung nicht seinen Beifall hatte. Er unterhielt sich in gemüthlicher Weise mit dem Grafen Brandenburg, der unter Anderem lächelnd an ihn die Frage richtete: „Nun, Durchlaucht, jetzt kann man wohl russische Papiere kaufen?"

Zu Hause äußerte der Kanzler sein Mißfallen über das Vorkommniß.

„Ich bin gewiß über den Verdacht kleinlicher persönlicher Anschauungsweise erhaben und lache über ihre Etikettenfragen; aber in meiner amtlichen Stellung habe ich mir noch niemals etwas gefallen lassen." [1]

Der Kanzler schrieb alsbald dem Hausminister, daß die Sache generell geregelt werden müsse.

Nicht lange darauf wurde in einem direkt aus der Reichskanzlei inspirirten Blatte über Belästigung des Reichskanzlers in Friedrichsruh geklagt und bemerkt: „Fürst Bismarck ist in Friedrichsruh den ganzen Vormittag über bis zum Essen durch amtliche Geschäfte in Anspruch genommen. Jeden Tag geben zahlreiche Aktenstücke vom Auswärtigen Amt, von den Reichsbehörden, den

[1] Ein bisweilen zu offiziösen Mittheilungen gebrauchtes Blatt schrieb: „Für Jeden, der die Hofetikette kennt, kann es allerdings nicht zweifelhaft sein, daß der Platz, der dem Reichskanzler bei dem Galadiner angewiesen worden war, nicht derjenige war, der dem Charakter dieser Festlichkeit entsprach. Es ist feste Regel, daß bei allen Festessen, die ausschließlich einen Hofcharakter haben, sei es der Oberstkämmerer, sei es der Hofmarschall, den Sitz dem Kaiser gegenüber einnimmt, daß bei allen Festessen, die militärischen Charakter haben, der Kriegsminister, und daß bei allen Festessen, die politischen Charakter haben, der Reichskanzler, oder in seiner Abwesenheit der Staatssekretär des Auswärtigen Amts, diesen Sitz dem Kaiser gegenüber einnimmt. Daß der Fürst in Folge seines leidenden Zustandes und seiner Arbeitsüberhäufung bei Hofe zu reinen Hoffestlichkeiten nicht erscheint, sondern daß er nur dann kommt, wenn dem Feste einen politischen Charakter beimißt, bei dem er eben durch sein Erscheinen mitzuwirken hat, ist allgemein bekannt. Im vorliegenden Falle hat man indeß darauf keine Rücksicht genommen, sondern dem Oberstkämmerer Grafen Otto Stolberg-Wernigerode den Platz dem Kaiser gegenüber angewiesen. Wer bei der Sorgfalt, mit der am preußischen Hofe die Etikette gehandhabt wird, etwa annehmen wollte, daß hier, bei einem der gründlichst vorbereiteten Feste, gerade in einem solchen nicht unwesentlichen Punkte ein grobes Versehen gemacht worden sei, würde zum mindesten recht naiv urtheilen. Man muß vielmehr annehmen, daß diese Verletzung der Etikette, welche, wie die „Liberale Korrespondenz" bemerkt, den Fürsten Reichskanzler von dem Kaiser von Rußland durch einen erheblichen Zwischenraum trennte, eins von mehreren Anzeichen jener Hofströmung gewesen ist, auf die wir dieser Tage hingewiesen haben."

Die „Liberale Korrespondenz" schrieb: „Für die Zukunft würde es sich empfehlen, den Charakter des Festes darnach zu bestimmen, ob der Reichskanzler mit Rücksicht auf seine Gesundheit zu erscheinen ablehnt, oder ob er trotz seines leidenden Zustandes die Einladung annimmt. Im letzteren Falle hat das Fest unter allen Umständen einen politischen Charakter. Von diesem Standpunkt aus erscheint es begreiflich, daß Fürst Bismarck sich geweigert hat, den Grafen Perponcher, der, offenbar um sich zu entschuldigen, im Reichskanzlerpalais erschienen ist, zu empfangen. Wie der Eindruck zu tilgen ist, den der Zar dadurch gehabt hat, daß er an der kaiserlichen Tafel nicht den Reichskanzler Fürsten Bismarck, sondern den Oberstkämmerer Grafen Otto Stolberg-Wernigerode als Vis-à-vis hatte, wird die nächste Zukunft zeigen."

preußischen Ministerien ein, welche in der angegebenen Zeit erledigt werden müssen, weil der Fürst einem strikten ärztlichen Befehl zufolge nach dem Essen nicht mehr arbeiten darf. Ein Besuch in Friedrichsruh während des Vormittags bringt daher den Kanzler nothwendig in Verlegenheiten; er stellt ihn vor die peinliche Alternative, durch Ablehnung des Besuchs eine Unhöflichkeit zu begehen oder durch Annahme desselben seine ohnehin knapp bemessene Arbeitszeit noch zu verkürzen. Die Tugend der Gastfreundschaft steht in Friedrichsruh in hohen Ehren. Aber man sollte einem so viel beschäftigten Manne, wie der Reichskanzler es ist, die Ausübung derselben auch dadurch erleichtern, oder richtiger gesagt ermöglichen, daß man bei der Wahl der Besuchsstunde Rücksicht nehme auf seine geschäftlichen und gesundheitlichen Bedürfnisse. Zur Essensstunde sind dem Fürsten Gäste sehr willkommen; einen Besuch Vormittags kann er nur als eine Störung in seiner geschäftlichen Thätigkeit empfinden, und eine solche sollte um so mehr vermieden werden, als es sich bei den betreffenden Geschäften um die Interessen der Allgemeinheit handelt."

An diese Darstellung knüpfte das „Berliner Tageblatt" die Bemerkung, es sei schade, daß sie nicht erschienen, bevor Graf Perpoucher den Besuch in Friedrichsruh gemacht. In Bezug hierauf ist versichert worden, daß der Graf nicht in Friedrichsruh war, daß der Kanzler allerdings abgelehnt hat, ihn zu empfangen, mit dem Zusatze, er möge sich für mündliche Besprechungen an seinen Sohn, den Grafen Herbert wenden.

Einige Stunden vor dem Galadiner vom 17. November fand bekanntlich die Unterredung des russischen Kaisers mit Bismarck statt, in welcher die Frage der gefälschten Depeschen eine Rolle spielte. Als Bismarck nach einstündiger Unterredung das Kabinet des Kaisers verließ, schüttelte er mehrmals das Haupt, so wie Einer, der den Anderen mühsam von einer Sache zu überzeugen versuchte und sich beim Scheiden sagen muß: „So ist es denn unmöglich, ihn eines Besseren zu belehren."

Noch will ich bemerken, daß der Kanzler am Tage nach der Kaiserzusammenkunft (19. November 1887) stundenlang Instruktionen diktirt hat. Einer von seinen Leuten sagte mir an diesem Tage: „Wenn heute sich ein Staatssekretär beim Kanzler meldet, so wird er in Disziplinaruntersuchung gezogen."

Weihnachten 1887. Friedrichsruh. Professor Franz von Lenbach beim Fürsten zu Gast. Derselbe schenkt ihm einen goldenen Krug, in den Bismarck mit einem großen Nagel selbst seinen Namen eingravirte.

Um den 20. Januar 1888. Friedrichsruh. Familiendiner, zu welchem mehrere Gäste geladen waren. Einer der Anwesenden, ein Hamburger Kaufmann, fragte den Fürsten, wie es wohl zu erklären sei, daß trotz der anscheinend günstigen Aussichten für die Erhaltung des Friedens die Börse noch ängstlich wäre. Die Antwort des Fürsten zerfiel in drei sich schnell folgende Sätze. Der erste ging dahin, daß wir, wie die neuesten Vorgänge hoffen ließen, für zwei oder drei Jahre kaum einen Krieg zu befürchten hätten. Dies schränkte der Fürst aber sodann durch den Satz ein: „Für dieses Jahr wenig= stens möchte ich dies mit ziemlicher Bestimmtheit annehmen," und fast ohne Unterbrechung fügte er hinzu: „Allerdings habe ich dies auch im Jahre 1870 geglaubt, und es kam doch anders."

22. Januar 1888. Friedrichsruh. Der rumänische Minister des Unter= richts Sturdza, seit langer Zeit ein persönlicher Bekannter des Fürsten Bis= marck, nimmt an dem Familiendiner theil.

8. Februar 1888. Tischgäste außer der Fürstin Bismarck und der Gräfin Rantzau: Legationsrath Graf Arco=Valley, Gesandter und bevollmächtigter Minister zu Washington, und Wirklicher Geheimer Legationsrath Graf Berchem, Unterstaatssekretär im Auswärtigen Amt.

Das Hauptgesprächsthema bildete die Reichstagsrede Bismarck's am 6. Fe= bruar aus Anlaß der Veröffentlichung des deutsch=österreichischen Bündniß= vertrages.

Ende Februar 1888. Frühstück im Bazar des Frauen=Groschen=Vereins, welcher im historischen Kongreßsaal des Reichskanzlerpalais veranstaltet wurde.

Der Reichskanzler wurde bei seinem Erscheinen auf dem Bazar am ersten Tage von den Damen der Aristokratie und der besten bürgerlichen Gesellschaft bestürmt, einen kleinen Imbiß einzunehmen, und erwiderte hierauf lächelnd: „Meine Damen, meine Gattin hat als gute pommersche Hausfrau mich derart gefüttert, daß ich außer Stande bin, noch ein zweites Mal zu frühstücken!" Fürst Bismarck versprach, am nächsten Tage wieder zu kommen und guten Appetit mitzubringen; er hielt Wort. Am Tage darauf kam er, die eine Hand auf dem Rücken, die Kürassiermütze in der Rechten haltend, gemüthlich einher= geschritten; dicht hinter ihm folgte Tyras und ein zweiter Hund. So= bald Fürst Bismarck Halt machte, blieben auch seine beiden Vierfüßler stehen und schnupperten an den Bazartischen herum. Auffällig war die große An= zahl der erschienenen Engländer und Engländerinnen, die sich die schöne Ge= legenheit, für eine Mark Entree den Reichskanzler gründlich studiren zu können, nicht entgehen lassen wollten. Namentlich die Misses hefteten sich förmlich an die Sohlen des Fürsten Bismarck und wandten kein Auge von ihm. Zu einer Dame, welche in einer Dose das eingenommene Geld aufbewahrte, wandte sich der Kanzler mit der Frage: „Ist diese Dose auch verkäuflich?" Und als die Angeredete erwiderte: „Nein, Durchlaucht, sie dient mir als Geldbehälter," sagte Bismarck: „Eine ähnliche Dose hätte ich einmal beinahe von König Viktor Emanuel zum Geschenk erhalten, ich wählte aber schließlich hierfür eine große Alabastervase, die ich hier (er machte eine entsprechende Handbewegung) auf=

bewahrt habe; in Friedrichsruh habe ich keinen Platz dafür." Der Reichs=
kanzler frühstückte zwei Mal; er nahm an dem von Frau Geheimräthin Leyden
errichteten Buffet zwischen einer großen Schaar von Damen Platz, ein ragen=
der Thurm inmitten eines Blumenparterres. Er verzehrte zwei Brötchen,
scherzte und sagte den Damen Artigkeiten. Auch ein Glas Cognac ließ sich
der Fürst einschenken, und als er es an die Lippen setzte, sagte er mit einem
Seitenblick auf Professor Schweninger, der mittlerweile erschienen war: „Es
ist das erste, welches ich seit langer Zeit trinke." Für die Brötchen bezahlte
der Reichskanzler zwanzig Mark. Dann machte er noch einen Rundgang,
kaufte verschiedene Kleinigkeiten und zog sich, den Damen besten Erfolg wün=
schend, mit einer Verneigung zurück.

Der Amerikaner W. Whyl, der lange Jahre vergebens getrachtet hatte, den
Fürsten Bismarck persönlich kennen zu lernen, benutzte ebenfalls die so seltene
und reizvolle Gelegenheit, denselben einmal in seinem Heim aus nächster Nähe
beobachten zu können. Whyl schreibt[1]) über sein Zusammentreffen mit dem
Kanzler auf diesem Bazar:

Kaum in Berlin warm geworden, sah ich mich durch eine spezielle Ge=
fälligkeit der alten Kokette Fortuna plötzlich im Besitze der Möglichkeit,
meinen Wunsch verwirklicht zu sehen. Und zwar ohne Mühe und ohne Trink=
gelder. Sie gehen nach dem Reichskanzlerpalais — sagte man mir — wo
der Bazar für die Armen Berlins abgehalten wird. Das Entree beträgt eine
Mark. Gestern war der Fürst über eine Stunde da, heute wird er wohl auch
kommen, aber vielleicht erst gegen ein Uhr.

Vor elf Uhr war ich an Ort und Stelle. Die Verkäuferinnen — die
fine fleur der Aristokratie — waren auf ihrem Posten hinter den improvisirten
Ladentischen und priesen wollene Jäckchen und ähnliche Kostbarkeiten mit schalk=
haftem Lächeln als „sehr reell und preiswürdig" an. Die Damen waren im
feinsten Geschmack gekleidet. Die Abwesenheit alles lärmenden Schmuckes gab
ihnen einen gedämpften, fein abgetönten Chic, und sie fanden sich in ihre
Rollen als Ladenjungfern mit der besten Laune von der Welt. Kein Wunder:
das Geschäft ging von selbst, keine Ladenmiethe und keine Steuern! Die aller=
liebsten Komtessen und Baronessen waren überzeugt, daß sie überaus smart,
wie ganz geriebene Kauffrauen aussahen, anstatt dessen aber war ihr Treiben
ganz dazu angethan, die von Tisch zu Tisch schleudernden Don Juans und
Almavivas auf kühne Gedanken zu bringen . . . .

Und es hatte richtig nur eine Mark gekostet, diese anmutige Komödie
des Handels sehen zu dürfen. Spottbillig, des wohlthätigen Zweckes gar nicht
zu gedenken. Und dabei die Hoffnung, daß der Hausherr des Palastes seinen
vielköpfigen Gast, den Bazar der Armen, in eigener Person besuchen werde!
Seine Gattin war schon lange an „ihrem Tische" als starkbeschäftigte Detail=
händlerin thätig. Welch feiner, lebendiger, geistig pulsirender, blasser Kopf,

---

[1]) „Berliner Tageblatt" vom 10. März 1890: Als Fremder „bei Bismarck's".

welche distinguirte Erscheinung der zarten Gestalt in dem schwarzseidenen Ge=
wande! Der einzige Mann, der dieser edlen Eleganz im Bilde hätte gerecht
werden können, ist seit fast zweihundertfünfzig Jahren todt. Er hieß Anton
van Dyck. Und wer ist die tiefverschleierte Dame in Schwarz, die jetzt mit
der Fürstin an den Tisch tritt, wo die Kinderwäsche feilgehalten wird? Ein
ideales Bild bürgerlicher Einfachheit, eine gütige Fee, die für „ihre Armen"
Wäsche kauft und einen ganzen Haufen davon auf einem Seitentische auf=
thürmen läßt. Still, wie sie gekommen, schreitet sie wieder hinaus, geleitet
von der Hausfrau. Die Stille ist das feinste Parfum des Wohlthuns.

Wo bleibt aber der weltberühmte Hausherr? Es geht auf Zwölf. Der
Saal ist voll. Draußen lacht die Sonne, die unverwüstliche Humeristin, die
schon zu Zeiten der Pharaonen und des alten Homer über die Neugierde der
Menschenkinder gelacht hat und noch Millionen Jahre lachen wird. Der Saal
summt wie ein Bienenstock. Erregte Gruppen drängen sich gegen eine in die
Gemächer des Fürsten führende Thüre. „Wenn er kommt, so kommt er da
heraus," flüstert und wispert es von Mund zu Mund. In dem Geräusche
unterscheide ich viel amerikanisch angehauchtes Englisch. Oh, won't he come?
Wouldn't it be too bad?

Immer stärker wird das Gedränge gegen die geheimnißvolle Thüre zu.
Da entsteht plötzlich eine lebhafte Bewegung am anderen Ende des Saales.
„Dort ist der Fürst!" höre ich rufen, und schon reißt mich eine Woge, meist
aus jungen Damen bestehend, nach jener Seite hin. Wie sie drängen können,
die zarten Geschöpfe! Man sollte es nicht glauben. Das giebt einmal resolute
Schwiegermütter. Aber die Woge hilft mir, ich brauche nur zu steuern, und
ich thue es mit aller Macht, fest als Leuchtthurm den ehrwürdigen und ge=
bietenden Kopf im Auge, der über der wogenden Menge emporragt, nach unten
zu scharf abgeschlossen durch den breiten, dunkelgelben Strich des Uniform=
kragens. Ah, ich kenne sie, diese Formen, diese Züge. Ich habe sie an tausend
Photographien und Bildern auswendig gelernt. Aber das Leben ist doch noch
etwas ganz Anderes, als alle Nachbildung. Wie gütig und ermunternd er auf
das Treiben herablächelt, ganz der freundliche Hausvater, der Jedermann
einladet, sich ganz zu Hause fühlen zu wollen, to be comfortable. Was in
jenem Lenbach=Bilde strotzende Kraft gewesen, das ist nun väterliche, ja
großväterliche Milde geworden. Ja, es kommt eben für Jeden die Zeit, wo
er die Heldenrollen abgeben und zu den zärtlichen Vätern übergehen muß.
Aber ist denn Alles Milde in diesem Kopf? Ich bin ihm jetzt ganz nahe.
Eben hat er noch ganz rührend weich gelächelt, da schlägt er plötzlich das
Auge auf. Ah, das ist noch ganz Löwe, gerade so, wie damals, als Lenbach
es studirte. Er gab sich solche Mühe, mir mit der Kreide zu zeigen, wie groß
und vollkommen dieser Augapfel gebaut sei. Jetzt wirft er auch die Schultern
zurück. Diable! Das ist ein Blick für Reichsfeinde. Aber das dauert nur
einen Gedanken lang, jetzt ist er wieder ganz das Entzücken der Enkel, der
gute Großpapa, der alle Taschen voll Bonbons hat.

10*

Ist das ein Drängen und Wogen um ihn. Er kann ja gar nicht vor= wärts. Vor mir steht eine kleine Blondine, von der ich nichts sehen kann als die reichen Zöpfe und das rosige Ohr, und wie sie sich um einen Blick des großen Mannes bemüht. Lange umsonst. Doch jetzt, jetzt lächelt er und nickt ihr gütig zu. Hei, wie ihr das Blut in das kleine Ohr schießt! Ich hatte Lust, zu versuchen, ob es auch so brennend heiß sei, wie es aussah.

Ich stehe ihm jetzt so nahe, daß ich einen Wald krauser Härchen im rechten Ohre und eine Wunde auf der Wange unter demselben sehen kann, die Missethat des Barbiers. Aber pfui, ich will ihn doch nicht als Naturalist be= schreiben. Die Woge drängt mich weg, und ich kann ihn erst wieder erhaschen, als er beim Wintergarten anlangt. Dort wirft er einen Blick zum blauen, sonnigen Himmel empor. Dann wendet er sich zu den Damen, die um ihn einen Halbkreis bilden, und sagt: „Von dieser Seite habe ich die Welt schon lange nicht gesehen Ich komme gar selten hierher."

Diese Worte sprach der Fürst halb für sich selbst. Dann sagte er zu den Damen:

„Merkwürdig, wie viel zahlreicher die Damen zum Einkaufen kommen, als die Herren. Shopping . . . ."

Nun faßte ich den kühnen Entschluß, Amerika durch meinen Unterneh= mungsgeist Ehre zu machen und mit echter Yankeekeckheit ein Gespräch mit dem Reichskanzler zu improvisiren.

„Durchlaucht sehen ja ganz prächtig aus," sagte ich.

„Na, bei Tage geht es ja noch. Bei Nacht aber muß ich meine Schulden abzahlen — durch Schlaflosigkeit."

Es war gelungen. Ich hatte das Interview gestohlen, am helllichten Tage geraubt, es war also mein. Nun war es mir für den Augenblick gleich= giltig, daß die robusten Schwärmerinnen mich weiter von ihm wegdrängten, konnte ich ja den hochragenden Kopf beständig im Auge behalten. Ich kriege ihn schon wieder. Weg schwemmten ihn die Frauenzimmerchen durch den Kaisersaal. Ich hörte, wie sie von ihm erzählten und schwärmten. Eine kleine Brünette berichtete freudestrahlend, sie habe ihm Veilchen angeboten. „Er hat sie genommen und hält sie noch in der Hand. Und wissen Sie, was er dazu gesagt? Dem kleinen Veilchen, das im Verborgenen blüht, kann ich leider nicht gleichen. Das hat er gesagt und dazu gelächelt!"

Als der Fürst an das Büffet trat, kam ich ihm wieder näher. Eine reizende Komtesse küßte ihm die Hand, er zog sie an sich und gab ihr einen herzhaften Kuß. „Na sieh mal, die kriegt gar'n Kuß," hörte ich eine neidische Mädchenstimme in der herandrängenden Phalanx von Brünetten und Blon= dinen sagen. Indessen hatte der Fürst am Büffet Platz genommen und ich konnte sehen, wie er ein Butterbrötchen zum Munde führte und den Zucker in einer Tasse Thee umrührte. Dann griff er nach der vor ihm stehenden Cognacflasche, besah die Etikette und that einige Tropfen des gelben Saftes in seinen Thee, den er dann bedächtig schlürfte. Habe ich Sinn für moderne Geschichtschreibung oder nicht? Die Pest über alle feigen Memmen!

Endlich erhob er sich, und die wogende Menge schob ihn langsam weiter. Ich trat an das Buffet, an dem der Kanzler gesessen hatte. Da stand noch seine Tasse mit einem Rest von Thee und Zucker. Auf der Untertasse lag der Löffel.

„Ich möchte die Tasse kaufen," sagte ich zu der rosigen Hebe, die erstaunt aufblickte.

„Ja, was wollen Sie denn dafür geben?" fragte sie.

„Zehn Mark," sagte ich bescheiden, aber fest.

„Das ist zu wenig," sagte Hebe. „Und dann ist die Tasse gar nicht zu verkaufen, sie gehört dem Ministerium."

Mein Gesicht mußte in diesem Augenblicke wie das des Sisyphos aus= sehen, dem der tückische Block wieder einmal in den Abgrund gerollt ist. Eine ebenfalls am Buffet thätige andere Dame — der Himmel segne sie und erhalte ihr die schönen Augen! — erbarmte sich meiner.

„Ich will die Fürstin fragen — sagte sie — ob wir die Tasse verkaufen dürfen." Und schon hatte sich das liebliche Geschöpf in das Gedränge gestürzt, um eine Mission zu vollbringen, wie sie, allenfalls die der Jeanne d'Arc aus= genommen, in der Geschichte nicht wieder vorkommt. Bald kam sie, ein freund= liches Lächeln im Gesicht, wieder zum Vorschein.

„Ja, Sie können die Tasse haben," sagte sie.

Ein elektrischer Schlag von dreihundert Volten ging durch alle meine Nerven. Es war fast zu viel des Gelingens. Zuerst das Interview und jetzt die Tasse. Der Grundpfeiler zu einem Bismarck=Museum war mein. Ich griff nach der Tasse und hielt sie fest. Sie sollte mir nicht mehr entwischen. Die lieblichen Damen wickelten sie mir fein säuberlich in Papier und im Nu steckte sie in meiner Tasche. Das that wohl. Andere schreiben Geschichte. Ich mache sie, wenn auch auf meine besondere Weise.

Dann eilte ich mit meinem Schatz wieder dem Fürsten nach. Richtig, da stand er wieder im Gedränge der Damen, die ihn mit den Augen ver= schlangen. Jede wollte ihm Blumen aufzwingen. „Oh please!" rief ein kleines Yankee=Fräulein. „This is really beyond my capacity," sagte der Fürst in trefflichem Englisch, ganz leicht mit deutschem Accent angehaucht. Und dann zu einer Deutschen: „Meine Hand ist zwar keine Damenhand, sie kann aber doch nicht so viel fassen." Er hatte schon doppelt so viele Sträuße in der linken Hand, als Liszt Tasten greifen konnte. Dabei strahlte er von Güte und Freundlichkeit. Einer Kleinen, die ihm absolut ihr Veilchenbouquet aufzwang, reichte er einen Hyazinthenstrauß, um für die Veilchen Platz zu gewinnen. „I have seen him!" rief hinter mir ein anderes Kind aus dem Dollarlande mit tief erglühenden Wangen.

Es ist ein Wunder, daß er den kleinen Mädchen schließlich entwischte. Denn ohne Unterlaß schoben und drängten sie und trachteten darnach, ihn unter Blumen zu ersticken. Und sie meinten es damit so aufrichtig, so ehrlich begeistert, viel ehrlicher, als vielleicht manche Andere es in diesen Tagen mit ihren massenhaften Blumenspenden meinen . . . . Endlich verschwand er durch eine zu seinen Gemächern führende Thür.

25. März 1888. Diner zur Feier des 50jährigen Militär=Dienstjubiläums des Fürsten. [1]

1. April 1888, 6 Uhr. Diner zur Feier des 73. Geburtsfestes des Fürsten. Dasselbe vereinigte die sämmtlichen in Berlin anwesenden Mitglieder der Familie Bismarck, sowie die aus zehn Offizieren bestehende Deputation der Landwehr=bataillone Burg und Stendal, welche das 26. Landwehr=Regiment bilden, dessen Chef der Reichskanzler ist, unter Führung der betreffenden Bezirkskommandeure, Oberstlieutenants von Sobbe und von Gallwitz, die aus sechs Offizieren be=stehende Deputation des Magdeburgischen Küraſſier=Regiments Nr. 7, bei welchem der Kanzler à la suite steht, mit dem Kommandeur Oberstlieutenant Freiherrn von Reichlin=Meldegg, nebst noch einigen der Familie näher be=freundeten Personen. An demselben nahm gleichfalls der Kronprinz Wilhelm Theil, welcher sich am Vormittag selbst dazu ansagte.

Den ersten Toast bei der Tafel brachte Fürst Bismarck auf den Kaiser aus. Nachdem der Reichskanzler in hochehrenden Worten des Kaisers Wilhelm gedacht, bat er die Tischgenossen „in gleicher Einmüthigkeit, gleicher Treue und gleicher Liebe" in ein Hoch auf Kaiser Friedrich einzustimmen. Nachdem das begeisterte Hoch verklungen, erhob sich der Kronprinz und brachte folgenden Toast[2] aus: „Eure Durchlaucht! Unter den vierzig Jahren, welche Sie soeben erwähnten, ist wohl keines so ernst und schwerwiegend gewesen, als das jetzige: der Kaiser Wilhelm ist heimgegangen, dem Sie siebenundzwanzig Jahre lang treu gedient! Mit Begeisterung jubelt das Volk unserem jetzigen hohen Herrn zu, der Mitbegründer der Größe des jetzigen Vaterlandes ist. Eure Durchlaucht werden Ihm wie wir Alle mit derselben altdeutschen Mannestreue dienen, wie dem Dahingeschiedenen. Um mich eines militärischen Bildes zu bedienen, so sehe ich unsere jetzige Lage an, wie ein Regiment, das zum Sturm schreitet. Der Regimentskommandeur ist gefallen, der Nächste im Kommando reitet, ob=

---

[1] An demselben nahmen theil: der Feldmarschall Graf von Moltke, der Kommandeur des Gardecorps von Pape, der Chef des Militärkabinets, General von Albedyll, der Kommandeur der Gardejäger, bei denen bekanntlich der Fürst als Einjährig=Freiwilliger gedient hat, Oberstlieutenant von dem Horst, Geheimrath Dr. von Rottenburg, Professor Schweninger, sowie die gesammte fürstliche Familie mit Ausnahme der Frau Fürstin, welche seit einigen Tagen an einer Erkältung bettlägerig war. Beim Nachtisch fanden sich noch der Kronprinz und der Kriegsminister Bronsart von Schellendorff ein.

[2] Die „National=Zeitung" schrieb am 5. April 1889: „Nicht mit Unrecht wird wohl vermuthet, daß der Trinkspruch vorher Gegenstand einer Unterredung zwischen dem Kaiser und seinem Sohne, dem Kronprinzen, gewesen und daher im vollen Einverständnisse mit dem ersteren von diesem gesprochen worden ist."

wohl schwer getroffen, noch kühn voran. Da richten sich die Blicke auf die Fahne, die der Träger hoch emporschwenkt. So halten Eure Durchlaucht das Reichspanier empor. Möge es, das ist unser innigster Herzenswunsch, Ihnen noch lange vergönnt sein, in Gemeinschaft mit unserem geliebten und verehrten Kaiser das Reichsbanner hochzuhalten. Gott segne und schütze denselben und Eure Durchlaucht!"

4. Mai 1888. Zum Diner hatte der deutsch-amerikanische Staatsmann Karl Schurz, Graf Stolberg-Wernigerode und der Legationsrath a. D. Graf Dönhoff-Friedrichstein eine Einladung erhalten.

Nach aufgehobener Tafel wurden die Enkelkinder des Fürsten Herrn Schurz vorgestellt; der Reichskanzler hatte sich seine lange Pfeife angezündet und sich dann behaglich auf das Sopha hingestreckt; die ganze Familie sich um ihn gruppirt. Die Unterhaltung, welche sich namentlich um amerikanisches Leben und Probleme drehte, dauerte über zwei Stunden.

11. Juni 1888. Diner bei Bismarck zu Ehren des aus dem Amte scheidenden Ministers von Puttkamer, an welchem alle preußischen Minister, die Staatssekretäre Dr. von Schelling, Dr. Jacobi und Dr. von Stephan, die Unterstaatssekretäre Homeyer und von Lucanus sowie der Chef der Reichskanzlei, Wirkliche Geheime Ober-Regierungsrath Dr. von Rottenburg theilnahmen.

Der Reichskanzler brachte einen Toast auf den Kaiser Friedrich aus, in welchem er mit Rücksicht auf die lange Amtsdauer des Herrn von Puttkamer auch des verstorbenen Kaisers gedachte, dem dieser so treue Dienste geleistet habe. Minister von Maybach toastete alsdann auf Herrn von Puttkamer, seiner Dienste um den Staat und seiner gesegneten Thätigkeit als Minister und Vizepräsident des Staatsministeriums gedenkend. Herr von Puttkamer dankte den Ministern für ihre freundlichen Gesinnungen und forderte die Versammelten zu einem Hoch auf den Fürsten Bismarck auf.

Nach dem Essen blieben die Gäste in zwangloser Unterhaltung bis nach neun Uhr beim Fürsten, welcher in seiner bekannten fesselnden Weise aus dem reichen Schatz seiner Erlebnisse und Erfahrungen, namentlich aus der Zeit seines Aufenthalts als preußischer Bundestagsgesandter in Frankfurt a. M. erzählte.

12. Juni 1888. Fürst Bismarck wohnt mit seinem Sohne, dem Staatsminister Grafen Herbert Bismarck, und dem Wirklichen Geheimen Ober-Regierungsrath Dr. von Rottenburg der Taufe des erstgeborenen Sohnes des Grafen Guido Henckel von Donnersmarck bei und nimmt an dem darauf folgenden Dejeuner Theil.

1. August 1888. Friedrichsruh. Kaiser Wilhelm II. war auf der Rückkehr von Kopenhagen am 31. Juli kurz vor Mitternacht in Friedrichsruh eingetroffen.

Am nächsten Morgen hatten Se. Majestät mit dem Fürsten Bismarck im Beisein des Staatsministers Grafen Bismarck eine längere Unterredung, so daß das Frühstück, das auf halb zwölf Uhr anberaumt war, erst eine Viertelstunde später beginnen konnte. An dem Frühstück nahmen neben dem Kaiser und dem Hausherrn Theil: Graf Bismarck, Graf und Gräfin Rantzau (die Fürstin weilte im Bade zu Homburg vor der Höhe), ferner der General-Adjutant von Wittich, der Hausmarschall Freiherr von Lyncker, die Flügel-Adjutanten Kapitän Freiherr von Seckendorff und Major von Kessel, der Leibarzt Professor Dr. Leuthold, der vortragende Rath im Auswärtigen Amt, Legationsrath von Kiderlen-Wächter und der Vorstand des Chiffrirbureaus, Geheimer Hofrath Willisch. Im Laufe des Frühstücks stand der Reichskanzler auf und bat, das erste Glas, das der Kaiser auf deutschem Boden trinke, dem neugeborenen Hohenzollernsprossen widmen zu dürfen, indem er gleichzeitig in warmen Worten seinem Danke für die Ehre des kaiserlichen Besuches Ausdruck gab. Der Kaiser dankte für diese Worte zugleich im Namen der Kaiserin und seines Sohnes und gedachte des Sohnes des Fürsten Bismarck, des Geheimen Regierungsraths und Landraths Grafen Wilhelm Bismarck, der an diesem Tage seinen Geburtstag in Hanau beging. Der Kaiser verließ gleich nach aufgehobener Tafel Friedrichsruh und reiste alsbald mit seinem Gefolge nach Potsdam weiter.

21. August 1888. Friedrichsruh. Abendessen, an welchem der zum Besuch eingetroffene italienische Ministerpräsident und Minister des Auswärtigen Crispi mit Begleitung, Graf und Gräfin Rantzau u. s. w. theilnahmen.

Der bereits im Vorjahre erwähnte Begleiter Crispi's schreibt darüber:[1]

Man spricht von den Stunden der Mahlzeit. Einer erinnert an den französischen Satz: „Um sechs Uhr aufstehen, um zehn Uhr speisen, um sechs Uhr zu Nacht essen, um zehn Uhr schlafen gehen, das läßt den Menschen zehnmal zehn Jahre alt werden."

„Während meines Lebens — bemerkt der Fürst — habe ich nach und nach die Stunde des Mittagsmahls von vier auf fünf, von fünf auf sechs, von sechs auf sieben, von sieben auf acht Uhr zurückschieben sehen."

Die Unterhaltung kommt sodann auf Italien. Der Fürst rühmt die Nüchternheit der Südländer. „Die Italiener erzeugen ausgezeichnete Weine und trinken sehr wenig, besonders die Italiener des Südens. Die Ungarn ebenso, sie haben schon Feuer im Blute. Wir anderen Leute des Nordens, wir haben von Zeit zu Zeit ein wenig künstliche Aufregung nöthig." Seine Durchlaucht bemerkt noch lächelnd:

„In Frankreich sagt man: Betrunken wie ein Schweizer ... Die Nordländer sind häufig in diesem Punkte schweizerisch."

Mit der achtungsvollen Vertraulichkeit, die der Fürst gerne gestattet, bemerkt einer von uns:

---

[1] „Deutsche Revue", XIX. Jahrg., Juni-Heft. Vgl. oben S. 134 ff.

„Entschuldigen Durchlaucht, man sagt in Frankreich: Trinken wie ein Schweizer und betrunken wie ein Pole … das ist ein Vorzug der Schweizer, denn wenn sie trinken, so vertragen sie auch den Wein."

Der Fürst giebt dem Unterbrechenden recht.

„Ja, ja, trinken wie ein Schweizer, und wir fühlen uns ganz als Brüder der Schweizer."

Der Fürst dankt noch Crispi für die ausgezeichneten Weine, die er von ihm im Laufe des Jahres erhalten.

„Von den Weinen, die Sie mir geschickt haben, ist der Claret derjenige, den ich vorziehe; der Muskatwein von Syrakus ist eher, wie Sie uns gesagt haben, ein Damenwein … meine Frau ist davon entzückt."

Dann kam man auf Garibaldi zu sprechen.

Der Fürst verhehlt nicht, daß ihm der italienische Held wenig Sympathie einflöße.

Crispi sagt:

„Er war ein tapferer Soldat, eine Löwe auf dem Schlachtfeld; er war auch ein vortrefflicher General und außerordentlich fündig in der Aktion … Aber als Politiker und Parlamentarier hatte er weniger Werth … Erinnern Sie sich, Durchlaucht, seiner Haltung nach dem französischen Feldzug?"

„Die Franzosen haben ihm gut heimgezahlt … Die Versammlung von Bordeaux hat ihn verspottet."

Beim Nachtisch bewundern wir herrliche Früchte und fragen, ob dieselben, wie im vergangenen Jahre, aus den Rheinprovinzen kommen.

„Nein, diese sind von Homburg," sagt die Gräfin.

„Wir sahen in Italien selten Früchte von solcher Schönheit …"

„Sie helfen der Natur nicht genügend nach," sagt der Fürst. „Die Vorsehung ist sehr gütig gegen Sie gewesen: Sie sind an ihre Wohlthaten gewöhnt und lassen es dabei bewenden … Bei uns sucht die Industrie zu ersetzen, was uns fehlt: die Wärme; das Klima wäre geneigt, uns die Früchte zu versagen! wir fordern sie von der Arbeit … Findet man nicht in Belgien und Holland die schönsten Blumen der Welt?"

„Sehen Sie zum Beispiel, was wir von Italien haben," sagt die Gräfin, indem sie Pfirsiche mit glatter Schale zeigt. „Wie nennen Sie diese Früchte?"

Zu unserer großen Verlegenheit finden wir nur einen Dialektnamen.

„In Piemont nennen wir sie persi patanü: nackte Pfirsiche."

Der Fürst wendet ein:

„Nennt man sie nicht brignoni?"

Wir erinnern uns, daß dies in Wirklichkeit der Name ist, den man ihnen gewöhnlich giebt.

Man spricht von Bordeauxweinen und seine Durchlaucht bemerkt scherzend:

„Die Engländer vereinfachen die Dinge. Für sie setzt sich der menschliche Körper nur aus vier oder fünf Theilen zusammen … wenigstens erwähnen

154

sie nur so viele ... Alle Bordeauxweine sind für sie Claret und alle Rhein=
weine Hoch."

Er fragt Crispi:

„Ist der Wein von Syrakus, den Sie mir zum Geschenk gemacht haben,
aus Ihren Gütern?"

„Nein."

„Aber Sie haben Weingärten?"

„Ja, ich habe deren ... Der Wein, den Sie erhalten haben und der
nur eine Probe sein soll, kommt von einer mir bekannten Kultur einer meiner
Freunde, die, wie ich weiß, großen Anklang findet."

Im Salon nimmt der Fürst seinen gewohnten Platz ein, nachdem er
Crispi einen Sessel in seiner Nähe angeboten hat.

Der Fürst erklärt die Wirkung des Tabacks auf seinen Organismus. Die=
selbe ist doppelter Art. Zunächst wirkt der Taback narkotisch und beruhigt
seine Nerven. In der That ist der Kanzler nervöser, wenn er weniger raucht.
... Dann ist das Ein= und Ausathmen des Rauches an und für sich von
mechanisch beruhigender Wirkung; man betrachtet unwillkürlich den Rauch;
das zerstreut. In der Unterhaltung, während man von Geschäften spricht,
gewinnt man dadurch Zeit zu überlegen ...

Wie könnte man sich übrigens auch vom Zorne fortreißen lassen, wenn
man ein Instrument wie dieses in der Hand hält?

Man spricht von Napoleon III.

„Es fehlte ihm nicht an Intelligenz, aber seine Intelligenz entbehrte der
Schärfe ... Er besaß eine große Macht: einen unerschütterlichen Glauben an
sich selbst, an seinen Stern! ... Er traute sich alles zu ... er brütete in
seinem Innern über den phantastischsten Plänen. Eines Tages fragte er mich:
Was würden Sie thun, wenn wir in Belgien eindringen würden? Würden
Sie uns den Krieg erklären? Ich antwortete: Nein ... vielleicht nicht —
Aber was würden Sie thun? — Nun, antwortete ich, wir würden unser Belgien
anderwärts suchen."

„Die einzigen Männer des zweiten Kaiserreichs von größerer Bedeutung
waren Morny, Trevun de Lhuys und Thouvenel ..."

„Ja — sagte Crispi — und nach Morny begann es bergab zu gehen
... Der Tod beraubte den Kaiser eines ergebenen Rathgebers, der ebenso
verrückt geworden, als er zuvor kühn gewesen war ... Hat Eure Durch=
laucht das Buch Emil Ollivier's über das Papstthum gelesen? Das ist von
einer Unbedeutendheit! ..."

„Nein, ich habe es nicht gelesen ... glücklicherweise. Ich empfing vor
einigen Jahren einen Brief von Emil Ollivier. Er schrieb mir, ich weiß nicht
mehr aus welchem Anlaß, um mir in einer Form, die mir nicht zusagte, Vor=
stellungen zu machen. Ich antwortete ihm in ziemlich trockener und wenig
verbindlicher Weise, und unser Briefwechsel hatte damit ein Ende. Ich schrieb
ihm einfach: Mein Herr, wenn ich in meinem Leben das Unglück gehabt hätte,

mein Vaterland so schwer zu schädigen wie Sie das Ihrige, so würde ich
glauben, nicht lange genug mehr leben zu können, um zu Gott um Verzeihung
zu beten ... so oder ähnlich."

„Und Gramont?"

Der Fürst scheint nachzudenken: „Er war ein guter Jäger ... Er hätte
sich tödten lassen sollen, dieser Mann! ... mit seiner Taille und seiner Gestalt
wäre er 1870 in einer Kürassier=Eskadron an seinem Platz gewesen ... Das
Kaiserreich hatte jedoch einen Mann von Talent, selbst in seinem Verfalle.
Aber es wußte sich desselben nicht zu bedienen ... er war Journalist und
Deputirter gewesen ... er hatte auch irgend einen schlimmen Prozeß ...
Warten Sie ... es war etwas von Camille in seinem Namen ... Du Camille
oder so etwas Aehnliches ... Ah! ich hab's: Clement Duvernois. Ich
hatte 1871 mit ihm zu thun: ich verhandelte über den Frieden mit Thiers
und Favre einerseits und andererseits mit der Kaiserin durch Vermittlung von
Duvernois. Einmal, da Thiers Umstände machte und sich gegen „Zumuthungen",
wie er es nannte, auflehnte, sagte ich zu ihm: Wir haben in Deutschland eine
französische Armee von 200000 Mann Gefangenen ... was würden Sie
sagen, wenn ich den Frieden mit Kaiser Napoleon unterzeichnete und ihm
seine 200000 Soldaten, die bei uns sind, zurückschickte? Was würde aus
Ihrer Republik? Er machte einen Sprung: Das würden Sie nicht thun!
— Warum nicht? Die Republik ist nicht anerkannt ... Der Kaiser ist für
uns noch der legitime Souverän Frankreichs ... Thiers überlegte. Nach
diesem Vorschlag wurde er fügsamer ... Aber wir sprachen von Duvernois.
Kaum waren wir über die Friedensbedingungen mit Thiers übereingekommen,
kam Duvernois mit den Zugeständnissen der Kaiserin . . auch die Kaiserin
hatte darauf bestanden, keinen Fußbreit Gebiet abzulassen ... sie gab endlich
nach, aber zu spät ..."

Man spricht von den beiden Kriegen 1866 und 1870—71. Der Fürst
bestätigt, was er schon im vorigen Jahre gesagt hatte. Den Krieg von
1870—71 hat Preußen nicht gewollt.

„Wir waren auf denselben vorbereitet ... Da wir die Franzosen kannten,
wußten wir alle, daß der Krieg eines Tages unvermeidlich würde ... Sie
hatten die Russen in der Krim, die Oesterreicher in Italien geschlagen. An
uns mußte jetzt die Reihe kommen. Der Krieg am Rhein war vom Schicksal
beschlossen, um so mehr, als wir Sieger bei Sadowa geblieben waren ...
Im Jahre 1867, als ich mit dem Könige, meinem Herrn, bei Gelegenheit
der Ausstellung in Paris war, lernte ich einen Marschall von Frankreich
kennen — Baillant oder Randon glaube ich ... er war Gouverneur von
Paris. Wir plauderten. Er sagte mir: Wir werden eines Tages die Bajo=
nette kreuzen. — Gut! ... wenn Sie darauf bestehen ... aber, wenn ich
fragen darf, warum? — Weil wir Hähne sind und weil ein Hahn es nicht
gerne hat, wenn ein anderer Hahn lauter kräht als er. Bei Sadowa habt
ihr zu laut gekräht ..."

Man spricht von einer Reise, welche Kaiser Wilhelm II. demnächst mit der Kaiserin nach Rom unternehmen soll, um dort den König und die Königin von Italien zu besuchen. Crispi fragt den Fürsten, ob er seinen jungen Souverän nicht begleiten werde.

„Seit vielen Jahren — sagt der Fürst — schlafe ich nicht mehr außer dem Hause . . . wenn ich mein gewohntes Bett nicht habe, kann ich nicht mehr schlafen . . . In meinem Alter kann man seine Gewohnheiten nicht mehr ändern . . . wenn ich reise, habe ich meinen Waggon, und man stellt mein Bett hinein . . .“

„Wir werden es auch so machen, Durchlaucht. Sie werden bei uns die= selbe Pflege, dieselbe Fürsorge finden, die Sie auf dem Boden des Deutschen Reichs umgiebt . . .“

„Ich zweifle nicht daran . . . aber das hängt nicht von mir ab . . . der Kaiser müßte mich einladen, ihn zu begleiten. Ich kann nicht zu Seiner Majestät sagen: Da bin ich, ich reise mit Ihnen . . . Und so gnädig sich der Kaiser auch gegen mich zeigt, bezweifle ich, daß er mich einladen wird . . . Es ist sogar eine Rücksicht Seiner Majestät für mein Alter . . . Als neulich der Kaiser nach St. Petersburg abreiste, sagte Seine Majestät zu mir: Ich nehme Herbert mit mir . . . Damit wollte er mir andeuten: Sie werden bleiben. Das ist übrigens ganz natürlich, Herbert stimmt im Charakter und Geschmack besser mit Seiner Majestät überein. Der Kaiser ist dreißig und Herbert achtunddreißig Jahre alt . . . ich zähle vierundsiebzig.“

„Wir hätten Ihnen große Huldigungen dargebracht, mein Fürst,“ sagte einer.

„Das wäre ein Unrecht gewesen . . . In Gegenwart des Souveräns soll der Unterthan, wer er auch sein mag, zurücktreten und verschwinden. Als ich weiland Kaiser Wilhelm begleitete, wurden mir niemals persönliche Huldi= gungen dargebracht, ohne daß er erröthet wäre. Und doch kannte er mich . . . Er wußte, daß ich nichts that, um sie mir zuzuwenden . . . Und ihm hat es in seinem langen Leben nicht an Huldigungen gefehlt . . .“ —

22. August 1888. Friedrichsruh. Frühstückstafel, an welcher der Minister Crispi nebst Begleitung, der italienische Botschafter in Berlin Graf de Launay, Graf und Gräfin Rantzau u. s. w. theilnahmen.

Der wiederholt erwähnte Begleiter Crispi's berichtet darüber[1]):

Um ein Uhr Luncheon. Gesalzener Fisch, der zur täglichen Nahrung des Fürsten gehört, Eier, Kotelettes, Aepfel nach englischer Art, neue Erdäpfel, warmer und kalter Schinken, Butter. Ausgezeichneter Medoc.

Die Unterhaltung wird auf die französische Presse gelenkt und auf die systematischen Angriffe derselben gegen den Fürsten und Crispi.

„Ich glaubte immer — sagte der Fürst — ich sei der bestgehaßte Mann meiner Zeit; aber ich habe mich vielleicht einer Ueberhebung schuldig gemacht da Eure Excellenz mir eine ernstliche Konkurrenz macht.“

---

[1]) „Deutsche Revue“, XIX. Jahrg., Juni Heft.

„Wir sind gewiß — antwortet der Minister — die zwei Männer, welche
die Franzosen am meisten verabscheuen, doch ist zwischen uns beiden folgender
Unterschied: im Laufe der Begebenheiten waren Sie dazu bestimmt, Frank=
reich Böses zuzufügen, während ich für mein Theil noch immer dabei bin,
mich zu fragen, was mir den Haß der Franzosen zugezogen hat und welcher
Thatsache ich den Ruf eines Gallophoben verdanke."

Der Fürst scheint nachzudenken.

„. . . . Im französischen Charakter liegt etwas Weibliches . . . . Die
Frauen haben zwei Waffen, deren sie sich bis zur Vollkommenheit bedienen:
die Zunge und die Nägel . . . . Ich weiß nicht, wie es um die Nägel
steht . . . . Aber die Franzosen bedienen sich gerne der Zunge und ihres
Aequivalents, der Feder. Sie zeichnen sich aus im Spott, in übler Nachrede,
in der Verleumdung — welche einer ihrer besten Geister empfahl: derjenige,
der ihren leichten und glänzenden Geist am besten verkörperte und von der
Verleumdung sagte, daß immer etwas von ihr zurückbleibe. Sie haben mich
auf jede Weise angegriffen, selbst in meinem Privatleben, wobei sie nur er=
finden konnten, da sie nichts auszusetzen fanden . . . . Sie hätten mich gern
als ein verlorenes Wesen hingestellt, als einen sittenlosen Menschen, als einen
wilden Menschenfresser, der stets bereit ist, kleine Kinder aufzuessen . . . ."

Man spricht über einige französische Journale und Journalisten. Der
Name einer sogenannten Schriftstellerin und Politikerin wird genannt.

„Ach, die da . . ." sagt der Fürst.

Die Frauen, die sich mit Politik beschäftigen, sind schon auf das Tapet
gebracht worden. Sie erscheinen wieder auf demselben.

Man spricht von einer Frau X., die, um irgend etwas zu bekräftigen,
sagte: Auf meine Ehre . . .

Wie es scheint, hat man in den diplomatischen Kreisen den Ausdruck
etwas gewagt gefunden.

Im Allgemeinen sprechend, sagt der Fürst:

„Ich liebe die Frauen nicht, die sich in Politik einmischen. Ihr Einfluß
ist schwer zu bekämpfen. Nichts ist schlimmer für einen Staatsmann, als die
außerministeriellen Einflüsse und unter diesen nichts furchtbarer, als die Ein=
flüsse des Alkovens, die man nicht fassen und nicht kontroliren kann."

Der Fürst läßt sich ein Gläschen Cognac einschenken.

„Absento medico — sagt er — nihil nocet." Und er erklärt das Wort.

„Zu Ehren Seiner Excellenz Herrn Crispi bin ich heute ausgelassen . . .
Außerdem ist Schweninger nicht da."

22. August 1888. Friedrichsruh. Mittagstafel, an welcher der Minister
Crispi nebst Begleitung, Graf de Launay, Graf und Gräfin Rantzau u. s. w.
theilnahmen.

Der schon erwähnte italienische Herr schreibt darüber[1]):

Den Gästen allein wird Suppe vorgesetzt. Die Mitglieder der Familie des Fürsten befolgen das Regime des Doktor Schweninger, von welchem die Suppe ausgeschlossen ist.

Man spricht auch von Lenbach; einer von uns hat ihn in Rom in seiner künstlerischen Wohnung kennen gelernt, im zweiten Stock des Palais Borghese, wohin Alles strömte, was Rom an Schönheit und Eleganz besitzt. Man spricht von den Bildnissen, die er in den adeligen Salons von Rom aus= gestreut hat.

„Gegenwärtig — sagt der Fürst — ist er in München. Er verdient, so viel er nur will."

Nach einem herrlichen Ananassorbet läßt Bismarck eine Flasche von einem Bordeauxwein bringen, über den er unsere bestimmte Ansicht hören möchte.

„Nach einem süßen Gerichte bleibt ein guter Bordeaux gut, während man die Fehler eines geringeren Bordeaux erkennt."

Die vorgesetzte Flasche besteht siegreich die Probe.

Ein Diener übergiebt Seiner Durchlaucht ein eben angekommenes Tele= gramm. Der Fürst liest es, und man sieht auf seinem Gesicht alsbald den deutlichen Ausdruck der Unzufriedenheit.

Er läßt sich einen seiner großen Bleistifte geben.

„Es wird auch Ihnen schon vorgekommen sein — sagte er zu dem Mi= nister daß Sie über die Fehler Ihrer Kollegen wüthend wurden."

„Mehr als einmal."

„Man möchte manchmal jede Solidarität mit ihnen verleugnen, und doch thut man nichts dergleichen."

„Ich hätte gerne — sagt der Fürst nach dem Diner — im Reich das Tabacmonopol eingeführt, wie Sie es in Italien haben . . . Bei der Gelegen= heit muß ich bemerken, Excellenz, daß Sie persönlich nicht dazu beitragen, durch diese indirekte Steuer Ihren geschickten Kollegen, Herrn Magliani, zu unterstützen . . . Aber ich bin im Lande und im Reichstag auf einen solchen Widerstand gestoßen, daß ich leider diese Idee für immer aufgeben mußte . . . Sie wird von unseren Nachfolgern ausgeführt werden."

Der Fürst spricht vom Salzmonopol.

„Da das Salz für die Landwirtschaft nöthig ist, so muß man es den Ackerbauern und den Viehzüchtern in großen Quantitäten und wohlfeil liefern können. Aber zu diesem Zwecke muß man es mit irgend einer Substanz mischen, die, ohne dem Vieh zu schaden, das für seinen Gebrauch bestimmte Salz ungeeignet für den Gebrauch der Menschen macht."

Crispi sagt, es komme in Italien vor, daß die Bauern dasselbe durch Waschungen reinigen und zu ihrem eigenen Gebrauch verwenden.

[1]) „Deutsche Revue", XIX. Jahrg., Juni Heft.

„Sie mischen es also nicht mit einem hinreichend widerlichen Ding . . . Wir haben dies erreicht bei unseren für die Industrie bestimmten Alkoholen. Wir haben eine Mischung gefunden, welche dieselben ganz untrinkbar macht . . . Sie riechen zu schlecht . . . Gewisse Kartons unserer Ministerien . . . stanken noch wochenlang so, daß unsere Beamten krank wurden . . . Wenn man das Unglück hatte, sie zu berühren, so haftete dieser Geruch stundenlang an einem: die Kleider und sogar die Speisen imprägnirten sich damit . . . Es war niederträchtig . . . Man könnte wohl auch versuchen, eine kleine, werthvolle Gurke zu verwenden, welche ehedem in unseren Apotheken im Gebrauch war, die Koloquinte. Man macht aus derselben einen Extrakt von außerordentlicher Bitterkeit, dessen Wirkungen, wenn man ihn in das Verdauungssystem einführt, diejenigen eines Brechmittels sind. Aber es kommt uns zu theuer. Unser Klima gestattet uns nicht, die Koloquinte in Deutschland anzubauen. Man muß sie aus der Türkei oder aus Griechenland kommen lassen . . . Wahrscheinlich könnten Sie diese Kultur in Italien einführen.“

Der Fürst erzählt den Streit, den er 1866 in Nikolsburg mit der Militärpartei auszufechten hatte, welche den König umgab. „Der Zweck des Krieges war mit dem Augenblick erreicht, da Oesterreich vom deutschen Bund ausgeschlossen war. Wir hatten nichts mehr zu verlangen . . . Trotzdem wollte die Militärpartei etwas Anderes, und der König begann zu schwanken. Seine Majestät sagte mir im Tone des Vorwurfs: „Sie sind es, der den Krieg gewollt hat, und jetzt wollen Sie mich abhalten, die Früchte desselben zu pflücken.“ Ich blieb unerschütterlich. Eines Abends warf sich der König übelgelaunt auf ein Sopha. Ich sagte ihm achtungsvoll: „Sire, Eure Majestät braucht mich bloß der Ehre zu berauben, Ihr zu dienen . . .“ und ich zog mich zurück . . . Ich mußte, um zu meinem Zimmer zu gelangen, eine Galerie in ihrer ganzen Länge durchschreiten . . . ich ging in meinem gewöhnlichen Schritt . . . im Augenblick, da ich in mein Zimmer eintreten wollte, kam mir ein Adjutant des Königs auf den Fersen nach . . . Der König ließ mich zurückrufen, immer noch in der Hoffnung, daß ich nachgeben werde . . . Seine Königliche Hoheit der Kronprinz bemühte sich auch viel darum, daß ich die Leitung der Geschäfte beibehalte . . . er kam zu mir . . . Der König gab endlich nach. Aber noch lange nachher konnte sich Seine Majestät nicht überzeugen, daß ich recht gehabt hatte. Dies war erst später der Fall . . . Die Militärpartei bezeichnete damals die Ergebnisse des Krieges als elend.“

Crispi bemerkte lächelnd dem Fürsten:

„Was Sie damals thaten, war jedenfalls nicht zu unserem Vortheil . . .“

„Nein, Excellenz, aber daran waren Ihre Minister, Ihre „Consorteria“ schuld . . . Italien war damals lau.“ —

Der Fürst spricht von Rußland und von der russischen Sprache, die er studirt hat und die er kennt. Er führt einige Beispiele der Schwierigkeiten an, welche dieselbe bietet. Trotzdem wollte er sie erlernen um jeden Preis . . .

Er sagt, sie sei reich und vollkommen. Er wundert sich, daß ein Volk, das noch, wie das russische Volk, in so vielen Dingen zurück ist, sich im Besitz einer so schönen und auch ausgebildeten Sprache befindet.

Bismarck lobt den russischen Soldaten, der, wie er sagt, ausgezeichnet ist. Was Rußland immer gefehlt hat und noch fehlt, das ist ein den Bedürfnissen des Heeres entsprechendes Offizierkorps.

Er stellt bezüglich der Offiziere den allgemeinen Satz auf:

„Man kann deren nie genug ausbilden."

Crispi bemerkt:

„Eure Durchlaucht hat vollkommen recht. Es ist der Offizier, der oft den Soldaten macht. Ein guter Offizier reißt hundert zaubernde Soldaten mit sich . . . ich habe dies im Feldzuge von 1860 gesehen."

„Der Kaiser Nikolaus — erzählt der Fürst noch — sagte zu seinem Schwager, dem König Friedrich Wilhelm IV.: Mit Soldaten, wie den meinigen, befehligt von Offizieren, wie den Deinigen, würde kein Gewehrschuß in Europa, von Moskau bis nach Cadiz, gegen meinen Willen losgehen."

Ich weiß nicht bei welchem Anlasse sagte der Fürst:

„Wir fürchten den Krieg nicht, aber wir wünschen den Frieden . . ." Er glaubt, Deutschland allein wäre im Stande, den beiden großen Nachbarn, die in einem gegebenen Augenblick es bedrohen können, die Spitze zu bieten.

„Wir sind wie ein starker Bursche, der zwei gute Fäuste zu seiner Verfügung hat: eine Faust für jeden Gegner."

10. November 1888. Friedrichsruh. Fürst Bismarck empfängt eine Deputation der vereinigten Zentral-Innungsverbands-Vorstände Deutschlands, bestehend aus dem Vorsitzenden-Stellvertreter, Obermeister und Stadtverordneten Faster, Vorsitzenden des Schornsteinfeger-Innungs-Verbandes, Obermeister Meyer, Vorsitzenden des Drechsler-Innungs-Verbandes, und Obermeister Brandes, Vorsitzenden des Tischler-Innungs-Verbandes, und zieht dieselbe zur Familientafel.

9. Dezember 1888. Friedrichsruh. Frühstückstafel, an welcher außer der Fürstin Bismarck noch Geheimrath Dr. von Rottenburg und ein in geschäftlichen Angelegenheiten anwesender Leipziger Bürger theilnahm.

Der Fürst war sehr heiter, sprach und erzählte lebhaft und äußerte im Laufe des Gesprächs, daß er gerade nach Leipzig sehr gern gekommen wäre, wenn ihn nicht die Rücksicht auf die Konsequenzen davon abgehalten hätte; er könnte wohl eine solche Festlichkeit ohne Gefahr für seine Gesundheit mitmachen, aber nicht mehrere, wie sie gerade zu dieser Zeit stattgefunden hätten.

Der Fürst betonte, daß in ihm ein gutes Theil Leipziger Blut fließe, erzählte ausführlich seine Abstammung mütterlicherseits (wie sie damals auch in der „Post" gebracht wurde) und rezitirte eine Aeußerung, die er bald nach dem Frieden von Nikolsburg, als der damalige Norddeutsche Bund entstanden war, gethan habe: daß er zum Kanzler eines Norddeutschen Bundes gerade die richtige Mischung Blut in sich habe, da er väterlicherseits vom preußischen Edelmann und mütterlicherseits vom Leipziger Gelehrten abstamme.[1]

27. Januar 1889, 6 Uhr. Galadiner, zur Feier des Geburtstags Seiner Majestät des Kaisers.[2]

Das Hoch auf den Kaiser brachte bei dem Diner der Doyen des diplomatischen Korps, der italienische Botschafter Graf de Launay aus, welcher dabei, entgegen der sonstigen Gepflogenheit, eine politische Anspielung auf die Friedensliebe des Kaisers machte. Der Reichskanzler erwiderte dasselbe mit einem Hoch auf die durch die anwesenden diplomatischen Vertreter repräsentirten Souveräne und Regierungen. Der Hausherr hatte bei Tisch Syrakuser Wein serviren lassen, ein Geschenk Crispi's, und lud den italienischen Botschafter Grafen de Launay ein, mit ihm auf das Wohl des Spenders zu trinken. Der Kanzler fügte hinzu, es wäre schwer, ein besseres Getränk zu finden. „Es ist nur schade, daß es in Deutschland wenig bekannt ist, denn es verdient, sehr viele Liebhaber zu finden. Inzwischen thue ich alles, um Propaganda dafür zu machen. Wollen Sie dies Seiner Excellenz Herrn Crispi sagen und ihm meinen besten Dank für seine liebenswürdigen Aufmerksamkeiten wiederholen."

25. Februar 1889. Diner, zu welchem der Kaiser erschienen war. An demselben nahmen außer dem Fürsten und der Frau Fürstin theil: die

---

[1] Hier mag ein kleines Scherzwort des Fürsten aus dieser Zeit eingefügt werden, daß ein Friedrichsruher Gast des Reichskanzlers erzählt hat. Man war gerade im Begriff, bei der Mittagstafel die Suppe einzunehmen, als ein Telegramm aus Berlin überreicht wurde. Der Fürst erhob sich, nachdem er den schon zur Hand genommenen Löffel wieder zur Seite gelegt hatte, und entschuldigte sich seinen Gästen gegenüber damit, daß das Telegramm eine sofortige Beantwortung verlange. Als darauf einer der Gäste sich erlaubte, den Fürsten in scherzhafter Weise zu bitten, doch die Suppe nicht kalt werden zu lassen, entgegnete der Fürst mit lemisch-ängstlicher Miene: „Um Gottes willen nicht, das Telegramm ist von Herbert, meinem Sohn, und wenn ich den warten lasse, schickt er mir sofort ein zweites dringendes Telegramm: in seinen Arbeiten liebt er keine Verzögerung, und das ist gut so; wenn ich in meiner Jugend nur halb so fleißig gearbeitet hätte, wie mein Ältus, dann wäre aus mir vielleicht noch etwas ganz anderes geworden."

[2] An demselben nahmen unter Anderen außer der fürstlichen Familie, der Frau Fürstin, den Grafen Herbert und Wilhelm sowie der Frau Gräfin Wilhelm Bismarck, theil: Der italienische Botschafter Graf de Launay, der österreichisch-ungarische Botschafter Graf Széchényi, der englische Botschafter Sir E. B. Malet, der russische Botschafter Graf Schuwalow, der türkische Botschafter Tewfik Bey, der französische Botschafter Herbette, der spanische Botschafter Graf von Rascon, der Unterstaatssekretär im Auswärtigen Amt Graf von Berchem, die Direktoren im Auswärtigen Amt Hellwig und Reichardt, die Wirklichen Geheimen Legationsräthe Goering und Humbert, die Geheimen Legationsräthe Dr. Krauel, Dr. Lindau und Gillet, die Wirklichen Legationsräthe von Eichhorn, Freiherr von Lindenfels, von Mühlberg, Raschdau, von Aichberger, die Legationsräthe von Kiderlen, von Ladenberg und von Tirtsen, sowie der Chef der Reichskanzlei, Wirklicher Geheime Ober-Regierungsrath Dr. von Rottenburg.

v. Bismarck, Tischgespräche. 11

preußischen Staatsminister, der Generaloberst von Pape, der Chef des Militärkabinets, Generallieutenant von Hahnke, der Chef des Civilkabinets, Wirkliche Geheime Rath von Lucanus der Graf und die Gräfin Wilhelm von Bismarck.

Der Kaiser führte die Fürstin Bismarck zu Tisch, der Reichskanzler hatte seinen Platz dem Kaiser gegenüber. Zur Linken des Kaisers saß der General= oberst von Pape. Nach Aufhebung der Tafel verweilte der Kaiser in ange= regter Unterhaltung mit der Frau Fürstin, sowie der Gräfin Wilhelm von Bismarck, dem Reichskanzler und den Staatsministern bis gegen halb elf Uhr.

11. April 1889. Professor Franz von Lenbach bei Bismarck zu Tisch. Derselbe war nach Berlin gekommen, um der Feier des Geburtstags der Fürstin Bismarck beizuwohnen [1] Bei Tisch brachte der Parlamentarier von Kleist=Retzow den Toast auf die Fürstin aus und erinnerte an die Zeiten, da er und Bismarck in Berlin als Studenten dasselbe Zimmer getheilt hatten. Nach Tisch großer Abendempfang. Bismarck saß um diese Zeit Lenbach zu einem Porträt.

17. April 1889. Professor Franz von Lenbach zu Tisch. „Wann werden Durchlaucht nach Varzin gehen?" fragt Lenbach. — „Sobald ich irgend kann und so lange es angeht. Ach, könnte ich ganz dort bleiben." Die Sehnsucht Bismarck's nach ländlicher Zurückgezogenheit läßt sich bis in die siebziger Jahre verfolgen. In Friedrichsruh hörte Moritz Busch ihm sagen: „Am wohlsten ist mir in Schmierstiefeln, weit weg von der Zivilisation." Und bald nachher: „Am besten ist mir da zu Muthe, wo man nur den Specht hört."[2]

30. April 1889, 6½ Uhr. Diner bei Bismarck, an welchem der Kaiser und Ihre Majestät die Kaiserin theilnahmen. Dasselbe fand in dem Kongreß= saal statt, die Tafel zählte achtundzwanzig Gedecke. Zur Linken der Kaiserin saß der Reichskanzler, zur Rechten der sächsische Gesandte Graf Hohenthal, der Kaiser hatte zur Rechten die Fürstin Bismarck, zur Linken die Gräfin Hohenthal.[3]

---

[1] Der Geburtstag des Fürsten ist stets auch für die ganze Dienerschaft ein Freuden= tag; in der Küche läßt der Fürst ein Faß Echtes auflegen, die Frauen und Kinder der Dienerschaft stellen sich ein. Dann durchschreitet der Fürst die frohen Reihen, erkundigt sich theilnehmend nach den Verhältnissen des Einzelnen und erfreut die Kinder durch Bonbonspenden. Ostern pflegte die Fürstin jedem Bediensteten ein halbes Dutzend Eier zu schenken.

[2] „Unser Reichskanzler." Bd. II, S. 412.

[3] Es waren noch anwesend der württembergische Gesandte Graf Zeppelin mit Ge= mahlin, der badische Gesandte Freiherr von Marschall mit Gemahlin, der Ober-Hof= und Hausmarschall von Liebenau mit Gemahlin, die Ober-Hofmeisterin Gräfin Brockdorff, Prinz und Prinzessin Biron, der Staatsminister Graf Bismarck, der Unterstaatssekretär im Auswärtigen Amt Graf Berchem mit Gemahlin, die Hofdame Fräulein von Gers=

20. Mai 1889. Parlamentarisches Frühstück, zu welchem auch der Amts=
gerichtsrath Fritz Kern aus Hameln, ein alter Korpsbruder des Fürsten von
der Hannovera in Göttingen, geladen war. Kern war am 18. Mai 1889 zum
ersten Male in seinem Leben nach der Reichshauptstadt gekommen, zum Besuch
seiner dort verheiratheten Tochter. Am folgenden Tage Morgens klingelte ein
Bote der Reichskanzlei in dem Hause in Steglitz, wo Kern wohnte, und
überbrachte eine Einladung des Fürsten. — „Aber, wie ist es möglich? Es
muß ja ein Irrthum sein, wenn nicht etwa ein Scherz." — „Ja, wir in
der Reichskanzlei wissen Alles!" — Ein Freund in Hameln hatte dem
Geheimrath Dr. von Rottenburg geschrieben, daß dem Fürsten Gelegenheit ge=
geben sei, einem trefflichen Korpsbruder aus der goldenen Jugendzeit eine
freundliche Ueberraschung zu bereiten. Mit den Worten: „Auf Wiedersehen!"
schüttelte der Reichskanzler nach dem Frühschoppen zum Abschiede dem alten
Genossen die Hand. „Ja, aber siebenundfünfzig Jahre darf es nicht wieder
dauern, Durchlaucht," erwiderte Kern.

24. Mai 1889. Diner bei Bismarck von zwölf Gedecken zu Ehren des
italienischen Ministerpräsidenten Crispi, zu dem Einladungen ergangen waren
an den italienischen Botschafter Grafen de Launay, an die Herren Pisani=Dossi
und Mayor, Mitglieder des italienischen Ministeriums der Auswärtigen An=
gelegenheiten, und an Herrn Palamenglio, Sekretär des Zivilkabinets des
Königs von Italien. Außerdem wohnten dem Mahle bei: der Botschafter
Graf Solms, der Staatssekretär des Auswärtigen Amts Graf Herbert Bismarck,
Wirklicher Geheimer Legationsrath von Holstein und zwei weitere Mitglieder
des Auswärtigen Amts.

7. Oktober 1889. Friedrichsruh. Frühstückstafel, an welcher der zur
Vorführung des Edison'schen Phonographen aus Berlin eingetroffene Herr
Wangemann nebst Begleiter, dem Mechaniker Devrient von der Firma
Siemens & Halske, theilnahmen.

Nach dem Frühstück sprach der Reichskanzler, dessen Rüstigkeit mit Freuden
bemerkt wurde, den Wunsch aus, die so viel gerühmte Maschine kennen zu
lernen, welche inzwischen im Salon aufgestellt worden war. Der Kanzler hörte
sogleich den Radetzky=Marsch, den am 14. September Musiker des Kaiser
Franz=Regiments gespielt hatten, hierauf den Kaiser Alexander=Marsch, der
nach dem Orchester der ganzen Regimentskapelle aufgenommen worden war.
Auf Begehr der Fürstin Bismarck zeigte Herr Wangemann nun die Rolle
mit den Stimmen der Kaiserlichen Prinzen und bereitete dem Reichskanzler

dorff, der Flügeladjutant Oberst Graf Lehndorff, der Kabinetsrath Freiherr von der Reck,
der Flügeladjutant Major von Kessel mit Gemahlin, der Flügeladjutant Major von Scholl,
der Wirkliche Legationsrath Raschdau, der Lieutenant im Leib=Garde=Husaren=Regiment
von Chelius, sowie die Legationssekretäre von Below und Graf Rex. Der Kaiser und
die Kaiserin verblieben bis acht dreiviertel Uhr im Reichskanzlerpalais.

und seiner Gemahlin damit die herzlichste Freude. Hierauf kam ein Cylinder mit einem amüsanten Potpourri an die Reihe, in welches unter Anderem Frau Theresina Geßner, sowie ihr Gemahl Otto Sommerstorff und der Hofschauspieler Reicher Gaben ihrer Kunst niedergelegt hatten. Alsdann verlangte der Kanzler eine Erklärung des Apparats. Dann hörte der Fürst einige Gesangrollen: die von Frau Lilli Lehmann vorgetragene Arie aus „Norma", die Schmuckarie des Fräulein Leisinger aus Gounod's „Margarethe" und die von Miß Silvania aus Philadelphia hineingesungene „Maria Magdalena" von Massenet. Es folgte ein Pianospiel von Rogers Miclo, das eine Komposition Chopin's wiedergab, und den Schluß machte der Pariser Sänger Paulus mit „La tour de valse". Der Reichskanzler, welcher sich mit Bewunderung über die getreue Wiedergabe der Töne aussprach, versuchte alsdann, auf Anregung seiner Gemahlin, seine eigene Stimme auf das Instrument zu übertragen. Zunächst zitirte er das kleine amerikanische Volkslied: „In good old colony times". Hierauf sprach der Fürst den Anfang des Uhland'schen Gedichtes „Als Kaiser Rothbart lobesam" und dann die erste Strophe von „Gaudeamus igitur". Darnach folgten einige Worte an seinen Sohn, den Grafen Herbert, der nun prüfen sollte, ob er die Stimme seines Vaters durch den Apparat wiedererkenne. Die Frau Fürstin und der Geheime Legationsrath von Brauer sowie die anwesenden drei Knaben des Grafen Rantzau erkannten die Stimme sogleich, während sie dem Fürsten selbst fremd erschien. Der Reichskanzler bemerkte unter Anderem, es müsse eine ungeheuere Arbeit erfordert haben, der Natur solche Erfolge abzuringen; er nannte den Edison-Phonograph „a clever instrument" und meinte, der Apparat komme ihm beinahe vor, wie eine Verwirklichung der Münchhausen-Geschichte, wo der Ton in dem Horn festfror und später aufzuthauen begann; aber dies gehe noch über Münchhausen, denn man höre dasselbe zehntausend Mal. Die Maschine erweckte bei den Herrschaften ein so lebhaftes Interesse, daß die phonographische Unterhaltung am Abend noch auf anderthalb Stunden fortgesetzt wurde. Der Reichskanzler erkundigte sich dabei sehr angelegentlich nach Mr. Edison. Einer der Enkel sowie der Fürst und seine Gemahlin sprachen noch eine weitere Rolle, die Herr Wangemann der Frau Fürstin zum Andenken überreichte.

11. Oktober 1889. Theilnahme an der Galatafel zu Ehren des Kaisers Alexander von Rußland im Weißen Saal des Königlichen Schlosses. Fürst Bismarck hatte den beiden Monarchen gegenüber seinen Platz. Zu seiner Rechten saß Graf Woronzow-Daschkow, Minister des kaiserlich russischen Hauses, zu seiner Linken der russische Botschafter Graf Schuwalow.

Der Zar trank dem Fürsten Bismarck besonders zu, indem er sein Glas erhob und es gegen den Reichskanzler neigte. Kaiser Wilhelm that dasselbe dem russischen Botschafter Grafen Schuwalow gegenüber.

27. Januar 1890. Diner zu Ehren des Geburtstags des Kaisers. Der Doyen des diplomatischen Korps, der italienische Botschafter Graf de Launay,

forderte die Anwesenden auf, auf das Wohl des deutschen Kaisers zu trinken; später erhob sich der Reichskanzler und trank auf das Wohl der mit Deutschland befreundeten Monarchen und Regierungen. Das Diner dauerte bis neun Uhr.

6. Februar 1890. Mittagessen bei Bismarck, welches derselbe den Beamten des Handelsministeriums bei seinem Ausscheiden aus demselben gab[1]). An demselben nahmen theil: der neuernannte Minister für Handel und Gewerbe Freiherr von Berlepsch, der Unterstaatssekretär Magdeburg, die vortragenden Räthe von Wendt, Lüders, Mosler, Gamp, Dr. Sieffert, Ullmann, von der Hagen (im Nebenamt Lohmann, von Woedtke, Dr. Hopf) und der Hülfsarbeiter Dr. Lotz.

Fürst Bismarck empfing die Herren in bester Stimmung. Bei Tisch drückte er sein Bedauern aus, daß es ihm nicht vergönnt gewesen sei, die Herren während seiner Amtsführung als Handelsminister öfter begrüßen zu können, und sprach dem Unterstaatssekretär, sowie den vortragenden Räthen seinen Dank aus für die treue Unterstützung, welche sie ihm während der zehn Jahre seiner Leitung des Handelsministeriums hätten zu Theil werden lassen.

Nach Tisch bot der Fürst den Gästen zur Probe Cigarren aus Neu-Guinea an, was den Anlaß gab, sich über die Kolonialfrage auszusprechen. Der Fürst bedauerte, daß er in den kaufmännischen Kreisen doch nur eine verhältnißmäßig geringe Unterstützung in Bezug auf seine kolonialen Bestrebungen gefunden habe. „Hansemann — ich meine den Sohn meines alten Freundes Hansemann — nehme ich natürlich aus." Zur Seite Bismarck's saßen die Geheimen Räthe Dr. Ullmann und Lüders. Der Fürst pflegte bei solchen Anlässen so ziemlich allein das Wort zu führen. Dieses Mal fiel es auf, daß er Jeden zu Worte kommen ließ und fast mehr den Zuhörer als den Leiter der Konversation spielte. Die Mehrzahl der Beamten hatte Fürst Bismarck bei dieser Gelegenheit zum ersten Mal gesehen.

Die Unterhaltung nach dem Essen dauerte gegen anderthalb Stunden.

26. Februar 1890. Sitzung des Staatsraths im Reichsamt des Innern. Der Kaiser fährt bereits um dreiviertel elf Uhr (eine Viertelstunde vor dem Anfang der Berathung) vor. Es wird sofort nach dem Reichskanzler geschickt, der auch erscheint und der Sitzung beiwohnt, desgleichen dem Dejeuner dinatoir. Darauf kehrt derselbe nicht mehr in das Berathungszimmer zurück, sondern macht unerwartet einen Besuch in verschiedenen Diensträumen des Reichsamts des Innern.

---

[1]) Am 1. Februar 1890 meldete der „Reichs-Anzeiger": Der König hat den Präsidenten des Staatsministeriums Fürsten von Bismarck auf sein Ansuchen von dem Amt als Minister für Handel und Gewerbe entbunden und den Oberpräsidenten der Rheinprovinz Freiherrn von Berlepsch zum Minister für Handel und Gewerbe ernannt. — Fürst Bismarck hatte das Handelsministerium seit dem 23. August 1880 geleitet.

1. März 1890, 6 Uhr. Theilnahme an dem Diner im Königlichen Schloße, zu dem die Mitglieder des Staatsraths geladen waren.

Als sich Fürst Bismarck vor dem Beginn der Tafel mit dem als sach= verständiges Mitglied im Staatsrath hinzugezogenen Schloßermeister Deppe unterhielt und letzterer seine besondere Freude darüber aussprach, daß Seine Majestät der Kaiser ihm bei den Berathungen des Staatsraths selbst das Wort ertheilte, sagte der Kanzler: „Jetzt wollte ich, daß Majestät das Wort zum Essen ertheilte; denn es dauert doch recht lange."

18. März 1890. Fürst Bismarck erschien Mittags zwischen ein und zwei Uhr mit dem Grafen Herbert Bismarck, begleitet von seinen großen Hunden, während der Frühstückspause in den Nebenräumen des Kongreßsaales, ließ sich die ihm noch nicht bekannten Delegirten zur Arbeiterschutzkonferenz vor= stellen und unterhielt sich fast mit jedem Einzelnen. Jules Simon, den der Fürst bis dahin nicht kannte, stellte er sich selbst mit den Worten vor: „Ich bin Bismarck," und sagte ihm unter Anderem, er ziehe sich zurück, weil es Zeit sei, daß er sich mit seinen Waldungen beschäftige. Der Fürst unterhielt sich längere Zeit mit Jules Simon und wandte sich dann an den italienischen Senator Gerolamo Boccardo. Bei letzterem erkundigte er sich nach dem Be= finden Crispi's und bat, diesem seinem besten Freunde die herzlichsten Grüße zu bestellen, woran der Reichskanzler noch die Bemerkung knüpfte: „Auch in Zukunft bleiben die Wege Italiens und Deutschlands dieselben."

19. März 1890. Diner bei Bismarck, zu welchem die französischen Dele= girten zur internationalen Arbeiterschutzkonferenz geladen waren.

Mit Bezugnahme auf seinen Rücktritt sagte Fürst Bismarck nach dem Diner zu Jules Simon: „Wie dem auch sein mag, was auch immer geschieht, Ihnen wie mir kann man nicht nehmen, daß wir fünfundsiebzig Jahre hinter uns haben, in denen wir gar mancherlei erlebt. Ich habe Vermögen, ich besitze zwanzigtausend Hektaren Wald, es ist Zeit, daß ich mich derselben annehme."

Die französischen Gäste waren entzückt „de la bonne mine que le prince faisait au mauvais jeu."

20. März 1890. Familiendiner bei Bismarck. Lothar Bucher schreibt darüber an seine Schwägerin unterm 26. März 1890:

Liebe Helene! Ich denke, es wird Euch Freude machen zu erfahren, daß ich am Vormittag des Zwanzigsten eine Einladung zu Bismarck erhielt, der, wie die Fürstin sagte, einige alte Freunde noch einmal hier in Berlin bei sich sehen wolle. Er war körperlich sehr wohl, hatte gesunden Appetit und Durst und war offenbar seelisch erleichtert. Zum Abschied lud er ein, ihn in Friedrichsruh zu besuchen, „wo wir jetzt sehr einsam sein werden". Die Leute, die heute jubeln, werden sich nach einigen Jahren wohl in der Lage der Frösche befinden, die den Hund um einen anderen König gebeten hatten. Lothar.

22. März 1890. Mittagessen bei Bismarck, an welchem der neuernannte Reichskanzler von Caprivi, die preußischen Staatsminister, die Staatssekretäre der Reichsämter, der Unterstaatssekretär Homeyer und Professor Schweninger theilnahmen.

1. April 1890. Friedrichsruh. Frühstückstafel, anwesend die aus drei Göttinger Studenten bestehende Deputation der deutschen Burschenschaster, welche dem Fürsten Bismarck eine Adresse überreicht hatte.[1]

Ein Mitglied der Deputation berichtete darüber Folgendes: Uns gegen=über saß die Fürstin, die sich längere Zeit mit uns unterhielt. Sie erzählte uns, als das Gespräch auf Mensuren kam, von einer Szene, die der Fürst und sie einmal in Göttingen auf der Durchreise erlebt hätten, während sie unerkannt auf dem Bahnhof aus dem Zuge schauten. Sie hatte damals, auf einige sehr zerhauene Gesichter weisend, gesagt: „Sind diese Studenten aber zerhackt im Gesicht!" worauf der Fürst erwiderte: „Na, die haben nur mit dem Kopfe parirt." Einer, der sich wohl am meisten getroffen fühlte, habe darauf geantwortet: „Das verstehen Sie ja jetzt nicht mehr!" Beide, der Fürst und seine Gemahlin, hatten sich sehr über den Zwischenfall belustigt.

Mit augenscheinlichem Vergnügen nahm der Fürst das von uns berührte Gesprächsthema, betreffend seine alte historische Göttinger Studentenwohnung, auf. Er habe dort von seinem wenig benutzten Arbeitstische eine brillante Aussicht gehabt. Der vorüberfließende Leinekanal habe ihm viel Vergnügen bereitet. So sei er häufig, wenn er des Nachts nach Hause gekommen sei, in die kühlen Fluthen desselben gestiegen, um zu baden, und darauf am Hause emporgeklettert. „Das könnte ich aber jetzt nicht mehr," meinte er lächelnd.

Uns nach unserem Studium fragend — wir waren zwei Mediziner und ein Jurist — sagte er, die Mediziner seien besser daran, als die Juristen. Erstere seien gänzlich unabhängig; die Juristen hingegen hätten, je älter sie würden, um so mehr Feinde. Er als Jurist könne sich freuen, daß er jetzt nicht mehr Feinde oder besser noch so viele Freunde habe. Er rechne dies seinem diplomatischen Geschick zu Gute. Man müsse eben zur rechten Zeit aus sich herauszukommen verstehen. Kurz vor unserem Aufbruch legte uns die Fürstin das Fremdenbuch des Friedrichsruher Schlosses vor. Das wäre eine besondere Liebhaberei seiner Gemahlin, bemerkte der Fürst lächelnd.

Bei unserem Aufbruch erhob sich der Fürst und ließ sich von uns einen der Paradeschläger reichen, denselben am Griff fassend und dabei bemerkend, bei diesem Korbschläger habe man das Gewicht in der Hand, wie bei den französischen Kavalleriedegen. Er fragte den Besitzer des Schlägers, ob er auch schon Glocke gefochten habe, was dieser bejahte. „Stets mit Erfolg?" fragte der Fürst lächelnd. „Jawohl, Durchlaucht, stets mit Erfolg."

---

[1] Vergleiche über diesen Empfang mein Werk: „Die Ansprachen des Fürsten Bismarck" S. 129.

Beim Diner an demselben Tage sagte der Fürst: „Der Kaiser hat ein merkwürdiges chassez croisez gemacht. Seinen besten General macht er zum Kanzler und seinen Kanzler zum General."

Mitte April 1890. Friedrichsruh. Zum Diner der Chef-Redakteur der „Hamburger Nachrichten" Dr. Hartmeyer und Dr. Chrysander.[1] Die Einladung des ersteren erfolgte seitens des Fürsten Bismarck, um sich die „Hamburger Nachrichten" als Organ für seine publizistische Thätigkeit zu sichern.

11. April 1890. Friedrichsruh. Mittagstafel zur Feier des Geburtstags der Fürstin Bismarck. Anwesend waren etwa zwanzig Personen, darunter Graf Bernstorff-Woterßen nebst Gemahlin und Tochter, Baron von Merck nebst Gemahlin aus Hamburg, Graf Below.

16. April 1890. Friedrichsruh, Nachmittags sechs Uhr. Familiendiner, zu welchem Geheimer Kommerzienrath Schwartzkopff, Kommerzienrath Haßler, General-Konsul Russell, Geheimer Finanzrath Jencke, Geheimer Kommerzienrath Eugen Langen und Generalsekretär Bueck, die dem Fürsten Bismarck eine Adresse des Centralverbandes deutscher Industrieller überreicht hatten, geladen waren.[2]

Der Fürst ließ sich Speise und Trank wohl schmecken; als einer der Gäste hierüber in Gegenwart des Prof. Schweninger zu Bismarck eine Bemerkung machte, sagte der Fürst mit Hinweis auf seinen Leibarzt scherzend: „Je näher bei Rom, desto mehr darf man sündigen".[3]

14. Mai 1890. Friedrichsruh. An der Frühstückstafel: Geheimrath Lothar Bucher, Geheimer Kommerzienrath von Bleichröder, ein Gestütsdirektor und der Oberförster B..... aus Erstein im Elsaß. Letzterer war vorher von Bismarck behufs Ueberreichung der Urkunde über die am 1. April 1890 im Hohwald bei Barr stattgefundene Pflanzung der „Bismarckeiche"[4] empfangen worden, wobei sich der Fürst nach den heimathlichen Verhältnissen des Oberförsters erkundigte, namentlich bezüglich der Jagd, bei welcher Gelegenheit er

---

[1] Vom Tage seiner Ankunft in Friedrichsruh, die vor Mitte April 1890 erfolgte, hat der Sekretär Bismarck's regelmäßig an den Mahlzeiten des fürstlichen Hauses theilgenommen; daß er durch kurze Reisen nach Berlin oder Hamburg am Erscheinen verhindert war, ist nur ganz selten vorgekommen.

[2] Vergleiche über diesen Empfang mein Werk: „Die Ansprachen des Fürsten Bismarck" S. 130.

[3] 24. u. 25. April 1890. Vergl. wegen der an diesem Tage geführten Tischgespräche in Gegenwart des Mitarbeiters des Pariser „Matin" Henri des Houx den 11. Theil unter diesem Datum. Ebenso wegen des Diners vom 25. April 1890, an welchem der deutsche Botschafter in Madrid Freiherr von Stumm, Freiherr von Chlen nebst Tochter und der Berliner Korrespondent der „Nowoje Wremja" Jewgenni Lwow theilnahmen.

[4] Diese Eiche ist nahe jener Stelle gepflanzt worden, wo die von Rückert besungene, 1816 gefällte berühmte 300jährige „Straßburger Tanne" gestanden hat.

auch die Paßzwangfrage streifte. Im Laufe der Unterhaltung wurde dann zunächst eingehend die Frage erörtert, ob dem Pferde oder dem Hunde eine höhere Intelligenz zuzusprechen sei, wobei der Fürst dem Hunde entschieden den Vorrang ertheilte, und seine Ansicht durch interessante Erfahrungen an seinen Hunden und Pferden belegte. Das Gespräch nahm schließlich eine philosophische Wendung, wobei der Fürst zum Schluß scherzend meinte: ob es wohl Recht sei, daß der Mensch zum Herrn der Schöpfung ausersehen sei, ob nicht noch höher entwickelte Wesen denkbar und in der That — in anderen Welten — vorhanden seien.

Der Fürst trank Moselwein und Aßmannshäuser sowie rothen Schaum= wein. Er äußerte lächelnd: „Professor Schweninger und der (auf Chrysander zeigend) da sind meine besten Beobachter." Als er die Tafel aufhob, ver= abschiedete er sich vom Oberförster B . . . . . durch freundlichen Händedruck, indem er sagte: „Es hat mich sehr gefreut, Herr Oberförster. Sie wissen, ich bin von Ihrer Farbe und wenn Sie länger hier blieben, hätten Sie manches Interessante hier sehen können. Er nahm dann den (fast blinden) Herrn von Bleichröder unter den Arm und führte ihn in sein Arbeitszimmer.[1])

23. Mai 1890. Friedrichsruh. Frühstückstafel, an welcher Freifrau von Spitzemberg und die Vertreter der neun technischen Hochschulen Deutschlands, welche vom Fürsten Bismarck zur Ueberreichung einer Adresse empfangen waren, theilnahmen.[2])

Bei Tisch erzählte Bismarck Begebenheiten aus seiner Studentenzeit und seinem späteren Leben. Anknüpfend daran, daß sich, wie überall in der Welt, so auch hier die Schwaben zusammenfänden, gebrauchte er das in Schwaben bekannte Wort: Ist denn keiner von Böblingen oder Ehningen da? Fürst Bismarck scheint überhaupt in Schwaben gut bekannt zu sein. Vor langer Zeit sei er einmal in Frankreich gereist und sei dort in einem Restaurant von einem Kellner bedient worden, aus dessen im Uebrigen fließenden Französisch er entnommen habe, daß er aus Süddeutschland sein müsse. Nun sei ihm bekannt gewesen, daß das Oberamt Balingen damals sehr viele Kellner gestellt habe. Da sei ihm ein Gedanke durch den Kopf geschossen und er habe den Kellner plötzlich ohne alles weitere in deutscher Sprache gefragt: „Sind Sie nicht aus dem Oberamt Balingen?" Der arme Mensch, in Wirklichkeit ein Balinger, sei ganz schreckensbleich geworden und habe wahrscheinlich geglaubt, einen Detektiv vor sich zu haben.

---

[1]) Bei dieser Gelegenheit möge noch eine Aeußerung des Fürsten Bismarck angeführt werden, die er Tags vorher, vor dem Begräbnisse der Frau des Bismarck'schen Ober= försters Lange, gethan. Er drückte dem Oberförster die Hand und sagte: „Ich bin gekommen, Ihnen mein Beileid auszudrücken. Wir müssen Ihrer Frau ja Alle folgen, wer weiß, wie bald, wenigstens ich."

[2]) Vergleiche über diesen Empfang mein Werk: „Die Ansprachen des Fürsten Bismarck" S. 131.

Als der Fürst auf das schnelle Wachsthum von Berlin zu sprechen kam, bemerkte er u. A.: „Das Berlin von heute ist mir eigentlich fremd. Ich finde mich dort nicht mehr zurecht. Vor 40 Jahren pflegte ich viel in Berlin und Umgebung auszureiten. Als Berlin sich aber so rasch vergrößerte, da wurde das Terrain, das ich besuchte, immer kleiner. Ich wurde schließlich auf den Thiergarten beschränkt und ritt nur noch dorthin. Es war mir damals zu Muthe wie einem Indianer, dem der weiße Mann seine Jagdgründe einen nach dem andern wegnimmt."

Man kam auf das Trinken zu sprechen und auf die Wirkungen, die es auf den Einzelnen ausübe. Fürst Bismarck bemerkte darüber, für einen Diplomaten sei es von besonderer Wichtigkeit, daß er auf sein richtiges Maaß geaicht sei; denn man müsse von ihm wissen, wie er sich im gegebenen Fall benehme, ob er roh werde, oder höflich, oder liebenswürdig. In Petersburg habe man ihn auch zu aichen versucht.

Am Theaterbesuch scheint der Fürst keinen großen Gefallen zu finden. Er sei schon seit mehreren Jahren nicht mehr im Theater gewesen. Das letzte Stück, das er gesehen habe, sei Graf Essex gewesen. Einmal sei er bei einer Galavorstellung in Rheingold gewesen. Aber Richard Wagner sei nicht sein Lieblingskomponist.

Nach studentischem Brauche wurde während der Tafel ein urkräftiger Salamander gerieben, worauf der Fürst mit jedem Herrn anstieß. Gegen das Ende bemerkte er noch: „Sie müssen aber noch den Wein versuchen, den mir meine Kollege Crispi zu meinem Geburtstag geschenkt hat und den er in seinem eigenen Weinberg gezogen hat."

Nach aufgehobener Tafel wurde jedem der Herren von der Fürstin eine Rose zum Abschied und Andenken überreicht.

3. Juni 1890. Hamburg.[1]) Zum Mittagessen bei dem Bürgermeister Dr. Petersen. Von demselben wurde in kurzen herzlichen Worten das Wohl des Fürsten ausgebracht, das dieser mit einem Hoch auf die Hamburger Damen erwiderte, worauf Herr Bürgermeister Dr. Mönckeberg ein Wohl auf die fürstliche Familie ausbrachte. Nach dem Essen drehte sich das Gespräch wesentlich um die Hamburger Hafenanlagen, wobei der Fürst sein Interesse durch viele Fragen bekundete.

5. Juni 1890. Friedrichsruh. Frühstückstafel, an welcher Graf Kayserling, Geheimrath Lothar Bucher und die zur Ueberreichung einer Dank- und Ergebenheits-Adresse des Bürger-Vereins zu Charlottenburg eingetroffene Deputation, bestehend aus dem Professor Dr. Dieterici, dem Direktor Dr. Holtz

---

[1]) An demselben Tage hatte Bismarck in den Empfangshallen von Grasbrook an einem zu Ehren seiner Anwesenheit arrangirten Frühstück für 30 Personen theil genommen.

und dem Rentier Preuße, theilnahmen.[1] Die Unterhaltung streifte die mannig=
faltigsten Gebiete: Forstkultur, Ackerbau, Zollverhältnisse und russische Verhältnisse.

7. Juni 1890. Beatw Kingston, Vertreter des „Daily Telegraph", an
der Frühstückstafel.

12. Juni 1890. Friedrichsruh. Gäste beim Frühstück: Graf Kayserling,
Geheimer Kommerzienrath Krupp, Lothar Bucher, sowie Gemeinderath Dr. Göz
und Bürgerausschußobmann Schiedmaher aus Stuttgart, welche dem Fürsten
Bismarck den Ehrenbürgerbrief dieser Stadt überreicht hatten.[1] Den
Abgesandten Stuttgarts waren ihre Plätze rechts und links von Bismarck
angewiesen. Der Fürst sprach seinen Dank für die Verleihung des Ehren=
bürgerrechts aus und trank in Eßlinger Schaumwein auf das Wohl seiner
neuen Mitbürger.

Sodann erörterte derselbe eingehend die soziale Gesetzgebung zur Zeit
Kaiser Wilhelm's I., deren gegenwärtige Aufgabe und Lage und seine Stellung
zu derselben. Das 5. Buch von Sybel's Begründung des Deutschen Reichs
gab ihm Gelegenheit, auf einzelne Erlebnisse des Jahres 1866 näher einzugehen.
Die hervorragenden Eigenschaften und einzelne Spracheigenthümlichkeiten der
modernen Kulturvölker wurden erörtert und mit interessanten Beispielen belegt.
Ueber seine Lebensweise, insbesondere seine Ernährung, sein Körpergewicht, das
ihm zugestandene Maß von Tabackrauchen gab der Fürst freimüthigen Aufschluß.

14. Juni 1890. Friedrichsruh. Anwesend bei der Frühstückstafel die
zur Ueberreichung einer Adresse der Düsseldorfer Vereinigung der Mittel=
parteien abgesandte Deputation.[2]

19. Juni 1890. Friedrichsruh. Gäste bei der Frühstückstafel: Ober=
bürgermeister Weise aus Kassel und der Vorsitzende des Bürgerausschusses,
Justizrath Hupfeld, welche dem Fürsten Bismarck den Ehrenbürgerbrief der
Stadt Kassel überreicht hatten.[4] Der Fürst erzählte, daß er bereits als sechs=
jähriger Knabe einmal in Kassel gewesen sei, damals habe ihm das Museum
sehr imponirt. Auch als Student sei er öfter von Göttingen nach Kassel
hinübergefahren. Wenn sie in einer einmal angebrochenen Nacht mal so
rechter Stimmung gewesen seien, hätten sie einen Wagen genommen und seien
nach dorthin gefahren. Oben auf Wilhelmshöhe hätten sie dann einen Louisd'or

[1] Vergleiche „Die Ansprachen des Fürsten Bismarck" S. 132.
[2] Vergleiche über diesen Empfang „Die Ansprachen des Fürsten Bismarck" Seite 133.
[3] Vergleiche über den Empfang derselben „Die Ansprachen des Fürsten Bismarck"
Seite 135.
[4] Herr Hupfeld hatte den Ehrenplatz neben dem Fürsten Bismarck. Auf der
anderen Seite des Fürsten saß die Gräfin Rahlen, dann kam Oberbürgermeister Weise.
An der Tafel nahmen ferner theil: Graf Kayserling, Lothar Bucher und Professor
Schweninger.

spendirt, und dafür habe man ihnen das Vergnügen bereitet, einen Theil der Wasser anzulassen. In ihrer Stimmung hätten sie aber bald an dem Wasser genug gehabt und hätten vorgezogen, homöopathisch zu verfahren, similia similibus curantur, sie gingen wieder zum Biere über. Auch von Frankfurt sei er als Mitglied des Bundestags öfter nach Kassel gekommen.

Auf Hassenpflug und das Renkontre zwischen ihm und dem Prinzen Isenburg im Hoftheater in Kassel, bei welchem dem Minister Hassenpflug eine Realinjurie zugefügt wurde, fielen interessante Streiflichter. Von besonderem historischen Interesse war die Mittheilung über die Versuche, welche seitens der preußischen Regierung gemacht wurden, den präsumptiven Thronfolger noch am Tage (15. Juni) vor Beginn der Feindseligkeiten im Jahre 1866 zur Reise nach Kassel zu bestimmen und zu einer neutralen Haltung des Kurfürsten= thums zu veranlassen. Es war hierzu ein Extrazug bereit gestellt. Dieser Versuch scheiterte indessen. Landgraf Friedrich Wilhelm setzte in die 800 000 Mann Oesterreicher das größere Vertrauen und verspielte. Er reiste zwar noch am selben Tage, aber mit dem gewöhnlichen Zuge nach Kassel und stellte sich dem Kurfürsten zur Verfügung.

In höchst bemerkenswerther Weise sprach sich der Fürst dann über die Arbeiterschutzgesetzgebung aus. Er bemerkte, daß er von internationalen Vereinbarungen zum Schutze der Arbeiter nicht allzuviel halte. An sich zwar seien solche Vereinbarungen ja ganz schön, aber Deutschland käme dabei stets schlecht weg. Es halte ehrlich, was vereinbart sei, während die anderen Staaten sich dann gewöhnlich um Vieles herumzudrücken suchten. „Auf dem Papier haben sie Alles zwar auch, aber die Ausführung läßt immer sehr viel zu wünschen übrig." Auch das Verbot der Sonntagsarbeit hat, wie ja be= kannt, nicht den Beifall des Fürsten. Er betrachtet alles, was hier geschieht, als einen Eingriff in die Selbstbestimmung des Menschen, als Beschränkung der persönlichen Freiheit. Was hier durch die Sitte Gutes geschehe, verdiene gewiß alle Anerkennung, aber Zwang dürfe nicht herrschen.

Am interessantesten, weil von aktueller Bedeutung, waren des Fürsten Aeußerungen über den deutsch=englischen Vertrag. Er meinte, daß England seinen Vortheil sehr gut zu wahren verstanden habe. In den Kreisen der Kolonialschwärmer (zu welchen er sich ja nicht rechne) werde das Abkommen wohl sehr arge Verstimmung hervorrufen. Namentlich mißfiel dem Fürsten das englische Protektorat über das Sultanat Sansibar. Zunächst zwar werde England den Hamburgischen Kaufleuten, welche im Sultanat ansässig sind, großes Entgegenkommen zeigen, aber das werde wohl nicht allzu lange dauern; dann werde sich England dieser deutschen Elemente schon bald genug zu entledigen wissen. Ueber den Werth Helgolands könne man streiten. Es habe ja immer schon zu den Desiderien deutscher Patrioten gehört, diese Insel in deutschen Besitz wieder überzuführen, und man könne darüber, was als Preis einer solchen nationalen Forderung zu gewähren sei, verschiedener Meinung sein. Das lasse sich nicht so absolut genau feststellen.

Auf eine Frage, ob der Fürst nicht die Residenzstadt Kassel einmal mit seinem Besuche beehren wolle, erwiderte er, daß er eine derartige Möglichkeit nicht von sich weisen wolle. Er müsse sich nur erst daran gewöhnen, als Privatmann in seinen vier Pfählen für sich zu leben. Sobald er sich aber erst einmal dort eingelebt habe, beabsichtige er, diejenigen Stätten, welche er in seiner Jugend liebgewonnen habe, nunmehr im Alter auch einmal wieder aufzusuchen. Speziell erwähnte der Fürst dabei Göttingen, wo er schon so halb und halb seinen Besuch zugesagt habe. Bei dieser Gelegenheit werde er auch nach Kassel kommen. Mit einem Hoch auf den neuen Bürger der Stadt Kassel leerten die Vertreter derselben zum Schluß ihr Glas, während Fürst Bismarck auf das Wohl der Hauptstadt des Hessenlandes trank.

20. Juni 1890. Friedrichsruh. Bei der Frühstückstafel: Graf Herbert Bismarck, Graf Kayserling, Lothar Bucher und Dr. Heinrich Friedjung aus Wien.[1]) Während der Mahlzeit kam das Gespräch auf die Jagd und einer der Gäste fragte den Fürsten, warum dieser seiner einstigen Jagdleidenschaft so gänzlich entsagt habe. „Mit den Leidenschaften — antwortete Fürst Bismarck — verhält es sich wie mit den Forellen in meinem Teich: eine frißt die andere auf, bis nur mehr eine dicke alte Forelle übrig bleibt. Bei mir hat im Laufe der Zeit die Leidenschaft zur Politik alle anderen Leidenschaften aufgefressen." Graf Kayserling bemerkte nach einer Pause: „Du wirst doch wieder die Jagd aufnehmen." Worauf Bismarck erwiderte: „Ich glaube nicht; es thäte mir heute leid, auf Wild zu schießen." Unterdessen hatten die beiden prächtigen Hunde des Fürsten sich wedelnd dem Gaste genähert. „Sie wollen die Krume von Ihrer Semmel, Herr Doktor," sagte Fürst Bismarck lächelnd. Dr. Friedjung bat um die Erlaubniß, die schönen Thiere damit füttern zu dürfen. Der Fürst gestattete dies und fügte hinzu: „Ich liebe die Hunde; sie lassen es Einen nie entgelten, was man ihnen Uebles gethan." Nach aufgehobenem Frühstück sprach Fürst Bismarck ausführlich über die Ereignisse nach dem Kriege von 1866, stets betonend, wie sehr ihm die rasche Auseinandersetzung und die Versöhnung mit Oesterreich am Herzen gelegen.

---

[1]) Dr. Friedjung, welcher an einem Werke über den Krieg von 1866 arbeitete, hatte sich an den Fürsten Bismarck mit der Bitte um eine Unterredung gewandt, welche ihm Aufschlüsse über die Wendepunkte der preußischen Politik vor dem Kriege von 1866 gewähren könnte. Mit der nächsten Rückpost erhielt Dr. Friedjung von dem Privatsekretär des Fürsten Dr. Chrysander eine zusagende Antwort. In Friedrichsruh, auf einem längeren Spaziergang durch Park und Wald, entwarf Bismarck dem Besucher in weiten Zügen ein Bild seiner Pläne zur Einigung Deutschlands sowie der Art ihrer Durchführung bis zum Kriege zwischen Oesterreich und Preußen. Das gegenseitige Verhältniß dieser beiden Staaten, wie es Bismarck auf der Konferenz zu Schönbrunn nach dem Kriege gegen Dänemark gestalten wollte, zeichnete der Fürst seinem Gaste durch die interessante Bemerkung hin: „Ich wollte ja Oesterreich mit Preußen in keine Erwerbsgenossenschaft bringen, die jeden Gewinn buchmäßig vertheilt; mir war es eher um eine Art angenehmer Jagdgenossenschaft zu thun, bei der jeder Theil von der Beute nimmt, was er eben brauchen kann."

22. Juni 1890. Friedrichsruh. Frühstück, an welchem Graf Mavierling, zwei Gräfinnen Pahlen (aus den baltischen Provinzen), Geheimrath Bucher und die mit Ueberreichung der Dankadresse Berliner Bürger betraute Abordnung, bestehend aus dem Baurath Kyllmann, Präsidenten der Akademie der Künste Professor Becker, Dr. med. Blasius, Landtagsabgeordneten Konsul Weber, Professor Lortzing, Redakteur Tourmier und Obermeister Kleemann, theilnahmen.[1]

Das Gespräch betraf Berliner Verhältnisse; der Fürst, der die Unterhaltung führte, flocht zahlreiche Erinnerungen aus seinem Leben ein. Er trank als Berliner auf das Wohl der Berliner und erinnerte sich dabei des Toastes, welchen er offiziell bei Kroll bei der Einzugsfeierlichkeit auf die Hauptstadt ausgebracht hatte.[2] Später trank Professor Becker auf das Wohl des Fürsten und Professor Lortzing auf das Gedeihen der fürstlichen Familie.

Die Anwesenheit der großen Hunde, denen Bismarck wiederholt Bissen zuwarf, leitete das Gespräch auf Tyras und die bekannte Episode mit dem Fürsten Gortschakow gelegentlich der Berliner Konferenz. Fürst Bismarck schilderte in drastischer Weise den Vorgang so, daß Fürst Gortschakow vom Tisch aufgestanden sei, er habe den Fürsten unterstützt und Tyras sei zugesprungen, weil ein guter Hund, selbst ein Jagdhund, zuspringe, wenn er glaube, sein Herr sei im Handgemenge. Tyras sei außerdem auf den Mann dressirt gewesen. Er habe Tyras durch einen scharfen Anruf zurückgehalten.

Vielfach erinnerte sich der Fürst an seine Kindheit und an den Aufenthalt seit seinem sechsten Jahre in dem strengen, nur der Arbeit gewidmeten, nach Pestalozzi geleiteten Plamann'schen Stift, wo man früher mit einem Pnff geweckt wurde. Auch der Bismarcklinde im späteren Blindeninstitut in der Wilhelmstraße gedachte er. Aus deren Holz, welches der spätere Besitzer des Grundstücks, Kommerzienrath Habel, ihm gesandt, sei ein Gewehrschrank gefertigt worden.

Auf Schönhausen übergehend äußerte er die Absicht, in den weiten Räumen des dortigen Schlosses ein Museum von allen den Kostbarkeiten zu errichten, welche ihm geschenkt seien. Den Mittelpunkt würde das große Bild des jungen Kaisers bilden, welches den Speisesaal, in welchem sich die Tafel befand, zierte. Es warte dort Vieles seiner ordnenden Hand.

Von der Fürstin daran erinnert, daß sich der Ordner des großen Fackelzuges zum siebenzigsten Geburtstage[3] unter der Deputation befinde, bemerkte der Fürst beiläufig, diese Periode seines Lebens sei vielleicht der Höhepunkt seines Wirkens gewesen. Damals hätte er eigentlich aus dem Amte scheiden müssen, aber die Liebe zum Herrscherhause habe ihn abgehalten. Das Abendroth

---

[1] Vergleiche über diesen Empfang mein Werk: „Die Ansprachen des Fürsten Bismarck" S. 196.

[2] Abgedruckt findet sich dieser Toast oben Seite 32 und 33.

[3] S. Hahn „Fürst Bismarck", Bd. 4 (1886) S. 649 (Die nationale Bismarckfeier von 1885).

seiner Thätigkeit seien die Neunundneunzig Tage gewesen, während deren er seinem hochseligen Kaiser Friedrich habe dienen können. Er sei darauf vorbereitet gewesen, daß er keine Differenz mit dem Herrscher haben würde; in der That habe er nur Gutes von ihm und auch der Kaiserin erfahren. Die Battenberg'sche Affaire, welche ihm so vielfach zum Vorwurfe gemacht sei, habe er nur im Einverständniß mit Kaiser Friedrich behandelt. Wenn das nicht wäre, so hätte sich doch ein Zeichen des Unmuths ergeben müssen. Aber nie sei dies erfolgt. Im Gegentheil habe ihn der Kaiser unmittelbar nach der Beendigung derselben umarmt.[1]

8. Juli 1890. Friedrichsruh. Frühstück, an welchem die Abordnung der New-Yorker Independent-Schützen theilnahm, bestehend aus den Herren: Hauptmann J. J. Diehl, Präsident William A. Weber, George Ehret, Lieutenant H. Weber, Hauptmann a. D. P. Löwer, Schützenmeister J. Koerber, H. Weiler, D. J. Stein, J. Koster, L. Lehning, Maaß, Kruse, H. Mahrenholz, M. Eisenhauer, F. Waldschmidt, C. Heuser, A. Mahrenholz, Joh. Jac. Krauß, Splitdorf, B. Wintermeyer, George Hoepsner und dem Ehrenmitglied der New-York-Independent-Schützen-Vereinigung, Kommerzienrath Wegeler aus Koblenz[2]). Während der Tisch gedeckt wurde, traten die Herren mit dem Fürsten auf den großen Balkon und genossen plaudernd die herrliche Aussicht über Wiese, Bach und Wald. — Der Fürst nahm sodann in der Mitte der Tafel an der Fensterseite Platz, und gab demnächst in heiterster Weise verschiedene Episoden aus seinem Leben zum Besten. Ferner erkundigte er sich danach, wo denn eigentlich der Schützenplatz in Berlin sei, er habe keine Ahnung davon. Als man ihm sagte in Pankow, meinte er, dorthin sei doch die Verbindung keine sehr gute, weil es so weit entfernt liege. Er sprach dann über seine frühere Leistung als Wildschütze, jetzt aber sei es vorbei, er möge keinem Wild mehr etwas zu Leibe thun, er schieße höchstens noch auf neunzig bis hundert Schritt gegen einen Baum; große Freude mache ihm aber das Reiten, er sitze oft noch mehrere Stunden zu Pferde.

Des Weiteren erzählte der Fürst, wie wunderbar sein Sohn Herbert im französischen Kriege durch eine große Taschenuhr, die er demselben geschenkt

---

[1] 23. Juni 1890. Friedrichsruh. Der Vorstand der Antwerpener Abtheilung der deutschen Kolonialgesellschaft bei der Frühstückstafel. Die Antwerpener Herren hatten Bismarck eine kunstvoll ausgestattete Abschrift des dem Fürsten zu seinem 75. Geburtstage gesandten Telegramms überreicht, das folgenden Wortlaut hat: Tief durchdrungen von den Gefühlen aufrichtigsten Dankes für das Ansehen, welches Ew. Durchlaucht weise Politik dem deutschen Namen im Auslande zu verschaffen wußte, entsendet die erst vor einigen Wochen ins Leben gerufene und bereits 200 Mitglieder zählende Abtheilung Antwerpen der deutschen Kolonialgesellschaft ihre wärmsten Glück- und Segenswünsche. Ew. Durchlaucht zum heutigen Geburtsfest Mögen Ew. Durchlaucht noch lange Jahre ungetrübten Glückes beschieden sein.

[2] Vergleiche über diesen Empfang mein Werk: „Die Ansprachen des Fürsten Bismarck" S. 141.

hatte, gerettet worden sei. Ein Schuß hätte direkt das Herz durchbohrt, wenn er nicht an dieser Uhr abgeprallt wäre. Graf Herbert habe diese Uhr, welche noch die Sekunde zeigte, in welcher dieser Schuß sie traf, aufbewahrt.

Herr Weber machte auf das überraschend gute Aussehen des Fürsten aufmerksam und meinte, wenn es anginge, müßte der Fürst anordnen, daß alle letztjährigen Photographien vernichtet werden, weil sie nicht ähnlich seien. Der Fürst erwiderte lächelnd, das mache die große Ruhe, welche er jetzt schon drei, sogar schon seit vier Monaten genieße. Er fühle sich auch, trotzdem er im 76. Jahre sei, recht wohl, müsse allerdings streng nach den Vorschriften seines Arztes leben. Wenn man auf einem solchen verantwortlichen Posten stehe, wie er es so lange gethan, dann habe man manche Sorge, die er jetzt nicht mehr kenne. Manche Entscheidung habe man von ihm verlangt und er habe sie geben müssen; nicht immer habe er darauf schwören mögen, ob seine Entscheidung die richtige gewesen. Auch er könne sich irren, aber gesorgt habe er sich stets, denn er wäre verantwortlich dafür gemacht worden, ob die Sache nun gut oder schlecht verlief. Diese Sorge habe er jetzt allerdings nicht mehr, aber sich ganz von aller Politik zurückzuziehen, das bringe er nicht fertig. Er hätte nach Varzin fahren und dort der Ruhe pflegen können. Dann wäre er aber vollends ein Hinterwäldler geworden. Er habe Friedrichsruh vorgezogen, weil er hier in der Nähe einer großen Stadt lebe und doch auch mal Menschen sehen könne. Auf die Photographien zurückkommend, wolle er übrigens erwähnen, daß gestern einige Herren aus Lübeck bei ihm gewesen seien und verschiedene Aufnahmen gemacht hätten, zu Pferde und zu Fuß. Der Fürst versprach Herrn Weber's Bitte zu erfüllen, den Independenten diese neuesten Bilder zu schenken, um sie mit nach Amerika zu nehmen. Auf eine Bemerkung des Kommerzienraths Wegeler, daß einer der anwesenden Schützen, Herr Ehret, mit gemischten Gefühlen aus Deutschland fortginge, da seine Tochter von einem preußischen Offizier annektirt worden sei, meinte der Fürst lachend, das sei ja kein so schreckliches Loos für das amerikanische Fräulein, und forderte Herrn Ehret auf, auf das Wohl der jungen Offiziersbraut mit ihm anzustoßen.

Als man sich nach Tisch dem Genuß des Tabacks hingab, bemerkte Bismarck, früher habe er viele Cigarren geraucht, jetzt könne er sie nicht mehr vertragen; er habe nicht die Cigarre aufgegeben, die Cigarre habe ihn aufgegeben.[1]

17. Juli 1890. Friedrichsruh. Anwesend bei der Frühstückstafel der Redakteur der „Dresdener Nachrichten" Dr. Erwin Reichardt. Vergleiche den 11. Theil unter diesem Datum. Ebenso unter:

---

[1] Gegen halb vier Uhr verabschiedeten sich die New-Yorker Schützen von dem Fürsten, der sie aufforderte, vor dem Verlassen des Ortes Friedrichsruh die Holzfägerei und Imprägniranstalt zu besichtigen. Die Meisten machten von der Erlaubniß zur Besichtigung der Sägemühle Gebrauch, Andere lenkten ihre Schritte in den Sachsenwald, um bis zum Abgang der betreffenden Züge noch einen Spaziergang zu machen.

19. und 22. Juli 1890. Theilnahme des Korrespondenten der „New=
Yorker Handels=Zeitung" und der „Nowoje Wremja" am Frühstück.

23. Juli 1890. Friedrichsruh. Gast bei der Mittagstafel der Sekonde=
Lieutenant und Regiments=Adjutant von Schirmeister, welcher die Geschichte
des Küraſſier=Regiments von Seydlitz mitverfaßt und dem Fürſten, welcher
à la suite des Regiments steht, ein Exemplar derſelben überreicht hatte.

1. Auguſt 1890. Schönhauſen. Anweſend bei der Mittagstafel Güter=
direktor Kohnert ſowie die Reſerveoffiziere vom 10. Huſaren=Regiment (Stendal),
Rittergutsbeſitzer von Tretha und Graf Lüttichau. An demſelben Tage Nach=
mittags war auch der ungariſche Abgeordnete Emil Abranyi in Schönhauſen
eingetroffen und nach dem Schloß gegangen, um ſich beim Fürſten Bismarck
melden zu laſſen: derſelbe wurde aber von Dr. Chryſander abgewieſen. Abranyi
veröffentlichte am 13. Auguſt 1890, obgleich er Bismarck nicht geſprochen
hatte, im „Budapeſti Hirlap" eine Unterredung, welche er mit dem Fürſten
in Schönhauſen geführt haben wollte. Die „Hamburger Nachrichten" erklärten
aber bereits am 16. Auguſt die Unterredung für eine willkürliche Erfindung.

3. Auguſt 1890. Schönhauſen. Bei der Frühſtückstafel Ritterguts=
beſitzer Himburg=Hohengöhren ſowie eine Abordnung der Stadt Rathenow,
beſtehend aus dem Bürgermeiſter Lange, Stadtälteſten Legeler, Stadtverord=
netenvorſteher Weißker und deſſen Stellvertreter Hobrecht.

16. Auguſt 1890. Kiſſingen. Frühſtück, an welchem die Deputation zur
Ueberreichung des Ehrenbürgerbriefes der Stadt Duisburg an den Fürſten Bis=
marck, beſtehend aus dem Oberbürgermeiſter Lehr, Beigeordneten Beſſerer und den
Stadtverordneten Kommerzienrath Bvgen, Bankdirektor Keller und O. Böninger,
theilnahm.[1] Oberbürgermeiſter Lehr erzählte, wie er vor Paris einen ange=
heiterten franzöſiſchen General durch die Vorpoſten zu den Friedensverhand=
lungen nach Verſailles geleitet und dort vor dem Hauptquartier des Fürſten
abgeliefert habe. Fürſt Bismarck erinnerte ſich des Vorfalls und berichtete,
wie man anfangs den Zuſtand des Generals für patriotiſche Beklemmung ge=
halten habe, nach der Konferenz aber in der mit Cognac noch halb gefüllten
Kaffeetaſſe den wahren Thatbeſtand erkannt habe. Bismarck ſprach von den
verſchiedenſten Begebenheiten der Friedensverhandlungen, unter Anderem wie
er Jules Favre gegenüber, der oft mit ſeinen langen Haaren in Verzweiflung

---

[1] Vergleiche über dieſen Empfang mein Werk: „Die Anſprachen des Fürſten Bismarck"
Seite 144. An der runden, reich beſetzten Tafel ſaß der Fürſt zwiſchen den Herren Lehr
und Bvgen, neben letzterem Herr Otto Böninger, und die Herren Beſſerer und Keller
neben dem Grafen von Bismarck. Zuerſt wurde Münchener Hofbräu, dann Moſelwein
(Gewächs des Freiherrn von Stumm) und zuletzt franzöſiſcher Champagner herumgereicht.

gegen die Wand gerannt sei, ob einer von diesem vorgebrachten Unverschämt=
heit all sein Französisch mit einem Male vergessen und nur noch deutsch
gesprochen habe.

Man kam auf die Angelegenheiten der Stadt Duisburg zu sprechen.
Auf eine Anregung des Herrn Böninger berichtete der Fürst, daß er dem
Professor von Lenbach zweimal zu seinem im Duisburger Rathhause befindlichen
Portrait gesessen und wie Lenbach ihn dabei gezwungen, den großen Rothen
Adler=Orden anzulegen. Lenbach erscheine mitunter plötzlich bei ihm, mache
Skizzen, stecke die gelungenen ein und werfe die anderen in die Ecke, so daß
der Fürst habe anordnen müssen, die letzteren zu zerstören, damit kein Mißbrauch
damit getrieben werde.

Befragt, ob es wahr sei, daß er seiner Zeit den Antrag der Stadt Duisburg,
ihr das Recht der Präsentation zum Herrenhause zu geben, mit den Worten
abgewiesen habe, der rheinischen Demokraten seien genug im Herrenhause,
erwiderte der Fürst energisch: „Das ist nicht wahr, eben so wenig wie die mir
angedichtete Aeußerung von dem „an die Wand drüben" der National=
liberalen. Ich halte im Gegentheil das so hoch entwickelte Gemeinwesen und
die Großindustrie Rheinlands und Westfalens für einen sehr gewichtigen Faktor
im Organismus des Staates."

Bei der Havanna bat Herr Bogen den Fürsten, jedem der Abgesandten
zur Erinnerung an den für sie so denkwürdigen Tag ein Bild Seiner Durchlaucht
zu verehren. Fürst Bismarck entsprach bereitwilligst dem Wunsche unter dem
Hinweise darauf, daß er ja aus seiner früheren Stellung gewohnt sei, den
Abgeordneten immer zu Willen zu sein! Der Fürst holte selbst seine Photo=
graphien verschiedenster Art herbei und bat die Herren, sich Jeder eine aus=
zusuchen. Seine Durchlaucht ließ alsdann Schreibzeug kommen, unterschrieb
die ausgesuchten Bilder mit dem großen Gänsekiele: „v. Bismarck, Kissingen
16./8. 90." und überreichte sie den Herren.

23. August 1890. Kissingen.[1]) Fürst Bismarck lud die aus Heilbronn
eingetroffene, etwa 60 Mitglieder starke Deputation der dortigen deutschen Partei
nach Beendigung des offiziellen Empfangssaales[2]) ein, sich mit ihm um den
Tisch niederzulassen. Es wurde Bier gereicht und die Unterhaltung lenkte
rasch in gemüthliche Bahnen. Der Fürst fragte unter Anderem, ob in Heilbronn
mehr Bier oder Wein getrunken werde, ob der Neckarwein auch haltbar sei?
Früher habe er viel Markgräfler getrunken, der sei auch sehr gut und er
habe auch geglaubt, er halte sich nicht; es müsse dies ungefähr nach dem
Himmelsstrich derselbe Wein sein, wie der Heilbronner. Auf die Frage, wo

---

¹) Am 19. August 1890 war Fürst Bismarck und Graf Herbert Abends um 6 Uhr
bei dem Herzog von Edinburg im Kurhause zur Tafel eingeladen. Nach Beendigung der
Tafel setzten sich der Fürst und der Herzog an die offene Ballonthür, sich mit einander
unterhaltend.

²) Vergleiche hierüber mein Werk: „Die Ansprachen des Fürsten Bismarck" Seite 146.

denn der Heilbronner Wein hinkomme, da man im Norden wenig von ihm höre, wurde geantwortet: „Ja, den trinken wir meist selber." Mit Bezug auf das vorgesetzte Bier meinte der Fürst, das bayrische Bier sei auch nicht schlecht; er trinke schon seit dreißig Jahren nur Münchener Bier. Als darauf erwidert wurde, dasselbe habe in seiner Verbreitung die Welt erobert, sagte er: „Nun, wenn wir auch nicht die Welt erobern, so wollen wir doch mit Münchener Bier anstoßen." Hierbei wurde von ihm die anwesende Gattin des Herrn Moosbrugger, welche bisher bescheiden zurückstand, bemerkt. „Ah, da haben wir ja ein Käthchen!" rief er aus und ersuchte sie, in seiner Nähe Platz zu nehmen; er freue sich herzlich, nun doch eine Vertreterin Heilbronns bei sich zu sehen.

Unter den Besuchern befand sich auch Professor Dr. Egelhaaf aus Stuttgart, der seit zwei Tagen in Kissingen weilte und sich den Heilbronnern, mit denen er zusammentraf, angeschlossen hatte. Während man nun im Kreise versammelt war, bat er, als früherer Heilbronner einige Worte sprechen zu dürfen. In eindrucksvoller Rede rechtfertigte er das Zusammengehen der Deutschen Partei mit dem Fürsten. „Man hat uns Nationalen von gegnerischer Seite den Vorwurf gemacht, wir seien Bismarckianer sans phrase. Wir haben daraus einen Ehrentitel für uns gemacht, weil wir wußten, daß wir nie gezwungen seien, auf eine heilige politische Ueberzeugung zu verzichten, sondern weil wir sicher sein durften, daß der Fürst gerade das vertheidigen würde, was uns das Heiligste ist: ein einiges, mächtiges Vaterland und das deutsche Kaiserthum. Wir wissen auch, daß, wenn einmal schwere Noth käme, sich das verwirklichen würde, was Wilhelm von Oranien einst von sich selber sagte: Jetzt reißen sie mich herunter, wenn ich aber einmal todt bin, da würden sie mich mit ihren eigenen Nägeln aus der Erde hervorkratzen, wenn sie es könnten. Gott gebe, daß noch lange der Mann unter uns wirkt, der jetzt noch der Herkules der Welt ist. Wir können keinen andern Dank dem unvergleichlichen Staatsmanne zollen, als daß wir geloben, festzuhalten an den Grundsätzen, die er vertheidigt hat und die auch wir stets vertheidigen wollen."

Nachdem die begeisterten, diesen Worten folgenden Hochrufe verklungen waren, dankte der Fürst, wobei er unter Anderem äußerte, es sei ihm Anfangs schwer geworden, sich an die Unthätigkeit zu gewöhnen; es sei ihm sonderbar vorgekommen, wenn er Morgens aufwachte und nichts zu thun hatte, als seine Uhr aufzuziehen. Aber jetzt fühle er doch, daß durch diese Behaglichkeit eine gewisse Abspannung der nervösen Ueberreizung bei ihm eingetreten sei, und diesem Umstande nächst seinem verehrten Arzte Dr. Schweninger verdanke er es, daß er sich heute wohler fühler, als seit zehn Jahren. Er hoffe, die Herren im nächsten Jahre wieder hier begrüßen zu können.

Unter dem Eindruck dieser mit freudigem Danke aufgenommenen Worte erhob sich Herr Gustav Fuchs und brachte einen Toast aus, worin er unter Anderem seinen Dank dafür aussprach, daß die Staatskunst des Fürsten die Brücke über den Main, dessen Fluth vor 24 Jahren noch Nord und Süd

12*

trennte, so gefügt und derart ausgebaut habe, daß heute im Süden, und nicht zum Wenigsten in Schwaben, der nationale Reichsgedanke Wurzeln geschlagen habe; er schloß dann mit einem Hoch auf die Fürstin Bismarck.

Fürst Bismarck folgte mit großer Aufmerksamkeit diesen Worten. An der Stelle, die von der Mainbrücke handelte, ging es wie Wetterleuchten durch seine Züge und am Schlusse, dem stürmische Hochrufe folgten, dankte er freudig bewegt im Namen seiner abwesenden Frau, die es herzlich freuen werde, wenn sie erfahre, wie viel Wohlwollen ihr im Süden zu Theil werde, vielleicht mehr als in Norddeutschland. Dann, auf sich selbst Bezug nehmend, äußerte der Fürst: „Sie wissen ja, kein Prophet wird geehrt in seinem Lande. Ich bin auch einmal klein gewesen und nun, da ich groß geworden, kann mir dies mancher nicht verzeihen. Aber alles übelwollende Urtheil wird mit der Zeit vergessen. Was die Zeitungen über mich schreiben, das ist Staub, den ich mit der Bürste abwische, das ist mir gleichgültig. Ich lege nur Werth auf die Geschichte, was die später über mich sprechen wird. Mein einziger Ehrgeiz, den ich noch habe, besteht darin, daß ich eine gute Grabschrift erhoffe. Darum bitte ich, nicht sofort, aber in den Herzen.“

Der Fürst wandte sich nun wieder zu Frau Moosbrugger, reichte ihr nochmals die Hand und übergab ihr als der einzigen Dame, die da sei, die einzige Rose, die er trage. Weiter äußerte er, daß er von Kissingen aus nach Varzin sich begeben werde, das er seit zwei Jahren nicht gesehen. Im nächsten Jahre hoffe er, wenn seine Gesundheit es erlaube, Reisen zu unternehmen; vielleicht komme er dann auch nach dem Süden. Auf den Zuruf, in Schwaben werde er mit Jubel begrüßt werden, entgegnete er: „Ja, das ist es eben, mir wäre es viel lieber, wenn man sich so incognito durchschlängeln könnte.“

24. August 1890. Kissingen. Frühstück, zu welchem zwei Kissinger Kurgäste, Stadtrath Schlatter aus Zürich und Oberstlieutenant Huber aus Hausen am Albis, geladen waren.

Die beiden Schweizer veröffentlichten über diesen Besuch einen Bericht, dem wir Folgendes[1] entnehmen:

---

[1] Zur Ergänzung dessen, was darüber bereits bemerkt ist in meinem Werke: „Die Ansprachen des Fürsten Bismarck“ Seite 147. Ueber die Aeußerlichkeiten des Empfanges heißt es in dem oben erwähnten Berichte: Wir treten in ein verhältnißmäßig kleines Speisezimmer, in dessen Mitte sich ein runder, gedeckter Tisch befindet. Bei unserem Eintreten erhebt sich eine mächtige Gestalt vom Tisch und wendet sich gegen uns, die großen Augen fest auf uns gerichtet. Es ist Fürst Bismarck. Er heißt uns mit Händedruck willkommen, und wir nehmen, seiner Aufforderung folgend, zu seiner Linken am Tische Platz. Uns gegenüber sitzen zwei Herren; der schwarze mit der Brille, der sich fortwährend Wasser in den Wein gießt, ist der Leibarzt Schweninger; der jüngere, der uns auf einen Wink des Hausherrn die Platte servirt, ist der Privatsekretär Dr. Chrysander. Neben dem Fürsten am Boden liegt eine prachtvolle blauschwarze Dogge, Tyras, der „Reichshund“. Der Fürst ist im schwarzen, leichten, zugeknöpften Gehrock: im Aufschlag trägt er eine gelbe Rose.

Man sprach zunächst von Kurangelegenheiten. Dann erkundigte sich der Fürst nach Züricher Persönlichkeiten. Er kannte unter Anderem Dr. Wille von Göttingen her und fragte nach seinem Befinden, beifügend, Wille habe eine Verwandte von ihm geheirathet. Mit Interesse vernahm der Fürst, daß der alte Studienfreund noch wohlauf sei und jede Woche von Meilen nach Zürich zum L'hombre komme. Als wir die bekannte Stelle aus Heinrich Heine's „Wintermärchen" zitirten, die Wille's von Mensuren stark verbauenes Gesicht besingt („da ist der Wille, dessen Gesicht ein Stammbuch u. s. w."), erzählte unser Wirth uns mit Behagen eine allerliebste Anekdote, in der Dr. Wille die Hauptrolle spielt und die sich zwischen Jena und Göttingen zugetragen hat.

Auf die Frage, wie es jetzt in sozialpolitischer Hinsicht in der Schweiz gehe, gaben wir den Bescheid: „Wir haben jetzt einen Bundesanwalt, aber er hat nichts zu thun; in vierzehn Tagen soll der schweizerische Juristentag in Zürich zunächst de lege ferenda über die Kompetenzen berathen," worauf der Fürst erwiderte: „Desto besser; vielleicht hat er nur deshalb nichts zu thun, weil er nun da ist."

Mehrmals während des Essens brachte der Diener Karten, die der Fürst aufmerksam ansah; im Halbton gab er kurzen Bescheid. Einmal erhob er sich von der Tafel und verließ uns, kehrte aber bald zurück, bemerkend: „Eine Dame und ein Bouquet."

Wir äußerten, das sei keine Sommerfrische, die vielen Störungen! „Ach — sagte der Fürst — die Leute meinen es gut. Diesmal kostete es mich nur eine Photographie." An Bewegung wie an Arbeit sei er von Jugend auf gewöhnt. Der große Vortheil, den er in seinem jetzigen körperlichen Wohl= befinden mit Dank gegen die Vorsehung täglich von Neuem genieße, bleibe ihm doch gerade hier in Kissingen ungeschmälert: Frei zu sein von der Sorge des Amtes, einmal los zu sein das Gefühl der Verantwortlichkeit für das Deutsche Reich, wie es vordem wie ein Alp auf ihm gelastet.

Man brachte Trauben und Pfirsiche in kolossaler Größe zum Nachtisch. Der Fürst brach einen Pfirsich an und gab davon dem neben ihm ruhenden Tyras, der ihn sofort verschlang. „Er ist Vegetarianer," sagte sein Herr.

Schon während des Essens hatte der Fürst erzählt, wie er vom Land= wirth zum Schreiber geworden sei, gegen seine Absichten. („Und mit welchen Erfolgen!" gestatten wir uns hineinzuwerfen.)

Besonders werthvoll schienen uns seine Argumente bezüglich der Balten und Oesterreichs. Ein warmes Herz schlägt in Fürst Bismarck's Brust für die Deutschen in den Ostseeprovinzen; das ging schlagend aus Allem hervor, was er uns sagte; er kennt das Volk genau, auch den dortigen Adel, von dem er viel hält und unter dem er zahlreiche Freunde zählt, „aber — man kann nicht helfen." [1]

---

[1] Unsere Cigarren — so heißt es am Schlusse des Berichts — waren zu Ende. Ein neuer Besuch wurde gemeldet. Man erhob sich von den Stühlen. Wir näherten

24. August 1890, Nachmittags 5 Uhr. Schloß Aschach bei Kissingen. Fürst Bismarck folgt einer Einladung des Regierungspräsidenten Grafen Luxburg zum Essen; dazu waren auch unter Anderem geladen der deutsche Botschafter in Madrid Freiherr von Stumm mit Gemahlin und Graf und Gräfin Henckel von Donnersmarck, derzeit Kurgäste in Bad Kissingen. Auf die Frage eines Herrn an Bismarck, ob ihm die stürmischen Huldigungen der Kissinger manchmal nicht lästig seien, sagte der Fürst: „Keineswegs. Die Leute meinen es gut mit mir." Mitunter wurde es aber doch etwas viel. So zum Beispiel ließen ihm namentlich die Photographen auf Spaziergängen keine Ruhe. Während derselben Saison näherte sich bei der oberen Saline dem Fürsten ein Herr (Amerikaner), grüßte und streckte ihm die Hand entgegen. Als der Fürst ihm wohl oder übel die Hand reichte, schüttelte sie Jener tüchtig und sagte: „So, nun kann ich drüben in Amerika erzählen, der größte Staatsmann Europas habe mir die Hand geschüttelt," verbeugte sich und verschwand.

31. August 1890. Kissingen. Fürst Bismarck hatte eine Deputation des Kissinger Veteranen- und Kriegervereins empfangen und dieselbe bewirthet. Der Fürst erzählte besonders viel über Sedan, welcher körperlichen und geistigen Anstrengung er ausgesetzt gewesen sei. Er habe damals vierzig Stunden nichts genossen, so daß ihm am Abend, als er mit dem Könige die Truppen begrüßen mußte, ein Reitknecht des Königs ein Stück Brot und eine Flasche Moselwein gegeben habe. Er erzählte auch, welchen Eindruck es auf ihn gemacht habe, als er bei einbrechender Dunkelheit mit dem Könige reitend einen so angenehmen Bratengeruch in die Nase bekommen habe, daß ihm bei seinem großen Hunger der Mund wässerig geworden sei, als er aber dem Geruch näher gekommen, wären es verbrannte Leichen in der Nähe von Bazeilles gewesen, und der Hunger sei ihm sofort vergangen.

Dann kam der Fürst auf die jetzige Kriegführung zu sprechen, die durch die neuen Erfindungen immer mörderischer werde, und meinte, wenn man jetzt wieder Krieg führe und auch noch so viel Entschädigung bekomme, das Elend und die Kosten, die ein Krieg verursache, könne man doch nicht bezahlen. Zum Glück sei die Kriegführung gegenwärtig so kostspielig, daß es sich Jeder wohl überlege, ob er anfangen könne.

Der Fürst trank mit der Deputation auf treue, gute Kameradschaft und nahm dankend den Wunsch des ersten Vorstandes für guten Kurerfolg und ferneres Wohlergehen entgegen. Der Fürst schenkte seinen Nachbarn fleißig Champagner ein, indem er sagte, sie sollten nur trinken, denn Einer oder der Andere müsse doch noch eine Rede halten, und da mache der Champagner

uns dem Fürsten und dankten für die uns zu Theil gewordene Ehre. Wir sagten dem Fürsten, daß wir die Auszeichnung, von ihm empfangen worden zu sein, nicht als unserer Person, sondern als unserem Lande erwiesen ansehen. Er geleitete uns mit ein paar Schritten gegen die Thür und verabschiedete uns dort mit einem Händedruck.

Conrade. „Mir ist es immer so gegangen — sagte der Fürst — wenn ich eine Flasche Moselwein und eine halbe Champagner im Leibe hatte, dann habe ich im Reichstage immer viel leichter gesprochen."

19. Dezember 1890. Friedrichsruh. Zur Frühstückstafel war die unter Führung des Oberbürgermeisters Schmieding eingetroffene Deputation zur Ueberreichung des Ehrenbürgerbriefes der Stadt Dortmund hinzugezogen.[1])

21. Dezember 1890. Friedrichsruh. Frühstückstafel, an welcher die Deputation theilnahm, welche dem Fürsten Bismarck eine Adresse der Stadt Straßburg i. E. überreicht hatte.[2]) Es waren dies: Professor Dr. Ziegler, Rechtsanwalt Freiherr Scholt von Schottenstein, der Präsident des Gewerbe-vereins, Maler Herbst und Zeichner O. Weymann. Zu Seiten des Fürsten saßen Professor Ziegler und Maler Herbst, neben der Fürstin Freiherr von Schottenstein, neben dem Grafen Rantzau Herr Weymann.

Nach dem zweiten Gange erhob sich der Fürst, ergriff sein Champagner-glas und brachte einen Trinkspruch auf den Kaiser aus, worauf er mit jedem der Anwesenden anstieß und sein Glas leerte. Interessant war, was der Fürst über die Presse u. s. w. erzählte. Die Redaktionen selbst, meinte er, werden niemals gewonnen; sie stehen stets intakt da. „Aber die politischen Korrespondenten, die die Sachen in die Zeitungen bringen, an denen hat die Regierung natürlich ein lebhaftes Interesse, und mit denen setzt sie sich in Verbindung, wenn sie ihre Pläne und ihre Ansichten in die Presse lanziren will." Der Fürst erzählte dabei mit der größten Offenheit einen Spezialfall aus der Vergangenheit, welcher die, der hohen Politik unentbehrlichen poli-tischen Korrespondenten charakterisirte, wobei er schließlich sagte: „Ja, die Größe und Brauchbarkeit des politischen Korrespondenten liegt eben nur in der Biegsamkeit seiner Feder."

Ueber die Könige Wilhelm von Württemberg und Max von Bayern äußerte sich Bismarck in folgender Weise: König Wilhelm, ein durchaus nationaler, fast burschenschaftlich gesinnter Herr, habe ihn (den Fürsten) für einen jungen Diplomaten mit viel Enthusiasmus gehalten. Er sei immer gern bei ihm in Stuttgart gewesen. „In München stieg ich durch die Reihe der Hellebardiere zum Prunksaal, wo ich mich vergebens nach einem Stuhl umsah und mit dem König Max stehend eine Stunde lang Fragen der hohen Politik verhandeln mußte. Dann fuhr ich nach Stuttgart: kaum war ich dort angekommen und im Hotel Marquardt abgestiegen, so erschien bereits der Flügeladjutant und lud mich ein, so wie ich ging und stand ins Schloß zu kommen; dort traf ich den König Wilhelm am Kamin sitzend, ein Bein über das andere geschlagen, und dort verhandelte er mit mir in aller Behaglichkeit

---

[1]) Vergl. über diesen Empfang „Die Ansprachen des Fürsten Bismarck" S. 151.

[2]) Vergl. über diesen Empfang mein Werk „Die Ansprachen des Fürsten Bismarck" S. 151.

dieselben Fragen. Ein merkwürdiger Kontrast gegen München, wo ich wenige Stunden vorher gewesen war."

Das Gespräch kam auf Annexionsfragen, und da sagte der Fürst: „Deutschland kann eben nur solche Länder annektiren, welche es unbedingt zum Schutze seiner Grenzen braucht, oder welche so deutsch sind, daß wenn auch der letzte Soldat herausgezogen ist, das Land immer noch deutsch ist und deutsch bleibt." So seien beispielsweise in der Zeit von 1866 bis 1870 Anspielungen über Annektirung der Niederlande gemacht worden, auf welche er geantwortet habe: „Und wenn die 5 000 000 Niederländer auf den Knien um Annexion bitten würden, Preußen könnte und würde sie nicht annehmen können, die müssen sehen, wie sie selbst mit ihren Kolonien fertig werden."

Ungünstig sprach sich der Fürst über die jahrelang verfolgte Sonderpolitik und Partikularistik mancher Staaten aus, welche ihm seine Amtsführung unverhältnißmäßig erschwert hätten.

Ein Gespräch über Weine brachte den Fürsten darauf, daß er auch alten elsässischen Wein im Keller habe, den er der Güte des verstorbenen Baron Zorn von Bulach verdanke, der ihm noch aus der napoleonischen Zeit als ein verständiger Mann in guter Erinnerung geblieben sei. Auf die Bemerkung des Freiherrn von Schottenstein, daß die sehr guten, zum Theil trefflichen Weine des Elsaß in Norddeutschland leider noch viel zu wenig bekannt seien, gab der Fürst einer Zusicherung des Dr. Chrysander, daß im fürstlichen Keller damit Versuche gemacht werden sollten, freundliche Zustimmung.

Auf die Frage, ob der Fürst nicht einmal das Elsaß besuchen würde, entgegnete er, er zweifle, ob die Reiselust noch einmal in ihm rege werden würde. Es würde ihm durch mancherlei Dinge das Reisen verleidet, und er sei mitunter sehr nervös; das komme noch von seiner Amtsthätigkeit her, denn die hohe Politik leiten sei ungefähr dasselbe wie das Wetter machen: man müsse dabei auf Wochen und Monate hinaus die Stimmung und die Entschließungen von Personen und oft weit weg wohnenden Körperschaften im voraus sehen, um dadurch seine Anordnungen zu treffen, und sorgen, daß sie zutreffen und im geeigneten Augenblick wirken; das reibe den Körper auf und mache schlaflose Nächte, die Verantwortung über viele Millionen Menschen und noch mehr Millionen fremde Gelder sei zu groß gewesen; er könne heute noch keine Nacht ruhig schlafen, wenn er nachdenke, wie manches hätte werden können. Und doch sei die jetzige Ruhe ihm auch nicht angenehm. Ein tüchtiger Arzt habe ihm seiner Zeit gesagt, der an Thätigkeit gewöhnte Menschengeist sei mit einer Rakete zu vergleichen, welche so lange steige, als der Treibsatz brenne; sobald der nicht mehr brenne, sinke sie und verlösche. So werde es ihm auch gehen, ihm fehle die Thätigkeit. Mit der Landwirthschaft sei er durch seine dreißigjährige anderweitige Beschäftigung nicht mehr so eng verbunden, um seine Befriedigung darin zu finden, und nichts zu thun, sei er nicht gewöhnt; sein jetziger Zustand sei also kein beneidenswerther, obgleich er vielleicht vielfach beneidet werden möge.

Als die Stunde der Abfahrt für die Deputation gekommen war, erhob sich der Fürst und sagte feierlich und ernst: „Nun, meine Herren, bitte ich Sie nochmals, der Stadt Straßburg meinen herzlichsten Dank auszusprechen für die mir gewordene Anerkennung. Seien Sie versichert, daß ich stets sehr für Straßburg gewesen bin und in Zukunft noch mehr an Straßburg denken werde. Ich bitte Sie, meine Herren, halten Sie fest zu Kaiser und Reich, wie ich es auch stets gethan habe und thun werde. Auch Sie sind Schrauben, mit denen der einstmals abgebrochene Fuß am deutschen Kaiserthrone wieder befestigt ist, halten Sie so fest, wie ich es auch gehalten habe."

3. Januar 1891. Hamburg. Zum Diner bei Herrn Emil Voigt. An demselben nahmen noch theil: die Frau Fürstin, Graf Herbert und Graf Wilhelm Bismarck nebst Gemahlin, die Schwester des Fürsten, Frau von Arnim, und Professor Dr. Schweninger.

5. Januar 1891. Friedrichsruh. Max Bewer aus Dresden, der Verfasser mehrerer Bismarck-Schriften,[1] zur Frühstücks- und Mittagstafel. Ueber die bei dieser Gelegenheit geführten Gespräche vergleiche die Broschüre: „Bei Bismarck" von Max Bewer, Dresden. Druck und Verlag der Druckerei Glöß, 1891.[2]

6. Januar 1891. Friedrichsruh. Mittagstafel, zu welcher Oberbürgermeister Pietscher und Generaldirektor Wessel, welche dem Fürsten Bismarck den Ehrenbürgerbrief der Stadt Bernburg überreicht hatten, geladen waren.[3] Der Fürst sprach viel über Anhalt und sein Fürstenhaus. Bei dieser Gelegenheit frug Oberbürgermeister Pietscher, ob es wahr sei, daß ihm, dem Fürsten, im Jahre 1851 der anhaltische Ministerposten angeboten worden sei. Der Fürst erklärte, es seien ihm in jener Zeit mehrfach Ministerposten in nichtpreußischen Staaten angeboten worden; daß dies aber in jenem Jahre von Anhalt auch geschehen sei, glaube er kaum. Er hätte auch ein solches Amt nicht annehmen können, denn er sei damals schon Bundesbevollmächtigter Preußens in Frankfurt a. M. gewesen. Auch Hannover habe ihm den Ministerpräsidentenposten angeboten gehabt; dieses Amt habe er aber noch weniger annehmen können, weil seine Ansichten ganz andere gewesen seien, als die des Königs Georg.

Fürst Bismarck sprach sodann über historische Ereignisse, seine Erlebnisse in Rußland, fürstliche Personen, Politik :c. Auf ein durch Herrn Pietscher

---

[1] „Bismarck wird alt!" „Gedanken über Bismarck." „Rembrandt und Bismarck." Sämmtlich erschienen im Verlag der Druckerei Glöß, Dresden.

[2] Zuerst erschien das Referat Bewer's über seinen Friedrichsruher Besuch in dem „Hamburger Correspondenten" Nr. 17 vom 8. Januar 1891 (Morgen-Ausgabe), Nr. 20 vom 9. Januar 1891 (Morgen-Ausgabe), Nr. 26 vom 11. Januar 1891 (Morgen-Ausgabe) und Nr. 39. vom 16. Januar 1891 (Morgen-Ausgabe).

[3] Das Nähere über diesen Empfang findet sich in den „Ansprachen des Fürsten Bismarck" Seite 154.

auf den Fürsten ausgebrachtes Hoch sprach dieser seinen Dank aus und leerte sein Glas auf Bernburg und seine Bewohner.

9. Januar 1891. Altona. Mit der Fürstin und dem Grafen Herbert Bismarck zum Diner bei dem kommandirenden General des IX. Armeekorps von Leszczynski. Zu demselben waren unter Anderem noch geladen: die Generalität, höhere Offiziere, Bürgermeister Dr. Petersen nebst Tochter, Ober= landesgerichts=Präsident Dr. Sieveking nebst Gemahlin und Konsul Weber aus Hamburg sowie Eisenbahnpräsident Krahn aus Altona.

24. Januar 1891. Hamburg. Mit der Fürstin zum Mittagessen beim Bürgermeister Dr. Versmann. Es war nur eine kleine Zahl von Gästen anwesend.

1. Februar 1891. Hamburg. Mit der Fürstin zum Diner bei dem Bürgermeister Dr. Petersen. Das Diner hatte einen durchaus privaten Charakter. An demselben nahmen theil außer der Familie des Gastgebers: General von Leszczynskl aus Altona nebst Gemahlin, Geheimrath Lothar Bucher und mehrere andere, dem Herrn Bürgermeister befreundete Personen. Der Fürst sprach mit vieler Wärme über Hamburg und gab wiederholt Dr. Petersen gegenüber seiner Freude über dessen frisches Aussehen Ausdruck.

8. Februar 1891. Friedrichsruh. Gäste bei der Frühstücks= und der Mittagstafel der zur Ueberreichung des Ehrenbürgerbriefes der Stadt Augs= burg eingetroffene Bürgermeister von Fischer und der Vorsitzende des Ge= meindekollegiums, Fabrikant Forster.[1]) Fürst Bismarck zeigte eine seltene Rüstigkeit und geistige Lebendigkeit. Von der ihm angedichteten Gereiztheit war keine Spur zu entdecken gewesen; ebensowenig von der Absicht, seinem Nachfolger prinzipielle Opposition zu machen. Gleichgiltig freilich sah Fürst Bismarck den Ereignissen nicht zu; es ängstigte ihn, wenn er wahrzunehmen glaubte, daß durch eine Handlung oder Unterlassung den Interessen des Reichs Abbruch geschehe, und in solchem Falle fühlte der Fürst sich verpflichtet, die warnende Stimme zu erheben. Als dem Fürsten erzählt wurde, daß jüngst eine süddeutsche Bauerversammlung die Erklärung: „Eine Politik, welche uns die Getreidezölle nimmt und dafür die Jesuiten giebt, verwerfen wir," abzugeben beschlossen habe, urtheilte er nicht ungünstig über die an jener Versammlung betheiligten Bauern.

Um 4 Uhr wurden offene zweisitzige Jagdwagen bestiegen; im ersten nahmen Fürst Bismarck und Bürgermeister von Fischer, im zweiten Fabrikant Forster und Dr. Schweninger Platz. Ueber anderthalb Stunden dauerte die Fahrt. Nach der Wiederankunft in Friedrichsruh ging es zum Diner, an welchem noch Lothar Bucher theilnahm.

---

[1]) Zu vergleichen über diesen Empfang mein Werk: „Die Ansprachen des Fürsten Bismarck" Seite 155.

28. Februar 1891. Hamburg. Zum Diner bei dem Bürgermeister
Dr. J. G. Mönckeberg.

12. März 1891. Friedrichsruh. Zur Frühstückstafel war Freiherr
von Lochner, welcher als Vorstand des Kriegervereins zu Bad Kissingen dem
Fürsten Bismarck das Ehrendiplom und Ehrenmitgliedabzeichen überbracht
hatte, hinzugezogen. Bei dem Frühstück legte der Fürst das Abzeichen an, erhob
sich und brachte folgenden Trinkspruch aus: „Nachdem ich das mir von Ihnen
überbrachte Veteranen-Ehrenzeichen in Ihren Landesfarben mir angeheftet habe,
trinke ich auf das Wohl meines hohen Gönners, Ihres Landesherrn, zu seinem
heutigen siebenzigsten Geburtsfeste; möchte er in gleicher Frische und Rüstigkeit
noch viele Jahre erleben!"[1]

26. März 1891. Altona. Zum Frühstück bei dem kommandirenden
General des IX. Armeekorps Grafen von Walderfee.

1. April 1891. Friedrichsruh. Frühstückstafel, an welcher die verschiedenen Deputationen, welche den Fürsten zu seinem 76. Geburtstage
Glückwünsche überbracht hatten,[2] in Abtheilungen theilnahmen. Fürst Bismarck
trank aus einem großen Pokal Allen zu und sagte, seit er aus diesem trinke,
lebe er wie Johann der muntere Seifensieder; er freue sich über die vielen
Geschenke, die er bekommen, an dem ihm verehrten großen Silberschatze allein habe
er weidlich zu hüten. Der Erbprinz zu Hohenlohe-Oehringen brachte den
Toast auf den Fürsten aus. — Nach Aufhebung der Tafel forderte Fürst
Bismarck seine Gäste zur Besichtigung der Geburtstagsgeschenke auf und lud
dieselben für den Abend ein, sich den Fackelzug vom Schlosse aus mit anzusehen.

Mitte April 1891. Friedrichsruh. Frühstücks- und Mittagstafel, an
welcher der Engländer Sidney Whiteman[3] theilnahm, welcher um diese Zeit
Gast des Fürsten Bismarck war. Einem Bericht Whiteman's über seinen
Aufenthalt in Friedrichsruh entnehmen wir Folgendes:

Beim Mittagessen streifte die Unterhaltung seinen alten Freund John
Motley, von dem Bismarck mit einer Wärme der Empfindung spricht, die
Jeden überraschen dürfte, der nur den eisernen Staatsmann kennt. „Ja,
Motley besaß einen wunderbar erhabenen und idealen Charakter," sagte er.

„Aber war er nicht physisch etwas zart?" wagte ich einzuwerfen, betroffen
von dem Gegensatz zwischen dem Riesen an meiner Seite und meiner eigenen
Vorstellung von dem, was Motley gewesen sein mag.

„O nein, nicht gerade zart, aber von nervös empfindlicher Organisation.
Ein paar Gläser Wein machten ihn bald lebendig; er lehnte sich dann ge-

---

[1] Fürst Bismarck hatte auch telegraphisch seinen Glückwunsch nach München gerichtet, von wo Nachmittags ein Danktelegramm zurückgekommen war.

[2] Vergleiche mein Werk: „Die Ansprachen des Fürsten Bismarck" Seite 156.

[3] Verfasser von „Imperial Germany".

mächlich in seinen Stuhl zurück, legte die Hände unterm Rock auf den Rücken
zusammen und zitirte ein Lieblingslied aus unsern Studententagen, die wir
zusammen in Göttingen verlebten.

In good old colony times,
When we lived under a king.
Three roguish chaps
Fell into mishaps,
Because they could not sing u. s. w.

Dies veranlaßte einen der Gäste zu der Bemerkung, es sei eine auffällige
Thatsache, daß die Bewohner von Wein erzeugenden Ländern in der Regel
mäßige Trinker wären.

„Ja — sagte Bismarck — das ist in der That ein wunderbarer Ausgleich
der Vorsehung. Denn wo Wein wächst, sind die Leute meist von Natur
half-seas over (etwas angeheitert), und wären sie nun noch Trinker, so würden
sie bald ganz verrückt sein."

Auf die Frage, wie er sich das erkläre, meinte er, es möge vielleicht von
der Kraft der Sonne herrühren.

Ich bemerkte aufs Gerathewohl, ob die Juden, die immer für ein so
nüchternes Volk galten, wohl Wein gebaut hätten. Es müsse doch in Palästina
sehr sonnig gewesen sein.

„Ja, gewiß — antwortete Bismarck — Wein und Olivenöl waren ihre
Haupthandelsartikel. Und sie müssen zu Zeiten auch stramme Zecher gewesen
sein. Erinnern Sie sich nicht der Hochzeit zu Kana in Galilea? Sehen Sie,
wir lesen doch, daß man erst den guten Wein auftrug und nachher den
schlechteren, da die Gesellschaft das Unterscheidungs-Vermögen verloren hatte."

Gegen Ende der Tafel giebt Bismarck seinen Hunden gern einen Knochen.
Sie sind seine ständigen Begleiter, einer davon war ein Geschenk des jetzigen
Kaisers. Einer der Gäste brachte den wohlbekannten Vorfall zur Sprache,
wie während des Berliner Kongresses Fürst Gortschakow und Tyras an
einander geriethen.

„Die Sache — sagte Bismarck — ist ganz falsch dargestellt worden.
Gortschakow unterhielt sich mit mir. Als er vom Stuhle aufstand, schien er
zu stolpern, und ich sprang hinzu, um ihn zu halten. Tyras, augenscheinlich
in dem Wahne, daß wir kämpften, sprang plötzlich von der anderen Seite des
Zimmers auf uns zu. Ich rief den Hund an, und Gortschakow, wahrscheinlich
erschreckt von dem lauten Ton meiner Stimme, (mein Mund war dicht an
seinem Ohr), rief aus: „J'étais venu dans les meilleures intentions!"
Ich bilde mir ein, es muß ein plötzlicher Anfall von Schwäche bei ihm gewesen sein. Meine Stimme und keineswegs der Hund hatte ihn erschreckt."

Nach dem Essen wurde musizirt. Der Fürst, ohne eigentlich sehr musikalisch
zu sein, hat eine entschiedene Vorliebe für Beethoven und ebenso für charakteristische Volksmelodien, besonders solche, die in Moll gehalten sind. Sie üben,
wie er mir selbst sagte, einen beruhigenden Einfluß auf ihn aus. „Ich konnte

mich nie damit befreunden, Musik auf Bestellung anzuhören, wie es die Leute in den Konzerten thun. Aber zu Hause, wenn sie ungebeten kommt, giebt es Weniges, das mir lieber wäre."[1]

15. April 1891. Friedrichsruh. Frühstückstafel, zu welcher auch die Abordnung zur Ueberreichung der Ehrengabe des Zentral=Verbandes deutscher Industrieller hinzugezogen wurde.[2]

2. Mai 1891. Friedrichsruh. An der Frühstückstafel nahm die aus 21 Personen bestehende Deputation nationalliberaler Vertrauensmänner des neunzehnten hannoverschen Wahlkreises theil.[3]

Das Hoch auf den Fürsten brachte Senator Schmidt aus, während der erste Kreisdeputirte Gerdts in warmen Worten der Verdienste der erkrankten Fürstin, der treuen deutschen Frau in guten und schweren Tagen, gedachte und die Herren aufforderte, ihr Glas auf deren baldige Wiederherstellung zu trinken. Fürst Bismarck verabschiedete sich schließlich von seinen Gästen mit einer Aeußerung, die auf die alte Eintheilung der Bevölkerung in Wehr=, Lehr= und Nährstand Bezug nahm, und erwähnte, daß der Wehr= und der Lehrstand ihre Wurzeln im Nährstande hätten und wenn diese verkümmerten, auch ihrerseits nicht gedeihen könnten. Indem er den Nährstand als den Gesammtbegriff für die Landwirthschaft, das Handwerk, die Industrie und die Kaufmannschaft bezeichnete, brachte der Fürst einen allseitig mit Zustimmung aufgenommenen Toast auf denselben aus.

5. Mai 1891. Frühstückstafel an Bord des neuerbauten Schnelldampfers „Fürst Bismarck" der Hamburg=Amerikanischen Packetfahrt=Aktien=Gesellschaft. In der Begleitung des Fürsten, welcher durch die Herren Woldemar Rissen, ersten Vorsitzenden der Hamburg=Amerikanischen Packetfahrt=Aktien=Gesellschaft,

---

[1] Dem Berliner „Times"=Korrespondenten theilte Whitemann noch mit, daß Fürst Bismarck im Reichstage zu erscheinen beabsichtigte, sobald eine Frage von außerordentlicher Wichtigkeit auftauche, in Bezug auf welche er es als seine Pflicht halten sollte, dem Lande den Nutzen seines Gewichts und seiner Erfahrung zu gönnen, obgleich er im Reichstage nicht regelmäßig erscheinen wolle und könne. Fürst Bismarck bezeichnete ferner den in der Pariser Presse jüngst veröffentlichten Bericht über eine angebliche Unterredung zwischen ihm und dem Prinzen Napoleon als reine Erfindung. Mit Bezug auf verschiedene Versuche, die Rüstungen Italiens als besonders schlimm für dieses Land darzustellen, sagte Fürst Bismarck, daß der Dreibund eine natürliche und politische Nothwendigkeit für Italien sei, daß aber die Rüstungen desselben vielleicht größer seien, als wirklich nöthig sei, und daß dieselben bis zu einem gewissen Grade mit Sicherheit vermindert werden könnten. Er sprach sehr günstig über die politische Zuverlässigkeit Crispi's und bezeichnete die Wünsche der Triestiner Irredentisten als chimärisch und von zweifelhaftem Nutzen für Italien.

[2] Die Namen der Abgeordneten finden sich aufgeführt in den „Ansprachen des Fürsten Bismarck" Seite 159.

[3] Vergleiche über diesen Empfang „Die Ansprachen des Fürsten Bismarck" Seite 160. Anwesend bei Tisch war noch Professor Dr. Schweninger und die Gräfin Rantzau.

Gustav Liebgens, zweiten Vorsitzenden, sowie den Direktor der genannten Gesellschaft John Meyer zur Besichtigung des bei Brunshausen auf der Elbe vor Anker liegenden neuen Doppelschrauben-Schnelldampfers eingeladen war, befanden sich Frau Gräfin Rantzau, Baronin Merck, Reichstagsabgeordneter von Massow, Professor Schweninger und Dr. Chrysander.

Das Frühstück bestand aus: Holländischen Austern, Rumsteak, Hummer naturel, Französischen Poularden. Der Fürst verbreitete durch sein leutseliges Wesen bald die heiterste Stimmung. Es war bereits eine Stunde über die festgesetzte Zeit, als Herr Rissen sich erhob, um mit Zustimmung des Fürsten die Tafel aufzuheben. Die Mitglieder der Packetfahrt könnten das Mahl nicht beenden — so sagte ungefähr Herr Rissen — ohne Seiner Durchlaucht den ehrerbietigsten Dank zu sagen für das die Gesellschaft hochehrende Interesse, welches der Fürst ihr darbringe, und wenn es auch der Wunsch des Fürsten sei, daß keine Reden gehalten werden sollten, so bitte er doch wenigstens um die Erlaubniß, daß die Anwesenden ihre Segenswünsche für Deutschlands größten Staatsmann, den Fürsten Bismarck, vereinigen dürften in dem Rufe: Fürst Bismarck hoch — hoch — hoch! In schlichten Worten dankte der Fürst, und indem er dem Schiffe glückliche Fahrten für immerdar wünschte, trank er auf das Gedeihen der Packetfahrt, auf deren Unternehmungsgeist jeder Deutsche mit Stolz blicken könne. Hierauf folgte eine eingehende Besichtigung des Schiffes.

2. Juni 1891. Friedrichsruh. Frühstückstafel, an welcher Graf und Gräfin Lehndorff und die zur Ueberreichung des Ehrenbürgerbriefes der Stadt Bischofswerda anwesende Deputation, bestehend aus dem Bürgermeister Sinz, Stadtrath Schenmann, Stadtverordnetenvorsteher Gräfe, den Stadtverordneten Huste und Francke, theilnahm.[1]

Der Fürst begrüßte kurz nach Eröffnung der Tafel seine Gäste aus Sachsen und schloß seine Rede, nachdem er die Feldherrntalente des Königs Albert als berufenen Heerführer gepriesen, mit einem begeistert aufgenommenen Hoch auf denselben.

Stadtrath Schenmann brachte einen Trinkspruch auf den großen Ehrenbürger nebst Familie aus.

27. Juli 1891. Kissingen. Zur Frühstückstafel waren die acht Mitglieder der Deputation des St. Petersburger Vereins zur Unterstützung hülfsbedürftiger Landsleute, welche dem Fürsten Bismarck das Diplom der Ehrenmitgliedschaft überbracht hatten, hinzugezogen.[2]

Beim Champagner erhob Seine Durchlaucht das Glas, sprach dem Verein seinen Dank aus und lieh dem Wunsche nach dauerndem Bestande des guten Einvernehmens zwischen Rußland und Deutschland Worte, die in den Herzen Aller das freudigste Echo fanden. Als nach Aufhebung der Tafel um 3½ Uhr

---

[1] Vergleiche über diesen Empfang „Die Ansprachen des Fürsten Bismarck" Seite 163.
[2] Vergleiche über diesen Empfang „Die Ansprachen des Fürsten Bismarck" Seite 165.

die Deputation sich verabschiedete, gab der Fürst diesem Wunsche noch ein=
mal Ausdruck, indem er die Hoffnung aussprach, daß die in Rußland lebenden
Deutschen, welche unter dem Szepter Seiner Majestät des Kaisers Alexander III.,
der auch ihm stets so gnädig und wohlwollend gewesen sei, eine zweite Heimath
gefunden, fortfahren möchten, auch ihrerseits nach Kräften zum Fortbestand
der guten Beziehungen zwischen den beiden Nachbarreichen beizutragen. — —
Die Tafel begann während des Aufenthalts Bismarck's in Kissingen um
sechs Uhr; zu derselben waren fast täglich zwei bis drei Herren und Damen
geladen, theils aus dem Kreise der Kurgäste, theils aus dem Kreise der
Kissinger Honorationen; wir nennen den General=Adjutanten von Rauch mit
seinem Sohne, dem Major von Rauch, den General von Unger, den Vize=
Oberjägermeister Grafen von der Asseburg=Falkenstein nebst Gemahlin, den
Universitätsprofessor Dr. von Marquardsen aus Erlangen, Heinrich von Sybel
und die Kommerzienräthe Pohwinkel aus Düsseldorf und Wegeler aus
Koblenz, Baron von Lochner=Henßlein mit Frau und Töchtern, Regie=
rungsdirektor und Direktor der Pfälzischen Eisenbahnen von Lavale, Ge=
heimrath Dr. Diruf, den Reichskommissar Major von Wißmann, den Re=
gierungspräsidenten von Unterfranken Grafen Luxburg, sowie die Offiziere
des Landwehrbezirks=Kommandos Kissingen.

5. August 1891. Kissingen. Frühstückstafel, zu welcher der Reichstags
abgeordnete, Guts= und Braureibesitzer Lutz aus Heidenheim a. H. in Mittel=
franken geladen war. Herr Lutz stellte im Laufe der Unterhaltung die Frage
ob der Fürst, wie verbreitet worden war, gegen den Handelsvertrag mit
Oesterreich und gegen Herabsetzung der Getreidezölle nichts einzuwenden habe.
Der Fragesteller erhielt hierauf vom Fürsten Bismarck folgende Antwort:
„Sie können es Jedem sagen, ich halte jede Herabsetzung unserer Getreidezölle
für ein vaterländisches Unglück."

10. August 1891. Kissingen. Festkommers der deutschen Studenten im
„Altenburger Haus" aus Anlaß des von der deutschen Studentenschaft dem
Fürsten gestifteten Ehrenhauptens.[1] An dem Kommers, der um 4 Uhr begann,
nahmen 3—400 Studenten theil, das übrige Publikum belief sich wohl auf
das Fünf= bis Sechsfache. Der Fürst erschien um 4¾ Uhr und blieb bis 5¾.
Cand. hist. Eichler schloß seine Rede damit, Fürst Bismarck habe oft mit der
deutschen Melancholie und Uneinigkeit zu kämpfen gehabt. Heute wolle ihm
aber die studirende Jugend zeigen, wie es mit der Melancholie fernerhin
bestellt sein solle. Nachdem der Salamander verklungen war, erhob sich der Fürst
um, wie er sich ausdrückte, nur in Parenthese zu sagen, daß er von Melancholie
in seinem Leben kaum befallen gewesen, vielmehr, wenn von Temperamenten
die Rede sei, wohl immer entweder von cholerischem oder sanguinischem

[1] Vergleiche über diese Festlichkeit mein Werk: „Die Ansprachen des Fürsten
Bismarck" Seite 169.

Temperament erfüllt gewesen sei. Sein Glas gelte den deutschen Frauen, die zur deutschen Einheit und Einigkeit mehr beigetragen hätten, als gewöhnlich angenommen werde. Die Rede entfesselte einen Sturm der Begeisterung. Fürst Bismarck stieß in liebenswürdigster Weise mit allen Studenten an und trank ihnen zu. Nach seiner Rede auf die Damen kamen auch diese mit ihren Gläsern herbeigeeilt; eine junge Dame rief: „Ich muß mit ihm anstoßen, das passirt mir im ganzen Leben nicht mehr." Dabei passirte es dem Fürsten, daß sein feines Kelchglas zerbrach; einer der Studenten eignete sich dasselbe an; das große herausgebrochene Stück wurde mit dem Schläger in mehrere kleinere zertheilt und dann vertheilt als Andenken an diese Stunde.

Es folgte Gaudeamus igitur, dann wurden auf den Fürsten gedichtete Lieder gesungen und mehrere studentische Bräuche exercirt. Unter Anderem entstand plötzlich ein Thurm von aufeinandergestellten Biergläsern und wurde der Fürst auf diese Weise „mit 50 Ganzen in die Luft gesprengt." Darauf folgte das Semestertreiben. Graf Herbert und Professor Schweninger rieben zusammen das 49., der Fürst schloß mit dem 119. Semester.

Ueber die leutselige Art und die Liebenswürdigkeit, mit welcher sich Fürst Bismarck beim Kommers gegeben, herrschte nur eine Stimme, und besonders die Damen waren ganz entzückt darüber. Als Fürst Bismarck laut geäußert, daß Dr. Schweninger ihm noch 4 Minuten Zeit zum Verweilen auf dem Kommers bewilligt habe, rief eine Dame laut aus: „Ach, das ist doch zu reizend!" Abends war Festvorstellung im Theater, zu welcher Fürst Bismarck in Begleitung des Grafen Herbert, Professor Schweninger, Lothar Bucher und Dr. Chrysander erschienen war. Den Beschluß des festlichen Tages machte ein Ball im Konversationssaal.

11. August 1891. Kissingen. Musikalischer Frühschoppen im „Altenburger Haus". Der Fürst kam vom Bade auf einige Minuten dorthin. Nach der Ansprache an die Studenten wollte sich der Fürst schon entfernen, als eine Leipziger Dame, ein Glas Champagner in der Hand, hervortrat, um ihm für das am Tage vorher den deutschen Frauen gewidmete Hoch zu danken und auf sein Wohl zu trinken. Freudig überrascht dankte Fürst Bismarck und äußerte lachend: „Leider darf ich nicht mittrinken," und, auf Dr. Schweninger deutend: „Der leidet's nicht," was allgemeine Heiterkeit erregte.

Während die Dame das Weinglas leerte, brauste ein vielstimmiges Hoch durch den Garten, und nachdem der Fürst sich noch mehrfach nach allen Seiten verneigt und durch Hutabnehmen gedankt, verließ er unter dem Gesange der „Wacht am Rhein" den Garten, um sich auf einem schmalen Wiesenwege nach seiner gegenüber liegenden Wohnung zu begeben.

Ein weiterer Frühschoppen fand in der Weinstube von G. Karch statt. Abends waren die Studenten in der „Altdeutschen Weinstube". Dabei wurde beschlossen, als Abschiedsgruß dem Fürsten Bismarck eine Rose zu senden und

zwar mit einem Briefe folgenden Inhalts: Bad Kiſſingen, Altdeutſche Wein=
ſtube, 11. Auguſt. Eure Durchlaucht! Die letzten anweſenden Vertreter deutſcher
Hochſchulen erlauben ſich Eurer Durchlaucht zum Abſchied dieſe Roſe zu
überſenden als blühenden Gruß aus dem deutſchen Völkerfrühling, der nach
Eurer Durchlaucht Hoffnung noch einmal jugendfriſch erſtehen ſoll. Eurer
Durchlaucht treugehorſamſte ꝛc. (Folgen neunzehn Unterſchriften.)

12. Auguſt 1891. Kiſſingen. Frühſtückstafel, an welcher Graf Herbert,
Profeſſor Dr. Schweninger, der Dekan Dr. Krauſſold aus Schweinfurt und
Herr von Bülow, Offizier bei der erſten afrikaniſchen Schutztruppe, theilnahmen.
Dr. Krauſſold berichtete darüber: Das Tiſchgeſpräch berührte die ver=
ſchiedenſten Gegenſtände der Vergangenheit und Gegenwart, unter Anderem
die Koloniſation Oſtafrikas, die Ruſſifizirung der Oſtſeeprovinzen (wobei der
Fürſt ſeine Anſicht dahin ausſprach, daß Rußland ſich dadurch ſelbſt den
größten Schaden bereite, da es ſeine beſten Kräfte für Krieg und Frieden
zerſtöre), die Zeiten vor und nach dem Jahre 1866. Als ich ihn erinnerte,
wie er, damals ſehr leidend, nach dem böhmiſchen Feldzuge bei Einbringung
der Indemnitätsbill im preußiſchen Abgeordnetenhauſe die Worte geſprochen:
„Man hat dieſem Miniſterium viele Vorwürfe gemacht, den Vorwurf der
Furchtſamkeit nie,“ erwiderte er mir lächelnd: „Gewiß nicht, eher das
Gegentheil!“ In höchſt intereſſanter Weiſe erzählte er dann die Vorgänge
vor dem Nikolsburger Friedensabſchluß, und erging ſich ſodann in wahr=
haft rührender Weiſe über die erhabenen Eigenſchaften ſeines königlichen
Herrn, des Kaiſers Wilhelm I., deſſen Andenken wir ein volles Glas
widmeten. Letzteres geſchah in Gegenwart einer ſtudentiſchen Deputation
von ſechs jungen Herren, welche Seiner Durchlaucht nochmals für die an die
Studenten zwei Tage vorher geſprochenen Worte dankend das Gelübde thaten,
denſelben ſtets im Leben treu zu bleiben.[1] Auf meine Bitte, daß die Tinte
doch nicht eingetrocknet ſein möge, wie der Fürſt es ausgeſprochen hatte,
ſondern daß er ſeine Lebenserfahrungen und Grundſätze dem deutſchen Vater=
lande ſchriftlich erhalten möge, antwortete er mir: „Ja, aber nicht bei meinen
Lebzeiten; da müßte ich doch verſchiedene Rückſichten beobachten.“ Ich ant=
wortete ihm darauf: „Durchlaucht, Deutſchland erwartet von ſeinem größten
Manne wie in Allem, was er geſprochen, auch hier die klare Wahrheit!“[2]

[1] Es waren die Herren vom engeren ſtudentiſchen Feſtausſchuß: Otto Eichler,
cand. hiſt., Graf Kehler, cand. jur., Joh. Krähe, cand. jur., Baron W. Vietinghoff,
cand. jur., Friedr Rogge, cand jur. und Paul Migge, cand. jur.

[2] Emil Voigt aus Hamburg, welcher Mitte September bei dem Fürſten Bismarck
in Varzin zu Gaſt war, ſchreibt über ſeinen dortigen Aufenthalt: Des Fürſten Ge=
ſundheit läßt nichts zu wünſchen übrig. Am Tage meiner Ankunft war er zwei volle
Stunden zu Pferde und, wie Ihnen bekannt, pflegt er dabei oft Trab oder Galopp zu
reiten. Am nächſten Morgen lud er mich zu einem längeren Spaziergange in den Park
ein, der an Größe und Schönheit den Friedrichsruher weit übertrifft; Nachmittags be=
ſahen wir einen Theil der fürſtlichen Güter, und es dauerte die Wagenfahrt durch die

v. Bismarck, Tiſchgeſpräche. 13

20. November 1891. Friedrichsruh. Frühstückstafel, an welcher eine auf Besuch anwesende russische Fürstin nebst Tochter, Lothar Bucher, sowie die aus dem Gold- und Silberwaaren-Fabrikanten Herrn. Wurm, Lehrer Th. Reiche und Kaufmann Ferd. Junge bestehende Deputation des Braun- schweiger plattdeutschen Vereins, welche dem Fürsten Bismarck das Ehrendiplom dieses Vereins überbracht hatte, theilnahmen.[1] Auf Verlangen der Damen mußte die plattdeutsche Ansprache, welche ein Mitglied der Abordnung bei dem Empfange gehalten hatte, wiederholt werden. Der Fürst, der recht auf- geräumt war, erkundigte sich unter Anderem nach den Verhältnissen Braun- schweigs und brachte ein Hoch auf den Regenten Prinzen Albrecht aus. Am Schlusse der Tafel gab der Fürst nochmals seine Freude über den Besuch und die ihm überreichten Geschenke Ausdruck.

30. November 1891. Rahzeburg. Diner bei dem Landrath und Kammerherrn von Dolega-Rozierowski, an welchem außer dem Fürsten Graf Herbert Bismarck, Dr. Chrysander, Bürgermeister Hornbostel, Oberstlieutenant Henke und Gymnasialdirektor Dr. Steinmetz aus Rahzeburg, Erblandmarschall von Bülow-Gudow, Landschaftsrath von Walde-Schuldt-Goldensee, sowie die in Rahzeburg anwesenden Großgrundbesitzer des Kreises theilnahmen.

Der Fürst, welcher die Gemahlin seines Gastgebers zu Tisch führte, saß in der Mitte der Tafel, ihm zur Rechten hatte der Erblandmarschall von Bülow-Gudow seinen Platz, während der Landrath von Dolega-Rozierowski und Graf Herbert Bismarck dem Fürsten gegenüber saßen. Der Landrath erhob sich nach dem zweiten Gange und trank auf das Wohl seines hohen Gastes, dessen Verdienste um Deutschlands Machtstellung er feierte. Der Fürst dankte in kurzen Worten und betonte wiederum, daß er sich nun ganz als Lauenburger fühle und sich freue, hier eine so herzliche Gastfreundschaft gefunden zu haben. Er trank auf das Wohl der Gemahlin des Kammerherrn. Als die Rede zu- fällig auf Windthorst kam, sagte Bismarck: „Die Zeitungen berichten jetzt so viel über meine Beziehungen als Reichskanzler zu Windthorst. Einige fälsch- liche Darstellungen behaupten sogar, ich hätte denselben gegen die sozialen Pläne des Kaisers gewinnen wollen. Das ist natürlich ganz undenkbar. Wenn von einer Verbindung mit Windthorst überhaupt hätte die Rede sein können, so

---

herrlichen Wälder von drei bis sieben Uhr. Noch weit erstaunlicher als die körperliche ist die geistige Regsamkeit des Fürsten, und wenn er auch im Scherze sagte, sein Interesse für Politik habe seine übrigen Neigungen verschlungen, wie im Fischteiche die größte Forelle alle kleineren zu verspeisen pflege, so bemerkte ich andererseits auf unseren Aus- flügen durch Wald und Feld, mit welcher Freude er den guten Stand der Kulturen musterte und mit welcher eingehenden Sorgfalt er später forstliche und landwirthschaftliche Anordnungen gab. Als ich jetzt las, daß gerade während der Tage meines Harziner Aufenthalts einige Zeitungen den Fürsten hatten bedenklich krank sein lassen, war ich überrascht und erheitert, wußte ich doch, daß diese üblen Nachrichten nirgend anders ent- sprungen sein konnten als aus den „frommen" Wünschen seiner Feinde.

[1] Zu vergl. über diesen Empfang „Die Ansprachen des Fürsten Bismarck" S. 174.

hätte eine solche nur den Kampf gegen die Sozialdemokratie zum Zweck haben können. Nach den Neuwahlen vom Februar 1890 war es freilich für mich als Reichskanzler selbstverständlich von Wichtigkeit, über die Stellung des Zentrums und seines Parteiführers der Sozialdemokratie gegenüber Klarheit zu bekommen. Ebenso mußte Windthorst daran liegen, meine Stellungnahme kennen zu lernen. Nun wird hin und her gestritten, wer die Unterredung, welche im März stattfand, herbeigeführt hat, Windthorst oder ich. An sich ist das ziemlich gleichgültig. Wenn ich es gethan hätte, so könnte mir kein Vorwurf daraus gemacht werden. Es ist aber nicht der Fall. Windthorst hat um die Unterredung nachgesucht, und zwar in ungewöhnlicher Form. Er ließ nämlich durch meinen Bankier anfragen, ob ich ihn empfangen wolle. Das überraschte mich, da ich als Reichskanzler jeden Abgeordneten, der darum nachsuchte, stets bereitwillig empfangen habe. Es machte mich mißtrauisch. Windthorst ist stets ein berechnender Feind unseres Reichs gewesen. Ich habe es nie begreifen können, daß man ihn nachmals so sehr, gleichsam wie einen nationalen Heros, gefeiert hat!"

Auf die Bemerkung eines Gastes, daß das viele Vaterlandsfreunde nicht nur frappirt, sondern geradezu entsetzt habe, sagte Fürst Bismarck: „Das wundert mich nicht. Ich bin überzeugt, daß Windthorst viel dazu beigetragen hat, die Trennung Seiner Majestät von mir herbeizuführen." Anschließend an obiges Gespräch sprach sich der Fürst tadelnd über die jetzige Schwenkung in der Politik der Regierung den Polen gegenüber aus.

10. Dezember 1891. Hamburg. Zum Diner beim Baron von Schröder.

11. Dezember 1891. Friedrichsruh. T. Szafranski, der Chef-Redakteur der „Lübecker Eisenbahn-Zeitung", an der Frühstückstafel.

12. Dezember 1891. Friedrichsruh. Frühstückstafel, zu welcher die zur Ueberreichung des Ehrenbürgerbriefes der Stadt Siegen anwesende Deputation, bestehend aus den Herren Oberbürgermeister Delius, Dr. med. Schmölder, Ingenieur Macco, Dr. Ernst und Heinrich Klein, hinzugezogen wurde.[1] Der Fürst toastete auf die Stadt Siegen, die ihn als neuen Bürger aufgenommen habe. Bevor zum Schlusse die Cigarren und die lange Pfeife des Fürsten in ihr Recht traten, sprach Oberbürgermeister Delius den Dank der Deputation für die freundliche Aufnahme aus und trank auf das Wohl des Fürsten, der Fürstin und der ganzen Familie. Während des Frühstücks waren aus Siegen verschiedene Telegramme mit Grüßen und Wünschen zur Hand des Fürsten gelangt. Derselbe beauftragte den Oberbürgermeister in anerkennenden Worten, den Vereinen und Gesellschaften seinen Dank für die erneuten Huldigungen auszusprechen und versprach, dieselben noch schriftlich zu beantworten. An die Siegener Damen, welche gleichfalls telegraphisch ihren Gruß gesandt hatten, setzte der Fürst sofort eine Drahtantwort auf.

---

[1] Vergl. über diesen Empfang „Die Ansprachen des Fürsten Bismarck" Seite 176.

Mitte Dezember 1891. Friedrichsruh. Bei dem Diner war die Sängerin Frau Etella Gerster anwesend. Der Fürst bot Frau Gerster den Arm, um sie zu Tische zu führen, und als sie zögerte diese Auszeichnung anzunehmen, schob die Fürstin selbst die Hand der Sängerin in den Arm des Fürsten. Dieser goß weißen Wein in das Glas des Gastes und bemerkte dazu: „Trinken Sie! Es ist prachtvoller Syrakuser." Mit einem gewissen Stolze gedachte der Fürst seiner jüngsten Anwesenheit in Berlin. „Die Behörden hatten — so äußerte er sich hierüber — zweifellos, um mir Belastigungen zu ersparen, die strengsten Maßregeln ergriffen, um das Publikum vom Bahnhofe fernzuhalten. Die begeisterten Berliner aber haben Fenster und Thüren durch= brochen und den Perron besetzt, um mir unverhofft Ovationen zu bereiten, die mir sehr wohl gethan haben."

Der Fürst befragte Frau Gerster über die künstlerischen Erfolge bei ihrer letzten Konzertreise, und als dieselbe ihre ungarische Abstammung erwähnte, wurde er an eine Episode aus seinem Leben erinnert. Im Jahre 1852 erschien Bismarck in einer politischen Mission in Ofen und bereiste auch, von einem Piquet Ulanen begleitet, welches ihm die Behörden zu seinem Schutze gestellt hatten, das damals für nicht ganz sicher geltende ungarische Tiefland. Als auf dieser Reise einmal vor einer Csarda kurze Zeit Halt ge= macht wurde und die Ulanen sich für eine Weile zurückgezogen hatten, eilten von allen Seiten Bauern herbei und sprachen unter lebhaften Geberden auf Bismarck ein, der sich vergeblich bemühte, ihnen begreiflich zu machen, daß er ihre Sprache nicht verstehe. Erst bei der Rückkehr der militärischen Escorte zogen sich die Bauern zurück, und nun erst erfuhr Bismarck, daß die Bauern ihn für einen politischen Flüchtling hielten und ihm ihre Hülfe angeboten hatten, damit er den Soldaten entrinnen könne. Der Fürst bemerkte, er sei über diese herzliche Theilnahme sehr gerührt gewesen. Nach Tisch sang Frau Gerster. Nach den Vorträgen der Sängerin sagte der Fürst, er beschäftige sich nicht viel mit Musik und habe keine Zeit gehabt, das Theater zu besuchen. Er liebe aber gute Musik und schöne Stimmen. Seit er die Malibran gehört, habe er keinen solchen Genuß gehabt.[1]

19. Dezember 1891. Wandsbeck. Zum Diner bei dem Landrath von Bülow, an welchem 24 Personen theilnahmen.[2] Die Tafelmusik wurde von der Kapelle des 15. Hannoverschen Husaren Regiments ausgeführt.

Landrath von Bülow brachte folgenden Trinkspruch auf seinen erlauchten Gast aus: „Meine Herren! Als eine Denkwürdigkeit ohne Gleichen wird es

---

[1] Einem Pester Journalisten erzählte Frau Gerster über diesen Besuch noch fol= gende Einzelheiten: Die Gestalt des Fürsten Bismarck ist so imponierend und in seinem Wesen offenbart sich so viel Ueberlegenheit, daß ich mich, als ich seiner ansichtig wurde, in Rührung niederbeugte und ihm die Hand küssen wollte. Der Fürst aber gestattete dies nicht und hat mich — wozu es leugnen? — geküßt.

[2] Näheres über den Besuch in Wandsbeck siehe in den „Ansprachen des Fürsten Bismarck" S. 179 ff.

in den Alten der stormarschen Kreisverwaltung aufbewahrt werden, daß
heute der Fürst von Bismarck an der Großgrundbesitzerwahl theilgenommen
hat und zum Kreistagsmitgliede gewählt worden ist. Auch meiner Frau und
mir wird dieser Tag unvergessen sein, der uns die Ehre brachte, den Fürsten
als Gast in unserem Hause weilen zu sehen; und auch Ihnen, meine
Herren, werden, wie ich glaube die kostbaren Stunden, die wir mit dem
Fürsten verlebten, nicht wieder aus dem Gedächtniß geben. Das ganze
deutsche Volk kann es dem Fürsten von Bismarck niemals vergelten, was er
für dasselbe Großes gedacht, und dann gewollt und zuletzt gethan hat! Was
ein Mensch Großes denkt, das geht nicht wieder verloren, sondern es lebt
und wirkt fort in den Vorstellungen und der Denkungsart der Mitmenschen
und der Nachwelt. Eure Durchlaucht haben in die Herzen und in die Gedanken der deutschen Jugend eine Saat gesät, die wird keimen und sprießen
und Früchte tragen, die Eurer Durchlaucht noch in späten Tagen zur Ehre
gereichen sollen. Wir haben es wieder gelernt, nicht nur deutsch zu denken,
sondern auch deutsch zu handeln. Dieser Schatz soll uns nicht wieder verloren
gehen. Darauf beruht die Einheit des Deutschen Reichs, sie gründet sich auf
den einmüthigen Willen der ganzen deutschen Nation. Und nun, meine
Herren, wollen wir dem Fürsten von Bismarck alle die Gefühle tiefempfun-
dener Dankbarkeit, aufrichtiger Verehrung und alle die guten Wünsche für
ihn, die uns vom Herzen geben, aussprechen in dem Ruf: Seine Durchlaucht
der Fürst Bismarck, unser neues Kreistagsmitglied und Ehrenbürger der Stadt
Wandsbeck, er lebe hoch!"

Kurz darauf nahm Fürst Bismarck das Wort, um auszudrücken, daß er
tief gerührt sei über all' die Freundlichkeit und Liebe, die ihm hier in Wandsbeck entgegen getragen werde. Die Beziehungen zum Kreise Stormarn, dem
er angehöre, seien mit dem heutigen Tage viel engere geworden durch die
Thatsache, daß der Kreistag ihn zu seinem Mitgliede gewählt habe, ferner
dadurch, daß ihm auch das Ehrenbürgerrecht der Kreishauptstadt verliehen
worden sei und endlich durch die weitere Thatsache, daß ihm die Bürgerschaft
Wandsbecks in so überaus herzlicher und freundlicher Weise entgegen gekommen sei. Er hoffe, daß es ihm vergönnt sein möge, noch öfter hierher
zu kommen, von wo er nur freundliche Erinnerungen mitnehme. Er trinke
auf das Wohl des Kreises, insbesondere seines freundlichen Wirthes, des
Herrn Landraths von Bülow und seiner Genossen.

Nach Aufhebung der Tafel hatten die Mitglieder des Wandsbeck-Marien-
thaler Gesangvereins in einem Nebensaale Aufstellung genommen, um den
Fürsten durch ein Ständchen zu erfreuen.

30. Dezember 1891. Ratzeburg. Theilnahme an dem Diner der Mitglieder des lauenburgischen Kreistags im Rathskeller, an welchem sich fast
sämmtliche Abgeordnete, auch der lauenburgische Reichstags- und Landtags-

abgeordnete, Kammerrath Perling-Büchen, sowie Graf Herbert Bismarck betheiligten.[1]

Erblandmarschall von Bülow brachte das Hoch auf den Fürsten Bismarck
aus. Nachdem der Fürst hierauf mit einem Hoch auf das Herzogthum Sachsen-
Lauenburg erwidert hatte, toastete Landschaftsrath von Walte-Schuldt auf
Graf Herbert Bismarck als früheren lauenburgischen Reichstagsabgeordneten.
Graf Herbert dankte und sagte, daß die Zeit, wo er die Ehre gehabt habe,
den Kreis Herzogthum Lauenburg im Reichstag zu vertreten, der glücklichste
Abschnitt seines Lebens gewesen sei. Hier in Ratzeburg sei er stets mit besonderer Freundlichkeit empfangen worden. Sein Hoch galt dem Landrath
des Kreises, Kammerherrn von Delega-Rozierowski. Letzterer bedankte sich
und toastete auf die weitere Einigkeit des Kreistags.

2. Januar 1892. Friedrichsruh. Frühstückstafel, an welcher die
Schwester des Fürsten, Frau von Arnim-Kröchlendorf, Prof. Franz von Lenbach, Frau Vilma Parlaghy und deren Gemahl Dr. Krüger theilnahmen.

Auf einen von einem Herrn in Köln ausgesprochenen Wunsch nach einem
Originalbildniß des Fürsten Bismarck hatte sich der Fürst bereit erklärt, der
mit der Ausführung dieses Bildnisses betrauten Künstlerin, Frau Vilma
Parlaghy, einige Sitzungen zu gewähren.

Bei einem vorbereitenden Besuche, den die Künstlerin in Begleitung ihres
Gemahls, des Dr. Krüger, dem Fürsten in Friedrichsruh abstattete, wurde der
Schlußtag des alten Jahres für die erste Sitzung festgestellt. Die endgültige
Vereinbarung wurde indeß von den Licht- und Wetterverhältnissen abhängig
gemacht. Da nun den ganzen 31. Dezember über starkes Nebelwetter herrschte,
unterblieb der Besuch der Künstlerin an diesem Tage, wogegen ein an diesem
Tage in später Abendstunde eingegangenes Telegramm sie verständigte, daß
der Fürst sich für den 2. Januar Vormittags gegen 11 Uhr zu ihrer Verfügung halte.

Am 2. Januar Vorm. fand die Künstlerin bei ihrer Ankunft den Fürsten
schon in schwarzer Civilkleidung zur Sitzung bereit, so daß die Aufnahme gleich
beginnen konnte. Dieselbe währte etwa eine Stunde, und wer da weiß, wie
selten sich der Fürst bereit finden läßt, dem forschenden Auge eines Porträtisten,
gleichviel ob er Maler ist oder Bildhauer, auch nur vorübergehend Stand zu
halten, geschweige denn sich in ruhiger Sitzung zu fügen, der wird schon an
dieser Thatsache allein unschwer das Interesse ermessen können, das der Fürst
selbst dem unter so eigenartigen Nebenumständen ins Werk gesetzten Unternehmen entgegenbrachte. Gleichwohl mag es auch der Künstlerin nicht leicht
gefallen sein, den Fürsten zum ruhigen Aushalten zu bewegen. So wußte sie

---

[1] Ueber den Aufenthalt in Ratzeburg vergl. „Die Ansprachen des Fürsten Bismarck"
S. 161 ff.

sich, als sie einmal fast schon an der Erreichung dieses Zieles zu verzweifeln begann, nicht anders als mit dem Trällern eines Liedchens zu helfen:

Als ich Dich geseh'n,
War es um mich gescheh'n!

Und siehe da, das Mittel half. War es das muntere Wesen der jugendlichen Künstlerin oder die Neuheit der Situation oder auch beides zusammen — kurz, der Fürst lachte herzlich und fügte sich geduldig.

13. Januar 1892. Hamburg. Fürst und Fürstin Bismarck zum Diner bei dem Oberingenieur F. Andreas Meyer. An demselben nahmen 25 Personen theil, darunter mehrere Senatsmitglieder und ihre Damen.

17. Januar 1892. Hamburg. Fürst und Fürstin Bismarck zum Diner beim Bürgermeister Dr. Petersen. An demselben nahmen noch theil: Bürgermeister Dr. Mönckeberg, Senator Dr. Burchard und Gemahlin, Oberlandes-Gerichts-Präsident Dr. Sieveking und Gemahlin, Ober-Ingenieur F. Andreas Meyer und Gemahlin, Herr Emil Voigt und Gemahlin, Frau de Boor, Dr. Hans von Bülow und Gemahlin, Frau Reinhold.

18. Januar 1892. Friedrichsruh. Zur Frühstückstafel war die Abordnung von Studenten des akademisch-dramatischen Vereins zu Leipzig, welche den Fürsten Bismarck als Ehrenmitglied ihres Vereins begrüßt hatten, hinzugezogen.[1]

Bei Tisch sagte der Fürst auf die Bemerkung, die Litthauer würden ihr Wappen wohl auch nicht lange mehr führen: „Mag sein. Das Interesse, welches ich früher an der Politik nahm, ist im Schwinden begriffen; es geht mir wie einem Wanderer im Schnee, er fängt allmählich an zu erstarren, er sinkt nieder und die Schneeflocken bedecken ihn, es ist ein angenehmes Lustgefühl. So erstarre auch ich allmählich, mein Interesse an der Politik nimmt ab, aber ich fühle mich wohl dabei."

22. Januar 1892. Friedrichsruh. Zum Diner Dr. med W. Gittermann, der Arzt Lothar Bucher's. Dr. Gittermann berichtet über seinen Besuch:

Bucher hatte mir beim Abschied in Bad Lanbach, woselbst er im Sommer 1891 fünf Wochen zugebracht hatte, gesagt: „Besuchen Sie uns doch einmal in Friedrichsruh, ich werde Sie einführen." Mitte Januar meldete ich mich von Berlin aus bei ihm an und erhielt folgenden Brief:

Friedrichsruh, 17. Januar 1892. Lieber Herr Dokter! Ich werde Mittwoch und Donnerstag zu Hause sein und schlage Ihnen vor, in dem Landhause abzusteigen — rechter Hand vom Bahnhofe — und mir um 12½ Uhr Ihre Karte zu schicken. Wir sind um die Zeit beim Frühstück, und wenn nicht etwa zu viel Besuch ist, was man hier nie wissen kann, dann werde ich Sie

---

[1] Vergleiche über diesen Empfang „Die Ansprachen des Fürsten Bismarck" Seite 153.

gleich selbst herüberholen und einführen. Also auf Wiedersehen! Ihr ergebener · Gevatter Bucher.

Die Sache verlief programmmäßig, und wenn ich auch am 22. Januar
durch Verspätung erst nach dem Frühstück in Friedrichsruh eintraf, so wurde
ich doch von Bucher auf das herzlichste empfangen. Er brachte mich auf
mein Zimmer und sagte vergnügt: „Sehen Sie, es hat sich Alles gemacht,
der Fürst läßt Sie zum Diner einladen." Wir gingen dann in seine Stube,
und nachdem wir lange geplaudert hatten, bat er mich, ihn für eine Stunde
zu entschuldigen; der Fürst sei gewohnt, Nachmittags mit ihm zusammen aus-
zufahren und würde nicht gern auf diese gemeinschaftliche Fahrt verzichten,
weil sie beide grade dann allein wären und am ungestörtesten ihre Gedanken
über die Neuigkeiten des Tages austauschen könnten. Für die Dauer seiner
Abwesenheit versorgte er mich mit einer kürzlich erschienenen Broschüre, die
Fürst Bismarck gelesen haben mußte, denn der Rand zeigte mehrmals in
großen Schriftzügen drastische Bemerkungen. Vom Fenster aus sah ich zu,
wie die Herrschaften ihren Schlitten bestiegen; der kleine Geheimrath verschwand
fast hinter der gewaltigen Gestalt des Fürsten, der in seinem grauen Pelz-
mantel noch größer aussah. Man benutzte einen pommerschen Landschlitten,
einfache, noch nicht einmal angestrichene Holzkufen, Seitenwände aus gedrehtem
Stroh, Brettersitze, welche mit Kissen belegt waren. Auf einem solchen Gefährt
fuhren der Altreichskanzler und sein vertrauter Freund in den glitzernden
Sachsenwald, und mir kam der Gedanke, was wohl ein moderner Geldprotz
sagen würde, wenn man ihm die Vestellung eines so wenig herrschaftlichen
Vehikels zumuthen wollte! Fürst Bismarck freilich braucht nicht auf Aeußerlichkeiten zu sehen, er bleibt auch in einem Bauernschlitten der größte deutsche
Mann! Bucher, den ich nach der Rückkehr befragte, sagte mir lachend: „Im
Schuppen befinden sich mehrere sehr kostbare Schlitten, aber der Fürst benutzt
sie nie; er sagt immer, diese pommerschen Landschlitten schlickern am besten,
und darauf kommt es ihm allein an."

Wenn der Geheimrath von der fürstlichen Familie sprach, gebrauchte er
das Wort „wir", denn er konnte sich mit Recht als zugehörig betrachten.
Als ich ihm sagte, daß ich für das Diner aber keinen Frack bei mir hätte,
antwortete er fröhlich lachend: „Ich glaube, wir haben in ganz Friedrichsruh
keinen Frack, wir kennen hier keine Etikette und erscheinen auch zu Tisch in
unserm täglichen Kostüm." Er wurde ein für allemal als Hausgenosse betrachtet, und man suchte ihm den Aufenthalt nach Kräften angenehm zu machen,
indem man auf seine Wünsche und Eigenheiten möglichst Rücksicht nahm. Er
selbst wußte das auch sehr wohl und legte sich keinerlei Zwang auf. Wollte
er nicht sprechen, so ließ man ihn ruhig schweigen, und es ist nicht selten
vorgekommen, daß er während der Mahlzeiten, bei denen immer eine angeregte
Unterhaltung geführt wird, vollständig stumm blieb. Einst saß er auch in
undurchdringliches Schweigen gehüllt an der Tafel und war durch nichts zu
bewegen, an der Unterhaltung theil zu nehmen. Ohne eine Miene zu ver-

zieben, daß er mit halbzugekniffenen Augen auf seinem Stuhl und that so, als ob er sich um das Gespräch gar nicht kümmerte. Natürlich entging ihm aber kein Wort desselben! Als unerwartet aus der Nachbarschaft noch Besuch eintraf, erhielt er eine sehr geistvolle jüngere Dame zur Nachbarin und wurde von dem Augenblick an der liebenswürdigste, gesprächigste Gesellschafter.

Seine Stube, welche noch jetzt in Friedrichsruh „Bucherzimmer" genannt wird, enthielt alle möglichen Bequemlichkeiten. Sie war hell und geräumig, und ließ sich — worauf er großes Gewicht legte — gut heizen. Außer dem Sopha befand sich in derselben eine Chaiselongue, die fleißig benutzt wurde; auf dem Tisch lagen in einer Schale immer frische Aepfel, die er sehr liebte, und in einer Ecke standen mehrere Flaschen vom besten Ungarwein, mit denen die Gräfin Rantzau den treuen Freund ihres Vaters versorgte. Der große einfache Schreibtisch am Fenster war mit Büchern und Akten bedeckt; Bucher hat mir noch kurz vor seinem Tode erzählt, daß er an demselben noch oft bis in die Nacht hinein — natürlich ohne Wissen der fürstlichen Familie — gearbeitet hat. Er hätte immer die Vorahnung einer baldigen schweren Krankheit und den Trieb gefühlt, noch fleißig zu arbeiten und so viel als möglich fertig zu schaffen.

Bucher, jedenfalls der beste Bismarckkenner, hatte mir den Rath gegeben: „Sprechen Sie frisch von der Leber weg mit dem Fürsten, das hat er am liebsten; nur unterbrechen Sie ihn nicht, wenn er angefangen hat, über irgend ein Thema sich näher auszulassen." Als ich von ihm der fürstlichen Familie vorgestellt wurde, sagte mir der Altreichskanzler, indem er seine Hand auf des Geheimraths Schulter legte: „Ach, wenn Sie mir doch den wieder so gesund machen könnten, wie er in früheren Jahren war!" Bucher war bei der Tafel sehr schweigsam und aß wenig; der hohe Hausherr schien zu merken, daß mir das auffiel, und sagte: „Ja, ja, er kasteiet sich wieder, trotzdem wir ihm zureden." Abends von 9 bis 11 Uhr waren wir beide mit dem fürstlichen Paare allein. Der Fürst war sehr lebhaft und erzählte in einer Weise, wie nur er es versteht; Bucher schwieg und streichelte seine gichtischen Hände. Um 10 Uhr erhob er sich und bat, daß wir uns zurückziehen dürften. Davon aber wollte der Fürst nichts wissen, und das interessante, mir unvergeßliche Gespräch nahm seinen Fortgang. Gegen 11 Uhr, als der Fürst sich einen Augenblick mit seiner langen Pfeife zu schaffen machte, flüsterte mir der Geheimrath in das Ohr: „Stehen Sie auf, jetzt muß er sich zu Bett legen, sonst schläft er die Nacht schlecht." Auf meine spätere Frage nach dem Grund seiner dem Fürsten gegenüber ganz ungewöhnlichen Schweigsamkeit, sagte er mir: „Ich wollte nicht dazwischen reden, Sie sollten ihn allein genießen."

Gerade ein Jahr später kam ich wieder nach Friedrichsruh und betrat mit wehmüthigen Gefühlen das Bucherzimmer, wo noch Alles so stand wie früher; nur der kleine, gebückte Mann, mit dem kühlen Gesicht und dem warmen Herzen fehlte, und doch war es mir so, als müßte er mir jeden Augenblick entgegentreten! Fürst Bismarck hatte mich sprechen wollen, um noch aus den letzten Lebenstagen seines langjährigen Mitarbeiters von mir zu hören. Er war sehr bewegt und konnte seine Empfindungen nicht verbergen. Ich habe keine Veranlassung, Alles das wieder zu sagen, was der Fürst über Bucher gesprochen hat, aber aus jedem Wort klang die Liebe zu seinem todten Freunde und die Trauer über seinen Verlust. „Es war mein treuester Freund und er war der erste Gentleman unter meinen Freunden" — so sagte er wiederholt. Immer wieder brachte er das Gespräch auf Bucher, und als wir auf den berüchtigten Schorerartikel zu sprechen kamen, fragte er mich: „Was war doch darin Alles über Bucher gesagt?" Auf meinen Bericht, daß nach Ansicht des anonymen Verfassers der Geheimrath seinen Einfluß sehr eifersüchtig gewahrt und alle anderen Besucher der fürstlichen Familie mit mißtrauischen Augen angesehen habe, antwortete der Fürst, laut lachend: „Bucher und eifersüchtig! Wie gern hätte ich mich von ihm mehr beeinflussen lassen, aber er wollte es nicht, er war eine viel zu vornehme, zurückhaltende Natur!" Jede Erinnerung an den Todten stimmte ihn wehmüthig. Einst saß er nach dem Frühstück mit der Pfeife im Munde, als auch Bucher erwähnt wurde. „Ja, ja — sagte er — Bucher war der Einzige, mit dem ich mich noch über Alles unterhalten konnte und der mich immer verstand, — nun ist er mir auch genommen." Dabei sog Fürst Bismarck so gewaltige Rauchwolken aus seiner Pfeife, daß eine neben ihm sitzende vornehme Dame ganz in Wolken gehüllt war. „Verzeihen Sie, Gräfin, — so wandte er sich an die Dame, indem er mit der Hand die Rauchwolken zu verjagen suchte — daß ich so gequalmt habe, aber wenn das Gespräch auf meinen todten Freund kommt, dann muß ich mir auf irgend eine Weise Luft machen."

24. Januar 1892. Friedrichsruh. Zur Frühstückstafel war die zur Ueberbringung des Ehrenmitgliedsdiploms anwesende Deputation des Schwarzenbeker Kriegervereins von 1878 geladen.[1]) Die Deputation bestand aus dem Vorsitzenden des Vereins Meier, dem Baumeister Scherl, dem Maler Jacobs und dem Pächter Rohde. Der Fürst erhob beim Sekt das Glas und trank auf gute Kameradschaft, erkundigte sich nach der Stärke des Vereins (59) und meinte, es hätten wohl auch 60 sein können. Als die Rede auf die vom Sturm beschädigte Eiche auf dem Schwarzenbeker Posthofe kam, gab der Fürst seiner Hoffnung Ausdruck, den alten ehrwürdigen Baum doch noch durch Anwendung geeigneter Mittel erhalten zu können. Meier hatte früher in dänischen Diensten gestanden. Diesen fragend, ob er noch dänisch verstehe, sagte der Fürst, er kenne nicht viel mehr als die Worte: „Har de Ild?" (Haben Sie Feuer?), welche er auf der Jagd in Anwendung gebracht habe.

7. Februar 1892. Friedrichsruh. Frühstückstafel, an welcher Graf Asseburg nebst Gemahlin, Baronin Merck, Lothar Bucher und die Deputation

---

[1]) Vergleiche über diesen Empfang „Die Ansprachen des Fürsten Bismarck" Seite 153.

des Lübecker Kampfgenoſſen-Vereins, welche dem Fürſten Bismarck die Urkunde über die Ehrenmitgliedſchaft überreicht hatte, theilnahmen.[1])
Ueber ſein Verhältniß zum Kaiſer Friedrich bemerkte der Fürſt, daß es
eine Legende ſei, daß zwiſchen ihm und dem Kaiſer Friedrich kein Einvernehmen beſtanden habe. Im Gegentheil ſei das Verhältniß ein ſehr gutes
geweſen und die gegentheilige Behauptung könne durch keine Thatſache unter-
ſtützt werden.

Beim Champagner trank der Fürſt auf das Wohl ſeiner „Kameraden, der
tapferen Hanſeaten", und auf die Bemerkung, daß Lübeck in ihm ſeinen einzigen
Ehrenbürger feiere, äußerte er ſich dahin, es ſei ſein lebhafter Wunſch, ſobald
es die Jahreszeit geſtatte, die ehrwürdige Hanſeſtadt zu beſuchen und dann
ſeine Kameraden wiederzuſehen.

9. Februar 1892. Hamburg. Fürſt und Fürſtin Bismarck zum Diner
bei Herrn von Blumenthal-Staffelde.

Mitte Februar 1892. Friedrichsruh. Der Schriftſteller Maximilian
Harden 3 Stunden bei dem Fürſten zu Gaſt.

Harden ſchreibt darüber:[2])

„. . . Durchlaucht ſind beim Frühſtück und laſſen bitten, doch gleich
einzutreten!"

„Sie müſſen ſchon entſchuldigen — bemerkte die Fürſtin Bismarck zu
dem Eintretenden — wenn wir nicht mit dem Frühſtück gewartet haben, aber
Schweninger beſteht darauf, daß mein Mann jetzt immer pünktlich um zwölf
zu Tiſche geht, und dem Profeſſor gehorchen wir blind."

Zwiſchen Bismarck und Lothar Bucher war Harden der Platz angewieſen,
und während der Fürſt ſich liebenswürdig bemühte, aus der gut bürgerlichen
Mahlzeit eine Rarität zu empfehlen, weißſauren Schweinskopf mit pikanter
Sauce („das habe ich mir aus Rußland mitgebracht; der Schnaps hier gehört
dazu: ich bin immer mit Erfolg gereiſt"), holſteinſchen Bückling und ein eigens
für ihn gebrautes ſüddeutſches Bier, ein Mittelding zwiſchen Ale und der
Berliner Weißen, von dem er ſich ſelbſt aus einer Champagnerflaſche ein-
ſchänkte, hatte der Gaſt Muße, ſich zurecht zu finden und Umſchau zu halten.

Von den Söhnen Herbert und Wilhelm wurde zärtlich geſprochen,
die immer für Briefe an die Mutter reichliche Zeit fänden, auch früher, als
der Staatsſekretär des Auswärtigen Amts noch der fleißigſte Arbeiter in der
Wilhelmſtraße war. Von dem ſpät Arbeiten kam die Rede auf das Licht und
der Fürſt erzählte, er habe immer nur Oel gebrannt, weil er die Verant-

[1]) Die Deputation beſtand aus dem Direktor Bruhn, Meiereibeſitzer Ehlers, Apotheker Mühlam, Werkmeiſter Weſtphal, Reichsbankbeamter Gern, Gasarbeiter Moldenhauer, Kaufmann Lappe und Werkführer Seidel.
[2]) Vgl. Maximilian Harden „Apoſtata". Neue Folge. Berlin, Verlag von Georg
Stilke. 1893. S. 1—24.

wortung dafür nicht übernehmen wolle, daß durch Petroleum ein Mensch ver=
unglücker könute. „Nur in Kiſſingen haben wir Petroleum, aber ich habe
glücklicherweiſe unter dem mir unausſtehlichen Geruch nie gelitten.“ „Das iſt ſehr
einfach, lieber Otto — ſagte die Fürſtin — ich habe für Dich und für Herbert extra
zwei ſchöne Oellampen gekauft.“ Der Fürſt erörterte den Plan einer elektriſchen
Anlage für Friedrichsruh, die vielleicht weniger koſtſpielig als Oel ſein, für
das kleine Haus aber doch wohl nicht lohnen würde. „Sie haben keine
Ahnung, wie einſam ich doch hier wohne; das Ding iſt ja urſprünglich nicht
zu dauerndem Aufenthalt, namentlich im Winter, gebaut. In Varzin habe
ich doch das Dorf, wenn ich Menſchen ſehen will, aber hier ſind erſtens die
Räume beſchränkt, und wenn meine lieben Hamburger und die Eiſenbahnzüge
nicht wären, ich kriegte oft wochenlang keinen neuen Menſchen zu ſehen.
Uebrigens, das iſt unverſtändiges Zeug, wenn man immer ſagt, durch mein
Hierſein hätten die Geſchäfte ſich verzögert. Das Gegentheil iſt viel eher wahr.
Was in Berlin bis halb fünf erledigt war, das hatte ich um neun Uhr Abends
hier; dann blieben mir zwei Stunden für Durchſehen, Unterſchreiben und
Gloſſiren und am nächſten Morgen trugen in Berlin die Poſtboten die einzelnen
Einläufe an ihre Adreſſe. Aber glauben Sie etwa, daß ſo ein Miniſterial=
diener ſo flinke Beine hat wie ein Briefträger? In Berlin blieben die fertigen
Sachen auf meinem Schreibtiſche liegen, bis ein ordentlicher Hauſe zuſammen
war, und dann trug der Bote ſie womöglich noch zum Unterſtaatsſekretär und
die Geſchichte vertrödelte ſich. Nein, von hier aus ging es am glatteſten,
und — das müſſen die Leute mir doch eigentlich laſſen, daß ich ein pflicht=
treues Arbeitspferd war und an meine Bequemlichkeit immer verdammt wenig
dachte. Wenn Schweninger nicht geweſen wäre! Die Autoritäten — ich
mag keine Namen nennen — hatten mich ja ſämmtlich aufgegeben und redeten
in den Müncheuer Doktor hinein, wozu er den alten Kerl, der doch den Krebs
hätte, denn nun noch mit einer Trainirkur quälen wolle. Aber der Profeſſor
hat den Teufel im Leibe, und wenn er hier iſt — wir erwarten ihn heute
Nacht — dann ſind wir alle fidel.
        Ja, und die Störungen in Berlin, durch Hofgeſchichten und Zeremonial=
zwang und Beſuche von Hinz und Kunz! — Jetzt machen ſie das alles da
wahrſcheinlich bureaukratiſch ab, Nummer für Nummer aktenmäßig verſägt.
Und dann iſt Potsdam noch ein Kreuz für den Miniſter; ein halber Tag geht
dabei ſo immer dran, denn erſt muß man zu Hauſe im beſten Arbeiten auf=
hören, dann kommt man zu früh auf die Bahn, und dauert der Vortrag beim
Herrn nur fünf Minuten länger, da fährt einem der Zug vor der Naſe fort
und es heißt eine Stunde warten. Der alte Kaiſer wußte das ſchon und war
immer beſorgt, daß ich nur rechtzeitig in den Wagen kam.“
        Die neue Hoftracht wurde erwähnt, die bei Fahrten nach Potsdam be=
ſonders genirlich iſt. „Solche Kleinigkeiten machen am meiſten böſes Blut.
Ich weiß noch, wie ich als Junge meinen Onkel in den Knieſtrümpfen be=
wunderte. Für Rheumatiker iſt es ſelbſt mit wollenem Unterzeug noch ge=

jährlich. Bei Napoleon war es ja auch Mode und als Gesandter konnte ich nicht gut herumkommen; während ich aber in dem zugigen Flur auf meine Kutsche wartete, war mir immer zu Muthe, als ob ich bis an die Kniee im Wasser stände. Außer den Engländern, die es von Haus aus nicht anders kennen, soll die Diplomatie die Mode ja wohl auch nicht mitmachen."

Die Tafel war abgeräumt und dem Fürsten wurden die langen Pfeifen gebracht, die der Diener dann wechselte. Und in kurzen Zwischenräumen kamen Zeitungen; der stenographische Reichstagsbericht zuerst, in dem den Fürsten die Tragfähigkeit des neuen Gewehres interessirte, dann eine ganze Anzahl illustrirter Blätter, endlich für die Fürstin die „Berliner Neuesten Nachrichten" und für den Fürsten die „Kreuz=Zeitung".

„Seit dem ersten Januar lese ich das Blatt wieder; ich hatte es seit der Deklarantenzeit nicht wieder in der Hand gehabt, aber man will doch wissen was los ist."

Ich erlaubte mir die Bemerkung, daß die „Kreuz=Zeitung" in neuerer Zeit überhaupt viele Anhänger gewonnen habe, weil sie wenigstens Farbe bekannt und der Freiherr von Hammerstein eine gewisse Unabhängigkeit gezeigt habe.

„Ja, ja. Wissen Sie, Hammerstein erinnert mich aber doch immer an Richter; auch er ist ein geschickter Mensch, aber er tyrannisirt seine Partei genau wie Richter die Freisinnigen. Und bei den Konservativen ist das noch viel leichter, weil das meist ruhige Leute sind, die nach einem guten Früh=stück sich eben gemächlich den Mund abgewischt haben, wenn sie in die Fraktionssitzung kommen, und die dann froh sind, wenn Ihnen Einer sagt, wie sie zu stimmen haben. Das ist ja überhaupt das Malheur: zwei, drei von den Leuten arbeiten die Vorlagen ordentlich durch und wissen wenigstens, um was es sich handelt, und diese Fraktionsstreber, die einen Andern doch nur bei faulen Sachen zum Worte kommen lassen, die machen dann was sie wollen, während die große Masse die Drucksachen kaum oberflächlich durchblättert."

Wir waren allein geblieben und ich hatte erwähnt, daß man ziemlich allgemein eine Rede des Fürsten im Herrenhause erwarte. Da fiel das Zitat aus dem Liede vom Bruder Straubinger:

Da müßt' ich doch ein Esel sein,
Ein Kerl als wie ein Rinde!

„Nein, daran denke ich wahrhaftig nicht. Das Herrenhaus hat seine Vorzüge, gewiß; es sitzen da Leute, die von den Dingen etwas verstehen, aber es sind doch auch viele Höflinge da, aus dem Chor der strebenden Landräthe, die noch was werden wollen. Das ist ja heute überhaupt in unseren Parlamenten die Sache: jede Partei hofft, den Kaiser eines Tages noch unter ihren — wie sagt man doch gleich? ja — unter ihren Hospitanten sehen zu können und will sich deshalb nicht kompromittiren. Nein, das Herrenhaus wäre nicht der Boden; und im Reichstag? Ich kann Ihnen sagen: der

Gedanke, ob ich sprechen soll, hat mich manche schlaflose Nacht gekostet. Aber wie die Geschichte jetzt liegt — die Schulfrage und die Weltengeschichte gehören auch zu den Quietis, die man nicht movere sollte — ist es doch nicht angebracht, mich als Puffer zwischen die Regierung und die Parteien zu schieben; das gäbe dann eine Generalabrechnung zwischen einst und jetzt und würde augenblicklich die Situation zwar erleichtern, aber die nothwendige Klärung nur aufhalten. Ich würde erscheinen wie Banquo's Geist an Macbeth's Tisch und mancher alte Freund hat ohnehin schon ein böses Gewissen mir gegenüber. Trete ich persönlich hervor, dann kann ich mich auch nicht zurückhalten, sonst wird es nichts; sage ich aber meine ganze Meinung — ich sehe nicht rosig in die Zukunft — dann gerathe ich in eine Stellung, die meiner ganzen Vergangenheit nach nicht für mich paßt. Und außerdem würde die Presse ja doch Alles entstellen, was ich sage; dagegen ist nicht anzukommen.

Man überschätzt meinen Ehrgeiz und man unterschätzt mein Selbstgefühl. Ich bin heute siebenundsiebzig Jahre alt, ich habe wirklich keine Ambitionen mehr. Im Rahmen der heutigen Politik ist für mich kein Platz. Soll ich mich hinstellen und Caprivi kritisiren, der doch nur ein Beauftragter ist? Ich bin immer ein guter Monarchist gewesen und möchte nichts sagen, was auch nur den Böswilligen antimonarchisch schmecken könnte; aber ich bin auch kein Absolutist, ich glaube namentlich nicht, daß es heutzutage gut ist, wenn die Krone bei jeder Gelegenheit in den allen Anwürfen ausgesetzten Vordergrund gestellt wird. Als ich Minister wurde, fand ich das Königthum bedrängt, mein alter Herr wollte zurücktreten und ich hatte Mühe genug, ihn davon abzubringen. Damals habe ich es als meine Aufgabe betrachtet, die Machtstellung der Krone zu verstärken, na, und das ist mir nun so sehr gelungen, daß man heute schon wieder auf die Verstärkung der Volksvertretung bedacht sein muß, ich meine den Reichstag, in dem mir das steife Rückgrat nicht immer in genügender Weise vertreten scheint. Und es wäre wirklich für die Monarchie und für unsere ganze Einheit ein Unglück, wenn wir jemals auch nur vorübergehende absolutistische Rückfälle erleben müßten; denn da regiert die Kamarilla oder im schlimmeren Falle das Ewig-Weibliche. Das bleibe uns erspart, aber — es ist mir ein bischen ergangen wie den vierzehn Nothhelfern, die dem Reiter eben von der einen Seite heraufgeholfen hatten — da fiel er auf der anderen Seite herunter . . .

Ich wüßte wirklich nicht, wie ich auf meine alten Tage noch einen andern Wunsch haben sollte als den, daß es unserm Deutschen Reiche recht gut gehen möge. Aber ich bin nicht ohne Sorge. Es wird mir den Russen, die ganz verständige Leute sind, jetzt zu viel eine gar nicht in dem Umfange vorhandene Kriegslust aufgeredet; man nennt das jetzt gern eine Suggestion, aber die Sache ist nicht ungefährlich. Und dann: ich habe mein Leben lang gegen die Bureaukratie gekämpft, gegen den Geheimrath, aber jetzt kriegen wir den Assessor; wir kommen unter die Herrschaft inkalterner Bureaukratie. Sie glauben gar nicht, was die Leute jetzt schon für Schreibereien haben, wie sie von der Regierung mit Auskünften und Doktorfragen gequält werden. Da ist die Landgemeindeordnung. Der Kaiser ist nicht auf dem Lande groß geworden, er muß sich auf Informationen verlassen und mag es wohl geglaubt haben, als man ihm sagte, daß es sich nun „feudale Ueberreste" handle, die beseitigt werden müßten. Früher hat da unsere eingesessene Baueraristokratie regiert und ich kann Ihnen sagen, die Geschichte ging fast immer glatt und gut und die Leute waren zufrieden; jetzt werden allmählich überall kleine Parlamente entstehen; es wird noch mehr als bisher geredet werden, und wo das Redenkönnen den Ausschlag giebt, sind immer die Radikalen obenauf. In solchem Dorf kann heute gewöhnlich nur Einer ordentlich schreiben, meist der Schullehrer, der muß nun die Berichte machen und ist dann natürlich der wichtigste Mann. Das wird sich Alles erst später zeigen, und wenn die Handelsverträge sich erst fühlbar machen, dann, fürchte ich, wird die Unzufriedenheit noch zunehmen. Eine Regierung, und besonders in einem Staat, der nach der Landwirthschaft gravitirt, kann eben nicht vom grünen Tische aus geführt werden; was man nicht gesehen hat oder noch besser am eigenen Leibe erfahren, das kennt man auch nicht.

Es wird jetzt immer behauptet, ich schriebe Artikel gegen die neue Regierung. Das ist natürlich Unsinn. Wenn ich eine journalistische Thätigkeit in solchem Umfange übernehmen wollte, müßte ich doch mindestens in Hamburg wohnen. Auch bin ich dazu nicht mehr jung genug. Nein, von Zeit zu Zeit besucht mich einer der Herren und dem sage ich dann wohl meine Ansicht über die Dinge, denn schließlich habe ich doch einige Erfahrung und ich sehe nicht ein, weshalb die gerade verschwiegen werden soll, wo doch so viel thörichtes Zeug gedruckt wird . . ."

Als erzählt wurde, der General Caprivi sei in den zwei Jahren stark gealtert, blieb Bismarck stumm und in seinen Mienen nur las man: C'est la guerre, und: In servendo ipse consumptus sum.

27. Februar 1892. Hamburg. Fürst und Fürstin Bismarck zum Diner bei dem Oberpostdirektor Kühl.

Ende Februar 1892. Friedrichsruh. Bei dem Diner machte Fürst Bismarck einem Tischgaste gegenüber kein Hehl daraus, daß es ihm nicht einfalle, sich in der Schulfrage als Puffer zwischen die Regierung und die Parteien zu schieben. Seine persönliche Betheiligung am Kampfe würde sofort eine Verschiebung der Sachlage zur Folge haben und vielleicht gerade das Gegentheil von dem bewirken, was man erwarte. Scherzend fügte der Fürst noch hinzu, er warte den Verlauf der Dinge ruhig ab, und wenn es auch den streitenden Parteien so ginge, wie den berühmten „zwei Löwen", die sich gegenseitig bis auf die Schwänze auffraßen.

Auch auf sein Erscheinen im Reichstag kam einem Gaste gegenüber das Gespräch.

„In Italien — so etwa äußerte der Fürst — existirte früher ein Kom=
mando: „facia feroce!" etwa entsprechend unserem „Gewehr zur Attacke
rechts!" Diese facia feroce würde der Reichstag bei meinem Erscheinen auf=
weisen; es würden einzelne Mitglieder sich genirt fühlen und die Parteien
zum Theil durcheinander gerathen; die Situation erführe jedenfalls eine merk=
liche Verschärfung. Müßte ich dann pflichtgemäß hier und da meinem Nach=
folger im Amte opponiren, so würde man unter den obwaltenden Verhält=
nissen die Kritik voraussichtlich als gegen eine noch höhere Stelle gerichtet
glauben. Eine solche Wirkung aber möchte ich aus einer nabeliegenden Rück=
sichtnahme thunlichst vermieden wissen, wenigstens so lange, als mein Gewissen,
meine patriotische Ueberzeugung es irgend gestatten. Wie lange dies der
Fall sein wird, vermag ich nicht zu sagen; das wird von den Verhältnissen,
vom Gange der Ereignisse abhängen."

Im Zwiegespräch mit einem anderen Besuche wurde die Frage berührt,
ob sein Residiren in Friedrichsruh wirklich ein definitives sein solle. Entgegen
den Ausstreuungen der Presse, die seinem angeblich nach Genugthuung dürsten=
den Ehrgeiz die Rückkehr in die leitenden Aemter erstreben ließ und zum
Kompaß seiner Preßäußerungen machte, stellte der Fürst, vielleicht auch im
Hinblick auf die gegenwärtig veränderte Bedeutung ministerieller Stellungen,
mit einer nicht mißzuverstehenden volksthümlichen Wendung die Reigung, da=
hin zurückzukehren, wo er den 20. März 1890 erlebt habe, auf das Entschie=
denste in Abrede.

15. März 1892. Friedrichsruh. Frühstückstafel, an welcher Gräfin
Eickstedt, Frau von Röckeritz, Lothar Bucher und die Deputation des Militär=
vereins der Kampfgenossen aus Leipzig, welche dem Fürsten Bismarck das
Diplom als Ehrenmitglied überbracht hatte, theilnahmen.[1]

Während der Tafel brachte der Fürst einen Toast auf den König Albert
von Sachsen, der Vorsitzende des Vereins Otto Mästner auf seine Durchlaucht
und der stellvertretende Vorsitzende Otto Müntzel auf Ihre Durchlaucht die
Fürstin Bismarck aus. Bei dem Toast, welchen Bismarck auf König Albert
ausbrachte, sagte er, König Albert sei ihm stets ein gnädiger Herr und
lieber Freund gewesen. Auch sei König Albert ein ganz besonders tüchtiger
Feldherr.

Mehrere Mitglieder des Vorstandes führten den Vornamen Otto. So=
bald nun durch irgend eine gegenseitige Ansprache der Name Otto fiel, sah
auch zunächst der Fürst lächelnd auf, als wenn er angerufen worden wäre,
dabei mächtige Rauchwolken aus seiner langen Pfeife, welche er zweimal leerte,
in die Luft blasend. Als dem Fürsten von dem stellvertretenden Vorsitzenden
Müntzel die Stammrolle des Vereins zur Einzeichnung vorgelegt wurde und
Müntzel bat, die Eintragung seines Namens an bevorzugter Stelle zu voll=
ziehen, meinte der Fürst, er gehöre nicht auf den gänzlich unbeschriebenen

---

[1] Ueber diesen Empfang vergleiche „Die Ansprachen des Fürsten Bismarck" S. 183.

Bogen, da gehöre König Albert hin, welchen er noch in der Stammrolle vermisse. Er dagegen wolle sich da einzeichnen, wohin er gehöre, nämlich in die Rubrik der anderen Ehrenmitglieder des Vereins. Hierauf erfolgte die Inschrift unmittelbar anschließend an die letzte Eintragung des Professors Thierich.

Bald kam auch die Rede auf Leipzig. Als dem Fürsten von Friedrich Wille erzählt wurde, daß kürzlich ein Zettel an seinem Reiterstandbild auf dem Marktplatz gehangen habe mit der Strophe: „Lieber Bismarck, steig' hernieder und regiere Du doch wieder, laß' bei diesen schlechten Zeiten lieber doch Caprivi reiten!" lachte der Fürst und meinte, in Leipzig müsse er doch recht viele Freunde haben, denn häufig bekomme er mancherlei Anerkennungszeichen aus dieser Stadt. Das Gedicht vom Siegesdenkmal sei ihm auf einer Postkarte mitgetheilt worden und diese Postkarte habe die Unterschrift getragen: „Ein kleines deutsches Mädchen." Auch von Dresden und aus Süddeutschland bekomme er fortwährend Zeichen der Verehrung, was ihn sehr freue; dennoch treffe auch auf ihn das Sprüchwort zu: Der Prophet gilt nichts in seinem Vaterlande. Auch in Amerika gedenke man seiner vielfach. Erst kürzlich habe er aus San Francisco eine Depesche mit bezahlter Rückantwort erhalten. In diesem Telegramm habe ein dort lebender Deutscher ihn um die Erlaubniß ersucht, seinen Sohn Otto taufen zu dürfen. Selbstverständlich habe er sofort dem Mann seine Zustimmung und seine Freude über den Fall mitgetheilt.

Kuntzel sprach hierauf den Wunsch aus, der Fürst möge doch Leipzig einmal besuchen, dann könne er sich davon überzeugen, wie viele Freunde er dort habe und wie ihm alle Herzen entgegenschlagen würden. Der Fürst meinte aber: „Werden Sie erst einmal 77 Jahre alt."

Die Fürstin Bismarck bemerkte hierzu, daß ihr Gatte ja vielleicht, wenn er nächstens nach Kissingen fahre, den Weg über Leipzig nehmen könne, worauf der Fürst erwiderte, daß dies allerdings ein bedeutender Umweg sei, über Göttingen sei es viel näher, aber immerhin wolle er sich die Sache einmal überlegen.

Der Fürst erinnerte sich auch noch, wie er sich ausdrückte, „an das Loch in Leipzig, aus welchem der Teufel auf einem Faß herausgeritten sei." Die anwesenden Damen stutzten und meinten, was denn das für ein Loch sei, worauf die Erklärung folgte, daß hiermit das Weinrestaurant in Auerbach's Keller gemeint sei.

Der Deputirte Seelberg theilte dem Fürsten im Laufe der Unterhaltung scherzend mit, daß er sich ein Streichholz zum Andenken eingesteckt habe. Der Fürst meinte, leider gebe es jetzt keine Blumen bei ihm, sonst würde er den Herren einen Blumenstrauß binden lassen. Wenn den Herren aber etwas daran gelegen sei, dann lasse er für jeden einen Tannenreis abschneiden, ein Anerbieten, welches dankbar acceptirt wurde.

Der Deputirte Bastanier wurde gefragt, was er denn sei, worauf der= selbe antwortete, er sei Besitzer eines Hauses, es sei aber nur von Holz; es sei nämlich ein Pfahlbau, der als Restaurant am Ufer der Pleiße stehe. Was Besonderes sei das nicht, aber er sei zufrieden.

Ja, bemerkte der Fürst, auch sein sehnlichster Wunsch sei es von frühester Jugend an gewesen, einmal ein Heim zu besitzen, aus dem er nicht unfrei= willig zu scheiden brauche, es sei ihm dies aber erst im späteren Alter gelungen.

Fürst Bismarck bemerkte auf einmal, daß die Mitglieder der Deputation alle ihre Vereinszeichen angelegt hatten. Er frug daher den Vorsitzenden Kästner, wo denn sein, Bismarck's, Abzeichen sei, worauf sich Kästner beeilte, dem Fürsten das Zeichen anzustecken. „Und wie Sie Alle so sein angezogen sind — fuhr der Fürst fort — mich müssen Sie aber in meinem einfachen Waldanzug entschuldigen, denn ich fühle mich in diesem am wohlsten."

19. März 1892. Hamburg. Fürst und Fürstin Bismarck zum Diner bei Frau Senator Hayn.

29. März 1892. Friedrichsruh. Frühstückstafel, an welcher die Mit= glieder der Abordnung des Deutschen Ziegler= und Kalkbrenner=Vereins, welche dem Fürsten Bismarck die Ehrenmitgliedschaft angetragen hatten, theilnahmen.[1]

Der Fürst erzählte unter Anderem vom Kaiser Friedrich und rühmte ihn als den liebenswürdigsten Menschen, der ihm jemals begegnet. Nichts sei unrichtiger, als die vielfach verbreitete Meinung, daß seine Beziehungen zu diesem Monarchen keine besonders guten gewesen seien. Im Gegentheil, Kaiser Friedrich sei mit seinen Vorschlägen stets einverstanden gewesen, er selbst zu keiner Zeit so unumschränkt, wie damals. Rührend seien die Be= mühungen dieses Herrschers gewesen, in seiner schweren Krankheit keine Höf= lichkeitsbezeugung außer Acht zu lassen. Er habe es sich niemals nehmen lassen, ihn trotz der größten Schwäche bis zur Thür zu geleiten. Der Fürst sei dann hinter dem Kaiser gegangen in steter Erwartung, daß dieser zu= sammenbrechen werde, noch bevor er die Thür erreicht, und der Kranke habe sich dann eben noch mit Mühe am Thürknopf halten können.

31. März 1892. Friedrichsruh. Frühstückstafel, an welcher Frau von Arnim (die Schwester des Fürsten), Gräfin Rantzau, Graf Herbert Bis= marck, Lothar Bucher, der Maler Allers, Herr Damann aus Blankenburg, der Schriftsteller und Chef=Redakteur von „Scherers Familienblatt" Dr. Hirsch aus Berlin und Herr C. Krall aus Elberfeld theilnahmen.

Letzterer berichtete über diese Geburts=Vorfeier: Die aufgetragene geräucherte Rothwildkeule, die uns der Fürst besonders empfahl und die ihm recht zu behagen schien, gab ihm Gelegenheit, sich als echten Nimrod zu be=

---

[1] Vgl. über diesen Empfang „Die Ansprachen des Fürsten Bismarck" S. 184.

weisen. Er schilderte in größter Lebhaftigkeit das Vergnügen der Jagd, indem er manches Jagderlebniß aus seiner Zeit in Rußland einflocht, ahmte in angeregtester Stimmung die Naturlaute der nordischen Thiere nach und beschrieb seiner Gattin die Auerhahnbalz.

Indem unsere Weißweingläser gefüllt wurden und wir das erste Glas dem Wohl des hochverehrten Geburtstagskindes weihten, erging er sich darüber, daß in früherer Zeit jedes größere Patrizierhaus seinen Wein selber zog. „Was das für ein Getränk war, können Sie sich denken. Auch mein Vater zog auf Schönhausen seinen Wein selbst. Noch jetzt ist da ein viereckiges Loch, in welches man eine Wagendeichsel oder so etwas steckte, um den Wein zu keltern. Es war in einer prächtigen Nußbaumallee. Aber der Nußbaum, meine Herren, wo der Wein gekeltert wurde, ist doch arg zurückgegangen," bemerkte er launig.

Im Laufe der Unterhaltung kam Maler Lenbach, der zum Geburtstage von München herbeigeeilt war, schnellen Schrittes zur Thür herein. Der Fürst erhob sich, und beide Männer umarmten und begrüßten sich überaus herzlich. Als Bismarck wieder Platz genommen hatte, brachte ihm Dr. Chrysander einen großen Stoß von eingelaufenen Briefen und Depeschen; es waren gewiß viele Hunderte, trotzdem es erst der 31. März war.

„Und da will nun jeder eine Antwort haben!" sagte der Fürst.

Ich sehe, Durchlaucht, daß das allerdings ganz unmöglich ist, und da kommt es nur darauf an, wer der Glückliche ist, und ich erzähle ihm bei dieser Gelegenheit, wann und wie ich in den Besitz einiger Dankesschreiben und auch seines Bildes mit Unterschrift gelangt sei. Der Hauptstoß der Briefe wurde wieder fortgenommen und ihm statt dessen eine Glückwunsch=„Auslese" vorgelegt. Der Fürst hatte kaum das oberste Blatt in die Hand genommen, als er herzlich lachte und das Schreiben vorlas. Es stammte von sechs jungen Seminaristinnen aus Frankfurt a. d. Oder und lautete etwa folgendermaßen: Die Unterzeichneten senden Ew. Durchlaucht ihre ehrerbietigsten Glückwünsche zum Geburtstage, der für uns gleichzeitig ein kritischer Tag ist. Wir müssen ins Examen steigen und bitten Ew. Durchlaucht dringend, für uns den Daumen halten zu wollen.

„Wat soll ick dorbi dhaun?" lachte der Fürst, indem er den Stoß der Glückwünsche durchblätterte und kurze Notizen und Anordnungen für die Beantwortung angab. Es fand sich auch ein Epos einer Dame von etwa zwanzig Seiten vor. Armer Fürst!

„Es ist eigenthümlich — sagte der Fürst — daß heutzutage fast jeder dichtet, das gab's zu meiner Zeit nicht, und man muß gestehen, meistens in guter, vollendeter Form."

Entsinnen sich Durchlaucht des Namens Scherenberg?

„Gewiß," erwiderte er, und ich richtete ihm nun die Glückwünsche unseres heimathlichen Dichters aus, den ich kurz zuvor gesprochen hatte. „Danken Sie ihm — sagte der Fürst langsam und mit Nachdruck — nicht nur für die warme

Theilnahme, die er mir stets entgegengebracht hat, sondern auch für seine ob=
jektiven Leistungen. Er ist einer unserer Koryphäen."

Kurz darauf gab man das schwungvolle Gedicht Scherenberg's, welches zu
dem großen eisernen „Blumenstrauß" der Bismarckhülle verfaßt war, an der
Tafel herum. Dr. Hirsch rezitirte der Fürstin im Anschluß daran die Schluß=
verse eines schönen, warm empfundenen Gedichtes, das er vor zwei Jahren
„dem Scheidenden" gewidmet hatte:

> Dich würdig zu preisen, vermag kein Gedicht,
> Doch denk' an die Worte treu und schlicht:
> Wir vergessen dich nicht!

Die Rede kam auf den alten Fritz und Fürst Bismarck erzählte eine Menge
humoristischer Züge und bezeichnender Anekdoten. Man führte an, daß der
alte Fritz ein Autokrat, jedoch mit tiefem Gemüth gewesen sei, und daß in ihm
sehr oft die Seelen des Herrschers und des Menschen stritten. Der Fürst er=
zählte mehrere treffliche Beispiele, wie der alte Fritz auf ebenso gemüthvolle
wie originelle Art Fehler seiner Heftigkeit wieder gut zu machen verstand. Ich
will ein Beispiel anführen, das er mit köstlichem Humor zum Besten gab: Ein
Rittmeister wird wegen eines Vergehens vom alten Fritz mit dem Krückstock
verfolgt und nimmt Reißaus. Am anderen Tage meldet der Vorgesetzte dem
König, daß der Offizier, einer seiner tüchtigsten, leider seinen Abschied ein=
gereicht habe.

Er soll zu mir kommen, herrschte der alte Fritz.

Angstbeklommen kommt der Offizier.

Morjen, Herr Major! begrüßte er den sprachlos Ueberraschten, ich wollte
es ihm ja schon gestern sagen, aber er lief ja, daß ich ihn nicht einholen konnte.
Morjen!

Selbst auf die Gefahr hin, Bekanntes zu erzählen, muß ich noch folgende
originelle Geschichte wiederholen, die ebenfalls große Heiterkeit erregte: Beim
alten Fritz verdächtigt ein Offizier den anderen und sucht sich selbst auf dessen
Kosten, den er als Trinker, als Säufer hinstellt, herauszustreichen. In der
Schlacht zeigt sich die Tüchtigkeit des anderen, und als nun der Verdächtiger,
der in der gleichen Schlacht arg in die Patsche gerathen war, an der Spitze seines
Regiments am alten Fritz vorbeidefilirt, ruft er ihm mit Donnerstimme zu:
Sauf er auch! —

Inzwischen war nach verschiedenen warmen Gängen der Nachtisch auf
getragen worden. Bismarck bot mir einen „alten Korn" meines Landsmannes
Lohmann an, den ich mit Rücksicht auf die zahlreichen Gläser, die bereits
vor mir thronten, dankend ausschlug. „Ja sagte er scherzend — ich glaube,
daß das Trinken immer mehr und mehr abkommt! Möge es uns nur nicht
gehen wie den Engländern, seit sie nur Thee und Wasser trinken!" Und um
that er folgenden klassischen, echt Bismarck'schen Ausspruch: „Wir nordische
Völker bedürfen eines Aufgusses. Die Ungarn und die Spanier und die
anderen da unten kommen schon halbbenebelt zur Welt. Wenn sich aber der

Deutsche seiner Kraft recht bewußt werden soll, dann muß er erst eine halbe Flasche Wein im Leibe haben oder — setzte er lachend hinzu — besser noch eine ganze. Und Sie wollen wirklich nicht?" fragte er.

Natürlich konnte ich nach solchen Worten nicht länger widerstehen, und schnell den Diener mit Gläsern herbeirufend, schenkte er selbst als liebenswürdiger Wirth meinen Nachbarn und mir ein.

„Ich liebe die Litöre und das süße Zeugs nicht — fuhr er fort — aber bei der hochseligen Kaiserin Augusta gab's nur solches. Ein kräftiger Cognac, das ist eher etwas für mich. Glücklicherweise waren aber unter den bedienenden Lakaien ein paar gerissene Jungen, vor allem ein langer ehemaliger Artillerist — ich sehe ihn noch vor mir. Wenn er dann vor mich hintrat und ich zwinkerte mit dem rechten Auge — und dabei veranschaulichte uns der Fürst das drastische Mienenspiel in größter Lebhaftigkeit — dann wußte er das linke zu, und ich wußte nun ganz genau, auf der Seite steht ein fester Cognac für mich!" Und dabei ergötzte sich der Fürst an dem wohlgelungenen Anschlage und lachte, daß ihm die Thräne im Auge stand. Ich aber freute mich aus vollem Herzen, den verehrten gewaltigen Recken in solch köstlicher Geburtstagslaune bewundern zu können.

Beim Familiendiner an demselben Tage erzählte der Fürst viel von vergangenen Tagen. „Die Zeit zwischen meinem und der Fürstin Geburtstage ist meine Festzeit," lachte er, als man ihm mit Schweninger drohte, „da giebt es Muscheln — meine Tochter ist in dem Punkte das Kind ihres Vaters —, Kibitzeier, Saatkräheneier und andere gute Dinge. Diese Saatkräheneier erinnern mich an meine Knabenzeit. Damals machte es mir Scherz, Krähennester auszunehmen und die Eier brütenden Tauben unterzulegen, um zu sehen, was wohl aus der Geschichte würde." — „Und das haben Eure Durchlaucht später in der Politik fortgesetzt," meinte einer der Gäste scherzend und der Fürst lächelte gutmüthig dazu, um dann die Pfeife anzuschmauchen.

1. April 1892. Friedrichsruh. Zur Frühstückstafel waren die Mitglieder der aus sämmtlichen Berufszweigen zusammengesetzten Deputation aus Bochum, welche dem Fürsten unter Ueberreichung einiger Geschenke ihre Glückwünsche zum Geburtstage ausgesprochen hatten, geladen.[1] Der Fürst unterhielt sich dabei lebhaft mit den einzelnen Mitgliedern der Deputation und zog besonders die Bergleute in die Unterhaltung, indem er sich darnach erkundigte, wie tief sie unter der Erde arbeiteten und ob sie auch Katastrophen miterlebt hätten.

Bei der Mittagstafel[2] erhob sich der Fürst und brachte in wenigen Worten „einer alten reichskanzlerischen Gewohnheit folgend" das Wohl von

---

[1] Vergleiche über diesen Empfang „Die Ansprachen des Fürsten Bismarck" S. 185.

[2] Außer den Mitgliedern der Bismarck'schen Familie nahmen daran noch theil: Professor Schweninger, Professor Lenbach, Geheimrath Lothar Bucher und Dr. Hermann Hartmeyer, Chef-Redacteur der „Hamburger Nachrichten".

Kaiser und Reich aus, die Gott ferner erhalten möge. Den Toast auf den Fürsten hielt Oberst a. D. von Goldammer, der mit dem Wunsche schloß, daß sich die beiden Sieben, die hintereinander stehend das jetzige Alter Seiner Durchlaucht bezeichneten, allmählich in zwei Neunen verwandeln möchten, daß der Fürst in zweiundzwanzig Jahren seinen 99. Geburtstag bei guter Gesundheit zum Heile Deutschlands begeben könne. Auf die Gesundheit der Frau Fürstin, welcher der größte Theil des Verdienstes daran gebühre, daß der Fürst nach seiner aufreibenden Lebensarbeit ein frisches und gesundes Alter genieße, trank Professor Lenbach.

Als Toast auf Toast verklungen war, näherte sich der Fürst dem Dr. Hartmeyer, welcher auf Wunsch des Fürsten in dessen Nähe plazirt war, und dankte ihm für sein mannhaftes Eintreten für ihn in der Presse.

4. Mai 1892. Friedrichsruh. Frühstückstafel, an welcher als Gäste unter Anderem die Gräfin zu Stolberg-Wernigerode und der Präsident der Dresdener Liedertafel, Hofmusikalienhändler Näumann, theilnahmen. Letzterer hatte sich nach Friedrichsruh begeben, um die Wünsche des Fürsten Bismarck bezüglich eines Ständchens, welches die Sänger dem Altreichskanzler dar= zubringen gedachten, einzuholen.

Der Fürst nahm wiederholt Gelegenheit, sich nach Dresden, dortigen Ver= hältnissen und der Liedertafel zu erkundigen und sprach unter Anderem viel vom verstorbenen Kaiser Wilhelm I. Beim Abschied reichte Bismarck Herrn Näumann beide Hände und hob hervor, daß ihn der Besuch der Dresdener Sänger ganz besonders erfreue, dieser Tag würde für ihn ein Festtag werden. Als Tag für das Ständchen wurde der 21. Mai festgesetzt.

11. Mai 1892. Friedrichsruh. Frühstückstafel und Familiendiner, woran auch der Gymnasial-Oberlehrer Dr. Horst Kohl aus Chemnitz, der Herausgeber des Werkes „Die politischen Reden des Fürsten Bismarck", theilnahm. Betreffs des erwähnten Werkes äußerte der Fürst seine Verwun= derung über das rasche Fortschreiten desselben, nachdem es erst im Januar begonnen war. Im Uebrigen zeigte Fürst Bismarck besondere Sympathie für die deutsche Jugend und äußerte die Erwartung, daß dieselbe fleißig arbeiten werde. Er bemerkte dabei, es werde von den heutigen Schülern bei Weitem nicht mehr so viel verlangt, als früher zu seiner Zeit, da das Französische in Quinta, das Griechische in Quarta bereits begann und auch weitergeführt wurde, als jetzt. Namentlich auf das Griechische legte er vielen Werth, da es das Kennenlernen der von tiefer Weisheit erfüllten Werke der altklassischen griechischen Schriftsteller ermöglichte. Von Ueberbürdung der heutigen Jugend könne schwerlich die Rede sein.

21. Mai. 1892. Friedrichsruh. Frühstückstafel für die Mitglieder der Dresdener Liedertafel, welche dem Fürsten Bismarck ein Ständchen gebracht hatten.[1]) Der Fürst hatte die Sänger, nachdem das letzte Lied gesungen war, hierzu mit den Worten eingeladen: „Nun ist es aber wohl Zeit, von den Liedern zu den Litern überzugeben!" Alles leistete fröhlich Folge und machte sich mit kräftigem Appetit über die Riesenbraten und das helle und dunkle Bier her. Der Fürst blieb noch lange unter den Sängern, mit jedem an= stoßend, bis Professor Schweninger bei einbrechender empfindlicher Kälte mit dem Grafen Herbert ihn zum Rückzuge in das Haus bewegten.

30. Mai 1892. Friedrichsruh. Frühstückstafel, an welcher eine Ab= ordnung des Kriegervereins zu Mylau[2]) im sächsischen Voigtlande und der Dr. med. C. Brendel aus Montevideo theilnahmen. Letzterer hatte eine von 880 Deutschen in den Lo Plata=Staaten unterzeichnete Adresse überreicht. Einem Berichte des Dr. Brendel entnehmen wir Folgendes:

Die Fürstin ist an ihr fast konstantes Leiden, chronisches Asthma, gewöhnt. Als ich mich als Arzt vorstellte, kam sie auf ihren Zustand zu sprechen und klagte, daß ihr kein klimatischer Wechsel, Gebirgsaufenthalt, die verschiedensten Heilmittel Hülfe oder dauernde Linderung gebracht, höchstens die Stramonium= Cigaretten hälfen ihr für eine halbe Stunde. In Tölz oder in Heilbronn sei es ihr wacker gegangen, aber andere Belästigungen hätten sie dort gequält. Eines alten dortigen Pfarrers gedachte sie gerne. Er hatte einen anstrengenden Dienst und klagte über die weiten, schwierigen Wege nach seinen Filialen. Sie tröstete ihn, sie wolle es Lutz sagen und er helfe gewiß. Aber da kam sie schlimm an. Der bayerische Minister meinte, die Stelle sei gut genug für den Pfarrer.

Während der Tafel stand Fürst Bismarck auf und trank sein Glas Champagner auf das Wohl des Königs von Sachsen, des treuen deutschen Fürsten. Dann floß wieder die Unterhaltung in ihrem vielseitigen Wechsel. Auf Sachsen kam der Fürst öfter zu sprechen und zog Vergleiche über sonst und jetzt. Er meinte, man halte die Sachsen im Allgemeinen für sanfter und gutmüthiger, als sie wirklich seien, s.e könnten manchmal rechte — Luder sein. Riesige Heiterkeit der Deputation, und Einer meinte, das sei eigentlich ein Schmeichel=, ein Kosenamen in verschiedener Zusammensetzung, so zum Beispiel als „ei Du liebes Sauluderchen". Der starke Toback verrauchte rasch unter allgemeinem Gelächter, und der Fürst erzählte, wie er einmal auch durch das hier vertretene Städtchen Mylau gekommen und recht in= opportun vom Festredner politisch angezapft worden sei.

Daß sich Bismarck nicht anzapfen läßt, mußte ich selbst gleichzeitig mit der Fürstin erfahren. Er sprach etwas über Ungarn, und ich benutzte die Gelegenheit, um mein Bedauern auszusprechen, daß die Magyaren so un= freundlich gegen unsere Stammesgenossen in Siebenbürgen seien. Eisige Miene und anscheinbar unheilbare Taubheit war die Antwort, ebenso als ihm

---

[1]) Vergleiche über diesen Empfang „Die Ansprachen des Fürsten Bismarck" S. 186 ff.

[2]) Vergleiche über diesen Empfang „Die Ansprachen des Fürsten Bismarck" S. 191.

die Fürstin als neueste Renigkeit den Nachfolger Jordenbed's nannte. Er giebt den Ton an, aber er ist kein Klavier, auf dem man spielen kann. Aber das sind alles nur ganz vorübergehende Momente; bei seiner Lebhaftigkeit kommt er auf hundert Dinge zu reden, freut sich, wenn man darauf eingeht, ihn unterstützt, ablöst, wie es eben bei einem so hochgewandten Unterhalter sich von selbst versteht. Immer wieder wandte sich gütig und freundlich der Fürst an mich. So fragte er auch nach der Zunahme des italienischen Elements am La Plata. Mit Achtung und Zuneigung sprach er von dessen Tüchtigkeit und geringen Ansprüchen. „Auch bei uns am Nord-Ostsee-Kanal sind sie die besten Arbeiter." Auch die Gräfin Hoyos, die ja in Firnne wohnt, sprach anerkennend von ihnen. Dann kam er auf die Fahrten nach dem La Plata zu sprechen. Ich hätte ihm Vieles erzählen können, hielt mich aber zurück und verstaub das Streben der Fürstin, eher dämpfend und mäßigend, höchstens ausfüllend und ergänzend, gewissermaßen erleichternd in die Unterhaltung einzugreifen.

31. Mai 1892. Friedrichsruh. Frühstückstafel, an welcher Gräfin Hoyos Mutter nebst Tochter, Gräfin Rantzau, Gräfin Wilhelm Bismarck, Dr. von Sybel, der durch sein vortreffliches Buch: „Das Kaiserliche Deutschland" bekannte englische Schriftsteller Sidney Whiteman und der Redakteur der „Westdeutschen Allgemeinen Zeitung" Dr. Hans Kleser theilnahmen.[1])

---

[1]) Die in Köln erscheinende „Westdeutsche Allgemeine Zeitung" brachte darüber, wohl aus der Feder Kleser's, einen Artikel, dem wir folgende Stellen entnehmen: Es wird wohl zum zweiten Mal auf Erden eine von der Person des Gastherrn so überstrahlte Tisch gesellschaft nicht geben, die in zwangloser Unbefangenheit und so natürlicher Freimüthigkeit sich bewegt, wie die Gesellschaften in Friedrichsruh, wo bei Speis' und Trank, bei Pfeife und Cigarren der Gastwirth ebenso freigebig von seinen reichen Lebenserfahrungen mittheilt, wie die Gäste dankbar und glücklich davon empfangen. Das Gedächtniß des Fürsten Bismarck ist staunenswerth. Zu welchem Gebiete auch die Unterhaltung in ihren Sprüngen sich wenden mag, der Fürst wird schier immer aus eigener Erfahrung, Anschauung, Auffassung etwas Neues und Ueberraschendes beisteuern, mag man nun von den Eigenthümlichkeiten der Rhetorik des Demosthenes oder der Schilderungs- und Erzählergabe des Herodot, Livius, Gibbon plaudern, Byron oder Bodenstedt kritisiren, Erinnerungen aus der mittelalterlichen englischen, oder der vormärzlichen deutschen Geschichte auffrischen, über den Werth und die Fehler dieser oder jener englischen Faust-Uebersetzung urtheilen. Wer zum ersten Mal Gast in diesem Kreise ist, der wird staunen über den reichen und hervorragend bedeutsamen Antheil, den die Damen des Bismarck'schen Hauses zu diesen Unterhaltungen, die zwanglos bald in deutscher, bald in englischer Sprache geführt werden, beisteuern. Gräfin Wilhelm Bismarck wird beispielsweise in allen Fachkreisen über Malerei und Kunst mit Autorität sprechen dürfen, die Gräfin Rantzau läßt es jedem, der ihr mit Verständniß zu folgen vermag, ohne Weiteres einleuchtend erscheinen, wie schwer es dem Fürsten geworden sein mag, auf die Hülfe dieses seines bewährtesten Sekretärs zu verzichten. . . . Die Gräfinnen Hoyos Mutter und Tochter müßten kein englisches Blut in den Adern haben, wenn sie nicht alle bemerkenswerthen landschaftlichen und baulichen Schönheiten Europas kennten. Es mag verrathen werden, daß beide für Köln und nicht nur für den Dom — eingenommen sind. Die Fürstin Bismarck würde, wenn nicht Barzin wäre, bei ihrem Gemahl alles aufgeboten haben, um ihn zur Ueber-

Nach einer Aufzeichnung des Letzteren erklärte Fürst Bismarck Hamburg als die Stadt, in der er sich angekauft haben würde, wenn er zu der Last der Verwaltung dreier Güter noch eine dritte Last, die Verwaltung eines Hauses sich oder vielmehr der Fürstin hätte aufladen mögen.

Als das Berlin aus den zwanziger und dreißiger Jahren in Vergleich gebracht wurde mit dem Berlin von heute, bemerkte der Fürst, indem er schmunzelnd das Pfeifenrohr aus einem Mundwinkel in den andern schob: „Ich muß sagen, daß ich heute noch mit großem Vergnügen an den Duft der Berliner Straßenrinnen von damals zurückdenke; wobei ich allerdings anerkenne, daß an dem Vergnügen dieser Erinnerung neben besagtem Duft doch auch mein damaliges Alter betheiligt sein mag."

Auf seine Entlassung zu sprechen kommend, bemerkte der Fürst: „Wenn es sich bei der Lage, in welche ich sehr gegen meinen gewissenhaft geprüften Willen gebracht worden bin, nur um meine Person handelte, und wenn ich die quälenden körperlichen Schmerzen nicht hätte, dann würde ich mich wohler befinden, als jemals seit den Tagen meiner sorglosen Jugend!"

5. Juni 1892. Friedrichsruh. Frühstückstafel, an welcher der Oberstlieutenant a. D. von Sobbe und die unter Führung des Lieutenants der Reserve Dr. Dieberich Hahn eingetroffene Deputation des Kriegervereins zu Osten a. Oste, welche dem Fürsten Bismarck das Diplom als Ehrenmitglied überbracht hatte, theilnahmen. [1]

Während der Tafel richtete Dr. Hahn eine kurze Ansprache etwa folgenden Inhalts an den Fürsten:

„Wir Hannoveraner haben eine ganz besondere Veranlassung, Eurer Durchlaucht dankbar zu sein. Durch die Vereinigung Hannovers mit der Krone Preußens, um die wir das Hauptverdienst doch wohl mit Recht Eurer Durchlaucht zuschreiben dürfen, haben wir die allgemeine Wehrpflicht erhalten, und auch die Söhne der wohlhabenderen, bürgerlichen Familien unseres Landes, die früher für gewöhnlich nicht dienten, sind dadurch der hohen Ehre theilhaftig geworden, ins Heer einzutreten und Soldaten zu werden. Die alte kriegerische Tüchtigkeit unserer Marschen, die sich im Mittelalter von den Zeiten der niederländischen Kolonisation an bei der Vertheidigung ihrer Freiheiten so oft bewährte, hat durch die allgemeine Wehrpflicht neuerdings unter Preußens Fahnen wieder Gelegenheit gehabt, im Kriege von 1870/71 zur Geltung zu kommen. Den Dank dafür schulden wir Seiner hochseligen Majestät Kaiser

---

siedelung nach Frankfurt a. M. zu bewegen, welche Stadt die Fürstin als die wohnlichste und schönste in der Welt erscheint, ganz abgesehen davon — wie sie hinzufügte — daß sie dort so glückliche Jahre mit ihrem Gemahl und den Kindern verlebt hat. Dabei erzählte sie die lustigsten Knabenstreiche des damals 4—5 jährigen Herbert, der trotz seinem Vater sich in Frankfurt einen Namen — wenn auch auf andere Art — zu schaffen wußte.

[1] Vergleiche über diesen Empfang „Die Ansprachen des Fürsten Bismarck" Seite 192 f.

Wilhelm I. und Eurer Durchlaucht! Wenn auch einzelne ältere Hannoveraner die Zeiten vor 1866 noch nicht vergessen können und noch dann und wann, wie kürzlich in Geestemünde, eine gegen die Einverleibung Hannovers in Preußen gerichtete Kundgebung versuchen, so bitten wir Eure Durchlaucht, darum nicht schlechter von uns Hannoveranern zu denken. Die ganze jüngere Generation, die unter Preußens Fahnen gedient hat, ist anderen Sinnes. Sie steht treu zu Kaiser und Reich und gedenkt auch in aufrichtiger Dankbarkeit der unsterblichen Verdienste, die sich Eure Durchlaucht um die Einigung Deutschlands erworben haben. Wir haben als Soldaten aber noch eine zweite besondere Veranlassung, Eurer Durchlaucht dankbar zu sein. Eure Durchlaucht haben ein Wort gesprochen, mit welchem dem ganzen deutschen Heere der zutreffende Ausdruck für seine Gefühle und Empfindungen gegeben worden ist und mit dem es getrost den Kämpfen, die uns die Zukunft vielleicht noch bringen mag, entgegengehen kann: „Wir Deutsche fürchten Gott, sonst nichts in der Welt." Einen Wiederklang dieses Wortes aus unseren Herzen wollen wir Eurer Durchlaucht heute in der schlichten einfachen Art unserer plattdeutschen Sprache bringen, wie ihn die Worte der Eurer Durchlaucht vorhin überreichten Urkunde ausdrücken, mit denen ich das Glas auf Eurer Durchlaucht Wohl erhebe!" Die letzten Zeilen dieser Widmungsworte veränderte dann Dr. Hahn dahin, daß er sagte: „Fürst von Bismarck hett dat seggt! Und Durchlaucht hatten noch ümmer Recht!"

Unmittelbar nach dem Hoch nahm der Fürst das Glas und antwortete ungefähr Folgendes:

„Herzlichen Dank für Ihre warmen Worte und die erfreulichen Mitteilungen aus meinem Wahlkreise! Ich habe mich vor meinen Wählern zu entschuldigen, daß ich das Mandat bisher nicht erfüllte. Aber, was nicht ist, kann noch werden. Das Mandat währt noch drei Jahre und wenn ich im Verlauf des letzten die Möglichkeit nicht gefunden habe, auf einem für mich annehmbaren Boden im Parlamente mitzuarbeiten, so sind diese Behinderungen im nächsten vielleicht nicht mehr vorhanden. Sie als Militärs werden es mir nachfühlen, wenn es mir schwer wird, an demselben Orte, wo ich vierzig Jahre hindurch die Politik der Regierung vertreten habe, sie jetzt zu bekämpfen — da, wo ich Bundesgenosse war, jetzt als Gegner aufzutreten. Von der Entwickelung der Dinge wird auch mein Verhalten abhängen. Ich wünsche lebhaft, daß sich mir eine mit unseren soldatischen Empfindungen vereinbare Möglichkeit bietet, die Pflichten gegenüber meinem Wahlkreise zu erfüllen. Bringen Sie, bitte, meinen Wählern meine herzlichen Grüße und trinken Sie mit mir auf ihr Aller Wohl!"

Im Verlaufe der Tafel unterhielt sich der Fürst mit seinen Gästen besonders über ländliche Verhältnisse.

8. Juni 1892. Friedrichsruh. Zur Frühstückstafel war die Deputation des Vereins deutscher Krieger von 1870/71 zu Altona, welche dem Fürsten

Bismarck das Diplom als Ehrenmitglied überbracht hatte,[1]) hinzugezogen. Der Fürst gedachte bei Tisch mit kurzen, kernigen Worten der Gefallenen von 1870/71 und widmete denselben ein stilles Glas. Kamerad Möller brachte der Fürstin ein Hoch. Der Fürst nahm dann noch Veranlassung, den Kameraden einige heitere Episoden aus seinem Leben zum Besten zu geben.

9. Juni 1892. Friedrichsruh. Frühstückstafel, an welcher Landrath und Kammerherr von Dolega-Kozierowski, die Baronin von Merck und Graf Adolf von Westarp[2]) theilnahmen.

Graf von Westarp, welcher auch zur Mittagstafel geladen wurde, veröffentlichte im Feuilleton der „Münchener Allgemeinen Zeitung" Schilderungen über seinen Besuch in Friedrichsruh. Die „Hamburger Nachrichten" enthielten sich der Wiedergabe des Textes, da dieselben glaubten, „daß derselbe, sowohl was die Einzelheiten als die angeführten Thatsachen betrifft, von Gedächtnißfehlern und Mißverständnissen nicht frei ist." [3])

20. Juni 1892, Abends. Wien. Soiree im Palais Paljy, zur Feier der Vermählung des Grafen Herbert Bismarck mit der Comtesse Marguerite Hoyos.

21. Juni 1892, Nachmittags. Wien. Dejeneur dinatoire beim Grafen Paljy.[4])

Den ersten Toast brachte Graf Zichy auf die Neuvermählten aus, worauf Graf Herbert Bismarck auf die Brautführer und insbesondere auf den ersten Brautführer, Prinzen Krafft zu Hohenlohe toastete. Prinz Hohenlohe dankte und Graf Georg Hoyos toastete auf den Fürsten und die Fürstin Bismarck, Graf Geza Andrassy auf die Neuvermählten und die österreichisch-ungarisch-deutsche Vereinigung. Nun erhob sich Fürst Bismarck und sagte: „Ich danke zunächst dem Herrn Grafen Andrassy für die Erinnerung an die politische Vereinigung der beiden großen Reiche, denen wir angehören, eine Verbindung, zu deren

---

[1]) Vergleiche über diesen Empfang „Die Ansprachen des Fürsten Bismarck" Seite 194.

[2]) Den Anlaß seines Besuches bot die Uebersendung seiner Sammlung vaterländischer Gedichte, die unter dem Titel „Deutsche Lieder" soeben erschienen waren, an den Fürsten Bismarck. Derselbe antwortete mit dem Ausdruck der Hoffnung, den schriftlichen Dank für die Sendung im Laufe des Sommers mündlich wiederholen zu können; in Folge dessen stellte der Graf sich in Friedrichsruh ein.

[3]) Nach dem obigen Dementi in den „Hamburger Nachrichten" vom 20. Juli 1892, Abend-Ausgabe, sehe auch ich von der Reproduktion der von Westarp mitgetheilten Gespräche ab.

[4]) Fürst Bismarck nahm an der hufeisenförmigen Tafel den Ehrenplatz ein. Ihm zur Rechten saßen die Neuvermählten und die Fürstin Bismarck, zur Linken die Gräfin Hoyos, Graf Rantzau, Frau Whitehead, Graf August Bismarck. Gegenüber dem Fürsten die Gräfin Gabriele Andrassy, ihr zur Linken Graf Wilhelm Bismarck, Gräfin Schuwalow, zur Rechten Herr Whitehead, Gräfin Rantzau, Graf Schuwalow. Unter den Gästen befanden sich auch der Superintendent Schack, Flügeladjutant Graf Schafgotsch, Professor von Lenbach mit Gemahlin und der Hamburger Maler Alkers

Zustandekommen sein Herr Onkel, mein treuer Freund, so viel beigetragen hat. Der Sympathie zu Oesterreich-Ungarn bin ich bis zu diesem Augenblicke treu geblieben und werde ihr immer treu bleiben, weil sie der natürliche Ausdruck unseres Herzensbedürfnisses in Deutschland ist. Dann aber bitte ich Sie, auf das Wohl der Angehörigen des österreichisch-ungarischen Reiches, welche mir heute besonders nahe getreten sind, auf das Wohl des Herrn Grafen und der Frau Gräfin Hoyos, der Eltern meiner neuen Tochter, Ihr Glas zu leeren."[1]

Als der Kaffee servirt wurde, ließ Fürst Bismarck seine Pfeife bringen. Bald nach 1/2 5 Uhr verließen die Neuvermählten das Palais zur Abreise. Sobald in der Wallnerstraße das dicht versammelte Publikum Bismarck erblickte, brachte es demselben lebhafte Ovationen dar, worauf der Fürst, der noch die Küraffieruniform trug, seine Kampagnemütze lüftend, sich dreimal dankend verneigte.

23. Juni 1892. Wien. Dejeuner vor der Abreise des Fürsten Bismarck im Palais Palffy.[2] Toaste wurden nicht ausgebracht. Beim Dessert tranken die Damen einzeln dem Fürsten zu. Um 4 1/2 Uhr erfolgte die Abreise des Fürstenpaares nach München.

24. Juni 1892. München. Um 12 3/4 Uhr zum Frühstück bei dem Oberst-stallmeister Grafen Holnstein. Daran nahmen theil: Fürst und Fürstin Bismarck, Graf und Gräfin Holnstein, Herr von Löweneck, Franz von Lenbach mit Gemahlin, Profeffor Schweninger und Dr. Chrysander. Das Frühstück war auf Wunsch des Fürsten auf bayerische Art zubereitet; es wurde Hof-bränhausbier getrunken, das sich der Fürst trefflich schmecken ließ. Als er nach dem Mahl seine lange Pfeife ansteckte, wurde er am Fenster von dem Publikum erkannt, das in stürmische Hochrufe ausbrach. Der Fürst mußte mehrmals an das Fenster treten, um zu danken. In lebhafter, ungezwungener Unterhaltung weilte er bis gegen halb drei Uhr im Hause des Grafen.

[1] Graf Wilhelm Bismarck toastete sodann mit launigen Redewendungen auf den Hausherrn Grafen Palffy und die Hausfrau Gräfin Gabriele Andraffy. Nachdem Graf Palffy gedankt, brachte Graf Herbert Bismarck das Wohl des Grafen Schuwalow aus, des vertrauten Freundes des Hauses Bismarck. Schuwalow dankte in französischer Sprache in herzlichen Worten, indem er sich zum Fürsten wandte. Graf Herbert Bismarck bat zu ge-statten, daß er noch internationaler werde als bisher und brachte in englischer Sprache of dangerous des Mr. Whitehead, anspielend auf die Finmauer Torpedofabrik, ein Hoch aus. Graf Chorinsky toastete auf die kleinen Schleppträgerinnen bei der Trauung, die drei kleinen Komteffen Hoyos, worauf die kleine Komteffe Camilla Hoyos veranlaßt wurde, auf einen Stuhl zu steigen und ihrem Onkel Chorinski zu danken.

[2] Der Fürst saß zwischen der Gräfin Gabriele Andraffy und der Fürstin Esterhazy, ihm gegenüber der Hausherr Graf Palffy zwischen der Fürstin Bismarck und der Gräfin Sibylla Bismarck. Die übrigen Gäste waren: Gräfin Wilhelm Bismarck, Gräfin Henckel Donnersmarck, Gräfin Marie Rantzau, Baronin Pleffen, Mrs. Whitehead, Graf Henckel Donnersmarck, Graf Hoyos, der am oberen Ende der Tafel saß, Graf Wilhelm Bismarck, Graf Rantzau, Baron Pleffen, Graf Andraffy, Mr. Whitehead, Herr August von Bismarck, Profeffor Schweninger.

In den Abendstunden machte der Fürst mit seiner Begleitung eine Aus=
fahrt und kam gegen 7 Uhr zum Hofbräuhause, wo er jubelnd empfangen
wurde. Dies bestimmte den Fürsten, einen „Stein" zu leeren. Ein Franken=
burich brachte unter tosendem Beifall der zahlreichen Gäste einen Toast auf
Bismarck aus, indem er sagte: „Wir wollen die Gelegenheit nicht vorüber=
gehen lassen, auf Seine Durchlaucht zu den zahllosen noch ein Hoch auszubringen."
Mit sonorer Stimme antwortete der Fürst: „Ich trinke alle Tage Münchener
Bier, aber das im Hofbräuhaus nur alle 50 Jahre einmal, das letzte Mal
1812." Hierauf stieß er mit den Studenten an und that einen kräftigen
Schluck. Zu der Runde erklang ein allgemeines „Smollis!"

24. Juni 1892. München. Zum Diner bei Professor von Lenbach. Ge=
laden waren noch: Landtagsabgeordneter Dr. von Schauß, Erzgießer Ferdinand
von Miller und Bürgermeister Dr. von Widenmayer. Nach dem Diner fand
in dem an die Terrasse anstoßenden Saal der Lenbach'schen Villa eine un=
gezwungene Unterhaltung statt. In längerem Gespräch weilte der Fürst mit
Dr. Paul Heyse. Man sprach von den Verdiensten König Ludwig's II. um
die Errichtung des neuen Deutschen Reichs. „Der König — so sagte Bismarck —
hat damals zuerst an den Kaiser geschrieben, daß es ihm schwer sein würde,
sich in die Neuordnung der Dinge zu finden, wenn der König von Preußen
nicht der primus inter pares würde. Wenn der König von Preußen Kaiser
würde, werde sich die gesammte Neuordnung anders gestalten." Bismarck hat
damals zum alten Kaiser gesagt, Majestät komme nur auf diesem Wege dahin,
nicht länger ein Neutrum zu sein. Der Kaiser fragte: „Wie so?" „Majestät
würden dann ewig nur das Präsidium sein."

Paul Heyse kam auch auf König Max zu sprechen und meinte, Seine
Majestät hätte sich schwerer in die Neuordnung der Dinge gefügt, zumal er
ein ernster Vertheidiger der Triasidee gewesen. Der romantische, hochideale
Zug Ludwig's habe gewiß viel dazu beigetragen, den Kaisergedanken zu ver=
wirklichen. „Das ist sehr richtig — antwortete Fürst Bismarck — Kaiser Wilhelm
ist ein Mann des vorigen Jahrhunderts gewesen und hat auch daran fest=
zuhalten gesucht, mit großer Gerechtigkeit und Schonung aller bestehenden
Verhältnisse an der Einigung des deutschen Vaterlandes zu arbeiten, wenn
auch nicht auf Grundlage des alten Bundes, so doch nicht in ganz neuer
Form. Ebenso ist König Max in alten Traditionen aufgewachsen, während
das junge Geschlecht anderen Ideen sich zugewendet."

Die Unterredung gab auch Gelegenheit, Geibel's zu gedenken. Geibel, so
meinte Paul Heyse, habe sich von Anfang an mit der Kaiseridee getragen.
„Wir jungen Leute hatten dies noch als Utopie betrachtet, sind aber bald in
die neuen Ideen hineingewachsen." Es sei eine Genugthuung für den alten
„Sänger des Reiches" gewesen, daß er die Verwirklichung seines Traumes
noch erlebte. Bismarck entgegnete: „Diese Wünsche sind im Volke sehr ver=
breitet gewesen, aber ohne Lebensgefahr für den Bestand Deutschlands würde

es niemals dahin gekommen sein, daß deren Stämme sich zusammengeschlossen. Nur der Noth und der großen Begeisterung verdanken wir das Reich."

„Durchlaucht kennen die Weltgeschichte besser als ich," fuhr Heyse fort, „aber darin müssen Sie mir Recht geben, daß niemals ein Mann, der so viel geleistet und so sehr im öffentlichen Leben gewirkt, eine so unmittelbare Liebe und Verehrung im Volke genießen wie Eure Durchlaucht. Friedrich der Große z. B. war in seinen alten Tagen im Volke nicht beliebt." — „Je länger man lebt, desto mehr ist man genötbigt, Menschen gegenüber zu treten und sich Feinde zu machen. Die Dankbarkeit zieht sich zurück, wenn man seine Pflicht gethan hat," entgegnete der Fürst.

Bismarck sprach dann noch über Forstkultur und hieran anknüpfend über die vielfach auftauchenden Pflasterungsfragen. Er meinte, daß Holzpflaster ihm am zweckmäßigsten erscheine. „Ich bin aber hier vielleicht parteiisch, weil ich selbst Holzhändler bin."

Als Chronisten müssen wir auch noch einer Aeußerung Erwähnung thun, die der Fürst anläßlich der großen Ovationen, die ihm dargebracht werden, gethan. „Früher — sagte er — war mein ganzes Bestreben dahin gerichtet, das monarchische Gefühl im Volke zu heben. An den Höfen und in der offiziellen Welt wurde ich gefeiert und mit Dankbarkeit überhäuft. Das Volk wollte mich steinigen. Heute jubelt mir das Volk dafür zu, während die anderen Kreise mich ängstlich meiden. Ich glaube, das nennt man Ironie des Schicksals."

25. Juni 1892. München. Frühstückstafel beim Besuche des Rathhauses,[1]) bei welcher Bürgermeister von Widenmayer und dessen Gemahlin die Honneurs machten. Der Fürst sprach dem in einem großen Glase kredenzten Biere wacker zu und ließ sich im Laufe der Unterhaltung noch den Professor Rudolf Seitz und den Bierbrauereibesitzer, Kommerzienrath Sedlmayr vorstellen. Der Fürstin Bismarck galt die Huldigung, welche nun der erste Vorstand des Gemeinde= kollegiums, Kommerzienrath Häule, in folgenden Worten den Gästen widmete, indem er auf die vorhergegangene Ansprache Bismarck's Bezug nahm:

„Die Worte Eurer Durchlaucht haben in unser Aller Herzen begeisterten Wiederhall gefunden, die wir uns als gute Deutsche und als gute Bayern fühlen; und um so größere Bedeutung haben sie für uns, weil sie aus dem Munde eines Mannes kommen, der sich um die Einigung Deutschlands, um die Wiedererrichtung des Reichs, um unser deutsches Vaterland unvergängliche Verdienste erworben hat. Warm schlagen Ihnen, Durchlaucht, die Herzen hier in München entgegen, warm auch Ihnen, durchlauchtige Frau Fürstin, in der wir die verständnißvolle und treue Begleiterin Ihres thatenreichen Lebens= gefährten sehen. Unseren begeisterten Empfindungen bitte ich Sie Ausdruck zu geben mit dem Rufe: Seine Durchlaucht der Fürst und Ihre Durchlaucht die Fürstin Bismarck leben hoch!"

---

[1]) Vgl. über diesen Besuch „Die Ansprachen des Fürsten Bismarck" S. 203 ff.

Launig erwiderte der Fürst:

„Ich danke im Namen meiner Frau, welche nicht die Gewohnheit hat, öffentlich zu reden, und trinke meinerseits auf Ihr Wohl."

Nach dem Frühstück stellte der erste Bürgermeister die Mitglieder des Gemeinderaths vor. Um 1½ Uhr erhoben sich die Gäste zum Abschied; vorher legte der erste Bürgermeister dem Altkanzler noch das „goldene Buch" der Stadt vor, das er einige Zeit durchblätterte, um dann in den bekannten festen Zügen einfach seinen Namenszug und das Datum des Tages einzuzeichnen; darunter setzte die Fürstin ihren Namen. Als dem Fürsten beim Abschied der Wunsch entgegenklang: „Auf Wiedersehen!" dankte er mit einem lauten: „Ich hoffe!"

3. Juli 1892. Kissingen. Frühstückstafel, zu welcher das unter Leitung des Opernsängers Zapf aus Wiesbaden stehende Zapf'sche Männerquartett zugezogen wurde.[1]

Ein Gast gedachte des 3. Juli, des Tages von Königgrätz, und des Vaters des Vaterlandes, des alten Kaisers Wilhelm. Der Fürst äußerte darauf: „Einen Tag von Königgrätz werden wir wohl nicht mehr erleben, aber auf ein zweites Sedan werden wir noch gefaßt sein müssen."

10. Juli 1892. Kissingen. Frühstück, zu welchem die aus Jena eingetroffene Deputation, welche den Fürsten Bismarck zu einem Besuch Jenas eingeladen hatte, zugezogen wurde.[2] Es waren dies die Herren Bürgermeister Singer, Gemeinderath und Braumeister Köhler, Schlossermeister und Vorsitzender des Kriegervereins Walther, Diakonus und Garnisonprediger Dr. Kind, die Professoren Haeckel, Gelzer, Fürbringer, Stintzing und Kluge.

Der Fürst berührte im Gespräch die verschiedensten Gegenstände. Mit Professor Haeckel, welcher Forschungsreisen an der Adria gemacht hat, unterhielt er sich eingehend über Dalmatiens Land und Volk; den anwesenden Philologen bewies er durch eine humoristische Aeußerung, wie vollkommen er noch die Quantitätsregeln der lateinischen Prosodie beherrsche. Bezüglich Jenas selbst gestand er lachend, daß seine dortige Lokalkenntniß sich weniger auf die Universität, als auf die Rose beziehe, in welcher er als Gast der Frauken schöne und heitere Stunden verlebt habe. Längere Zeit verweilte das Gespräch auch bei Jenas ausgezeichnetem Kurator Seebeck, welcher zu Erfurt als Regierungsbevollmächtigter der thüringischen Staaten mit Bismarck in Berührung gekommen war, und dessen vielseitige feine Bildung und Verdienste um die deutsche Sache vom Fürsten lebend anerkannt und hervorgehoben wurden.

Bei dem ersten Glase Schaumwein erhob sich der Fürst zum Trinkspruch und gedachte in feierlicher Rede Seiner Königlichen Hoheit des Großherzogs

---

[1] Die Sänger hatten im Saale der oberen Saline ein gewähltes Programm, darunter hauptsächlich Volkslieder, die besonders die Fürstin erfreuten, zum Vortrag gebracht; der Fürst äußerte, er habe schon viele Massenchöre, gerade in letzter Zeit wieder, gehört, aber die Quintessenz des Männergesangs sei doch ein gutes Quartett.

[2] Vergleiche über diesen Empfang „Die Ansprachen des Fürsten Bismarck" S. 209.

von Sachsen-Weimar, der ihm allzeit ein gütiger und gnädiger Herr gewesen sei. In guten und schweren Zeiten, in Krieg und Frieden habe er in der hohen Gnade des Großherzogs eine feste Stütze und wirksame Förderung gefunden. Das Hoch wurde von den Anwesenden mit Begeisterung aufgenommen, und Professor Haeckel als ältester der Deputirten, welcher seit 31 Jahren zu dem Großherzog in naher Beziehung stand, nahm das Wort, um in aller Namen den Dank und die Freude über die fürstlichen Worte auszusprechen. Als Professor Gelzer der Treue und Dankbarkeit des deutschen Volkes gegen den Fürsten Ausdruck verlieh, welche ihm auch in seiner jetzigen Zurückgezogenheit bewahrt blieben, hob der Fürst hervor, daß er sich, so lange ihm Gott Frau und Kinder lasse und er überall so zahlreiche Freunde besitze, durchaus nicht allein und vereinsamt fühle, und seine Reise sei ihm ein Beweis, daß ein großer Theil der Deutschen mit dem zufrieden sei, was er geleistet habe.

Unterdessen war eine ungarische Zigeunerkapelle eingetreten, unter deren meisterhaften Klängen der Kaffee servirt wurde; während Cigarren herumgereicht wurden, rauchte der Fürst die allbekannte lange Pfeife und empfahl den anwesenden Rauchern, mindestens vom sechzigsten Jahre an im Interesse ihrer Nerven die Cigarre gleichfalls mit der Pfeife zu vertauschen.

Als der Fürst darauf die inzwischen eingetroffenen Württemberger begrüßt hatte[1]) und wieder zu seinen Gästen zurückgekehrt war, sprach zum Abschied Professor Haeckel noch seine Freude darüber aus, daß an diesem Tage sich Thüringen und Württemberg, Nord und Süd, die Hand gereicht in dem einmüthigen Gefühl der Anhänglichkeit an den Fürsten, in welchem man den Gedanken der Vereinigung des gesammten Deutschlands gleichsam verkörpert sehe. Bei dem hierbei ausbrechenden Jubel ergriff den Fürsten tiefe Rührung, und indem er Professor Haeckel umarmte und küßte, sagte er der Deputation ein herzliches „Auf Wiedersehen!"

23. Juli 1892. Kissingen. An der Frühstückstafel der Rechtsanwalt J. W. Holl aus New-York. Derselbe redete dem Fürsten sehr zu, nach Amerika zu gehen. Bismarck entgegnete, daß eine solche Reise bis vor 10 Jahren noch sein Ideal gewesen sei. Jetzt, meinte er, sei die vis inertiae zu groß. Nur wenn er ausgewiesen werden sollte, setzte er scherzend hinzu, stelle er seinen Besuch in Aussicht.

28. Oktober 1892. Rummelsburg. Theilnahme an dem gemeinsamen Mittagsmahl des Kreistagsabgeordneten des Rummelsburger Kreises.[2])

Nachdem der Landrath von Weiher ein Hoch auf den Kaiser ausgebracht hatte, sprach der älteste Kreisdeputirte, Landschaftsrath von Puttkamer-Barnow. Derselbe betonte namentlich die durch den Wohnsitz des Fürsten in Varzin und die Abstammung der Fürstin von einer im hiesigen Kreise ansässigen

---

[1]) Vergleiche über diesen Empfang „Die Ansprachen des Fürsten Bismarck" S. 211 ff.
[2]) Fürst Bismarck, welcher Mitglied des Rummelsburger Kreistages ist, hatte an der vorhergegangenen Sitzung desselben theilgenommen.

Familie begründete engere Zugehörigkeit Seiner Durchlaucht zu dem Kreise und schloß mit einem Hoch auf den Fürsten. Bald darauf toastete der Reichs=tagsabgeordnete Major von Massow=Mohr auf die Fürstin von Bismarck und feierte dieselbe als Gattin, Mutter und Hausfrau.

Demnächst erhob sich der Fürst und sagte ungefähr Folgendes:

„Meine Herren! Man hat soeben die Fürstin eine gute Mutter genannt. Wir hier haben Alle dieselbe treue Mutter, das ist die pommersche Erde, von welcher wir uns nähren müssen. Wir Alle, Sie und ich, haben die gleichen Interessen, und ich freue mich, hier vor Landwirthen so ohne Besorgniß, irgend wohin Anstoß zu erregen, sprechen zu können; denn in der lieben alten Stadt Rummelsburg, die den Vorzug hat, im Kreise die einzige zu sein, steht das landwirthschaftliche Interesse ja auch obenan! Hier im Kreise führt also die Landwirthschaft mit Recht die erste Stimme. Es gehören aber 20 Millionen Menschen der Landwirthschaft an, und man müßte demzufolge auch in den anderen Theilen des Vaterlandes viel von der Landwirthschaft hören. Die von der Landwirthschaft bis dahin stets geübte Bescheidenheit dürfte für immer nicht am Platze sein; denn: Wer sich grün macht, den fressen die Ziegen! Wir wollen und dürfen uns aber nicht grün machen, wenn wir bestehen wollen! Tritt mir Jemand auf die Zehe, dann schreie ich, aber nicht allein, weil mich der Tritt schmerzt, sondern damit sich der Andere für die Zukunft vorsieht. Wir Landwirthe müssen uns rühren und auch laut unsere Stimme erheben, wenn wir unsere Interessen wahren wollen."

Die Rede endete mit einem Hoch auf die Landwirthschaft.

Während der Tafel zeigte der Fürst die beste Laune, was auch dadurch dokumentirt wurde, daß der Fürst, nachdem er aus der Hand eines Kreistags=abgeordneten eine Cigarre, wie er sagte, seit vielen Jahren zum ersten Male, angenommen und über die Hälfte geraucht hatte, die von seinem Kammer=diener überreichte lange Pfeife rauchte und sich leutselig mit den Anwesenden unterhielt. Nach beendetem Mahle sprach der Fürst noch über den Bauern=stand, wobei er hervorhob, daß durch die Gesetzgebung zwischen Groß= und Kleingrundbesitz ein Unterschied nicht mehr bestehe, beide vielmehr eng zu=sammengehörten. Die Rede endete mit einem Hoch auf den Bauernstand.

30. Oktober 1892. Varzin. 1. An der Frühstückstafel der Leipziger Professor Dr. Otto Kaemmel, Rektor des dortigen Nikolai Gymnasiums.[1]

Die lebhafte Unterhaltung, die der Fürst führte, bewegte sich zwanglos um die verschiedensten Gegenstände. Rühmend hob die Fürstin den glänzen=den Empfang in Dresden hervor, der durch die Schönheit der Stadt und die Begeisterung der Bürgerschaft Alles übertroffen habe, was sie auf dieser ganzen

---

[1] Die nachfolgende Darstellung ist der Schilderung Kaemmel's in den Grenzboten „Herbsttage in Varzin" entnommen. Vergleiche auch die „Berliner Börsenzeitung" Nr. 545 vom 20. November 1892 und die „Hamburger Nachrichten" Nr. 275 vom 20. November 1892 (Morgen=Ausgabe).

Reise noch erlebt hätten; des verstorbenen Lothar Bucher wurde mit warmer Anerkennung gedacht, dazwischen streifte das Gespräch politische Fragen, auch die Militärvorlage. Im Zusammenhange damit äußerte der Fürst einmal: „Da schreiben die Zeitungen: Das bekannte Leibblatt des Fürsten Bismarck, oder das süddeutsche Leiborgan Bismarcks. Als ob ich mit den Redaktionen in regelmäßiger Verbindung stehen könnte!" Auch in geschichtlichen Erinne= rungen erging er sich. Einmal kam er auf den Sohn Napoleon's III. zu sprechen, den er als einen „aufgeweckten, verständigen französischen Jungen" gekannt hatte. Zu einer anderen gab Kaemmel durch die Bemerkung Anlaß, daß er den Fürsten zum ersten Mal am 30. Juni 1866 gesehen hätte, als er mit König Wilhelm ins Feld gegangen sei. „Das war wohl in Görlitz?" fragte er. „Nein, auf dem Bahnhofe in Zittau." — „In Zittau — sagte er nachsinnend — ja damals kamen wir in Reichenberg in eine recht bedenkliche Lage. Dort waren nur etwa 300 Trainsoldaten, und zwar mit Karabinern von 1813 bewaffnet, mit denen man zwar exerziren, aber nicht schießen konnte. In Leitmeritz aber, sechs Meilen davon, standen sechs österreichische und sächsische Kavalleriereginenter, die in vier Stunden herüberreiten und den König mit dem Hauptquartier aufheben konnten. Das wäre dann nicht tragisch, sondern lächerlich gewesen. Ich ging zu Moltke und stellte ihm die Gefahr vor. Ja, sagte der, im Kriege ist Alles gefährlich. Darauf begab ich mich zum König und erreichte wenigstens, daß die 300 Trainsoldaten ohne Auf= sehen und Alarm um das Schloß zusammengezogen wurden, wo der König wohnte. Auch mir bot man an, dahin überzusiedeln, ich blieb jedoch in der Stadt, denn ich wollte nicht als Feigling erscheinen. Nun, es ging Alles glück= lich vorüber, der Generalstab aber hatte mir das sehr übel genommen, und seitdem bestand eine gewisse Spannung." Am Schlusse der Tafel forderte der Fürst seinen Gast auf, ihm in sein Arbeitszimmer zu folgen, woselbst er demselben fast zwei Stunden lang ein Privatissimum über Sozialpolitik und neueste Geschichte hielt, wie letzterer es sich niemals hatte träumen lassen.

2. Beim Diner: Professor Dr. Otto Kaemmel und eine Abordnung aus Leipzig, bestehend aus dem früheren nationalliberalen Abgeordneten Hans Blum, dem Kaufmann Georg Rödiger und dem Amtsrichter Dr. Kind. Pro= fessor Dr. Kaemmel berichtet über den Verlauf der Tafel:

Im Speisezimmer rechts neben dem Hausflur, dessen Hauptschmuck ein Gemälde, den Angriff der Halberstädter Küraffiere bei Mars=la=Tour darstellend, bildet, war die Tafel gedeckt. Auch hier sah man nichts von modischem Prunk, Alles war schlicht, dem Bedürfniß entsprechend, und an der einfachen Gediegenheit und Reichlichkeit des Mahles hätte sich die thörichte Schwelgerei modernen großstädtischen Protzenthums ein Beispiel nehmen können. Dafür waren Stimmung und Unterhaltung äußerst belebt. Der Fürst sprach viel und lebhaft, erzählte Geschichten von seinen treuen Hunden, erörterte mit einer gewissen Gemüthlichkeit die Frage, ob ein preußischer Unterthan ge=

zwungen werden könne, seinen Namen zu ändern, warf mir über den Tisch
die Bemerkung zu, ich sei der einzige der vier Herren, dem man die sächsische
Mundart etwas anhöre, und that dabei den trefflichen Speisen und Getränken
alle Ehre an. Und doch, obwohl die Tafel von Behagen glänzte, klang es
wie ein wehmüthiger Ton hindurch, als der Fürst einmal äußerte: „Ja früher,
da interessirte ich mich für alles Mögliche, Landwirthschaft, Jagd, Pferde ꝛc.;
jetzt ist das Alles weg, ich interessire mich nur noch für Politik!" Die Fürstin,
meine Nachbarin, wollte das nicht gelten lassen, aber man fühlte, was in
diesem Augenblicke die Seele des großen Mannes drückte.

Doch das war nur ein Augenblick. Um 8 Uhr hob der Fürst die Tafel
auf und die Gesellschaft begab sich in das Billardzimmer. Leider muß zu-
gestanden werden, daß die Liebenswürdigkeit der Damen dieses Mal nicht im
Stande war, uns lange zu fesseln, denn wir sahen bereits in der Ecke den
runden Eichentisch und dahinter an der Wand die Ottomane, auf der es sich
der Fürst bequem machte und die Pfeife in Brand setzte; wir setzten uns
um ihn und lauschten seinem Vortrage. Er sprach hauptsächlich über die
neue Militärvorlage, die er in dieser Gestalt für bedenklich erklärte, flocht
interessante geschichtliche Erinnerungen an den Beginn seiner Ministerpräsident-
schaft und an die Friedensverhandlungen von 1866 und 1870 (durch Harry
von Arnim in Brüssel) ein, charakterisirte mit ein paar Strichen wieder
mehrere bedeutende Persönlichkeiten der jüngsten Vergangenheit und erörterte
zuletzt die Frage, warum er nicht im Reichstage erscheinen könne, wobei er
allerdings den Kernpunkt nicht geradezu aussprach.[1]) Merkwürdig war dabei,
wie er den einmal angesponnenen Faden festhielt; er knüpfte zwar zuweilen
an Fernliegendes an und gestattete Zwischenbemerkungen oder Fragen, kam
aber doch immer wieder auf sein Thema zurück. So sprach der Siebenund-
siebzigjährige anderthalb Stunden lang, mit geringen Unterbrechungen, immer
mit derselben Frische und Lebhaftigkeit, und scharf umrissen hob sich dabei
im hellen Lichte einer großen Astrallampe das charakteristische Profil von
dem dunklen Hintergrunde der Zimmerwand ab.

Hans Blum referirt wie folgt über die Tischgespräche:[2]) Bei Tafel
sprach der Fürst viel, zumeist von seiner Landwirthschaft, seinen Forsten,
Jagden, Hunden, von dem Mangel eines Fasanengeheges in Varzin, „da der
Fasan ein zu dummer Vogel ist, um sich aus den Wäldern um Varzin wieder
herauszufinden, wenn er mal hineingeflogen ist, und das Hauptvergnügen an
seiner Zucht in dem Aerger besteht, den man mit ihm hat." Der Fürst sprach
dagegen lobend von dem Eifer und Erfolg seines Oberförsters, die Fischzucht
in Varzin zu heben, in Teichen, die der Fürst selbst erst auf nutzlosem Moor-

---

¹) Auf die hochpolitische Unterhaltung, die nach Tisch geführt wurde, hier näher einzugehen, wäre überflüssig, weil der frühere Parlamentarier Hans Blum darüber ausführlich und getreu berichtet hat. Ich werde im Schlußbande des Werkes „Fürst Bismarck und
die Parlamentarier" darauf zurückkommen.
²) „Leipziger Neueste Nachrichten" Nr. 307 vom 3. November 1892.

15*

grund hatte anlegen laſſen. „Wie heißt unſer junger, neu angeſtellter Förſter?" fragte er dabei die Fürſtin. „Franz," antwortete ſie. „Ah, Franz heißt die Kanaille," rief er, mit Schiller'ſchem Pathos die Räuber citirend, aber einige anerkennende Worte für ſeinen jungen Forſtbeamten hinzufügend, um jeden Zweifel zu beſeitigen, daß er dieſen mit dem Schiller'ſchen Wort etwa habe übel beurtheilen wollen. Um Bismarck's Feinden einige billige Witze zu ſparen, die ſich daran knüpfen könnten, daß der Fürſt uns von ſeinen Hunden ſprach, iſt zu erwähnen, daß ſeine treuen Begleiter auch während der Tafel nicht von ſeiner Seite wichen, und daß auf die Frage eines Gaſtes der Fürſt ſeiner „Reichshunde" freundlich gedachte.

31. Oktober 1892. Varzin. Gäſte an der Frühſtückstafel: die vorhin er= wähnte Leipziger Deputation, die noch durch zwei Geiſtliche vermehrt worden war.

Hans Blum ſchreibt:[1]) Gegen das Ende des Frühſtücks erhob Fürſt Bismarck ſeine Stimme und ſein Glas und ſprach etwa: „Wir ſind hier heute bei einander aus vielen deutſchen Stämmen: Sachſen, Thüringer, Heſſen, Franken. Vor fünfzig Jahren wäre es wohl unmöglich geweſen, hier in dieſem ſtillen hinterpommerſchen Winkel Vertreter aller deutſchen Stämme zu verſammeln, eines Sinnes, in friedlicher Eintracht. Ich bringe mein Glas auf die einzigen Stämme, die hier fehlen: auf die wackeren Bayern und Schwaben!"

Sofort erhob ſich Prof. Dr. Kaemmel zu einem ſchwungvollen Toaſt auf den „Einſiedler von Varzin" und das ganze Bismarck'ſche Haus, die An= weſenden und die Abweſenden, die lebenden und künftigen Glieder deſſelben. Fürſt Bismarck nickte dem Redner freundlich zu, rief dann aber launig über den Tiſch: „Ich bin gar kein Einſiedler, ich bin ein Zweiſiedler!"

Vor der Heimreiſe, die gegen ¼6 Uhr Abends erfolgte, verſammelte Fürſt Bismarck um den großen runden Tiſch des Damenzimmers noch einmal ſeine Leipziger Gäſte bei einem Glaſe trefflichen Spatenbräus, das der Fürſt ſelbſt einſchenkte. Noch mancherlei wurde da beſprochen, bemerkt Prof. Dr. Kaemmel.[2]) Vor Allem ging der Fürſt auf die Kolonialpolitik und auf das deutſch-engliſche Abkommen vom 1. Juli 1890 ein. Er erklärte dabei, daß er gegen die Verſetzung des für Kamerun trefflich geeigneten Freiherrn von Soden an die viel wildere oſtafrikaniſche Küſte geweſen ſei, und ſtellte dem Major von Wißmann, den er für dieſen Poſten empfohlen habe, das glänzendſte Zeugniß aus. „Der hat zweimal allein Afrika durchquert und niemals eine Tumultſcene gemacht. Als er zu mir kam und für den Kampf gegen Buſchiri um Inſtruktionen bat, ſagte ich ihm: Aber mein lieber Major, wie ſoll ich Ihnen Inſtruktionen geben bei ſechs Wochen Briefgang nach Sanſibar? Ich

---

[1]) „Leipziger Neueſte Nachrichten" Nr. 309 vom 5. November 1892.

[2]) Das bei weitem ausführlichere Referat Hans Blum's über dieſes letzte Tiſchgeſpräch bleibt gleichfalls für den Schlußband von „Fürſt Bismarck und die Parlamentarier" auf= geſpart.

bin doch nicht der selige Hoffkriegsrath. Ihre einzige Instruktion ist zu siegen. Machen Sie Dummheiten, nun dann sitz ich eben drin, denn ich bin ja für Sie verantwortlich. Betrachten Sie sich als des Kaisers Reichskanzler für Ostafrika. Und — fügte er hinzu — er hat nicht eine Dummheit gemacht und ist mit fleckenlos weißer Weste zurückgekommen." Um Helgoland, ver= sicherte er dann, würde er niemals ein Opfer gebracht und das ostafrikanische Abkommen würde er niemals geschlossen haben. „Die Hauptsache war dort Sansibar. Eine solche Handelsstadt verlegt man nicht. Dort war arabisches und indisches Kapital, der deutsche Handel war im raschen Wachsen, der englische im Abnehmen, und einer, der von dort zurückkehrte, sagte mir einmal, sogar die Ge= fängnisse seien dort schon germanisirt, denn es säßen fast nur Deutsche drin. Wir mußten warten, bis England unser Bündniß oder auch nur unsre Neutralität brauchte. Ich bin überzeugt, in fünf bis zehn Jahren wäre es unser gewesen. Jedenfalls ist das englische Protektorat über Sansibar viel bedenklicher als die Abtretung der nordischen Gebiete: Witu u. s. w."[1])

18. Januar 1893. Friedrichsruh..Mittagstafel, an welcher der Teppich= fabrikant Otto Freyberg aus Leipzig theilnahm.[2]) Der Fürst trug schwarzen Gehrock, weiße Binde und gelbliche, naturfarbene Stulpenstiefeln. Als er seinen Gast im Frack sah, äußerte er jovial: „Ach, Sie haben Ihren Frack an, den kennen wir gar nicht hier." Bei Tisch sprach man über das Ver= hältniß Deutschlands zu den Großmächten, über die Cholera, die Kriegs= erlebnisse des hohen Wirthes und den Wunsch der Leipziger, denselben einmal in ihren Mauern begrüßen zu dürfen.

Bei Erwähnung der Attentate erzählte der Fürst, daß ihn einst ein sehr korpulenter Herr mit noch mehreren seiner Bekannten besuchte, der den Revolver, mit welchem Kullmann auf ihn geschossen und der unter Büchern

---

[1]) Doch allmählich, so schließt Professor Kaemmel sein Referat, kam die Abschieds= stimmung über uns, wir mußten scheiden. Gegen halb sechs Uhr meldete der Diener, die Wagen, die uns nach der Station Hammermühle zurückbringen sollten, ständen bereit. Als uns der Fürst zum Abschiede die Hand reichte, sagte er gütig: „Ich danke den Herren herzlich, daß sie den weiten Weg zu mir gemacht haben, und bedaure nur, daß wir nicht Nachbarn sind." Dann begleitete er uns bis an den Wagen, und seine hohe Gestalt stand noch baarhäuptig auf der Veranda, als die Pferde anzogen. Ein letzter Gruß, ein Hurrah aus den frischen Kehlen der drei Rautzau'schen Knaben, der Wagen bog um die Ecke, und in nächtlicher Finsterniß verschwand hinter uns Schloß Varzin. So traten wir die Heim= reise an, Kopf und Herz voll unvergeßlicher Erinnerungen.

[2]) Aus dem Atelier des Herrn Freyberg war ein Wandteppich hervorgangen, der, ein Meisterstück Leipziger Gewerbfleißes, die Einigung der deutschen Stämme in kunstvoller Stickerei darstellte. Die Entgegennahme dieses Prachtstückes hatte der Fürst freundlichst zugesagt, so daß sich Herr Freyberg entschloß, sich persönlich nach Friedrichsruh zu begeben, um dem Fürsten das Geschenk zu überreichen. Nachdem sich Fürst Bismarck in aner= kennender Weise über die Arbeit ausgesprochen hatte, äußerte er die Absicht, den Teppich dem Museum in Schönhausen einzuverleiben, da doch, wie er ausdrücklich bemerkte, Tau= sende das Museum besuchen und darum der Teppich viel mehr gesehen würde, als in seiner Behausung.

in einem Nebenzimmer vergraben war, in die Hände bekommen habe. Auf einmal sei dort ein Schuß gefallen, der Fürst ging eilig in das Zimmer und glaubte schon einen Todten zu sehen. Die Kugel aber war nirgends zu finden, sie mußte sich gerade, wie der Fürst lachend bemerkte, in dem Bauche des starken Herrn verfangen haben.[1]

Die herrschende große Kälte lenkte das Gespräch des Fürsten Bismarck auf ein Erlebniß in Rußland. Als er dort bei ähnlicher Temperatur eine Schlittenfahrt unternommen hatte, bemerkte er, daß das Gesicht des Kutschers kreideweiß wurde, daß es ihm also erfroren war. Der Fürst hieß ihn absteigen. Dieser aber bat, ruhig weiter fahren zu dürfen, und erst am Ziele der Fahrt stieg er ab, um sich vorsichtig sein Gesicht mit Schnee zu waschen. Der Frost hatte ihm nicht geschadet. „Der Mann mußte das Geschäft verstehen," sagte der Fürst scherzend.

Die Fürstin erzählte unter Anderem, daß sie einst ein französischer Diplomat besucht habe. Bei seinem Eintritte fuhr der große Hund auf ihn zu, um ihn in den Rock zu beißen. Mit größter Mühe versuchte die Fürstin, den Hund davon abzuhalten. Da sagte die Tochter der Fürstin: „Laß ihn nur los, er ruht doch nicht eher, als bis er den Herrn in den Rock gebissen hat." Als der Hund frei war, that er es auch wirklich und war dann beruhigt.

8. Februar 1893. Friedrichsruh. Frühstückstafel, an welcher die zur Ueberreichung des Ehrenbürgerbriefes der Stadt Wandsbeck eingetroffene Deputation, bestehend aus dem Oberbürgermeister Rauch, Bürgermeister Puvogel, den Stadträthen Lüttgens, Mejer, Witthöfft und Schow, den Bürgerworthaltern Jung und Lucht, den Stadtverordneten Zieseniß, von dem Busche, Fricke und Scheider, theilnahm.[2]

Während der Tafel ward von dem Oberbürgermeister Rauch folgender Trinkspruch auf den Fürsten ausgebracht: „Als begeisterte Zeugen des zielbewußten, kraftvollen und muthigen Ringens Eurer Durchlaucht, des eisernen Kanzlers, der unserem geliebten Vaterlande weit über alles Sehnen und Hoffen hinaus eine neue und feste Gestaltung gegeben hat und dessen Bild mit unvergänglichem Ruhmesglanze für alle Zeiten durch die deutsche Geschichte leuchten wird, geloben wir, in unseren Herzen treu und fest Dankbarkeit und Liebe zu Eurer Durchlaucht zu bewahren, und vereinigen uns in dem Wunsche: Möge jeder neue Frühling Eurer Durchlaucht neue Kraft bringen, auf daß Ihnen an der Seite der Frau Fürstin noch eine lange Reihe glücklicher Jahre beschieden sei, das walte Gott! Wir erheben unsere Gläser und rufen: Unser Ehrenbürger, der Altreichskanzler Seine Durchlaucht Fürst von Bismarck lebe hoch!"

---

[1] Gemeint ist wohl der Vorgang, der sich auf der parlamentarischen Soirée Bismarck's am 12. Dezember 1877 zugetragen hat. Vergleiche darüber mein Werk: „Fürst Bismarck und die Parlamentarier" Bd. I (2. Auflage) Seite 83.

[2] Vergleiche über diesen Empfang „Die Ansprachen des Fürsten Bismarck" Seite 249.

Sofort erhob sich der Fürst, um sowohl wegen des ihm eben ge=
widmeten Trinkspruchs wie auch wegen der ihm dargebrachten Ehren=
bezeugungen zu danken, dabei noch einmal bemerkend, daß ihn dieselben um
so mehr erfreut hätten, als sie von den guten freundnachbarlichen Beziehungen
zeugten, die er so hoch schätze; seien die Ehrenbürgerbriefe anderer, größerer
Städte für ihn ein testimonium politicum, so gelte ihm die Wandsbecker
Urkunde zugleich als ein testimonium morum. Er trinke auf das Wohl der
Stadt Wandsbeck, die wie bisher kräftig gedeihen und stetig sich weiter ent=
wickeln möge!

19. März 1893. Friedrichsruh. An der Mittagstafel der Abgeordnete
Schoof, Dr. Diederich Hahn und Herr P. Rickmers aus Bremerhaven. Die
Gespräche trugen einen mehr familiären Charakter, wobei das plattdeutsche
Idiom eine große Rolle spielte und der Fürst in heiterster Laune in pfälzischem
Wein das Wohl seiner lieben Wähler an der „Waterkant" ausbrachte.[1]

11. April 1893. Friedrichsruh. Frühstückstafel, zu welcher das
schwäbische Silcherquartett zugezogen wurde, welches der Fürstin Bismarck zu
ihrem Geburtstage durch den Vortrag schwäbischer Volkslieder eine Huldigung
dargebracht hatte.

Der Führer des Quartetts Karl Stoll schreibt darüber:[2] Wir saßen
mitten unter den Herrschaften; der Fürst setzte sich neben Fräulein Runge und
unterhielt sich lebhaft mit ihr. Nach Beendigung des Frühstücks wurden wir

---

[1] 1. April 1893. Friedrichsruh. Frühstückstafel, an welcher unter Anderem Pro=
fessor von Lenbach, Dr. Fischer als Vertreter der Getreuen in Magdeburg, Ober=Ingenieur
Andreas Meyer aus Hamburg, die Oberbürgermeister von Altona und Wandsbeck, Ba=
taillons=Kommandeur Major Trotha, Eisenbahn=Präsident Krahn, Rittmeister von Zize=
witz=Ludwigslust, Graf Bernstorff Boitersen, Baron Werck und Frau, Hans von Bülow
und Frau, Handelskammer=Präsident Crasemann sowie die im Laufe des Vormittags aus Ham=
burg eingetroffenen Verehrer des Fürsten theilnahmen.

[2] Ueber den Empfang des Quartetts heißt es in demselben Berichte: Durch
Dr. Chrisanders freundliche Vermittelung war mein Gesuch, dem fürstlichen Ehrenbürger
Stuttgarts durch Vortrag unserer schwäbischen Volkslieder eine Huldigung darbringen zu
dürfen, vom Fürsten genehmigt und der Geburtstag der Frau Fürstin dazu auserwählt
worden. Wir fuhren um 10 Uhr von Hamburg ab und kamen um 11 Uhr nach Friedrichs=
ruh, als gerade die Ratzeburger Jägermusik der Frau Fürstin ein Ständchen brachte. Um
12¼ Uhr holte uns Dr. Chrisander ab und wir geriethen in ein kleines Erstaunen, als
uns der Fürst schon im Vorsaale entgegenkam und uns freundlich begrüßte. Er bot
sofort unserem Fräulein Runge den Arm, führte sie in den Salon bis zur Frau Fürstin
und sagte zu uns: „Hier stelle ich Ihnen unser vielgeliebtes Geburtstagskind vor!" In
dem Salon war die ganze Familie, Herbert und Wilhelm Bismarck, Rantzau, auch
Lenbach, etwa 20 Personen, im intimsten Kreise versammelt. Nachdem uns der Fürst
vorgestellt, bat er uns, jetzt zu singen und dann mit ihnen zu frühstücken. Unsere hohen
Zuhörer ließen es an Beifall nicht fehlen, und Fürst Bismarck dankte uns mit den
freundlichsten Worten; er wie die Frau Fürstin reichten jedem von uns Vieren die Hand;
die Lieder seien wunderschön und es habe sie sehr gefreut, die schwäbischen Weisen kennen
zu lernen.

gebeten, noch etwas zu singen; Alles erhob sich und begab sich in das Neben=
zimmer, wo wir Wallbach's Ein Liebster und sein Mädel schön, Brenner's
's Wörtle Rei und zum Schluß Mädele ruck ruck ruck von Silcher sangen. Bei
dem letzten wurde der Fürst fröhlich; er fühle sich um 60 Jahre jünger,
sagte er, denn er kenne das Lied aus seiner Studentenzeit. Der Fürst dankte
abermals und versicherte mir, daß wir ihm einen großen Genuß bereitet hätten.
Ich faßte mir nun ein Herz und lud ihn ein, doch auch einmal nach Stuttgart
zu kommen, da schlügen ihm Aller Herzen entgegen. Er erwiderte, das Reisen
strenge ihn an, er bleibe lieber zu Hause und schlafe in seinem eigenen Bett.

17. Mai 1893. Friedrichsruh. Frühstückstafel, zu welcher ein englischer
Gast, Mr. G. W. Smalley, der dem Fürsten Bismarck schon von früher her
bekannt war, nebst Gattin geladen war. Mr. Smalley veröffentlichte in der
„Fortnightly Review" einen Bericht über diesen Besuch, welcher jedoch sehr
mit Vorbehalt aufzunehmen ist, da der englische Schriftsteller nicht verstanden
hat, die Feinheiten der Bismarck'schen Ausdrucksweise wiederzugeben.[1]) Der=
selbe schreibt:

Der Fürst stürzte sich alsbald mitten in die Politik hinein. Er begann
über die Heeresvorlage zu sprechen und setzte seine Gründe auseinander, warum
er die Vorlage für sein Ideal nicht halte. Die Armee bedürfe wohl zweifellos
der Kräftigung, aber die Vorlage wolle dies auf dem falschen Wege bewirken.
„Man braucht nicht mehr Leute," fuhr Bismarck fort. „Wenn ein Krieg
ausbricht, wird es zuerst vielleicht drei oder vier Schlachten zu gleicher Zeit
auf verschiedenen Punkten geben. Der Ausgang dieser Schlachten kann den
ganzen Feldzug entscheiden -- er muß auf jeden Fall einen großen Einfluß
auf die Geschicke des Krieges ausüben. Jede von ihnen wird etwa mit
zweimalhunderttausend oder höchstens mit einer Viertelmillion Menschen
auf jeder Seite geschlagen werden. Man kann also sozusagen für den Noth=
fall, der wahrscheinlich der gefährlichste, wenn nicht der entscheidende Augenblick
des Menschlebens sein wird, eine Million Soldaten brauchen. Mehr kann man
gar nicht brauchen, ausgenommen als Reserven oder für künftige Schlachten,
die entweder geschlagen oder auch nicht geschlagen werden können. Aber man
hat schon drei Millionen! Wozu braucht man noch weitere Achtzigtausend?
Nein, was der Armee nothtut, ist mehr Artillerie. Wir gewannen
unseren letzten Krieg mit Frankreich durch die Artillerie. Die beste Artillerie
wird auch den nächsten Krieg gewinnen, und zwar noch gewisser. So sehr
haben sich die Bedingungen der Kriegführung geändert, daß die beste Infanterie

[1]) Der Fürst führte die Unterhaltung mit seinem Gaste in englischer Sprache. Es
sei die Sprache — sagt Mr. Smalley — für ihn ein Instrument, das er benützt wie andere
Instrumente — für seine eigenen Zwecke. Er hat Kühnheiten im Sprechen wie im Handeln.
Wenn er hie und da nach einem Worte suchen mußte, fand er es auch immer und zwar
stets das richtige Wort, manchmal auch einen malerischen Ausdruck, während vielleicht eine
größere Vertrautheit mit der Sprache ihn und jeden anderen verleitet hätte, einen land=
läufigen Ausdruck zu brauchen.

durch sich selbst ebensowenig eine Schlacht gewinnen kann, wie es Kavallerie im Stande wäre. Aber in dieser Waffe sind wir — obwohl noch immer Frankreich gegenüber überlegen — doch nicht in demselben Maße überlegen, wie wir es 1870 waren. Die Gewißheit des Sieges hängt davon ab, daß wir nicht bloß die Ueberlegenheit, sondern eine beträchtliche Ueberlegenheit uns bewahren. Das ist es, was eine Gesetzvorlage anzustreben hätte.

Die Regierung hat günstige Positionen und Vortheile verschleudert und schien sich nicht im mindesten bewußt zu sein, was zu gleicher Zeit vorgeht. Gerade als der Bedarf von Geld voraussichtlich war, schnitt sie sich eine reiche Einnahmequelle durch ihre neuen Handelsverträge ab. Niemand hatte diese Einnahmen bekämpft, sie wurden weder als eine Beschwerde noch als eine Last empfunden und brachten fünfzig Millionen ein. Nun hoffen sie die Heeresvorlage, die Bedeckung und Alles durchzusetzen, indem sie das Land bedrohen, das Volk einschüchtern und Krieg, Verderben und die Niederlage der Armee prophezeien, wenn dieselbe nicht gerade so vermehrt wird, wie sie es verlangen. Das Alles hat eine schlechte Wirkung auf die Gemüther des Volkes und besonders auf die Soldaten, wenn diese es glauben — es entmuthigt sie und macht sie an sich selbst zweifeln."

Fürst Bismarck kam dann auf die bevorstehenden Reichstags-Neuwahlen und deren muthmaßliches Ergebniß zu sprechen. „Es ist wahr, wir haben die Regierung in Preußen von 1862—1868 ohne Budget und ohne Majorität geführt." Aber wenn er wieder im Amte wäre, würde er den Rath, den er damals dem König von Preußen gab, Sr. Kaiserlichen Majestät nicht ertheilen. Eine Politik dieser Art könne nicht nach Präzedenzfällen ins Werk gesetzt werden.

Mr. Smalley zitirte aus Tocqeville's jüngst veröffentlichten „Souvenirs" folgenden Ausspruch: Ich habe immer bemerkt, daß in der Politik schwere Fehler daraus entspringen, daß man ein zu gutes Gedächtniß hat. „Ja — sagte der Fürst — bloße Nachahmung hilft da nichts. Keine zwei Situationen gleichen einander und Niemand soll sich selbst kopiren."

Bismarck sah schon damals voraus, daß die Sozialisten von allen Parteien am meisten gekräftigt aus den Wahlen hervorgehen würden. Hierüber sprach er sich wie folgt aus: „Der Umstand, daß man jetzt die Sozialisten als eine politische Partei behandelt, als eine Macht im Lande, die man ernsthaft behandeln und mit der man rechnen muß, statt als Räuber und Diebe, die zermalmt werden müssen — das hat ihre Kraft und Bedeutung in hohem Grade gesteigert, ebenso wie die Beachtung, die man ihnen schenkt. Ich hätte das nie gestattet. Sie sind die Ratten im Lande und sollten vertilgt werden."

Mr. Smalley fragte den Fürsten, ob die Sozialisten ihre Agitation in ausgedehnterem Maße in die deutsche Armee getragen haben, wie dies in England und namentlich in London der Fall sei, wo sich Sozialisten eigens zu diesem Zwecke anwerben lassen. Bismarck glaubte nicht, daß dies in Berlin der Fall sei.

Zum Schlusse dieser Erörterungen wiederholte Bismarck seinen schon oft gemachten Ausspruch: die Aufgabe einer Regierung sei, zu regieren. „Es hat sich neuestens die Meinung gebildet, daß die Welt von unten aus regiert werden kann. Das kann aber nicht sein."

Im weiteren Verlaufe des Gespräches wurde zufälligerweise auch Gladstone's Name erwähnt. Dem ersten Staatsmanne Europas erscheint der Premierminister Englands mehr als ein Meister der Rede als der Geschäfte, mehr als ein Mann der parlamentarischen Taktik als ein Vertreter jener Grundsätze und Methoden, durch welche, wie Themistokles sagt, eine kleine Nation groß und eine große noch größer gemacht werden kann. Das Meisterstück der englischen inneren Politik, populär bekannt als das Home-Rule für Irland, scheint keinen Eindruck auf den alten Kanzler gemacht zu haben. Da einmal von Gladstone die Rede war, wendete Mr. Smalley auf ihn die Bemerkung eines Franzosen über Viktor Hugo an: Durch das forcirte Spielen mit Worten ist er deren Sklave geworden, worauf Bismarck französisch erwiderte: „Ja, die Worte spielen mit ihm!" Mit lebhaftem Interesse sprach er dagegen von Lord Rosebery, mit dem er befreundet ist, und rühmte seine hohe Befähigung für die Leitung der Staatsgeschäfte, die er als Minister des Aeußern bewiesen habe.

Da gerüchtweise die Rede davon gewesen, daß Fürst Bismarck Amerika zu besuchen gedenke, fragte ihn Mr. Smalley danach, erhielt aber ein entschiedenes „Nein!" zur Antwort. Er würde zwar gerne hingehen, aber die Anstrengungen und Unbequemlichkeiten der Reise seien zu groß. „Dr. Schweninger würde mich nicht gehen lassen." Die Chicago-Ausstellung? Nein, das sei keine Verlockung für ihn. Er habe sich nie um Ausstellungen gekümmert und halte nicht einmal den Vortheil derselben für so beträchtlich. „Sie bringen dem Lande im Allgemeinen keinen Gewinn und haben weder für die Industrie noch für den Handel viel Vortheil. Das Volk, welches daraus Vortheil zieht, beschränkt sich auf jenes Volk, welches Wirthshäuser hält und Geld von den Reisenden zieht — kaum sonst noch Jemand."

Es kam hierauf die Einladung zu der Enthüllung des Kaiser-WilhelmDenkmals in Görlitz zur Sprache. Bismarck sagte: „Ich bin noch General der Armee, und ein General kann sich ohne Befehl dem Kaiser, der sein Höchstkommandirender ist, nicht vorstellen."

25. Mai 1893. Friedrichsruh. Bewirthung der Komiteemitglieder der Huldigungsfahrt der Oldenburger und einiger anderer Herren sowie der Damen, welche die Verse gesprochen hatten.[1] Den Herren ließ Bismarck herben, wie er sich äußerte, sehr bekömmlichen Pfälzer Wein, den Damen süßen Wein kredenzen. Als die Rede auf das Niederwalddenkmal kam, bemerkte der Fürst, er habe bei dessen Einweihung gefehlt, weil er kreuzlahm gewesen sei. Der alte Kaiser Wilhelm habe ihm dann ein Modell des Denkmals aus Bronze

---

[1] Vgl. über diesen Empfang „Die Ansprachen des Fürsten Bismarck" S. 261.

geschenkt und gesagt: „Dies ist eigentlich Ihr Denkmal!" Im Schloß zu
Oldenburg habe er einmal eine herzlich schlechte Nacht verbracht; die im
Zimmer angebrachte Uhr habe ihn nicht zur Ruhe kommen lassen, bis er
schließlich auch einmal den Uhrmacher gespielt und das Ding zur Raison gebracht habe.[1]

18. Juni 1893. Friedrichsruh. Frühstückstafel, an welcher die Mitglieder des Komitees und einige Herren, die sich um das Zustandekommen der
Huldigungsfahrt der Mecklenburger besonders verdient gemacht hatten, im
Ganzen etwa 14 Herren, theilnahmen.[2] Der Fürst nahm in der Mitte der
Tafel, ihm gegenüber die Fürstin Platz, welche mit freundlichem Lächeln und
den Worten: es wären nicht etwa Schlangerichte, die auf dem Tisch ständen,
einlud, zuzulangen. Seinen Nachbarn gegenüber bemerkte der Fürst zu Anfang, nachdem man Platz genommen hatte, es sei ein eigenthümliches Gefühl,
ringsum von Menschen umgeben, sich seinen Pfad suchen zu müssen; man
verliere vollständig die Richtung, und er habe schließlich nach den Bäumen
emporsehen müssen, um den Weg wieder zurückzufinden.

Von dem dunkelbraunen Gerstensaft, welcher gereicht wurde, bemerkte der
Fürst, es sei eine Art Bockbier, ein Geschenk des Grafen Holnstein aus Thal-
hausen; und als einer der Gäste bemerkte, daß es wie „Münchener" schmecke,
erwiderte er, wenn man das dem Grafen sage, werde er nicht sehr erbaut
davon sein, da er es für besser halte. Als der Fürst, der nur ein kleines
Weingläschen trank, sah, wie es seinen Gästen mundete, gedachte er auch
derer, die draußen in der Hitze standen, und sagte, es thäte ihm leid, daß er
nicht Alle bewirthen könne, das übersteige die Grenzen der Möglichkeit, aber
er wolle wenigstens einige Fässer von diesem Bier nach dem Landhause schicken,
um sie dort an die Gäste verzapfen zu lassen.

Nachdem inzwischen Sekt eingegossen worden war, brachte Herr Priester-
Wendorf auf den Fürsten als „den ersten Landmann" des Reichs ein Hoch
aus, auf das der Fürst lächelnd erwiderte: „Hoffentlich bringt es uns Regen,
denn sonst wäre bald Alles verloren." Er habe, so fuhr er fort, von der
Bewirthschaftung seines Gutes im Sachsenwalde mehr Vergnügen als Vortheil, aber er behalte es im Interesse seiner Kinder, die ja später immer noch
damit machen könnten was sie wollten.

Professor von Brunn-Rostock begrüßte den Fürsten als alter Göttinger
mit einem Toast, worauf ein Herr den Altreichskanzler an einen ehemaligen
Göttinger Kommilitonen, den Geheimen Ober-Medizinalrath Peters in Neu-

---

[1] 5. Juni 1893. Friedrichsruh. Frühstückstafel, zu welcher die zur Ueberreichung
des Ehrendiploms eingetroffene Deputation des Wandsbecker Kriegerklubs „Kombattant
von 1870/71," bestehend aus den Herren: August Borcholt, Johannes von Hein, Ludwig
Witt, W. Bräuer, Carl Lock und Friedrich Voß zugezogen wurde. Vgl. über diesen Empfang „Die Ansprachen des Fürsten Bismarck" S. 265.
[2] Vgl. über diesen Empfang „Die Ansprachen des Fürsten Bismarck" S. 267 f.

brandenburg erinnerte. „Ja — rief der Fürst — von dem trage ich noch als Andenken eine inkommentmäßige Terz unter dem rechten Arm."

„Sehen Sie doch mal zu, ob Sie mir nicht einen Korn oder so etwas besorgen können!" sagte der Fürst über den Tisch hinweg zu dem servirenden Diener. „Wenn man — wandte er sich humorvoll an seinen Nachbar — schlecht geschlafen hat,[1] muß man mit etwas Alkohol nachhelfen."

„Aber Herr Lange, ich bitte Sie!" bemerkte alsdann der Fürst freund- lich abwehrend zum Oberförster, der einen Bierkrug gefaßt hatte und an der Tafel herumging, den Gästen fleißig Bier einzuschenken. Der alte Waidmann sah bei diesen Worten so heiter und glücklich zu seinem Herrn herüber, als wollte er sagen: Es sind ja Verehrer von Eurer Durchlaucht, da macht mir der kleine Dienst Vergnügen.

9. Juli 1893. Friedrichsruh. Frühstück, zu welchem die anwesenden Handels- und Gewerbekammersekretäre[2] geladen waren. Ernst Scherenberg- Elberfeld drückte die Gefühle der Anwesenden durch die nachstehenden, mit echter Begeisterung gesprochenen Verse aus:

Als Kämpen des Handels im Völkerverkehr —
Vom Schlachtfeld der Arbeit, da kamen wir her;

Wir senken die Waffen von links und von rechts:
Hier hat zu verstummen der Lärm des Gefechts.

Als deutsche Bürger nur stehen wir hier,
Zu grüßen den ersten Bürger in Dir!

Du gabst Deinem Volke, in Leiden erschlafft,
Den Glauben zurück an die eigene Kraft.

In gewaltigem Ringen dann hast Du's gestellt
In die erste Reihe der Völker der Welt.

D'rum sei uns gesegnet, Du eiserne Hand,
Der das Höchste wir danken: ein Vaterland!

Sei gesegnet, Du Auge, voll göttlicher Macht,
Das in Nächten und Stürmen am Steuer gewacht!

Sei gesegnet, Du Stirn, die der Lorbeer umlaubt!
Sei dreifach gesegnet, unsterbliches Haupt!

Dank, ewigen Dank Dir im Jubelgebraus:
Heil, Bismarck, Heil! und Heil Deinem Haus!

---

[1] Die Ursache des schlechten Schlafes war das donnernde Geräusch einer umfallenden alten Buche, welches man sich im Schloß nicht hatte erklären können.

[2] Im Anschluß an die vom 5.—7. Juli 1893 in Kiel abgehaltene Versammlung der deutschen Handels- und Gewerbekammersekretäre hatten sich etwa fünfzig Theilnehmer der Versammlung nach Friedrichsruh begeben, um dem Fürsten ihre Huldigung dar zubringen. Vergleiche über diesen Empfang „Die Ansprachen des Fürsten Bismarck" Seite 278.

Ein dreifach begeistertes Hoch schloß sich an den Vortrag des Gedichtes an. Der Fürst erwiderte unmittelbar darauf etwa mit folgenden Worten: „Ich danke Ihnen für die so warmen Worte und für die hohe Vollendung der Form, in welche Sie dieselben gefaßt haben. Ich habe in meinem Leben oft ein Uebermaß des Hasses erfahren und acceptire deshalb auch gern, was mir von Seiten der Liebe Ueberschuß gegeben wird. Ich danke Ihnen von Herzen. Mein Verdienst an der Herstellung des gegenwärtigen Zustandes beruht darauf, daß es mir gelungen ist, den alten Kaiser für die Sache zu gewinnen, mit ihm die militärische Kraft nicht bloß Preußens, sondern auch des Teutschen Reichs zu stärken. Das war es, was allen früheren Bestrebungen des alten Königs fehlte. Die militärische Macht, das Regiment hatten sie nicht zur Verfügung, und das für den deutschen Gedanken zu gewinnen, ist mir möglich geworden, sowohl durch Vertrauen zu mir, als auch im Appell an seine deutsche Gesinnung. Er fühlte durch und durch deutsch, und gerade weil er ein Deutscher war, so war er ein seiner Armee, seiner Fahne und seinem Portepee unbedingt ergebener Offizier. Wenn er in seinen Ideen sein Ziel als richtig erkannt hatte, so ging er fest und unbeirrt seinen Weg. Ich bitte Sie, mit mir ein stilles Glas im Andenken an Ihn zu leeren."

Nachdem er zu Ende gekommen, leerte er sein Glas und Alle erhoben sich und thaten desgleichen. Alle waren ergriffen von den Worten, die wie aus einer vergangenen Zeit herüberzuklingen schienen, von den Worten, welche die tiefe Ehrfurcht vor dem Heldenkaiser in so schlichter Weise zum Ausdruck gebracht. Der Fürst setzte sich nieder und gewissermaßen rückschauend auf die Vergangenheit sprach er vor sich hin: „Das war ein ganzer Mann, besonnen, ehrliebend und tapfer."

Das Gespräch wandte sich dann den verschiedenartigsten Dingen zu. Bei der Erwähnung der treuen Anhänglichkeit der sächsischen Bevölkerung meinte der Fürst, er freue sich über diese Treue und sei dafür dankbar. Das amtliche Sachsen sei in früherer Zeit weniger wohlwollend gewesen, so daß er einmal einem sächsischen Staatsmanne gesagt habe: „Wenn Ihr nicht anfangt liebenswürdiger zu werden, dann schicke ich Euch mal die bayerische Exekution."

Den Nord-Ostsee-Kanal hatte der Fürst, wie er erklärte, bereits im Jahre 1864 ins Auge gefaßt und über die Ausführung des Planes mit dem damaligen Herzog Friedrich von Schleswig-Holstein verhandelt. Späterhin habe er bei seinem hochgeehrten Freunde Moltke, der zugleich Chef der Landesvertheidigungs-Kommission gewesen sei, manche Schwierigkeiten gefunden. Der Letztere habe für den Kriegsfall die Festlegung von etwa 60000 Mann zum Schutze der Kanalmündung für nothwendig erachtet. Der Fürst habe aber erwidert, ob mehr oder weniger als 60000 Soldaten dazu nothwendig seien, komme nicht in Betracht; auch ohne den Kanal müsse Moltke die Städte Hamburg, Kiel und Lübeck, ja sogar Berlin gegen einen Angriff von der See der schützen.

Bemerkenswerth war die kleine Erzählung von der Reise nach Paris 1867, wo der Fürst den alten Kaiser zur Weltausstellung begleitet hatte. Der Generalstabs-Chef Vaillant habe ihm seinen Besuch gemacht und unter Anderem gesagt: „Ich bewundere Preußen, ich liebe Preußen; ich bewundere Sie und liebe Sie; jedoch wir müssen die Bajonnette kreuzen." Erstaunt habe er den General gefragt, weshalb man denn sich schlagen solle; darauf habe der Letztere erwidert: „Nous sommes des coques; nous ne permettons, que d'autres chantent mieux que nous mêmes."

Der Forstwirthschaft wurde gelegentlich gedacht und die allgemeine fälschliche Bezeichnung des weihnachtlichen Tannenbaumes hervorgehoben, während es richtiger Fichte heißen müsse. Die Fichte sei überhaupt der charakteristische Baum des nördlichen Europas. Man sei gewohnt, die Eiche als Sinnbild deutscher Eigenart zu nehmen. Für das gesammte Deutschthum wolle er die Eiche zwar gelten lassen, aber für Preußen, wenigstens das nördliche und nordöstliche Preußen, sei doch die Fichte bezeichnender; „zäh und genügsam," das seien die beiden gemeinsamen Eigenschaften. Die preußische Anspruchslosigkeit sei in früherer Zeit, noch in den vierziger Jahren, im Auslande bekannt gewesen. So sei der Preuße sogar in Frankreich mit einem gewissen Wohlwollen behandelt worden, wenn dasselbe auch mit einiger Geringschätzung verbunden gewesen sei, während der Verdacht, ein Engländer zu sein, ihm damals einmal eine wenig wohlwollende Behandlung seitens eines Droschkenkutschers eingetragen hatte.

Bezüglich der Witterung meinte die Fürstin, die lange Trockenheit komme wenigstens einem Theile der Landwirthschaft zu gute, dem Weinbau; der Fürst erkundigte sich daran anknüpfend bei den Gästen, die der Rheinprovinz angehörten, nach den Aussichten des diesjährigen Weinernte und freute sich, als er hörte, daß es nicht nur der Beschaffenheit, sondern auch der Menge nach eine gute Ernte geben würde. Es wachse in der Bonner Gegend ein schwerer, etwas herber Rother (der Fürst meinte den Walporzheimer), wenn man Abends diesem etwas reichlich zugesprochen habe, habe man am anderen Morgen schwer zu büßen. Dagegen trinke er den milden Abrbleichert bisweilen statt des Bordeaur. Darauf veranlaßte er in liebenswürdiger Aufforderung den Oberförster Lange, den Gästen mal von dem Mosel-Trester-Cognac einzuschenken. Scherzend fügte er hinzu, er trinke ihn, um die heimische Industrie auf den Damm zu bringen. Als einer der Gäste die etwas unüberlegte Frage stellte, ob er diesen oder aber den echten französischen Cognac lieber trinke, antwortete er schlagfertig: „Ich trinke den von der Mosel lieber, weil ich ihn seltener kriege."[1]

---

[1] Ich lasse hier noch einen anderen Originalbericht folgen, welcher das oben Mitgetheilte in mehrfacher Beziehung noch weiter ausführt und dazu noch manches Neue bringt.

Mit Vorliebe verweilten die alsbald mit Lebhaftigkeit geführten Gespräche auf den Erfahrungen, die Fürst Bismarck auf seinen Reisen nach Süddeutschland erlebt

21. Juli 1893. Friedrichsruh. Familientafel, zu welcher das Komitee der Huldigungsfahrt der Braunschweiger nebst den Ehrenjungfrauen hinzugezogen wurden.

Der Fürst leitete ein anregendes Gespräch, dessen Mittelpunkt braunschweigische Angelegenheiten waren, deren er mit Herzlichkeit gedachte. Geb.

hatte. Sein vorjähriger Kissinger Aufenthalt mit der Huldigungsfahrt der Süddeutschen, der spätere Besuch in Jena haben bei ihm die dankbarste Würdigung gefunden. Mehr und mehr drängte sich ihm, wie er wiederholt versicherte, die Ueberzeugung von der Reichstreue der Süddeutschen auf. Als dann von dem Vertreter Leipzigs das Bedauern über das Unterbleiben des für den Sommer 1893 in Aussicht gestellt gewesenen Besuches des Altreichskanzlers zum Ausdruck gebracht worden war, äußerte dieser in lebhaften Worten seine Bekümmerniß, dem lange gehegten Wunsche nicht nachkommen zu dürfen. Sein Schweninger habe ein Veto eingelegt, und er fühle selbst, daß er bei seinen vorgerückten Jahren derartigen Strapazen, wie sie ein Leipziger Aufenthalt unvermeidlich bringen würde, nicht gewachsen sein werde. Bei dieser Gelegenheit spendete Fürst Bismarck auch dem reichsfreundlichen Verhalten der Sachsen ein Lob. Als er nach der Schlacht bei Sadowa einen gefangenen sächsischen Soldaten gefragt habe, warum denn die Sachsen auf ihre deutschen Brüder geschossen hätten, habe dieser einfach erwidert: „Weil mer befohlen sind." Wie schwer es übrigens den inzwischen geeinten Deutschen von ihren Nachbarn gemacht wird, in Frieden zu verharren, darüber gab der Fürst auch seinen Erinnerungen ein drastisches, mit allgemeiner Heiterkeit aufgenommenes Beispiel. Es war Sommer 1867. Bismarck weilte mit dem zur Weltausstellung gereisten Könige in Paris. Um sich dem langweiligen Ceremoniell der offiziellen Hoffestlichkeiten zu entziehen, hatte er einen guten alten Bekannten, den Marschall Vaillant aufgesucht, der 1860 Hausminister geworden war. Beide unterhielten sich vortrefflich. Der französische Gastgeber ließ alle Minen liebenswürdiger Unterhaltungsgabe springen. Sie waren ein Herz und eine Seele. Als sich Bismarck mit einem fröhlichen Lächeln und dem Wunsche nach baldiger freundschaftlicher Begrüßung verabschiedete, hörte er das befremdende Wort Vaillants: „Auf Wiedersehen auf dem Schlachtfelde!" Eigenthümlich von dieser mit dem Vorangegangenen im Widerspruch stehenden Aeußerung berührt, erbat sich der Scheidende nähere Aufklärung. Der französische Marschall erwiderte: „Aber, mein Gott, Sie wissen doch, was der gallische Hahn bedeutet, und dieser Hahn, der unser Symbol ist, verträgt es nun einmal nicht, wenn andere Hähne ihre Stimme vernehmen lassen. So lange sich Deutschland ruhig verhielt, ohne den Anspruch, in der Welt eine Rolle übernehmen zu wollen, hätte sich Niemand in Frankreich viel darüber bekümmert. Jetzt aber, wo es ihm im europäischen Konzert über ist, wo es den gallischen Hahn in politischem Leben zu übertrumpfen strebt, da sträubt dieser zornig sein Gefieder und sehnt die Zeit herbei, wo er über den frechen Nebenbuhler, den er als Eindringling in seine Domäne betrachtet, herfallen kann. Deutschland ist Hahn geworden. Deshalb wiederhole ich meinen Ausspruch: Auf Wiedersehen auf dem Schlachtfelde!" Daß der in die Geheimnisse der französischen Diplomatie tief eingeweihte, übrigens als Soldat und Mensch ausgezeichnete Marschall mit diesem Ausspruch nicht der eigenen Ueberzeugung — er war persönlich vorurtheilsfrei und Freund der Deutschen — Ausdruck verlieh, sondern damit nur seinen richtigen Einblick in das Wesen des französischen Volkes bekundete, ist ohne Weiteres einleuchtend.

Auf eine an der Tafel wiederholte Aufforderung, der Altreichskanzler möge doch endlich auch einmal dem Kieler Hafen und dem Nord-Ostsee-Kanal den längst erwünschten Besuch abstatten, bemerkte der Fürst, daß ihn nur die Rücksicht auf die mit einer solchen Tour verbundenen Aufregungen und Anstrengungen abhalte. Er sei so sehr gewöhnt, Abends im gewohnten Raum zu verweilen und im eigenen Bett zu schlafen. Das sei

Juſtizrath Häusler verehrte dem Fürſten die in braungelber Sammetmappe enthaltenen Leitzen'ſchen Aquarelle in Großfolio, die der Fürſt dankend ent= gegennahm.[1]

16. Auguſt 1893. Kiſſingen. An der Frühſtückstafel nahm der Bürger= meiſter Fuchs aus Kiſſingen theil, welcher dem Fürſten Bismarck ein Schreiben des dortigen Magiſtrats, betreffend den Beſchluß des Letzteren: der Saale= ſtraße, in welcher ſeiner Zeit Kullmann auf den Reichskanzler ſchoß, den Namen Bismarckſtraße beizulegen, überreicht hatte. Fürſt Bismarck gedachte im Verlauf des Frühſtücks eines familiären Erinnerungstages: Am 16. Auguſt 1870 war Graf Herbert Bismarck in den Reiter=Angriffen bei Mars la Tour verwundet worden.

16. Auguſt 1893. Kiſſingen. Nachmittagskaffee, zu welchem die Bild= hauerin Lilli Finzelberg und deren Schweſter Helene geladen waren. Das eine Fräulein ſetzte Bismarck neben ſich, das andere neben die Fürſtin. Der Fürſt intereſſirte ſich für die Herkunft der beiden Damen. „Wir ſind vom Rhein, in Andernach geboren." „Ich hab mir's gedacht — ſagte der Fürſt — am Rhein iſt noch Poeſie; ich hielt mich in jüngeren Jahren öfter dort auf, lieber als in ſpäteren Jahren in Berlin." Der Fürſt erinnerte ſich noch an alle Einzelheiten. Dann fragte er die Künſtlerin nach ihrem Bildungsgang. „Ich habe das meiſte von mir ſelbſt gelernt — antwortete Lilli — ſchon als vierjähriges Kind fing ich zu formen an und es glückte mir auch." Auf die Frage der Gräfin Bismarck, woher ſie ihre Modelle nehme, erwiderte Lilli: „Ich nehme meine Modelle aus dem Volk, zum Beiſpiel einen Buben mit verſchliſſener Hoſe von der Straße weg; es iſt eben auch nicht leicht, in Berlin paſſende Modelle zu bekommen." Der Fürſt meinte ſcherzend, ihm ſei es als Politiker mit den Berlinern ebenſo ergangen wie der Künſtlerin, er habe auch ſeine liebe Noth gehabt, paſſende Modelle zu finden. Nach faſt dreiviertel= ſtündiger Unterhaltung erhob er ſich und die beiden Damen bedankten ſich für die ihnen zu Theil gewordene Ehre und Auszeichnung. Als dieſelben ſich entfernt hatten, meinte er: „Zwei prächtige Mädchen das! Wenn ich noch Einjährig=Freiwilliger in Berlin wäre, würde ich bei der Künſtlerin freiwillig ein Jahr und mehr Poſten und meinetwegen auch Modell ſtehen."[2]

aber bei einer derartigen Fahrt, wo es gelte, ſo viel zu ſehen, zu lernen und zu hören, Beſuche abzuſtatten und zu empfangen, unmöglich. Hieran knüpfte der Fürſt einige Be= merkungen über die Ausſichten Kiels und der Hafenſtädte der Nord= und Oſtſee und über den Nord-Oſtſee-Kanal.

[1] Vgl. über dieſen Empfang „Die Anſprachen des Fürſten Bismarck" S. 283.

[2] 27. Auguſt 1893. Kiſſingen. Frühſtückstafel, zu welcher die Mitglieder des Komitees der Huldigungsfahrt aus Frankfurt a. M. und Umgegend zugezogen wurden. Vergleiche über dieſen Empfang „Die Anſprachen des Fürſten Bismarck" Seite 301 ff.

29. März 1894. Friedrichsruh. Frühſtückstafel, an welcher die mit der Ueber= reichung einer Adreſſe betrauten 12 Mitglieder der Düſſeldorfer Deputation, beſtehend aus

20. April 1894. Friedrichsruh. Frühstückstafel, an welcher die nach-stehenden Mitglieder der nationalliberalen Fraktion des Reichstags, welche dem Fürsten ihre Huldigungen dargebracht hatten, theilnahmen. Es waren dies die Reichstags-Abgeordneten: Abt, Bautleon, Bassermann, Dr. Blanckenhorn, Dr. Böhme, Boltz, Dresler, Fedderfen, Fink, Frank, Dr. Hasse, Hirsche, Hof-mann, Hojana, Jebfen, Jorns, Krämer, Münch-Ferber, Graf von Oriola, Dr. Ofann Dr. Piefchel, Plade, Rimpau, Rothbarth, Schulze-Henne, Walter, Wam-bof und Weber-Heidelberg. Einige der Abgeordneten waren von ihren Damen begleitet, welche gleichfalls zur Tafel gezogen wurden.

Zum ersten Trinkspruch erhob sich der Fürst, um ein Hoch auf den Kaiser auszubringen, in dem er sagte: „Wie auch immer unsere politischen Meinungen auseinandergehen mögen: der Mittelpunkt für uns Alle bleibt der Kaiser."

In dem nächsten Trinkspruch feierte der Abgeordnete Dr. Ofann-Darm-stadt die Verdienste des Fürsten um die Fortentwicklung und die Kräftigung des Nationalbewußtseins auch in der Zeit seit der Entlassung aus seinen Aemtern. Es bilde einen Ankergrund des nationalen Empfindens, daß der Fürst auch jetzt immer noch seine warnende und mahnende Stimme hören lasse. Er habe der Nation dadurch einen neuen Mittelpunkt gegeben.

In Erwiderung auf die Rede des Herrn Dr. Ofann skizzirte der Fürst seine Beziehungen zur nationalliberalen Fraktion und trank auf deren Jo-hannistrieb.

Zum Schluß gedachte der Abgeordnete Dr. Piefchel-Erfurt der Damen des fürstlichen Hauses.

Im Laufe des Frühstücksgesprächs kam die Rede auf den verstorbenen Kaiser Friedrich, wobei der Fürst betonte, daß seit dem Ende der vierziger Jahre, wo er dem Kaiser näher getreten sei, es nie einen Moment der Ver-stimmung zwischen ihm und dem Kaiser gegeben habe.

Der Fürst verweilte länger bei der Erinnerung an die Zeit der neun-undneunzigtägigen Regierung des Kaisers und gab den Nächstsitzenden eine ergreifende Schilderung der Regierungszeit Kaiser Friedrich's, in der dieser mit aufopfernder Pflichttreue trotz seines schwer leidenden Zustandes mit seinem Kanzler anstrengend gearbeitet habe.

---

den Herren Dr. Beumer, Aders, Stein, Günther, Hendel, Böninger, Vollhart, Dr. von der Steinen, Teiters, Dr. von Tey, Jirgau und Meisenburg theilnahmen. Vergleiche über diesen Empfang „Die Ansprachen des Fürsten Bismarck" Seite 306. Das Hoch auf die Bismarck'sche Familie wurde von Dr. Beumer ausgebracht.

30. März 1894. Friedrichsruh. Frühstückstafel, an welcher die Mitglieder der Abordnung der Frauen und Mädchen von Baden, Hessen und der Pfalz, welche dem Fürsten eine Glückwunsch-Adresse überreicht hatten, theilnahmen. Vergleiche über diesen Empfang „Die Ansprachen des Fürsten Bismarck" Seite 304. Fürst Bismarck bot der ihm Zunächststehenden — es war Fräulein Ruby, eben die Dame, der die Initiative zu der dem Fürsten heute dargebrachten Ovation zu danken ist — den Arm, um mit den Worten „Bitte ohne Rücksicht auf Rangordnung" seine Gäste zur Tafel zu führen.

Der Fürst bemerkte ferner im Laufe der Unterhaltung, es sei ihm nicht eingefallen, jemals das ihm zugeschriebene Wort zu sprechen: „er habe die Nationalliberalen an die Wand drücken wollen, daß sie quietschen."[1]

16. September 1894. Varzin. Frühstückstafel, an welcher die Mitglieder des Komitees der Huldigungsfahrt aus der Provinz Posen theilnahmen.[2]

Der Fürst saß an einer Ecke des Tisches und führte eine Unterhaltung über die früheren und jetzigen Verhältnisse in Posen, woran sich besonders der ihm zur Rechten sitzende Landesökonomierath Kennemann und der Oekonomie-rath Körner-Stolencin betheiligten. Zu dem gleichaltrigen Landesökonomierath Kennemann sagte der Fürst, der Jahrgang 1815 sei doch ein ganz guter gewesen.

23. September 1894. Varzin. Frühstückstafel, an welcher Mitglieder des Komitees der Huldigungsfahrt aus der Provinz Westpreußen theil-nahmen.[3]

Das Komitee wurde vom Fürsten bei Tische durch eine launige und zum Theil die Eindrücke des Tages weiter spinnende Unterhaltung ausgezeichnet. Die Elbinger Neunaugen probirte er mit bestem Behagen. Vom Rittergut der Gräfin Schwanenfeld bei Schwetz war herrliches Obst gesandt worden, eine Ananas von 5¼ Pfund Gewicht und prachtvolle Trauben aus Sarte-witz. Die Frau Fürstin sagte beim Anblick der mächtigen Blumenbügel: „Da ist ja ganz Westpreußen geplündert worden!"

---

[1] 26. April 1894. Friedrichsruh. Frühstückstafel, an welcher die mit der Ueber-reichung einer Adresse betraute Abordnung der bergischen Frauen und Jungfrauen (vergleiche wegen dieses Empfangs und seiner Theilnehmerinnen „Die Ansprachen des Fürsten Bismarck" Seite 316) theilnahmen. Jede Dame erhielt vom Fürsten ein Auto-graph und eine Rose. Fürst Bismarck begleitete nach Aufhebung der Tafel die Damen bis zu den für sie bereitstehenden Wagen. Hier erfolgte eine herzliche Verabschiedung, welche in ein Hoch der Frauen auf den Fürsten ausklang. Dieser winkte mit seinem Schlapphut, bis die Wagen verschwunden.

[2] Vergleiche wegen dieses Empfangs „Die Ansprachen des Fürsten Bismarck" Seite 327 ff. Der gleichfalls als Gast anwesende Geheimrath von Hansemann, der von Berlin aus nach Schlawe gefahren war, um sich als größerer Grundbesitzer in der Provinz Posen der Huldigung anzuschließen, brachte bereits die Nacht vom Sonnabend zum Sonntag im fürstlichen Schlosse zu.

[3] Vergleiche über diesen letzten größeren Empfang im verflossenen Jahre — die herannahende Krankheit der Fürstin gestattete die Entgegennahme weiterer beabsichtigter Kundgebungen nicht mehr — „Die Ansprachen des Fürsten Bismarck" Seite 337 ff.

Die Interviews des Fürsten Bismarck.

I. Vor seiner Entlassung (1862—1890).

Als Bismarck sich einmal in Paris aufhielt und Thiers ihn bei Gelegenheit eines ihm gemachten Besuches fragte, was er den Tag über gethan habe, gab er die charakteristische Antwort: „Ich ließ heute drei Diplomaten, von denen einer Botschafter war, abweisen, dagegen empfing ich fünf Journalisten. Ich erfuhr mehr von ihnen, als ich von den Andern erfahren hätte, die alle mehr oder weniger Lehrlinge von Machiavelli oder Talleyrand sind."

Die Zahl derjenigen Zeitungs-Korrespondenten, die das Glück hatten, von Bismarck, solange er noch als Kanzler des Deutschen Reichs und als Minister-präsident am Webestuhl der Geschichte saß, empfangen zu werden, um aus seinem Munde politische Belehrungen zu erhalten, ist eine beschränkte geblieben. Man konnte den Vielbeschäftigten doch nicht ohne Weiteres überfallen, um von ihm den Stoff für einen interessanten Bericht zu erpressen. Am leichtesten gelang es noch in außerordentlichen Zeiten bis zum Fürsten zu dringen, so während des Krieges von 1866, bei Ausbruch der Luremburger Frage, im Kriege 1870/71 und während des Berliner Kongresses 1878. Von da ab hat sich dann Bismarck bis zum Zeitpunkte seiner Entlassung nicht mehr interviewen lassen. Es ist behauptet worden, daß die Unerschöpflichkeit des Gedächtnisses seines letzten Interviewers, Oppert de Blowitz, den Reichskanzler veranlaßt habe, fortan auf den Empfang von Journalisten zum Zweck der Ver-öffentlichung seiner Ansichten zu verzichten. Der Besuch, den Herr Joseph Christoph Cremer im September 1882 in Varzin machte, bildet nur eine scheinbare Ausnahme, denn dieser Empfang hatte, wie im Schlußbande meines Werkes „Fürst Bismarck und die Parlamentarier" nachgewiesen werden wird, wesentlich andere Zwecke. Da die Interviews Bismarck's während seiner Dienst-zeit fast ganz vergessen und selbst Horst Kohl nur vereinzelt bekannt geworden sind, so lohnt es sich, dieselben näher ins Auge zu fassen; bilden dieselben

16*

doch eine beachtenswerthe Quelle zur Beurtheilung des großen Staatsmannes, dessen was er wollte und was er, um seinen Willen sicherer zu erreichen, verkünden lassen zu müssen geglaubt hat.

Anfangs Oktober 1862. Berlin. Mehrstündige Unterredung mit dem Redakteur der „National-Zeitung" Dr. Zabel. Zabel beklagte sich über die Verfolgung, welche die Presse, Bismarck über die Verfolgung, die er von der Presse ausstehe. Er meinte, die Presse und das Ministerium müßten sich miteinander vertragen; wenn die Presse ihn zufrieden lasse, so wolle er ihr nirgends beschwerlich fallen. Herr von Bismarck sprach ungefähr in demselben Sinne wie in der Budgetkommission des Abgeordnetenhauses am 30. September 1862. Die „Berliner Reform" schrieb am 4. und 5. November 1862 (Nr. 260 und 261): „Im Ganzen schien es wohl, als wünschte Herr von Bismarck mit der Presse in Frieden zu leben und es ließ sich aus seinen Andeutungen entnehmen, daß er eine friedliche Ausgleichung des obwaltenden Konfliktes wünsche und anstrebe. Die allgemeinen Aeußerungen, welche er dabei in Bezug auf die Haltung der Presse und die Stellung der Regierung zu dieser, namentlich in der Militärfrage that, konnten von Dr. Zabel mit Interesse entgegen genommen werden, gaben ihm aber auch Veranlassung, dem Minister das Recht und die Macht der Presse auf das Energievollste entgegenzuhalten und ihn davon zu überzeugen, daß er sich auch auf diesem Gebiete den Kampf viel zu leicht vorgestellt habe, da die Presse in viel zu hohem Grade von ihrem Berufe für den gegenwärtigen Kampf erfüllt sei, als daß die Regierung darauf rechnen dürfe, sie beugen oder gar besiegen zu können."

4. Juni 1866. Berlin. Gespräch mit Vilbort, dem Korrespondenten des in Paris erscheinenden „Siecle".

Von der Wiedergabe dieses Gesprächs kann Abstand genommen werden, da dasselbe in dem Buche: Vilbort, „L'oevre de M. de Bismarck" S. 209 ff. abgedruckt und noch dazu durch die Uebersetzung dieses Werkes in das Teutsche („Das Werk des Herrn von Bismarck" Bd. I S. 203) allgemein zugänglich gemacht worden ist.[1]

Vor Mitte November 1866. Berlin. Gespräch mit einem Spezial-Korrespondenten der „New-Yorker Zeitung".[2]

Als die Rede auf die Vereinigten Staaten kam, versicherte Graf Bismarck, daß die konservative Partei in Preußen den König angefleht habe, den Süden

---

[1] Vilbort hat übrigens den Grafen Bismarck im Laufe der Vorbereitungen zum böhmischen Feldzuge und während desselben noch öfters gesprochen, so am 5. Juni 1866 als Tischgast Bismarck's, am 30. Juni 1866 als Bismarck Abschied von seiner Familie nahm, am 4. Juli 1866 im Hauptquartier zu Horsitz und am 7. August 1866 am Thee-abend bei Bismarck. Vergleiche oben Seite 27 und 29. Alle diese in der Note erwähnten Daten sind in Horst Kohl's „Bismarck-Regesten" nicht erwähnt.

[2] Auch dieses Interview ist in Horst Kohl's „Bismarck-Regesten" nicht erwähnt.

anzuerkennen, aber da es ihm (Bismarck) klar war, daß nur der Norden Preußens wahrer Alliirter sein könne, habe er diesem Projekt unbeugsamen Widerstand geleistet, und in Folge davon habe seine Regierung in ihrer Freundschaft für den Präsidenten Lincoln niemals gewankt. „Zu Anfang unseres Krieges — sagte Graf Bismarck — war Oesterreich uns zur See überlegen und Italien war uns nicht sicher. Man machte mir den Vorschlag, die Dienste der angesehensten südlichen Flottenoffiziere mit 5000 Mann und den dazu gehörigen Fahrzeugen anzunehmen. Sie sollten nicht als die konföderirte Flotte zu uns kommen, sondern als Individuen, und unter ihnen waren die hervorragendsten Offiziere. Ich befragte Ihren Gesandten, um zu erfahren, ob eine Annahme dieses Antrags der amerikanischen Regierung nicht anstößig wäre. Mr. Wright war in Zweifel und schrieb nach Washington. Er erhielt die Weisung, dem Plan entgegenzutreten und ich lehnte es sogleich ab, etwas damit zu thun zu haben. Der Vorschlag kam von Sommes."

11. August 1867. Berlin. Gespräch mit dem Redakteur der „St. Petersburger Zeitung" Friedrich Meyer.[1] Der letztere berichtet über den Empfang wie folgt:[2]

Graf Bismarck kam mir entgegen und reichte mir die Hand. Er bat um Entschuldigung, daß er mich habe warten lassen, er habe jetzt viel mit der Einrichtung des Sitzungslokals für den Reichstag des Norddeutschen Bundes zu schaffen.

Nach einigen Worten von meiner Seite sagte Graf Bismarck: „Sie sind uns eine so kräftige, eine mit so viel Dank anerkannte Stütze, daß ich, obgleich ich eben von der Reise zurückgekommen und mit Geschäften überhäuft bin, es mir nicht habe versagen wollen, Ihre Bekanntschaft zu machen."

[1] Meyer von Waldeck schrieb bereits seit Jahren für die „St. Petersburger Zeitung", und zwar in einem ausgesprochenermaßen deutschfreundlichen Sinne. Unter diesen Verhältnissen war es natürlich, daß sich zwischen der diplomatischen Vertretung Preußens am russischen Hofe und Meyer Beziehungen bildeten, welche ihn in seiner Arbeit und seinem Streben ermuthigten und förderten. Der damalige Geschäftsträger Preußens Graf Heinrich von Keyserling-Rautenburg versah den Korrespondenten mit allen Nachrichten von Wichtigkeit, die er erhielt, und gab demselben so neue und zuverlässige Waffen zur Fortsetzung des Streites in die Hand. Als der Redakteur im Sommer 1867 eine längere Kur- und Erholungsreise antrat, äußerte Graf Keyserling den Wunsch, Meyer möchte sich in Berlin dem Grafen von Bismarck vorstellen.

[2] Horst Kohl ist auch dieses Interview unbekannt geblieben. Vergleiche dessen „Bismarck-Regesten" unter dem Datum 11. August 1867. Ueber den Empfang schreibt Meyer von Waldeck in der „Gartenlaube" 1876 Nr. 51: Am 11. August um halb neun Uhr Abends wollte mich Graf Bismarck empfangen. Er war erst in der Nacht vorher in Begleitung des Legationsraths von Keudell von Berlin zurückgekehrt, wo er bei dem Könige verweilt hatte. Punkt halb neun Uhr befand ich mich in dem Empfangszimmer des Bundeskanzlers. Er war ausgefahren, wurde aber in kürzester Frist zurückerwartet. Zehn Minuten später rollte ein Wagen auf die Rampe, und ich wurde ersucht, in das Kabinet des Bundeskanzlers zu treten.

Der Graf bot mir einen Seſſel an und erſuchte mich, Platz zu nehmen. Wir ſetzten uns.

„Sie ſind kein in Rußland geborener Deutſcher — ſagte Graf Bismarck — man hört das ſogleich an Ihrer Mundart.“

„Ganz richtig, Herr Graf — erwiderte ich — ich bin ein Waldecker. Eigenthümlicher Weiſe wollen aber gerade an meiner Sprache Viele erkennen, daß ich aus Rußland komme.“

„Die müſſen für die Nüancen der Dialekte kein feines Gehör haben; bei Ihnen kann durchaus kein Zweifel ſein. — Ihre Stellung iſt jetzt eine ſehr ſchwierige geworden, wie ich höre.“

Ich beſtätigte dieſe Anſicht und ſchilderte dem Bundeskanzler die ununterbrochenen Angriffe und Machinationen der nationalen Partei, ihren brennenden Haß gegen die Deutſchen und alles deutſche Weſen und ihre Verſuche, das ruſſiſche Volk gegen die Deutſchen aufzuhetzen.

„Und doch ſind die höheren Regionen der ruſſiſchen Geſellſchaft von dieſem Haſſe durchaus frei geblieben — entgegnete der Kanzler —. Ich habe viele vornehme Ruſſen geſprochen, welche die Geſinnungen und Stimmungen jener Partei keineswegs theilen.“

Ich beſtätigte, daß die unteren und oberen Schichten des ruſſiſchen Volkes von dem Haß der politiſchen Spitzführer gegen die Deutſchen, der ſeinen Herd hauptſächlich in der mittleren Sphäre, den Kreiſen der niederen Beamten, Literaten ꝛc. habe, noch nicht infizirt worden ſeien.

„Ich glaube nicht, daß dieſer Haß jemals in andere Kreiſe vordringen wird — ſagte Graf Bismarck —. Es kann ja auch nicht anders ſein; der Ruſſe wird den Deutſchen nie entbehren können. Der Ruſſe iſt ein ſehr liebenswürdiger Menſch. Er hat Geiſt, Phantaſie, ein angenehmes Benehmen, geſellige Talente, aber täglich auch nur acht Stunden arbeiten, und das ſechs Mal in der Woche und fünfzig Wochen im Jahr — das wird in Ewigkeit kein Ruſſe erlernen. Ich erinnere mich der treffenden Worte, die ein ruſſiſcher Militär in meiner Gegenwart äußerte. Die Unterhaltung berührte den Umſtand, daß ſo viele Offiziere deutſcher Abſtammung in der ruſſiſchen Armee bis zum General avanciren. Wie ſollte ein Deutſcher nicht General werden! ſagte jener Militär, er trinkt nicht, er ſtiehlt nicht, er iſt nicht liederlich, er reitet ſein Pferd ſelbſt — da muß er es ſchon bis zum General bringen.“

„Ein vortrefflicher Beitrag zur Charakteriſtik des ruſſiſchen Volkes — ſagte ich — iſt die Schilderung der Art und Weiſe, wie der ruſſiſche Edelmann zu Bette geht. „Jeſim,“ ſagt er zu dem Diener, „entkleide mich!“ Es geſchieht. „Gieb mir zu trinken!“ Jeſim gehorcht. „Lege mich ins Bett!“ Jeſim thut es. „Decke mich zu!“ Jeſim deckt ihn zu. „Bekreuzige mich!“ Jeſim ſchlägt das Kreuz über ſeinen Herrn. „So,“ ſagt derſelbe, „nun kannſt Du gehen; das Einſchlafen werde ich ſelbſt verrichten.“

„Und ich bin überzeugt — ſagte Graf Bismarck herzlich lachend — daß gerade die ärgſten jener Schreier keine Arznei einnehmen würden, die ein ruffifcher Apotheler bereitet hat. Die deutfchen Apotheler, Bäcker, Wurftmacher ꝛc. wird man in Rußland nie entbehren können. Aber auch in ganz anderen, viel höheren Sphären werden fich die eigenthümlichen Eigenfchaften des deutfchen Namens ftets Geltung verfchaffen. — Der Reichskanzler Fürft Gortfchalow war unter der Regierung des Kaifers Nikolaus lange in unbedeutenden, unter= geordneten Aemtern zurückgehalten worden; man hatte feine bedeutende Be= gabung nicht erkannt. Der Fürft fchrieb die Zurückfetzung, die er erfahren, dem deutfchen Einfluß zu, und als er ans Ruder kam, entfernte er, wo es irgend zuläffig war, alle Deutfchen aus dem Gefchäftsbetrieb feines Minifteriums. Sehen wir uns nun heute nach dem Refultat um. Die wichtigften Gefandt= fchaften: London, Paris, Wien ꝛc. find mit Deutfchen befetzt, die talentvollften Redakteure des Minifteriums find Deutfche;[1]) ja, Fürft Gortfchalow felbft würde nicht die Arbeitskraft haben, die er befitzt, wenn feine Mutter nicht eine Deutfche gewefen wäre; ich habe ihm das felbft gefagt."

Das Gefpräch wendete fich nun zu den von der ruffifchen Preffe hier und da ausgefprochenen Befürchtungen, die deutfche Begehrlichkeit werde ihre Hände nach den baltifchen Provinzen oder Polen ausftrecken. Ich erzählte dem Grafen, wie oft ich in ausführlichen Exposés den unwiderlegbaren Beweis geführt habe, daß der Erwerb der ruffifchen Oftfeeprovinzen für Preußen nur eine Schwächung fein könne, daß es mir aber nicht gelungen fei, die ruffifchen Germanophoben zu überzeugen und zu beruhigen.

„Was follte uns auch diefer lange, vorgefchobene Streifen zwifchen dem Meer und Polen, ohne Hinterland — ein Nichts, für das wir die ewige Feindfchaft Rußlands eintaufchen würden — fagte Graf Bismarck —. Nein, es ift beffer fo. Die Deutfchen in den Oftfeeprovinzen müffen auch in Zukunft der Guano fein, der jene große ruffifche Steppe düngt. Auch wäre den Be= wohnern jenes Landftrichs durchaus nicht damit gedient, wenn fie preußifch würden. Unfere preußifche Verfaffung mit lettifchen und eftnifchen Urwählern wäre für die kurifchen und livländifchen Barone, wie ich fie kenne, ein fehr zweifelhaftes Vergnügen."

Nachdem das Gefpräch noch kurze Zeit bei den Oftfeeprovinzen verweilt, fuhr der Bundeskanzler fort:

„Was Polen betrifft, fo haben wir niemals begehrliche Abfichten gehegt und werden folche niemals haben können. In Bezug auf Polen ift unfere Beftimmung, das Land im Verein mit Rußland zu pazifiziren; das haben wir deutlich genug kundgegeben."

„Rußland und Preußen — fagte der Graf nach einer kurzen Bemerkung von meiner Seite — find auf das freundfchaftlichfte Verhältniß zu einander angewiefen. Beide Reiche find rein defenfiver Natur und müffen fich gegen= feitig ftützen. Zur Zeit des Krimkrieges hatte Oefterreich mit Preußen die

---

[1]) Später auch der Gehülfe des Reichskanzlers, der verftorbene W. von Weftmann, der Direktor der Kanzlei des Minifters, von Müller, und zahlreiche Beamte aller Departe= mente des Minifteriums.

Abmachung getroffen, letzteres solle beim Eintritt bestimmter Eventualitäten eine Armee an der russischen Grenze aufstellen. Oesterreich glaubte eines schönen Tages, der vorgesehene Moment sei gekommen, und verlangte von Preußen die stipulirte Aufstellung eines Heeres an Rußlands Grenze. Friedrich Wilhelm IV., unser damaliger Herr, berief mich aus Frankfurt a. M., wo ich zur Zeit Bundestagsgesandter war, und wollte meine Ansicht in der Sache hören. Stellen Sie eine Armee auf, sagte ich, aber nicht an der polnischen Grenze, sondern in Oppeln, dann können Sie Europa den Frieden diktiren. Aber Friedrich Wilhelm IV. hatte für dergleichen energische Schritte ein zu zart besaitetes Nervensystem und meinte, wir hätten zum Demonstriren nicht Geld genug. Man kannte eben damals noch nicht die Kraft unserer Armee.

Ich habe dem Fürsten Gortschakow gesagt: Ihr Wohlwollen für Preußen haben Sie billig; Sie sind darauf angewiesen, mit diesem Nachbar Freund= schaft zu halten. Preußen ist das Tampon zwischen Frankreich und Rußland, und wenn Sie ein Bündniß mit Frankreich in Aussicht stellen, so kann sich Preußen nur darüber freuen. Eine solche Allianz wäre die sicherste Gewähr, daß Sie uns Frankreich vom Leibe halten, denn uns können und dürfen Sie nichts thun.

Ja — setzte der Graf lächelnd hinzu — die Politik ist die Lehre vom Möglichen."

Das Gespräch wendete sich wieder zu den Agitationen der enragirten, russisch=nationalen Partei, der Katkow und Genossen, und der Graf meinte, dieses Treiben habe so wenig reelle Basis und sei eine solche Thorheit, daß es nothwendig im Sande verlaufen müsse. Er gab mir den Rath, jene Angriffe nicht immer ernst zu nehmen und mir dann und wann auch einmal über den Kopf schießen zu lassen, ohne mir viel daraus zu machen.

„Es wäre eine große Thorheit von Rußland — sagte Graf Bismarck — wenn es die Ostseeprovinzen entnationalisiren und russifiziren wollte. Es würde sich dadurch des Stammes ehrlicher Staatsdiener berauben, den es von dort bezieht. Ist es doch eine allgemein anerkannte Wahrheit, daß der zum Russen gewordene Deutsche viel ärger ist, als der Russe selbst. Der Russe stiehlt, um einem augenblicklichen Bedürfnisse abzuhelfen, wenn aber der Deutsche stiehlt, so denkt er dabei an die Zukunft und sorgt für Frau und Kinder. Da kommt die énergie teutonique hinzu, wie mir ein geistreicher Russe einst sagte."

Zum Abschiede reichte der Bundeskanzler mir mit herzlichem Gruße beide Hände, wünschte mir glückliche Reise und entließ mich mit den Worten:

„Nun, werden Sie nicht müde und kämpfen Sie wacker, vergessen Sie aber auch nicht, daß Vorsicht der beste Gefährte der Tapferkeit ist!"[1])

---

[1]) Graf Bismarck machte auf den Redakteur der „St. Petersburger Zeitung" einen ungleich angenehmeren Eindruck, als alle Bilder, die er bis dahin von ihm gesehen hatte. Seine große, imposante Gestalt war damals noch schlank, seine Züge schön und ausdrucks= voll. Die Stimme, wie der Ausdruck seiner Mienen, hatte während der Unterhaltung etwas ungemein Mildes. Sein schalkhaftes Lächeln war überaus gewinnend.

Ende September 1867. Berlin. Unterredung mit dem Spezial=
Korrespondenten des „Daily=Telegraph".[1]) Dieser berichtete darüber:

Da die allgemeine Aufmerksamkeit auf den Grund der Wahrscheinlichkeit
eines europäischen Krieges[2]) gerichtet war, lag es nahe, daß ich den Grafen
um seine Ansicht über diesen Punkt befragte.

Er erwiderte, daß er fast unbedingt an Frieden glaube. „Preußen —
sagte er — wird nie Frankreich angreifen, und wenn Frankreich sich von seiner
Ueberraschung über die Aussicht auf die Vollendung der deutschen Einheit
erholt hat, wird es einsehen, daß dieses Ziel, selbst im weitesten Umfange
erreicht, in keiner Weise seinen Nationalstolz und seine Machtstellung auf dem
Kontinente bedroht. In der Zwischenzeit ist unsere Haltung eine passive, wir
drohen Niemand, wir zwingen Niemand, ja wir überreden selbst Niemand.
Wenn Süddeutschland sich uns zuneigt, so seien Sie überzeugt, die Neigung
ist eine natürliche und keineswegs durch Manöver von unserer Seite ver=
anlaßt. Wir werden unsere Brüder, wenn sie uns mit offenen Armen ent=
gegenkommen, nicht zurückweisen, aber es gelüstet uns nicht nach fremdem
Eigenthum und wir können zehn oder selbst zwanzig Jahre bleiben, was wir
sind, wenn Deutschland es nicht anders will. Wir haben sogar da, wo wir
beschleunigen konnten, selbst die Vereinigung aufgehalten, wir sind zufrieden,
zu bleiben wie wir sind. Der Druck muß von denen kommen, die nach einer
Veränderung verlangen."

Ich fragte — fährt der Korrespondent fort — welchen Eindruck die
Salzburger Zusammenkunft[3]) auf den Ministerpräsidenten gemacht und ob
die Andeutungen und Erfindungen einer aufgeregten Presse irgendwie von
Einfluß auf ihn gewesen.

„Durchaus nicht — antwortete er — was ich von dem Salzburger Besuche
gedacht habe und noch denke, verkörpert sich in meinem Rundschreiben vom
7. September[4]), und weder ich noch sonst ein vernünftiger Mann glaubte an
die praktische Möglichkeit einer österreichisch-französischen Allianz oder fürchtete
für den Fall ihrer Existenz davon Folgen für Preußen. Oesterreich kann
nicht Frankreichs Bundesgenosse gegen Deutschland sein. Das deutsche Element
ist der bindende Kitt, der das große österreichische Staatsgebäude zusammen=
hält. Wir wünschen Oesterreich alles Gute und hoffen, daß es seine Macht
und einen intelligenten freien deutschen Kern wieder aufbauen möge. Ich
meinerseits verlange für Preußen nichts Besseres, als eine feste Allianz mit
einem konstitutionellen Könige von Ungarn, der als Kaiser von Oesterreich
in den übrigen Provinzen dem deutschen Elemente vollständigen Spielraum
gönnt. Wenn Salzburg eine französische Niederlage gewesen wäre, wie es

---

[1]) Auch dieses Interview ist in Horst Kohl's „Bismarck Regesten" nicht erwähnt.

[2]) Die Veranlassung dazu lag in der damals noch nicht gelösten Luxemburger Frage.

[3]) Gemeint ist die Zusammenkunft der Kaiser von Oesterreich und von Frankreich
in Salzburg.

[4]) Abgedruckt im Staatsarchiv Bd. XIII 1856 Nr. 2530.

böswillige Leute nun einmal darzustellen belieben, so hätte es uns nicht be=
unruhigen können; als das, was es wirklich war, bildete es für uns keinen
Gegenstand von politischer Bedeutung."

Jn Betreff eines Krieges im Orient sagte Graf Bismarck mit Bestimmt=
heit: „Jch glaube nicht daran. Jm Publikum kennt man Rußlands wirkliche
Lage nicht. Jch kenne sie. Rußland hat orientalische Gelüste und möchte sie
auch vielleicht gern geltend machen, aber es kann dies nur im großen Stile
thun. Seine Position macht ihm halbe Maßregeln unmöglich, und es ist
faktisch nicht im Stande, einen langen, kostspieligen Krieg zu beginnen.
Rußland hat eine große Zukunft vor sich, es besitzt die Anlage zu einer
Stärke, die der jedes anderen Königs= oder Kaiserreichs überlegen ist. Es ist
unbezwingbar, leidet aber wie ein starker, gesunder Mann an Jndisposition.
Wenn ein solcher Mann sich nur drei Tage niederlegen und sich ruhig halten
wollte, so würde die ursprüngliche Kraft seiner Konstitution über seine
Krankheit triumphiren und er gesund in voller Stärke von seinem Lager er=
stehen. Wenn er aber hartnäckig ausgehen, umhergehen und da draußen
seine Geschäfte besorgen will, als ob er wohl wäre, so wird wahrscheinlich
die Krankheit ihn stärker ergreifen und ihn in ernste Ungelegenheiten bringen.
Zwei oder drei Tage in dem Leben eines Menschen sind zwanzig oder dreißig
Jahre in dem Leben einer Nation."

Was die Verschmelzung der neuen Provinzen mit Preußen und ihre
schließliche Aussöhnung mit ihrer neuen Lage anbelangt, so schien Graf
Bismarck nicht nur hoffnungsvoll, sondern zuversichtlich einem glücklichen
Erfolge entgegen zu sehen. „Jn Hannover — bemerkte er — machen wir so
gute Fortschritte als wir nur wünschen können. Die intelligenten und
kommerziellen Elemente der Provinz sind auf unserer Seite, nur die Ritter=
schaft und die Anhänger des früheren Hofes sind gegen uns. Der König hat
ihnen einen tüchtigen ehrlichen Mann, den Grafen Stolberg, zum Gouverneur
gesandt, und der Provinzial=Landtag, dessen Majorität Preußen geneigt, ist
eben eröffnet worden. Frankfurt ist aus mehr als einem Grunde etwas
vernachlässigt worden, aber ich habe den Frankfurtern mein Wort gegeben,
daß sie auf den richtigen Fuß kommen sollen, und ich werde es halten.
Preußen hat viel vor der Hand zu erledigen, aber als Erbe der gesetzlich
eingegangenen Verpflichtungen jüngst annektirter Provinzen und Städe wird
es ehrenhaft seinen Verpflichtungen gerecht werden."

Graf Bismarck schien sich sehr für die Expedition nach Abyssinien zu
interessiren und unterhielt sich eine Zeitlang mit mir darüber, wobei er eine
sehr weise Bemerkung machte. Jch sprach die Meinung aus, daß wir eine
große Anzahl Menschenleben einbüßen würden, ehe wir ein befriedigendes
Resultat erzielten. „Da bin ich anderer Ansicht — sagte er — Sie werden
sehr viel Geld ausgeben, und glauben Sie mir, je mehr Geld Sie ausgeben
werden, deste weniger Menschenleben werden Sie opfern."

14. Dezember 1868. Berlin. Unterredung mit dem Redakteur der in München erscheinenden „Süddeutschen Presse" Julius Fröbel. Derselbe schreibt darüber:[1])

„Wir sind noch niemals zusammengetroffen," begann der Kanzler des Norddeutschen Bundes, indem er mich von Kopf bis Fuß mit dem Blicke maß.

„Ich habe noch niemals die Ehre gehabt, Eurer Excellenz zu begegnen," antwortete ich, während Bismarck mir einen Sessel anwies und sich selbst setzte. Die Stellung der Sessel war charakteristisch. Der Graf saß vor seinem mit der schmalen Seite an die Wand stoßenden Schreibtische, als ob er arbeite; mein Sessel war hinter dem Schreibtische ihm gerade gegenüber. Der breite Tisch war zwischen uns und über denselben hinweg führten wir das Gespräch. Wir sahen uns beide gerade ins Gesicht, wovon beide Theile, glaube ich, reichlich Gebrauch gemacht haben. Nach einigen unwichtigen Bemerkungen bot er mir eine Cigarre, nahm sich selbst eine, zündete mir ein Hölzchen an und begann in ernsterer Rede.

„Ich will Ihnen — sagte er — zuerst meine Ansicht der Dinge darstellen, dann mir Ihre Kritik ausbitten und einige Fragen an Sie richten." Er setzte mir nun auseinander, daß Deutschland noch weniger als Italien eine zu rasche Unifikation vertragen könne. Italien würde heute stärker sein, als es ist, wenn es den Süden der Halbinsel nicht sogleich mit dem Norden vereinigt hätte. Das lasse sich in noch höherem Grade auf Deutschland anwenden. Auch wenn er 1866 Süddeutschland ohne weiteres hätte annektiren können, würde er es nicht gethan haben.

Ich legte das Bekenntniß ab, daß ich bei dem Gange, welchen, im Widerstreit mit meinen früheren großdeutschen Bestrebungen, die deutschen Angelegenheiten genommen, es allerdings der preußischen Politik und preußischen Macht zum Vorwurf gemacht habe, auf halbem Wege stehen geblieben zu sein.

„Wir müssen nicht verlangen — entgegnete Bismarck — daß die großen Ziele, welche wir anstreben, gerade bei unseren Lebzeiten erreicht werden." Die Einigung Deutschlands dürfe nicht von Anfang den Keim einer unheilbaren Feindschaft zwischen dem Süden und dem Norden in sich tragen. Der Süden müsse aus freiem Entschlusse zum Norden kommen und wenn es dazu dreißig Jahre brauche. Ueber die Frage, ob die Entstehung eines Süddeutschen Bundes der nationalen Sache günstig sein würde, sei er nicht klar. Er habe in seinem Urtheile darüber oft geschwankt. Jedenfalls dürfe ein solcher Bund

---

[1]) Fröbel hatte im Wiener „Botschafter" die Politik des preußischen Staatsmannes zu oft und zuweilen zu boshaft beurtheilt, ihn selbst zu oft in seine Kritik gezogen, als daß derselbe Bismarck hätte unbemerkt geblieben sein können. Fröbel würde Bismarck fern geblieben sein, wenn er nicht vorausgesetzt hätte, daß er zu groß sei, um an die frühere Gegnerschaft zu denken. „Darin hatte ich mich nicht getäuscht, und das Bild, welches ich davontrug und welches sich nachher für mich wie für die Welt immer vergrößert hat, war größer, als ich es mir vorgestellt hatte." Vergl. Fröbel: „Ein Lebenslauf" Seite 511 ff. Auch dieses Interview findet sich in Horst Kohl's „Bismarck Regesten" nicht erwähnt.

nicht ohne ein süddeutsches Parlament sein, damit der im Volke lebende nationale Geist weiter wirke und den Bund nicht zum Mittel des Gegensatzes gegen den Norden werden lasse.

Ich bemerkte, daß ich, so sehr ich unter den früheren Verhältnissen einem Bunde der süd- und mitteldeutschen Staaten als einem Gliede der Trias das Wort geredet, jetzt drei Einwendungen zu machen habe: 1. daß der Versuch nicht ohne die Gefahr sei, die süddeutsche Gesammtopposition gegen den Norden zu stärken; 2. daß damit jedenfalls ein Anstoß zum Wiedereintreten Oesterreichs im Sinne des alten Triasgedankens gegeben werde, über welchen die Geschichte doch hinweggegangen; 3. endlich, daß die Sache selbst nicht ausführbar sei. Nur auf das zweite Bedenken legte Bismarck einigen Werth.

Der norddeutsche Bundeskanzler kam damit auf das Verhältniß zu Oesterreich zu sprechen und wies den Gedanken, dessen Dasein bedrohen oder untergraben zu wollen, in den bestimmtesten und stärksten Ausdrücken von sich ab. Er allein — sagte er — habe 1866 dem Drange der preußischen Militärpartei Widerstand geleistet, welche dem österreichischen Staate zu Leibe gewollt habe. [1] Die Uscdom'sche Note [2] sei nichts als ein offizieller Zeitungsartikel, von einem Manne, mit dessen Ansichten er nichts gemein habe, und der längst nicht mehr auf seinem Posten sein würde, wenn seiner Entfernung nicht Nebenrücksichten im Wege ständen. Herr von Beust, der bei seinem großen Verstande sich durch seine ebenso große Eitelkeit verderbe, wisse sehr gut, daß die Vorwürfe, welche er Preußen mache, unbegründet seien; aber es entspreche seiner Politik, sich zu stellen als ob er von der Wahrheit seiner Beschuldigungen überzeugt wäre.

Diese Darstellung widersprach der Behauptung, welche ich in Wien vernommen hatte, daß der österreichische Staatskanzler, als der preußische Gesandte den offiziellen Charakter der Uscdom'schen Note habe verleugnen wollen, eine Kopie des chiffrirten Telegramms, in welchem der Wortlaut der Note dem Grafen Uscdom amtlich aufgetragen worden, auf den Tisch gelegt habe. Ich glaubte um so eher der Bismarck'schen Darstellung, als ich mich der in Wien vernommenen sowie brieflich von daher an mich gelangten Aeußerungen erinnerte, daß die Unterhaltung der Spannung mit Preußen im Interesse Oesterreichs und sogar im persönlichen des Herrn von Beust liege, der sich nur durch drohende Konflikte und unterhaltene Unruhe auf seinem Posten behaupten könne.

„Solange es möglich ist — sagte der Bundeskanzler hinzu — werde ich mich zu Oesterreich verhalten, wie ich mich zu meiner Frau verhalten würde, wenn ich mit ihr in Streit wäre, so nämlich, wie es die christliche Geduld vorschreibt. Aber — sagte er in einer anderen Gedankenverbindung — zwischen einer Sammethand und blankem Stahl giebt es für mich nichts in der Mitte."

---

[1] Vgl. hierüber mein Werk „Fürst Bismarck und die Parlamentarier" Bd. I (2. Auflage) S. 65.

[2] Gemeint ist wohl die sogenannte „Stoß ins Herz-Depesche" vom 17. Juni 1866.

Im Allgemeinen legte Bismarck im Verlaufe des Gesprächs ein lebendiges und warmes deutsches Nationalgefühl an den Tag, und bei einer Gelegenheit bemerkte er, daß die deutsche Nation in ihrer einheitlichen und freiheitlichen Entwickelung eine höhere, aber darum auch schwierigere Aufgabe zu lösen habe als andere Nationen, — ein Ausspruch von tiefem und aus diesem Munde besonders beachtenswerthem Inhalte. Das Bild, welches sich bei diesem ersten Zusammentreffen mit dem hervorragendsten Manne der Zeit von demselben in mir gestaltete, war das eines Menschen von klarem Verstande, physischer Stärke, furchtbarer Willenskraft, Zuverlässigkeit der Absicht, Treue und großer Gutmütigkeit.

„Wir werden uns mehr treffen," sagte er endlich, indem er aufstand und mir die Hand reichte.

März 1869. Berlin. Unterredung mit dem Redakteur der „Süddeutschen Presse" Julius Fröbel. Derselbe schreibt über diese zweite Begegnung mit dem Bundeskanzler:[1]

Er begann damit, mir die Lage der Dinge, zuerst in Süddeutschland, dann in Europa, zu erklären, wobei er eine große Geringschätzung der süddeutschen Wirthschaft, namentlich in Württemberg, ausdrückte. Er würde es gern gesehen haben, daß ein Süddeutscher Bund, jedenfalls aber mit einem Parlament, entstanden wäre. Durch einen allgemeinen süddeutschen Parlamentarismus hätte er den süddeutschen Partikularismus brechen mögen. Auf die Uebergangsformen der nationalen Entwickelung legte er keinen Werth. „Alles Menschliche — äußerte er — ist an sich nur provisorisch."

Ich bemerkte, bestimmter als das vorige Mal, daß die Anhänger des Südbundes die Hegemonie Oesterreichs im Sinne trügen.

Er meinte dagegen, es sei für Preußen immer leichter, sich mit Oesterreich auf Kosten Bayerns, als für Bayern sich mit Oesterreich auf Kosten Preußens oder gegen Preußen zu verständigen, wenn man solche Politik treiben wolle. Aber das sei gar nicht nötig, und immer würde es sich nur um Durchgangsphasen handeln, bei denen Alles auf das Endziel ankomme. Das Haupthinderniß in der Angelegenheit des Südbundes liege in der Abneigung des badischen Hofes und in Varnbüler.[2] Ohne Zweifel wirkte bei

[1] Fröbel war am Vormittage in Berlin angekommen und hatte sich sogleich zu dem Legationsrath Bucher gegeben, von welchem er auch diesmal gemeldet wurde. Nachmittags kam Bucher, Fröbel zu sagen, daß der Bundeskanzler ihn um 8½ Uhr Abends erwarte. Fröbel kam zu früh, und hörte wie Bismarck in einem anstoßenden Saale in heiterer Gesellschaft von Herren und Damen Billard spielte. Nach einiger Zeit wurde er durch eine Reihe von Zimmern geführt, in deren letztem Bismarck erschien — wie das vorige Mal in Uniform und mit Ordenskreuz am Halse — Fröbel die Hand reichte und in sein Arbeitszimmer vorausging, wo derselbe dem Kanzler wieder, der Schreibtisch dazwischen, gegenüber zu sitzen kam. (Fröbel: „Ein Lebenslauf" Seite 544.) Horst Kohl kannte auch dieses Interview bei Herausgabe seiner „Bismarck-Regesten" nicht.

[2] Freiherr von Varnbüler, von 1864 bis September 1870 württembergischer Staatsminister des Königlichen Hauses und der auswärtigen Angelegenheiten.

254

diesem, wie ich ihn kannte, die Rivalität mit Hohenlohe.[1] Er hätte den Südbund gewollt, wenn er die Rolle des süddeutschen Bismarck hätte spielen können, wozu keine Aussicht vorhanden war.

Die ganze Zeit über sprach diesmal Bismarck fast ganz allein, und so gern ich auch etwas Wesentliches gesagt hätte, war mir doch Alles, was ich hörte, so merkwürdig, daß ich mich gern zum Schweigen verurtheilt sah. Als ich ging, begleitete mich der Bundeskanzler bis in das zweite Durchgangszimmer, wo ich, mich verabschiedend, meinen Ausgang durch eine Thür zur rechten Seite nehmen wollte. Bismarck zeigte mir den Weg geradeaus. „Ich begleite viele Menschen bis hierher — sagte er dabei — immer wollen die Civilisten hier seitwärts ausgeben, die Militärs geradeaus. Desto besser finden Sie Ihren Weg in der Politik. Leben Sie wohl!"[2]

26. Mai 1869. Berlin. Gespräch mit dem Berliner Korrespondenten des „New-York Herald".[3] In Folge einer Frage des Korrespondenten, welchen Beweggründen die entschiedene Opposition im Reichstage zuzuschreiben sei, entspann sich nachstehendes Gespräch:

—

[1] Fürst zu Hohenlohe-Schillingsfürst, vom 1. Januar 1867 bis 8. März 1870, bayerischer Staatsminister des Königlichen Hauses und des Aeußern, jetzt Reichskanzler.

[2] Noch heute denke ich darüber nach — bemerkte Fröbel bei der Veröffentlichung vorstehenden Gespräches — wie ich diese wunderliche Bemerkung verstehen soll. Der große Staatsmann selbst ist, wenn ich nicht irre, in diesem Punkte, wie in anderen Beziehungen, Militär und Civilist zugleich. In mein Gasthaus zurückgekehrt, schrieb ich auf ein Blatt Papier meine Ansicht über die journalistische Behandlung der süddeutschen Frage nieder, welches Blatt ich dann dem Legationsrath Bucher gab, um seine Meinung zu vernehmen. Tags darauf stellte er es mir mit Randbemerkungen von seiner Hand aus dem Munde Bismarck's wieder zu, — ein interessantes kleines Dokument für die damalige Gedankenentwickelung in der nationalen Sache.

[3] Horst Kohl hat auch vom Empfange des erwähnten Korrespondenten keine Kenntniß. Vergleiche dessen „Bismarck-Regesten" unter obigem Datum. Ueber die Art, wie der Empfang zu Stande kam, schreibt der Korrespondent unterm 27. Mai 1869: Die vollständige Niederlage, welche die Norddeutsche Bundesregierung bei ihrer erhöhten Steuerforderung erlitten hat, ist Ihnen nebst den Details der erregten Debatte im Reichstage bereits mitgetheilt worden. Da ich mir denke, daß Ihre Leser durch die Wahrnehmung einer so standhaften Opposition überrascht sein werden, indem eine Phalanx von Stimmen den ernstlichen Vorstellungen des eisernen Grafen Bismarck, des Hauptes und der Seele des Bundes, entgegentrat, so wollte ich mir womöglich eine glaubwürdige Erklärung über dieses wichtige Ereigniß verschaffen, das fast auf eine Erschütterung der Grundlagen des neu entstandenen Norddeutschen Bundes berechnet zu sein scheint. Ohne mich durch die wohlbekannte Thatsache abschrecken zu lassen, daß neun von zehn Gesuchen, von welcher Art immer, die von einfachen Rechtsgelehrten bei preußischen Autoritäten oder Beamten gemacht werden, mit einer stereotypen Verweigerung beschieden werden, setzte ich ein paar Zeilen an Seine Excellenz den Grafen Bismarck auf, in denen ich ihn höflich um eine Audienz zu dem Zwecke ersuchte, über die gegenwärtige Lage aufgeklärt zu werden, indem ich zugleich die Absicht zu erkennen gab, die mir von ihm gegebenen Auskünfte, wie sie auch sein möchten, in meiner Eigenschaft als Korrespondent des „New-York Herald" zu benutzen. Ich fügte noch freimüthig hinzu, daß ein solcher Bericht

Bismarck: „Die Abgeordneten haben offenbar kein richtiges Verständniß für die Situation.[1] Unsere Institutionen sind von den englischen wesentlich verschieden, obwohl sehr achtbare Mitglieder aller Parteien darauf bestehen, daß britische Einrichtungen auch bei uns anwendbar sind. Sie können sich nicht von ihren feudalen Vorurtheilen frei machen, haben seit 1848 nichts gelernt und nichts vergessen und bilden sich ein, als ein Staat im Staate nothwendig zu sein. Ihr Operationsplan ist ein beständiger Angriff auf die Regierung — eine hartnäckige Mißbilligung der Administration und eine nie ermüdende Energie, ihr Hindernisse in den Weg zu legen. Es scheint, daß sie sich hauptsächlich im Widerspruche und Tadel gefallen und denken, die Regierung müsse sich selbst aus allen Schwierigkeiten heraushelfen. Mit in die Bresche zu treten, zu helfen und nützliche Vorschläge zu machen, sehen sie nicht als ihr Amt an. Getheilt in zahlreiche Fraktionen, jede von anderen Interessen beherrscht, finden sie sich nur in der Opposition zusammen, so daß die Regierung gar keine feste Stütze hat. Ich bin entschlossen, die Sache zum Herbst zum Austrage zu bringen. Es wird dann vielleicht nöthig sein, an die Intelligenz des Volkes zu appelliren, damit es die Schwierigkeiten einer Stellung begreift, die hartnäckig seitens der Vertreter verkannt wird, von denen jeder Einzelne sich für einen Staatsmann par excellence hält. Meine Lage ist mir jetzt ganz klar. Ich werde gezwungen sein, die nützlichsten Ausgaben einzuschränken, ohne die dadurch entstehenden Kalamitäten zu berück=sichtigen. Ich bin entschlossen, nicht einen Pfennig zu verausgaben ohne die Garantie der gesetzgebenden Gewalt. Es soll ganz nach konstitutionellen Grundsätzen regiert werden, besonders hinsichtlich der Anleihen und schwebenden Schuld. Es ist ein Jammer, daß die Volksvertreter nicht einsehen, daß sie

---

wahrscheinlich seinen Weg nach Deutschland zurückfinden werde, indem der „New=York= Herald" durch ganz Deutschland verbreitet sei, sprach aber zugleich die Hoffnung aus, daß dieser Umstand den Herrn Grafen nicht von der Gewährung meines Gesuchs ab= halten werde. Ich erhielt gestern Nachmittag eine Antwort auf das Billet, die mir durch einen Boten vom Ministerium des Aeußern überbracht wurde, und während ich das große Siegel erbrach, sagte ich zu mir selbst: Er wird gewiß gern entschuldigt sein wollen und dringende Geschäfte, Unpäßlichkeit oder dergleichen vorschützen, aber eine Sekunde später sah ich, wie weit ich in Gedanken fehlgeschlossen hatte. „Der Premier= minister Graf von Bismarck=Schönhausen beehrt sich, Sie zu benachrichtigen, daß er Sie heute Abend (den 26. Mai) um 7½ Uhr erwartet." Bei meiner Ankunft wurde ich in den geräumigen Garten hinter dem Wohnhause geführt, wo der Graf sogleich auf mich zukam. Nachdem ich eine von den ausgezeichneten Cigarren des Grafen angezündet hatte gingen wir sofort ins Geschäft, das, Dank der Liebenswürdigkeit des Wirthes, zu einer lebhaften Konversation zwischen uns führte.

[1] Im Jahre 1869 bemühte sich Bismarck im Reichstag redlich, die Finanzen des Norddeutschen Bundes zu verbessern und den Staatsbedarf möglichst mittelst der weniger drückenden Steuern aufzubringen. Die entsprechenden Steuervorlagen Bismarck's, das sogenannte Steuer=Bouquet, wurden aber von der Majorität des Reichstags mit Hohn und Superklugheit zurückgewiesen. Vergleiche mein Werk „Fürst Bismarck als Volks= wirth" Bd. I. S. 59 ff.

zur Mithülfe an der Regierung berufen sind, daß sie die Geldmittel nicht dem Ministerium, sondern dem Lande bewilligen sollen, und daß sie durch ihre Verweigerungen nicht nur der Verwaltung die Hände binden, sondern auch die Wohlfahrt des Landes untergraben."

Korrespondent: „Aber Herr Graf, das ist die preußische Anschauung in der Sache. Wie verhält sich der Norddeutsche Bund, Ihre in beiden Hemisphären bewunderte Schöpfung dazu?"

Bismarck: „Ja, es ist wahr, ich bin sowohl Bundeskanzler als preußischer Premier, und es ist mir noch nie eingefallen, diese zwei Aemter als von verschiedenen Individuen ausgefüllt zu betrachten. Ich gebe zu, daß die Schwierigkeit meiner Stellung dem Reichstage und dem preußischen Landtage gegenüber nicht überschätzt werden kann; in Wirklichkeit ist sie bereits unerträglich geworden. Man versichert mich fortwährend des Vertrauens, aber die Abstimmungen drücken eben so vielen Tadel über Alles, was ich thue, aus. Durch die Verweigerung der Geldmittel ist die Regierung lahm gelegt. Ich will nicht länger der Anlaß sein und habe schon lange als körperliche und geistige Wohlthat für mich die Niederlegung meines Amtes beschlossen. (Hier seufzte der Graf mehrmals tief.) Aber der in Jahren vorgerückte König, dem ich persönlich und dienstlich schon so lange angehöre, den ich hoch verehre und der diese Ergebenheit vergilt, vermuthlich weil er meine redlichen Anstrengungen zum Besten des Landes erkennt — er wünscht keinen anderen Minister als mich, will sich neuen, unerprobten Rathgebern nicht anvertrauen und hat die oft wiederholte Bitte, mich meines Dienstes zu entheben, mir mit Entschiedenheit abgeschlagen. Was kann ich unter solchen Umständen thun und was bleibt mir anders übrig, als die Zügel der Regierung in Händen zu behalten?"

Korrespondent: „Da es allgemein anerkannt ist, daß der Hauptgegenstand des Konfliktes den Militäretat betrifft, für den Ihrer wiederholten und feierlichen Erklärung nach keine Verkürzung zulässig ist, so ist es wohl gerechtfertigt, wenn ich die Situation im Allgemeinen als eine drohende ansehe?"

Bismarck: „In der That, mehr oder weniger ist es so. Wir müssen bewaffnet und auf unserer Hut sein; denn wir sind hinsichtlich der Absichten Frankreichs und Oesterreichs keineswegs versichert. Und nach welcher Seite könnten wir uns dann umsehen? Selbst unsere besten Freunde, England und Amerika, haben einen Familienzwist angefangen, dessen endliche Entscheidung noch im Ungewissen liegt. Sprechen Sie nicht von unserer Allianz mit Rußland! Denn meine geehrten altgewohnten Opponenten bliden mit Mißvergnügen und Verachtung nach dort. Verstehen Sie mich wohl; wir sind stark und mächtig, und, Gott sei Dank! diejenigen, welche vor Neid verzehrt werden, wissen dies und wagen nicht, uns anzugreifen. Deswegen haben sie sich in den letzten drei Jahren mit Bellen begnügt. Wie könnten wir weniger bewaffnet sein? Ehe ich meinen Arm zur Reduzirung unserer Kriegsstärke liehe, würde ich ihn lieber abschneiden. Niemals, lieber will ich sterben!

Wozu noch weiter von Abkürzung der Dienstzeit sprechen, die ohnehin schon auf drittehalb Jahre beschränkt ist? Die Sache ist einfach unmöglich."

Korrespondent: Aber, Herr Graf, wenn ich nicht irre, haben Sie in Ihren Reden behauptet, daß Kabinetskriege nicht mehr zu befürchten seien, daß es von jetzt ab nur noch Völkerkriege geben werde."

Bismarck: „Das habe ich gesagt mit Bezug auf uns selbst, nicht mit Bezug auf Frankreich. Dort kann ein augenblicklicher Entschluß einen Krieg heraufbeschwören,[1]) und deshalb sind wir genöthigt, stets auf dem qui vive zu sein. Wir sind oft noch vor Kurzem genöthigt gewesen, unsere Generale und Ingenieure zu fragen: Ist Alles zu einer plötzlichen Aktion bereit? Das französische Volk trägt zwar kein Verlangen nach Krieg, sein Temperament ist aber ein solches, daß es, wenn es dazu gerufen, mit einer Begierde und einem Ungestüm sich in den Krieg stürzen würde, deren die entzweiten und phleg= matischen deutschen Fraktionen nicht fähig sind. Nur eine wesentliche Ver= änderung dieser besonderen Zustände könnte hier eine Aenderung des Regime hervorrufen." (Und hier kam der Graf noch einmal auf seine unhaltbare Stellung zurück, indem er den Mangel an Einsicht bei denjenigen beklagte, die seine besten Absichten zu vereiteln suchten und ihn in der Patsche stecken ließen.) „Weit getriebener Tadel (vast abuse) der Regierung — sagte er — und dabei nicht Einer, der die Verantwortlichkeit übernimmt, und eine gänz= liche Verweigerung der Zuschüsse."

Korrespondent: „Ich erlaube mir, Sie darauf aufmerksam zu machen, Herr Graf, daß man in Amerika schwerlich ein Verständniß für diesen Gegen= stand haben wird, insofern Ihre letzten Bemerkungen offenbar mehr Preußen als den Bund betreffen."

Bismarck: „Es kann nicht anders sein. Denken Sie sich den Staat New-York mit einer Bevölkerung von 30 Millionen und die übrigen Staaten der Union zusammen mit nur 6 oder 7 Millionen. Muß nicht Alles, was New-York berührt, ebenso die Anderen berühren? Haben diese nicht das gleiche Interesse, jedwede Schwierigkeit oder Gefahr abzuwenden, die dem hervorragendsten Mitgliede des Bundes droht? Ich bin jetzt gezwungen, vor den preußischen Landtag zu treten und dort den Sturm auszuhalten, aber Sie sollen überzeugt werden, daß ich mein Bestes schon im Reichstage ge= than habe."

Korrespondent: „Wie verhält es sich mit Ihrer Politik, Herr Graf, mit Bezug auf die deutschen Südstaaten?"

Bismarck: „Sie ist unverändert. Wir werden niemals einen Druck aus= üben, um diese acht Millionen anzuschließen, wenn sie nicht selbst den Wunsch zu erkennen geben.[2]) Sollten sie dies thun, so werden wir sie mit offenen Armen empfangen. Im Falle eines Krieges werden wir gemeinschaftlich mit ihnen kämpfen; oder wenn es anders kommen sollte, ohne sie. Aber Einen

---

[1]) Die Vorgänge im Jahre 1870 haben Bismarck Recht gegeben.
[2]) Vergleiche hierüber auch oben S. 249 u. 251.

Kampf giebt es, dem meine Kraft nicht gewachsen ist, das ist die kurzsichtige, widerstrebende Opposition zu Hause, die mich im höchsten Grade verstimmt macht und mich früher oder später zum Rücktritt treiben wird."

Beim Abschied sprach der Korrespondent auf das lebhafteste die Hoffnung aus, daß Graf Bismarck nie zu einer solchen Alternative gedrängt werden möge, daß sein großes Werk nicht an einer bloßen Geldfrage scheitern werde, die im Vergleich zu dem, was Amerika unter ähnlichen Verhältnissen zu Stande gebracht habe, zu einer wahren Null zusammenschwinde, und daß er überzeugt sei, er werde Trümpfe in Reserve haben, die ihn zum Herrn der Situation machten.[1])

23. Juli 1870. Berlin. Unterredung mit Dr. W. Russel, Kriegsbericht-erstatter der „Times".

Da Russel den Inhalt seiner verschiedenen Unterredungen mit Bismarck in seinem Werke: „My diary during the last great war London 1871" niedergelegt hat, so darf, ähnlich wie oben bei Vilbort, auf diese allgemein zugängliche Quelle (deutsche Ausgabe des „Kriegstagebuches" von Schlesinger, Leipzig, 1874) verwiesen werden.

29. August 1870. Clermont. Unterredung mit einem Korrespondenten der „Pall-Mall-Gazette".[2])

„Wir könnten — so sagte der Bundeskanzler zu dem Korrespondenten — aus Elsaß und Lothringen einen unabhängigen und neutralen Staat bilden, der sich von Belgien bis nach der Schweiz erstrecken und so unsere ganze West-grenze gegen Frankreich beschützen würde. Aber wer soll die Neutralität eines solchen Staates garantiren? Und dann würde das Volk immer zu Frankreich zurückkehren wollen, zu dem es so lange gehört hat. Ob wir Elsaß und ganz Lothringen annektiren sollen?[3]) Ich kann den Nutzen eines solchen Schrittes nicht einsehen. Wir würden ein unzufriedenes Volk zu regieren haben und außerdem hat eine bloße Gebietsvermehrung keinen Reiz für Deutschland. Aber wir müssen uns gegen einen Angriff der Franzosen sicher stellen. So lange sie Straßburg besitzen, ist ganz Süddeutschland ihm ausgesetzt. Wir

---

[1]) Indem wir uns die Hände drückten — so schließt das Referat des Korrespondenten — dankte ich dem Grafen herzlich für die werthvolle Auskunft, die er mir zu Theil werden ließ, und während ich mir auf meinem Wege nach Hause die Einzelheiten unserer Unterhaltung einprägte, gelangte ich zu dem Schlusse, daß seine Ansichten in nichts von dem, was er früher im Reichstage geäußert hatte, abwichen, und daß er entschlossen sei, an denselben festzuhalten.

[2]) Horst Kohl ist auch dieses Interview des Grafen Bismarck unbekannt geblieben. Der Korrespondent behauptet, er habe die Unterredung mit dem Grafen Bismarck keines-wegs gesucht, sondern dieser habe den Wunsch ausgedrückt, die „Pall-Mall-Gazette" zu sehen, da englische Zeitungen in Clermont ein rarer Artikel wären. Als der Korrespondent die Nummern abholen wollte, wurde er ersucht, näher zu treten und mit dem Minister eine Cigarre zu rauchen.

[3]) Wir werden auf diese Frage unten bei den Interviews Bismarck's zurückkommen.

haben keine Festung, bis sie nach Ulm kommen. Wir werden daher Straßburg und wahrscheinlich Metz nehmen und behalten, wenn unsere Waffen siegreich sind. Straßburg soll unser Gibraltar werden. Sie sagen, Frankreich werde uns fürchterlich hassen, wenn wir ihm seine beiden besten Festungen nehmen, und es werde stets suchen, sich an uns zu rächen. Das gebe ich zu, aber es steht fest, die Franzosen sind schon jetzt so wüthend auf uns, daß sie sich auf alle mögliche Weise zu rächen suchen werden. Das Beste, was wir daher im Interesse des Friedens thun können, ist, ihnen die Macht zum Unheilstiften aus den Händen zu nehmen. Die Deutschen bestehen darauf.

Sie sagen, wir würden uns hoffentlich nicht an Holland vergreifen. Mein lieber Herr, wir träumen gar nicht davon; die Holländer sind keine Deutschen, und deutsche Einigkeit ist es, wonach wir streben. Ich versichere Sie, kein Deutscher denkt im Traum daran, eine Annexion Hollands zu versuchen."

11. September 1870. Reims. Unterredung mit Dr. W. Russel, dem Kriegsberichterstatter der „Times".[1]

13. September 1870. Reims. Gespräch mit einem Korrespondenten des „Standard".

Das Gespräch[2] wurde in englischer Sprache geführt, welche der Graf, „wenn nicht ganz geläufig, doch mit Kraft und einer gewissen Behaglichkeit redet". Der Korrespondent erzählt:

Auf meine einleitende Bemerkung, daß wir nicht so schnell gegangen seien, als Se. Excellenz mir bei unserer ersten Begegnung scherzend versprochen, erwiderte der Graf, nur Wenige hätten einen Begriff von der Schwierigkeit, eine Armee von 300000 Mann fortzuschaffen. „Und merken Sie wohl — fügte er hinzu — zuerst standen unsere Leute mit der Front gegen Westen, dann wandten sie sich und standen gegen Norden, dann gegen Nord-Osten, und nach Sedan hatten sie nicht nur 100000 Gefangene zu überwachen, sondern noch kehrt zu machen und abermals nach Süd-Westen zu marschiren. Die deutschen Truppen marschirten gut. Sie haben gegenwärtig ihre 30 englische Meilen (6 bis 7 deutsche) den Tag gemacht, natürlich mit einem Ruhetage darauf; aber anhaltend zehn Meilen täglich ist das Höchste, worauf man rechnen kann."

Ich fragte, ob er glaube, daß die Franzosen Paris vertheidigen würden.

„Wir werden es nicht angreifen," antwortete er.

„Was wollen Sie dann?" fragte ich weiter.

„Einziehen ohne es anzugreifen. Wir werden es aushungern."

Ich äußerte, daß die Einschließung von Paris 1200000 Mann erforderlich machen würde, worauf er erklärte, man beabsichtige nicht eine Einschließung in diesem Sinne. „Wir werden unsere Armeen in möglichst zweckmäßiger Weise umher aufstellen und unsere Kavallerie von 50000 Mann wird für das

---

[1] Russel's Kriegstagebuch S. 130 f.
[2] In den „Bismarck Regesten" von Horst Kohl nicht erwähnt.

Uebrige sorgen. Sie wird beständig die nicht von unsern Truppen besetzten Strecken rein halten und nicht ein Bissen Proviant wird nach Paris hinein= gelangen. Warum sollten wir angreifen und muthwillig neue Opfer bringen? Es giebt kampffähige Leute genug in Paris, welche uns den ersten und vielleicht den zweiten Tag lästig werden möchten, wenn wir angriffen. Wenn wir sie sich selbst überlassen, werden sie den dritten Tag, wenn die Nahrungsmittel selten werden, in Paris weit lästiger werden. Wir wollen mit dem dritten Tage anfangen. Warum mit dem Kopfe gegen die Mauer rennen?" — Von diesem System sprach der Graf mit Vertrauen.

Als ich einwandte, daß sich eine neue französische Armee südlich von der Loire bilden könne, während man Paris durch Hunger zur Unterwerfung zwinge, antwortete er:

„Keine Armee, nur Schaaren bewaffneten Volkes. Wir nahmen mit einer einzigen Schwadron Dragoner 1500 solcher Leute bei St Menehould gefangen. Es ist möglich, daß man in drei Monaten aus dem Franzosen einen guten Soldaten macht; aber wir werden ihm nicht drei Monate Zeit lassen, und auf alle Fälle wird die sogenannte Armee keine Offiziere haben, die diesen Namen verdienen. Wenn sie darauf bestehen, sich zu schlagen — wohlan denn! Sie werden niedergemacht werden. Aber es ist schade."

Von den Friedensaussichten sprechend, sagte er: „Mit wem Frieden machen? Durch wen? Mit den Gentlemen der Straße und ihren Vertretern? Als ich den Kaiser sah, nachdem er sich als Gefangener überlieferte, fragte ich ihn, ob er geneigt sei, irgend eine Friedensforderung zu stellen. Der Kaiser antwortete, er sei nicht in der Lage dazu, da er eine regelmäßige Regierung mit der Kaiserin an der Spitze in Paris zurückgelassen habe. Es ist also klar, wenn Frankreich überhaupt eine Regierung besitzt, so ist es noch die Regierung der Kaiserin als Regentin, oder des Kaisers. Die Kaiserin ist von den Herren des Pflasters gezwungen worden zu fliehen, wie der gesetzgebende Körper ge= zwungen wurde, seine Sitzungen zu unterbrechen, aber die Aktion der Herren vom Pflaster war keine legale. Sie konnten keine Regierung machen. Die Frage war: Wem gehorcht die Flotte noch? Wem die in Metz eingeschlossene Armee? Vielleicht erkennt Bazaine den Kaiser noch an. Wenn dem so ist und wir ließen ihn nach Paris gehen, so würden er und seine Armee beträchtlich mehr werth sein als die Herren vom Pflaster und die sogenannte Regierung. Wir wünschen keineswegs Frankreich seine Regierungsform aufzudrängen. Wir haben ihm nichts zu sagen; das ist seine Sache."

Damit kamen wir auf die von Deutschland für unumgänglich gehaltenen Friedensbedingungen. Graf Bismarck bestritt jeden Wunsch nach Gebiets= erweiterung um der Erweiterung willen und erklärte es für beschwerlich, wenn Deutschland französisch sprechende Unterthanen erhalte. „Aber — fuhr er fort — es ist dies das so und so vielte Mal, daß Frankreich unter irgend einem Vor= wande Krieg mit Deutschland anfängt. Nun, da wir der schrecklichen Plage der Uneinigkeit ledig sind, sind wir mit Gottes Hülfe dahin gelangt, Frank=

reich niederzuschlagen. Es wäre thöricht, eine Versöhnung zu erhoffen. Frankreich wird uns nie verzeihen, daß wir es geschlagen, selbst wenn wir ihm die mildesten Bedingungen von der Welt anböten und uns enthielten, eine Kriegs= entschädigung zu verlangen. Es konnte auch Euer Waterloo nicht vergessen und wird nur durch Zufälle verhindert, Euch den Krieg darum zu erklären; es konnte uns Sadowa nicht verzeihen, obwohl Sadowa nicht gegen Frankreich geschlagen worden, und niemals wird es Sedan verzeihen. Deshalb muß es für uns unschädlich gemacht werden. Wir müssen Straßburg haben und müssen Metz haben, selbst wenn wir in letzterem bloß Garnison halten sollten und was sonst nöthig ist, um unsere strategische Stellung gegen einen französischen Angriff zu sichern. Wir brauchen das Gebiet nicht als Gebiet, aber als ein „Glacis" zwischen uns und Frankreich. Hätte der Kaiser beim Beginne dieses Krieges Energie an den Tag gelegt, so konnte er Süddeutschland angreifen, ehe wir irgend etwas zu thun im Stande waren. Wir wissen bis heute nicht, warum er es nicht gethan. Er hatte eine Armee von 150000 Mann in einem Tage marschfertig. Wenn Frankreich einmal den Anlauf verfehlt hat, so wird es sich das nächste Mal besser vorsehen. Wäre der Angriff sofort gegen Süd= deutschland gerichtet worden, so hätten wir dessen Beistand verloren, nicht weil die Süddeutschen nicht gut gestimmt wären, sondern weil sie zermalmt worden wären. Der verstorbene König von Württemberg sagte mir eines Tages: Sie sind stets offen gegen mich; ich will offen gegen Sie sein. Wenn die Franzosen über mein Volk herfielen, während ich in Ihrem Lager Soldatenbrot äße — wie sollte da meine Gesinnung sein? Mein Volk, unter den Erpressungen erliegend, würde mich bitten, heimzukehren und Frieden mit dem Eroberer zu machen. Das Hemd ist näher bei der Haut als der Rock und ich würde mich fügen müssen. Dies waren die Worte des verstorbenen Königs von Württemberg und sie schildern die Lage, so wie sie immer bleiben muß, wenn wir uns nicht gegen einen Angriff Frankreichs auf dieser Seite sicher stellen. Darum müssen wir Straßburg und eine bessere Grenze haben; und wir werden eher zehn Jahre kämpfen als auf diese nothwendige Sicher= heit verzichten."

Ich richtete darauf an den Grafen die Frage, ob er Mittheilungen von Herrn Jules Favre habe. „Nicht direkt — antwortete er — aber durch Lord Granville und auch über Wien. Herr Favre wünscht dringend zu wissen, ob ich Mittheilungen von ihm annehmen würde und ob es möglich sein wird, Friedensunterhandlungen auf Grundlage der Integrität des französischen Ge= bietes zu eröffnen. Mit Bezug auf die erste Frage kann ich nur sagen, daß Alles, was von oder durch Lord Granville kommt, die beste Aufnahme bei mir finden wird, obgleich ich für jetzt Herrn Jules Favre nicht als Minister des Auswärtigen oder als bevollmächtigten Unterhändler der Nation ansehen kann; und was die zweite Frage angeht, so wundere ich mich nur, daß er nicht anfragte, ob Deutschland alle Kriegskosten tragen wolle. Die Lage Frankreichs ist schlimmer als je. Wäre der Kaiser noch an der Spitze der Regierung, so hätten er und sein System Freunde in Oesterreich, in Italien und selbst in Rußland. Aber Alle fürchten sich vor der Ansteckung des Republikanismus und folglich wird die Republik, wenn sie sein soll, ohne Freunde sein."

Mitte September 1870. Gespräch mit dem Kriegs-Korrespondenten des „Daily News".[1]

Wir sprachen von der künftigen Regierungsform Frankreichs, und der Graf erzählte mir, es sei eben die Nachricht von Proklamirung der Republik in Paris eingetroffen.

„Wir haben nicht die Absicht, uns in Frankreichs innere Angelegenheiten zu mengen, aber unsere Leute denken, wir müßten die Provinzen zurück haben, die sie uns vor vielen Jahren abgenommen haben, und wir müßten ihnen wenigstens die Macht benehmen, uns auf demselben Wege zu bedroben, wie während der letzten zwanzig Jahre. Wir müssen Straßburg und Metz haben. Mehr verlangen wir nicht, das ist indessen nothwendig für unsere Sicherheit."

Ich sagte ihm, ich hätte mich oft über die Geduld der Preußen gewundert.

„Wir sind ein sehr geduldiges Volk — erwiderte er —. Man hat uns gesagt, wenn wir uns nicht schlagen wollten, so würde man uns zwingen. Wir sind aber in diesem Punkte einem Familienvater ähnlich, der, nachdem er sich viele Beleidigungen gefallen ließ, schließlich sich zum Duell entschließt, aber dann nur unter der Bedingung, daß der Kampf entscheidend und end-gültig sei."

10. Oktober 1870. Versailles. Unterredung mit Dr. W. Russel, dem Kriegs-Berichterstatter der „Times".[2]

11. Oktober 1870. Versailles. Erneute Besprechung mit Dr. W. Russel.[3]

21. November 1870. Versailles. Kurzes Gespräch mit Dr. W. Russel über die durch Gortschakow angeregte Pontusfrage.[4]

Ende August 1871. Gastein. Unterredung mit einem Spezial-Korrespon-denten des „Daily Telegraph".[5]

„Ich brauche Eurer Durchlaucht wohl nicht zu sagen, daß ganz Europa seine Augen auf Gastein gerichtet hat und voll Neubegier über das ist, was die Leute dort machen."

„Nun, die Leute baden eben hier und nehmen sich ihrer Gesundheit an."

„Et après?"

[1] In Horst Kohl's „Bismarck-Regesten" gleichfalls nicht erwähnt.

[2] Russel's Kriegstagebuch Seite 169 ff.

[3] Russel's Kriegstagebuch Seite 169 ff.

[4] Kriegstagebuch S. 194.

[5] Ohne auf die Einleitung über die erste Bekanntschaft des Wanderkorrespondenten mit dem Reichskanzler näher einzugehen, sei hier nur der Inhalt des Gespräches, „so weit ein Gentleman von einer solchen Unterhaltung berichten darf", mitgetheilt. In Horst Kohl's „Bismarck-Regesten" ist auch von dieser Unterredung nichts zu lesen.

„Ja, et après! Das ist stets Ihre Weise. Na, ich will Ihnen sagen: Der König und ich sind wirklich hierher gekommen, um die Bäder zu brauchen. Wir waren indessen nur zu sehr erfreut, die österreichischen Beamten zu empfangen und sie unserer besten Wünsche zu versichern. Gegen Oesterreich hatten wir weiter nichts, selbst damals nicht, als es den unklugen Krieg im Jahre 1866 begann. Wir schlugen es und ließen es dann mit einer geringfügigen Kontribution ab. Alles ist vergeben und vergessen, und wir haben so viel gemeinschaftliche Interessen, daß wir Freunde sein müssen. So empfangen wir und so empfängt man uns hier. Mit den Oesterreichern wünschen wir stets auf freundschaftlichem Fuße zu bleiben, mit den Franzosen dagegen waren wir nie Freunde und können es überhaupt nie sein."

„Ich möchte wohl hören, Fürst, ob Sie wissen, wie gründlich Sie die Franzosen geschlagen haben, und wie bitter dieselben Sie hassen und glauben, Ihnen bald die Niederlage heimzahlen zu können?"

„Weder das französische Volk noch die französischen Blätter lassen uns darüber im Zweifel. Wenn sie aber beweisen, wie sie es wohl möchten, daß sie noch nicht genug haben, so können wir das Nöthige sofort nachholen. Es ist in der That heute davon die Rede, ob wir nicht noch weitere Truppen auf ihr Gebiet nachsenden. Sie ermorden unsere Mannschaften gegenwärtig in einigen Provinzen und wir können und wollen uns davor schützen . . . . Frankreich fordert fortwährend Nachlaß für seine Zahlungen und andere Zugeständnisse von uns, wenn wir aber irgend etwas verlangen, so lautet die Antwort immer: keine Instruktionen. Vor wenigen Tagen hätten wir gern in Betreff der Grenzregulirung nachgegeben, aber sie verpfuschten die Sache und jetzt ist es zu spät."

„Aber die französischen Soldaten?" fragte ich.

„Haben sich gut geschlagen — antwortete Fürst Bismarck — und hier ist es der Erwähnung werth, daß die Preußen nie die Franzosen herabzusetzen suchen, obschon die Franzosen erklären, die Preußen seien nichts werth und seien von ihnen moralisch besiegt worden."

Wir sprachen von Italien. Frankreich hätte dem Kanzler zufolge in der Krim, im italienischen und mexikanischen Kriege Fehler gemacht: „Die Einheit Italiens sich vollziehen zu lassen, war ein ebenso großer Irrthum als die Einheit Deutschlands zuzugeben."

„Aber Fürst, die Sache ist Ihnen sehr zu Statten gekommen, namentlich für die jetzige Zeit. Wenn Thiers die Sympathien der Italiener verletzt?"

„Nun, dann treibt er Italien eben in unsere Arme."

Dann kam das Gespräch auf Rußland. Fürst Bismarck vertraut fest auf das Wort des jetzigen Kaisers. „Ein Mann der guten Werke, die erst noch vollendet werden müssen, besonders das Eisenbahnnetz. Ein Mann des Friedens, ja er ist vor Allem ein Mann des Friedens. Dann ist Rußland auch zu gewaltig groß, so daß weitere Ausdehnung es schwächen würde. Aber die Eisenbahnen sind die Hauptsache."

„Also, Fürst, muß Rußland auf seinen Mittelpunkt sich zurückziehen oder Plänkler ausschwärmen lassen. Auf alle Fälle muß es etwas thun. Frankreich würde jede beliebige Allianz um jeden Preis kaufen; es gehört in die Fünfzig-Prozent-Kategorie und ich höre, daß es bald dazu kommen wird. In London haben russische Großfürsten sich stark über die Zukunft, welche Europa zu fürchten habe, geäußert."

„Ja ich verstehe. Allein der Erbe eines Thrones ist nicht mehr derselbe Mann, wenn er wirklich den Thron besteigt, und die Großfürsten sind Echos ohne einen ursprünglichen Schall."[1]

2. Juli 1878. Berlin. Unterredung mit dem Korrespondenten der „Times", Oppert von Blowitz.[2]

„Ich wünschte den Frieden — bemerkte Fürst Bismarck — und wirkte so viel wie möglich darauf hin, sobald ich klar meinen Weg sehen konnte, das will sagen, seit der Zeit von Graf Schuwalow's erstem Besuche bei mir in Friedrichsruh. Ich hegte aufrichtige Achtung für diesen Mann, weil er muthig

---

[1] Der „Daily Telegraph" äußerte sich hinsichtlich der Worte, welche in dieser Unterredung dem Fürsten Bismarck in den Mund gelegt wurden, zum Theil beifällig, zumal über das, was vom guten Einverständniß mit Oesterreich und von der geringen Bedeutung der russischen Kriegspartei gesagt war. Am Schlusse hieß es: „Die dunkle Seite zu diesen beruhigenden Versicherungen liegt in der Prophezeiung dauernden Hasses für Frankreich, welche von dem Gefühl des Propheten, das in dieser Hinsicht ein äußerst schlimmes Vorzeichen ist, eingegeben sein muß. Eine ganz besonders bittere Härte bemächtigt sich des sonst so gutmüthigen und sorglosen Kanzlers, wenn er an das Land denkt, das so lange und hartnäckig sich weigerte, seine Niederlage einzugestehen." — Die „Pall-Mall-Gazette" hob hervor, wie beunruhigend das, was der Fürst über Frankreich gesagt, für den Frieden Europas lautete. Was die Möglichkeiten einer Allianz zwischen Rußland und Frankreich betrifft, so meinte sie, müsse man zunächst abwarten, ob der Bericht des Korrespondenten schweigend hingenommen oder in Abrede gestellt werde, um so mehr, als es sowohl in Thiers' Interesse liege als seinen Neigungen entspreche, das Weitere über diese Konversation festzustellen. Eine Richtigstellung durch Bismarck ist später nicht erfolgt. Damit ist natürlich nicht gesagt, daß er die ihm in den Mund gelegten Redewendungen gebraucht hat. Einzelne haben wenig Wahrscheinlichkeit für sich.

Mitte Januar 1875 lehnte Fürst Bismarck ab, dem Berliner Korrespondenten des „New-York Herald" eine Unterredung zu bewilligen, da dieses Blatt gegen den Kanzler und seine Politik eine feindliche Politik verfolgte. Vergleiche mein Werk: „Ein Achtundvierziger, L. Bucher's Leben und Werke", Bd. III S. 163.

[2] Außer den von Horst Kohl angegebenen Quellen ist über diese Unterredung noch zu vergleichen: M. Busch „Unser Reichskanzler" Bd. I S. 275; Unger „Unterredungen mit Bismarck" Bd. I S. 193 (vergleiche auch Bd. II S. 163); die „Post" 1878 Nr. 182, 184; die „Kölnische Zeitung" vom 4. Juli 1878 Nr. 189, 2. Blatt; Hahn „Fürst Bismarck" Bd. III S. 313. Das Interview hatte zwei Motive: erstens wollte Fürst Bismarck die Unterstützung der „Times" in Anspruch nehmen, um die Gefahren, welche dem Kongreß durch die damals abgekartete Frage von Batum drohen sollte, zu pariren; zweitens beabsichtigte der ehrliche Maller mit dem Fürsten Gortschakow für den ihm im Jahre 1875 gemachten politischen Streich abzurechnen, indem er gleichzeitig dem Grafen Schuwalow das glänzendste Lob ertheilte.

London verlassen, um seinem Herrn die Wahrheit zu sagen, während er doch in Petersburg Gefahr lief, in Ungnade zu fallen und verkannt zu werden, falls er nicht erfolgreich in Erfüllung seiner patriotischen und menschenfreundlichen Mission war.

Trotz meiner schwachen Gesundheit, trotz der gebieterischen Anordnungen meiner Aerzte zögerte ich nicht, die Mühen des Vorsitzes im Kongresse zu übernehmen; aber wenn die Pflicht mir auferlegt, diese Mühen im Interesse des Friedens auszuhalten, so geht sie doch nicht so weit, mir solches zu gebieten, falls es nicht wahrscheinlich ist, daß der Friede aus unseren Verhandlungen hervorgehen sollte. England hat hier einen großartigen Erfolg errungen. Es hat Bulgarien am Fuße des Balkans enden lassen, es hat der Türkei das ägäische Meer wiedergegeben und die Frage der Meerengen wird zu seiner Befriedigung geregelt werden. Aber man muß im Auge behalten, daß Rußland siegreich war und daß es bereits bedeutende Zugeständnisse gemacht hat. Ich wünsche nicht meinen Vergleich vom Walfisch und Elephanten zu wiederholen. England hat zweifellos durch die Vorbereitungen, welche es bereits getroffen, bewiesen, daß es eine Militärmacht werden, daß es einen mehrere Jahre dauernden Krieg aushalten könnte.

Aber hier kommt unser eigenes Interesse, das des Friedens, welches unsere Bemühungen beeinflußt, in Frage. Ein Krieg zwischen zwei Großmächten, wie England und Rußland, würde ganz Europa schwer in Mitleidenschaft ziehen, alle Interessen lähmen und Jedermann bedrohen. Die Gefahr ist, daß trotz aller Bemühungen der Zwist allgemein werden würde, denn Niemand kennt die Zwischenfälle, welche im Laufe eines ausgedehnten Kampfes sich ereignen könnten, nicht zu erwähnen, daß der allgemeine Handel gestört und die Pfade des Weltmeeres unsicher werden würden. Ich sage das, weil ich jetzt sicher bin, daß wir den Frieden unterzeichnen werden. Nachdem ich die bulgarische Frage geregelt sah, war ich dessen gewiß. Ich sah, daß dieser Frage wegen die Engländer in den Krieg gegangen wären; und als am Freitag, 21. Juni, die Unterhandlungen zwischen England und Rußland zusammenbrachen,[1] eilte ich zu den Bevollmächtigten beider Mächte und veranlaßte eine Wiederaufnahme der Unterhandlungen betreffs der Zurückziehung der Truppen. Weder die Engländer noch die Russen ließen den braven und patriotischen Bemühungen ihrer Vertreter Gerechtigkeit widerfahren. Die Engländer sollten nicht vergessen, daß sie einen großen Erfolg errungen haben ohne den Krieg und ohne die große Vergeudung an Blut und Geld, die er ihnen gekostet haben würde. Graf Schuwalow thut sicher sein Bestes und ich muß ihn im Kongresse bewundern, wenn ich ihn gegen Alle sich vertheidigen sehe und wie er sich nicht zu nahe kommen läßt. Aber es muß nicht vergessen werden, daß seine Friedensliebe Grenzen haben muß und daß im

---

[1] Vergleiche über die Mitwirkung des Kanzlers bei dem Berliner Kongreß mein Werk: „Die Ansprachen des Fürsten Bismarck" S. 43—98.

gegebenen Augenblick er sich an pied du mur sehen könnte, und daß mehr Zugeständnisse nicht von ihm verlangt werden dürfen als die, zu denen er sich bereits verpflichtet hat.

Gegenwärtig sind die dem Kongresse noch vorliegenden Schwierigkeiten die Fragen betreffs Griechenlands und Batums. Was das erstere betrifft, so glaube ich nicht, daß irgend welche ernstliche Schwierigkeit im Kongresse entstehen kann. Die Griechen sind sicher ein interessantes Volk, und wenn es sich darum handelte zwischen ihnen und den Türken zu wählen, so würde ich sicher die Griechen als die civilisirteren von beiden vorziehen. Aber die Türken werden nicht leicht Zugeständnisse in dieser Beziehung machen, sie werden bereit sein, Oesterreich zu weichen, das groß und furchtbar ist, aber sie werden sich mit aller Macht gegen Griechenland vertheidigen, das sie nicht fürchten. Meinerseits werde ich alle Zugeständnisse sicher annehmen, die für Griechenland zu erlangen sind; aber ich hoffe nicht, daß betreffs dieses Punktes ernstliche Schwierigkeiten entstehen werden.

Bleibt noch die Frage betreffs Batums, und hier erkenne ich eine wirkliche Schwierigkeit. Die Russen haben in ihrer Tasche zwei Anweisungen, eine von der Türkei, eine von England, das ist nicht zu vergessen. Auch hat der Kaiser über diesen Gegenstand seine Ansicht ausgesprochen. Sicher würde ich erfreut sein zu hören, daß von Rußland Zugeständnisse in dieser Beziehung erlangt werden, aber ich hoffe, daß die Frage außerhalb des Kongresses erörtert und diesem gänzlich gelöst vorgelegt werde. Es heißt, die öffentliche Meinung in England sei wegen Batums erregt, aber stets wird versichert, daß England nie wegen Batum in den Krieg ziehen würde, selbst als es noch nicht ein Abkommen darüber getroffen, und ich hoffe, es wird jetzt dazu nicht mehr bereit sein als früher. Es heißt, England fürchte, Rußland werde aus Batum ein zweites Sebastopol machen, und letzteres werde nach dem Friedensvertrage die Stadt belagern müssen. Aber ich glaube, es würde sich damit begnügen, das Gebiet Batum zu besetzen und einfach eine Geduldbelagerung durchführen. Die Türken haben immer geglaubt, aus einem Kriege zwischen England und Rußland Nutzen ziehen zu können. Sie vergessen, daß immer auf ihre Kosten die beiden Nationen schließlich sich einigen müssen. Wenn wir Alles gethan haben, um den Frieden zu sichern, so werden Rußland und England die wichtigen Resultate, welche sie erlangten, nicht genießen, wenn sie sich weigern, wegen kleiner Fragen zu einem Einverständnisse zu gelangen. Sollten sie unglücklicherweise trotz alledem zum Kriege schreiten, so wird Europa wissen, daß wir unser Bestes gethan, es zu verhindern, und wir werden dem Kampfe fern bleiben und gute Wache rings um uns halten können."

Ich nahm mir die Freiheit — sagt der Korrespondent — den Fürsten zu fragen, was er gethan haben oder ihm würde, falls die Türken sich vom Kongreß zurückzögen. „Ich für mein Theil — erwiderte er — würde dadurch nicht sehr in Verlegenheit gesetzt werden sein. Europa hat den Wunsch nach Versöhnlichkeit gezeigt, indem es die Türken zum Kongreß berief; denn so lange

wir uns innerhalb des Vertrages von San Stefano verhielten, war die Zu=
stimmung der Türkei zur Sanktion unserer Beschlüsse nicht erforderlich. Aber
falls die Türken sich zurückzögen, würde ich deren Stühle, gleichwie für Personen
die sich verspätet, frei halten und die Berathung bis zum Ende fortführen."
Als Blowitz am Ende der Unterredung mit Bismarck bemerkte, daß
Europa auf den Frieden rechnete, sobald es wußte, daß der Kanzler ihn
wünsche, griff er die Phrase lebhaft auf, um auf den „Schreckschuß" (1875)
hinzuweisen und jede Mitschuld an demselben entschieden abzulehnen; mit dem
Fürsten Gortschakow wolle er nicht abrechnen und Deutschland sprach er von
dem unverantwortlichen Plan, der Europa schreckte, frei. Er sagte nach einer
ergänzenden Mittheilung des Herrn von Blowitz:[1]

„Ich würde nicht den Frieden gewünscht haben, wenn ich der Bösewicht
gewesen wäre, zu welchem Gortschakow mich 1875 machte. Die ganze Ge=
schichte, welche damals Europa schreckte[2]) und welcher ein Brief in der „Times"
ein so lautes Echo gab, war nichts als ein von Gortschakow und dem da=
maligen französischen Botschafter in Berlin Gontaut ausgedachtes Komplott.
Gortschakow war begierig, von den französischen Blättern Lob zu ernten und
der „Retter Frankreichs" genannt zu werden. Sie hatten das Ding so arrangirt,
daß es an dem Tage der Ankunft des Zaren in Berlin platzen sollte, welcher
als Quos ego auftreten und durch sein bloßes Erscheinen Frankreich Sicher=
heit, Europa Frieden und Deutschland Ehre geben sollte. Ich habe nie einen
Staatsmann unbesonnener handeln sehen — aus Eitelkeit die Freundschaft
zweier Regierungen zu kompromittiren, sich selbst den ernstesten Konsequenzen
auszusetzen, um sich die Rolle eines Retters zuzuschreiben als nichts in Gefahr
war. Ich sagte dem Kaiser von Rußland und auch Gortschakow: „Wenn Sie
eine solche Lust für eine französische Apotheose haben, so haben wir noch Kredit
genug in Paris, um Sie in irgend einem Theater erscheinen zu lassen in einem
mythologischen Kostüme, mit Flügeln an Ihren Schultern und umgeben von
bengalischen Lichtern. Es lohnte sich wirklich nicht, uns als Bösewichter
darzustellen zu dem einzigen Zweck, um ein Zirkular zu erlassen. Jenes
famose Zirkular fing überdies mit folgenden Worten an: Der Friede ist
jetzt gesichert, und als ich mich über diese Phrase beklagte, welche alle be
unruhigende Gerüchte bestätigt hätte, wurde sie verändert in: Die Erhaltung
des Friedens ist jetzt gesichert, was nicht viel weniger sagte. Ich erklärte
dem russischen Kanzler: Sie werden sicher nicht viel Grund zur Beglück=

---

[1] In einem Artikel der „Times" vom 7. September 1878.
[2]) Es hieß, Gortschakow sei 1875 durch den Botschafter Vicomte de Gontaut=Biron
darauf aufmerksam gemacht worden, daß Deutschland im Begriffe stehe, Frankreich mit
Krieg zu überziehen. Gortschakow habe geantwortet, daß er dieses Unternehmen mißbillige.
Dann sei der Zar nach Berlin gereist, und seinen Vorstellungen sei es gelungen, die
preußische Militärpartei, von der die Sache betrieben worden, von ihrem Vorhaben ab=
zubringen. Der russische Reichskanzler aber habe darauf eine Zirkulardepesche an die
Gesandtschaften gerichtet, die mit den Worten begonnen habe: „Maintenant la paix
est assurée."

wünschung haben für das, was Sie gethan haben, indem Sie unsere Freund=
schaft für eine leere Genugthuung riskirten. Ich sage Ihnen jedoch, daß ich
ein guter Freund mit Freunden und ein guter Feind mit Feinden bin."[1]

[1] Die „Nordd. Allgem. Ztg." brachte ihrerseits über denselben Gegenstand folgende
Bemerkungen:

„Die Aufmerksamkeit, welche die russische Presse den neulichen Mittheilungen des
„Times"=Korrespondenten über seine Unterredung mit dem Fürsten Bismarck zuwendet,
veranlaßt uns, auf die besagte Korrespondenz zurückzukommen. Vergleichen wir jene
Erzählung mit dem, was fragmentarisch von der neuesten diplomatischen Geschichte
bekannt geworden ist, so drängt sich uns die Ueberzeugung auf, daß der Korrespondent
viel Richtiges und Neues bringt, nur ist das Richtige nicht neu und das Neue nicht
richtig. Der größere Theil dessen, was gesagt wird, ist theils unbegründet, theils entstellt,
jedoch muß man unseres Erachtens mit Herrn von Blowitz nicht zu scharf ins Gericht
gehen. Er hat auf Grund desselben Interviews, aus dem er jetzt angebliche Nachträge
liefert, dem Frieden und indirekt den russischen Interessen erhebliche Dienste geleistet in
der Frage von Batum, in Betreff deren seine Preßthätigkeit einen wesentlichen Antheil
an der versöhnlichen Haltung gehabt hat, zu welcher England sich schließlich entschied.
Für dieses Verdienst, welches er und sein Blatt sich für den Frieden Europas erworben
haben, kann man eine kleine nachträgliche Romantisirung vielleicht in den Kauf nehmen.
Was Herr Blowitz über das Verhalten des Fürsten Gortschakow 1875 andeutet, ist nicht
neu; die russische Presse hat ähnlichen Tendenzen in den fünf Jahren vor dem letzten
Kriege zur Freude Frankreichs und zur Sorge Teutschlands hinreichend Ausdruck gegeben,
um das deutsche Vertrauen in die Zukunft der russisch=deutschen Beziehungen nicht blind
und sicher werden zu lassen. Diese Thatsache gehört der Geschichte an und soll nicht
todtgeschwiegen werden. Unrichtig ist aber, daß Teutschlands Verhalten durch solche
Eindrücke bisher beeinflußt worden sei.

Teutschland stand in der jetzigen Situation frei genug da, um einer Neigung und
langjährigen Gewohnheit intimer Freundschaft mit Rußland bis an die äußerste Grenze
folgen zu können, welche den diplomatischen Beistand von dem militärischen trennt. Es
hat sein volles Gewicht dem befreundeten Nachbar auf dem Kongreß zur Verfügung
gestellt, wie dessen Akten beweisen. Was Herr Blowitz von einer Niederlage Rußlands
auf dem Kongreß sagt, ist eine tendenziöse Wendung, auf Erwedung von Verstimmung
berechnet. Herr Blowitz verfolgt damit seine eigene Politik und ist dazu als englischer
Publizist berechtigt. Aber von einer Niederlage kann er doch nur dann sprechen, wenn
er die ersten Ignatieff'schen Bedingungen des Friedens für den berechtigten Ausdruck
der Situation hält. Wären diese nicht vorhergegangen, so würde Jedermann, auch in
Rußland, in dem Berliner Ergebniß einen glänzenden Erfolg der russischen Politik sehen
und für denselben nächst der Tapferkeit des russischen Heeres dem diplomatischen Geschick
des Grafen Schuwalow Anerkennung zollen. Gewiß wird dies der künftige Geschichts=
schreiber thun und diesem wird selbst Herr Blowitz nicht einreden, daß Rußlands Siege
nicht Erfolg gehabt hätten, durch welche die der früheren Türkenkriege des Zarenreiches
in Schatten gestellt sind." Rechtfertigung von Blowitz gegenüber der „Nordd. Allgem.
Ztg." siehe die „Vossische Zeitung" Nr. 228 vom 28. September, 1. Beilage.

II. Nach Bismarck's Entlassung.

Nach dem Rücktritt Bismarck's änderte sich die Zurückhaltung, welche er sich während seiner Dienstzeit im Verkehr mit den Journalisten auferlegt hatte; Friedrichsruh wurde eine Zeit lang das „Mekka der Zeitungskorre= spondenten".[1] Die neugierigen fremden Gäste klopften nicht mehr vergebens um Einlaß in Friedrichsruh an; sie wurden nicht nur bereitwillig angenom= men, sondern sogar zur Tafel gezogen. Fürst Bismarck empfand das Be= dürfniß, sich über verschiedene Dinge auszusprechen; er wurde mittheilsam und kargte nicht mit Erklärungen, welche die Welt mit dankbarer Aufmerksamkeit entgegennahm.

Es fehlte, als die Interviews in Friedrichsruh ihren Gipfelpunkt er= reichten,[2] nicht an Stimmen, welche daran heftigen Anstoß nahmen. Man machte Bismarck den Vorwurf, Reichsfeinde, Ausländer mit seinem Vertrauen beehrt zu haben, seinen Nachfolgern die Regierung zu erschweren, ja sogar geheime Pläne zu verfolgen und wie die Spinne im Netz auf der Lauer zu liegen, um im gegebenen Augenblicke auf seine Beute loszufahren.

Die „Hamburger Nachrichten" sind die Antwort auf diese unbegründeten An= griffe nicht schuldig geblieben. „Das deutsche Volk weiß, — bemerkten die= selben[3] — daß Fürst Bismarck mit seiner ministeriellen Stellung nichts von seiner Liebe und seiner Fürsorge für sein Vaterland eingebüßt hat; es weiß, daß der Fürst den Einfluß, den er, so lange er lebt, besitzen wird, ob er im Amte ist oder nicht, zu keinen anderen Zwecken benutzen wird, als zu patrio= tischen. Das gilt auch von dem Empfang der fremden Publizisten. Wir glauben kaum, daß Fürst Bismarck in seiner jetzigen Lage dem Deutschen Reiche einen größeren Dienst zu leisten vermag, als dadurch, daß er angesehene und weitverbreitete Blätter derjenigen Länder, in denen Mißtrauen gegen die friedlichen Absichten Deutschlands systematisch unterhalten und geschürt wird, in die Lage setzt, durch ihre Veröffentlichungen der loyalen, einleuchtenden und autoritativen Darstellungen und Friedensversicherungen des Fürsten Bismarck der dortigen, der Belehrung über Deutschlands wahre Absichten so schwer zu= gänglichen Bevölkerung Gelegenheit zu geben, sich von der Irrthümlichkeit der bis dahin festgehaltenen friedensgefährlichen Vorstellungen zu überführen." —

Schon im Jahre 1890 scheint der Verlagsbuchhändler Rudolph Hofmann in Berlin die Absicht gehabt zu haben, die bis dahin bekannt gewordenen

---

[1] „Neue Freie Presse" Nr. 9246 vom 21. Mai 1890.

[2] Anfangs Juli 1890 wuchs das Heer der Petenten, welche um eine Unterredung mit ihm nachsuchten, derart, daß Fürst Bismarck resp. sein Sekretariat Formulare drucken ließ, um Empfangsgesuche auswärtiger Journalisten abzulehnen. („Post" Nr. 186 vom 10. Juli 1890.)

[3] „Hamburger Nachrichten" Nr. 129 vom 1. Juni 1890, Morgen-Ausgabe.

Interviews herauszugeben, und er wandte sich an den Fürsten Bismarck an=
scheinend mit der seltsamen Bitte, dieselben durch eine authentische Darstellung
ein für alle Mal richtig zu stellen. Hierauf erging seitens des Fürsten nach=
stehender Bescheid:

Kissingen, den 25. August 1890.

Eurer Hochwohlgeboren danke ich verbindlichst für Ihre wohlwollende
Zuschrift und Absicht, aber ich halte letztere zu dem Zweck, welchen Sie damit
verbinden, kaum für ausführbar. Die Schwierigkeit liegt in der Natur der
stattgehabten Unterredungen. Dieselben haben nie den Charakter einer
systematischen Manifestation gehabt, sondern den einer von mir nicht gesuchten
aber bei dem gewohnheitsmäßigen Bedürfniß politischer Aussprache bereitwillig
aufgenommenen gelegentlichen Unterhaltung.

Bei einer solchen ist der Besucher natürlich in Gefahr, nicht genau im
Gedächtniß behaltene Aeußerungen nach seinen Ansichten zu vervollständigen,
zu unterstreichen, im Zusammenhang zu verschieben und den Hauptaccent auf
Beiläufiges zu legen. Auf diesem Wege kamen Angaben zu Stande, welche
an ein wirklich gesprochenes Wort anknüpfen und doch einen mir fremden und
fernliegenden Gedanken zum Ausdruck bringen. Wenn auch diese Verschiebungen
in einzelnen Fällen zu unrichtigen Darstellungen sich gestalten, zu unbeabsich=
tigten Fälschungen, so kann ich mich doch auf publizistischen Streit über den
Inhalt einer zeugenlosen Unterredung und über die Sonderung des Falschen
vom Wahren mit den Betheiligten nicht einlassen.

Die Fehler der Wiedergabe beruhen auf den jeder zwanglosen Konversation
ohne Zeugen und ohne Stenogramm inhärirenden Mängeln; durch eine
authentische Darstellung dieselben richtig zu stellen, habe ich kein Bedürfniß;
ich bin früher schon viel roher angegriffen worden als heute, und zwar von
meinen ehemaligen Parteigenossen, und ich lege auf die jetzigen Erscheinungen
nicht so viel Gewicht, um die Arbeit zu übernehmen, die mit ihrer Richtig=
stellung verbunden sein würde. Es wäre außerdem eine Sisyphus=Arbeit, denn
die Berichtigung würde neue Nahrung für dieselben publizistischen Kienraupen
bilden; es würde auch politisch nicht nützlich sein, wenn ich heute über alle Aeuße=
rungen, die von Publizisten unter ihrer eigenen Autorität mir zugeschrieben
worden sind, authentisch öffentlich und rückhaltlos sprechen wollte.

Ich danke Ihnen nichtsdestoweniger aufrichtig für die Bereitwilligkeit, mit
der Sie mir Ihren Beistand für ein solches Unternehmen entgegenbringen und
für die wohlwollende Gesinnung, die Sie für mich bewahrt haben.

von Bismarck.

Es war vielleicht ganz gut, daß sich die gedachte Verlagsbuchhandlung
damals durch diese Kundgebung von der Herausgabe des geplanten Werkes
abhalten ließ. Die Gemüther waren im Sommer 1890 noch zu erhitzt, der
Kaiser stand dem Kanzler noch nicht so gnädig gegenüber wie jetzt und es lag
die Gefahr vor, daß eine Schrift mit einer Tendenz entstanden wäre, die dem
Fürsten Bismarck ganz und gar fern gelegen hätte.

Heute liegen die Verhältnisse für eine solche Publikation viel günstiger. Die Kritiken, die in manche Unterhaltungen hineingestreut waren, berühren nicht mehr unangenehm; denn die Zeiten und theilweise selbst die leitenden Personen haben sich in 4 Jahren geändert, zum Theil haben die Thatsachen Bismarck Recht gegeben, so daß eine Meinungsverschiedenheit über manche Punkte schon jetzt nicht mehr besteht. In einigen Punkten hat auch der „neue Kurs" Recht bekommen.

Die Arbeit, die Bismarck in seinem Kissinger Schreiben als eine Sisyphus-Arbeit bezeichnet hat, kann natürlich von einem Dritten erst recht nicht besorgt werden. Der Herausgeber muß sich darauf beschränken, den von den Interviewern mitgetheilten Text wiederzugeben, und er kann dem Leser das Urtheil über die richtige Wiedergabe der Bismarck'schen Gespräche nur insoweit erleichtern, als schon jetzt feststeht, daß ein Interviewer entweder positiv falsche Angaben gemacht oder durch die Art der Wiedergabe des Gehörten eine wenig scharfe Auffassungsgabe oder wenig Takt verrathen hat.

Was die Gespräche selbst betrifft, so muß bei ihrer Beurtheilung bedacht werden, daß der Fürst dabei ganz nach jeweiliger Stimmung, nach jeweiligem Bedürfniß verfuhr. Nichts war hier vorbereitet, nichts diente einem bestimmten Systeme, wenn man nicht etwa die Absicht, stets Nutzen zu stiften, als das System des Fürsten bezeichnen will. Die momentane Disposition des Fürsten, sein Befinden und die äußeren Umstände entschieden in ganz zufälliger Weise über Wahl der Gegenstände des Gesprächs, über die Form, in der sich der Fürst äußerte und über die Ausdehnung seiner Mittheilungen; außerdem kam die Persönlichkeit desjenigen, mit dem er sprach, die Art der Fragestellungen an den Fürsten und die politische Materie, um die es sich handelte, in Betracht. Aus allen diesen Umständen erklären sich zur Genüge die mancherlei Abweichungen, die in den Berichten der Interviewer betreffs mehr nebensächlicher Punkte vorzukommen pflegen.[1]

Ich schließe mit der vielleicht überflüssigen, da selbstverständlichen Bemerkung, daß in den Interviewen Bismarck's auch nicht ein Wort des Fürsten fiel, welches mit der von demselben stets hochgehaltenen royalistischen Gesinnung unvereinbar wäre. Es fehlt für die gegentheilige Behauptung an jeder beweisenden Citirung bestimmter Sätze oder Gedanken aus den Berichten.[2] Im Gegentheil, er hat — und ich kann dies aus persönlicher Wahrnehmung bestätigen — den glänzenden Eigenschaften des Kaisers, auf die wir Alle stolz sind, stets uneingeschränktes Lob ertheilt.

[1] „Hamburger Nachrichten" Nr. 173 vom 23. Juli 1890, Morgen-Ausgabe.
[2] „Hamburger Nachrichten" Nr. 146 vom 21. Juni 1890, Morgen Ausgabe: Wenn man aus den Berichten den Schluß ziehen könnte, daß Fürst Bismarck als Privatmann über manche Dinge Ansichten hat, denen die Allerhöchste Zustimmung fehlt, so wird darin noch kein genügender Grund gefunden werden können, solche Ansichten überhaupt nicht in der Presse zum Ausdruck zu bringen, so lange die Form und die Ehrerbietung gewahrt werden, auf welche die Krone in monarchischen Ländern ein Recht hat.

April 1890. Friedrichsruh. Unterredung mit einem Vertreter des „New-York Herald", Dr. Eduard Simon.[1])

Der Fürst drückte sich ungefähr wie folgt aus:[2])

Keine Einmischung in Bezug auf die für den 1. Mai geplante sozialistische Demonstration.

„Wenn ich noch Minister wäre, so würde ich es für besser halten, von aller Einmischung abzusehen, den Dingen ihren natürlichen Lauf zu lassen und eine beobachtende Politik einzuhalten. Wenn Gesetzwidrigkeiten versucht würden, so würde ich sie bekämpfen, aber sonst mit Gleichmuth die Sache ansehen. Wenn der Arbeiter sich einen Tag auswählen will, um sich zu amüsiren und einen öffentlichen Aufzug zu veranstalten, so würde ich nichts thun, um ihn daran zu hindern. Eine repressive Gesetzgebung läuft immer auf dasselbe hinaus. Ungeschickte Versuche, Unheil zu verhindern, sind oft der einzige Grund des Entstehens von Unheil. Es wird oft mehr Unglück hervorgerufen durch die Absperrung einer Straße, die durch ein Gedränge gefährdet zu sein scheint, als dadurch, daß man die Zirkulation beaufsichtigt und aufrecht erhält, wie man dies zuweilen in Berlin und anderen großen Städten sehen kann. Alle möglichen Vorsichtsmaßregeln gegen alle möglichen Uebel, die aus einer Lage entspringen können, zu ergreifen, kann zuweilen mehr Unheil schaffen, als wenn man ruhig den Ausgang abwartet. Es ist eine gute Regel, in solchen Fällen Drohungen sowohl wie Versprechungen zu vermeiden. Wenn der lärmende Strikende sieht, daß die Behörden außerordentliche Maßregeln ergreifen, um die Ruhe aufrecht zu erhalten, so weiß er, daß sie ihn fürchten. Und je mehr er dies begreift, um so angriffslustiger wird er."

[1]) Die folgende Darstellung ist den „Hamburger Nachrichten" Nr. 103 vom 1. Mai 1890 entnommen, welche eine „wörtliche und sinngetreue" Uebersetzung des Original-Berichtes Dr. Simon's aus dem „New-York Herald" brachten. Außerdem sind über dieses Interview noch zu vergleichen: „Fürst Bismarck im Ruhestande." Sammlung von Kundgebungen über den Rücktritt des Fürsten, der Berichte über politische Gespräche desselben sowie der auf seine Eingebungen zurückgeführten oder in seinem Sinn erfolgten Veröffentlichungen. Herausgegeben von Dr. Karl Zippermann. Berlin, Walter Zimmermann's Verlag, 1892, S. 25—30; die „Berliner Morgen-Zeitung" Nr. 98 vom 27. April 1890, die „Kölnische Zeitung" Nr. 117 vom 28. April 1890, die „Dresdner Zeitung" Nr. 97 vom 29. April 1890, die „Breslauer Zeitung" Nr. 246 vom 29. April 1890 und das „Berliner Tageblatt" Nr. 122 vom 4. Mai 1890 (Frage ob der Korrespondent des „New-York Herald" wirklich persönlich in Friedrichsruh empfangen wurde).

[2]) Der Eingang des Berichts des Korrespondenten lautet: Wenn es etwas in den wirthschaftlichen Verhältnissen Deutschlands giebt, was Fürst Bismarck vollständig beherrscht, so ist es die soziale Frage. Aus diesem Grunde wurde Seine Durchlaucht um den Ausdruck seiner Meinung ersucht über die für den 1. Mai geplante sozialistische Demonstration. Zuerst lehnte Se. Durchlaucht es ab, irgend eine Meinung darüber abzugeben, aber seine freundliche Gesinnung gegen die Vereinigten Staaten im Allgemeinen und den „New-York Herald" im Besonderen bewegen ihn schließlich, zu dessen Gunsten von seinem Grundsatze, sich niemals interviewen zu lassen, eine Ausnahme zu machen, einem Grundsatze, von dem niemals abgegangen wurde seit der Unterzeichnung des berühmten Berliner Traktates vor 12 Jahren.

273

Ein Naturgesetz.

„Der Gegensatz zwischen den Arbeitgebern und Arbeitnehmern ist meiner Meinung nach das Resultat eines Naturgesetzes und kann nach der Natur der Dinge niemals zu einem Abschluß kommen. Wir werden niemals in eine Lage kommen, wo die Arbeiter sagen werden, wir sind zufrieden, sowohl für uns, wie für unsere Kinder und Nachkommen. Man kann es als eine Grund-wahrheit ansehen, daß es der Wunsch des Arbeiters, seine Lage zu verbessern und vorwärts zu kommen, eben so lange sein wird, als er irgend Jemand sieht, dessen Lage besser ist als die seinige. Eine große Verbesserung in der Lage der arbeitenden Klassen ist in der letzten Hälfte dieses Jahrhunderts eingetreten. Vor fünfzig Jahren gingen die Kinder der armen Leute in Deutschland barfuß und hatten im Sommer bis zu ihrem zehnten oder zwölften Jahre kaum ein anderes Kleidungsstück als ein Hemd. Jetzt sind diese Kinder mit anständigen Kleidern und Schuhen versehen, für Jung und Alt ist die Ernährung besser und sie arbeiten nicht so viele Stunden. Dies gilt meiner Ansicht nach von allen zivilisirten Ländern."

Aristokraten unter den Arbeitern.

Der Korrespondent erlaubte sich darauf ein Wort über die glückliche Lage der Arbeiter, die zu den Zünften in den blühenden Städten des Mittelalters gehörten. Se. Durchlaucht vernichtete ein ganzes Gewebe von Theorien durch das Wort: „Die Mitglieder jener Zünfte waren keine Arbeiter im modernen Sinne, sie waren eine Aristokratie von Arbeitern und ihr Wohlergeben gründete sich auf Ausschließung."

Die Arbeit wird siegen.

„In diesem ewigen Kampf zwischen Arbeit und Kapital hat die Arbeit die meisten Siege errungen und das wird überall der Fall sein, wo der Arbeiter eine Wahlstimme hat. Wenn es jemals zu einem endgültigen Siege kommt, so würde derselbe auf Seite des Arbeiters sein. Aber wenn dieser Kampf jemals zu einem Abschluß käme, so würde die menschliche Thätigkeit zu einem Stillstand kommen. Alles menschliche Streben und Kämpfen würde dann ein Ende nehmen, was meiner Ansicht nach nicht die Absicht der göttlichen Vorsehung ist. Eine andere Lösung ist nur möglich, wo Sklaverei besteht, also z. B. in Afrika, wo der Stand der Zivilisation seit undenklichen Zeiten auf Grund der Sklaverei derselbe geblieben ist, da die Neger ohne vorwärts zu streben zufrieden sind, entweder wegen der Beschränktheit ihrer Einsicht oder aus Furcht vor der Peitsche. Dieser Zustand hat daselbst bestanden, seitdem die Geschichte darüber berichtet. Noch eine andere Lösung kann man in einem anderen Theile der Welt finden, in einer Anzahl Inseln, wo in Folge des Klimas und der anstrengungslosen Hervorbringung von Nahrungsmitteln keine Nothwendigkeit zum Arbeiten besteht. Diese Lage der Dinge bestand, als wir Europäer zuerst dahin kamen und daselbst eine Art von Paradies fanden. Alles, was die Menschen da zu thun brauchten, war das Pflucken und Essen von Kokosnüssen und das Gehen und Spielen im Sonnenschein. Aber in einer solchen Lage giebt es keinen Fortschritt, sie hätten in dieser Weise tausende von Jahren leben und sich mit einem solchen Leben tausende von Jahren begnügen können, wie sanfte gutmüthige Thiere."

Arbeite und bete.

„Aber in unserm Leben des Kampfes und des Strebens, der den Fort= schritt und die Zivilisation durch die Reibungen der menschlichen Konkurrenz hervorbringt, muß die Gesellschaft, wenn sie Ruhe haben will, niemals auf= hören zum Kampfe bereit zu sein. Ebenso wie zwischen Nationen der Friede durch die Kriegsgefahr und die Entschlossenheit, für den Frieden zu kämpfen, wenn er bedroht sein sollte, aufrecht erhalten wird, so könnte auch innerhalb einer politischen Gesellschaft, die aus Individuen von starkem Willen besteht, weder der innere Friede noch die Gerechtigkeit aufrecht erhalten werden, wenn sie nicht durch die ausübende Gewalt vertheidigt werden. Wenn die Richter nicht das Recht hätten, die Vollziehung ihres Urtheils durch die physische Gewalt der Exekutive zu verlangen, so würde die Gerechtigkeit bald vollständig verschwinden und ohnmächtig werden. Dasselbe gilt meiner Meinung nach von der menschlichen Gesellschaft und dem Sozialismus. Wenn die politischen Parteien, welche dem Sozialismus sich entgegenstellen, sich nicht zur Ver= theidigung ihrer Unabhängigkeit und zum Besten ihrer Mitbürger und ihrer Familien vereinigen, so müssen sie der Herrschaft des Sozialismus unterliegen, bis der Sozialismus seinerzeit wieder durch das Uebermaß des in ihm wie in der Sklaverei liegenden Elends erliegt. Denn das sozialistische Regierungs= system ist eine Art Sklaverei, eine Art Strafsystem; für die Vereinigung der in Aussicht genommenen Opfer eines solchen Systems wird die für den ersten Mai geplante Kraftprobe nicht ohne Nutzen sein. Bis jetzt ist der Haß jeder Partei gegen ihren nächsten Nachbarn in der Politik noch stärker als die Furcht vor der Herrschaft der Sozialisten, weil man nicht an die Stärke der Sozialisten glaubt und in ihren Kämpfen unter einander jede Partei sich um die Gunst und das Bündniß und die Stimmen der Sozialisten bewirbt. Auch behalten sie in ihrer Gier, Stimmen zu erwerben, nicht die Gefahr und die Leiden im Auge, welchen die zivilisirte Gesellschaft ausgesetzt sein würde, wenn sie von dem am wenigsten gebildeten und am wenigsten intelligenten Theil der Gesell= schaft beherrscht würde, dessen Unwissenheit leicht von irgend einem beredten Lügner ausgenutzt wird, dessen Geschäftsgegenstand die tausend natürlichen Uebel sind, denen der Mensch unterworfen ist, für welche sie jede bestehende Regierung verantwortlich machen wollen, während sie selbst in großen billigen Versprechungen arbeiten. Das nenne ich eben ein Lügner sein; der Pöbel ist ein Herrscher, der ebenso geschmeichelt sein will, wie irgend ein Sultan."

Nur ein Traum.

„Nein, dieser Kampf der Klassen wird niemals aufhören. Ihn lösen zu wollen, wäre dasselbe wie das Problem der Quadratur des Kreises lösen zu wollen. Es ist eine Utopie, der Traum eines tausendjährigen Reiches, das Millennium, der nur verwirklicht werden kann, wenn die Menschen Engel werden. Irgend ein Arrangement auf Grund eines festen Arbeitslohnes, z. B. 5 Schilling pro Tag, ist nicht ausführbar. Kein solches Arrangement würde bindend gemacht werden können für diejenigen, welche 100 Jahre später leben werden. Auch würde der Arbeiter von heute nicht zufrieden bleiben. Man gebe ihm fünf Schilling und er würde bald sechs oder selbst sieben verlangen. Es ist überflüssig, eine endgültige Lösung dieser Frage mit Ausschluß eines jeden künftigen Kampfes für möglich zu halten."

Wohlwollen und Blutvergießen.

„Der Sozialismus wird uns noch viele Mühe machen. Den Regierungen ist oft der Vorwurf gemacht worden, es sowohl an Energie wie an Wohlwollen haben fehlen zu lassen. Ich nenne es nicht Nachsicht, wenn ein Mensch so feige ist, dem Druck einer Demonstration nachzugeben. Zuweilen besteht das echte Wohlwollen darin, Blut zu vergießen. Das Blut einer aufrührerischen Minorität und zwar zur Vertheidigung der ruheliebenden und dem Gesetz gehorchenden Majorität. Das erste Erforderniß einer Regierung ist Energie. Sie darf nicht der Zeit sich anbequemen, nicht die Zukunft für eine nur zeitweilig bequeme Einrichtung aufopfern. Eine Regierung muß konsequent sein. Die Festigkeit, ja sogar die Härte einer herrschenden Macht ist eine Bürgschaft des Friedens, sowohl nach Außen wie nach Innen. Eine Regierung, die immer bereit ist, einer Majorität nachzugeben, sei die Letztere nun eine lokale oder bloß zeitweilige, eine parlamentarische oder aufrührerische, und welche ihr Ansehen nur durch Zugeständnisse aufrecht erhält, von denen jedes den Weg zu einem neuen Zugeständniß anbahnt, eine solche Regierung befindet sich in einer traurigen Klemme."

Immer noch nicht gefährlich.

„Nein, der 1. Mai ist nicht gefährlich. Ein Feind — wenn wir die Sozialisten als einen Feind ansehen — welcher den Tag seines Angriffs vorher anzeigt, braucht nicht gefürchtet zu werden. Es ist ein Scheingefecht, ein Prahlen mit Stärke, wie bei der Heilsarmee, wobei der Erfolg oder das Fehlschlagen zum großen Theil vom Wetter abhängen wird. Es ist wenig Gefahr eines Konfliktes vorhanden, aber ob ein solcher stattfinden wird oder nicht, hängt größtentheils von dem Takt der Behörden ab. Vorbeugungsmaßregeln verdanken ihren Erfolg größtentheils der Umsicht der Exekutivbeamten, die selten gute Politiker zu sein pflegen, so daß ihre Maßregeln zuweilen mehr Schaden als Nutzen anrichten. Doch erwarte ich keine Unruhe und der 1. Mai wird mir keine schlaflose Nacht machen."

Lassalle.

Von diesem sagte der Fürst: „Er war ein reizender Mensch, ein kluger Jude mit einer guten Portion Eitelkeit, aber noch mehr Witz und Kenntnissen. Seine Unterhaltung war entzückend; in dem Ausdruck seiner Ueberzeugungen, war er zu der Zeit, als ich ihn kannte, vollständig aufrichtig, aber er war nicht immer konsequent in seinen Meinungen, und wenn er heute lebte, so möchte ich glauben, daß er ein Konservativer sein würde, auf jeden Fall kein Sozialist."

Fürst Bismarck sprach englisch und zwar sehr schnell. Ueber die Ursachen, die zu seiner Entlassung führten, verweigerte er jede Auskunft.

24. und 25. April 1890. Friedrichsruh. Empfang des Chef=Redakteurs des „Matin" Henri des Hour.[1]

Derselbe schildert zuerst seine Ankunft in Friedrichsruh, seine Einladung zur fürstlichen Tafel,[2] den fürstlichen Hausherrn und seine Umgebung, und geht sodann wie folgt auf den Kern der Sache los.

[1] Der Original=Bericht H. des Hour findet sich abgedruckt in dem Journal „Le Matin" Nr. 2275 vom 18. Mai 1890. Vergleiche über dieses Interview: „Berliner Tageblatt" Nr. 235 vom 11. Mai 1890 (Daten über den Interviewer) und Nr. 248 vom 19. Mai 1890; „Tägliche Rundschau" Nr. 133 vom 11. Juni 1890; „Staatsbürger Zeitung" Nr. 115 und 116 vom 20. und 21. Mai 1890; „Münchener Neueste Nachrichten" Nr. 229 vom 20. Mai 1890; „Frankfurter Zeitung" Nr. 140 und 142 vom 20. und 22. Mai 1890; „Germania" Nr. 112 vom 18. Mai 1890 (Charakterisirung der bisherigen Haltung des „Matin" gegenüber Deutschland); „Berliner Lokalanzeiger" Nr. 217 vom 11. Mai 1890; „Berliner Zeitung" vom 18. Mai 1890; „Freisinnige Zeitung" Nr. 113 vom 17. Mai 1890; „National=Zeitung" Nr. 305 vom 29. Mai 1890 (Graf Herbert Bismarck giebt in Paris bei Henri des Hour seine Karte ab. Indirekte Bestätigung, daß des Letzteren Darstellung seiner Unterredung mit dem Fürsten Bismarck dessen Billigung, sagen wir besser nicht dessen Mißbilligung gefunden hat). Die „Hamburger Nachrichten" Nr. 120 vom 21. Mai 1890 brachten im Auszug eine Uebersetzung des Berichtes mit folgender Einführung: Henri des Hour, der Mitarbeiter des „Matin", war am 24. und 25. April in Friedrichsruh und veröffentlicht heute seinen Bericht. Er machte eine Studienreise durch Deutschland und beschloß, den Fürsten Bismarck aufzusuchen. Er war sehr erfreut, als dieser sich bereit erklärte, ihn zu empfangen; er wurde zum Diner eingeladen und blieb mehrere Stunden beim Fürsten." — Die „Neue Freie Presse" Nr. 9246 vom 21. Mai 1890 gelangte bei einer Besprechung des Hour'schen Interviews zu dem Schlusse, daß derselbe, von einigen kleinen Mißverständnissen abgesehen, die Aeußerungen des Fürsten Bismarck in einer Weise wiedergiebt, welche die innere Wahrscheinlichkeit für sich hat. Es ist auch von Friedrichsruh kein Widerspruch gegen seinen Artikel laut geworden. Auch der Umstand, daß Henri des Hour 2 Jahre später (November 1892) noch einmal der Ehre gewürdigt wurde, von Bismarck in Varzin empfangen zu werden, bürgt dafür, daß er nach Ansicht desselben sein Gespräch mit Bismarck, das eigentlich ein Monolog des Staatsmanns war, wenigstens getreu wiedergegeben hat.

Es scheint mir angemessen, das Interview im Texte in der französischen Sprache wiederzugeben, in der es geführt wurde. Bei der Uebersetzung in das Deutsche geht bereits ein gutes Stück von der Ursprünglichkeit verloren. Dieselbe ist deshalb unter den Strich verwiesen worden.

[2] Ich kam allein an, so schreibt er, ohne Empfehlung mit der Absicht, mit dem Fürsten Bismarck eine Unterredung zu haben, den ich nicht kannte und der mich nicht erwartete. Friedrichsruh ist kein Dorf, sondern ein großes Gut. Es giebt hier kein Hotel, nicht einmal eine Herberge. Nach langem Suchen entdeckte ich endlich die Pension einer Frau Werner, wo einige englische Familien sich während des Sommers aufhalten. Von hier sandte ich dem Fürsten einen Boten, um ihm meine Ankunft mitzu-

La retraite.

Le prince est sobre d'allusions à l'événement. C'est à peine si parfois un trait lui échappe. Il rappelle, en passant, le triomphe populaire de son départ de Berlin, les 6000 télégrammes d'admiration qu'il a reçus à Friedrichsruh, dans les trois jours qui suivirent sa retraite. „C'était, dit-il, un bel enterrement, une première classe, comme vous dites en France, et pourtant je suis encore bien vivant!" A un autre moment: „Je ne comprends pas votre loi française, qui oblige à la retraite et à

theilen. Der Bote kam mit einem Sekretär des Fürsten zurück, der mich nach dem Zweck meines Besuches fragte. Er sagte mir, daß er nicht glaube, daß der Fürst mich empfangen würde, da er jetzt in Zurückgezogenheit auf dem Lande lebe und den Journalisten nichts mehr zu sagen habe. Der Fürst sei übrigens gerade ausgeritten und werde erst in zwei Stunden zurückkehren. Gegen 5 Uhr kam ein Diener des Schlosses nach der Pension Werner, der mich im Namen des Fürsten zum Diner um 6 Uhr, und zwar im Redingote, einlud. Eine halbe Stunde später wurde ich im Schlosse vom Grafen Herbert von Bismarck empfangen, der mich sofort seiner Mutter, der Fürstin, und den übrigen Gästen des Schlosses vorstellte. Um 6", Uhr trat der Fürst ein. „Seien Sie willkommen — sagte er zu mir. — Als ich erfuhr, daß Sie sich in diesem Wald berirrt hatten, um mich zu sehen, fürchtete ich, daß Sie Hungers sterben würden. Denn ich glaube nicht, daß Sie außer in diesem Hause etwas zu essen gefunden hätten. Ich bin übrigens froh, einen französischen Schriftsteller bei mir als Gast zu sehen." Dann bat mich der Fürst, der Gräfin Lehndorff meinen Arm zu geben. Der Fürst nimmt an dem einen Ende der Tafel Platz, die Fürstin in der Mitte. Der Fürst weist mir einen Platz an seiner linken Seite an, an seiner rechten Seite sitzt eine adlige russische Dame. Im Ganzen befanden sich zwölf Personen am Tische. Der Fürst hatte die große Liebenswürdigkeit gehabt, vor seinen und meinen Platz einige prächtige Rosen hinstellen zu lassen „Die Rosen — sagte er zu mir — tragen den Namen des Marschall Niel!" und er ersuchte mich, daran zu riechen. Meine Beängstigung gab sich allmählich, der Fürst erschien mir ganz anders, als ich vermuthet hatte, und ich sah in der Liebenswürdigkeit desselben gegen meine Wenigkeit nur einen Akt der Freundlichkeit gegenüber den Franzosen und meinem Vaterlande. Herr des Houx schildert dann ausführlich das Aussehen des Fürsten und wie es bei Tische zugeht. Fürst Bismarck wird in seinem Hause wie ein Souverain behandelt, und er sitzt bei Tische auf einem Sessel, alle übrigen Tischgenossen, auch die Fürstin, sitzen auf Stühlen. Der Fürst steht zuerst auf und begiebt sich sofort nach der Mahlzeit in den Salon, wo ihn seine große Pfeife erwartet.

Bei Beschreibung seines Anzuges läßt er Bismarck sagen: „Depuis vingt ans je n'ai plus commandé de frac. A quoi bon? Chez moi, cette redingote est mon costume, et mes amis l'admettent. Dehors, ou quand je donne une réception officielle, je porte l'habit militaire. J'ai bien aussi un superbe habit de chancelier. Ma femme me l'a fait faire, il y a une vingtaine d'années, quand nous avions le bonheur de célébrer nos noces d'argent. Mais je ne l'ai jamais porté, car: au dernier moment, j'ai préféré ma tunique de soldat." — Nervöse Schmerzen beeinträchtigten vielfach den Schlaf des Fürsten. „Autrefois, dit-il, j'en venais à bout par le travail. A présent, je n'ai plus rien à faire, et je souffre. J'ai essayé tous les remèdes. . . . Ma digne souveraine l'Impératrice Victoria, qui dispose des ressources infinies de la médecine anglaise, m'a indiqué plusieurs drogues. C'étaient des palliatifs qui ne m'ont pas mieux réussi qu'à elle-même, car elle est tourmentée d'atroces douleurs, au point d'en être parfois défigurée."

Von seinen täglichen Ausritten lasse sich der Fürst weder durch Sonne noch durch

l'inactivité des généraux ou des fonctionnaires de soixante ou de soixante-cinq ans. Cela peut être encore la force de l'âge. Ainsi, à moi, on m'a fendu l'oreille à soixante-quinze ans et je me trouve encore bien jeune, trop jeune pour rien faire. J'etais habitué à la politique. Elle me manque." Comme j'émets un doute de politesse sur cette retraite: „Oh! dit-il, c'est fini, bien fini, plus que vous ne croyez, plus que vous ne pourriez jamais supposer."[1])

Pas un mot qui avoisine même les bornes du respect à l'égard de l'empereur actuel.

Souvenirs des Tuileries.

Les plus lointains souvenirs de Paris que m'ait rapporté le prince se rapportent à l'attentat d'Orsini. Quelques jours après la catastrophe, l'impératrice lui dit: „J'ai le pressentiment que l'empereur ne périra pas par le feu, mais par l'arme blanche."

„C'était un oracle, ajoute M. de Bismarck, car l'empereur a survécu aux champs de bataille d'Italie de France. Il est mort d'un coup de bistouri." — —

„L'Allemagne remplit ses frontières; nous sommes contents, et je m'endormirai satisfait dans ma patrie complète."

„Vous n'êtes donc pas des Romains? dis-je, vous vous contentez d'être des Germains? Vous n'aspirez pas à la domination universelle?

Wegen abhalten, und nicht selten treffe es sich, sagte er, „d'être mouillé dessus et dessous". In anderem Zusammenhang bemerkt Bismarck: „Il manque, parait-il, un sous-préfet à notre district. Je vais proposer Herbert; mon crédit ira peut-être encore jusqu'à le faire nommer." „Ce serait, répondis-je, un recommencement de carrière." „Eh! oui, fit le prince en riant, il y a tant de gens qui, à quarante ans, ne sont pas encore sous-préfets!" Bismarck — so schließt Henri des Houx — könne seine großen Eigenschaften nur noch zur Verwaltung seiner werthvollen Besitzung verwerthen. Comme je le complimentais sur ses bois, insuffisants à satisfaire son activité, il me dit: „Il faut bien que je scie du bois, puisque je ne puis plus scier les hommes."

[1]) Nach der Uebersetzung in den „Hamburger Nachrichten" Nr. 120 vom 21. Mai 1890, Morgen-Ausgabe: Eine Art Scheu zwang mich beinahe, die Ohren zu verschließen, als in der Familienvertraulichkeit die Unterhaltung zu Bekenntnissen führte, die nicht für mich gemacht waren. Uebrigens war der Fürst selbst auch sparsam mit Anspielungen auf das Ereigniß. Er erinnerte nur beiläufig an seine triumphähnliche Abreise aus Berlin und die 6000 Bewunderungstelegramme, die er in den drei Tagen nach seinem Rücktritt in Friedrichsruh empfing. „Es war — sagte er — ein hübsches Begräbniß, ein Begräbniß erster Klasse, wie man bei Ihnen in Frankreich sagt, und doch lebe ich noch." Und dann fügte er bei: „Ich kann nicht begreifen, wie das französische Gesetz den Rücktritt oder die Unthätigkeit von Generalen und Beamten verlangen kann, wenn sie 60 oder 65 Jahre alt sind. Das kann noch die Zeit der vollen Kraft sein. So bin ich mit 75 Jahren kalt gestellt worden (wörtlich: On m'a fendu l'oreille, man hat mir das Ohr gespalten), und doch fühle ich mich noch sehr jung, viel zu jung, um nichts zu arbeiten. Ich war an die Politik gewöhnt; jetzt fehlt sie mir." Da ich meine höflichen Zweifel an die Endgültigkeit des Rücktrittes ausdrückte, erwiderte er: „O, es ist aus, ganz aus, mehr als Sie glauben, mehr als Sie jemals ahnen können."

Louis XIV et Napoleon Ier ont été des Romains; ils ont convoité l'hégémonie du monde. Voilà, me semble-t-il, ce qui distingue Votre Altesse de nos grands hommes. Vous êtes égoïstes en votre patriotisme; le nôtre déborde sur l'univers.

„Sans doute, répondit-il gravement, vos empereurs et vos rois cherchent toujours contre qui diriger la force d'expansion inhérente à votre race. Vous êtes homme de presse, c'est-à-dire historien. Permettez-moi de vous citer un trait d'histoire absolument inconnu."

En 1857, étant à Paris, alors que M. de Hatzfeldt représentait la Prusse auprès de l'empereur, Napoléon III me fit mander aux Tuileries, et voici le langage qu'il me tint. C'était plusieurs mois avant l'attentat d'Orsini:

Deux politiques, me dit-il, s'offrent à moi: l'une qui porte la France vers la frontière du Rhin: elle m'obligerait à annexer les trois millions d'âmes de vos provinces rhénanes (l'empereur n'était pas très fort en statistique, et il exagérait notre population rhénane), et aussi la Belgique. La conquête de la Belgique m'oblige à suivre la route de Louis XIV: car, sans la Belgique, qu'est-ce que la Hollande? Il nous faut tout l'estuaire du Rhin et de la Meuse. Cette politique-là me conduirait où elle a mené Louis XIV, à la coalition européenne contre la France. Je n'en veux pas. Je ne recommencerai pas des fautes qui nous ont coûté si cher.

Une autre politique s'offre à moi, et je la préfère. Je ne veux pas faire de la Méditerranée un lac français, mais je veux que le pavillon français domine dans la Méditerranée: j'en veux éliminer le pavillon anglais. Pour cela, il me faut réaliser deux conditions: l'alliance des marines neutres contre l'Angleterre et la création d'une puissance maritime méditéranéenne, amie, alliée, vassale de la France. Cette puissance sera l'Italie une.

Je viens donc demander à la Prusse de m'aider dans ce projet. Que sa flotte s'unisse à la nôtre contre l'Angleterre; qu'elle me laisse immédiatement déclarer la guerre à l'Autriche, sans s'occuper du pacte fédéral.

J'aurais pu, reprend le prince, demander à l'empereur comment il conciliait ces desseins avec la guerre de Crimée; mais je me contentai de lui dire: Sire, S. M. le roi Frédéric Guillaume IV n'a pas de sujet plus fidèle, mais aussi plus indépendant que moi. Je me trouve peut être le seul de ses représentants qui pousse l'indépendance au point de ne pas lui rapporter un seul mot de la confidence dont V. M. vient de m'honorer. Je supplie V. M. de n'en pas souffler une parole à mon collègue le comte de Hatzfeldt, car le comte de Hatzfeldt ne porterait pas l'indépendance au même degré que moi, et il rapporterait tout à notre roi . . . Que V. M. voie les conséquences . . .

286

L'empereur avait oublié quels liens attachaient le prédécesseur de Guillaume Ier à l'Angleterre. Il y songea bien vite, et il me remercia vivement, quelques jours après, de ma discrétion et de mon silence. Une seule de ses paroles, répétée alors au roi de Prusse, mettait le feu à l'Europe." [1])

Au cours d'une autre conversation, le prince fut amené à parler du midi de la France, de son climat.

„Si j'habitais votre pays, dit-il, je ne fixerais pas mon séjour à Paris Je suis condamné au climat de l'Océan, mais je ne l'aime pas. Je préfère celui de la Méditerranée, ou du moins celui de la Gascogne

---

[1]) In der Ueberjetzung der „Hamburger Nachrichten": Meine frühesten Erinnerungen an Paris beziehen sich auf das Attentat Orsini's. Die Kaiserin Eugenie sagte ein paar Tage darauf zu mir: Ich bin überzeugt, daß der Kaiser (Napoleon III.) nicht durch Feuer, sondern durch die blanke Waffe fallen wird." Das war ein Orakel, denn der Kaiser hat die Schlachten Italiens und Frankreichs überlebt. Er starb an einem Schnitt des Operationsmessers.

Teutschland füllt jetzt seine Grenzen aus, wir sind zufrieden und ich schlafe ruhig in meinem nunmehr fertigen Teutschland. Wir sind nicht wie Ihr. Eure Kaiser und Könige suchen immer Jemand, gegen den sie die Expansionskraft Ihrer Race verwerthen können. Im Jahre 1857, als ich in Paris war und Graf Hatzfeld Preußen in Paris vertrat, lud mich Napoleon III. nach den Tuilerien und sprach — es war noch vor dem Attentat Orsini's — Folgendes zu mir: „Zwei politische Wege stehen mir offen. Der eine führt Frankreich an die Rheingrenze und würde mich zwingen, die 3½ Millionen Einwohner der Rheinprovinz (der Kaiser war nicht sehr stark in der Statistik und übertrieb die Bevölkerungsziffer der Rheinprovinz) zu annektiren, und ebenso Belgien. Die Eroberung Belgiens würde mich zwingen, wie Ludwig XIV. nach Holland zu gehen; denn was ist Holland ohne Belgien? Wir müssen die ganze Mündung des Rheins und der Maas haben, diese Politik würde mich führen, wohin sie Ludwig XIV. geführt hat: vor eine europäische Koalition gegen Frankreich, das will ich nicht. Ich werde nicht die Fehler begehen, die uns schon einmal so viel gekostet haben. Ich ziehe den anderen politischen Weg vor. Ich will aus dem Mittelmeer keinen französischen See machen, aber die französische Flagge muß das Mittelmeer beherrschen und darum muß ich die Engländer daraus vertreiben. Hierzu sind zwei Dinge nöthig: Eine Allianz der neutralen Seestaaten gegen England und die Schaffung einer Mittelmeermacht, die Frankreich befreundet, verbündet und verpflichtet ist. Diese Macht ist Italien Ich wünsche, daß Preußen mich dabei unterstützt. Seine Flotte soll sich mit der unsrigen gegen England vereinigen, dann soll es mich Oesterreich den Krieg erklären lassen, ohne sich um den Bundestag zu kümmern" Ich hätte den Kaiser fragen können, wie sich diese Politik mit dem Krimkrieg vereinigen lasse, aber ich begnügte mich, ihm zu sagen: „Sire, Friedrich Wilhelm IV. hat keinen treueren, aber auch keinen unabhängigeren Unterthan wie mich. Ich bin der einzige seiner Vertreter, der seine Unabhängigkeit soweit treiben kann, ihm auch nicht ein einziges Wort von den vertraulichen Enthüllungen zu sagen, mit denen Sie mich soeben beehrt haben. Ich bitte Sie, den Grafen Hatzfeld kein Sterbenswörtchen davon zu verrathen, denn er wäre nicht so unabhängig wie ich, er würde Alles dem Könige berichten. Ermessen Sie hiernach die Konsequenzen." Der Kaiser hatte vergessen, welche Bande den Vorgänger Wilhelms I. mit England verknüpften. Er erinnerte sich dessen jetzt und dankte mir ein paar Tage später lebhaft für mein Schweigen. Ein einziges seiner Worte, damals dem König von Preußen berichtet, hätte einen Brand in Europa entzündet.

et des pays basques. J'ai visité Toulouse; c'est une ville admirable, où j'aimerais à vivre. J'y suis allé au temps où j'avais suivi la famille impériale à Biarritz.

Que n'a-t-on pas dit sur ce que j'avais fait à Biarritz? L'histoire est une légende. La vérité, c'est que je n'ai pas causé politique à Biarritz. Ce n'est pas l'envie qui m'en manquait. Je courais à la piste de l'occasion. Combien de fois n'ai-je pas tenté d'entraîner l'empereur? Toujours il se dérobait. Il rompait les chiens. Je n'ai pas pu placer là-bas, sous ce beau ciel, au cours d'une de ces délicieuses promenades, une seule parole sérieuse. Ce qui n'a pas empêché vos historiens de raconter par le menu les propositions de Biarritz.

A Saint-Cloud, oui, vers la même époque, j'ai beaucoup parlé et beaucoup écouté . . . A Biarritz, des futilités, rien que cela.[1])

Mon souverain vit l'empereur en 1867, à l'Exposition: après la guerre de 1866! Oh! alors nous avons fait de la politique, et beaucoup. C'était l'année même où éclatèrent les affaires du Luxembourg.

Autour de moi, tout le monde voulait profiter du conflit pour déclarer la guerre à la France. Nous étions munis d'armes perfectionnées, et la France n'avait que le vieil outillage. Nous avions notre organisation complète, notre landwehr et notre landsturm; le maréchal Niel, dont voici les roses, (dites-vous Ni-el ou Nil?), avait à peine obtenu de votre Corps législatif la création de la réserve mobile, vos soldats n'avaient pas les fusils de M. Chassepot. Dans mons entourage, on me tourmentait pour déclarer une guerre dont l'issue n'était pas douteuse, car vous n'étiez pas prêts, moins encore qu'en 1870. Nous, nous étions entraînés par la victoire.

---

[1]) Zu Uebersetzung (die „Hamburger Nachrichten" bringen eine solche von diesem Abschnitt nicht): Im Laufe einer anderen Unterhaltung kam der Fürst auf das südliche Frankreich und das dortige Klima zu sprechen: „Wenn ich in Ihrem Lande wohnte, würde ich Paris nicht zu meinem Aufenthalt nehmen. Ich bin zum Klima des Oceans verurtheilt, aber ich liebe es nicht. Ich ziehe das Klima des Mittelländischen Meeres vor, oder wenigstens dasjenige der Gascogne und der Baskischen Länder. Ich habe Toulouse besucht: das ist eine bewundernswerthe Stadt, wo ich gern leben möchte. Ich bin zu der Zeit dort gewesen, als ich der Kaiserlichen Familie nach Biarritz gefolgt war.

Was hat man nicht Alles erzählt, das ich in Biarritz gethan hätte? Diese Geschichte ist Legende. Die Wahrheit ist, ich habe gar kein politisches Gespräch in Biarritz gehabt. Nicht als ob ich kein Verlangen danach gehabt hätte. Ich suchte eifrig nach einer Gelegenheit. Wieviel Mal habe ich nicht versucht, den Kaiser hineinzuziehen? Immer entzog er sich. Er brach die Sache rasch ab. Ich habe dort, unter jenem schönen Himmel, auf einem jener entzückenden Spazierwege nicht ein einziges ernstliches Wort anbringen können, das hat Ihre Geschichtsschreiber nicht abgehalten, bis ins Kleinste über. die Vorschläge von Biarritz zu berichten.

In St. Cloud, ja, ungefähr zur selben Zeit, da habe ich viel gesprochen und viel gehört . . . in Biarritz unbedeutende Sachen, nichts als das.

Je me refusai énergiquement, absolument. à la guerre. Je déclarai qu'on pouvait tout arranger sans combat, et je fus assez heureux pour y réussir."

Ici la haute taille du prince se redressa; ses yeux s'humectèrent, sa voix devint plus grave.

„Je repoussai ces raisons. Je n'ai jamais admis comme un motif suffisant de déclarer la guerre à un peuple son état d'infériorité notoire. Je dis au roi, mon maître, que l'heure de la bataille appartenait à Dieu, que le sort des combats dépendait de la Providence, et que nul peuple n'avait le droit d'attaquer un autre peuple par cette unique raison qu'il était le plus fort et l'autre le plus faible."[1]

L'année terrible.

„Lorsqu'en 1866, dit le prince, nous eûmes reconstitué l'Allemagne en Confédérations du Nord et du Sud, nous nous aperçûmes que Paris était beaucoup plus près de Stoutgard, de Carlsruhe, de Francfort, de Munich même que n'était Berlin. Le danger était évident. Les Français comprenaient bien où était notre côté vulnérable, puisque tout votre plan de guerre en 1870 consista à traverser le Rhin pour vous jeter sur nos Etats du Sud et les isoler de ceux du Nord.

Il y avait pour nous une nécessité absolue d'élever de l'autre côté du Rhin une barrière entre la France et l'Allemagne du Sud. Notre unité nationale en dépendait. C'était pour nous une question de vie ou de mort. Il nous fallait Strasbourg, Colmar, Mulhouse, c'est-à-dire la vallée du Rhin tout entière. Sans cela, il n'y a pas de sécurité pour l'Allemagne.

Entre nos deux peuples, il n'y a pas de haine de race, pas de rancune ancienne et historique. Il y a une question de mur mitoyen.

---

[1] Nach der Ueberſetzung in den „Hamburger Nachrichten": „Mein Souverain ſah den Kaiſer 1867 bei der Ausſtellung. (Ein Jahr nach 1866! Da haben wir allerdings Politik getrieben. Es war das Jahr der Luxemburger Affaire. In meiner Umgebung wollte Jedermann den Streit benützen, um Frankreich den Krieg zu erklären. Wir hatten vervollkommnete Waffen, Frankreich nur altes Zeug. Wir hatten eine vollendete Organiſation, unſere Landwehr und den Landſturm; Marſchall Niel, deſſen Roje Sie hier ſehen — ſprechen Sie Niel oder Nil? — hatte kaum vom Corps légiſlatif die Schaffung der Mobil-Reſerve erlangt und die Soldaten hatten noch keine Chaſſepots. In meiner Umgebung drängte man auf die Erklärung eines Krieges, deſſen Ausgang nicht zweifelhaft war, denn Sie waren nicht gerüſtet, noch weniger als 1870, während wir ſiegesbewußt waren. Ich weigerte mich jedoch abſolut, den Krieg zu erklären, da man Alles friedlich beilegen könne, und das iſt denn ſchließlich auch gelungen. Meine Gründe — und hier hob ſich die Geſtalt des Fürſten, ſeine Augen wurden feucht, und ſeine Stimme wurde ernſt — waren die, daß ich die notoriſche Inferiorität eines Volkes niemals als genügenden Grund für eine Kriegserklärung gelten laſſen kann. Ich ſagte dem Könige, meinem Herrn, daß die Stunde der Schlacht Gott gehöre und das Geſchick des Kampfes von der Vorſehung abhänge, daß aber kein Volk das Recht habe, ein anderes anzugreifen, einzig weil es das ſtärkere und das andere das ſchwächere iſt."

de frontière: entre nous il y a une vallée qui fait bordure. Qui aura cette bordure? Nous en avions besoin.

La France qui nous a devancé de trois siècles dans l'achèvement de l'unité, nous l'avait prise sans motif, car son unité n'a jamais été menacée par nous. Nous n'existions pas encore quand elle était accomplie; mais Louis XIV était insatiable comme un empereur romain.

Eh bien! dès 1866, nous avons compris la nécessité, pour le maintien de notre unité si chèrement conquise, d'établir une barrière entre Paris et nos villes du Sud.

Cependant, nous n'avons pas déclaré la guerre pour cela, quand nous le pouvions: en 1867, nous ne nous sommes pas jetés sur vous, au milieu de votre Exposition, pour vous prendre cette vallée. Nous attendions: nous attendrions encore si votre empereur ne nous eût déclaré la guerre . . . pour des châteaux en Espagne.

Cette guerre, qui nous était nécessaire, à laquelle était attaché notre repos, nous l'avons encore évitée, autant qu'il nous a été possible. Souvenez-vous de la renonciation du prince de Hohenzollern. . .

Il n'a pas tenu à moi que l'Allemagne victorieuse se contentât du strict nécessaire.

A Sedan, quand l'empereur eut rendu son épée à mon maitre, je pris à part M. Pietri, le préfet de police, et l'aide de camp favori de Napoléon, le général Castelnau, je crois. Je leur dis:

L'empereur est libre de se rendre à Wilhelmshöhe par la Belgique, et je ne lui demande aucune parole d'honneur de ne pas s'évader.

On fit part à Napoléon de cette offre; il la déclina, ne voulant pas, disait-il, se séparer de son armée. Je lui demandai s'il ne croyait pas pouvoir rentrer à Paris et s'il n'était pas sûr de l'avenir de sa dynastie. Il me répondit qu'il était parfaitement tranquille à ce sujet, mais qu'il préférait la captivité.

Si je faisais à l'empereur une telle proposition, c'est qu'il me fallait un gouvernement avec qui traiter la paix et de qui obtenir régulièrement Strasbourg et le Haut-Rhin.

Ces mêmes conditions, et je vous ai dit qu'elles nous étaient impérieusement nécessaires, je les renouvelai à Ferrières. Vous le savez bien, et M. Jules Favre les a transmises au gouvernement de la Défense nationale.

La guerre se prolongea, indéfiniment, pour la plus grande gloire de notre „partie de la guerre".

Pour moi, je voulais encore m'en tenir à Strasbourg et à la ligne du Haut-Rhin, c'est-à-dire encore une fois au strict nécessaire. [1]) Dieu

---

[1]) Die „Neue Freie Presse" Nr. 9246 vom 21. Mai 1890 bemerkte zu dieser Stelle: Bismarck scheint ursprünglich wirklich der Meinung gewesen zu sein, daß zur Erläuterung dieses Angriffes, zur Sicherung des deutschen Südens der Erwerb von Straßburg,

sait quelles luttes j'ai subies alors! Mais il me fallut faire une concession aux militaires; avouez que vous aviez tout fait pour autoriser leurs exigences et qu'ils avaient payé de leur fatigue le droit de m'imposer leurs conditions."

Nous parlions de Paris, de ses merveilles, de ses trésors. Nul ne professe plus que le prince et le comte Herbert une admiration sans bornes pour notre gaie capitale. Alors le chancelier aborda le plus douloureux des sujets, et c'est la plus grande tristesse que je rapporte de ces entrevues:

„Quand j'annonçai aux Parisiens le prochain bombardement, l'Angleterre et d'autres puissances m'adressèrent des représentations éloquentes. On me fit valoir la beauté des monuments, le prix infini des trésors artistiques, le caractère presque sacré de la capitale de la civilisation. On me traita de Vandale et de barbare.

Je pensai que la barbarie consistait à entourer de forts et de remparts une ville si belle, si riante et si riche, à en faire une place de guerre, un camp retranché, à la désigner à l'ennemi comme le nœud de la résistance, puis à s'y réfugier après des défaites en rase campagne, à invoquer, pour s'y protéger et y perpétuer la guerre, les arts et la civilisation . . . . . Nous n'avons pas entouré de murailles notre Berlin . . . .

Colmar und Mülhausen genügen würde. Er hat darüber schon früher Andeutungen gemacht, und die Enthüllung des Herrn des Haur ist daher nicht so völlig neu. Allerdings hat Bismarck seinen Standpunkt bald geändert. Bei den vergeblichen Verhandlungen, die er mit Jules Favre in Ferrières führte, könnte er ihn noch festgehalten haben. Bald darauf nahm er aber die Wünsche der Generale, welchen wohl der Wille des Königs Nachdruck gab, zur Richtschnur seiner weiteren Politik und faßte nicht nur den Wiedererwerb des ganzen Elsaß, sondern auch jenen eines Theiles von Lothringen mit Metz ins Auge. Das ergiebt sich mit völliger Gewißheit aus dem berühmten Rundschreiben des Fürsten Bismarck vom 16. September 1870, das ausdrücklich die Abtretung von Straßburg und Metz als unerläßlich bezeichnet. „So lange Frankreich — heißt es in dem historisch denkwürdigen, aus Meaur datirten Schriftstücke — im Besitze von Straßburg und Metz bleibt, ist seine Offensive strategisch stärker als unsere Defensive bezüglich des ganzen Südens und des linksrheinischen Nordens von Deutschland. In deutschem Besitze gewinnen dagegen Straßburg und Metz einen defensiven Charakter. . . Indem wir Frankreich, von dessen Intention allein jede bisherige Beunruhigung Europas ausgegangen ist, das Ergreifen der Offensive erschweren, handeln wir zugleich im europäischen Interesse, welches das des Friedens ist." Sechs Wochen nach Ausbruch des Krieges hat also Fürst Bismarck den Mächten bereits angekündigt, daß er die Abtretung von Metz begehre, und wenn er vorher wirklich „harte Kämpfe" mit den Militärs zu bestehen hatte, so können sie nur von kurzer Dauer gewesen sein, da vierzehn Tage vor dem erwähnten Rundschreiben erst die Gefangennahme Napoleon's III. erfolgt war. Daß Bismarck manchen Forderungen der Generale auch später mit Erfolg entgegentrat, weiß man übrigens längst. Wollte selbst hatte verlangt, daß Belfort dem Deutschen Reiche einverleibt werden sollte, und man mußte ihm vom rein militärischen Gesichtspunkte Recht geben. Bismarck aber widersetzte sich aus politischen Gründen und drang mit seiner Ansicht durch.

Au reste, notre bombardement n'avait qu'un objectiv moral. . . ."

„Vous ne l'avez pas atteint! me permis-je d'interrompre; car au lieu d'épouvanter les Parisiens, vous les avez indignés et poussés à tenir jusqu'à l'extrême famine. Encore, la plupart d'entre eux, avec une insouciance héroïque, allaient se divertir à voir tomber vos obus. C'était pour eux un spectacle."

„Soit-dit le prince —; mais, uns peu plus tard, nos scrupules ont été singulièrement apaisés. Excusez-moi de rappeler des faits qui vous attristent, mais les révoltés de la Commune et les soldats de Mac-Mahon ont bombardé Paris de plus près et avec une riguer plus impitoyable que nous; de part et d'autre, on n'a guère ménagé les monuments, les palais, les bibliothèques et les musées. Oserai-je dire que si, alors, moi, le barbare, je n'avais prêté quelque assistance à Mac-Mahon et à Thiers, je ne sais pas ce qui serait resté de la capitale des arts et de la civilisation?"[1])

---

[1] Nach der Ueberiezung der „Hamburger Nachrichten", welche nur einige Stellen übergeht: „Nachdem wir 1866 den Nordbund begründet und mit dem Süden Alliauzen geschlossen hatten, bemerkten wir, daß Paris viel näher an Karlsruhe, Stuttgart Frank- furt und sogar an München liegt, als Berlin. Die Gesahr war offenbar; Sie kannten auch unsere schwache Seite, denn Ihr ganzer Kriegsplan von 1570 ging dahin, sich auf die Südstaaten zu werfen und sie vom Norden zu trennen. Es war für uns unbedingt nothwendig, jenseits des Rheins einen Damm zwischen Frankreich und Süddeutschland aufzuwerfen; unsere nationale Einheit hing davon ab, es war für uns eine Frage auf Leben und Tod. Wir brauchten Straßburg, Colmar und Mülhausen, d. h. das Rheinthal. Zwischen unsern beiderseitigen Völkern besteht kein Rassenhaß, keine alte historische Rancune, sondern nur eine Grenzfrage. Zwischen uns liegt ein Thal, das eine Grenze bildet. Wer soll die Grenze haben? Wir mußten sie haben. Frankreich, das drei Jahrhunderte vor uns einig wurde, hat sie uns ohne Grund genommen, denn wir haben keine Einheit nie bedroht. . . . . Auch den Krieg von 1670 haben wir nach Möglichkeit zu vermeiden gesucht. Erinnern Sie sich nur an den Verzicht des Prinzen von Hohenzollern. Es hing aber nicht von mir ab, daß das siegreiche Deutschland sich mit dem unbedingt Nothwendigen begnügte. Nach Sedan sagte ich den Herren Pietri und Casteluau: Dem Kaiser steht es frei, sich über Belgien nach Wilhelmshöhe zu begeben, und ich werde das Ehrenwort, daß er nicht entfliehen werde, nicht von ihm verlangen. Man theilte ihm dies mit, aber er lehnte ab; er wolle sich von der gefangenen Armee nicht trennen. Ich ließ ihn fragen, ob er nicht glaube, nach Paris zurückkehren zu können, und ob die Zukunft seiner Dynastie ge- sichert sei. Er erwiderte, er sei in dieser Beziehung ganz ruhig und ziehe die Gefangenschaft vor. Wenn ich dem Kaiser einen solchen Vorschlag machte, so geschah es deswegen, weil ich eine Regierung brauchte, mit der ich über den Frieden verhandeln und Straßburg mit dem Oberrhein bekommen konnte. Die nämliche Bedingung stellte ich auch in Ferrières und Jules Favre übermittelte sie der Regierung der National- vertheidigung. Aber der Krieg zog sich in die Länge, zur größeren Ehre unserer Kriegs- partei. Ich wollte mich immer noch mit Straßburg und mit dem Oberrhein, d. h. mit dem unumgänglich Nothwendigen begnügen, und Gott weiß, was für Kämpfe ich damals durchzufechten hatte. Aber ich mußte dem Militär Konzessionen machen, und Sie

L'Allemagne et la France.

L'Allemagne, jamais, entendez-vous: jamais, n'attaquera la France: jamais elle ne provoquera la France à l'attaquer, jamais elle ne cherchera, de près ou de loin, directement ou indirectement, un prétexte de guerre.

Nous ne vous attaquerons pas, et, quand nous le voudrions, nous ne le pourrions pas; car notre Constitution nous défend de convoquer la landwehr et la landsturm pour une guerre offensive. Quand nous violerions la Constitution pour nous jeter sur vous, notre peuple tournerait contre notre gouvernement les armes que nous lui mettrions en mains. Le peuple allemand est aussi pacifique que patriote. Il versera tout son sang pour l'intégrité de la patrie, mais malheur à qui le tirera de son travail et de son repos pour une guerre de conquête. Notre peuple est devenu industrieux, commerçant; il tire tout le parti possible d'une ingrate nature. Il n'est pas favorisé comme le vôtre; il ne vit pas d'une terre généreuse et bénie. Malgré tout, il a fait tant de progrès qui la paix aujourd'hui lui rapporte plus que la guerre. Il la ferait avec d'autant plus de cœur pour défendre des résultats conquis au prix de tant d'efforts, mais il ne les compromettra jamais dans une attaque injuste.

Puis, nous n'avons plus de droit sur aucune terre étrangère: notre patrie est complète. Vous faire la guerre, pourquoi? Nous n'avons plus rien à vous prendre.

La faire à d'autres, dans quel but? Nous ne prétendons à rien sur la Hollande."

Comme je laissai échapper un mouvement de surprise, le prince insista: „Non, dit-il, nous ne voulons rien de la Hollande, non plus que des provinces baltiques." Ce serait d'une digestion laborieuse.

werden geschen müßten, daß Sie Ihrerseits Alles thaten, die Ansprüche derselben zu begründen, daß ihre Anstrengungen ihnen das Recht gaben, mir Bedingungen vorzuschreiben.

Als ich den Pariern das bevorstehende Bombardement ankündigte, richteten England und andere Mächte bewegliche Vorstellungen an mich. Man stellte mir die Schönheit der Denkmäler, den Werth der Kunstwerke, den fast heiligen Charakter der Hauptstadt der Civilisation vor. Man schalt mich einen Barbaren und Vandalen. Ich dachte aber, die Barbarei bestünde darin, eine so schöne, anmuthige und reiche Stadt mit Wällen und Festungswerken zu umgeben, aus ihr einen Kriegsplatz, ein verschanztes Lager zu machen, sie dem Feind als Herd des Widerstandes zu zeigen und sich nach der Niederlage im Felde hineinzuflüchten, um die Kunst und Civilisation anzurufen, um durch sie sich zu schützen und den Krieg zu verlängern. Wir haben unser Berlin nicht mit Mauern umgeben. Uebrigens hatte das Bombardement nur einen moralischen Zweck, und ich darf Sie wohl daran erinnern, daß die Kommune und die Soldaten Mac Mahons näher und unbarmherziger bombardirt haben wie wir; man hat weder Monumente noch Paläste, Bibliotheken oder Museen geschont. Wenn ich, der Barbar, nicht Mac Mahon und Thiers ein wenig unterstützt hätte, so weiß ich nicht, was von der Hauptstadt der Kunst und der Civilisation noch übrig geblieben wäre!"

Nous estimons que l'intégrité de la France, comme celle de l'Autriche, constitue une nécessité européenne.

Nous comprenons à merveille que la Russie intervienne pour protéger la France, si nous l'attaquons, comme nous interviendrons pour protéger l'Autriche, si la Russie l'attaque.

Que je sois au pouvoir ou que je n'y sois pas, n'importe! Tous les Allemands pensent ainsi.

Je ne parle pas d'un petit clan militaire qui a soif d'avancement. Est-ce que cela compte, chez nous comme chez vous?

Pour moi, j'ai voulu la paix avec la France, je dirai que je l'ai voulue quand même.

Lors de l'incident de ce commissaire de police alsacien, M. Schnæbelé, j'ai été très heureux de saisir aussitôt et sans discussion l'argument de votre ministère. Je n'ai pas épilogué sur le lieu de l'arrestation. Il y avait rendez-vous demandé, donc sauf-conduit. Cela m'a suffi. J'ai fait relâcher M. Schnæbelé. J'ai fait payer, sans marchander, l'indemnité demandée pour l'affaire de Raon-l'Etape. En agissant ainsi, avec cette facilité, je n'ai pas craint d'humilier ma patrie; j'ai répondu au sentiment de tous les Allemands.

Quand un Français m'a demandé mon aide diplomatique, l'ai-je refusée? J'ai été bien content de donner un fort coup d'épaule, lors de la conférence sur le Congo, à votre ancien ministre des affaires étrangères, comment l'appelez-vous? Vous-savez, ce ministre qui avait de longs favoris? ... Ah! oui M. Ferry." [1]

[1] Nach der Uebersetzung der „Hamburger Nachrichten": „Deutschland wird niemals, hören Sie wohl: niemals Frankreich angreifen, es wird auch Frankreich niemals zum Angriff reizen, niemals weder direkt noch indirekt einen Vorwand zum Kriege suchen. Wir werden Sie nicht angreifen, denn wenn wir es auch wollten, so könnten wir es nicht; unsere Verfassung verbietet es, Landwehr und Landsturm zu einem Offensiv-Kriege zu verwenden. Wenn wir die Verfassung verletzen würden, um über Frankreich herzufallen, so würde unser Volk die Waffen, die wir ihm in die Hand geben, gegen die Regierung kehren. Das deutsche Volk ist ebenso friedlich wie patriotisch Es wird den letzten Blutstropfen für sein Vaterland hergeben, aber mehr dem, der es aus seiner Arbeit und Ruhe in einen Eroberungskrieg ziehen würde. Unser Volk treibt jetzt Industrie und Handel, es ringt einem undankbaren Boden möglichst viel Vortheile ab. Es ist nicht so begünstigt wie das Ihrige, es lebt nicht unter einem so gesegneten Striche. Trotz alledem macht es so große Fortschritte, daß der Frieden ihm heute einträglicher ist als der Krieg. Es würde muthig Krieg führen zur Vertheidigung des mit so großen Mühen Errungenen, aber es niemals durch einen ungerechten Angriff in Gefahr bringen. Sodann haben wir auch kein Recht auf irgend ein Land; unser Reich ist fertig. Wozu sollten wir Krieg mit Ihnen führen? Wir haben Ihnen nichts mehr zu nehmen. Wir wollen auch weder Holland noch die baltischen Provinzen. Das wäre zu schwer zu verdauen. Wir halten die Integrität Frankreichs wie diejenige Oesterreichs für eine europäische Nothwendigkeit. Wir begreifen, daß Rußland interveniren würde, um Frankreich zu beschützen, gerade wie wir Oesterreich schützen würden, wenn Rußland es angriffe. Es ist so, ob ich nun Kanzler bin oder nicht; alle Deutschen denken so. Ich rede nicht von einem kleinen militärischen

Nos hommes jugés par Bismarck.

Le prince de Bismarck avoue qu'en entendant annoncer le voyage de M. Carnot en Corse, il avait peine à comprendre comment un président de la République pouvait s'aventurer dans l'île des Napoléons.

„Le télégraphe m'apporte les témoignages de sympathie unanime qu'il y reçoit. C'est admirable. Vous êtes au fond beaucoup plus unis qu'on ne peut l'imaginer, et cette excursion de M. Carnot en Corse est un coup de haute politique.“

Je dois dire que le Français dont j'ai entendu l'éloge le plus fortement argumenté, celui dont on a le mieux étudié les travaux, suivi et compris les actes, c'est M. de Freycinet, ministre de la guerre. Ces éloges, auxquels s'associait le comte Herbert, étaient d'une indiscutable sincérité. Ils me touchaient d'autant plus qu'ils s'adressaient par dessus tout à notre armée.

„Nous avons connu à nos dépens M. de Freycinet, il y a vingt ans. Nos généraux ont apprécié tout le parti qu'il a tiré alors d'une situation désespérée. Il s'est révélé à nous comme un homme de guerre de premier ordre. Mais nous jugeons mieux encore son mérite depuis qu'il a le loisir d'organiser une armée régulière en temps de paix.“

Le prince énumère alors, avec détails et avec une compétence étonnante, tout le plan d'organisation suivi par M. de Freycinet, ses décrets pour l'hygiène des casernements et des cantonnements, la constitution des commandements et des inspections, etc.

„Toutes les nations, ajoute-t-il, seraient fières de posséder un tel administrateur, et elles vous l'envient.“

On fait aussi grand cas de M. Constans, de son énergie, de son habileté dans la guerre au boulangisme. En Prusse, et à Friedrichsruh mieux qu'ailleurs peut-être, on estime „la poigne“. [1]

Elan, der gern avanciren möchte. Das zählt bei uns so wenig wie bei Ihnen. Ich habe immer den Frieden mit Frankreich gewollt, sogar den Frieden quand même. Im Schnäbele-Fall war ich so glücklich, auf das Argument Ihrer Regierung sofort eingehen zu können. Die Unterredung war verlangt worden, also war freies Geleit selbstverständlich. Das genügte, und ich ließ Schnäbele frei. In der Affaire von Raon l'Etappe habe ich ohne zu handeln die geforderte Entschädigung bezahlt. Ich fürchte nicht, dadurch mein Vaterland zu erniedrigen; ich habe vielmehr dem Gefühle aller Deutschen entsprochen. Wenn ein Franzose meine diplomatische Hülfe erbat, habe ich sie ihm gewährt. Es war angenehm, auf der Mongo-Mouferenz Frankreich unterstützen zu können. Sie hatten damals einen Minister des Auswärtigen, wie hieß er nur gleich, wissen Sie, mit einem langen Kotelette-Bart . . . . richtig, Ferry hieß er.“

[1] In der Uebersetzung der „Hamburger Nachrichten“ wird dieser Abschnitt mit sieben Zeilen erledigt: die vollständige Uebersetzung lautet:

Fürst Bismarck gesteht, daß, als er die Ankündigung der Reise des Herrn Carnot nach Korsika vernommen, er Mühe gehabt habe, zu begreifen, wie ein Präsident der Republik sich nach der Insel der Napoleon's wagen könne. „Der Telegraph bringt mir

La paix assurée.

L'objet de ma visite était atteint, au delà de toute espérance. Je rapportais de Friedrichsruh l'assurance que l'Allemagne, plus encore que la France, était désireuse d'une bonne intelligence qui rapprochât deux grands peuples, sans toucher aux difficultés, dont la solution est réservée au temps et aux événements. J'en rapportais aussi le sentiment joyeux que notre nation y était estimée à sa valeur, qu'en Allemagne un Français pouvait être assuré des égards réservés aux citoyens des grands peuples. J'en rapportais enfin la certitude que nous n'étions menacés par nos puissants voisins ni dans notre liberté, ni dans l'intégrité de notre territoire.

Mais, alors, pourquoi ces grandes armées?

Le prince de Bismarck s'exprima ainsi:

„Il est vrai que ces grandes armées sont onéreuses. C'est, comme vous dites, une autre forme de la guerre, la guerre à coups de louis d'or. De quoi vous plaignez-vous? Plus longtemps que d'autres, votre riche nation est capable de la supporter, et la victoire est à celui qui tiendra le plus longtemps.

C'est une prime d'assurance que les nations paient pour le maintien de la paix. Elle est lourde, ruineuse, d'accord, mais qu'est-ce encore en comparaison de la ruine qui suit une guerre même heureuse?

Le désarmement? — Chimère. On se méfiera; on n'aura jamais confiance dans la loyauté du voisin. Qu'on établisse un contrôle? Voilà le casus belli perpétuellement trouvé.

die Bestätigung der allgemeinen Sympathie, welche er dort findet, das ist bewundernswerth. Sie sind im Grunde mehr einig, als man sich denken kann, und dieser Ausflug des Herrn Carnot nach Korsika ist ein politischer Meisterzug.

Ich muß sagen, daß der Franzose, dessen Lob am stärksten erklangen, dessen Werke man am meisten studirt und dessen Thaten man am meisten verfolgt und verstanden hat, der Kriegsminister Herr von Freycinet ist. Die Lobsprüche, denen sich der Graf Herbert anschloß, waren unzweifelhaft aufrichtig gemeint. Sie interessirten mich um so mehr, als sie darüber hinaus an unser Heer gerichtet waren.

„Wir haben Herrn von Freycinet vor zwanzig Jahren zu unserem Schaden kennen gelernt. Unsere Generäle haben wohl gewürdigt, wie er aus einer verzweifelten Lage Vortheil zu ziehen verstanden. Er hat sich uns als ein Kriegsmann ersten Ranges offenbart. Aber wir schätzen seine Verdienste noch höher, seitdem er Muße hat, ein regelmäßiges Heer in Friedenszeiten zu organisiren."

Der Fürst zählte alsdann mit Einzelheiten und mit einer erstaunlichen Sachkenntniß den ganzen von Herrn von Freycinet befolgten Organisationsplan auf, seine Bestimmungen zur Gesundheitspflege in den Kasernen und Kantonnements, über die Einrichtung der Kommandobehörden und der Inspektionen ꝛc.

„Alle Nationen — fügt er hinzu — könnten stolz sein einen solchen Verwalter zu besitzen, und sie beneiden Sie darum."

Man hält auch viel von Herrn Constans, von seiner Energie, seiner Geschicklichkeit und der Bekämpfung des Boulangismus. In Preußen und in Friedrichsruh mehr als anderwärts, schätzt man „die Faust".

Il faut vivre avec ce mal; l'avenir le guérira peut-être.

Pour moi, Allemand avant tout, j'ai accompli ma tâche et mon devoir envers ma nation. J'aurais désiré de travailler plus longtemps à son service. Mais je me repose dans l'Allemagne unie, complète en ses frontières, n'ayent plus rien à envier à aucun de ses voisins. Je mourrai heureux d'avoir contribué à constituer ma patrie et à en faire une nation forte et grande. Je ne me suis jamais assigné un objectif audelà de la patrie allemande. C'est pour la créer que j'ai fait la guerre, en aimant la paix; c'est pour la maintenir indiscutée, intégrale, intangible, que j'ai noué des alliances."

L'histoire dira si le prince de Bismarck fut un grand homme.

Ses compatriotes, les étrangers, les amis, les adversaires lui doivent ce témoignage qu'il est un grand Allemand.[1]

¹) Nach der Ueberfetzung der „Hamburger Nachrichten": Ich bringe — fchreibt dann der Berichterftatter — aus Friedrichsruh die Ueberzeugung mit, daß Teutfchland noch mehr wie Frankreich, in gutem Einvernehmen mit dem andern Staate zu leben wünfcht: ich bringe auch das freudige Gefühl mit, daß man in Teutfchland unfere Nation nach ihrem Werthe fchätzt und daß der Franzofe zuverläffig in Teutfchland mit jener Rückficht behandelt wird, die man den Bürgern eines großen Staates erweist; ich bringe endlich die Gewißheit mit, daß wir von unferen Nachbarn weder in unferer Freiheit noch in der Integrität unferes Territoriums bedroht werden. Wozu dann aber die großen Heere?
Auf diefe auch an den Fürften Bismard geftellte Frage antwortete der Letztere:
„Es ist wahr, daß die großen Heere eine Laft find. Es ist, wie Sie fagen, eine andere Form des Krieges: wo man mit Goldftücken auf einander losfchlägt. Aber worüber beklagen Sie fich? Ihre reiche Nation kann die Laft viel länger tragen als irgend eine andere, und der Sieg ist dem, der es am längsten aushält. Es ist eine Verficherungsprämie, welche die Nationen für die Aufrechthaltung des Friedens zahlen. Sie ist fchwer, ruinös, zugeftanden; aber was ist fie im Vergleich zu der Zerftörung, welche felbst ein glücklicher Krieg mit fich bringt? Entwaffnung ist eine Chimäre: man wird Kontrole einfetzen? Das wäre der Casus belli in Permanenz. Man muß alfo mit dem Uebel leben; vielleicht wird es einmal in der Zukunft geheilt werden."
Der Fürft fchloß mit folgenden Sätzen:
„Ich bin vor allem Teutfcher und habe Teutfchland gegenüber meine Aufgabe und meine Pflicht erfüllt. Ich hätte gern länger in feinem Dienfte gearbeitet. Aber jetzt ruhe ich mich aus im geeinten Teutfchland, das mit feinen Grenzen zufrieden ist und feine Nachbarn um nichts zu beneiden hat. Ich werde glücklich fterben, da ich dazu bei getragen habe, mein Vaterland zu einigen, es groß und mächtig zu machen. Nie habe ich nach etwas geftrebt, was außerhalb des deutfchen Vaterlandes liegt. Um dafelbe zu fchaffen, habe ich den Krieg unternommen, während ich den Frieden wünfchte; um das Vaterland unbeftritten, vollftändig und unberührt zu erhalten, fchloß ich die Bündniffe."
Der Berichterftatter fchließt mit den Sätzen: Die Gefchichte wird fagen, ob Fürft Bismard ein großer Mann war. Seine Landsleute, die Fremden, die Freunde und die Gegner müffen ihm das Zeugniß geben, daß er ein großer Teutfcher ist. —
Ueber die friedensgünftige Wirkung des vorftehenden Interviews vergleiche die „Hamburger Nachrichten" Nr. 129 vom 1. Juni 1890, Morgen-Ausgabe. — Henri des Houx vertheidigte fich demnächft im „Matin" gegen die Angriffe, welche ihm feine Unterredung mit dem Fürften Bismard eingetragen hatte. Am Schluffe feines Artikels bemerkt er:

28. April 1890. Empfang des Korrespondenten der „Nowoje Wremja" Iswgenyi Lwow (Kótchetoff).[1]) Der Korrespondent, welcher zur Tafel gezogen wurde,[2]) schreibt:

Kann es etwa unser Ansehen stärken, wenn wir stets einen ohnmächtigen Haß und einen kleinlichen Groll Deutschland gegenüber zeigen? Geben wir die ingrimmige Haltung von mißvergnügten und geschlagenen Leuten auf. Die Revanche haben wir bereits erhalten. Sie besteht darin, daß wir unsere Verluste wieder ausgebessert und unser Land auf einen Grad Wohlstand und Macht gebracht haben, den es vorher nicht einnahm. Die Revanche ist unsere Armee und unsere Ausstellung. Fügen wir uns in einen Friedensvertrag, den wir freiwillig geschlossen haben und Dank dem wir uns in zwanzig Jahren wieder zu unserer heutigen Stellung erhoben haben. Befolgen wir ihn getreu und enthalten wir uns elender Aufreizungen, die eines Volkes unwürdig sind, das sich seiner Kraft bewußt ist. Nehmen wir muthig wieder den uns im Rathe der Völker unserer Macht nach ge- bührenden Platz ein. Benehmen wir uns wie ein großes Volk, das seiner sicher genug ist, um mit den Größten als Seinesgleichen zu verhandeln. Niemand wird uns unseren gesetzmäßigen Rang streitig machen. — Zu vergleichen auch das Gedicht überschrieben „Fürst Bismarck und des Holz" in den „Hamburger Nachrichten" Nr. 129 vom 31. Mai 1890, Abend-Ausgabe.

[1]) Die „Hamburger Nachrichten" Nr. 120 vom 21. Mai 1890 leiten den Bericht über das oberstehende Interview in folgender Weise ein: Die St. Petersburger „Nowoje Wremja", das gelesenste und verbreitetste, in gewisser Richtung hin auch einflußreichste russische Blatt hatte beim Herannahen der Bismarckkrisis einen ihrer Mitarbeiter, Herrn Lwow, zur Berichterstattung nach Berlin entsandt. Herr Lwow, welcher einer vornehmen Familie entstammt, früher in der Gardekavallerie gedient hat und, was seine schrift- stellerische Thätigkeit betrifft, zu den befähigsten, gleichzeitig auch in Bezug auf Denk- und Anschauungsart zu den anständigsten russischen Journalisten zählt, ist nun dieser Tage von dem Fürsten Bismarck in Friedrichsruh empfangen und zu Tisch gezogen worden. In der Presse wird der Brief, den Herr Lwow darüber an sein Blatt gerichtet hat, in der Uebersetzung der „Post" mitgetheilt, die versichert, denselben ohne Aenderung, Zuthat oder Fortlassung ins Deutsche übertragen zu haben, um ihm sein charakteristisches Gepräge zu erhalten. — Die „Hamburger Nachrichten" theilten davon die erste und zweite Korrespondenz der „Nowoje Wremja", datirt vom 28. und 29. April mit; die vom 1. Mai datirte dritte Korrespondenz fehlt in den „Hamburger Nachrichten". Zu vergl. über dieses Interview: „Berliner Abendpost" Nr. 131 vom 9. Juli 1890, „Kleines Journal" Nr. 137 und 155 vom 21. Mai und 9. Juni 1890, „Schlesisches Tageblatt" Nr. 123 vom 30. Mai 1890, „Frankfurter Zeitung" Nr. 137, 139 und 143 vom 14., 19. und 23. Mai 1890, „Berliner Zeitung" Nr. 114 vom 18. Mai 1890, „Berliner Tageblatt" Nr. 245 und 248 vom 17. und 19. Mai 1890, „Berliner Lokalanzeiger" Nr. 225 vom 19. Mai 1890, „Staatsbürger Zeitung" Nr. 117 vom 22. Mai 1890, „Wiener Tageblatt" Nr. 139 vom 21. Mai 1890, „Königsberger Hartungsche Zeitung" Nr. 116 vom 20. Mai 1890, „Vossische Zeitung" Nr. 229 vom 20. Mai 1890, „Kölnische Zeitung" Nr. 141 vom 22. Mai 1890, Wippermann a. a. O. S. 30—38, „Deutsche Volkszeitung" (Hannover) Nr. 5218 vom 12. Juni 1890 und „Münchener Neueste Nachrichten" Nr. 229 vom 20. Mai 1890. Der obige Text ist der „Post" entnommen.

[2]) Ueber seinen Empfang in der Tischgesellschaft berichtet derselbe in der ersten Korrespondenz, datirt Berlin, 28. April (10. Mai): Als ich um 6 Uhr den behaglichen und reichmöblirten Salon des Schlosses betrat, befand sich schon die ganze Gesellschaft in demselben. Fürst Bismarck, in der Mitte des Zimmers stehend, führte eine lebhafte Unterhaltung mit seiner Umgebung. Einige Schritte vortretend und mir freundlichst seine breite Hand gebend, sagte er mir einige liebenswürdige Worte und setzte die mit

19*

Nach Tisch, als der schöne Xeres die Aufmerksamkeit der Kenner auf sich lenkte, versicherte der Fürst ganz ernstlich, indem er sich sogar auf den Gesandten Baron Stumm berief, daß aller Xeres bei ihm auf dem Gute gemacht wird. „Es wird Wasser aus dem Flüßchen Au genommen, mit den Wässern einiger anderer Quellen vermischt, geklärt, abstehen lassen, dann mit Wachholder= und anderen Beeren beschüttet, zugepfropft und macht darauf eine Seereise nach der pyrenäischen Halbinsel, von wo es mit dem Etiquette Xeres de la Frontera in die ganze Welt versandt wird." Dieser Scherz wurde mit solchem Humor vorgebracht, daß Alle bis zu Thränen lachten und selbst die Diener= schaft nur mit Mühe ihre Schüsseln festhielt.

Der Fürst sprach zu drei verschiedenen Malen mit mir russisch. Er be= dauerte, daß er das Russische wie das Englische beinahe vergessen, daß er es aber noch lesen könne, indem er sich von der zweiten Seite an in den Sinn hinein lese, daß er übrigens niemals die russische Salon=Sprache gekannt, sondern nur mit der literarisch=journalistischen und vor Allem mit der Sprache der Dienerschaft, der Kutscher, Mushiks, Jäger — mit der Sprache des Volks, wo das magische „Nitschawo" eine solche Rolle spielt, bekannt geworden sei.

Ich erzählte ihm die in Rußland bekannte Anekdote „Fürst Bismarck und Nitschawo" in der Version, wie ich sie von dem seligen Katkow gehört hatte. Er hörte aufmerksam zu, machte Berichtigungen und lachte; als ich sagte, daß er in Folge dieser Anekdote einen eisernen Ring mit der goldenen Inschrift „Nitschawo" haben müsse, aus dem Eisen des Schlittens des Kutschers, der ihn umgeworfen hatte, sagte er: „Nein, aber ein Petschaft, und ich werde es Ihnen nach Tisch zeigen."

Er sprach auch darüber, daß es in Rußland deutsche Spezialitäten giebt. Als er das erste Mal nach Rußland und in der Nacht nach Dünaburg kam

seinen Gästen angefangene Unterhaltung fort. Ich hatte den eisernen Kanzler vorher schon dreimal gesehen, aber noch niemals so nahe, so natürlich und ungezwungen wie heute. Im schwarzen Gehrock und weißer, bis an das rasirte Kinn heranreichender Weste erscheint er nicht so massiv und dick, wie in der Uniform, im Gegentheil ist er eher knochig, mager und etwas gebeugt von seiner Gewohnheit, gebückt mit Leuten zu sprechen, die selten seine Größe erreichen. Was den Kopf des Kanzlers betrifft, so über= rascht er hier in der Nähe durch die slavische Form des Schädels. (Ein Ahne des Fürsten stand in russischen Diensten. (Hamburger Nachrichten") Nr. 131 vom 4. Juni 1890, Morgen-Ausgabe, u. Nr. 167 vom 17. Juli 1890, Abend-Ausgabe, sowie „Berliner Börsen- Zeitung" Nr. 253 vom 4. Juni 1890). Die Thüren des hell erleuchteten Eßzimmers öffneten sich geräuschlos, der Fürst nahm den Arm der Ehrengästin, einer russischen Dame, und ging zu Tisch, der deutsch-spanische Gesandte Baron Stumm mit der Fürstin Bismarck, Graf Bismarck mit der Baronesse Ohlen, und die übrigen Kavaliere folgten mit ihren Damen, ihrem Range gemäß, wobei Dr. Chrysander und ich den Beschluß machten. Im Ganzen waren bei Tisch ungefähr zehn Personen. Als der Fürst, der sich die ganze Zeit sehr höflich zu mir gewendet, merkte, daß ich nicht viel Gewicht auf die Masse der Gerichte lege und wenig trinke, fragte er mich nicht ohne gutmüthige Ironie: „Fasten Sie heute?" und sagte dann auf russisch ungefähr: „Langen Sie zu, es schadet nichts!"

und einen Deutschen haben wollte, da er das Russische nicht verstand, führte ihn der Kutscher direkt nach der Apotheke, fest überzeugt, daß alle Apotheker Deutsche sein müßten, und so ist es in Rußland auch wirklich.

Fürst Bismarck sprach auch von der Thätigkeit unserer Staatsmänner, von solchen, die unlängst ihre Laufbahn verlassen, wie von solchen, die noch figuriren. Er sprach von dem Fürsten Dondukow und seiner diplomatischen Thätigkeit, von dem Fürsten Gortschakow und Anderen und charakterisirte alle klar, manchmal auch mit starkem Humor. Als Baron Stumm sagte, daß einer der neuen spanischen Minister vorher Zeitungskorrespondent gewesen war, wandte er sich leise zu mir: „Sie sollten dem guten Beispiel folgen."

„Ich kann nicht, erwiderte ich, zuerst, weil ich es verkehrt angefangen habe, denn ich habe schon in früher Jugend bei den Leib-Ulanen gedient, und zweitens — Rußland ist nicht Spanien."

„Ja, ja — sagte der Fürst — die Russen haben sehr ihre eigene Art, und auch bei Ihnen ist es nicht so leicht, eine diplomatische oder politische Karriere zu machen."

Als ich gelegentlich ihm die Worte mittheilte, die mir einmal Midhat-Pascha auf mein durch die Ereignisse erzwungenes Lob der türkischen Diplomaten geantwortet, daß Rußland solcher Diplomaten nicht bedürfe, da es auch ohne sie stark sei und eine geschickte Diplomatie in der Art der türkischen ein Beweis der Schwäche eines Staates sei, so stimmte Bismarck der Richtigkeit dieser Bemerkung bei, fügte aber hinzu, es gäbe auch in Rußland gute Diplomaten, wie jetzt in Berlin die Grafen Schuwalow und Murawiew, obgleich unser Botschafter seinen alten militärischen Traditionen treu bleibe, — obgleich in Berlin nur ein Freund des Skandals sich nicht einleben und eingewöhnen könne, da alle unsere Interessen in Wien seien, nicht in Berlin. — „Dort ist der wirkliche Knoten, und dahin ist es nothwendig zu sehen!"

Auf eine flüchtige ironische Bemerkung des Fürsten Bismarck über den Battenberger erzählte ich ihm, daß bei uns in diplomatischen Kreisen die Anekdote gehe, er habe dem Battenberger, der ihn um seinen Rath gebeten, ob er den bulgarischen Thron annehmen solle, geantwortet: jedenfalls werde es ihm eine angenehme Erinnerung im Alter bleiben.

Der Fürst erwiderte: „Ja, das habe ich buchstäblich gesagt, aber nicht dem Battenberger, sondern dem Fürsten Karl von Hohenzollern, dem jetzigen König von Rumänien, der meinen Rath erbat, aber der ist bis jetzt noch dort."

Die Tafel ging zu Ende. Bismarck stand auf und die ganze Gesellschaft ging in den Salon. Alle vertheilten sich; der Fürst ging auf mich zu und gab mir mit den Worten: „Gesegnete Mahlzeit!" die Hand. Die Fürstin gab ihm eine lange Pfeife, ich riß ein Blatt aus meinem Notizbuch heraus, zündete es an und legte es auf die Pfeife. „Hier sind Cigarren sagte der Fürst, die Pfeife anrauchend — ich setze mich hier in die Sopha-Ecke, nehmen Sie Ihren Kaffee und setzen Sie sich (und er zog mir einen Stuhl heran) — und jetzt wollen wir unser Gespräch fortsetzen . . ."

„Ja — sagte er, das bei Tisch angefangene Gespräch über Oesterreich fortsetzend — Oesterreich ist dem Zerfalle nicht so nahe wie man denkt. Sein ganzer Jammer liegt in der Schwäche des monarchischen Prinzips und in der vierhundertjährigen schlechten Verwaltung; was aber den Kampf seiner Nationalitäten einer mit der anderen um die Hegemonie betrifft, oder die Auflehnung einer oder der anderen gegen die Monarchie, welche dort periodisch sind, so ist das nicht schlimm, denn Alles endet mit Nichts, wird bald darauf vergessen et on se rappelle après avec plaisir des coups de poings que l'on s'est donnés. Sie fragen mich, zu was uns die Existenz Oesterreichs nützt. Ich sage, dazu, wofür Ihnen die Existenz Frankreichs nöthig ist. Sie finden, daß nur Rußland und Deutschland eine Zukunft haben, darin liegt viel Wahres: wenigstens war das auch mein steter Gedanke bis zum Schlusse des Berliner Kongresses, aber dann begriff ich, daß es für Sie und uns schwer ist, in dieser Hinsicht zusammen zu gehen, denn Sie fingen an, uns zu behandeln wie wirkliche Prussaken, wie ein Ungeziefer, und das diente zu der Schädigung unserer Beziehungen. Ihr Fürst Gortschakow hielt mich dans sa grande vanité immer für seinen Schüler, und so lange ich unter seinem Niveau stand, wollte er mir wohl, aber als ich mich erhoben hatte, konnte er mir das nachher nie verzeihen, haßte mich und that Alles was in seiner Macht stand, um mir hinderlich zu sein, sogar da, wo meine Handlungen für Rußland zu offenbarem Nutzen waren. In einer meiner jüngsten Reden sagte ich, daß ich für meine Thätigkeit auf dem Berliner Kongreß den Orden Andreas des Erstberufenen mit Brillanten erwartet hatte, da ich alles Uebrige schon besaß. Sie haben diese Erklärung damals für einen Scherz gehalten, die doch ihren gewichtigen und ernsthaften Grund hatte. Ich sage Ihnen aufrichtig, daß ich damals den lebhaften Wunsch hatte, mit Rußland eng zusammen zu gehen — und ich war auf dem Berliner Kongreß so russisch, wie ein Deutscher nur russisch sein kann. Rußland hatte diesen Wunsch nicht, in dessen Erfüllung ich nicht müde wurde. Man erklärte mir z. B. ganz unerwartet, daß Rußland Batum braucht. Als ich dies von dem Grafen Schuwalow hörte, begab ich mich in der Nacht zu Beaconsfield, er war krank und schlief. Ich weckte ihn, und als er sich weigerte, sagte ich ihm, daß ich sonst den Kongreß schließen würde — und er war einverstanden. Ja, ich war nicht bloß russisch, ich war sogar der Sekretär des Grafen Schuwalow und ich wiederhole es, daß ich alles für Rußland Vortheilhafte that, wenn aber Petersburg selbst nicht alles das forderte, was ihm zukam, sagen Sie aufrichtig, war es meine Sache, ihm Wünsche vorzuschlagen, die es nicht ausgesprochen? Und wenn nicht, weshalb hat gleich darauf — pourquoi la Russie m'a-t-elle retiré sa confiance et m'a donné un coup dans le derrière? Und dann, 1879, weshalb hat uns Rußland mit Krieg bedroht, seine Truppen an die Grenze vorgeschoben, weshalb kamen von Euch scharfe briefliche Drohungen und persönliche Beschuldigungen an meine Adresse? Fragen Sie Ihre Diplomaten, sie wissen, wovon ich spreche! Damals, und erst damals, das heißt 1879, eilte ich nach Wien und sagte dort geradezu, was uns Allen,

Ihnen und uns gleichmäßig zukommt, geben Sie und wir schließen ein Bündniß. Bin ich deshalb vor Rußland im Unrecht und was hätte ich thun sollen?"

„Gewiß, Fürst — bemerkte ich — bei uns macht auch, soviel mir bekannt, namentlich in der letzten Zeit, Niemand Sie direkt und nur Sie allein für unsere Unfälle auf dem Berliner Kongreß, die dann in Rußland so schwer empfunden wurden, verantwortlich. Aber man macht dafür Sie und gerade Sie allein für die darauf folgende böse Absicht verantwortlich, unsere Fonds zu diskreditiren und uns dadurch ökonomischen Schaden zuzufügen."

„Oh, c'est une erreur! — rief der Fürst. — Ich gebe Ihnen das Wort, nicht des Diplomaten, der Napoleon angeführt hat, sondern des Fürsten Bismarck, glauben Sie mir, qu'en ceci on m'accuse à tort. Wahr ist nur soviel, daß ich wirklich wünschte, uns von den russischen Papieren los zu machen — um die Deutschen zu veranlassen, nicht fremde, sondern ihre Werthe zu kaufen. Für Sie war dies eine einfache Uebertragung von dem Berliner Rothschild auf den Pariser Rothschild, für uns aber ist es immer vortheilhafter und weniger riskant, unsere Papiere zu kaufen als fremde, schon deshalb, weil in Kriegszeiten die Werthe einer feindlichen Macht aufhören Zinsen zu bringen.[1]) Aber ich wiederhole Ihnen, daß ich nicht daran gedacht habe, weiter zu gehen, und wenn deutsche Zeitungen Ihnen damals den Krieg erklärt und Schaden zugefügt haben, so ist dies nicht nur ohne mein Wissen geschehen, sondern es war eine Verschwörung der Zeitungen gegen mich. Ich wiederhole Ihnen noch einmal, que c'était plus fort que moi und daß ich damit nicht fertig werden konnte. Mir die Absicht zuzuschreiben, Rußland dadurch schwächen und entwaffnen zu wollen, ist sogar kurios, da ich die Lage, die Kräfte, die Einrichtungen und Sitten Ihres Vaterlandes sehr wohl kenne. Rußland bedarf im Falle eines Krieges auswärtiger Operationen nicht. Sie haben Pferde, Menschen, vorzügliches Eisen, Gewehrfabriken, Geschützfabriken, Gußwerke, Sie haben Papier, und Sie brauchen im Falle eines Krieges nur fünfhundert Millionen Assignaten auszugeben, und Alles wird bezahlt, ja sie werden vorzüglich gehen von Warschau bis nach Peking, wie sie vor Kars ausgezeichnet gingen und jetzt im inneren Asien gehen. Wenn Jemand denkt, daß mit Rußland Krieg führen nicht furchtbar ist, so irrt er sich: in Sansibar Krieg führen ist ungefährlich, in Rußland sehr gefährlich und führt zu Nichts. Etwas Anderes wäre une guerre défensive; wenn Rußland sich auf Deutschland würfe, dann handelte es sich um den heimischen Herd, lo feu sacré und alles Uebrige, aber in anderer Weise mit Rußland kämpfen, wäre gefährlicher als mit irgend Jemand sonst. Und das trotz der Zahl unserer Truppen und ihrer Kriegsbereitschaft. Und außer allem Diesen — der Winter und die ungeheuren

---

[1]) Die „Hamburger Nachrichten" Nr. 266 vom 8. November 1892 bemerkten: Bei dem 1887 herrschenden Bestreben der deutschen Kapitalisten, sich von Werthpapieren frei zu halten, deren Verzinsung bei einer Krisis aufhören konnte, hatte das Verbot der Lombardirung russischer Werthe an sich keine Spitze gegen Rußland, sondern nur die Fürsorge für die eignen Unterthanen und den Schutz von Geldverlusten zur Ursache.

Räume — das sind furchtbare Waffen, denen man nichts entgegensetzen, die man nicht rauben kann, diese hölzernen Häuser, die man ohne Kosten wieder herstellt, und die Hauptsache, das Allerstärkste und Unbesieglichste — das ist die persönliche Eigenschaft des russischen Volkes, welches immer ergeben und immer zufrieden ist mit dem, was es hat, wie mit der Gegenwart im All= gemeinen, und die Summe von alledem — alle diese ungeheuren Waffen — garantirt Sie vollständig gegen jeden Angriffskrieg. Und endlich, was wollen wir von Rußland oder Rußland von uns? Milliarden würden weder wir von Ihnen, noch Sie von uns holen, selbst bei dem glücklichsten Erfolge eines Theils würde er froh sein, die Kriegskosten wieder zu erhalten, die ungeheuer sein würden, und eine Erwerbung, und ich werde meine Worte niemals zurück= nehmen, von etwas über Memel hinaus, ist ein Verbrechen nicht bloß gegen uns, sondern gegen ganz Deutschland, denn die Herrschaft über die Ostsee= provinzen, als platonisches Bestreben von unserer Seite noch begreiflich, ist ohne Polen undenkbar, und dann wären bei uns 9 Millionen Polen und in ganz Deutschland ungefähr die Hälfte der Bevölkerung katholisch, mit einem Wort, Deutschland selbst hätte sich das Verderben gebaut: seines eigensten Geistes, seiner Nationalität, des Lutherthums und der Kraft, wenn es so unklug verführe, wie auch Sie, wenn Sie uns Ostpreußen nähmen, dessen Besitz Sie ganz gewiß zu Grunde richtete. Nein, das wäre das Aeußerste von Leichtsinn und wegen der Folgen gefährlich, schon davon gar nicht zu sprechen, daß es nicht so leicht wäre, Rußland vom Meere loszureißen, ohne ihm zu helfen, sich an einem anderen niederzulassen, und Alles wäre für uns: bon à prendre et mal à garder. Und das ist so sicher, daß, wenn Sie Konstantinopel nähmen,[1] wir dennoch nicht die Ostseeprovinzen nähmen, und wenn Sie die= selben uns zum Tausch gäben und sogar mit Ihrem ganzen Polen."

„Und so, Durchlaucht, schließen Sie jede Möglichkeit eines bewaffneten Konflikts gegen Rußland von Seiten Deutschlands aus?"

„Ja, ich schließe jede vernünftige Möglichkeit eines solchen Konflikts aus, denn ich sehe keinen vernünftigen Grund, welcher ihn rechtfertigte, ja, ich bin sogar überzeugt, daß bei uns Niemand daran denkt, da ein solcher Krieg selbst dem Sieger keinen Nutzen bringen kann und höchstens persönlich vielleicht einige

---

[1] In den „Hamburger Nachrichten" Nr. 300 vom 17. Dezember 1892 heißt es: Verschiedene Blätter behaupten auf Grund unverbürgter Veröffentlichungen über Aeußerungen des Fürsten Bismarck, nach dessen Auffassung habe die deutsche Politik das Programm, das Vordringen Rußlands auf Konstantinopel zu unterstützen. Diese Be= hauptung ist unzutreffend. Der Fürst ist niemals der Ansicht gewesen, daß die Unter= stützung der russischen Pläne Aufgabe der deutschen Diplomatie sein müsse, sondern er hat die Ansicht vertreten, daß es nicht Sache Deutschlands sei, Rußland an der Aus= führung seiner Pläne zu hindern. Das ist ein großer Unterschied. Rußlands Vordringen zu hindern fällt naturgemäß denjenigen Mächten zu, deren Interesse durch ein etwaiges russisches Vordringen direkt verletzt werden würde. Das ist bei Deutschland nicht der Fall

junge Generale ein Interesse daran haben können, aus Furcht, zu spät Feld=
marschälle zu werden.[1])

Ce qui concerno la clef de votre maison, b. h. die Meerengen, wenn
Sie auch hinsichtlich derselben etwas beschlossen gehabt hätten, so war dies
durchaus nicht die Sache Deutschlands allein, sondern so zu sagen eine allgemein
europäische, welche auch England, Oesterreich, Italien, Frankreich u. s. w.
betraf; uns als diejenigen, welche Rußland speziell schädliche Hintergedanken
in Konstantinopel gehabt, anzuklagen, wäre vollkommen vergeblich, um so mehr
als man keinem deutschen Monarchen eine Sultans=Politik nachgesehen hätte
und wir schließlich nicht pour les beaux yeux du Sultan Krieg führen werden.
Ihr Irrthum besteht darin, daß Sie von uns das erwarten, was nicht unsere
Sache ist. In der orientalischen Frage können weder Oesterreich noch Ruß=
land fordern, daß wir für sie arbeiten. Wir können nicht zum Sultan sagen:
Thue Ihnen dies; wir haben ja auch nicht verlangt, daß Ihr Euch für uns
in Paris Mühe gäbet und arbeitet!*)

Was aber Bulgarien betrifft, so meine ich, daß wir dort noch weniger
Interesse als in Konstantinopel haben, im Gegentheil haben wir es immer
du côté russe angesehen und ich habe davon zahlreiche Beweise gegeben. Ihr
Battenberger wäre auf dem Berliner Kongreß niemals bestätigt worden, wenn
er nicht der russische Kandidat gewesen wäre. Er zeigte sich gegen Rußland
untreu, und wenn der gegen Rußland undankbare Prinz das nicht gewesen
wäre, so säße er noch heute auf dem bulgarischen Thron. Vorher aber,
hoffe ich, unterstützten Sie ihn, und nicht ich, und als er seine Fahne voll=
ständig aufrollte und sich als der zeigte, der er in der That war, wer als ich
hat gegen den Wunsch des Kaisers Friedrich mit Nägel und Zähnen seine
Heirath mit einer deutschen Prinzessin verhindert? Und ich konnte nicht anders
handeln, denn ich sah, daß ich die Sicherheit verliere et tandis que j'essayais
être désinteressé et avoir les mains libres und darum konnte ich nicht eine
deutsche Prinzessin nach dem Balkan ziehen lassen."

Ich erzählte dem Fürsten, daß der im vorigen November, sogleich nach
dem Besuch des Deutschen Kaisers in Konstantinopel, erschienene Artikel der
„Kölnischen Zeitung" bei uns einen unangenehmen Eindruck gemacht, da er
rücksichtslos bewies, daß Rußland 20 Jahre nach der Vereinigung Deutschlands
weiter von Konstantinopel sei, als 20 Jahre vor der Vereinigung.

„Ja — erwiderte der Fürst — auch ich habe den Artikel gelesen und

---

[1]) Der Umstand, daß die „Hamburger Nachrichten" die nun beginnende III. Korrespondenz
der „Nowoje Wremja" nicht mehr abgedruckt haben, ist gewiß nicht zufällig. Es kommen
hier mehrfach Stellen vor, die äußerst unwahrscheinlich klingen und offenbar mehr auf
Rechnung der Phantasie als eines guten Gedächtnisses zu setzen sind. Vergleiche auch
die „Neue Freie Presse" Nr. 9246 vom 21. Mai 1890.

*) Ueber einen Artikel der „Hamburger Nachrichten", betr. die Dardanellenfrage,
welche viel Staub aufwirbelte, vergleiche die „Münchener Allgemeine Zeitung" Nr. 246
vom 5. September 1891.

ich war sehr über solche Ueberraschung betroffen. Aber Sie sehen jetzt selbst, wie weit man die „Kölnische" für mein beständiges Organ halten kann."

„Nun, aber kann der letzte Besuch des Kaisers in Konstantinopel, als Gast des Sultans, nach der Meinung Eurer Durchlaucht nicht einige Ver= wickelungen in der orientalischen Frage hervorbringen?" fragte ich.

„In Wirklichkeit liegt in dem Akte selbst noch nichts Beunruhigendes; was ist Wunderbares daran, daß ein junger, schäumender Thätigkeit voller Souverän, indem er reist, seine Zeit angenehm zu verbringen und etwas die Welt zu sehen wünscht? Aber ich war gegen diese Reise,[1]) da die Staats= männer anderer Länder und anderer Völker immer denken werden, daß der Sultan y est pour quelque chose; aber wenn ich auf meinem Posten ge= blieben wäre, so hätte das allerdings keine Bedeutung noch Folgen gehabt, jetzt bin ich verabschiedet und es versteht sich, ich kann nichts wissen, noch voraussehen."

Die Konversation ging auf die deutsche Kolonialpolitik über. Ich erzählte meine kürzliche Unterredung mit Sir White, dem britischen Botschafter in Konstantinopel. Der Fürst hörte nachdenklich auf den Unterschied, den Sir White zwischen der englischen Kolonialpolitik, welche aus dem Handel ihrer Kolonien Vortheile zieht, und Deutschland machte, welches neue Gebiete braucht, haupt= sächlich um denjenigen Theil der Bevölkerung, welchem es zu Hause zu eng ist, in einer regelmäßigen und für den Staat vortheilhaften Weise überzusiedeln.

„Damit bin ich nicht einverstanden, — wandte der Fürst ein — jede Entwickelung der Seeschifffahrt ist eine Entwickelung des Landes selbst, wie seiner Kräfte, unser Handel wird dort von selbst kommen. Unsere Aus= wanderungen kommen durchaus nicht von Ueberfüllung des Landes mit über= flüssigem Volke — wir haben so menschenleere Gegenden wie in Rußland und im Allgemeinen ist Land genug für Alle, auch aus Dürftigkeit entspringen die Auswanderungen nicht, was schon daraus hervorgeht, daß eine Auswanderung im Minimum 1000 Mark kostet, d. h. ein kleines Vermögen für einen Mann aus den unteren Ständen. Nein, das ist unruhiger Geist und Unzufriedenheit, die zum Theil im Charakter liegt und nicht in äußeren Ursachen, und sie sollte Leuten, die ihr Vaterland lieben, nicht in den Kopf kommen. Bei Ihnen denkt man, wir wären besonders zufrieden damit, daß nach Rußland so viele unserer Landsleute auswandern; nein! der Teufel soll die holen, die schon in der dritten Generation als Wjerotschken, Wladimirs, Matronas allmählich sich in Russen verwandeln und in jedem Falle nicht uns, sondern Rußland Vortheil bringen und von uns als unsere Unterthanen Schutz ihrer Interessen und unsere Vertretung verlangen! Nein, das russische Volk ist ärmer, aber immer zufrieden und dankbar. Ich wiederhole Ihnen, daß wir Raum genug

---

[1]) Diese Aeußerung hat dem Fürsten Bismarck den Tadel mancher Zeitungen ein= gebracht — sehr ohne Grund; denn es steht fest, daß Bismarck noch zur Zeit, als er Kanzler war, aus dieser Meinungsverschiedenheit mit seinem Kaiserlichen Herrn kein Hehl gemacht hat. Bismarck hat nichts verrathen, was nicht bereits publici juris war, und der Kaiser hat nur gethan, was er verantworten zu können glaubte.

und bei den Nachbarn nichts zu suchen haben und weit entfernt von dem Gedanken an einen Krieg sind, sei es mit wem es sei, und wir wünschen, daß man uns in Ruhe läßt, um unsere inneren Einrichtungen befestigen und in Ordnung bringen zu können."

„Hat die Arbeiterkonferenz zu diesem Ziele beigetragen, Durchlaucht?"

„Nein! Die Konferenz hat sich nur als ein coup d'épée dans l'eau gezeigt.[1]) Und, im Allgemeinen, diese Arbeiterfrage ... Sie hat eben eine Seite, die nicht so grell und spitz, aber noch ernsthafter ist. Die Unzufriedenheit der Arbeiter, c'est une fièvre violente, — die Unzufriedenheit der Kapitalisten, — das ist eine langsame aber schwere Krankheit des Staates, und die letztere ist weit schlimmer als die erste, denn sie stört den Blutumlauf im Organismus selbst. Eine Fabrik und ihr Bestehen hängt nicht von den Arbeitern ab, sondern von den Unternehmern und mit diesen muß man rechnen, denn es ist schlimm, wenn sie sich zurückziehen. Die Arbeiter sind nicht zu fürchten, wenigstens die Mehrzahl nicht, aber les minorités turbulentes font la loi. Bisher sind alle französischen Revolutionen von der Minderheit, nicht von der Mehrheit gemacht worden. Ich habe sogar noch im Januar gesagt, daß sogar der russische Kaiser nicht die Kräfte hätte, solche Aufgaben, wie die Arbeiterfrage, zu lösen, welche nach den Wünschen der Arbeiter Gott allein lösen kann. Ich fragte damals, ob man einen zufriedenen Millionär gesehen hat. Man antwortete mir: Nein, ich habe keinen gesehen. Wie wollen Sie einen Arbeiter bis zur Herzenslust befriedigen, wenn Gott selbst es nicht in ihn hinein gelegt hat? Heute finden Sie es möglich, eine Summe seiner Bedürfnisse zu befriedigen, morgen zeigt sich eine andere mit anderen oder mit denselben, nur erweiterten Forderungen. Heut sind drei Paar Schuhe nöthig, morgen fünf — und so in Allem."

Die Konversation ging auf die inneren Vorgänge in Deutschland in der letzten Zeit über und, die freundliche Stimmung und die angenehme Gesprächigkeit meines großen und außergewöhnlich liebenswürdigen Wirthes benutzend, wagte ich es, von Weitem nach den wirklichen Ursachen des Abganges des Fürsten zu fragen.

„Es gab gar keine Ursachen — sagte der Fürst einfach und geradezu. — Seine Majestät ist sehr thätig, fühlt einen Ueberschuß an Kräften und will deshalb sein eigener Kanzler sein; aber Seine Majestät wird sich bei aller seiner Energie bei dem Versuche bald überzeugen, daß das eine mühevolle, schwere und undankbare Sache ist, wenn er derselben auch alle seine Kräfte widmete. Man sagt, die Kaiserin Friedrich spielte eine thätige Rolle bei meinem Abschied, aber das ist nicht wahr. Sie steht in guten Beziehungen zu mir und ist eine sehr verständige Frau. Ich habe um mich persönlich keine Sorge und beanspruche nichts. Man hat mir sogar mehr angeboten

---

[1]) Vielleicht denkt Fürst Bismarck heute über diesen Punkt milder; die Folgen der Arbeiterkonferenz haben sich erst allmählich geltend gemacht. Im Jahre 1891, also nach diesem Interview, kam auch ein französisches Arbeiterschutzgesetz zu Stande.

als ich bedarf, was mir aber besonders schmerzlich ist, ist, daß ich gegen meinen Willen in die Lage gekommen bin, eine unwahre Versicherung auszusprechen vor einem Monarchen, den ich tief verehre, als Menschen."

Einen Augenblick schwieg er und fuhr dann fort:

„Im vorigen Jahre sagte der Souverain eines der ersten Staaten Europas zu mir: Fürst, ich glaube Ihnen, aber sind Sie selbst von der Sicherheit Ihrer Stellung überzeugt? Ich antwortete ihm gerade und mit tiefer Ueberzeugung: Sire, je suis absolument sûr de la confiance illimitée de mon maître et je suis persuadé que je resterai à mon poste jusqu'à la fin de mes jours, oder wenigstens, so lange ich tauglich bin, und wenn mir die Jahre nicht Gesundheit und Kräfte nehmen, und plötzlich, einige Monate später, zeigte sich mein Vertrauen unbegründet .... Ja, es ist mir sehr bitter gewesen."

„Sind Eure Durchlaucht entschlossen, jetzt in voller Unthätigkeit zu bleiben?" fragte ich.

„Nein, für mich persönlich, zu meinem persönlichen Nutzen werde ich nicht arbeiten, aber wenn es irgend einmal meinem Vaterlande beliebte, mich zu rufen, und ich nützlich erscheine, so werde ich, so lange meine Kräfte es erlauben, jedem Aufrufe entsprechen und auch ohnedies, wo ich kann, dem Vaterlande dienen."

„Und wird diese Pause einer zukünftigen möglichen Thätigkeit Eurer Durchlaucht nicht schaden?" entschloß ich mich zu fragen.

„Allerdings kann es seinen Einfluß haben — antwortete der Fürst — das Uhrrad, welchem ein zerbrochener Zahn eine Pause verursachte, geht schwer wieder so regelmäßig und genau wie vordem.

Alles, was Sie von mir gehört haben — schloß der Fürst als ich mich empfahl — Alles, was ich mich für moralisch berechtigt hielt Ihnen zu sagen, erschöpft vollkommen Ihre Fragen, und ich habe Ihnen geantwortet, ohne etwas zu entstellen, zu umgehen, vollständig, aber Sie dürfen nicht vergessen, daß ich von Allem, was ich weiß und wie ich denke, sprechend mit Ihnen nicht als Staatsmann gesprochen mais comme un particulier qui aime la politique und welchen jetzt gewissermaßen une force majeure in eine solche Lage gebracht hat, der vieles nicht weiß und nichts kann und deshalb auch nicht behaupten will, daß die oder andere Gedanken und Absichten, welche er kombinirt hat, sich jetzt so und nicht anders verwirklichen werden. [1]

---

[1] Am Schlusse seines Berichtes bemerkt Jewgenyi Lwow: Ich wage zu glauben, daß ich nichts entstellt und mich in der Bedeutung meiner Auseinandersetzungen nicht getäuscht habe, aber wenn man sich eines Gesprächs erinnern soll, das mehr als zwei Stunden gedauert hat und in welchem jeder Ausdruck, nach seiner Kraft und Plaisir, diese oder eine andere Bedeutung hat, welche direkt von der ihm gegebenen rhetorischen Figur abhängt, ist es freilich möglich, selbst für den Stenographen, sich zu irren in den Grenzen eines einzelnen Ausdrucks oder etwas auszulassen, was ich hiermit zu meiner Entschuldigung für alle Fälle bemerke.

Im folgenden Jahre bemerkten die „Hamburger Nachrichten" Nr. 125 vom

22. Mai 1890. **Friedrichsruh.** Unterredung mit dem Vertreter des „Petit Journal" Joubet.[1]

Comment M. de Bismarck supporte la retraite.[2]

„Autrefois[3] travaillant toute la journée avec le roi, j'étais obligé de changer cinq ou six fois d'habillement, dans la même journée, passant du frac à l'habit de cour, par une série d'intermèdes également ennuyeux, car j'ai horreur de cette obligation. Je perdais ainsi une heure par jour; cela fait trente heures au bout du mois; ou encore trois journées de travail de dix heures chacune.

Aussi j'ai été bien soulagé et bien heureux quand le roi m'a dit de pendre constamment l'uniforme que j'avais à ses côtés à Sadowa.

Depuis je n'ai plus quitté mes bottes et ma tunique du matin au soir; ce qui était une délivrance et une grande économie de temps.

28. Mai 1891, Abend-Ausgabe: Die freisinnig demokratische Presse sucht die Charakteristik, die wir neulich von der „Nowoje Wremja" entworfen haben, durch den Hinweis darauf zu entkräften, daß Fürst Bismarck voriges Jahr den Vertreter dieses Blattes in Friedrichsruh empfangen habe, was er gewiß nicht gethan hätte, wenn die „Nowoje Wremja" den von uns behaupteten Charakter hätte. Der Vertreter der „Nowoje Wremja" sowie seine Kollegen vom Pariser „Matin" und vom „Petit Journal" sind nicht trotz der deutschfeindlichen Haltung ihre Organe, sondern eher wegen dieser Eigenschaft empfangen worden. Mitarbeiter von ohnehin deutschfreundlichen ausländischen Zeitungen zu instruiren, hätte keinen politischen Nutzen gehabt und war außerdem meist deshalb nicht möglich, weil solche Blätter vielfach in Opposition zur eignen einheimischen Regierung stehen.

[1] Die „Hamburger Nachrichten" Nr. 126 vom 29. Mai 1890, Abend-Ausgabe, brachten zuerst ein Resumé des Berichts im „Petit Journal" nach dem Depeschen-Bureau „Herold". In der Nr. 126 vom 21. Mai 1890, Abend-Ausgabe, brachten sodann die „Hamburger Nachrichten" die Uebersetzung von einigen Abschnitten des nunmehr im Wortlaut vorliegenden französischen Berichts. Zuletzt (Nr. 137 vom 11. Juni 1890, Morgen-Ausgabe) brachten die „Hamburger Nachrichten" den vollen französischen Text des Berichts mit folgender Einleitung: Die Berichte, die ein Mitarbeiter des Pariser „Petit Journal" über seine Unterredungen in Deutschland dem französischen Blatte erstattet hat, sind in der deutschen Presse nur auszugsweise, zum Theil auch schlecht übersetzt und tendenziös zugestupt, mitgetheilt worden. Wem ernstlich daran zu thun ist, zu erfahren, was in den Artikeln des Pariser Journalisten gesagt ist, wird am liebsten den französischen Originaltext der Publikationen zur Kenntniß nehmen wollen. — Da die Unterhaltung in französischer Sprache geführt wurde, so bringen wir wie oben Seite 277 diesen Text oberhalb und die deutsche Uebersetzung unterhalb des Striches. Dies gilt auch für die weiter unten folgende zweite Unterredung mit dem Franzosen Henri des Houx. Ich glaube übrigens, daß das Gespräch Bismarck's im „Matin" nicht glücklich wiedergegeben ist.

[2] In diesem Abschnitte findet man in der Hauptsache Reflexionen des Berichterstatters über die Gewohnheit Bismarck's, sich mit Politik zu beschäftigen und über das Gefühl, in Friedrichsruh zu einem rein beschaulichen Landleben verurtheilt zu sein.

[3] In ähnlicher Weise sprach sich Bismarck zur Zeit des Zollparlaments gegenüber dem Professor Dr. Sepp aus. Vergleiche mein Werk „Fürst Bismarck und die Parlamentarier" Bd. II Seite 118.

J'ai passé, quarante-quatre ans à défaire mes habitudes de gentil-
homme campagnard; j'ai beaucoup de mal à redevenir agriculteur; la
politique m'a pris, elle ne m'abandonne pas. Depuis mon départ de
Berlin, j'ai cessé absolument toute correspondance politique et je n'ai
qu'une ressource, celle de me promener dans la forêt pour tuer les
heures".[1]

L'empereur.[2]

„Je n'en veux pas à mon jeune maître; il est ardent, actif; il veut
faire le bonheur des hommes, c'est naturel à son âge; je crois peut-être

---

[1] In deutscher Uebersetzung: „Früher war ich, den ganzen Tag mit dem Könige
arbeitend, genöthigt, fünf- oder sechsmal am Tage die Kleidung zu wechseln, indem ich
vom Frack zur Hoftracht überging und dabei eine Reihe von langweiligen Zwischenfällen
zu überstehen hatte, denn ich verabscheue diese Verpflichtung. Ich verlor so täglich eine
Stunde; das macht am Ende des Monats dreißig Stunden oder noch drei Arbeitstage
von je zehn Stunden. Ich fühle mich auch sehr erleichtert und sehr glücklich, als
der König mir sagte, ich möchte beständig die Uniform, welche ich an seiner Seite
bei Sadowa getragen, anlegen. Seitdem habe ich meine Stiefeln und meinen Waffenrock
von Morgens bis zum Abend nicht mehr abgelegt; das war eine Erleichterung und eine
große Ersparniß an Zeit. Ich habe vierundvierzig Jahre lang meine Gewohnheiten
eines Landedelmannes bei Seite gesetzt; es wird mir schwer, wieder Landmann zu
werden; die Politik hat mich gefaßt, sie läßt mich nicht wieder los. Seit meiner Abreise
von Berlin habe ich jeden politischen Schriftwechsel eingestellt und ich habe nur ein Zu-
fluchtsmittel, um die Zeit hinzubringen: im Walde spazieren zu gehen.
[2] In deutlicher Uebersetzung: „Ich zürne meinem jungen Herrn nicht; er ist feurig,
thatkräftig; er will die Menschen glücklich machen, das ist in seinem Alter natürlich; ich
glaube vielleicht weniger an die Möglichkeit, ich habe es ihm gesagt; es ist nichts
Außergewöhnliches, daß ein Mentor wie ich ihm mißfallen und daß er meinen Rath
nicht mehr gewollt hat. Ein altes Arbeitspferd und ein junger Renner sind schlecht zusammen angespannt.
Nur wird Politik nicht wie chemische Verbindungen gemacht; sie wird mit Menschen
gemacht.
Ich meinerseits wünsche, daß die Experimente gelingen. Ich bin ihm in keiner
Weise böse; ich bin ihm gegenüber in der Lage eines Vaters, den sein Sohn nicht
gut behandelt hat; er leidet darunter nicht, er sagt: es ist doch ein kräftiger Jüngling.
Als ich jünger war, begleitete ich meinen König überall hin; das gestattete mir,
gegen andere Einflüsse anzukämpfen; jetzt bin ich alt, es ist mir unmöglich, einen
Souverän, welcher so weit reist, zu begleiten; es ist also unvermeidlich, daß Berather,
welche ihm näher sind, sein Vertrauen besitzen und zu meinem Schaden besitzen. Er ist
empfänglich, wenn ihm Gedanken auseinandergesetzt werden, welche ihm geeignet erscheinen, das Loos seiner Unterthanen glücklich zu gestalten, und er ist ungeduldig
darauf, sie sogleich zur Ausführung zu bringen.
Es gefällt mir, daß ein Fürst direkt regieren will; nur, wenn er meiner überdrüssig
war, warum hat er es mir nicht früher gesagt? Ich würde ihm selbst einen guten
Abgang vorbereitet haben.
Schließlich tröstet es mich, daß die Krone in Deutschland mächtig dasteht; seit 1862
arbeite ich daran, ihre Macht zu vergrößern und ihr ein direktes und unabhängiges
Handeln zu sichern. Sie sind Republikaner, aber Sie werden begreifen, daß in einem
monarchischen Staat diese Organisation die beste ist.
Ich bin kein Feind der Kontrole des Parlaments und der Presse: es bedarf einer

moins à cette possibilité, je le lui ai dit; il n'est pas extraordinaire
qu'un mentor comme moi lui ait déplu, et qu'il n'ait plus voulu de mes
conseils. Un vieux cheval de labour et un jeune coursier sont mal
attelés ensemble.

Seulement la politique ne se fait pas comme des combinaisons
chimiques: elle so fait avec des hommes.

Pour moi je souhaite que les expériences réussissent.

Je ne lui en veux nullement; je suis vis-à-vis de lui dans la situation
d'un père que son fils n'aurait pas bien traité; il a beau en souffrir; il
dit: Tout de même c'est un gaillard vigoureux.

Quand j'étais plus jeune, je suivais mon roi partout, ce qui me
permettait de lutter contre les autres influences; maintenant je suis vieux,
il m'est impossible d'accompagner un souverain qui voyage si loin:
il est donc inévitable que des conseillers plus voisins de lui aient sa
confiance et l'aient à mes dépens. Il est très impressionnable quand
on lui expose des idées qui lui paraissent propres à changer heureusement
le sort de ses sujets et il est impatient de les mettre de suite à
exécution.

Il me plait qu'un prince veuille gouverner directement; seulement,
s'il avait assez de moi, pourquoi ne me l'a-t-il pas dit plus tôt? Je lui
aurais préparé moi-même une bonne sortie.

Après tout, ce qui me console, c'est que la couronne est forte en
Allemagne; depuis 1862, je travaille à augmenter sa puissance, à lui
donner une action directe et indépendante. Vous êtes républicain, mais
vous comprendrez que dans un État monarchique cette organisation est
la meilleure.

Je ne suis pas ennemi du contrôle du Parlament et de la presse:
il faut une surveillance, sans quoi les abus sont inévitables; mais il
importe que les rôles et les attributions ne soient pas confondus; le roi
doit être le maitre dans les affaires qui sont bien de son ressort; c'est
parceque j'ai disposé cela que l'empereur a pu si aisément se passer de
moi. Il ne faut pas chercher d'autre explication du départ d'un chancelier
qui était populaire et qui avait réussi.

Et puis, si l'empereur a sa gloire à faire, moi j'ai mienne à garder,
je la défends; j'ai dû me sacrifier à elle, je n'entends pas la compromettre.

Aufsicht, ohne eine solche sind Mißbräuche unvermeidlich; aber es ist wichtig, daß die
Rollen und Befugnisse nicht vermengt werden; der König soll Herr in den Dingen
sein, welche zu seinem Bereich gehören; weil ich dies so eingerichtet habe, hat der Kaiser
mich leicht entbehren können. Man braucht nach keiner anderen Erklärung des Abganges
eines Kanzlers suchen, welcher populär war und Erfolg gehabt hatte.

Und dann, wenn der Kaiser seinen Ruhm erst zu schaffen hat, so habe ich den
meinigen zu erhalten, ich verteidige ihn; ich habe mich für den Ruhm opfern müssen,
ich beabsichtige nicht, ihn zu kompromittiren."

L'opinion.

„Je ne suis pas étonné qu'en Allemagne tant de gens aient poussé un „ouf!" au moment de ma chute; quand on a été ministre si longtemps on a beaucoup d'ennemis; il y a tous ceux à qui on refuse quelque chose, tous ceux qui se figurent que vous les empêchez de passer au premier plan; chaque année, c'est une nouvelle couche de mécontents·

Aussi c'est dans mon pays que j'ai été le plus durement jugé; la presse française a été très digne et très équitable, je l'en remercie; la presse anglaise et même la presse américaine qui avaient été si violentes lors de l'affaire des Samoa m'ont accablé d'éloges.

Les partis respirent et sont heureux de ne plus me craindre; le centre n'est pas fâché, bien qu'il redoute quelque chose de pire; quant aux socialistes, ils sont dans leur rôle."

M. de Caprivi.

„Mon successeur c'est un bon général, c'est même notre meilleur général. C'est dommage qu'il soit entré dans la politique; lui-même en acceptant le poste dit qu'il entrait dans une chambre obscure.

Il ne peut, du reste, pas changer beaucoup la politique fait avant lui; voyez dans quels termes il a demandé des crédits militaires; il s'est servi de mêmes raisons, des mêmes paroles que les miennes, dans mon dernier discours sur un sujet analogue.

Quant à la politique extérieure, il est impossible de rien modifier.

L'ornière a été creusée si profonde qu'il faut bien que les roues du char y restent."

La situation européenne.

„La situation est parfait en Europe; il n'y a pas un nuage, pas un point noir; il n'y a que la paix en perspective.

C'est un peu mon oeuvre. Si le peuple allemand a eu confiance en moi, s'il croyait que j'étais un bon chancelier, c'est qu'il savait à merveille que je voulais maintenir absolument la paix.

D'ailleurs les nations modernes ne peuvent plus etre entraînées à la guerre malgré elles; leur consentement est nécessaire est les calamités d'un conflit sont si effrayantes que personne ne veut pendre l'offensive.

Jamais l'Allemagne n'attaquerra la France.

Les institutions militaires, qui ont fait de tout citoyen un soldat, sont la meilleure garantie de tranquillité.

Ces immenses armures, au lieu de vous protéger, vous accableraient, si le coeur ne battait pas dessous pour une guerre acceptée volontairement et sans arrière-pensée.

C'est pour cela qu'il ne faut pas trop se plaindre de la lourdeur des budgets; tant que le dégout des armements ne sera pas plus fort que les autres sentiments et les autres intérets, il n'y a pas de désarmement possible. En ettendant ils empêchent par leur poids même qu'on se serve d'eux sans motif de premier ordre sur les champs de bataille."[1])

En 1875.

„Vous avez cru qu'en 1875 la guerre était menaçante; pour moi, j'ai tout fait pour l'empêcher; d'ailleurs le comte de Moltke ne m'a jamais géné dans ce sens. Des sous-ordres ont pu trop parler, mais c'étaient

---

[1]) Nach der Ueberfetzung in den „Hamburger Nachrichten" Nr. 128 vom 31. Mai 1990:

Die öffentliche Meinung.

„Ich wundere mich nicht darüber, daß in Deutschland so viele Leute ein ouf! bei meinem Rücktritt ausgestoßen haben. Wenn man so lange Minister war, dann hat man viele Feinde: zu denjenigen, denen man etwas abgeschlagen hat, kommen noch die, welche sich einbilden, daß man sie am Hervortreten gehindert hat. Jedes Jahr bringt immer neue Unzufriedene. Gerade in meinem Vaterlande bin ich am härtesten beurtheilt worden. Die französische Presse hat viel Würde und Gerechtigteit gegen mich gezeigt, ich bin dafür dankbar; die englische und auch die amerikanische Presse, die so sehr heftig mir bei Gelegenheit der Samoa-Angelegenheit gegenübergetreten sind, haben mich mit Lob überhäuft."

Herr v. Caprivi.

„Mein Nachfolger ist ein tüchtiger General, er ist sogar unser bester General. Schade, daß er sich nun mit Politit befassen muß. Als er den Posten übernahm, sagte er selbst, es wäre ihm zu Muth, als ob er einen dunklen Raum beträte. Er ist übrigens gar nicht im Stande, die Politit, die vor ihm gemacht wurde, zu ändern. Achten Sie nur darauf, in welcher Weise er die Kredite in der neuen Militärvorlage erbeten hat. Er bediente sich derselben Ausdrücke wie ich, und machte dieselben Gründe wie ich dafür geltend. In der auswärtigen Politik ist es unmöglich, andere Bahnen einzuschlagen. Die Geleise sind dort so tief eingefahren, daß die Räder des Wagens dieselben gar nicht ver lassen fönnen."

Die europäische Lage.

„Die politische Lage in Europa ist normal; es sieht auch nicht der geringste schwarze Punkt am Horizont; überall ist die Perspektive eine friedliche.

Es ist dies ein wenig mein Werk; wenn das deutsche Volk Vertrauen zu mir hatte, wenn es glaube, daß ich ein guter Kanzler sei, dann kam dies hauptsächlich daher, daß es sehr wohl wußte, wie sehr es mir um die Erhaltung des Friedens zu thun war. Uebrigens können die modernen Völker nicht mehr zum Kriege gegen ihren Willen fortgerissen werden. Ihre Zustimmung ist absolut nöthig, und das Unheil, das aus einem gewaltsamen Zusammenstoß hervorgehen kann, ist so groß, daß Niemand mehr riskirt, der Angreifer zu sein.

Deutschland wird Frankreich niemals angreifen. Die Wehreinrichtungen, die aus Jedermann einen Soldaten machen, sind die beste Friedensbürgschaft. Die ungeheuren Rüstungen, die jetzt an der Tagesordnung sind, würden sie erdrücken, wenn nicht das Herz unter denselben für einen aus eigenem Antriebe und ohne Hintergedanken unternommenen Krieg schlüge. Man darf sich aus diesem Grunde auch nicht über das Drückende des Kriegsbudgets beklagen. So lange die Abneigung gegen militärische Rüstungen nicht stärker sein wird, als die anderen Empfindungen und Interessen, so lange wird eine allgemeine Abrüstung unmöglich sein. Inzwischen verhindern jene Rüstungen durch ihr Gewicht, daß man sich ohne sehr triftigen Grund ihrer auf dem Schlachtfelde bedient."

v. Bismarck. Tischgespräche.	20

des opinions particulières, comme celle-ci professée par quelques militaires,
qu'il était mauvais de laisser reprendre trop de forces à un adversaire
qui redevenait dangereux.

M. de Gontaut-Biron, votre ambassadeur, s'est alarmé, et le prince
de Gortschakow en a profité pour faire croire que la Russie vous avait
tiré d'embarras par son intermédiaire.

J'ai dit alors qu'il devait aller à Paris pour s'y faire élever une
statue avec deux ailes dans le dos et un feu de bengale autour.

Je m'en suis expliqué depuis avec l'empereur Alexandre II.; je lui
rappelai ce qu'on répétait partout; il me répondit: N'y faites pas attention,
il est si vaniteux; de là date ma rupture, non pas avec la Russie, mais
avec Gortschakow.[1])

D'ailleurs, pourquoi vous figurer que vous devez de la reconnaissance
à la Russie? La politique n'est pas une question de sentiments, c'est
l'intérêt qui vous lie, le sentiment d'un contrepoids: votre rapprochement

---

[1]) Zur Geschichte der 1875er Kriegs-Affaire wurde der „Braunschweiger Landes-
Zeitung“ von gut unterrichteter Seite geschrieben: Die verstärkten französischen Rüstungen,
namentlich das Kadregesetz vom 12. März 1875, wodurch das französische Heer mit einem
Schlage um 144000 Mann vermehrt wurde, hatten nicht bloß die Berliner Militärpartei
beunruhigt. Auch Fürst Bismarck selbst war, wie allmählig feststeht, der Ansicht, daß
die Franzosen durch dieses Gesetz einen Rahmen herstellen wollten, um nach Gambetta'schem
Rezepte gewaltige Volksmassen in die neue militärische Organisation hineinzuwerfen und
so mit überwältigenden Zahlen den Rachekrieg zu beginnen. Während aber die Militärpartei damals die Auffassung vertrat, daß entweder Frankreich veranlaßt werden müßte,
seine Heeresziffern beträchtlich herabzusetzen oder Teutschland einem französischen Angriff
zuvorzukommen hätte, vertrat Fürst Bismarck einen ganz anderen Standpunkt. Ihm
genügte es, den französischen Machthabern durch die Vermittelung der offiziösen Presse
zu zeigen, daß die deutsche Regierung „toujours en vedette“ und vollauf vorbereitet sei
einem etwaigen französischen Angriff wirksam zu begegnen. In diesem Sinne konnte bald
darauf der „Reichsanzeiger“ folgende bedeutsame Erklärung veröffentlichen: Daß die
Vermehrung der Kadres hier eine gewisse Beunruhigung erzeugt hat, ist richtig. Diese
Beunruhigung hat aber nicht im Entferntesten zu kriegerischen Entschließungen oder auch
nur Erwägungen in Teutschland geführt und hat bei der Reichsregierung zu keiner Zeit
die Absicht bestanden, eine Aufforderung zur Reduktion der Armee-Reorganisation an
die französische Regierung zu richten. Es ist zu keiner Zeit auch nur der Gedanke
an eine solche oder ähnliche Maßregel zur Erwägung gezogen oder überhaupt erwähnt
worden. Kaiser Alexander II. selbst hatte keinen Anstand genommen, die kriegerischen
Absichten der Berliner Regierung in das Reich der Fabeln zu verweisen. Vor seiner
Abreise aus Berlin, am 13. Mai 1875, äußerte er wörtlich: „Rußlands Friedensaufgabe
ist leicht, denn kein Staat will den Krieg. Ich habe hier die friedlichsten Absichten bei
Kaiser Wilhelm und dem Fürsten Bismarck gefunden. Die Mitwirkung Teutschlands
für die Erhaltung des Friedens ist niemals fraglich gewesen und darf als vollständig
gesichert angesehen werden.“ Indessen beobachtete der russische Kanzler gegenüber dem
deutschen nicht dieselbe Loyalität. Aus Haß gegen den größeren und erfolgreicheren
Nebenbuhler spielte sich Fürst Gortschakow als den Friedensstifter und Retter Frankreichs auf.

est assez naturel, pour qu'il n'y ait pas besoin de fonder autrement votre amitié réciproque."[1]

En 1887.

„Dans l'affaire Schnaebelé il n'y a eu que les rancunes de deux agents. Nous n'avons ni provoqué l'incident ni cherché à l'envenimer."

En 1890.

„Nous ne voulons plus rien. L'Allemagne n'a besoin ni de trois millions de Hollandais qui sont absolument indépendants et qui ne veulent pas être absorbés,[2] ni des provinces baltiques,[3] ni de la Pologne.[4] ni de quoi qui ce soit.

Nous avons assez des annexés qui restent fidèles à leur nationalité sans tenter d'en digérer davantage.

J'étais opposé à la conquête de cette partie du Schleswig qui renferme toujours 150000 Danois; elle m'a été imposée.

Pour ce qui est de l'Alsace, l'occupation de Strasbourg a paru nécessaire, parce que la garnison de Strasbourg exerçait une influence morale et une action matérielle trop prépondérante sur toute l'Allemagne du sud; en 1867 (muß heißen 1854, wie in den „Hamburger Nachrichten" Nr. 129 vom 1. Juni 1890, Morgen-Ausgabe, des Näheren ausgeführt wurde), le roi de Wurtemberg m'écrivait qu'il lui serait bien difficile, en cas de conflit, d'observer le pacte fédéral et de se défendre contre Strasbourg.

[1] Nach der Uebersetzung in den „Hamburger Nachrichten": Das Jahr 1875. „Man hat geglaubt, daß im Jahre 1875 der Ausbruch des Krieges drohte. Ich meinerseits habe Alles aufgeboten, um es nicht dazu kommen zu lassen. Uebrigens hat mich Feldmarschall Moltke in dieser Beziehung niemals genirt. Es sind wohl manchmal Urtheile von Militärs dahingehend ausgesprochen worden, man dürfe niemals einen Gegner, der gefährlich werden könnte, zu sehr zu Kräften kommen lassen.

Herr von Gontaut-Biron, der französische Botschafter in Berlin, hat sich unnütz beunruhigt, und Fürst Gortschakow hat dies benutzt, um der Welt glauben zu machen, daß Rußland durch seine Vermittelung Frankreich aus der Verlegenheit geholfen. Ich habe demselben damals gesagt, er möge nach Paris gehen und sich dort eine Statue mit Flügeln auf dem Rücken errichten und dieselbe mit bengalischen Flammen beleuchten lassen. Ich habe mich dann darüber mit dem Kaiser Alexander II. ausgesprochen und ihn daran erinnert, was man damals überall wiederholte. Der Kaiser erwiderte darauf: Beachten Sie dies nicht; er ist so eitel. Von da an datirt mein Bruch nicht mit Rußland, sondern mit Gortschakow.

Beiläufig, warum will man sich einbilden, daß Frankreich Rußland Dank schuldet? Die Politik ist keine Gefühlssache; das Staatsinteresse verbindet miteinander und das Gefühl eines Gegengewichts.

Die Annäherung Rußlands und Frankreichs ist ganz natürlich, es bedarf gar keines andern Bandes, um gegenseitige Freundschaft zu erwecken."

[2] Vergleiche oben Seite 259.

[3] Vergleiche oben Seite 256 und den Artikel in den „Hamburger Nachrichten" Nr. 275 vom 18. November 1892 (Abend-Ausgabe): „Fürst Bismarck und die baltische Frage."

[4] Vergleiche oben Seite 247.

Quant à Metz, ce sont les militaires qui l'ont exigé en donnant comme raison que Metz valait 100000 hommes.

Maintenant nous sommes saturés et nous ne voulons courir aucun hasard".[1])

Vienne et Berlin.

„Il y a en Allemagne et ailleurs des critiques qui m'accusent de vouloir détruire l'Autriche et de reprendre les neuf ou dix millions d'Allemands qu'elle renferme.

C'est une absurdité dont le temps a déjà fait justice comme de tant d'autres.

Du reste Vienne et Berlin, deux capitales, ne peuvent pas exister simultanément dans le même empire: ce serait déraisonnable et cela ne doit pas être."[2])

Les Balkans.

„Pour les événements qui peuvent se produire dans les Balkans, ils ne touchent pas l'Allemagne; ils ne regardent que la Russie, l'Italie, l'Autriche et l'Angleterre.

---

[1]) In der Ueberſetzung der „Hamburger Nachrichten": Das Jahr 1687. „In der Schnaebele-Angelegenheit ſpielte ſich in der Hauptſache nur die Machination von einigen Polizeiagenten ab.

Wir haben jenen Zwiſchenfall weder provozirt noch dazu beigetragen, ihn zu ver- ſchärfen."

1890. „Wir wollen nichts mehr! Teutſchland braucht weder die drei Millionen Holländer, welche ja vollkommen naabhängig ſind und nicht wünſchen, abſorbirt zu werden, noch die baltiſchen Provinzen, noch Polen, noch was es auch ſei. Wir haben genug der Annektirten, die ihrer Nationalität treu bleiben und wollten keinen Verſuch machen, noch mehr davon aufzunehmen. Ich habe mich der Eroberung jenes Theiles von Schleswig widerſetzt, welcher noch jetzt von 150000 Dänen bewohnt wird; der Erwerb dieſes Theiles wurde mir aufgedrängt. Was den Elſaß anbelangt, ſchien der Beſitz Straßburgs eine zwingende Nothwendigkeit, denn die Beſatzung dieſer Feſtung hatte großen moraliſchen Ein- fluß auf ganz Süddeutſchland und deren Stärke gab ihr auch ein allzu materielles Ueber- gewicht in dieſer Gegend; im Jahre 1854 ſchrieb mir der König von Württemberg, daß es ihm im Kriegsfalle ſehr ſchwer würde, den Bundesvertrag aufrecht zu erhalten und ſich gegen Straßburg zu wehren.

Bezüglich Metz wurde vom militäriſchen Standpunkte zur Geltung gebracht, daß man es haben müſſe, weil der Beſitz dieſer Feſtung einer Armee von 100000 Mann gleich zu rechnen ſei. Nun ſind wir völlig geſättigt und wollen uns keiner weiteren Gefahr ausſetzen."

[2]) Nach der Ueberſetzung der „Hamburger Nachrichten":

Wien und Berlin.

„Es giebt in Teutſchland und anderwärts Kritiler, die mich beſchuldigen, ich wolle Oeſterreich vernichten und die neun bis zehn Millionen Teutſche, welche dort leben, wieder zurücknehmen. Das iſt ein Unſinn, welcher bereits durch den Verlauf der Jahre ebenſo erwieſen wurde, wie manch anderes Unding. Uebrigens könnten zwei Hauptſtädte wie Wien und Berlin unmöglich zu gleicher Zeit in demſelben Reiche beſtehen; es wäre dies ganz unvernünftig und darf nicht ſtattfinden."

J'ai toujours pensé que nous devions rester en dehors: d'ailleurs, dans
notre traité avec l'Autriche, nous avons stipulé que ce point ne nous
engageait point."[1]

Quelques affaires.

„Je n'ai pas manqué d'occasions pour montrer que je voulais éviter
les affaires; à propos des Carolines, j'ai du contenir nos marins qui
auraient volontiers bombardé quelques ports espagnols; mais j'ai trouvé
que l'insulte faite à notre pavillon ne valait pas ces représailles, et qu'il
était mauvais de nous faira d'autres ennemis: j'ai imaginé un biais,
l'intervention du pape, qui était une trouvaille assez ingénieuse.[2]

---

[1] Nach der vorgenannten Uebersetzung:

Der Balkan.

„Die Vorkommnisse, welche sich auf der Balkan-Halbinsel ereignen können, geben
Deutschland nichts an; berührt werden nur Rußland, Italien, Oesterreich und England.
Es war stets meine Ansicht, daß wir davon bleiben sollen; auch haben wir in unserem
Vertrag mit Oesterreich seitgesetzt, daß uns jene Angelegenheit zu nichts verpflichtet."

[2] Ueber diese Frage bemerkten die „Hamburger Nachrichten" Nr. 29 vom
3. Februar 1592, Morgen-Ausgabe: Wir glauben, daß wenn Fürst Bismarck für irgend
etwas den Dank des Vaterlandes beanspruchen kann, so ist es sein Verhalten in dem
Konflikt mit Spanien. Dieser Staat hatte damals seine erst sieben Jahre alte Erklärung, daß ihn die Karolinen nichts angingen, einfach abgeleugnet, die spanische Presse
hatte Deutschland mit den empörendsten Invectiven überschüttet, auf den Karolinen war
die deutsche Flagge widerrechtlich niedergeholt und beschimpft worden, von dem deutschen
Gesandtschafts-Hotel in Madrid hatte der fanatische Pöbel das Schild abgerissen — genug,
es lag der schönste Kriegsgrund für uns vor. Die Landung einer spanischen Flotte an
der Nordseeküste stand nicht in Aussicht, aber unserer Marine war eine ihr höchst er-
freuliche Gelegenheit geboten, ihre Geschütze an den spanischen Häfen zu probiren, spanische
Schiffe zu vernichten, kurz und gut, die Gelegenheit für eine auch für die inneren Angelegenheiten nicht unangenehme auswärtige Diversion in Gestalt eines Bombardements
der Küstenplätze und insolenten Spaniens war günstig und verlockend.
Aber bei der Hartnäckigkeit der Spanier und bei der Schwierigkeit einer Landung in
Spanien und eines schließlichen Marsches auf Madrid wäre der Krieg immerhin eine
zweifelhafte Sache gewesen; er hätte außerdem die Handelsverbindungen mit Spanien
unterbrochen und sie auf lange Jahre durch die Erbitterung der Spanier über das deutsche
Vorgehen erheblich geschädigt. Ein solcher Krieg wäre eine Unternehmung wie die napoleonischen Kriegszüge nach Mexico und bei der nicht gewesen. Für Kaiser Wilhelm I. würde
es nicht unerwünscht gewesen sein, seine Marine an der Arbeit zu sehen, und er würde
ohne Zweifel den Befehl hierzu ertheilt haben, wenn ihm die Ehrenfrage im Konflikt mit
Spanien irgendwie in einem scharfen Lichte dargestellt worden wäre. Für einen Minister,
der das Bedürfniß gehabt hätte, seine inneren Schwierigkeiten durch auswärtige Ver-
wickelungen zu erleichtern, wäre es also außerordentlich bequem und eine berechtigte Gelegenheit gewesen, auf Kosten des spanischen und, wenn man will, des deutschen Volkes
die Gemüther des letzteren chauvinistisch zu beschäftigen. Daß unser Handel nach Spanien
der sich auf beinahe 50 Millionen jährlichen gegenseitigen Umsatzes beläuft, auf ein
Menschenalter unterbrochen worden wäre, konnte einem solchen Minister gleichgültig sein.
Wir halten es sonach für eine der dankenswerthesten Leistungen des Fürsten Bismarck, daß
er dieser Versuchung zu einem ungefährlichen und ruhmreichen maritimen Vorgehen wider-
standen und sich den Excessen des spanischen Pöbels gegenüber benommen hat, wie der

A propos de Samoa, vis-à-vis des Etats-Unis, j'ai suivi la même ligne.[1]

Dans l'affaire Wolgemuth, je n'ai poursuivi qu'un but: celui d'obtenir de la Suisse qu'elle veillât elle-même sur les menées des socialistes internationaux, pours nous débarrasser de cette besogne; ce Wolgemuth n'était qu'un imbécile et il n'avait servi qu'à nous compromettre par son inintelligence.

J'ai réussi au-delà de mes espérances, puisque la Suisse s'est organisée dans le sens que je désirais.

Quant au colonel Roth, son représentant à Berlin, il a toujours été mon ami et nous n'avons pas cessé d'être en excellents termes."[2]

— · —

Kommandeur einer überlegenen Truppe, der von der Straßenmeute mit Schmutz beworfen wird. Der Papst war eine Autorität, der auch der exaltirteste Spanier sich fügt, und da es der deutschen Politik darauf ankam, die Möglichkeit eines unerwünschten und schädlichen Krieges aus der Welt zu schaffen, so glauben wir, war es geschickt von ihr, daß sie den Papst zum Schiedsrichter wählte. Außerdem war der Papst für unsere inneren konfessionellen Angelegenheiten immerhin eine Potenz, deren Wirksamkeit gegenüber den inländischen Jesuiten ins Gewicht fiel, und ihn durch eine Huldigung für seine hohe Stellung und seinen persönlichen Charakter für uns in bessere Stimmung zu versetzen, war für einen deutschen Minister, wenn er es vernachlässigte, ein Fehler, und wenn er es that, nicht zu tadeln.

[1] Die „Hamburger Nachrichten" bemerkten an derselben Stelle hierzu: Mit noch stärkerem Recht wie die Verhütung des spanischen Krieges hätte man diejenige des Krieges mit Nordamerika wegen Samoa der deutschen Politik zur Last legen können. Auch in diesem Falle war die öffentliche Meinung in einem Staatswesen, das stärker ist wie Spanien, in ungerechter Weise gegen uns aufgestachelt worden, sie konnte durch eine schroffe, wenn auch berechtigte Haltung Teutschlands leicht überlodern, und auch da fand das französische Sprichwort Anwendung; le jeu n'en vaut pas la chandelle. Ein von uns nicht provocirter Krieg mit Nordamerika wäre in den inneren Verhältnissen Teutschlands für eine Regierung, wenn sie reactionär gewesen wäre, vielleicht nützlich gewesen; aber die deutsche Regierung hat damals nach dem vom Fürsten Bismarck stets vertretenen Grundsatz gehandelt, daß wenn man einen Krieg führe, man nach Beendigung desselben noch in der Lage sein müsse, nachzuweisen, daß trotz aller inzwischen gebrachter Opfer der Krieg dennoch im Interesse des Landes gelegen habe.

[2] Nach der Uebersetzung der „Hamburger Nachrichten":

Einige Streitfragen.

„Ich habe mir keine Gelegenheit entgehen lassen, den Beweis zu erbringen, daß ich Streitigkeiten vermeiden möchte. Was die Karolinenfrage betrifft, mußte ich unsere Marine zurückhalten, da sie wohl sehr geneigt schien, einige spanische Häfen zu bombardiren; aber ich war der Ansicht, daß die unserer Flagge zugefügte Beleidigung nicht sofort solche Repressalien bedinge und daß es schlecht gewesen wäre, uns noch andere Feinde zu machen; ich sah mich nach einem Ausweg um, die Intervention des Papstes war ein glücklicher Fund und zweckmäßig zugleich.

Auch bezüglich der Samoafrage, den Vereinigten Staaten gegenüber, habe ich dieselben Ziele verfolgt.

In der Angelegenheit Wohlgemuth habe ich nur einen Zweck vor Augen gehabt und zwar den, die Schweiz zu veranlassen, in ihrem Lande selbst die internationalen Sozialisten-

La question sociale.

„Je ne crois pas qu'il soit jamais possible de rendre l'humanité heureuse et contente de son sort.

Il y a toujours eu de l'inégalité entre les hommes, des riches et des pauvres, il y en aura toujours.

De mon temps, les ouvriers mangeaient moins bien, étaient moins bien habillés que maintenant; des progrès se feront, mais le monde ne changera pas d'un seul coup.

La Providence a disposé les choses de telle façon que le désir de monter à la hauteur de ceux qui sont au-dessus entretient une émulation salutaire; c'est le ressort le plus puissant de l'activité des peuples.

Les socialistes font croire aux masses qu'elles peuvent réaliser immédiatement leur rêve sur cette terre; mais ils sont incapables de tenir leurs promesses

Parmi les chefs qui sont en Allemagne à la tête du parti socialiste il y a des hommes de beaucoup de talent, de grands orateurs, comme Liebknecht par exemple; mais leur système est chimérique; ils sont pour la communauté des propriétés terriennes et industrielles, exploitées solidairement; c'est une folie.

Les concessions qui leur sont faites ne les séduiront pas; elles ne peuvent que contribuer à augmenter le nombre de voix dont ils disposent déjà."[1]

umtriebe zu überwachen, um uns dieser Sorge zu überheben; Wohlgemuth war nur ein Schwachkopf und hatte uns durch seine Unklugheit nur kompromittirt. Der Erfolg in dieser Sache übertraf alle meine Hoffnungen, denn die Schweiz hat sich genau in dem von mir gewünschten Sinne reorganisirt. Der Oberst Roth, der Vertreter der Schweiz in Berlin war stets mein Freund, und wir haben niemals aufgehört, die besten Beziehungen unter einander zu pflegen."

[1] In der Uebersetzung der „Hamburger Nachrichten":

Die soziale Frage.

„Ich glaube nicht, daß es jemals möglich sein wird, die Menschheit glücklich und zufrieden mit ihrem Schicksal zu machen. Es hat immer Ungleichheiten unter den Menschen gegeben, es gab jederzeit Reiche und Arme, und es wird auch stets Reiche und Arme geben.

Zu meiner Zeit haben die Arbeiter weniger gut zu essen gehabt und waren weniger gut gekleidet, wie jetzt; Fortschritte werden stets gemacht werden, aber die Welt kann sich nicht mit einem Schlage ändern. Hat doch die Vorsehung die Dinge so eingerichtet, daß der Wunsch, dahin zu gelangen, wo die Oberen schon sind, einen wohltätigen Wetteifer hervorruft, welcher wohl als der mächtigste Sporn für die Thätigkeit der Völker anzusehen ist. Die Sozialisten wollen den Massen glauben machen, daß sie ihren Traum auf dieser Welt augenblicklich verwirklichen können; sie sind aber unfähig, ihre Versprechungen zu halten. Unter den Führern, die sich in Teutschland an der Spitze der sozialistischen Partei befinden, giebt es sehr talentirte Männer, große Redner, wie Liebknecht zum Beispiel, aber ihr System ist eine Chimäre; sie möchten einen Kommunismus des Grundbesitzes und der Industrie und solidarische Ausnutzung derselben: das ist Wahnsinn! Die ihnen gemachten Zugeständnisse werden sie nicht beleben; diese letzteren können nur dazu beitragen, die Zahl jener Stimmen zu vermehren, die ihnen bereits zur Verfügung stehen."

La France.

„Je n'ai jamais partagé les préjugés qui ont cours dans certains millieux sur la prétendue légèreté des Français. Je les ai toujours appréciés comme de bons et sérieux compagnons.

Je sais que la nation, depuis quelques années, a encore fait des progrès de toute nature; son armée est quatre ou cinq fois plus nombreuse qu'en 1870; j'espère qu'entre eux et nous rien ne sera plus remis au Dieu des batailles.

J'ai conservé le meilleur souvenir de mes relations avec beaucoup de vos hommes d'Etat, surtout de mon vieil ami Thiers, qui pouvait avoir quelques côtés personnels, mais qui aimait avant tout son pays, qui était un vrai et un courageux patriote.

J'ai beaucoup d'admiration pour M. de Freycinet et nos militaires m'ont dit souvent que ses mesures comme chef de l'armée les étonnaient par leur habileté, leur entente des choses de la guerre.

L'énergie habile de M. Constans est reconnue en Allemagne.

Je suis convaincu que la grande masse du peuple français pratique le travail, veut faire des économies, est attachée profondément à la paix.

Chez vous, il n'y a qu'un danger à redouter, celui que révèle l'histoire de vos révolutions, que la minorité entraine la majorité."[1]

M. de Bismarck candidat au Reichstag.

„J'ai servi trois souverains avec le même zèle: je n'ai jamais connu d'hommes plus braves que l'empereur Guillaume Ier et Frédéric III; il

[1] Nach der Uebersetzung der „Hamburger Nachrichten":

Frankreich.

„Ich habe niemals die Vorurtheile gehegt, wie sie in gewissen Kreisen über den vermeintlichen Leichtsinn der Franzosen herrschen. Stets habe ich sie als gute und verläßliche Gesellschafter geschätzt. Es ist mir bekannt, daß die Nation seit den letzten Jahren nach allen Seiten hin Fortschritte gemacht hat. Ihre Armee ist gegenwärtig vier oder fünf Mal so zahlreich wie im Jahre 1870; hoffentlich wird zwischen ihr und uns nichts mehr dem Gott der Schlachten anheimgestellt werden. Ich für meinen Theil habe mir die schönsten Erinnerungen bewahrt, meine Beziehungen mit Ihren Staatsmännern betreffend; ganz besonders gilt dies von meinem alten Freunde Thiers, der allerdings manche Eigenthümlichkeiten in seinem persönlichen Auftreten hatte, der aber vor allen anderen Dingen sein Vaterland liebte und der ein wahrer und muthiger Patriot war.

Große Verehrung hege ich für Herrn de Freycinet, über welchen unsere Militärs mir oft gesagt haben, daß sie von dessen Maßnahmen als Chef der Armee wegen seines großen Geschickes und seines richtigen Verständnisses für Kriegsangelegenheiten in Erstaunen gesetzt wurden. Die gewandte Thatkraft des Herrn Constans wird in Deutschland allgemein anerkannt. Ich bin überzeugt, daß die große Masse des französischen Volkes sich der Arbeit widmet, daß sie sich gern etwas zurücklegen möchte und dem Frieden außerordentlich zuneigt. Bei Ihnen ist nur eine Gefahr zu fürchten, diejenige, welche an die Geschichte Ihrer Revolutionen erinnert, daß die Majorität von der Minorität fortgerissen wird."

n'était même pas agréable de les accompagner dans les combats, car ils ne se plaisaient qu'aux endroits les plus dangereux.

Mon vieux roi aimait tellement le danger que les attentats même ne le fâchaient point. Je me rappelle toujours quand Nobiling a tiré sur lui; il avait le bras et la tête criblés de plomb; il se remit très vite à cause de l'excellence de son sang. Comme je le félicitais de cette prompte guérison, il répliqua en riant: Ce maladroit de Nobiling, il a été plus intelligent que mes médecins, il a bien deviné qu'une bonne saignée était ce qu'il y avait de mieux pour ma santé.

Quant à son fils, c'était le plus aimable, le plus courtois, le plus généreux des hommes; jamais dans ses heures de souffrances les plus atroces, son calme, son aménité, sa politesse ne se sont démentis.

J'étais parfaitement d'accord avec lui; quelques années avant qu'il ne fut empereur, il m'avait demandé mon concours en cas d'événement; je le lui avais promis à deux conditions: 1° Qu'il n'y aurait pas de régime parlementaire; 2° pas d'influence étrangère.

Il avait accepté sans difficulté. Malgré ce qu'on a raconté, j'affirme que plus tard je suis resté en communion d'idées avec lui notamment dans l'affaire Battenberg.

Maintenant je suis un oisif; je lis plus de journaux que jamais; mais cela ne me suffit pas.

J'irai au Reichstag quand cela se présentera; il a encore cinq ans de durée à moins qu'il n'y ait une dissolution, mais une élection partielle peut m'offrir un siége; je n'irai pas là pour gêner mes successeurs et leur causer des embarras, mai j'ai mes idées à défendre, on les connait. J'ai le droit et le devoir de ne pas les abandonner."[1]

---

[1] Nach der vorgenannten Ueberjezung:

Herr v. Bismarck als Reichstags-Kandidat.

„Mit demselben Eifer habe ich dreien meiner Souveräne gedient; niemals kannte ich Männer kühner und tapferer, als die Kaiser Wilhelm I. und Friedrich III.; es ging jo weit, daß es nicht angenehm war, fie während der Gefechte zu begleiten; denn wo die größten Gefahren drohten, gefiel es ihnen stets am besten. Mein alter König war für die Gefahr so eingenommen, daß ihn selbst die Attentate nicht böse zu machen im Stande waren. Ich erinnere mich stets, als Nobiling auf ihn schoß, hatte ihm das Blei Kopf und Arm durchlöchert; er genas sehr rasch, vermöge seiner ausgezeichneten Natur. Als ich ihn beglückwünschte betreffs seiner raschen Heilung, erwiderte er lächelnd: Der ungeschickte Mensch, der Nobiling, er war gescheidter wie meine Aerzte; er hat errathen, daß ein tüchtiger Aderlaß wohl das beste Mittel zur Herstellung meiner Gesundheit sein müsse!

Sein Sohn war der liebenswürdigste, der zuvorkommendste, der edelste aller Männer; niemals, auch nicht in den Stunden der fürchterlichsten Leiden, hat er seine Ruhe, sein angenehmes Wesen, seine Höflichkeit verleugnet. Ich war vollkommen mit ihm einig; mehrere Jahre vor seiner Thronbesteigung hat er mich um meine Beihülfe im Fall eines unvorhergesehenen Ereignisses; ich versprach sie ihm unter zwei Bedingungen: 1. daß kein parlamentarisches Regime bestehen dürfe und 2. daß er sich keinem

314

Der Korrespondent des „Petit Journal" faßte seine Eindrücke zusammen in die Worte: Fürst Bismarck ist gegenwärtig mehr als je der Wächter des Friedens.

7. Juni 1890. Friedrichsruh. Empfang des Vertreters des „Daily Telegraph" Beato Kingston.[1])

Der Berichterstatter erzählt zunächst von einer Begegnung, die er in früheren Jahren mit dem Fürsten Bismarck gehabt, schildert hierauf seine Reise nach Friedrichsruh, seine freundliche Aufnahme daselbst, und fährt dann fort:[2])

fremden Einfluß hingeben werde. Er nahm diese Bedingungen ohne die geringsten Schwierigkeiten an. Mag man darüber auch Anderes gesprochen haben, ich kann nur bestätigen, daß ich auch später mit ihm eines Sinnes geblieben bin und daß wir insbesondere in der Battenberger Affaire vollkommen einig waren.

Jetzt bin ich ein Müßiggänger; ich lese mehr Zeitungen, wie je zuvor; doch genügt mir das keineswegs. Wenn sich die Gelegenheit ergiebt, trete ich in den Reichstag ein; wird er nicht früher aufgelöst, so steht ihm eine Dauer von 5 Jahren bevor. Aber eine Ersatzwahl kann mir einen Sitz verschaffen. Ich gehe nicht hin, um meine Nachfolger zu belästigen oder ihnen Schwierigkeiten zu bereiten. Aber ich werde meine Ansichten, die man ja kennt, vertheidigen; es steht mir das Recht und die Pflicht zu, sie nicht aufzugeben."

[1]) Das Referat des Korrespondenten findet sich veröffentlicht in dem „Daily Telegraph" Nr. 10935 und 10939 vom 10. und 11. Juni 1890. Man vergleiche über dieses Interview: Wippermann a. a. O. S. 50, „Schwäbischen Merkur" Nr. 137 vom 12. Juni 1890, „Hannoverschen Courir" Nr. 1646 vom 14. Juni 1890, „Frankfurter Zeitung" Nr. 162 vom 11. Juni 1890, „Berliner Tageblatt" Nr. 289, 291 und 293 vom 11., 12. und 13. Juni 1890, „Weser Zeitung" Nr. 15627 vom 13. Juni 1890, „Trier'sche Landeszeitung" Nr. 163 vom 16. Juni 1890, „Post" Nr. 158 vom 13. Juni 1890, „National-Zeitung" Nr. 336 und 339 vom 12. und 13. Juni 1890, „Neue Züricher Zeitung" Nr. 164 vom 13. Juni 1890, „Magdeburgische Zeitung" Nr. 291 vom 12. Juni 1890, „Kölnische Zeitung" Nr. 161 und 162 vom 12. und 13. Juni 1890, „Kleines Journal" Nr. 157 und 158 vom 11. und 12. Juni 1890 und „Vossische Zeitung" Nr. 266 vom 11. Juni 1890.

[2]) Ich folge im Nachstehenden der Uebersetzung des Berichterstatters, wie sie in den „Hamburger Nachrichten" Nr. 138 vom 12. Juni 1890 (Abend-Ausgabe) enthalten ist. Der englische Besucher schildert zunächst die bekannte Umgebung von Friedrichsruh und das Aussehen des Hausherren. Bei dem Anblicke der beiden dänischen Doggen erwachte die Erinnerung des Besuchers an den „Reichshund" Tyras I., welcher im Schlafzimmer des Fürsten und in Gegenwart desselben vor drei Jahren schmerzlos gestorben ist. „Einige Minuten vor dem Tode des alten treuen Hundes — sagte der Fürst — sprach ich zu ihm. Er hatte nicht mehr die Kraft mit seinem Schwanze zu wedeln, aber er öffnete seine Augen, und als er noch einmal blickte, nahm sein Gesicht einen Ausdruck an, welcher mir sagte — so deutlich, als wenn er gesprochen hätte — daß er mich erkannte, mir Lebewohl wünschte." Tyras II. ist ein Geschenk des gegenwärtigen Kaisers und „noch gutmüthiger, aber von weniger stark marktirter Individualität". Die schiefergraue Genossin Tyras II. ist eine Enkelin des famosen „Reichshundes". Der Fürst empfing den Besucher mit den Worten: „Ich freue mich, Sie wieder zu sehen; wir sind, glaube ich, seit 1872 nicht mehr zusammen gekommen." Ueber die Persönlichkeit des Interviewers schreibt die „Frankfurter Zeitung": Die Beziehungen des Fürsten Bismarck zu Herrn Kingston sind bereits alt, und letzterer erwähnt selbst, daß er schon

Als ich mit dem Fürsten die lange Suite der Zimmer durchschritt, in deren erstem ich empfangen war, konnte ich nicht umhin, das gute Aussehen des Fürsten hervorzuheben und zu bemerken, daß ihm seine neuerliche Ruhe nach den Mühen des Amtes ersichtlich wohl gethan habe. „Ruhe — rief er aus — ja, eine definitive Ruhe. Mein offizielles Leben ist beendet. Nun werde ich Zeit haben für einige der Erholungen, die ich dreißig Jahre hindurch vernachläissigt habe. Ruhe ist gut, noch besser ist die Gewißheit, daß ich nicht wieder meine Wohnung zu wechseln haben werde. Ein Sprichwort sagt: Dreimal umziehen ist so schlimm wie einmal abbrennen."

Ich hatte von einem alten Freunde des Fürsten in Hamburg, den er am letzten Dienstag besucht hatte, gehört, er habe gesagt, daß er während des nächsten Winters in der großen alten Hansastadt Diner-Einladungen annehmen und Theater-Vorstellungen beiwohnen werde. Da ich wußte, ein wie zurückgezogenes Leben er zu führen gewohnt gewesen, als er im Zenith seiner Macht stand, so fragte ich ihn, ob er bei der erwähnten Gelegenheit im Scherz oder Ernst gesprochen habe. „Im Ernst — erwiderte er —. Glauben Sie nicht, daß es hohe Zeit für mich ist, etwas Amusement und einige soziale Vergnügungen zu genießen?"

Ueber einen dann vom Fürsten mit seinem Gast unternommenen Spaziergang in der Nähe des Hauses wird weiter berichtet:

Wir beschritten einen breiten Pfad im Parke und trafen mehr als eine Gruppe Vergnügungsreisender, die bei Seite stand, sich respektvoll vor Seiner Durchlaucht verneigte und mit der er nicht einige freundliche Worte auszutauschen verfehlte. Nach dem dritten Renkontre dieser Art fragte ich ihn, ob dies ein öffentlicher Weg sei. „Meineswegs — antwortete er — um mein eigenes Wegerecht aufrecht zu erhalten, muß ich hier und da Tafeln aufstellen, die das Betreten verbieten. Aber meine Strafandrohungen werden doch selten oder nie in die Wirklichkeit übertragen und diese guten Leute scheinen sich auch nicht sehr vor ihnen zu fürchten. Meine Waldwächter sind nur strenge gegen die Sonntags-Eindringlinge, die den Wald beschädigen und verunreinigen oder das Wild stören." — „Fasanen?" — „Nein, Fasanen halte ich nicht, dafür ist der Wald zu groß. Der Fasan ist ein dummer Vogel, er würde sich in dem großen Raum verlieren. Sie sehen, ich habe hier ungefähr 20000 englische Acre, von denen nur 4000 in landwirthschaftlicher Kultur sind; der Rest ist Waldung,

---

vor 23 Jahren von dem Grafen Bismarck empfangen sei. Die Beziehungen wurden in Folge einer scharfen Aeußerung unterbrochen. Herr Mingston hatte, wenn wir nicht irren, eine von Bismarck erhaltene Nachricht seinem Blatte telegraphirt, worauf die „Norddeutsche Allgemeine Zeitung" ein sehr schroffes Dementi brachte. Die Eigenthümer des „Daily Telegraph" machten dem Korrespondenten Vorwürfe, und als letzterer sich zu Bismarck begab, erklärte dieser, daß die Nachricht allerdings aus einer trüben Quelle stammen müsse. Seit einiger Zeit hat nun Fürst Bismarck versucht, die früheren Beziehungen wieder anzuknüpfen, und einem Briefwechsel ist die Einladung nach Friedrichsruh gefolgt, wohin Herr Mingston am 3. Juni abreiste.

die mich mehr kostet als sie einbringt, aber trotzdem ist sie mir sehr lieb. Hier habe ich keine Gärten, nicht einmal am Hause, nichts als Wald und Wasser. Meine Gärten sind in Varzin, wo meine Frau ihre Rosen zieht. Dies ist Alles in Allem ein einfacher, altmodischer Aufenthalt; es war früher einmal ein Wirthshaus und ich habe manche Aenderungen machen müssen. Auch jetzt bin ich noch nicht damit zu Ende, denn mein Schreibzimmer ist zu klein, ich muß eine Wand wegnehmen und anbauen lassen. Ich will Ihnen gelegentlich zeigen, was ich da noch zu thun beabsichtige."

Wir wandten uns dann links von dem Flüßchen in einen aufwärts führenden schmalen Seitenweg, der sich im Zickzack von einem Absatz zum andern schlängelte. Kleine ländliche Ruhebänke luden zum Ausruhen ein. Nach kurzem Steigen kamen wir auf den Gipfel eines mit schwachem Gras bewachsenen und von niedrigem Unterholz eingeschlossenen Hügels und setzten uns auf eine der Bänke. Während der wenigen Minuten, die wir dort aus= ruhend zubrachten, wandte sich das Gespräch auf den Nihilismus und die Schwierigkeiten, in Rußland irgend eine Regierungsform einzurichten. Ich fragte den Fürsten, ob er nicht eine Methode wisse, den Zar mit seinen un= zufriedenen Unterthanen auszusöhnen, einen Weg, den Nihilismus durch zeit= gemäße und hochherzige Zugeständnisse zu beseitigen.

„Nein, — antwortete er fast strenge — nicht die geringste Konzession darf den Nihilisten gemacht werden, die einer wie der andere mordlustig sind, Mörder wenn nicht in der That, so in Gedanken. Die einzige Art und Weise mit ihnen zu verfahren ist, die Gesetze zu verschärfen und gegen sie mit verstärkter Strenge in Anwendung zu bringen. Da kann von einem Nachgeben gegen diese Elenden nicht die Rede sein. Kein Entgegenkommen kann man haben für Menschen, die nicht einmal wissen, was sie wollen, aber jederzeit bereit sind, jedes beliebige schwere Verbrechen zu begehen. Ohne Zweifel giebt es viele liebenswürdige, vernünftige und intelligente Russen, welche mäßige Reformen wünschen, aber sie scheinen sich nicht genügend geltend zu machen und nicht einen Einfluß auf die am Ruder befindlichen Gewalten auszuüben. Bei den Massen zählen sie auch für nichts. Die Ueberbildung führt in Deutschland zu mancher Enttäuschung und Unzufriedenheit, in Rußland zu Haß und Verschwörung. Zehnmal so viele junge Leute werden dort für die höheren Karrieren vorgebildet, als Stellen für sie vorhanden sind oder Gelegenheiten in den freien Berufsarten, um ein bescheidenes Auskommen, geschweige denn Reichthum und Auszeichnung zu finden. Vielleicht ist die Art, wie sie studiren, auch nicht die richtige. Es giebt zu viele ganze und halbe Freistellen in den höheren Schulen, durch deren Gewährung Kinder armer Leute unglücklich und nutzlos zu sein lernen. Die Söhne der Geist= lichen z. B. haben meist die Gymnasial= und Universitätsstudien umsonst. Was haben sie davon? Wenn sie das Studium hinter sich haben, finden sie in neun von zehn Fällen keine Beschäftigung und ihr Wissen ist dann für sie schlimmer als etwas Ueberflüssiges, denn es macht sie unzufrieden, ja unglücklich.

Sie sind mühevoll dafür vorbereitet, Höheres vom Leben zu verlangen als es ihnen thatsächlich bietet, abgesehen von einigen Wenigen, die sich ausnahms= weise zu einer höhere Klasse aufschwingen. Ich habe Schutzmänner in Rußland gesehen, die studirt hatten und einen akademischen Grad besaßen. Giebt es etwas Grausameres und Absurderes? Solche Leute, erfüllt von Neid und Haß gegen Alles, was hochstehend und glücklich ist, sind sofort für eine Verschwörung und ein Verbrechen zu haben. Sie sind nicht in der Lage aufzubauen, aber sie wissen gerade genug, um sie zum Zerstören geeignet zu machen. Es ist viel leichter zu zerstören als zu befreien, so thun sie Böses und nennen es Befreiung. Ihre Bildung ist scholastisch und in pedantischer Weise ihnen beigebracht, nicht politisch oder gar praktisch. Daher kommt auch die Schwierigkeit, sie in irgend einer Branche des öffentlichen Lebens zu ver= wenden. Die konstitutionelle parlamentarische Regierungsform steht auf einer sehr hohen Stufe, sie basirt auf mancherlei speziellen und komplizirten Kennt= nissen und auf manchem klugen Kompromiß, was man in England so treffend als „Geben und Nehmen" bezeichnet. Es den Händen von Unwissenden, Theoretikern, Schwärmern oder mit der politischen Geschichte und der Wirk= lichkeit ganz unbekannten Enthusiasten anzuvertrauen, ist eine Thorheit oder vielmehr gefährlicher Wahnsinn. Das Einzige für solche Leute ist strenge Autorität. Auf der anderen Seite verhärten uneingeschränkte Autorität und ihre Ausübung die Beamten, die doch schließlich auch nur Menschen sind, die natürlich gerecht, hochherzig und wenn möglich auch wohlwollend sein sollen.

Zu viel Bureaukratismus ist schädlich, aber es ist auch nicht weise, der Macht und der Würde des Staates zu enge Grenzen zu setzen. Ich bin mit Ihnen der Ansicht, daß das Parlament zu sehr in der Lage ist, sich in die Staatsautorität zu mischen und die Regierungen zu belästigen. In Rußland haben Sie, wenn Sie wollen, das andere Extrem. Aber die Engländer sind alte Parlamentarier, an das Parteileben gewöhnt und vertraut mit der Noth= wendigkeit gegenseitiger Konzessionen im richtigen Augenblick. Die Russen, wie ich vorhin sagte, wissen nicht, was sie wollen, weder wann es Zeit ist auszuhalten, noch wann nachzugeben. Sie sind Extremisten in den politischen Dingen, die sie nicht verstehen und sie folgen blind Dogmen oder Ideen, wie es gerade der Augenblick bringt. Gegenwärtig kann man sie nur mit einer eisernen Ruthe regieren."

Zur Arbeiterfrage übergehend, lobte der Fürst freimüthig die Mäßigung der Adresse von Mr. Burns an die Telegirten. Dann stellte er plötzlich die Frage: „Sagen Sie mir, haben Sie je einen Bankier mit einer Million gekannt, der zufrieden war — oder einen Mann der Wissenschaft, einen Politiker, Künstler, Juristen, dem sein Einkommen und seine Stellung ge= nügten? Ich will noch weiter gehen und fragen: Haben Sie je einen zu= friedenen Menschen gefunden? Ich meine, unter den Reichen, den Erfolg= reichen, den Hochgeborenen oder den Hochgestellten? Wie soll denn der

Arbeiter zufrieden sein, dessen Leben nothwendigerweise eines von wenig Vergnügungen und viel Sorgen, von häufiger Entbehrung und seltenem Genießen ist?

Angenommen, Sie zahlen ihm 1 Pfund pro Tag; nach 14 Tagen wird seine Frau einen Extraschilling oder zwei per Tag gebrauchen, zur Ausschmückung ihrer Kinder oder für ihren eigenen Anzug, und sie wird beharrlich auf den Ehemann ihre eigene Unzufriedenheit übertragen. Je mehr die Arbeiter erhalten, desto mehr bedürfen sie. Ich sage nicht, daß dies nicht natürlich sei oder daß sie sich von anderen Menschen in dieser Beziehung unterscheiden, aber die Thatsache bleibt bestehen. Sie wissen, wie enorm, wie erstaunlich ihre Lebensbedingungen innerhalb der letzten 50 Jahre verbessert sind. Haben sie je Zufriedenheit für einen einzigen Tag errungen? Lassen sie die begründeten Beschwerden, über welche sie zu klagen haben, auf natürlichem Wege erledigt werden, wie es allmählich und in gebührender Zeit geschehen wird. Vor Allem lassen Sie sie fortfahren, ihre Lage ohne Einmischung des Staates zu verbessern, denn diese kann ihnen nur mehr Schaden als Nutzen bringen, abgesehen davon, daß dadurch ein nicht wieder gut zu machendes Unrecht einer Menge anderer Leute zugefügt wird, die gerade so sehr Berücksichtigung verdienen, wie die Handarbeiter.

Ich nenne es aufdringlich und ungehörig, einem Arbeiter zu diktiren, wieviel Stunden er arbeiten soll oder nicht, und seine rechtmäßige Autorität über seine Kinder in Bezug auf die dem Broterwerb dienenden Beschäftigungen zu usurpiren.

Man hat gesagt, daß ich zuerst das Beispiel gegeben, mich in Deutschland in die Angelegenheiten der Arbeiter zu mischen, und daß ich die Initiative ergriffen habe, eine Art Staatssozialismus einzuführen. Das ist durchaus nicht richtig. Was ich gethan habe, lag in der Richtung der Wohlthätigkeit, nicht in derjenigen der Einmischung. Ich befürwortete die Beschaffung irgend einer Versorgung für die durch das Greisenalter geschwächten oder durch Krankheit oder Unfall zur Arbeit unfähig gewordenen Arbeiter. Ich fühlte, daß wenn ein Fabrikarbeiter durch eine Maschine oder ein Bergmann durch ein Grubenunglück verstümmelt werde oder wenn ein Mann infolge Ueberarbeitung oder körperlicher Krankheit zusammenbreche, irgend etwas für ihn gethan werden sollte, um ihn vor Mangel oder gar vor der äußersten Nothlage zu bewahren. Auch hielt ich es im wahren Interesse der arbeitenden Klasse für wünschenswerth, daß die Verwaltung und die Kontrole der zu diesem Zwecke zusammengebrachten Gelder von den bureaukratisch geschulten Beamten auf die sich selbst unterstützenden Korporationen übergehe, ähnlich Ihren wohlthätigen Gesellschaften, nur auf diese Weise die Entwickelung korporativen Geistes und der Unternehmungslust unter unseren Arbeitern zu fordern. Ich wünschte sie von amtlicher Einschränkung und Ueberwachung zu emanzipiren, in ihnen die Neigung zur Selbsthülfe, sowie die Liebe männlicher Unabhängigkeit zu nähren und ihnen ein Gefühl der Sicherheit einzuflößen gegen die schlimmsten Kalamitäten, welche ihnen begegnen können: Krankheit, Siechthum und Alter von bitterster Armuth vergällt.

Als ich meinen Plan zum ersten Male dem Kaiser Wilhelm I. empfahl, begriff er dessen gesammte Tragweite nicht sofort; aber sobald diese ihm voll und klar vor die Augen trat, nahm er ihn eifrig auf, und in den letzten Jahren seines Lebens war es sein Lieblingsprojekt. Niemand nahm ein höheres Interesse daran oder sorgte eifriger für den Erfolg dieses Projekts, als er. Aber aus Arbeitern durch gesetzliche Maßnahmen zufriedene Menschen werden zu lassen, ist ein Hirngespinnst, ein Phantom, das sich nicht greifen läßt, wenn man ihm naht.

Wenn die Zufriedenheit des Menschengeschlechts erreicht werden könnte, so wäre es ein Unglück. Was könnte es Unglückseligeres geben, als ein todtes Niveau des Wohlbefindens, ein tausendjähriges Reich allgemeiner Zufriedenheit, den Ehrgeiz ertödtend, den Fortschritt lähmend und zu moralischer Stagnation führend. Es giebt jedoch eine Menge nützlicher Arbeit zu thun, in der Richtung den Arbeitern technische Belehrung zugänglich zu machen; den sie unklammernden Griff der Bureaukratie zu lockern; sie zu ermuthigen, sich der verständigen Handhabung ihrer eigenen Angelegenheiten zu widmen, sowie ihre Interessen auf gesetzlichem und geordnetem Wege zu wahren, anstatt ihre Arbeitgeber zu bekriegen. Kapital und Arbeit sollten die besten Freunde sein, und sie würden das auch zweifellos sein, wenn nicht jeder Theil vor dem anderen einen kleinen Vortheil voraus haben möchte. Dies ist natürlich einfach Menschenart, und wir dürfen nicht hoffen, diese je ändern zu können. Die Rechte des Kapitals sind nicht weniger reell und respektabel als die der Arbeit. Das dürfen wir nicht vergessen."[1]

Es war ungefähr ein Uhr, als unser Spaziergang durch den Schloßpark von Friedrichsruh endete. Vor einer breiten Terrasse, die in ihrer Länge dem Speisezimmer entspricht, traten wir durch eine Glasthür in das Zimmer, in welchem das Frühstück bereit stand. Die Fürstin und drei Freunde erwarteten uns in dem daneben liegenden Wohnzimmer. Ohne weiteren Aufenthalt nahmen wir am Tische Platz, wo sich später auch Graf Herbert zu uns gesellte, sehr sonnenverbrannt und wie ein Bild der Gesundheit, der Kraft und der guten Laune aussehend. An der rechten Wand des Speisezimmers, gerade hinter dem Sitze der Schloßherrin, sieht ein lebensgroßes Portrait des Kaisers Wilhelm II. in ganzer Figur, eine Kopie nach einem Originalgemälde des Professors Angeli, welches den jungen Kaiser in voller Uniform darstellt, die

---

[1] In einem zweiten Briefe, so schließt der Berichterstatter des „Daily Telegraph", werde er mit des Fürsten Erlaubniß (so viel wie möglich mit seinen eigenen Worten) auf einige seiner Ansichten und Meinungen in Bezug auf auswärtige Politik und Beziehungen, wie auch auf die Lage und die Aussichten Europas eingehen. Der Fürst, so heißt es schließlich, führte die Konversation größtentheils in englischer Sprache, die er außergewöhnlich gut und rein spricht, und zu der er stets von kurzen episodischen Absprüngen in das Deutsche und Französische zurückkehrte.

rechte Hand auf einem Tische ruhend, auf welchem sein Helm und das kaiserliche Diadem liegen. Es ist ein gewaltiges Gemälde, ungefähr zehn zu sechs
Fuß, und läßt alle anderen Bilder in dem stattlichen Zimmer zwergenhaft
erscheinen.

Während des Frühstücks, dem die beiden Hunde beiwohnten, mit scharfem,
aber würdig zurückgehaltenem Interesse, war die Konversation eine allgemeine,
die verschiedene Themata von Interesse leicht berührte und dem Fürsten reichliche Gelegenheit gab zur Entfaltung seiner unübertroffenen Kunst im
Anekdotenerzählen und seines unerschöpflichen Mutterwitzes. Im Laufe der
Mahlzeit bemerkte ich, daß er nichts zu den Speisen trank, und als ich ihn
dann fragte, ob „trocken zu essen" eine Liebhaberei von ihm sei oder ein
Punkt in dem diätetischen Koder seines berühmten Leibarztes Dr. Schweninger,
erwiderte er: „Das Letztere; ich darf nur drei Mal am Tage trinken, eine
Viertelstunde nach jeder Mahlzeit und jedes Mal nicht mehr als eine halbe
Flasche roth glänzenden Moselweins von einer sehr leichten und trockenen
Art; Burgunder und Bier, die ich beide sehr liebe, sind mir strenge verboten;
ebenso alle die starken Rhein- und spanischen Weine und sogar französischer
Rothwein. Seit einigen Jahren habe ich mich aller dieser schönen Getränke
enthalten, sehr zum Vortheil meiner Gesundheit und meiner „Kondition" in
dem Sportsinne des Wortes. Mein Gewicht hat sich sehr vermindert; aber
an Kraft habe ich nicht verloren, vielmehr gewonnen. Ich werde jeden Tag
einmal gewogen, auf Anordnung meines Arztes, und Alles, was sich dann
über mein jetziges gewöhnliches Gewicht zeigt, suche ich gleich durch körperliche Uebung und besondere Diät wieder los zu werden. Ich reite und
marschire viel. Das Cigarrenrauchen habe ich ganz aufgegeben, natürlich auf
ärztlichen Rath; es ist schwächend und schlecht für die Nerven. So ein hart-
näckiger Raucher, wie ich früher war, raucht vermuthlich 100000 Cigarren in
seinem Leben, wenn er ein schönes Durchschnittsalter erreicht. Aber er würde
länger leben und sich besser fühlen, wenn er ohne sie auskäme. Jetzt bin ich
auf eine lange Pfeife beschränkt — glücklicherweise mit großem Kopf — eine
nach jeder Mahlzeit, und ich rauche in ihr nur holländischen Knastertabak,
der leicht, milde und beruhigend ist. Sie werden es jetzt sehen: die Pfeife
kommt gleich herein mit der Flasche rothen Moselwein. Es wird heute eine
ganze Flasche sein, und Sie müssen mir dabei helfen. Wasser macht mich
fett; daher muß ich es nicht trinken. Uebrigens gefallen mir die jetzigen
Arrangements ganz gut."

Einige Minuten später wurden Kaffee und Cigarren für die Gäste gebracht
und ihnen folgten die Pfeife und der Moselwein. Ich erwähne noch, daß,
als die Mahlzeit ungefähr zur Hälfte vorüber, ein prachtvolles Bouquet von
vollaufgeblühten Marschall Niel-Rosen erschien und Seiner Durchlaucht überreicht ward, mit der Karte des Gebers, einer Hamburger Dame, die diese
graziöse Gabe in Person an das mysteriöse Schloßthor gebracht hatte, wo sie,
wie es schien, noch stand. Als der Fürst dies erfuhr, stand er sofort vom

Tische auf und ging hinaus, um seinen Dank der freundlichen Blumenspenderin persönlich abzustatten. Die Dame kehrte zweifelles stolz und glücklich nach Hamburg zurück.

Sobald das Reich des Tabacks definitiv begonnen hatte, verließen uns die Damen und ich wechselte meinen Platz mit einem ganz oben am Tisch, direkt neben Seiner Durchlaucht. Nach einigen Bemerkungen über lange vergangene Zeiten und über Personen, die wir Beide gekannt hatten, sagte der Fürst: „Mein Gedächtniß ist einigermaßen stark; aber ich bin mit wenigstens 30000 Leuten persönlich bekannt und ihre Namen entfallen mir zuweilen, obwohl es meistens bedeutende Persönlichkeiten sind."

Als ich dann bemerkte, daß sein Rücktritt den politischen Kreisen Englands ganz unerwartet gekommen und daß das große Publikum in England höchst erstaunt gewesen sei, erwiderte er: „Es mag Ihnen recht plötzlich gekommen sein. Sogar meine lieben Freunde hier in Deutschland erwarteten es kaum — jene theuren Freunde, welche über meinen Rücktritt von allen Aemtern frohlockten, welche gierig nach meiner politischen Nachfolgerschaft begehrten und welche nun wünschen, daß ich ein lebender Todter werde, der sich in seiner Zurückgezogenheit versteckt, verstummt, schweigend und bewegungslos. Es würde etwas schwer für mich sein — meinen Sie nicht — nach vierzigjähriger unausgesetzter Beschäftigung und Absorbirung in politischen Studien — nach einer so ungeheuren Thätigkeit und Verantwortlichkeit eine Rolle zu spielen, deren zwei unverletzbare Bedingungen Sprachlosigkeit und Unbeweglichkeit sind. Das verlangen sie aber von mir — meine lieben Freunde, welche sogar geflissentlich vermeiden, von meinen früher Deutschland geleisteten Diensten zu sprechen, damit sie nicht durch einen Vergleich ihre eigenen Prätensionen auf Anerkennung, Auszeichnung und Avancement schädigen. Aber ich bin nicht so leicht zum Schweigen gebracht und paralysirt. Ich kann fortfahren, in der Zurückgezogenheit meinem Vaterlande zu dienen, und ich beabsichtige es zu thun bis zum letzten Augenblick. In mancher Beziehung habe ich jetzt freiere Hand als früher, da ich noch im Amte war. Im Auslande, z. B. in Frankreich und Rußland, den einzigen Ländern, die uns möglicherweise zürnen, kann ich ohne amtliche Beschränkung in mancher Weise die Friedenspropaganda befördern, meine Hauptaufgabe und mein Hauptziel seit zwanzig Jahren.

Sie fragen, was die aktuelle Lage der gegenwärtigen Beziehungen zwischen Deutschland und Frankreich ist. Ausgezeichnet, in der That so gut, wie nur beide Länder es wünschen können. Die Haltung der französischen Regierung ist eine musterhafte; das französische Volk ist wahrhaft friedliebend. Wie friedlich gesinnt die Deutschen sind, brauche ich Ihnen nicht zu sagen. Niemand ist ernstlicher für den Frieden als Seine Majestät der Kaiser, dessen Aufmerksamkeit eifrig auf innere Angelegenheiten gerichtet ist, auf die nationale Konsolidation, auf innere Verbesserungen und auf die Herstellung eines herzlichen Verständnisses zwischen den verschiedenen Volksklassen. Wir Deutschen verlangen nichts von unsern Nachbarn als faire und zivile Behandlung. Wir haben zwei schreckliche Kriege geführt, um unsere Einheit zu erringen; wir haben sie erlangt und wir wollen sie bewahren; mehr verlangen wir nicht. Unsere ganze Bewaffnung ist eine rein defensive, nichts dabei ist auf einen Angriff berechnet. Kein Gedanke an einen Angriff oder eine fernere Grenzerweiterung lebt in dem Kopfe eines verständigen Deutschen."

Ich fragte, ob es seiner Meinung nach keine Möglichkeit gebe, den französischen Zorn gegen Deutschland durch eine freiwillige Konzession seitens des Letzteren auszutilgen — etwa durch eine Rektifikation der Grenze, durch welche die französisch sprechenden Landestheile an Frankreich zurückgelangen würden — kurz durch irgend ein Arrangement, das Frankreich befriedigen würde, ohne die Sicherheit Deutschlands zu gefährden.

„Solche Möglichkeit giebt es nicht, antwortete der Fürst ganz bestimmt. Wir können Ihnen kein Gebiet abtreten, es sei denn nach einer verlorenen Schlacht. Ob die Abtretung eine große oder kleine, sie würde den Appetit noch mehr erregen. Sie haben Jahrhunderte lang Provinzen gehabt, die von deutsch redenden Bevölkerungen bewohnt wurden — Provinzen, die sie uns mit Gewalt geraubt haben. Jetzt halten auch wir an Territorien mit französisch redender Bevölkerung fest. Deutschland hat Frankreich niemals absichtlich provozirt oder unprovozirt angegriffen. Frankreich dagegen hat Deutschland 20—30 Mal mit Waffengewalt überzogen. Im Jahre 1870 hatten die Franzosen keineswegs ihre „Rechte" auf Köln und Mainz vergessen; der Ruf nach der Rheinlinie ward damals heftig genug erneuert, und er würde von Neuem erwachen, wenn wir die geringste Neigung zeigten, ihnen irgendwelchen Theil von Lothringen zurückzugeben. Hinsichtlich eines Nachlasses ihres Zornes können wir nur auf die Zeit vertrauen, wie die Engländer im Falle von Waterloo. Jener Zorn endete vor 30 Jahren. Viktor Hugo that sein Bestes, ihn wieder aufzuerwecken; aber der blasse Schatten, den er heraufbeschwor, verschwand bald wieder. Es ist kaum möglich, die Franzosen zufrieden zu stellen, weil ihre Selbstschätzung keine verständigen Grenzen kennt.

Ich erinnere mich, daß, während ich Gesandter in Paris war, einer meiner besten französischen Freunde der alte Marschall Vaillant war, damals Gouverneur der Tuilerien. Er war ein liebenswürdiger alter Herr und mochte mich wirklich sehr gern leiden. Eines Tages, im Jahre 1867, sagte er zu mir: Sehen Sie, mein Freund, ich liebe Sie, und ich liebe die Deutschen und insbesondere die Preußen; aber ich weiß, daß wir über kurz oder lang mit Euch die Bajonette zu kreuzen haben. Wir Franzosen sind wie ein Hahn, der die Hühnerstange beherrscht, und wir können nicht ertragen, daß irgend ein anderer als wir selbst in Europa laut schreit. Durch ihn erfuhr ich, daß die Truppen der Pariser Garnison ein Auge auf mich hatten. Ich war bei einer Revue in Paris zugegen gewesen, auf Einladung des Kaisers, und hatte den Vorbeimarsch aus der Nähe beobachtet, jedoch nicht genauer als, wie es scheint, die Soldaten mich beobachtet hatten. Den nächsten Tag besuchte mich der alte Vaillant und wiederholte mir vergnügt einige der sachverständigen Bemerkungen, zu denen ich Anlaß gegeben. Die eine war: En voilà un qui n'a pas froid aux yeux! Voyez — vous, mon cher, fügte der Marschall hinzu, j'aurais bien volontiers donné mon bâton et ma plaque pour qu'ils l'eussent dit de moi! Es war sehr freundlich von ihm und zeigte, daß er, obwohl Franzose, sich selbst und seinen militärischen Ruf nicht überschätzte.

Wie unsere Aussichten bezüglich Rußlands sind? Ganz zufriedenstellend, so gut in jeder Beziehung wie sie in Bezug auf Frankreich sind. Wir wünschen Rußland Gutes, und Rußland wird uns sicherlich nicht angreifen. Das russische Volk ist ebenso friedliebend wie das unsere. Die Uebel, welche die Russen nach dem letzten Kriege und in Folge desselben trafen, waren so viel grausamer und schrecklicher als alle, die sie in Friedenszeit zu erdulden gehabt, daß sie ein Schrecken vor allen militärischen Unternehmungen im Auslande erfaßte, und diese Antipathie hat unvermindert fortgedauert bis zum heutigen Tage. Rußland zürnt uns in Wahrheit nicht und wir werden ihm nicht die geringste Ursache zum Streite geben. Ich bin durch die Aufmerksamkeit und das Vertrauen des gegenwärtigen Zaren geehrt worden. Während ich im Amte war, vertraute er meinen persönlichen Versicherungen unbedingt und ich freue mich sagen zu können, daß die russisch-deutschen offiziellen Beziehungen den freundlichsten Charakter trugen. Kaiser Alexander III. ist ein liebens-würdiger, freundlicher, wohlmeinender Souverän. Er liebt sein Heim, hängt an Frau und Kindern, ist Deutschland freundlich gesinnt und dem Streit auf-richtig abgeneigt. Er ist auch keineswegs ein Freund von heftiger, physischer Anstrengung, und dies ist eine Thatsache, welche für den europäischen Frieden keineswegs ohne Bedeutung ist. Ueber die Zukunft Bulgariens kann ich natürlich keine Meinung aussprechen. Bulgarien ist von gar keinem direkten Interesse für uns Deutsche, und wir schenken ihm sehr wenig Aufmerksamkeit, so lange es sich erträglich ruhig verhält. Der Dreibund ist stark genug, um eine Garantie zu gewähren, daß die europäische Ruhe nicht ernstlich wegen Bulgariens gestört werden wird.

Wie der Dreibund gerade jetzt dasteht? So kräftig wie je, fest be-gründet auf einer breiten Basis gegenseitigen Vertrauens und gemeinsamer Interessen. Er ist nicht weniger eng in seinem Zusammenhang als unbeweglich in seinem Entschluß, den Frieden aufrecht zu erhalten. Er wird fortdauern, weil es zum Besten Aller dient und weil es der natürliche Ausfluß gesunder Bestrebungen und des gesunden Menschenverstandes ist. Aus vielen guten Gründen ist sein Grundsatz: Einer für Alle, und Alle für Einen. Ein starkes Oesterreich ist nicht nur wesentlich für die Wahrung des europäischen Gleichgewichts, sondern auch speziell nothwendig für Deutschland. Wäre da kein solches Reich, so müßte es in unserem Interesse geschaffen werden. Die leitenden Elemente sowohl in Oesterreich wie in Ungarn sind uns wohlgeneigt: in Oesterreich wegen mancher auf der Hand liegenden Gründe, in Ungarn, weil sie sich allein nicht stark genug wissen. Sie fühlen das Bedürfniß nach einem mächtigen auswärtigen Freunde, der ihnen zur Seite stehen kann, und sie glauben nicht einen solchen Freund in Rußland zu finden — einer absorbirenden Macht, die sehr von allen ihren schwachen Nachbarn gefürchtet wird. Die Freundschaft ferner, welche Deutschland und Italien verbindet, ist eine vollständig natürliche, da sie nicht Nachbarstaaten und keiner dem Andern irgend etwas zu nehmen wünscht. Freundschaft zwischen Oesterreich und Italien ist in gleicher Weise nothwendig für beide, da ihre Grenzen zusammenstoßen — ein Umstand, der immer manche Möglichkeiten gegenseitiger Belästigung und fortgesetzten Streites mit sich bringt. Ein vernünftigeres und nützlicheres Bündniß als der Dreibund wurde niemals geschlossen. Ein großes Moment desselben aber ist glücklicherweise die aufrichtige, herzliche, treue Freundschaft, welche zwischen den Souveränen von Deutschland, Oesterreich und Italien besteht, die die höchste persönliche Achtung vor einander haben und alle Drei bei ihren Unterthanen äußerst beliebt sind. Bei solchen höchsten Verträgen sind die Minister weit weniger wichtig als die Monarchen, sogar in konstitutionell regierten Ländern, die mit parlamentarischen Institutionen gesegnet sind.

Dank der Tripelallianz bin ich berechtigt zu glauben und offen diesen meinen Glauben zu bekennen, daß der Friede von Europa fest verbürgt ist und daß die Fortdauer desselben für eine lange Zeit wohl gesichert ist, es sei denn, daß der Allmächtige eine von jenen fürchterlichen Katastrophen uns senden sollte, welche alle Voraussicht und vernünftige Berechnungen zu nichte macht. Was England und Deutschland betrifft, so sehe ich es als eine Unmöglichkeit an, daß diese beiden Länder jemals in Krieg, und als besonders unwahrscheinlich, daß sie selbst in einen ernsten Zwist gerathen könnten. Sollte es aber dazu kommen, so könnte dies zu einem Konflikt auf dem Festlande führen, selbst wenn England keinen thätigen Antheil an dem Kampfe, sei es zu Wasser oder zu Lande, gegen uns nehmen sollte. Aber diese Möglichkeit ist ebenso unwahrscheinlich, als daß wir das Schwert gegen England ziehen sollten. Natürlich können Differenzen vorkommen, wie in dieser afrikanischen Kolonialsache, welche noch einer billigen Ausgleichung entgegensehen. Aber eine jede solche Differenz zwischen ihnen und uns könnte nur von ganz unbedeutender Wichtigkeit sein im Vergleich zu den Folgen eines Appells an die Waffen. Wenn wir auch ein Bißchen gegen einander knurren, so braucht man sich darüber nicht zu beunruhigen. Sieht man sich diese afrikanische Geschichte deutlich an, so frage ich, worauf kommt es dabei an? In Ihrer britischen afrikanischen Gesellschaft ist, wie ich glaube, eine halbe Million Pfund Sterling angelegt, in unserer deutschen Gesellschaft etwas weniger. Legen Sie diese beiden Beträge zusammen, und die ganze Summe ist nicht soviel wie eine Tagesausgabe bei der bloßen Vorbereitung eines Krieges. Für jeden Mann, der bei einer Mobilisirung eingezogen wird, müssen wir im Durchschnitt auf einen Verlust von zwei Mark rechnen für seine Nahrung, Kleidung, Sold und Transport. Ein allgemeiner europäischer Krieg bedeutet die Mobilisirung von wenigstens vier Millionen Mann Reservetruppen, und damit haben Sie eine Ausgabe von einer Million pro Tag für zwei oder drei Wochen vielleicht, ehe noch ein Schuß gefallen ist. Nach dem Anfang der Feindseligkeiten können wir diese Ausgabe als doppelt so hoch pro Tag annehmen. Hierbei sind noch nicht mitgerechnet die Kosten des kommerziellen Stillstandes, der geschäftlichen Paniken, des finanziellen Werthrückganges, was verderblicher ist als alle Kriegskosten.

In diesem Falle der kolonialen Rivalität Englands und Deutschlands kann der Gegenstand des Streites niemals, so hoch man ihn auch anschlagen will, auch nur einigermaßen den gewissen Schaden aufwiegen, der aus einem ernsthaften kriegerischen Zusammenstoß zwischen England und Deutschland entstehen würde, und das Alles über die Theilung von Landstrichen, deren Werth noch sehr zweifelhaft ist. Denn nur wenige zuverlässige Europäer wissen etwas über diese geheimnißvollen Gebiete — kaum ihren Namen kennt man. Fürchten Sie also nicht, daß England und Deutschland jemals hierüber an einander gerathen werden. Ich wenigstens weiß gewiß, daß Lord Salisbury's gemäßigte und staatsmännische Aeußerungen mehr nach dem Geschmack der Engländer sind als Herrn Stanley's heftige Mahnungen und bittere Anklagen. Zwischen Deutschen und Engländern ist es immer leicht zu einem billigen und freundschaftlichen Einvernehmen zu gelangen. Wir sind beide ehrliche Völker, wir kennen uns gut und achten uns gegenseitig aufrichtig. Es ist über diese erbärmliche Geschichte so viel tolles Zeug gesprochen und geschrieben worden, daß ein paar einfache Worte, wie sie der gesunde Menschenverstand eingiebt, nicht schaden können."

Etwas später kam unser Gespräch auf den hochseligen Kaiser Friedrich, über welchen Fürst Bismarck in Ausdrücken tiefer Verehrung und warmer Bewunderung sprach. „Er war in der That ein sehr merkwürdiger und hochachtbarer Mann, außerordentlich liebenswürdig und freundlich und darum doch nicht weniger klarblickend, unterrichtet und entschlossen. Er kannte sich selbst durch und durch und sein Entschluß, wenn er einmal gefaßt war, blieb unwiderruflich. Als deutscher Kaiser würde er, wenn er länger gelebt hätte, die Welt in Erstaunen gesetzt haben durch die Kraft und das persönliche Eingreifen in seine Regierung. Seine Ansichten über seine Pflichten gegen seine Unterthanen und über die Pflichten seiner Unterthanen gegen ihren Herrscher waren genau begrenzt und unabänderlich. Er war ein echter Hohenzoller von der besten Art und den glänzendsten Fähigkeiten. Sein Muth hatte wirklich etwas Heldenhaftes. In Bezug auf milde Höflichkeit und zarte Rücksicht gegen Diener glich er seinem edlen Vater. Lassen Sie mich Ihnen ein rührendes Beispiel dieses liebenswürdigen Charakterzuges erzählen. Während der letzten Zeit seiner Krankheit, in welcher er, noch im vollen Anzuge auf dem Sopha sitzend, mich empfangen konnte, ermangelte er nie, mich beim Abschiede bis an die Thür seines Zimmers zu begleiten und diese eigenhändig zu öffnen, um mich hinaus zu lassen. Eines Tages, als er bei dieser Gelegenheit mit mir durch das Zimmer ging, bemerkte ich, wie er vor Schmerz und Schwäche schwankte und ich wollte ihn schon mit meinem Arm auffangen, weil ich glaubte, daß er umfallen würde, als er noch den Thür= griff zu faſſen bekam und ſich daran feſthalten konnte. Aber er klagte in keiner Weiſe und trug ſeine Schmerzen tapfer in männlichem Schweigen, ſo daß es traurig anzuſehen war. Ja bis zuletzt zeigte er einen edlen Sinn für Kaiſerliche Würde und Seelenſtärke. Nichts konnte ſeine Selbſtbeherrſchung erſchüttern oder ihn verſtimmen, er war bis zu ſeinem Tode jeder Zoll ein Kaiſer. Er erſchien mir während dieſer ganzen ſchrecklichen Zeit geradezu bewunderungswerth, ich kann kein beſſeres Wort dafür finden. Wir verſtan= den uns gegenſeitig vollkommen und ich war ihm ein treuer und ergebener Diener, wie ich auch ſeinem Vater ſo viele Jahre geweſen war. Seit ihrem furchtbaren Verluſt iſt — nebenbei geſagt — die Haltung der Kaiſerin=Wittwe Viktoria gegen Deutſchland abſolut tadelles geweſen und iſt auch jetzt noch ſo — eine geradezu ideale Haltung."[1])

Nachdem Fürſt Bismarck dem Korreſpondenten noch die Parterreräume ſeines Schloſſes gezeigt hatte, verabſchiedete ſich Herr Kingſton.[2])

---

[1]) Die „Hamburger Nachrichten" Nr. 141 vom 16. Juni 1890, Abend=Ausgabe, bemerkten zu dieſem letzten Satze: „In dem engliſchen Text des Berichtes, den der „Daily Telegraph" über die Unterredung ſeines Vertreters, Mr. Kingſton, mit dem Fürſten Bismarck publicirt hat, kommt folgender auf die Kaiſerin Friedrich bezügliche Satz vor: Since her awful bereavement, by the way, the Empress Victoria's attitude towards Germany has been, and now is, absolutely irreproachable — the complete realisation of a high Ideal. Uns ſcheint, daß es zum Verſtändniß dieſes Satzes nicht nöthig iſt, eine Verwechslung zwiſchen der Kaiſerin Friedrich und der Königin Viktoria von England anzunehmen, wie dies z. B. der „Hamburgiſche Correſpondent" thut. Man macht ſich nicht genügend klar, wie ſolch ein Bericht eines Interviewers zu Stande kommt. Der obige Satz wird verſtändlich, wenn man daran denkt, daß der Bericht= erſtatter gefragt haben wird: Wie iſt das Verhältniß zur Kaiſerin Friedrich since her awful bereavement, und daß darauf geantwortet ſein mag, daß es das denkbar beſte geweſen ſei, womit alſo in keiner Weiſe, wie fortſchrittliche Blätter zu beweiſen ver= ſuchen, behauptet wird, daß jenes Verhältniß früher weniger gut geweſen ſei. Die Be= grenzung der Angabe wird alſo durch die Art der Frageſtellung und nicht den Inten= tionen des Antworters gemäß gegeben worden ſein. — Ich will noch bemerken, daß der obenſtehende Bericht auch ſonſt vielfach Mängel zeigt, die auch in Friedrichsruh wohl bemerkt worden ſind.

[2]) In einer Beſprechung, die der Londoner „Daily Telegraph" dem Interview des Fürſten Bismarck durch den Berichterſtatter des engliſchen Blattes widmete, gelangte das letztere zu dem Schluſſe, daß Fürſt Bismarck auch nach ſeiner Abdankung das Ideal, welches ſich ſeine Bewunderer von ihm gebildet haben, nicht enttäuſche. Nie= mals hat Jemand, ſchreibt der „Daily Telegraph", einen beſſeren Anſpruch auf jenen ſtolzeſten aller Wahlſprüche: Im Glück und Unglück ſich gleich! beſeſſen, als Fürſt Bismarck in ſeiner ländlichen Zurückgezogenheit in Friedrichsruh. Das gemeine und boshafte Geſchwätz über die Gemüthsverfaſſung und das Gerede des abgedankten Staatsmannes ſollte nicht länger den geringſten Glauben auch bei den Leichtgläubigſten finden. Es iſt nicht mehr zweifelhaft, ſelbſt bei denen, welche dieſen abgeſchmackten Fabeln ein Ohr geliehen haben, daß dem Fürſten Bismarck nichts entſchwunden iſt, als die äußere Würde des Amtes, und daß der größte Staatsmann dieſes Jahrhunderts ebenſo groß nach ſeiner Abdankung iſt als er in der Fülle der Macht war.

9. Juli 1890. Friedrichsruh. Besprechung mit dem Herausgeber des „Frankfurter Journals" Julius Ritterhaus.[1]) Der Bericht lautet nach einer Schilderung der Aeußerlichkeiten des Empfanges:[2])

Fürst Bismarck und die Presse.

Ich sprach zunächst meinen Dank aus für die Bewilligung einer Audienz. Ich setzte hinzu, daß ich als Vertreter einer deutschen Zeitung kaum einen Empfang erwartet hätte.

Fürst Bismarck: „Weshalb hatten Sie einen Empfang nicht erwartet? Weshalb sollte ich die Vertreter einer angesehenen Presse nicht empfangen?"

„Nun, weil bisher nur ausländische Journalisten Interviews veröffentlichten und ich annehmen mußte, daß auch deutsche Zeitungen um die Ehre eines Empfanges gebeten hätten."

Fürst Bismarck: „Deutsche Zeitungen? Nein, das ist eben nicht der Fall. Gerade Zeitungen, die doch bis zu einem gewissen Grade — von

---

[1]) Ueber dieses Interview (Frankfurter Journal" Nr. 504 vom 10. Juli 1890) und den Streit, der sich um die Zuverlässigkeit des Ritterhaus'schen Referates abspielte, vergleiche die „Dresdner Nachrichten" Nr. 194 vom 13. Juli 1890, die „Tägliche Rundschau" Nr. 162 vom 15. Juli 1890, die „Volkszeitung" Nr. 161 vom 13. Juli 1890, die „Berliner Zeitung" Nr. 161 vom 13. Juli 1890, die „Germania" Nr. 158 vom 13. Juli 1890, das „Bayrische Vaterland" Nr. 159 vom 13. Juli 1890, die „Kölnische Volkszeitung" Nr. 158 vom 12. Juli 1890, die „National-Zeitung" Nr. 402 vom 11. Juli 1890 Wippermann a. a. O. S. 63—66. Die „Hamburger Nachrichten" Nr. 164 vom 12. Juli 1890 (Abend-Ausgabe) reproduzirten den ganzen Ritterhaus'schen Bericht, begleiteten denselben aber mit kritischen Bemerkungen, die wir unten Seite 336 folgen lassen.

[2]) „Fürst Bismarck wird Sie gern empfangen," hatte mir Herr Dr. Chrysander, der Geheimsekretär des Fürsten, auf mein Gesuch einer Audienz beim Fürsten Bismarck geantwortet. Nach Bestimmung des Tages und der Stunde reiste ich nach Friedrichsruh. (Der Verfasser schildert nun seine Ankunft in Friedrichsruh und die ersten Eindrücke daselbst, dann fährt er fort): Inzwischen trat Dr. Chrysander, auf dem Arm einen mächtigen Stoß blangeheftelter Manuskripte und Bücher, in das Zimmer und führte mich zum Fürsten Bismarck. Wir durchschritten einen Gang, dann mehrere Gemächer, und machten Halt vor einem größeren Raum, dem Arbeitszimmer des Fürsten. Durch die halbgeöffnete Thüre bemerkte ich seine hohe Gestalt; er stand in der Nähe des Kamins und hatte uns den Rücken zugekehrt. Herr Dr. Chrysander nannte meinen Namen, der Fürst wendete sich um, sah mich einen Augenblick voll an und ließ mich eintreten. Herr Dr. Chrysander entfernte sich; ich war mit dem Fürsten allein. Ich habe mich bemüht, möglichst dem Wortlaute nach die Reden des Fürsten wiederzugeben. An Ort und Stelle Aufzeichnungen zu machen, war nicht angängig. (Uebrigens habe ich auch schon früher, bei den Interviews die ich s. Z. in den Vereinigten Staaten mit einigen „Prominenten" hatte, die Erfahrung gemacht, daß man sich gegen einen Interviewer, der mit dem Bleistift in der Hand die Grundzüge des Gesprächs fixirt, weit zugeknöpfter verhält, als gegen einen lediglich Zuhörenden.) „Ich hatte vor — so begann der Fürst nach einer kleinen Pause — mit Ihnen im Park spazieren zu gehen. Das Wetter ist aber zu kühl: bleiben wir also hier." Inzwischen hatte der Fürst das Feuer, welches in dem Kamine brannte, angeschürt; jetzt wandte sich derselbe, ging mit raschem elastischem Schritt, den Oberkörper nur ganz wenig geneigt, zum Schreibtisch, nahm in einem großen reichgeschnitzten Sessel Platz und lud mich ein, mich gegenüber zu setzen.

mir abhängig gewesen sind, fragen nicht nach mir. Ich bin eine gefallene Größe — man will damit nicht gerne zu thun haben. Die Presse hat hierzulande keinen Muth, sie ist feige. . . Sie sind der Erste von der deutschen Presse,[1]) der den Muth hat, zu mir zu kommen. . . . . Die Anderen fürchten, sich zu kompromittiren — anzustoßen. Geschäftliche Rücksichten auf Abonnenten u. s. w. sind stärker als die Anhänglichkeit an mich. Die „Post",[2]) die „Kölnische Zeitung"[3]) die früher mit mir in lebhafter Verbindung standen, sie fliehen mich jetzt, als ob die Pest bei mir ausgebrochen wäre! . . . Ich hätte

---

[1]) Die „Hamburger Nachrichten" Nr. 167 vom 17. Juli 1890 (Morgen-Ausgabe) bemerkten: Die Blätter beschäftigen sich vielfach mit dem Vorwurfe der Feigheit, den Fürst Bismarck der ihm früher ergeben gewesenen deutschen Presse gemacht haben soll. Wir haben auch ab und zu Gelegenheit, uns über die Ansichten des Fürsten zu informiren, haben aber dabei den Vorwurf der Feigheit gegen diese Presse nicht gerade im Vordergrunde seines Urtheils gefunden, sondern sind nur der Auffassung begegnet, daß Furchtsamkeit, und zwar als Zubehör eines gewissen politischen Strebertums, obzuwalten scheine, wie sie im Ganzen nicht zu unseren nationalen Eigenschaften gehöre, aber doch gewissen Leitern der Presse und Fraktionspolitikern eigenthümlich sei. Die Furcht, irgendwo anzustoßen, wo man Unterstützung gebrauchen könne, etwa für Partei- oder andere Zwecke, sei das symptomatische Kriterium jener Presse. Jede einzelne politische Richtung fühle sich zu schwach, um allein etwas durchzusetzen, brauche daher die Hülfe der anderen und lebe in der steten Furcht, sich durch irgendwelche Aeußerung ein Patronat zu entfremden. Dieser Zustand und das charakterisirte, übrigens mehr auf die „Spitzen" der in Betracht kommenden Interessentengruppen beschränkte Strebertum, seien mit einer überzeugungstreuen und selbständigen Kundgebung der eigenen Meinung nicht immer verträglich. Wir vermuthen, daß Fürst Bismarck in dieser Richtung das Element gesucht hat, was in einem Zeitungsbericht als „Feigheit" bezeichnet worden ist. — Ueber den der deutschen Presse gemachten Vorwurf der Feigheit vergleiche noch die „Frankfurter Zeitung" Nr. 193 vom 12. Juli 1890, das „Berliner Tageblatt" Nr. 346 vom 12. Juli 1890 und Nr. 376 vom 28. August 1890, die „Rossische Zeitung" Nr. 319 und 320 vom 12. Juli 1890, das „Hamburger Fremdenblatt" Nr. 161 vom 12. Juli 1890, die „Wiener Neue Freie Presse" Nr. 8297 vom 12. Juli 1890 und Nr. 9302 vom 17. Juli 1890, den „Berliner Börsen-Courier" Nr. 355 vom 17. Juli 1890, die „Baseler Nachrichten" Nr. 192 vom 15. Juli 1890 und die „Germania" Nr. 167 vom 24. Juli 1890.

[2]) Hierzu bemerkte diese Zeitung: Der „Post" ist bei ihrem Erwerb durch Politiker, welche der Reichs- und freikonservativen Partei angehörten, im Jahre 1574 die Aufgabe gestellt worden, die Politik des Fürsten Bismarck zu vertreten und dabei ihre Unabhängigkeit zu wahren. Die Redaktion hat, wie sie schon bei verschiedenen Gelegenheiten erklärt, sich mehr als anderthalb Jahrzehnte hindurch bemüht, diesen mitunter allerdings schwer zu vereinenden Aufgaben gerecht zu werden, sie hat sich aber immer nur von ihren Auftraggebern abhängig gefühlt, was sie sich der dem Obigen nachfolgenden Erwähnung der „Post" gegenüber wieder festzustellen genöthigt sieht.

[3]) Die „Kölnische Zeitung" antwortete gereizt. Sie sprach von der „großen historischen Persönlichkeit des Kanzlers", schien ihn also bereits der Geschichte zuzurechnen und nicht mehr der lebendigen Gegenwart. Ein bedauerliches Zeichen seiner aufgeregten Stimmung nannte sie des Fürsten Auslassungen. Der Bemerkung gegenüber, daß sie einst von ihm abhängig gewesen sei und ihn jetzt wie einen Pestkranken stieße, sagte sie: „Wir haben darauf nur zu entgegnen, daß wir dem Fürsten Bismarck aus patriotischen Gründen allerdings unsere nachhaltige publizistische Unterstützung geliehen haben, daß aber auch bezeichnende Ausnahmefälle genug vorhanden sind, in welchen wir eine solche

nicht gedacht, daß es der deutschen Presse so an Muth fehlte, daß sie so feige sich benehmen würde.

Uebrigens, das ist auf der anderen Seite ja ein Erfolg meiner ministeriellen Thätigkeit: 1862 nahm die Presse für den Minister und gegen die Krone Partei;[1] heute läßt sie den Minister fallen. Dieser Umschwung ist nicht zum Wenigsten meinem Einfluß, meiner Ministerthätigkeit zu danken.

Ich lese jetzt nur wenige Zeitungen. Die „Kölnische Zeitung" mißfällt mir wegen ihres lehrhaften Tones. Sie erlaubte sich Freiheiten mir gegen= über und wollte mich unter eine Art Kuratel stellen. Das ist abgeschmackt. Die „National=Zeitung" lese ich noch und die „Hamburger Nachrichten"; mit den „Hamburger Nachrichten" unterhalte ich von früher her noch gewisse Beziehungen.

Das „Frankfurter Journal" bekomme ich auch zu sehen. Das ist ein alt=nationalliberales Blatt, zu dem ich früher gute Freundschaft unterhielt. Ich habe es schon damals, bei meinem längeren Aufenthalt in Frankfurt, regelmäßig gelesen — das war eine der angenehmsten Zeiten, die ich erlebt habe! — und auch jetzt lese ich Ihr Blatt noch.

Unserer Presse im Ganzen fehlt die Ueberzeugung; Muth hat eigentlich nur die sozialistische Presse. Sie begreifen, daß ich jetzt von der Presse nur noch mit ironischer Geringschätzung rede. Von all' den Blättern, die ich stützte, ist noch keins zu mir gekommen. Niemand hat sich bei mir sehen lassen, Niemand eine Unterredung bei mir nachgesucht!"

Die Nationalliberalen.

Auf meine Frage, wie sich Fürst Bismarck zu den Nationalliberalen stelle, antwortete der Fürst:

„Mit den Nationalliberalen habe ich mich meist gut vertragen. Es ist mir das Wort in den Mund gelegt worden: ich hätte sie einmal an die Wand gedrückt, bis sie quietschten. Dieser Satz ist mir niemals in den Mund ge= kommen, nie habe ich einen derartigen Ausdruck gebraucht. Er ist mir gar nicht geläufig; er entspricht so wenig meinem Fühlen und Denken, daß er mir

Unterstützung verweigert und uns deshalb mehr als einmal den Groll des Fürsten zuge= zogen haben. Diese dem Fürsten bekannte Thatsache sollte uns davor schützen, von ihm als abhängig bezeichnet zu werden. Die Freiheiten, die wir uns dem Fürsten gegenüber erlaubt haben sollen, bestanden darin, daß wir angesichts mehrerer auf den Fürsten zurückgeführten Aeußerungen der „Hamburger Nachrichten" und einiger Interviewer unsere Ansicht aussprachen, daß schweigen hier besser gewesen wäre als reden. Wir wissen ganz genau, daß wir uns dabei mit einer großen Mehrzahl patriotisch denkender und empfindender Männer in Uebereinstimmung befanden." Schmerzerfüllt sprach sie von der Möglichkeit, daß des ehemaligen Kanzlers treueste freiwillige Anhänger ge= zwungen würden, sich in einen Kampf mit ihm einzulassen, bestritt auch einem Bismarck das Recht, sie der Feigheit zu beschuldigen, wo ganz andere achtungswerthe Beweg= gründe vorhanden waren und hoffe, daß der gegenwärtige jedesfrohe Fechter in Fried= richsruh sich in einen weisen Philosophen verwandle.

[1] Vergleiche zu dieser Stelle die Schlußbemerkung der „Hamburger Nachrichten" S. 336.

unſympathiſch, ja geradezu ekelhaft iſt. — Dem Sinne nach aber haben die Nationalliberalen ſeinerzeit mit mir ſo verfahren wollen; mich wollten ſie an die Wand drücken; mir wollten ſie die Macht aus den Händen winden."

Miniſter Miquel.

„Die nationalliberale Partei hat bedeutende Leute. Miquel und Bennigſen ſind außerordentliche Politiker. Miquel iſt einer der beſten Redner, die wir haben. Miquel iſt jetzt Miniſter. Ich ſetze ganz beſondere Hoffnungen auf ihn. Mit ihm habe ich oft zuſammen gearbeitet und wir ſind einig geweſen. Namentlich bei der Verſöhnung des Zentrums hat mir Miquel gute Dienſte geleiſtet. Er weiß ſich mit dem Zentrum zu ſtellen. Zuletzt ſind wir auf dem Steuergebiet zuſammen thätig geweſen. Miquel's Reformen kenne ich im Einzelnen nicht — jedenfalls wird er nicht verſäumt haben, ſich an maß= gebender Stelle über ihre Durchführbarkeit zu verſtändigen. Uebrigens, er wird die Parteien nöthig haben; aber ich meine: gravitirt er zu ſehr nach links, ſo wird er rechts einbüßen, vielleicht gelingt es ihm, vom linken Flügel des Zentrums Einige zu bekommen — bei den Konſervativen und Frei= konſervativen dürfte er dann verlieren. Es wird ſehr ſchwer ſein, Viele unter einen Hut zu bringen. Aber, wenn Einer die theilweiſe Verſchmelzung der Parteien fertig bringt, ſo iſt es Miquel!

Bennigſen ſollte auch einmal in das Miniſterium. Damals kandidirte auch der Freiherr von Stauffenberg. Freiherr von Stauffenberg verdarb es aber, weil er ſich im Reichstag gegen einen Paragraphen der Verfaſſung ausſprach. Damals war die Kombination Bennigſen, Stauffenberg und Forckenbeck beabſichtigt. Allerdings waren keine Valanzen da.

Bennigſen iſt vielleicht ein noch größerer Staatsmann, aber Miquel iſt ein beſſerer Redner .. nun, vielleicht iſt das eben kein Glück." (Fürſt Bis= marck brach am Schluß des letzten Satzes kurz ab.)

Das Mandat Kaiserslautern.

Ich fragte, weshalb der Fürſt die Kandidatur Kaiserslautern=Kirchheim= bolanden nicht acceptirt habe?

Fürſt Bismarck: „Mir iſt dieſe Kandidatur nahe gelegt worden, d. h. man hat mich von vertrauter Seite aus ſondirt, ob ich das Mandat übernehmen wolle. Ich bin im Prinzip nicht gegen ein nationalliberales Mandat, aber ich hielt jetzt den Zeitpunkt nicht für geeignet, in den Reichstag zu geben. Ich wollte eine aktive Oppoſition gegen die jetzige Regierung vermeiden. Ich möchte nicht in die Lage kommen, gegen meinen Nachfolger zu ſprechen, und auch nicht gegen Miquel. Fährt die Regierung im Sozialismus fort, ſo würde ich in eine oppoſitionelle Stellung von ſelbſt hineingedrängt. Ich möchte das nicht, wenigſtens ſo lange nicht, bis mich eine patriotiſche Noth= wendigkeit dazu zwänge.

Und dann iſt der Wahlkreis ziemlich unſicher. Der Gefahr, durchzufallen, will ich mich nicht ausſetzen. Wäre es mir jetzt darum zu thun, in der

Oeffentlichkeit thätig zu sein, so hätte ich ein einfacheres und sichereres Mittel; ich bewürbe mich um ein Mandat zum Bundesrath in einem der nicht-preußischen Staaten. Das wäre mir sicher und dann könnte ich auch im Reichstag meine Ansicht vertreten. Einstweilen aber verzichte ich darauf. Meine Nachfolger scheinen im Allgemeinen ja gewillt zu sein, die Politik, die ich so lange vertreten habe, in meinem Sinne fortzusetzen. Vielleicht haben sie nicht ganz die Erfahrung und auch die Hülfsmittel nicht, die ich besitze.

Da haben Sie im Wesentlichen die Gründe, weshalb ich für diesmal das Mandat nicht annehme."

Das deutsch-englische Abkommen.[1]

„Durchlaucht sollen zu Herrn Wolf, dem Beirath Wißmann's, geäußert haben, Sie würden niemals die Feder unter das deutsch-englische Abkommen gesetzt haben."

Fürst Bismarck: „Ich weiß nicht, ob ich gerade im Wortlaute so zu Herrn Wolf mich aussprach. Ich brauche aber nicht zu schweigen — ich bin Privatmann und kann meine Ansicht äußern. Ich hätte das deutsch-englische Abkommen so nicht geschlossen. Mußte man Helgoland durchaus besitzen — es war der Wille des Kaisers — so war es meiner Meinung nach wohlfeiler zu bekommen. Im Fall eines Krieges könnte uns Helgoland, wenn es nicht stark befestigt wird, sogar gefährlich werden. 1870 war Helgoland neutral. Ist es im nächsten Kriege deutsch, so könnten die Franzosen es zu einem bedrohlichen Angriffspunkte machen. Die Insel wird also außerordentlicher Befestigungen bedürfen."

„Es ist zur Beruhigung der öffentlichen Meinung, die, namentlich in den Kolonialkreisen, wenig befriedigt war über das Abkommen, in einem Theil der Presse die dunkle Andeutung gemacht worden, es steckten noch besondere Vereinbarungen hinter dem Vertrage, die den verhältnißmäßig hohen Preis von deutscher Seite rechtfertigen."

Fürst Bismarck sah mich einen Augenblick erstaunt an und lachte dann, als amüsirte er sich über die Naivität dieses Glaubens. „Nun, ich kenne Herrn Salisbury als einen Minister, der sehr gut sich zu wahren versteht und genau weiß, was er dem englischen Volke zumuthen darf. Uebrigens, käme Gladstone wieder an's Ruder, so würden den eventuelle Abmachungen wenig kümmern. Aber (kurz abbrechend) ich weiß davon nichts Näheres. Es ist für mich nur das Eine eigenthümlich, daß nämlich gerade die freisinnigen Zeitungen, die doch sonst von einer prinzipiellen Opposition gegen die Regierung leben, es mir zum Vorwurf machen, wenn ich auch einmal anderer Ansicht bin

[1] Ueber die Haltung Bismarck's gegenüber dem deutsch-englischen Vertrage vergleiche die „Hamburger Nachrichten" Nr. 116 vom 21. Juni 1890, Abend-Ausgabe, Nr. 34 vom 8. Februar 1891, Nr. 36 vom 11. Februar 1891, Nr. 274 vom 17. November 1891, Abend-Ausgabe (Reproduktion der Aeußerung Bismarck's gegenüber Hans Plum über das Abkommen mit England), die „Bossische Zeitung" Nr. 21 vom 14. Januar 1891 und die „Magdeburgische Zeitung" Nr. 333 vom 5. Juli 1890.

als die Regierung. Gerade das deutsch-englische Abkommen ist von dieser, freisinnigen, Seite gegen mich ausgebeutet worden."

Die Arbeiter-Erlasse und die Arbeiterschutz-Konferenz

Man hat davon gesprochen, daß der Staatsminister Miquel an der Redaktion der Arbeiter-Erlasse des Kaisers Antheil gehabt hätte.

Fürst Bismarck: „Ich glaube nicht, daß Miquel überhaupt irgend welchen Antheil an den Erlassen hat. Miquel ist ein zu gewandter Parteitaktiker, um kurz vor den Wahlen diesen Zündstoff in die Oeffentlichkeit zu geben . . . .

Die Erlasse waren seit langem eine Lieblingsidee des Kaisers; Hinzpeter, Douglas und Andere — kurz solche, die nicht im Dienste waren — haben mit Sr. Majestät darüber Berathungen gehalten. Der Kaiser versprach sich von den Erlassen Erfolg bei den Wahlen. Mir wurde eine Redaktion gezeigt, die weitgehender war als diejenige, welche erschienen ist. Ich war prinzipiell gegen die Erlasse; sollten sie aber durchaus erscheinen — der Kaiser bestand darauf — so wollte ich meine Redaktion durchsetzen, damit die Erlasse gemildert würden. Ich übernahm die Redaktion und schrieb die Erlasse in der jetzigen Form nieder — als Diener des Kaisers. Die Redaktion rührt also von mir her. Ich habe keinen Kollegen zugezogen. Ich füge noch die internationale Konferenz ein; ich dachte, sie solle gleichsam ein Sieb sein, eine gewisse Hemmung des humanen, arbeiterfreundlichen Plan unseres Herrn. Ich glaubte, diese Konferenz würde sich gegen allzu große Begehrlichkeit der Arbeiter aussprechen, gleichsam Wasser in den Wein gießen. Aber selbst diese geringen Erwartungen sind enttäuscht worden. Die Ergebnisse der Konferenz sind gleich Null.[1] Es

---

[1] Der Abgeordnete Dr. Hitze bemerkte in der Sitzung des Reichstags vom 6. Februar 1895: „Es ging von der Arbeiterschutz-Konferenz ein mächtiger Impuls aus durch alle Kulturstaaten Europas. Alle Staaten haben, dank dieser Anregung, entweder eine Arbeiterschutzgesetzgebung neu begründet oder aber ihre bestehende Arbeiterschutz-gesetzgebung weiter ausgebaut. Die Frage der Berechtigung und Bedeutung des Arbeiter-schutzes war mit der Berliner Konferenz entschieden; nur das „wie weit?" steht noch zur Diskussion. Auch unser eigenes Vaterland ist nicht zurückgeblieben. Wie wir bereits auf Grund der November-Botschaft Kaiser Wilhelms I. auf dem Gebiete der Arbeiter-versicherung an der Spitze der Kulturstaaten stehen, so sind wir auch mit dem Arbeiter-schutzgesetze von 1891 wenigstens mit in die vorderste Reihe gerückt — ich will in keinen Vergleich des Werthes und der Bedeutung der verschiedenen Arbeiterschutzgesetze eintreten, ich sage nur: in die vorderste Reihe gerückt." — Die Februar-Erlasse sind nicht aus-geführt in Bezug auf folgendes Ziel: „Für die Pflege des Friedens zwischen Arbeit-gebern und Arbeitnehmern sind gesetzliche Bestimmungen über die Formen in Aussicht zu nehmen, in denen die Arbeiter durch Vertreter, welche ihr Vertrauen besitzen, an der Regelung gemeinsamer Angelegenheiten betheiligt und zur Wahrnehmung ihrer Interessen bei Verhandlung mit den Arbeitgebern und mit den Organen Meiner Regierung betätigt werden. Durch eine solche Einrichtung ist den Arbeitern der freie und friedliche Ausdruck ihrer Wünsche und Beschwerden zu ermöglichen und den Staatsbehörden Gelegenheit zu geben, sich über die Verhältnisse der Arbeiter fortlaufend zu unterrichten und mit den letzteren Fühlung zu behalten."

Nach der Erklärung des Reichskanzlers Fürsten zu Hohenlohe in der Sitzung des Reichstags vom 6. Februar 1895 besteht bei der königlich preußischen Regierung kein

hatte Keiner den Muth, zu widersprechen, auf die Gefahren aufmerksam zu machen. Die ganze Konferenz ist eine einzige Phraseologie; nicht eine Frage hat sie praktisch gelöst. Ueberhaupt, es ist Illusion, den Arbeiterschutz international machen zu wollen. Jeder Staat sieht doch schließlich für die Interessen seiner Industrie. Ich glaubte übrigens damals immer noch, daß der Staats= rath die Erlasse nicht billigen würde. Da aber auch der Staatsrath zustimmte, gingen sie durch — ohne mein Votum, ohne meine Gegenzeichnung."[1]

Zweifel, daß es ihre Aufgabe ist, das Programm, welches die Erlasse Seiner Majestät des Königs von Preußen vom Februar 1890 aufgestellt haben, zur Durchführung zu bringen. Nach der Erklärung des Handelsministers Freiherrn von Berlepsch soll aller= dings das Tempo der Sozialreform verlangsamt werden, weil die preußische Staatsregie= rung den Vorbehalt stellt, daß sie bei jedem Gesetzentwurf prüfen will, ob durch ihn nicht die Machtmittel der sozialdemokratischen Agitation in unzulässiger Weise gestärkt werden.

[1] Vergleiche zu dem letzten Satze die Schlußbemerkung der „Hamburger Nachrichten" (S. 336). Die letzteren bemerkten kurz darauf zur Rechtfertigung des Bismarck'schen Verhaltens in dieser Frage: Wenn ein leitender Minister glaubt, daß die Allerhöchsten Entschließungen den Landesinteressen nicht entsprechen, so ist er seinerseits verpflichtet, den ihm ver= fassungsmäßig zustehenden Einfluß auf die Krone dahin geltend zu machen, daß die Ausübung der Entschließungen unterbleibe. Der Minister handelt pflichtwidrig, wenn er anders verfährt; er leistet dem Monarchen und dem Lande den treuesten Dienst dadurch, daß er seine Meinung mit Nachdruck und Entschiedenheit vertritt. Wenn der Minister meint, daß die Wege, die sein Herr zu gehen entschlossen ist, gefährliche Wege seien, so ist er amtlich und vor seinem Gewissen gehalten, dies offen auszusprechen. Man dient seinem Herrn am besten, indem man ihn warnt, sich in Gefahr zu begeben. Gelingt es dem Minister nicht, den Monarchen von der Bedenklichkeit der geplanten Maßregeln zu überzeugen, weil der Minister in Folge seiner Antezedenzien oder aus vorgefaßter Meinung als parteiisch angesehen wird, so ist er noch nicht ohne Weiteres berechtigt, die Dinge ihren Lauf nehmen zu lassen und eventuell um seinen Abschied zu bitten. Er hat dann den Versuch zu machen, seine abweichende Ueberzeugung durch andere Personen und Instanzen, die das Vertrauen des Monarchen in der fraglichen Angelegenheit vielleicht mehr besitzen als der leitende, verantwortliche Minister, der Krone gegenüber vertreten zu lassen. Die Nächstberufenen hierzu sind die übrigen Minister. Hat er auch hiermit keinen Erfolg und rechtfertigt es die Sache, so handelt der Minister im Landesinteresse, wenn er dem Monarchen anräth, vor der Ausführung seiner Entschließungen eine gut= achtliche Beurtheilung derselben durch sachverständige Autoritäten, die nicht seine Minister sind, herbeizuführen. Zu dieser Lage dürfte sich Fürst Bismarck dem Kaiser gegenüber in Sachen der auf die Arbeiterfragen bezüglichen Erlasse und weiteren Maßnahmen befunden haben. Die Meinung des Monarchen war eine andere wie die seines Kanzlers; die übrigen Minister aber, die noch wenige Jahre zuvor mit dem leitenden Staatsmanne eines Sinnes waren, mochten ihre Ansicht geändert oder sie aus Gründen, deren Er= örterung uns hier nicht obliegt, zurückgedrängt haben. So blieb als letzter Rath zur Wahrung dessen, was der Kanzler in diesem Falle als das salus publica erkannte, nur der Vorschlag zur Berufung des Staatsraths resp. der internationalen Konferenz übrig. Wenn diese Berathungskörperschaften den auf sie gesetzten Hoffnungen nicht entsprochen haben, so beweist das höchstens, daß der frühere Reichskanzler in seinen bezüglichen Voraussetzungen eine Enttäuschung erfuhr, die ihn als Menschenkenner irre machen konnte: keinesfalls war das Ergebniß der Staatsraths= und Konferenz=Berathungen vorauszusehen. Die Berufung dieser Berathungsinstanzen war vollständig berechtigt, auch wenn sie schließlich nicht dem Zwecke entsprach.

Die Ursachen des Rücktritts.

Ich wagte die Andeutung der Frage, aus welchen Gründen der Rücktritt des Fürsten erfolgt sei? So Vieles habe die Presse verbreitet, „Enthüllungen" seien erfolgt — vielleicht habe der Fürst das Bedürfniß, einige authentische Andeutungen zu machen.

Fürst Bismarck: „Ich muß über diese Frage die Auskunft verweigern.... Es bestanden Meinungsverschiedenheiten zwischen mir und dem Kaiser, mehr noch: zwischen mir und meinen Kollegen.... Changeons le thème!"[1]

Das Sozialistengesetz.

„Wie denken Durchlaucht über das Fallenlassen des Sozialistengesetzes?"

Fürst Bismarck: „Wäre ich in meiner Stellung geblieben — Gesundheitsrücksichten haben mich nicht zum Rücktritt veranlaßt — so hätte ich unbedingt eine Verschärfung des Sozialistengesetzes beantragt... Es mag sein, daß meine Kollegen diese Aeußerungen im Reichstage nicht gerne von mir gehört hätten... Man hat das Gesetz fallen lassen; es muß sich in der Zukunft zeigen, ob man ohne das Gesetz fertig werden kann."[2]

[1] Die „Hamburger Nachrichten" bemerkten im Anschluß an den in der vorigen Note erwähnten Artikel: Nachdem die Ansicht des leitenden Staatsmannes (soll. in Sachen der Arbeiterfrage) nicht durchgedrungen war, sondern die des Monarchen, mußte ersterer entlassen werden, da von ihm die Uebernahme der Verantwortung für die Ausführung der zu fassenden Beschlüsse nicht zu gewärtigen war. So fand die Trennung statt; von einer Untreue dabei zu reden, ist sinnlos. Thatsächlich ist Fürst Bismarck wegen Meinungsverschiedenheit zwischen dem Kaiser und ihm entlassen worden; aber das ist weder ein Geheimniß, noch ist daraus irgend ein Vorwurf gegen ihn zu konstruiren. — Ueber die Vorgänge, welche zur Verabschiedung des Fürsten Bismarck geführt haben, vergleiche noch die „Hamburger Nachrichten" Nr. 230 vom 28. September 1891, Nr. 240 vom 9. Oktober 1891, Nr. 249 vom 17. Oktober 1891, Nr. 253 vom 24. Oktober 1891, Nr. 254 vom 26. Oktober 1891 und Nr. 255 vom 27. Oktober 1891: „Zur Entlassung des Fürsten Bismarck."

[2] Ueber die Stellung Bismarck's gegenüber der Aufhebung des Sozialistengesetzes bemerkten die „Hamburger Nachrichten" Nr. 281 vom 26. November 1891: Fürst Bismarck war im Winter 1889/90 der Ansicht, daß die sozialdemokratische Bewegung in letzter Konsequenz keine Rechts- sondern eine Kriegsfrage und als solche zu behandeln sei, wenn man den Bestand der geltenden Staats- und Gesellschaftsordnung mit Aussicht auf Erfolg in der Zukunft sicher stellen wolle. Der Reichskanzler war überzeugt, daß der Kampf mit der Sozialdemokratie um die Macht unvermeidlich sei und deshalb je eher je besser stattfinde, d. h. bevor die Bemühungen größeren Erfolg erzielt hätten, welche die Sozialdemokratie unablässig macht, um die Zuverlässigkeit der Armee zu untergraben und namentlich den für dieselbe wichtigen Stand der Unteroffiziere in die Hände zu bekommen. Angesichts des Vertheidigungszustandes, in dem sich Staat und Gesellschaft den sozialistischen Arbeitermassen gegenüber befinden und angesichts der Möglichkeit daß, wenn eine Lösung der sozialistischen Frage nicht bei Zeiten herbeigeführt wird, in der Zukunft der Tag kommen kann, wo bei nothwendiger militärischer Bewältigung eines sozialistischen Revolutionsversuches ein sozialdemokratisch durchsetztes Unteroffiziercorps die Soldaten veranlaßt, „zu hoch", d. h. in die Luft zu schießen, blieb es für den Fürsten Bismarck unverständlich, daß die Frage der Aufhebung des Sozialistengesetzes

Die Memoiren des Fürsten Bismarck.
Des Fürsten Reisepläne.

„Denken Durchlaucht an die Verfassung und Herausgabe von Memoiren?"
„O, ich denke daran, aber die Arbeit wird sehr schwierig und zeit=
raubend sein. Was ich gethan habe, liegt in den Archiven aufgezeichnet.
Diese stehen mir vielleicht jetzt nicht mehr so zu Gebote wie früher. Ich könnte
mich allerdings auf mein Gedächtniß verlassen, aber die Arbeit ist sehr
langwierig.[1]

Wenn sich die Zeitgenossen fünfzehn, zwanzig Jahre über die Gegenwart
hinaussetzen könnten, erkennen, wie Manches gekommen ist, das allgemeine
politische Urtheil würde reifer sein . . .

Einstweilen freue ich mich der Muße und der Erholung, die ich gefunden
habe. Mein Arzt will, daß ich ins Bad gehe. Ich möchte nach Kissingen
und auch nach Varzin, wo ich so lange nicht gewesen bin. Ich darf Varzin
nicht so vernachläßigen. Mein Arzt will aber Gastein für mich, später noch
ein Seebad . . . vielleicht die Insel Wight. Nach England sollte ich längst
kommen; ich war dringend eingeladen. Bis jetzt bot sich keine Gelegenheit
und ich habe den Plan vertagt. Dr. Chrysander nehme ich mit. Der ist mir
unentbehrlich, das ist meine rechte Hand."[2]

Ich verabschiedete mich von dem Fürsten. Die beiden großen Doggen
sprangen sogleich auf, als sich Fürst Bismarck erhob, und umschnoben mich.
Herzlich schüttelte mir der Fürst die Hand, mein Wiederkommen gern gestattend.
Seine letzten Worte, an der Thür des Zimmers, waren noch: „Ich habe
großes Vertrauen zu Miquel."

---

vom juristischen Standpunkte, anstatt von dem der Erhaltung und der Sicherung des
Staates entschieden werden sollte. Nach der Meinung des Fürsten kam es vor Allem
darauf an, die Staatsgewalt im Besitze aller Kassen zur Bekämpfung der Sozialdemokraten
zu belassen, damit sie bei einer etwaigen Katastrophe Herr im Lande zu bleiben vermöge.
Mit diesen Ansichten und mit denen, die der Reichskanzler über anderweitige Bemühungen
zur Lösung der Arbeiterfrage im Wege der Gesetzgebung hegte, befand er sich schon
damals im Widerspruch mit denjenigen der maßgebenden Zukunft. Da ihm dadurch die
Möglichkeit abgeschnitten war, seine Ueberzeugung im Reichstage zu vertreten, hielt er
sich den Verhandlungen fern und entsprach damit, wie wir glauben, höheren Wünschen.

[1] Ueber die Memoiren des Fürsten Bismarck vergleiche die „Berliner Neuesten
Nachrichten" Nr. 658 vom 30. December 1891, das „Berliner Tageblatt" Nr. 228 und
Nr. 243 vom 7. und 16. Mai 1890, den „Berliner Lokal-Anzeiger" Nr. 179 vom 18. April
und Nr. 217 vom 17. Mai 1890.

[2] Der Fürst, so fährt der Bericht fort, schwieg. Er hatte den größten Theil der
Unterredung mit klarer, vollkommen fester und ruhiger Stimme geführt. Aehnlich wie
bei seinen Reichstagsreden erfolgten kleine Pausen zwischen einzelnen Sätzen. Es war
dann, als ob Fürst Bismarck mit besonderer Vorsicht sich zu äußern beabsichtige, ein
prüfendes Wählen eines treffenden und doch gemessenen Ausdrucks. Die Augen hielt
der Fürst fast ununterbrochen fest auf mich gerichtet; ihr durchdringendes Feuer bewies
eine ungebrochene Kraft, eine dem Widerstand furchtbare Energie. Einige Male nahm
der Fürst einen Federkiel zur Hand, auf dem eine goldene Krone angebracht war, und

Die „Hamburger Nachrichten" bemerkten zu vorstehendem Referate an leitender Stelle: Wir theilen an anderer Stelle dieser Nummer einen Bericht mit, den der Herausgeber des „Frankfurter Journals" über eine Audienz erstattet, die er aus einem neulich von uns erwähnten Anlasse beim Fürsten Bismarck nachgesucht und kürzlich gewährt erhalten hat. Auf Erkundigungen, die wir in Friedrichsruh eingezogen haben, wird uns das Referat als „ungenau nach Form und Inhalt" bezeichnet. Manche der darin enthaltenen Gedanken mögen richtig wiedergegeben sein: jedenfalls ist die Fassung nicht diejenige, in der sich Fürst Bismarck ausgedrückt hat. Daß die Mittheilungen nicht durchweg richtig sein können, ergiebt sich für kritische Leser von selbst. Die Angabe z. B., der Fürst habe gesagt, daß 1862 die Presse für den Minister und gegen die Krone Partei genommen habe, ist entschieden irrthümlich. Dem Interviewer muß die Geschichte jener Zeit ganz unbekannt sein, sonst hätte er gewußt, daß damals die Presse gegen den König und den Minister, aber noch mehr gegen den Letzteren Partei genommen hat. Als fernerer Beleg für die Ungenauigkeit des Referats wäre anzuführen, was der Schreiber desselben den Fürsten über die Möglichkeit einer Nichtbilligung der Kaiserlichen Erlasse vom 4. Februar durch den Staatsrath sagen läßt. Die Erlasse waren bekanntlich schon lange vollzogen und veröffentlicht, als der Staatsrath erst zusammentrat. Wir greifen diese beiden Beispiele heraus, um die Ungenauigkeit des Berichts zu illustriren, ohne indeß dadurch den übrigen Inhalt verifiziren zu wollen. Trotz alledem versprechen wir uns von der Veröffentlichung des Berichts im „Frankfurter Journal" immerhin Nutzen.[1]

In seiner Schrift „Kritisches und Erlebtes"[2], gab Julius Ritterhaus noch einzelne Nachträge in Betreff seiner Unterredung mit Bismarck, die ich hier mit allem Vorbehalte[3] folgen lassen will.

Als Fürst Bismarck von der Presse sprach, erwähnte er unter den Blättern, die er noch lese, auch das „Frankfurter Journal" und äußerte an dieser Stelle des Gesprächs Folgendes:

„Ich habe einige Artikel im „Frankfurter Journal" verfolgt. Sie haben mich in einem dieser Artikel ziemlich scharf angegriffen."

„Durchlaucht meinen die Zeilen, welche ich gegen die Empfänge ausländischer Interviewer richtete?"

„Jawohl; es hat mich verletzt, daß gerade im „Frankfurter Journal" ein Angriff gegen mich gerichtet wurde. Wenn ein freisinniges Blatt gegen

---

ließ einen Augenblick sinnend den Blick darauf ruhen. Beim Zuhören auf eine Frage oder Antwort von meiner Seite lehnte er sich tief in den Sessel zurück, in scharfer Beobachtung. Nur einmal war eine leichte Erregung bei dem Fürsten wahrzunehmen, im Anfange der Unterredung, als er von der deutschen Presse sprach. Aber im Ton lag weit weniger Zorn, als tiefe Bitterkeit.

[1] „Hamburger Nachrichten" Nr. 164 vom 12. Juli 1890 (Abend-Ausgabe).
[2] Berlin W. 1891. Verlag von Caißrer & Danziger.
[3] Ueber die Ungenauigkeit des Ritterhaus'schen Referats, siehe auch die unten folgenden Bemerkungen Bismarck's gegenüber dem Redakteur der „Dresdner Nachrichten".

mich schreibt, so bin ich das gewöhnt, aber ein Angriff von einem nationalliberalen Blatte überrascht mich."

„Ich habe nur bemerkt, daß die Empfänge auswärtiger Journalisten,
namentlich eines Franzosen, auf weitere Volkskreise verstimmend wirken müßten."

„Dann haben Sie einen Artikel der „Estafette" abgedruckt, der mich
verleumdete!"

„Ich habe diesen Artikel, der aus einer französischen Korrespondenz stammte,
ausdrücklich mit der in Anführungszeichen gesetzten Ueberschrift „Enthüllungen"
versehen. Ich wollte damit die Sensationswuth und den Haß der französischen
Presse gegenüber Ew. Durchlaucht charakterisiren. In diesem Sinne habe ich
auch den „Hamburger Nachrichten" geantwortet, die dem „Frankfurter Journal"
wegen der Aufnahme des Artikels sehr erregte Vorwürfe machten."

„Mußte ich das Alles nicht für eine Kriegserklärung halten? Ich wundere
mich, daß gerade Sie zu mir gekommen sind. Ich habe Sie nicht zum
wenigsten deshalb empfangen, weil ich neugierig war, was gerade Sie mir
sagen würden! . .

Wie bin ich angegriffen worden nach meiner Entlassung! Aber, daß ich
auch von meinen früheren Freunden nicht in Schutz genommen wurde, verletzte
mich am meisten."

Ich bemerkte, daß der Fürst die Deutschen nun wohl für eine undankbare
Nation halte? —

„Nein — entgegnete lebhaft der Fürst — die Deutschen sind keine undankbare Nation. Ich sehe den Meinungsausdruck der Presse nicht für den
Meinungsausdruck des Volkes an. . . Uebrigens, Sie sind mit dem „Frankfurter Journal" meiner Ansicht nach ziemlich weit nach links gegangen. Ich
habe einzelne Artikel verfolgt; ich will Sie gewiß nicht beeinflussen, aber ich
glaube, Sie werden keine Geschäfte machen, wenn Sie die Geschäfte des Herrn
Sonnemann besorgen. Die „Frankfurter Zeitung", eine Konkurrenz, mit der
Sie rechnen müssen, ist ein — geschäftlich — ausgezeichnet geleitetes Blatt.
Sie können Erfolge haben, wenn Sie sogar möglichst nach rechts, fast zur
konservativen Partei, gehen."

Ich erwiderte, daß zwischen der Tendenz des „Frankfurter Journals",
das ich in liberalem Sinne redigire, und der demokratischen Tendenz der
„Frankfurter Zeitung" doch ein Unterschied bestehe.

Der Fürst fuhr fort: „Wie ist denn Ihr Verleger politisch zugeschnitten?"

Ich antwortete, daß der Verleger sich eines Einflusses auf die Redaktion
des „Frankfurter Journals" enthalte. Allerdings müsse ich zugeben, daß mir
von Seiten einiger programmfanatischer Nationalliberaler meine freiere Haltung
sehr verdacht würde.

„Das glaube ich schon, — entgegnete der Fürst - da werden Sie eben
mehr nach rechts gehen müssen."

„Nein — erwiderte ich. — Für mich ist bisher als maßgebend nur Miquel in
Betracht gekommen und ich glaube annehmen zu dürfen, daß Herr Dr. Miquel

diese politische Haltung im Wesentlichen gebilligt hat. Uebrigens — fügte ich mit leiser Ironie hinzu — das Programm der nationalliberalen Partei soll bald reformirt werden; es ist doch möglich, daß dann die Partei zu etwas liberaleren Anschauungen kommt."

„Die Programm-Revision — bemerkte trocken der Fürst — hatten die Herren ja schon einige Male sich vorgenommen.

Nun, — so schloß Fürst Bismarck diesen Theil des Gespräches — werden Sie auch den Muth haben, das wiederzugeben, was ich Ihnen sage?"

Ich versicherte dem Fürsten, daß mir dieser Muth nicht fehlen werde. — Die Ansichten des Fürsten Bismarck über den Minister Miquel zu er= fahren, hielt ziemlich schwer. Mehrmals war der Fürst einer bezüglichen Gesprächswendung ausgewichen. Schließlich sagte ich gradezu: „Man behauptet, daß ein gewisser Antagonismus zwischen Ew. Durchlaucht und Excellenz Miquel bestehe."

Augenblicklich wurde der Fürst aufmerksam. Er fragte sogleich sehr eifrig: „Wer behauptet das? Wer? Wer ist dieser ‚man‘?!"

Ich entgegnete, daß derartige Gerüchte ja häufig und unkontrolirbar, aber mit großer Bestimmtheit in der Oeffentlichkeit aufzutauchen pflegen, daß ich übrigens persönlich eine ähnliche Ueberzeugung habe. Man glaube ziemlich allgemein, daß Herr Dr. Miquel niemals ein Portefeuille unter dem Fürsten Bismarck erhalten haben würde.

Die letztere Bemerkung schien Fürst Bismarck überhören zu wollen. Er rief aber nochmals unmuthig:

„Irgend Einer muß doch die Geschichte von dem Antagonismus zwischen Miquel und mir in die Oeffentlichkeit gebracht haben!"

Bei der Erwähnung des Mandates Kaiserslautern konnte ich von dem Fürsten nicht erfahren, von welcher Seite ihm die Kandidatur „nahegelegt" worden war. Jedenfalls ist es nicht uninteressant, festzustellen, daß man in der nationalliberalen Partei durchaus nicht einmüthig gewillt war, den Fürsten kandidiren zu lassen. Trotz aller Festreden und Begrüßungstelegramme fürchtete man doch den Anstoß nach oben, vielleicht auch die geistige Ueberlegenheit eines solchen „Fraktionsmitgliedes". So ließen damals vorsichtige Parteileute durch eine „Zuschrift aus der Pfalz", d. h. durch die bestellte Arbeit eines Journalisten, in der „Kölnischen Zeitung" abwinken, also dasselbe Blatt dem Fürsten Bismarck eine Belehrung ertheilen, das früher mit seinen Geniefunken illuminirt hatte!

Ich glaubte diese Kenntniß der Dinge dem Fürsten wenigstens insoweit nicht vorenthalten zu sollen, daß ich andeutete, daß kaum alle nationalliberale Fraktionsmitglieder des Reichstags seine Kandidatur gerne sähen.

Fürst Bismarck schien über diese Mittheilung weniger erstaunt, als ich erwartete.

„Nun, — sagte er kaltblütig   dann werde ich mich doch um das Mandat erst recht nicht bewerben!"

Bei der Erwähnung der Ministerkandidaturen erzählte Fürst Bismarck von einem Kandidaten für das Portefeuille, er habe von diesem einen Brief erhalten, in dem es unter Anderem hieß: „Sie (Fürst Bismarck) sind gar kein Royalist, sondern ein rothgelegterter Revolutionär!" „Dieser Brief — setzte der Fürst lächelnd hinzu — war einer der gröbsten, die ich jemals empfangen habe. Ich konnte nun den Schreiber natürlich meinem Könige nicht empfehlen." Welchen Namen der Fürst angab, weiß ich nicht mit Bestimmtheit, da der Fürst sehr schnell und nicht ganz deutlich die Geschichte erzählte; ich glaube den Namen eines bedeutenden nationalliberalen Politikers gehört zu haben, will mich aber keineswegs in dieser Beziehung engagiren.

Nicht uninteressant sind die Andeutungen, die mir Fürst Bismarck über sein Verhältniß zu den „Hamburger Nachrichten" gab. Ich forderte den Fürsten auf, gelegentlich auch einmal dem „Frankfurter Journal" einen Bei= trag zu senden.

„Das geht schlecht an — erwiderte der Fürst. — Beiträge kann ich Ihnen selbst nicht schreiben. Zeit und Neigung fehlen mir zu dieser umständlichen Arbeit. Ja, wenn Sie noch so in der Nähe wären, wie die Herren von den „Hamburger Nachrichten". Wie viele Züge fahren zwischen Friedrichsruh und Hamburg! — Die Herren Hartmeyer kommen ein oder zweimal in der Woche zu mir. Wenn Sie immer von Frankfurt herüberreisen wollten, so würden Sie dessen doch bald überdrüssig werden." —

Als ich die Frage nach den Gründen des Rücktritts wagte, schien der Fürst ungehalten zu sein. Er schwieg einige lange und peinliche Sekunden und sagte endlich: „Ich sehe Sie heute zum ersten Male und ich soll Ihnen anvertrauen, was ich mit meinem jungen Herrn gehabt habe?! Nein, da müssen Sie doch erst einen Scheffel Salz mit mir gegessen haben!"

Die Besprechung der Erlasse und der Arbeiterschutz=Konferenz gaben Veranlassung zu einem bezeichnenden Zwischenfall. Als der Fürst erzählte, wie er die Erlasse nicht gutgeheißen, aber sie dennoch verfaßt habe, gab ich einigem Erstaunen Ausdruck: „Also Durchlaucht haben die Erlasse verfaßt und sie dennoch nicht gebilligt?" — „Ich glaube — entgegnete offenbar etwas gereizt über meine Kritik der Fürst — Sie haben mich mißverstanden." „Ver= zeihung — gab ich zur Antwort — ich glaube Ew. Durchlaucht sehr wohl verstanden zu haben. Gestatten Durchlaucht die Wiederholung?" Fürst Bismarck nickte und ich wiederholte die Geschichte der Erlasse zu seiner Zu= friedenheit.

17. Juli 1890. Friedrichsruh. Empfang des Redakteurs der „Dresdner Nachrichten" Dr. Erwin Reichardt.[1])

---

[1]) Vergleiche über dieses Interview: „Reichsfreund" Nr. 30 vom 24. Juli 1890, „Berliner Tageblatt" Nr. 365 und Nr. 366 vom 22. und 23. Juli 1890, „Berliner Börsen-Courier" Nr. 362 vom 17. Juli 1890, „Frankfurter Zeitung" Nr. 202 vom 24. Juli 1890, „Freisinnige Zeitung" Nr. 168 vom 22. Juli 1890, „Tägliche Rund=

22*

Das Gespräch[1]) begann mit den früher gethanen Aeußerungen des Fürsten über die Presse. Ich sagte, daß es von einem guten Theile derselben sehr bitter empfunden werden müßte, wenn der Fürst über die deutsche Presse im Allgemeinen so mißliebig sich äußere und ihr den Vorwurf der Feigheit mache,

schon" Nr. 169 vom 23. Juli 1890, Wippermann a. a. O. S. 66—70, „Dresdner Nachrichten" Nr. 199 vom 18. Juli 1890. Die „Hamburger Nachrichten" Nr 173 (Morgen-Ausgabe) reproduzirten den oben im Text gebrachten Originalbericht.

[1]) Ueber die Veranlassung des Empfangs und den Hergang berichtet Dr. Reichardt: In dem Aufsatz über seine Unterredung mit dem Fürsten Bismarck hatte Herr Ritterhaus vom „Frankfurter Journal" u. A. auch berichtet, in wie vorwurfsvoller Weise sich Fürst Bismarck über das jetzige Verhalten der deutschen Presse geäußert. Namentlich dieser letztere Vorwurf bestimmte den Unterzeichneten, an den Fürsten umgehend die telegraphische Anfrage zu richten, ob Seine Durchlaucht geneigt sei, ihn als Vertreter der „Dresdner Nachrichten" zu empfangen. Nach wenigen Tagen war ich im Besitz einer bejahenden Antwort, verbunden mit dem Ersuchen um Angabe der Zeit des Eintreffens. Als am geeignetsten war für den Empfang die Zeit gegen halb elf Uhr Vormittags hinzugefügt, und so fand ich mich denn am 17. Juli (Donnerstag) zu der genannten Stunde am Thore des fürstlichen Besitzes in Friedrichsruh ein. Einer der daselbst stehenden Geheimpolizisten sagte, daß er von meinem bevorstehenden Besuche wisse und beauftragt sei, mich beim Geheimsekretär des Fürsten zu melden. Hiervon kam er alsbald zurück mit der Bitte, da der Fürst mich augenblicklich nicht empfangen könne, im naheliegenden „Landhaus" (dem einzigen Gasthofe des Ortes) zu warten: man werde mich abholen, wenn er so weit sei. Als ich eine halbe Stunde später das hohe hölzerne Parkthor geschlossen hatte, wurde ich zunächst in ein unmittelbar neben der kleinen Flur des freundlichen Wohnhauses gelegenes Vorzimmer geführt. Nach wenigen Sekunden trat der Geheimsekretär des Fürsten ein, begrüßte mich freundlich und sagte, daß er mich dem Fürsten melden werde. Kaum hatte er das Zimmer verlassen, als ich durch die nach dem Park gelegenen Fenster ihn mit dem Fürsten sprechen sah. Da die Thür des Zimmers, in dem ich mich befand, offen stand, konnte ich hören, wie der Fürst plötzlich meinen von dem Geheimsekretär gemeldeten Namen nannte und sodann sogleich ins Haus und in das Zimmer eintrat. Nachdem ich ihm vorgestellt worden war, wobei er mich mit prüfenden aber sehr liebenswürdigen Augen anblickte, begann er: „Ah, Sie sind im Frack! Es ist aber jetzt gerade die Zeit, wo ich im Park zu spazieren pflege, und so können wir ja wohl auch bei unserem Gespräch promeniren." Ich muß hier die Bemerkung einfügen, daß es unmöglich ist, im Nachstehenden die Aeußerungen des Fürsten im Wortlaute wiederzugeben, wenn auch die Ausdrucksform des Fürsten möglichst beibehalten ist. Die verschiedensten Themata wurden, wie gesagt, promenirend behandelt, die Stimme des Fürsten war nicht immer deutlich vernehmbar und oft wurde das Gespräch auch durch kleine Zwischenfälle unterbrochen. So machte mich der Fürst auf besonders schöne Ausblicke im Park aufmerksam oder unterhielt sich einige Augenblicke mit Spaziergängern, von denen (natürlich) Damen) ihm Blumen überreicht wurden; einmal schlug er plötzlich auch mit seinem Stocke aus Tyras — und zwar gar nicht zart — ein, weil dieser den kleinen weißen Pinscher eines Spaziergängers sehr unliebenswürdig mit Bissen begrüßte. Die Bewegungen des Fürsten hierbei z. B. waren von einer Leichtigkeit und Elastizität, um die ihn mancher Dreißigjährige beneiden könnte. Tyras und ein zweiter grauer Jagdhund waren unsere einzigen Begleiter. Fast anderthalb Stunden wandelte der Fürst mit mir in dem prächtigen Park und dem umliegenden Laubwald, nicht nur auf breiten Promenaden, sondern auch schmale Waldwege hinauf, ohne daß das Bergaufgehen den Fürsten am Sprechen gehindert hätte.

ja — nach dem Bericht des Herrn Ritterhaus — behaupte, daß nur die sozialdemokratische Presse Muth habe.

Der Fürst erwiderte hierauf, daß ihn Herr Ritterhaus in seinen Aeuße= rungen mehrfach nicht verstanden habe. Um den Ausdruck Feigheit, wie er ihn gebraucht, richtig aufzufassen, müsse man die Genesis desselben kennen, wie sie im vorangegangenen Gespräch gelegen habe. Er habe den Ausdruck ohne Bitterkeit gebraucht. Er habe sich über das Gebahren der ihm früher nahe gestandenen Presse, wie die „Kölnische Zeitung" und die „Post", namentlich aber über die „Norddeutsche Allgemeine Zeitung", welche früher von ihm fast allein erhalten worden sei, ausgesprochen; die „Norddeutsche Allgemeine Zeitung" habe Herr Ritterhaus weggelassen.[1]) Von dieser, der gouvernementalen Presse, die früher seine Ansichten vertreten, habe er wohl den Muth erwarten können, daß sie ihn gegen die albernen Anseindungen und Entstellungen seiner Ansichten, wie sie die oppositionellen Blätter brächten, in Schutz nehmen würde. Die „Norddeutsche Allgemeine Zeitung", welche von ihm gleichsam auf die Kon= servativen vererbt worden sei,[2]) vermeide es überhaupt am liebsten, seinen Namen zu erwähnen; man fürchte dadurch schon nach oben Anstoß zu erregen. Dies sei es, was er habe treffen wollen. Die Befürchtung anzustoßen sei aber auch ganz falsch. Man nehme immer eine gewisse Gespanntheit zwischen dem Kaiser und ihm an, ja man habe ihn wohl in dem Verdacht, daß er noch Wünsche hege, etwa noch einmal in sein Amt zurückzukehren. Dazu sei er aber zu alt, und man unterschätze auch sein Selbstgefühl. Er habe nur den Wunsch, in der Kritik der Nachwelt nicht das Opfer falscher Annahmen zu werden. Deshalb könne er nicht schweigen, wenn man sein Wirken angreife. Zwischen dem Kaiser und ihm liege aber gar nichts Feindseliges vor. Sie seien in einer Frage lediglich verschiedener Meinung gewesen, die er, der Fürst, freilich

---

[1]) Die „Norddeutsche Allgemeine Zeitung" bemerkte zu den Vorwürfen, die Fürst Bismarck gegen sie Dr. Reichardt gegenüber erhoben hatte, es liege kein Grund vor zu Bemerkungen über die Auslassungen des Fürsten, da ihre (der „Norddeutschen All= gemeinen Zeitung") Begriffe von Pietät und Anstand ihr verbieten, in einem solchen Falle ihre Meinungen und Ansichten zu schreiben. Die „Freisinnige Zeitung" bemerkte hierzu: Stolz will ich den Pindter!

[2]) Hierzu bemerkte das „Berliner Tageblatt" in der Morgen=Ausgabe vom 29. Juli 1890: Allerdings hat der Fürst Herrn von Helldorff-Bedra den Wunsch aus= drücken lassen, daß das Blatt Organ der Teutschkonservativen werde. Herr von Hell= dorff sah dies noch als „Befehl" an und theilte es sofort dem Chefredakteur der „Nord= deutschen Allgemeinen Zeitung", Herrn Pindter mit. Das Blatt erklärte damals sogleich, daß es die Teutschkonservativen als deren Organ vertreten werde. Hierauf wurde der Ausschuß der Partei zusammenberufen und Herr von Helldorff erklärte, daß der Fürst den Wunsch geändert habe. Ein Mitglied aber erklärte, mit der „Norddeutschen" wolle man nichts zu thun haben, auch sei man nicht sicher vor den Anklatscheiern, die Fürst Bismarck in derselben weiter unterbringen werde!! Auch andere Mitglieder erklärten sich gegen den Plan: man stimmte ab und — thatsächlich war Herrn von Helldorff's Stimme die einzige, welche für die „Norddeutsche" als offizielles Organ der Partei eintrat. Darauf mußte die „Norddeutsche" zurückziehen und sich „freiwillig"=deutschkonservativ nennen.

für zu wichtig gehalten habe, als daß er sich habe fügen können. Er sei ein ebenso guter Royalist wie Anhänger des Hauses Hohenzollern, aber deshalb könne er mit Sr. Majestät verschiedener Meinung sein.

Bezüglich des Muthes der sozialdemokratischen Presse[1] äußerte sich der Fürst folgendermaßen: Ob er die Worte so gebraucht habe, wie Herr Ritterhaus berichtet, könne er nicht mit Bestimmtheit zugeben. Aber die Sozialdemokratie, welche ja noch gar nicht demaskirt sei, erwarte von dem jetzigen Regierungssystem nichts: sie könne also rücksichtslos dreinreden. Die Presse der anderen Parteien, auch die der Fortschrittspartei — denn diese hoffe ja auch vielleicht einmal regierungsfähig zu werden — habe immer mit gewissen Rücksichten zu rechnen. Es gebe da zu viel Strebertum und persönliche Rücksichtnahmen. Die Presse, die früher seine Ansichten vertreten habe, lasse jetzt die dümmsten Angriffe auf ihn unerwidert. So z. B. in der Morier- und Wohlgemuth-Angelegenheit. Morier sei ihm fast gar nicht bekannt. Sein Sohn habe mit ihm einen Konflikt gehabt, weil Morier an Graf Herbert einen ungezogenen Brief geschrieben und sein Sohn ihm sehr kühl geantwortet habe. „In der Wohlgemuth-Angelegenheit haben wir einen sehr schönen diplomatischen Sieg davongetragen. Wir wollten einfach erlangen, daß die Schweiz mit unsern Sozialdemokraten weniger freundlich umgehe, und das haben wir vollkommen erreicht. Daß man sich einmal hierbei so stellt, als wollte man die ganze Schweiz auffressen, das ist eben so. Aber das sind die Dummköpfe, die nicht wissen, wie es gemacht wird."

Während wir nach Besteigung einer kleinen Höhe auf einer Holzbank saßen, sagte ich zu dem Fürsten: Nach dem Bericht des Herrn Ritterhaus habe er eine Verschärfung des Sozialistengesetzes beantragen wollen;[2] nichts destoweniger habe sich in der an den Reichstag gelangten Regierungsvorlage keine solche vorgefunden.

Der Fürst: Er halte die sozialistische Gefahr für die größte, die in der Politik vorliege, z. B. für viel bedeutsamer als die, welche etwa von Frankreich und sonst wem zu erwarten ist. Die Sozialdemokratie sei beständig im Wachsen. Zu allen Zeiten, so weit man auch in der Geschichte nachschlage, hätten sich Streber an die Unzufriedenen gewendet und sich so eine Partei geschaffen. Unzufriedene werde es aber so lange geben, als Einer noch sehe, daß es einem Anderen besser gehe. Der sozialistischen Gefahr zu begegnen gebe es nur zwei Wege: entweder ihren Forderungen nachgeben oder kämpfen. Das Erstere reize jedoch ihre Begehrlichkeit, während sie im Kampf doch in gewissen Schranken gehalten werde. Jede Konzession den sozialistischen Forderungen gegenüber vergleiche er mit dem black-mail (ein Tribut, den die Hochschotten den Niederschotten zahlten, damit sie von ihren Räubereien verschont blieben).

[1] Vergleiche darüber noch die „Hamburger Nachrichten" Nr. 167 vom 16. Juli 1890 (Abend Ausgabe) u. Nr. 180 vom 31. Juli 1890. Ueber das Verhältniß Bismarck's zur „Kölnischen Zeitung", das „Berliner Tageblatt" Nr. 396 vom 6. August 1890.

[2] Vergleiche oben Seite 334.

Der Kaiser, als der beſſere Menſch von ihnen beiden, der noch nicht die ſchlimmen Erfahrungen eines Siebzigers hinter ſich habe, habe ſich für den Frieden entſchieden; er (der Fürſt) habe kämpfen wollen, je eher deſto lieber. Dieſe Meinungsverſchiedenheit ſei einer der Gründe geweſen, aus denen er das Amt niedergelegt.

Von der Arbeiterſchutzgeſetzgebung, äußerte ſich der Fürſt, halte er nichts.[1]) Er behandele die Sache aber durchaus sine ira et studio. So lange ihm jedoch Niemand ſage, wodurch der Arbeiter den durch die beſchränkte Arbeits= zeit verkürzten Lohn erſetzt halte, könne er dieſer Geſetzgebung nicht zuſtimmen. Er ſei gegen alle Zwangsmaßregeln, welche die perſönliche Freiheit des Arbeiters beſchränken und, wie bei der Regelung der Frauen= und Kinderarbeit, in die Rechte des pater familias eingriffen. —

Ich wandte hierauf ein, ob denn aber nicht die Arbeiterſchutzgeſetzgebung eine Weiterführung der Kaiſerlichen Erlaſſe vom 17. November 1881 ſei? — Der Fürſt: „Ja ganz und gar nicht. Für die Kaiſerlichen Erlaſſe, die mein eigenſtes Werk ſind,[2]) an denen ich in Varzin ohne jeden anderen Menſchen gearbeitet, trete ich voll und ganz ein. Die Grenzlinie zwiſchen dem, was die Kaiſerlichen Erlaſſe erzielen, und der Arbeiterſchutzgeſetzgebung liegt eben genau da, wo der Zwang anfängt." Wenn man die Vorzüge eines ſolchen Arbeiter= ſchutzes rühme, denke er immer an folgende Anekdote. Ungefähr im Jahre 1820 habe einmal ein preußiſcher Generalſtabsoffizier einen Merſeburger Poſthalter gefragt, wie ſie ſich denn unter preußiſchem Regiment fühlten? — und die Antwort habe gelautet: Ach, da haben wir nicht zu klagen; aber den L—, den Leipzigern haben wir es auch gegönnt.

Nochmals auf die Sozialdemokratie zurückkommend äußerte der Fürſt: Er habe die Abſicht gehabt, die Befugniſſe des Sozialiſtengeſetzes dahin zu erweitern, daß an Stelle der Ausweiſung die Verbannung trete. Damit habe er aber im Staatsminiſterium nicht durchdringen können. Die Regierung ſei vielmehr auf den nationalliberalen Vergleichsvorſchlag in der Kommiſſion ein= gegangen, das Geſetz ohne die Ausweiſungsbefugniß anzunehmen, und dann würde er ſpäter noch viel weniger mit der Forderung ſtrengerer Maßregeln haben kommen können. Er ſei überhaupt Gegner von Konzeſſionen in den Kommiſſionen; er könne ſich zu ſolchen nur Reichstagsbeſchlüſſen im Plenum gegenüber ſtehen.

Auf meine Frage, was wohl eintreten dürfte, wenn nach Ablauf des Sozialiſtengeſetzes die Sozialdemokratie kühner vorgehe, erwiderte der Fürſt: „Im letzten Grunde iſt die Sozialiſtenfrage, ich möchte ſagen, eine militäriſche Frage. Wenn das Geſchwür aufgegangen, kann man die Ausſchreitungen ja

---

[1]) Daß Bismarck dieſen Standpunkt auch als Reichskanzler vertreten hat, geht aus zahlreichen, in meinem Werk „Fürſt Bismarck als Volkswirth" veröffentlichten Dokumenten hervor.

[2]) Daß das geiſtige Eigenthum daran dem erſten Reichskanzler zuſteht, iſt bereits ausgeführt in meinem Werke „Fürſt Bismarck als Volkswirth" Bd. II S. 81 Note. *)

mit Gewalt niederdrücken. Es tritt dann vielleicht an die Stelle des jetzigen kleinen Belagerungszustandes der allgemeine, der Kriegszustand. Freilich gebt das nicht auf die Dauer."

Kurz ehe wir uns dem Wohnhause näherten, wo der Spaziergang vor= aussichtlich sein Ende fand, fragte ich den Fürsten über seine Mitwirkung bei der letzten Militärvorlage beziehungsweise seine Ansicht über die Verwirklichung der Scharnhorst'schen Ideen. Zu seiner Antwort hierauf zeigte er aber große Zurückhaltung und berief sich auch darauf, daß er über Einzelheiten zu sprechen nicht befugt sei.

Auf meine Frage, ob er eine Reise nach England machen werde, sagte der Fürst, daß er es selbst noch nicht wisse; vielleicht ginge er im September nach einem englischen Seebad. Er entschließe sich gewöhnlich erst einen Tag vorher.

Der Korrespondent wurde demnächst zur Frühstückstafel gezogen.[1]

19. Juli 1890. Friedrichsruh. Unterredung mit einem Redakteur der „New=Yorker Handels=Zeitung", Dr. Eduard Simon.[2]

Derselbe berichtet nach einer Schilderung seines Empfangs im Parke:[3]

„Durchlaucht, — so begann ich das Gespräch — ich betrachte mich in diesem Augenblicke als Repräsentant eines Theiles der deutsch=amerikanischen

---

[1] Ueber den Schluß des Interviews berichtet Dr. Reichardt: Inzwischen waren wir an der Hinterfront des Wohnhauses angekommen, wo eine Außentreppe von wenigen Stufen in das Speisezimmer führt. Der Fürst lud mich ein, näher zu treten, um mit ihm das Frühstück einzunehmen. (Es war nach halb ein Uhr.) An dem Frühstück nahmen noch theil die Frau Fürstin, Graf Rantzau und der Geheimsekretär. Während des Essens, welches bis zwei Uhr währte, herrschte die beste Laune. Von Politik wurde fast kein Wort, sonst aber von allem Möglichen gesprochen. Dresden wurde mehrfach erwähnt; die Frau Fürstin erzählte von einem Besuch daselbst vor 41 Jahren. Der Fürst sagte, daß er im Jahre 1868 am Geburtstage des hochseligen Königs Johann zuletzt da gewesen sei. Unter Anderem erkundigte der Fürst nach „seinem Freund Fabrice". Auch einige reizende kleine Scherze gab der Fürst zum Besten, über welche herzlich gelacht wurde. Sobald der letzte Gang servirt war, brachte Graf Rantzau Cigarren; der Fürst ließ sich jedoch eine Pfeife reichen. Nach einer halben Stunde weiterer zwangloser Unterhaltung erhob sich der Fürst und ich bat um die Erlaubniß, mich verabschieden zu dürfen. Auf meinen Ausdruck des Dankes für den Empfang reichte mir der Fürst wiederholt die Hand und gab mir durch eine Flucht elegant eingerichteter Wohnräume das Geleit bis in das Vorzimmer.

[2] Vergleiche über dieses Interview die „Neue Preußische Zeitung" Nr. 388 vom 21. August 1890, die „Berliner Morgenzeitung" Nr. 190 vom 21. August 1890, die „Danziger Zeitung" Nr. 18455 vom 21. August 1890 und die „Berliner Börsen= Zeitung" Nr. 387 vom 21. August 1890.

[3] Wie Sie wissen — so schreibt Dr. Simon seinem Blatte — hatte ich mich bei dem gewaltigsten Manne unseres Jahrhunderts vor mehreren Wochen bereits von New= York aus brieflich angemeldet. Früh am Morgen des 19. Juli d. J. erhielt ich ein Schreiben des Dr. Chrysander, in welchem mich derselbe benachrichtigte, er könne mir zwar keine positive Gewißheit geben, daß Fürst Bismarck mich empfangen werde, doch sei gegründete Aussicht dazu vorhanden; ich solle mich gegen 11 Uhr Vormittags im Herrenhause zu

Presse von New-York, die nichts mehr bedauert hat, als daß Durchlaucht Ihr Amt, daß Sie Jahre lang zum Segen und zum Heile des gesammten deutschen Vaterlandes verwaltet, seiner Zeit niedergelegt haben."

Der Fürst erwiderte wörtlich: „Was soll ich Ihnen Allbekanntes wieder-holen? Ich bin nicht aus freiem Willen gegangen."

Darauf folgte ein sehr beredtes, etwa eine halbe Minute dauerndes Still-schweigen, worauf Bismarck mich fragte, was ich für ein Landsmann sei.

„Ein Hannoveraner, dessen Vater im Jahre 1866 mit dem damaligen König Georg V. nach Wien gegangen ist, was ich schon damals tief beklagte."

„Ich hätte es — sagte Bismarck — in Ihres Vaters Stelle ebenso gemacht; ich achte und respektire eine derartige treue Anhänglichkeit."

Bismarck lenkte dann das Gespräch auf die amerikanische Silberbill, gelegentlich deren Annahme durch den Senat er „die Kühnheit der republika-nischen Partei bewunderte", und kam dann, allerdings sehr reservirt und ziemlich zahm, auf die Tarifbill zu sprechen, über die er vorläufig kein Urtheil abgeben, sondern abwarten wollte, wie sie, wenn einmal wirklich passirt, arbeite.

Zu bewundern ist, wie der Fürst auch über amerikanische Verhältnisse „gepostet" ist.

„Warum kommen Durchlaucht nicht einmal nach New-York — bemerkte ich im Laufe unserer Unterhaltung weiter. — Ganz New-York würde Sie in diesem Falle mit Jubel begrüßen."

Der Fürst erwiderte lächelnd: „Wer wie ich vierzig Jahre lang Politik getrieben, der will seinen Lebensabend in Ruhe genießen; die Seereise fürchte ich wohl nicht, aber das Trepp-Auf- und Trepp-Absteigen auf einem Dampfer würde mir doch lästig fallen. Was habe ich früher für Sport aller Art ge-trieben? Gejagt, gerudert, mit Passion gefischt; jetzt reite und fahre ich nur noch."

Bei dieser Gelegenheit spielte ich auf sein vortreffliches Aussehen an, worauf er zur Antwort gab: er befinde sich zwar augenblicklich ganz wohl,

<hr/>

Friedrichsruh einfinden u. s. w. . . . . Dr. Chrysander und meine Wenigkeit gingen eine Strecke durch den Park, wo an einer gewissen Stelle der Fürst erscheinen sollte und wo bereits eine ungemein zahlreiche Gesellschaft von Herren und Damen, sammt zahlreicher Kinder-Verbrämung, seiner harrte. Wir stellten uns etwas abseits und warteten der Dinge, die da kommen sollten.· Nach wenigen Augenblicken, es war mittlerweile 11½ Uhr geworden, erschien die hohe martialische Gestalt des Fürsten Bismarck. Derselbe trug den bekannten langen, ganz bequem gemachten Gehrock, den großen Schlapphut, einen nicht als einfachen aber derben Ziegenhainer und war von einem Herrn v. Brauer, früherem deutschen Konsul in Kairo, welcher jetzt ins Ministerium des Auswärtigen berufen ist, begleitet. Der Fürst begrüßte die seiner harrende Gesellschaft mit freundlichem Gruße entblößte für kurze Zeit sein Haupt, nahm einige Rosenbouquets aus den Händen der zu der Gesellschaft gehörenden Kinder entgegen, sprach etwa zwei Minuten in leutseligster Weise mit einigen der Anwesenden und wandte sich dann weiter, um seine Promenade fortzusetzen. In diesem Augenblicke traten wir vor, und Dr. Chrysander introduzirte mich mit den Worten: „Dr. Simon, Redakteur der ‚New-Yorker Handels-Zeitung‘ aus New-York", worauf der Fürst mich ersuchte, ihn auf seinem Rundgange begleiten zu wollen. Der Fürst und ich gingen voraus, Brauer und Chrysander folgten.

müſſe aber, da er im ſechsundſiebenzigſten Lebensjahre ſtehe, doch vorſichtig ſein; das Cigarren=Rauchen, ſelbſt der feinſten und beſten Havanas, ſei ihm gänzlich verboten; nur zwei lange Pfeifen nach dem Eſſen ſeien ihm geſtattet. „Nun erzählen Sie mir von New=York.“

Ich ſchilderte ihm darauf in ausführlicher Weiſe die Schönheiten unſerer Hudſon=Metropole und erzählte ihm von den dort herrſchenden theuren Preiſen u. ſ. w. Nachdem er längere Zeit ruhig zugehört, kam er darauf zu ſprechen, wie ſehr es ihn freue, daß die in New=York lebenden Deutſchen ſo gute Deutſche geblieben ſeien, und führte als Beweis die Deputation der Intependent= Schützen an, welche kürzlich bei ihm vorgeſprochen habe. In dieſem Punkte konnte ich ihm — und Sie werden mir darin vollkommen Recht geben — jedoch nicht beipflichten, ſprach vielmehr meine Anſicht ganz unumwunden dahin aus, daß meiſtens gerade das Umgekehrte der Fall ſei, indem nämlich das Gros der Deutſchen, der Ungebildeten wenigſtens — und dieſe bilden doch die Majorität — ihr altes Vaterland verläugne und es vorzöge, lieber ſchlecht engliſch zu ſprechen, als ſich ſeiner Mutterſprache zu bedienen. „Daß die Deputation der Independent=Schützen bei Eurer Durchlaucht ſich anders gezeigt hat, kann meine Anſicht nicht umſtoßen; die Herren wußten, mit wem ſie zu thun hatten.“ Der Fürſt ſchwieg[1]).

Mit einem „Grüßen Sie mir New=York“ entließ Fürſt Bismarck den Deutſch=Amerikaner.

22. Juli 1890. Friedrichsruh. Empfang eines Korreſpondenten der „Nowoje=Wremja“ (W. S. K.).[2]) Die Unterredung, deren erſter Theil während eines Spazierganges im Park unter ſtrömendem Regen ſtattfand,[3]) nahm folgenden Verlauf:

[1]) Die Redaktion der „New Yorker Handelszeitung“ machte folgende Bemerkung zu dem letzten Satze: Der Anforderung des Herrn Kollegen, ihm in dieſer Hinſicht Recht zu geben, können wir leider nicht entſprechen. Der bei weitem größte Theil der eingewanderten Deutſchen einſchließlich der „Ungebildeten“, iſt im Herzen ſtets deutſch geblieben und hat dieſe deutſche Geſinnung oftmals in erfreulicher Weiſe beſtätigt, wie ſich das häufig bei beſonderen Anläſſen, z. B. während des deutſch franzöſiſchen Krieges, bei Ueberſchwemmungen und anderen Kalamitäten im alten Vaterlande u. ſ. w. gezeigt.

[2]) Die Berichte des Korreſpondenten ſind enthalten in den Nummern der „Nowoje Wremja“ vom 27. und 30. Juli 1890; die oben mitgetheilte Ueberſetzung iſt der „Poſt“ Nr. 206, 209 und 213 vom 30. Juli, 2. und 6. Auguſt 1890 entnommen, von wo dieſelbe auch in die „Hamburger Nachrichten“ Nr. 179 überging. Vergleiche über dieſes Interview noch Wippermann a. a. O. Seite 70—75, den „Hamburger Korreſpondenten“ Nr. 348 vom 6. Auguſt 1890, das „Deutſche Tageblatt“ Nr. 359 vom 3. Auguſt 1890, die „Neue Freie Preſſe“ Nr. 9315 vom 30. Juli 1890, die „Neue Preußiſche Zeitung“ Nr. 350 vom 30. Juli 1890, die „Breslauer Zeitung“ Nr. 529 vom 1. Auguſt 1890, den „Reichsboten“ Nr. 187 vom 5. Auguſt 1890 und das „Berliner Tageblatt“ Nr. 379 vom 30. Juli und Nr. 365 vom 2. Auguſt 1890.

[3]) Ueber die Geſchichte des Empfangs und die erſte Begrüßung ſchreibt der Korreſpondent: Die Erlaubniß, den Fürſten Bismarck zu beſuchen, erhielt ich am

Fürst Bismarck fing an, mich über Gotenburg und das dortige System des Handels mit spirituösen Getränken zu befragen. Mit ihm in den allgemeinen Zügen bekannt, interessirte er sich für die Einzelheiten und war erstaunt über die Vortheile, welche es der Kommune und dem Staat bietet. Ausgehend von dem Prinzip, daß der Detailverkauf des Branntweins keine Quelle des Gewinns für Privatleute sein darf, führt dieses System zur allmählichen Verminderung der Zahl der Schänken und der Stunden, in welchen der Verkauf

S. 17. Juli, als ich mich in der Seestadt Gothenburg befand, im südlichen Schweden, wohin mich der Wunsch geführt, mich mit dem dort schon ein Vierteljahrhundert gebräuchlichen besonderen System des Handels mit spirituösen Getränken bekannt zu machen. In Hamburg erhielt ich am 9. 21. Juli von dem persönlichen Sekretär des Fürsten Dr. Chrysander die Benachrichtigung über Tag und Stunde, wann der Fürst mich empfangen würde. Ich wurde angewiesen, in Friedrichsruh zu erscheinen und meine Karte dem Pförtner den 10. 22. Juli um 11 Uhr früh abzugeben. In der Besitzung kam mir Dr. Chrysander entgegen, aber er hatte mir kaum einige freundliche Worte gesagt, um die vorgekommene Verspätung zu erklären, als sich die Thür des Empfangssaales öffnete und ich im Flur die hohe Greisengestalt des Fürsten Bismarck erblickte, im KautschukPaletot, rundem schwarzen Filzhut mit breiten Rändern und einen Stock in der Hand. Er schickte sich zu seinem gewöhnlichen Spaziergang vor dem Frühstück an, obgleich der Regen nicht nachließ. Der DokterSekretär ging ehrfurchtsvoll an ihn heran, die Thür schloß sich auf eine Minute, dann trat Fürst Bismarck aus dem Flur ins Empfangszimmer. „Seien Sie gegrüßt," sagte er zu mir auf russisch, indem er mir die Hand gab. „Nicht wahr, es regnet," fuhr er auf russisch fort, indem er mir liebenswürdig und freundlich in die Augen sah. „Ja wohl, Eure Durchlaucht," antworte ich gleichfalls auf russisch und dann zur französischen Sprache übergehend, mit einer Beimischung von Teutsch sagte ich ihm von der Redaktion der „Nowoje Wremja" und persönlich Dank für die liebenswürdige und freundliche Aufnahme der Mitarbeiter dieser Zeitung. Der Fürst antwortete mir liebenswürdig, daß er immer erfreut über die Besuche der Repräs sentanten der Presse sei, welche sich in seiner Einsamkeit seiner erinnerten, und daß er immer, wenn er die Zeit dazu habe, bereit sei, sie zu empfangen. „Ich sollte eben in den Garten promeniren gehen nach der Vorschrift meines Arztes, aber was für ein Wetter", sagte der Fürst. Ich bat den Fürsten, seine Tagesordnung nicht zu unterbrechen und, indem ich bemerkte, daß er so angezogen sei, daß ihm Sturm und Wetter nichts thun würden, bat ich ihn nur die Erlaubniß, ihn begleiten zu dürfen. „Ja, wir haben noch drei Viertel Stunden bis zum Frühstück. Aber wie wollen Sie mit mir gehen? Sie müssen ja ganz naß werden." Ich antwortete, daß ich nicht ausschließlich in der Stadt, sondern auch auf dem Lande lebe, und daß also ein Spaziergang im Regen mir kein fremdes Ding ist. „Dann lassen Sie uns gehen", sagte der Fürst, nach der Thür zu gehen, und schon im Regen, von der Treppe herabzeigend, fügte er, indem er sich lächelnd zu mir wandte, hinzu: „Da sind Galoschen, nehmen Sie!" Ich dankte dem Fürsten, und indem ich sagte, daß wir nicht noch nicht ganz das Tatarenthum abgelegt und nach dem Beispiel der guten Muselmänner doppeltes Schuhwerk tragen, zeigte ich ihm meine LederGaloschen. Der Fürst sah sich um und sagte lächelnd: „Ja, die Russen lieben die Galoschen. Bei Ihnen tragen jetzt sogar die Offiziere Galoschen. Die Sitten sind milder geworden. Früher mußte man dafür bis sechs Wochen im Arrest sitzen." Wir traten in den Park. Zwei graue Toggen begleiteten, wie immer, den Fürsten auf dem Spaziergang. Einer von ihnen ist der Tyras, der Reichshund, wie ihn die Teutschen nennen.

des Branntweins erlaubt ist, bei Begrenzung der Menge des verkauften Brannt=
weins auf ein bis zwei Gläser für die Person und bei Zulassung nur solchen
Branntweines zum Verkauf, der im hohen Grade gereinigt ist. Außer der
Summe, welche der Staat bei der Einrichtung erhält, und außer sechs
Prozent für die Aktien der Kompagnie, welche die Sache in Gotenburg in
Händen hat, giebt sie der Stadt noch eine Einnahme von einer halben Million
Kronen. In Stockholm hat die Stadt mehr als eine Million Kronen Ein=
nahme von diesem Titel. Alles das ging früher in die Taschen der Schänker,
in deren Interesse die Bevölkerung betrunken gemacht wurde. Dieses System
ist in Schweden und Norwegen weit verbreitet.

„Ja, das ist ein schönes System — sagte Fürst Bismarck — das ist das
einzige auf ein wirkliches, ökonomisches Prinzip gegründete System, von einer
sentimentalen Wohlthätigkeit ist da nicht die Spur und darin liegt seine Stärke.
Allerdings ist das ein Monopol seiner Art, aber ich habe immer gefunden,
daß das Trank= und Tabackwesen sehr geeignet zur Umwandlung in Monopole
sind. Aber bei uns in Deutschland, bei der Zersplitterung und dem Kampf
der Parteien würde ein Versuch, dieses System einzuführen, die Sache zu
einer Parteiwaffe machen und zu vielen Schwierigkeiten begegnen, würde zu
viel Privatinteressen verletzen. Außerdem sind die Gemeinden bei uns so
geneigt zur Isolirung, dazu, ihr besonderes Leben zu leben, außerhalb der
allgemeinen Staatsinteressen, und eine solche starke Selbständigkeit in der
Quelle der Einnahmen könnte noch zur Verstärkung des Gemeindegeistes zum
Schaden des allgemein staatlichen führen.“

Fürst Bismarck führte zum Beweis die früheren Reichsstädte an, welche
gar keine Verbindung mit dem „Lande“ anerkannten, und fragte, ob man das
gotenburgische System nicht in Rußland zu versuchen beabsichtige. Ich
antwortete ihm, daß sich bis jetzt nur ein Kreis von Privatleuten für diese
Sache interessirt.

Der Regen hörte nicht auf zu strömen. Bei dem kleinsten Windstoß
wurden wir mit Wasserbächen von den in den Weg hängenden Zweigen über=
schüttet. Wir gingen bis zum Rande des Feldes, auf welchem reiner, hoher
Sommerweizen und Hafer vom Regen darniederlagen.

„Was für Wetter haben Sie in Schweden gehabt und hat dort die
Getreide Ernte schon begonnen?“ fragte mich der Fürst, als er sah, daß ich
mich für die Landwirthschaft interessire. Ich antwortete, daß, obgleich es in
Schweden fortwährend regnet, die Heuernte doch beinahe beendet sei. Die
Roggenernte im südlichen Theile Schwedens und in Dänemark habe schon
begonnen.

„Gewöhnlich ist die Ernte bei ihnen acht Tage später, als bei uns —
bemerkte der Fürst. — Uebrigens müssen im südlichen Schweden jetzt schon
einige Getreidearten reifen.“

Ich theilte dem Fürsten mit, daß ich nach Helsingborg (Schweden) und
Helsingör (Dänemark) gereist sei, und daß bei dem Trajekt über die große

internationale Fahrstraße, auf welcher alle Schiffe aus der Nordsee in die
Ostsee gehen, mein Reisegefährte, ein nordischer Kapitän, mir, als wir uns
dem dänischen Ufer genähert, auf welchem das malerische Schloß Kronborg
steht, gesagt habe: Es giebt eine Sage, daß hier, auf den Terrassen dieses
Schlosses, Hamlet seinen Vater gesehen. Sie, ein Russe, sollten, denke ich,
hier einen anderen, lebendigeren, wirklicheren Schatten sehen, welcher seine
Hand über diese Meerenge ausstreckt. . . . Wie leicht ist sie in einen zweiten
Bosporus zu verwandeln.

Fürst Bismarck, der unterdessen auf dem engen Steig vor mir gegangen
war, drehte sich um und sagte: „Ihr Norweger irrt sich. Wir sind vollständig
satt mit dem, was wir haben, und wünschen keine Erwerbungen mehr."

In diesem Augenblicke traten wir an den Rand eines Teiches, hinter
welchem sich ein sogar in diesem Regen reizendes Landschaftsbild zeigte. Das
Gespräch wandte sich auf die Entlassung des Fürsten. „Bei uns in Rußland
— sagte ich ihm — hört man nicht auf, sich darüber zu verwundern; besonders
erstaunt uns die Eile, mit welcher man Geld für Ihr Denkmal sammelt.
Vielen erscheint dieses Denkmal wie ein gigantisches Petschaft, mit welchem
man ein Packet mit dem alten, 75jährigen Bismarck versiegelt, um es ins
Archiv zu thun."

„Ja, mir giebt man beim Leben die Ehren des Todes. Mich begräbt
man wie Marlborough. Man wünscht nicht bloß, daß Marlborough nicht
wiederkehre, sondern man wünscht, daß er wirklich sterben möge, oder wenigstens
auf den Rest seiner Tage schweige. Mit meiner Lage söhne ich mich aus.
Alles hat sich in so legalen Formen vollzogen, daß ich auch gar nicht daran
denken kann zu protestiren. Wenn ich frühmorgens inmitten dieser Natur
aufwache, so fühle ich sogar eine große Freude darin, daß keine Verantwort=
lichkeit auf mir liegt, man fühlt sich frei, unabhängig, so wie ein rechtschaffener
Landedelmann sein soll. Aber zugleich damit kann ich nicht vergessen, daß ich
mich 40 Jahre mit der Politik beschäftigt habe — und auf einmal darauf
verzichten, ist unmöglich. In der That hilft man mir darin eifrig, und
Niemand von meinen Gefährten in der Politik, Niemand von meinen zahl=
reichen Bekannten führt mich durch seine Besuche in Versuchung. Mir ruft
man Halt! zu, mich meidet man wie einen Pestkranken, indem man sich
fürchtet, sich durch einen Besuch bei mir zu kompromittiren,[1] und nur meine
Frau besuchen noch von Zeit zu Zeit ihre Bekannten. Deshalb bin ich
immer erfreut über die Repräsentanten der Presse, welche sich für Fragen der
Politik interessiren, und mit welchen ich über Dinge sprechen kann, die fort=
fahren mich zu beschäftigen. Aber auch das ruft Unzufriedenheit hervor.

---

[1] In den „Hamburger Nachrichten" Nr. 81 vom 7. April 1894 heißt es: Daß Fürst
Bismarck sich jemals über die Abwendung früherer Freunde im Jahre 1890 „beklagt"
habe, ist, wie wir den Fürsten kennen, irrthümlich; die Empfindung, welche das Verhalten
der früheren Freunde bei ihm erregte, konnte ihn zu jeder anderen Aeußerung, nur nicht
zum „Klagen" bestimmen.

Man kann mir nicht verbieten, zu denken, aber man möchte mich gerne bindern, meinen Gedanken Worte zu geben, und wenn es möglich wäre, hätte man mir längst ein silenco cap, einen Maulkorb angelegt."

Indem er dann überging zu den Fragen über seine Meinungsverschieden= heiten mit dem Kaiser, sagte der Fürst, daß sich als der Hauptpunkt der Meinungsverschiedenheit die soziale Frage gezeigt habe.

„Der Kaiser neigt sich bei seinem guten Herzen dahin, daß man den Sozialisten mit milden Maßregeln, mit Güte beikommen soll. Ich bin voll= kommen entgegengesetzter Meinung. Bei solcher Meinungsverschiedenheit konnte ich nicht lange harren. Und da der Kaiser auf meine Frage, ob er auf die Durchführung seiner Anschauung in die staatliche Thätigkeit besteht, mir ant= wortete, daß er darauf bestehe, so blieb mir nur übrig, zu gehen. Ich that das auch. Das war unerwartet für die Mehrzahl meiner Freunde und Feinde. Ich liebe keine Vergleiche, aber ich könnte, vollkommen bei der Wahrheit bleibend, sagen, daß bei der Nachricht von meinem Abgange dasselbe geschah, was sich bei dem Tode Friedrich's des Großen ereignete. Alle guten Freunde athmeten auf, schöpften Luft und sagten: Endlich! Ja, man konnte mir nicht verzeihen, daß ich 28 Jahre erster Minister gewesen war. Achtundzwanzig Jahre! Denken Sie, quelle insolence!! Ja, einen solchen frechen Menschen hätte man längst über Bord werfen müssen. Und alle die, welche in diesen achtundzwanzig Jahren immerfort vergeblich gehofft hatten, Premierminister zu werden, alle, welche sich für gekränkt, für übersehen, für nicht genügend geschätzt, für schlecht belohnt hielten — alle unterschrieben, und in achtund= zwanzig Jahren haben sich solcher Leute nicht wenig gesammelt."

Auf meine Bemerkung, daß der Fürst mit auswärtigen Feinden immer leicht und rasch zurecht gekommen, die inneren aber ihm immer eine Masse kleiner und großer Sorgen und Unannehmlichkeiten gemacht, fügte Fürst Bismarck hinzu:

„Ja, sie sind auch an Zahl immer mehr als die auswärtigen gewesen. Sie haben sich jetzt nur vollständig erklärt. Als einmal einem französischen Herzoge die Hofschranzen die Menge Volks zeigten, welche ihn zu bewillkommnen erschienen war, antwortete er: Ah, mon cher, ils seraient encore bien plus nombreux s'ils étaient venus me voir pendre. Meine Feinde, scheint es, denken, daß diese angenehme Minute für mich gekommen ist, und Alle triumphiren vollzählig."

Dann auf die soziale Frage zurückkommend sagte Fürst Bismarck: „Ich bin der Ansicht, daß in naher Zukunft die soziale Frage Deutschland zu einem blutigen Kataklysmus führen muß. Besonders verdrießlich ist es, daß, je später die unvermeidlichen Repressivmaßregeln getroffen werden, um so blutiger die Lösung sein wird."

Wir waren unterdessen auf die nach dem Garten hinausgehende Terrasse getreten. Bei jeder Neigung des Kopfes strömten Bäche Wassers von den Rändern unserer Hüte. Der Regen ergoß sich unerbittlich über uns. Fürst

Bismarck entschloß sich, die Promenade zu beendigen, und lud mich in das Speisezimmer ein.[1]

Nach dem Frühstück wurde das Gespräch, welches im Garten begonnen hatte über die Beziehungen des Fürsten Bismarck zu Deutschland und Rußland fortgesetzt. Die Prinzipalthesen des Fürsten Bismarck waren: Seine persönliche Sympathie mit Rußland, wo er als Gesandter am russischen Hofe das Wohl= wollen des Monarchen und die aufrichtige Freundschaft des Ministers des Auswärtigen Fürsten Gortschakow genossen, — und die von ihm nach allen Seiten hin bewiesene Zwecklosigkeit eines Bruches zwischen Deutschland und Rußland und besonders der Irrthum, daß Deutschland zuerst über Rußland verfallen könne. Von diesen Voraussetzungen ausgehend protestirte Bismarck gegen die Vorwürfe, welche ihm und seiner Politik von der russischen Gesellschaft und der russischen Presse gemacht wurden, erklärte seinen Antheil an den Entscheidungen des Berliner Kongresses und die Gründe, welche ihn zum Abschluß der Tripel=Allianz, welche auch jetzt in Kraft steht, veranlaßt hätten.

„In Wirklichkeit haben sich meine Ansichten über die Bedeutung Rußlands für Deutschland niemals geändert. Ich war immer für gute freundliche Be= ziehungen zu Rußland, weil ich dies vor Allem für entsprechend den Vortheilen und Interessen Deutschlands halte. Und wenn solche Beziehungen nicht immer existirt haben, so trifft nicht mich die Schuld. Nicht ich habe mich von Rußland abgewandt, sondern man hat mich zurückgestoßen und mich in eine Lage gebracht, bei welcher eine hartnäckige Unveränderlichkeit meinerseits in Widerspruch mit dem Gefühle meiner eigenen Würde und mit dem Stolz Deutschlands gewesen wäre. Das begann im Jahre 1875, als Fürst Gortschakow, mit dem mich Bande alter Freundschaft verknüpften, zuerst fühlen ließ, daß seine Selbstliebe durch die Stellung, welche ich an dem politischen Horizont einnahm, tief und unheilbar verletzt sei.

Und zur Illustration erzählte Fürst Bismarck eine Episode aus der Zeit seines Aufenthalts in Paris bei der Weltausstellung im Juni 1867, vor seinem Eintritt in das Amt des Kanzlers des Norddeutschen Bundes.[1]

„In Paris traf ich damals wieder mit dem Marschall Vaillant zusammen, einem guten ehrlichen Alten, der mir noch aus der Zeit meiner kurzen An= wesenheit in Paris als Gesandter freundlich gesinnt war. Einmal sagte er mir: Ich liebe Sie aufrichtig, lieber Freund, Sie und Ihre Landsleute — deshalb

---

[1] Im Speisezimmer, in welches wir direkt aus dem Garten traten, schreibt der Korrespondent, erwartete uns schon das angetragene Frühstück. Fürst Bismarck lud mich ein, ihm zu folgen, und durch zwei Zimmer schreitend, welche, wie die Terrasse, auf den Garten führen, geleitete er mich zum Eingang des Kabinets der Fürstin, durch dessen offene Thür man die geehrte Wirthin des Hauses sehen konnte. Der Fürst drängte sie, zum Frühstück zu kommen. In dem langen Speisezimmer saßen wir zu Vieren an dem länglichen Tisch. Obenan Fürst Bismarck, zu seiner Linken die Fürstin, zur Rechten ich, und neben mir Dr. Chrisjander.

[2] Diesen überaus charakteristischen Vorgang hat Bismarck, wie man sieht, mehreren seiner Besucher erzählt. Die Franzosen können daran nicht oft genug erinnert werden.

thut es mir leid, daß wir bald gezwungen sein werden croiser la bayonette. Gleich dem Hahn auf der Hühnersteige können wir Franzosen es nicht ertragen, wenn Jemand lauter als wir in Europa kräht. Eh bien, s'il en est ainsi — croisons, antwortete ich ihm — fuhr Fürst Bismarck halb scherzend fort, und sich zu mir wendend fügte er hinzu — et nous l'avons croisée.

Ihr verstorbener Kanzler konnte sich auch mit der Stellung nicht aus= söhnen, die ich in Europa einnahm — führte der Kanzler aus — aber ich hielt dieses persönliche Element von dem Gebiete der staatlichen Beziehungen fern, umsomehr als die persönlichen Beziehungen der Monarchen immer die allerbesten waren. Zum Beweise dafür, wie wir Beide, das heißt mein alter Wilhelm (mon vieux Guillaume) und ich immer gegen Rußland gesinnt waren, könnte ich eine interessante Korrespondenz mit dem Kaiser anführen, welche ich ganz vergessen hatte, die mir aber in diesen Tagen in die Hände gefallen ist: auch unserer Gespräche aus Anlaß der Aktionen der russischen Truppen in der Türkei erinnere ich mich: Wir verfolgten sie so theilnehmend und aufmerksam, als wenn es unsere eigenen Truppen gewesen wären. Wir stellten uns die Chancen der Kriegsführung nach den Unglücksfällen vor Plewna vor und freuten uns aufrichtig über den schnellen Balkanübergang. Wir erwarteten jeden Augenblick die Nachricht, welche die russische Sache am Bosporus auf unerschütterlichen Boden gestellt hätte . . . . . In jedem Falle waren wir nicht Schuld, daß es nicht so kam. Sie haben den günstigen Moment versäumt, und wenn ich glauben soll, was ich nur aus Gesprächen (des racontages) weiß, so wurde der geeignete Augenblick, diesen bedeutenden Fehler zu verbessern, versäumt, als man das Bündniß mit dem gestrigen Feinde schloß.

Ich gehe jetzt auf den Berliner Kongreß über — fuhr Fürst Bismarck fort. — Besonders wegen der Resultate dieses Kongresses ist man in Rußland ärgerlich und greift mich an, aber man darf nicht vergessen, daß derselbe ausschließlich auf Betrieb der russischen Diplomatie einberufen wurde. Im Frühjahr 1878 litt ich an einer langwierigen Krankheit (Gürtelrose) und brauchte eine Kur in (hier nannte der Fürst einen Ort, dessen ich mich nicht erinnern kann),[1] als Graf Schuwalow zu mir kam und mir den Wunsch Kaiser Alexander's II. mittheilte, die Mühe der Zusammenberufung dieses Kongresses zu übernehmen.[2]

---

[1] Es kann nur Friedrichsruh gemeint sein, wo Bismarck am 20. April 1878 an der Gürtelrose erkrankte. Graf Schuwalow's Besuch daselbst erfolgte am 20. Mai 1878.

[2] Was die Berufung des Berliner Kongresses betrifft, so waren schon im Mai 1887 gelegentlich einer durch irgend welchen Zufall herbeigeführten offiziösen Preßfehde zwischen Berlin und Pest einzelne Andeutungen an die Oeffentlichkeit gelangt; die beiderseitigen Blätter gerietben dabei jedoch in einen bisher ungelöst gebliebenen Widerspruch. Zweierlei Thatsachen wurden in jener Preßkampagne von Berlin aus behauptet und verfochten: 1) Teutschland hatte kein Interesse daran, ob ein Kongreß überhaupt stattfand oder nicht. Nur auf Rußlands wiederholtes Verlangen hat Teutschland die Berufung des Kongresses in die Hand genommen. Der Frieden von San Stefano enthielt nichts, was für Teutsch= land ein Bedürfniß der Revision desselben geschaffen hätte. Hätte Rußland geglaubt ihn aufrecht halten zu sollen, so würde es durch Teutschland daran nicht verhindert

Kaiser Alexander war immer so gnädig gegen mich gewesen, daß ich den Wunsch nicht ablehnen konnte. Ich und Schuwalow theilten die Arbeit, er übernahm es, England zur Theilnahme an dem Kongresse zu bestimmen, ich beschäftigte mich mit Oesterreich. So lange der Kongreß saß, hielt ich mich als direkt im Dienste Rußlands, erfüllte alle Wünsche der russischen Bevoll= mächtigten, vertrat alle ihre Forderungen, und meine Schuld ist es nicht, wenn diese Forderungen dem nicht entsprachen, was man hätte fordern können. Ich schätzte in dieser Zeit die Neigung Rußlands so sehr, daß ich das anspruchs= volle Verfahren Gortschakow's gegen mich ohne Murren ertrug. In der That, man ist zuweilen mit mir umgegangen, wie mit einem Diener qui ne monte pas assez vite quand on a sonné."

Ich sagte hierauf dem Fürsten Bismarck, daß die Angriffe und Vorwürfe, welche die russische Gesellschaft und Presse ihm wegen des Kongresses machen, sich nicht immer unmittelbar gegen ihn gerichtet haben. „Im Jahre 1878 war die russische Presse mit wenigen Ausnahmen der getreue Ausdruck der An= schauungen und Meinungen der ungeheuren Mehrheit des russischen Volkes, welches aus verschiedenen Gründen zu den Vertretern der russischen Diplomatie auf dem Berliner Kongresse kein Vertrauen hatte. Die Greisenhaftigkeit des Einen von ihnen, die Gerüchte über diplomatische Dienste des Anderen in einer für unsere Truppen entscheidenden Minute — im Verein mit vielen bei= läufigen erschwerenden Umständen, die zwischen ihnen bestehende Differenz, die untergeordnete Stellung, welche Fürst Gortschakow auf dem Kongreß ein= nahm — Alles das nährte gegen die Kraft der russischen Diplomatie auf dem Berliner Kongreß das Mißtrauen der russischen Gesellschaft und Presse, welche fühlten und überzeugt waren, daß die russischen Vertreter gegen den Fürsten

worden sein. Damit fällt der Vorwurf, als sei Rußland zu dem Kongreß verleitet worden, um sich dort dupiren und vergewaltigen zu lassen. 2) Rußland ist auf dem Kongreß nicht durch Pressionen und nicht gegen seinen Willen zur Besetzung Bosniens und der Herzegowina durch Oesterreich gebracht worden, am wenigsten hat Deutschland dabei mitgewirkt. Die Neutralität Oesterreichs im Jahre 1877 war die vorweggenommene Gegenleistung für Rußlands Zustimmung zur Occupation, und das ist die Antwort auf die oft aufgeworfene Frage, wie Oesterreich dazu gekommen ist, ohne Schwertstreich zwei Provinzen zu erobern. In den Pester Enthüllungen wurde dagegen die Initiative zur Einberufung des Kongresses auf Oesterreich=Ungarn zurückgeführt, dessen Vorschlag Rußland nur mit äußerstem Widerstreben acceptirt habe. Man glaubte mit dieser Version beweisen zu können, daß von einem vorgängigen Separatabkommen der leitenden russischen und austro=ungarischen Kreise nicht die Rede sein könne. Oesterreich=Ungarn würde in diesem Falle kaum ein Interesse daran gehabt haben, den Kongreß, von dem es als einzige Errungenschaft für sich selbst das Occupationsmandat zurückbrachte, überhaupt noch zu berufen, und russischer Seite aber wäre, wenn jenes Abkommen bereits in bindender Form existirt hätte, die Abneigung gegen den Kongreß nicht recht begreiflich gewesen. Man berief sich in Pest außerdem darauf, daß nach der Einleitung des Berliner Vertrages der Kongreß stattgefunden habe „nach dem Vorschlage der österreichisch=ungarischen und auf Einladung der deutschen Regierung". In dem oben genannten Gespräche hat Fürst Bismarck ausdrücklich konstatirt: Der Berliner Kongreß wurde speziell auf Initiative Rußlands einberufen.

v. Bismarck, Tischgespräche. 23

Bismarck nicht aufkommen konnten. Das Spiel war nicht gleich, wir hatten keine Trümpfe, und wir waren überzeugt, daß Deutschland dies benütze."

„Das, was Sie von Einem von Ihnen sagen — erwiderte Fürst Bismarck — ist vollkommen richtig, was den Anderen betrifft, so glaube ich nicht an das, was man von ihm erzählt, er war wirklich ein hitziger Anglomane, der übrigens nicht die Engländer, sondern nur ihr Gesellschaftsleben, ihren Komfort liebte. Es war ein Mann, der sich nur im Auslande, nicht in Rußland wohlfühlte. Ich bedaure sehr, daß in jener Zeit die gesellschaftliche Meinung Rußlands in keiner Weise in der uns zugänglichen ausländischen Presse vertreten war. Ich muß noch einmal aufs Nachdrücklichste wiederholen, daß ich damals so geneigt war im russischen Interesse zu arbeiten, daß wenn ihre Slavophilen damals die Geschäfte geführt hätten, dies meine Politik nicht geändert hätte und ich ebenso eifrig ihre Wünsche ausgeführt hätte, wie ich es dem Grafen Schuwalow gegenüber gethan, soweit es der Letztere meinerseits nothwendig fand."

Und indem er auf eine mir früher beiläufig ausgesprochene Bemerkung zurückkam, machte Fürst Bismarck eine kleine Abschweifung:

„Ich hätte längst gewünscht, mit den Vertretern der russischen Presse in Beziehung zu treten. Aber früher, als ich in den Geschäften war, zeigte sich dies sehr kitzlich. Man hätte mir Mißtrauen entgegen gebracht.

Nach dem Berliner Kongresse änderten sich unsere Beziehungen zu Rußland. Allerdings, es hat einen Augenblick gegeben, wo Graf Schuwalow mir vorschlug ein formelles Bündniß abzuschließen. Aber das hätte bedeutet, sich von ganz Europa abzusondern, und ich konnte mich nicht entschließen, Deutschland in eine solche isolirte Lage zu bringen, besonders da aus Rußland Stimmen voll Mißtrauen und sogar Grimm zu uns herüberkamen. Unter solchen Umständen waren die Garantien für die Festigkeit eines Bündnisses zu schwankend und die Ereignisse beeilten sich meine Befürchtungen zu bestätigen. Im Jahre 1879 habe ich ein Dokument in den Händen gehabt, an dessen Existenz ich niemals geglaubt hätte, wenn ich es nicht mit eigenen Augen gesehen hätte. In diesem Dokument war zweimal die Kriegsdrohung wiederholt. Dieses Dokument entschied über meine Reise zu meinem Freunde Andrassy. Die heute bestehende Tripel-Allianz wurde damals geboren.

Und trotz dessen ist Deutschland gegen Rußland nicht feindlich gesinnt — sagte nach einer Unterbrechung Fürst Bismarck. — Ich begreife es durchaus nicht, wenn ich die Meinung über die Möglichkeit eines Krieges zwischen Deutschland und Rußland höre. Stellen wir die Frage auf reellen Boden. Welche Kompensation, welchen Lohn könnte die Seite gewinnen, welche die Oberhand behält? Rußland könnte uns einen Uferstrich am Meere nehmen, das heißt noch eine Zahl Balten erwerben, mit welchen schlecht auszukommen wäre, da die Bevölkerung dieses Striches sehr demokratisch ist. Hätte Deutschland die Oberhand, so müßten wir von ihnen die Polen nehmen, deren wir ideen genug haben, mehr als uns wünschenswerth ist. Dabei ist es unzweifelhaft, daß fünfmalhunderttausend Deutsche Rußland nicht so viel Schaden zufügen würden, als fünfmalhunderttausend Russen, die in seine Grenzen einfielen, Deutschland. Ich kenne Ihre Dörfer und Städte — man verbrennt und zerstört sie so leicht, wie man sie wieder aufbaut. So ist es bei uns nicht, wo die Bevölkerung dicht, die Städte nahe bei einander sind. Unsere Truppen müßten in einem verödeten Lande mit schlechten Wegen in unabsehbaren Räumen marschiren. Ich spreche nicht davon, daß die Beispiele Karl's XII. und Napoleon's nicht geeignet sind, zum Kriege mit Rußland zu ermuntern. Die Eigenschaften des russischen Soldaten, seine persönliche Tapferkeit, seine Fähigkeit, Entbehrungen aller Art zu ertragen, sind uns bekannt. Bei solchen Elementen sollen sich Leute in den Krieg stürzen, denen Gott noch nicht den Verstand genommen hat? Ich glaube außerdem fest an die aufrichtige Friedensliebe des russischen Volkes, an seinen gesunden Verstand und die Friedensliebe der russischen Politik. Als man mich auf die beständige Vorwärtsbewegung der russischen Truppen gegen die Grenze hinwies, fand ich es immer sehr natürlich, daß Rußland wünscht und bereit sein muß, in voller Rüstung einem zukünftigen Anlauf zur Entscheidung der orientalischen Frage zu begegnen. Aber ich habe niemals in der Vorschiebung der Truppen eine Drohung gegen Deutschland gesehen. Ich glaube so wenig an die Wahrscheinlichkeit eines Krieges mit Rußland, daß ich sogar die Möglichkeit einer Nichteinmischung von Seiten Rußlands in unseren Krieg mit Frankreich zulasse. Aber wenn wir Krieg mit Rußland anfingen, so würde Frankreich nicht an sich halten, und dann müßten wir einen Krieg nach zwei Fronten führen. Das ist wohl ein Umstand, der überflüssige Kriegslust dämpfen könnte. Ich bin jetzt ein einfacher Sterblicher; ich leite nicht mehr die deutsche Politik, aber meine Stimme besitzt immer noch Ansehen genug in Fragen der Politik, und ich bin bereit, in jeder Weise zu bekräftigen, daß von Seiten Deutschlands niemals ein Angriff auf Rußland erfolgen wird. Ich spreche nicht einmal von den ungeheuren Verlusten, welche im Falle eines Krieges mit Rußland Handel und Industrie beider Theile erleiden würden. Macht man sich in beiden Staaten diese Dinge klar, so wird das bestehende gegenseitige Mißtrauen dem gesunden Sinne weichen, welcher die Möglichkeit eines Krieges zwischen zwei Reichen, die bis jetzt in Freundschaft gelebt haben, nicht zuläßt. Zu einem Streit zwischen Deutschland und Rußland giebt es keinen ernsthaften Grund, und wenn er entstände, so wäre es ein Streit um des Kaisers Bart."[1]

[1] In einem durch vorstehendes Interview hervorgerufenen Leitartikel der „Münchener Allgemeinen Zeitung" (Nr. 226 vom 16. August 1890) heißt es: Die „Allgemeine Zeitung" hat bereits hervorgehoben, daß Fürst Bismarck dem Korrespondenten der „Nowoje Wremja" nichts gesagt hat, was nicht durch seine wiederholten Erklärungen im deutschen Reichstage von öffentlicher Notorität war. Die deutsche Presse kann doch unmöglich vergessen haben, wie in Berlin und sonst in Deutschland nach der Rede vom 6. Februar 1888 alle Welt in Bewunderung zerfloß und die deutschen Zeitungen tage- und wochenlang in Entzücken schwelgten. In Rußland vergegenwärtigen wir uns die Thatsache, daß die vom Fürsten Bismarck an den Korrespondenten der „Nowoje Wremja"

Im Laufe des Gesprächs wiederholte der Fürst mehrmals, daß er den Rest seiner Tage der Befestigung des Friedens widmen wird. „Das ist jetzt meine nächstliegende Aufgabe — wiederholte er noch einmal zum Schluß — und ich werde ihr alle meine Kräfte weihen."

Nach dem Frühstück erinnerte ich den Fürsten daran, daß in der Presse von seiner Absicht, England zu besuchen, gesprochen worden sei. Als Fürst Bismarck antwortete, daß er in dieser Beziehung noch keinen definitiven Beschluß gefaßt, setzte ich hinzu: „Weshalb besuchen Sie nicht Rußland? Ich wage Ihnen zu versichern, Fürst, daß die Russen mit gebührender Ehrfurcht den empfangen würden, der sein ganzes Leben mit soviel Ehre und Ruhm dem Dienste des Vaterlandes gewidmet." Ich sagte dabei dem Fürsten, daß seine Persönlichkeit und sein Name eine große Popularität sogar bei dem einfachen Volke genießen, welches sich ihn als einen zwar harten, strengen, aber energischen Mann vorstellt, der nicht ins Leere spricht und fest für die Interessen seines Vaterlandes einsteht, und solche Leute schätzt und verehrt der Russe vor allen.

„Ich glaube an den gesunden Verstand des russischen Volkes, aber ich kann nicht nach Rußland gehen: on dirait que j'y suis allé faire de la politique!" Von mir Abschied nehmend, sagte der Fürst auf russisch: „Auf Wiedersehen!" und sprach die Hoffnung aus, daß ich den großen Umweg nicht bedauern werde, den ich aus Schweden nach Rußland gemacht, um bei ihm zu sein.[1]

am Vorabend des deutschen Kaiserbesuchs gehaltene Rede in ihren Absichten doch nur dahin gehen konnte, dem Kaiser in Rußland einen freundlichen Empfang zu bereiten und weite Schichten des russischen Volkes darüber aufzuklären, daß Teutschland sein Feind weder war noch ist. Von russischer Seite kann man daher seine Mittheilungen an den Korrespondenten einer angesehenen russischen Zeitung — im Gegensatz zu einer kürzlichen Behauptung der Wiener „Politischen Korrespondenz" — nur als eine durchaus loyale Bemühung ansehen, der Erhaltung guter Beziehungen zwischen zwei Mächten zu dienen, welche für eine gegenseitige Befehdung weder einen Anlaß, noch praktische und vernünftige Ziele haben können. Und nun noch ein Wort über das deutsch-österreichische Bündniß, mit welchem die jetzige Haltung seines Schöpfers nicht übereinstimmen soll. Das Bündniß ist aus der Thatsache entstanden, daß nach dem Kongreß die Stimmung in Rußland gegen Teutschland unter dem Einfluß des Fürsten Gortschakow plötzlich umschlug — man wird sich erinnern, daß Kaiser Alexander auf die Reise zur Feier der goldenen Hochzeit Kaiser Wilhelm's in letzter Stunde verzichtete, obwohl für sein zahlreiches Gefolge in Berlin schon Quartier gemacht war; daß der russisch-österreichische Geheimvertrag in Berlin die Eventualität einer weiteren russisch-österreichischen Verständigung, ohne Teutschland und selbst gegen Teutschland, nahelegte und daß zu einer solchen Verständigung Frankreich leicht der Dritte im Bunde gewesen sein würde. Vielleicht hatte Fürst Bismarck auch damals noch die Möglichkeit, mit Rußland gegen Oesterreich abzuschließen, aber ein solches Bündniß wäre unzweifelhaft ein Kriegsbündniß gewesen, welches eine österreichisch-französische Annäherung zur Folge gehabt hätte, und der weitschauende deutsche Staatsmann zog es daher vor, eine Allianz einzugehen, welche nicht nur jeden Krieg verhinderte, sondern auch sicher war, von der öffentlichen Meinung beider Länder getragen zu werden. Dies ist die Genesis des deutsch-österreichischen Bündnisses.

[1] Am Schlusse des II. Theiles seines Berichts entschuldigt sich der Korrespondent.

16. August 1890. Kissingen. Unterredung mit dem Redakteur der in Würzburg erscheinenden „Neuen Bayerischen Landeszeitung" Anton Memminger.[1])

In dem Bericht heißt es: Mir gegenüber sprach der Fürst ohne die
Schärfe, mit welcher er einigen früheren Besuchern die Feigheit der Presse
angestrichen hat, er hatte dazu bei mir keine Veranlassung. Mein sturm-
bewegtes Leben, meine vielen und schweren Kämpfe und Strafen, die ich
durchkostet, mein unabhängiges Urtheil auch den Mächtigen und selbst dem
Fürsten gegenüber, waren für diesen wohl ein Grund, bei der Berührung der
Zeitungen nur im Vorbeigehen über die „bissigen Köter" im Norden zu spotten,
welche ihm ans Bein gefahren seien. Die bayerischen Zeitungen hätten ihn
im Allgemeinen viel besser und objektiver behandelt. Er verlangt von den
Bayern nicht, daß sie ihm gegenüber ihre eigene Art, ihre Geschichte und ihr
Recht verleugnen. Bayern, welche dies thun, würde er sicher als Zwitter-
gestalten verachten. Aber die angeborene Eigenart berechtigt auch nicht, alle
Gerechtigkeit in der Beurtheilung eines großen Staatsmannes hintanzusetzen
und ihn wie einen Aussätzigen mit Acht und Bann zu belegen. Die Bayern
haben sich der Meute bis auf wenige Ausnahmen nicht angeschlossen, sie haben
es ihm auch nicht verwehrt, ein freies Wort zu sprechen, so wenig er es ihnen
übel nimmt, wenn sie ihn bei Lebzeiten nicht „versteinert" sehen wollen.

„Ich bin — sagte der Fürst — Jahrzehnte lang Minister gewesen und als
solcher war ich gezwungen, über viele Dinge zu schweigen. Das ist nun
anders geworden. Ich habe jetzt die größte Freiheit zu sprechen wie ich will,

daß er bei aller Mühe, genau Bismard's Gedanken und zuweilen auch seine Ausdrücke
wiederzugeben, vielleicht manchmal geirrt habe. „Man muß berücksichtigen, daß bei der
Unterhaltung mit einem Manne, den er zum ersten Mal sieht, Fürst Bismard nicht wohl
zu besonderer Offenheit geneigt sein konnte und hauptsächlich auf dem Gebiete allgemeiner
Ideen blieb. Alles, was ich hier wiedergegeben, ist lediglich nach dem Gedächtniß niedergeschrieben, und bei dem ersten Zusammentreffen mit einem solchen „Zeitgenossen" geht
die Aufmerksamkeit unwillkürlich von seinen Worten auf die Persönlichkeit, auf die Umgebung über." In einem Schlußberichte, worin der Korreipondent die Eindrücke wiedergiebt, welche ihm der Besuch in Friedrichsruh hinterlassen, erzählt er noch zwei kleine
Episoden. Fürst Bismard bemerkte bei Tisch, daß die Manschette seines nicht gestärkten
Hemdes ganz naß war. Darauf meinte die Fürstin, man müsse aus Hamburg einen
anderen Gummimantel mit längeren Aermeln bestellen. Der Fürst aber antwortete:
„Ich danke, der Aermel ist nicht kurz, aber meine Hand ist zu lang." Als wir im Park
spazieren gingen, begegneten wir einem Unterbeamten, einem ehemaligen Militär. Dem
Fürsten schien es, daß er ihm früher mit seiner Frau begegnet sei, und er sprach ihn
darauf an. Es zeigte sich, daß der Forstbeamte nicht verheirathet war, aber sein Vorgänger es gewesen. Aber der Fürst bestand auf seiner Meinung und offenbar ergötzt
über die Verlegenheit des Forstbeamten, eines jungen Mannes mit sehr sympathischem
Gesicht, der stramm dastand, sagte er schließlich, mit dem Finger drohend: „Vielleicht
waren Sie mit einer fremden Frau?"
¹) Veröffentlicht in den Nummern 193, 194 und 195 der in Würzburg erscheinenden
„Neuen Bayerischen Landeszeitung". In den „Hamburger Nachrichten" Nr. 141 vom
16. Juni 1890 (Abend-Ausgabe) waren Auszüge aus einigen Artikeln der gedachten
klerikalen Zeitung abgedruckt, die für Bismard mit bajuvarischen Kraftansdrücken eintraten.

weil mich keine bindenden Rücksichten mehr zum Schweigen nöthigen. Und warum soll gerade ich nicht reden? Ich bin doch nicht so alt, gebrechlich und schwachmüthig, um mich bevormunden zu lassen! Ich fühle mich im Gegentheil frischer als seit lange, ich bin ein kräftiger, lebensfroher Mann, ich kann mich jetzt als Mensch fühlen, was ich unter der drückenden Last des verantwortungs= vollen Amtes selten konnte. Ich bin eigentlich recht froh, auf einmal frei von der täglichen Sorgen= und Arbeitslast zu sein. Schon glaubte ich, lebens= länglich verdammt zu sein. Da konnte ich endlich aus dem Amte scheiden. Was ich oft für meine Person gewünscht habe, das ist nun eingetreten.

Ich war immer gerne in Bayern, aber jetzt noch viel lieber! . . . . .

Was über das Verhältniß zu meinem Kaiserlichen Herrn bisher verlautete, ist ganz falsch. Meinungsverschiedenheiten haben wohl stattgefunden, aber in den großen Fragen der europäischen Politik waren wir einig. Abgesehen von dieser wollte der Kaiser seine eigene Politik machen. Der Kaiser ist jung, arbeitsfreudig und thatkräftig. Ich bin ihm nicht im Wege. Er hat auch nach meinem Wissen keine Ursache, mir gram zu sein, so wenig wie ich ihm. Und der Kaiser ist es auch nicht. Ich habe dafür alle Anhaltspunkte. Im Ganzen befolgt ja auch mein Nachfolger die von mir vorgezeichnete Politik. Die Versuche, mich in feindlichen Gegensatz zu diesem zu stellen, sind Angstprodukte. Man befürchtet, daß ich wiederkehren könnte. Allein daran denke ich gar nicht. Das wäre mir auch gar nicht gelegen. Aber ich lasse mir auch nicht das Recht eines einfachen Bürgers verkümmern, das Recht, ein freies Wort zu reden und eine eigene Meinung zu äußern. Und ich lasse mir dieses Recht am allerwenigsten von jenen kleinlichen Professionspolitikern verkümmern, welche kaum die Höschen getragen haben, als ich schon europäische Politik betrieben habe. Und wovon soll ich als alter Politiker, der ich diesen Beruf vierzig Jahre lang getrieben habe, denn anders reden als von Politik, die mich immer beschäftigt hat? Hätte ich vornehmlich die Jagd gepflegt, so würde ich von der Jagd reden. So rede ich von der Politik, mag das auch nicht nach dem Geschmacke der Angstmeier sein, die sich vor dem „kommenden" Bismarck fürchten. Doch diese sind es nicht allein, welche sich gegen mich ungezogen aufführen. Es giebt noch eine andre Sorte. Das sind die herzlich beschränkten Streber, welche ohne die Kenntniß des Verhältnisses zwischen dem Kaiser und mir sich Oben einführen und sich dort ein gut Männchen zu machen wähnen. Diese sind ebenso auf falscher Fährte wie jene, welche durch ihre dreisten Verdächtigungen den Kaiser mir zum dauernden Feinde machen wollen. Auch das ist ein vergebliches Beginnen. Man sieht, daß diese Leute von Politik nichts verstehen."

Auf die deutsche Frage übergehend äußerte Fürst Bismarck: „Vor Allem handelte es sich darum, meinen Königlichen Herrn für die nationale Sache zu gewinnen, und das ging auch, wenn schon nicht gerade ohne alle Schwierig= keiten. Doch es ging, da ich die Bedenken des Königs durch mein Bestreben beseitigte, die alten historischen Dynastien in Deutschland zu erhalten, ein

Einverständniß mit diesen herzustellen und gemeinsam mit denselben die nationale Bewegung endlich zu einem den meisten annehmbaren Ziele zu führen. Länder mit einer langen Vergangenheit, großen Geschichte, eigenartigen Ent= wicklung und einer berechtigten Existenzmöglichkeit wie Bayern, Württemberg, Baden und Sachsen kann man wohl auf der Landkarte auswischen, aber der Versuch in der Wirklichkeit würde kaum gut bekommen. Ich sehe auch gar nicht ein, weshalb man diesen Ländern die altgewohnte Selbstverwaltung, unter der sie sich wohl fühlen, verkümmern soll. Es genügte, wenn die Könige von Bayern, Württemberg, Sachsen u. s. w. soviel von ihren Rechten abtraten, als gerade nöthig war, um das Teutsche Reich unter Berücksichtigung der berechtigten Ueberlieferungen und Forderungen zu begründen. Anders wäre es nicht gegangen, anders wollte ich auch nicht. Meine Landsleute haben vielfach weiter gehen wollen, ich hatte genug Arbeit, diesen Appetit zu mäßigen. Es ist mir gelungen. Nur mit Hannover und dem Kurfürsten war absolut nichts anzufangen. Ihre Beseitigung wurde zur gebieterischen Pflicht, wenn man überhaupt in Teutschland vorwärts kommen wollte. Abgesehen von der deutschnationalen Bewegung konnte sich ein Staat von der Größe und Be= deutung Preußens zwei Feinde, die zwischen seinen östlichen und westlichen Provinzen eingelagert waren und es stets im Ernstfalle im Rücken bedrohen konnten, nicht gefallen lassen. Diese beiden Feinde mußten fortgeschafft werden. Die übrigen Dynastien wurden gewonnen und ich besaß schließlich, weil sie meine gerade und dabei maßvolle Politik begriffen, deren Vertrauen vollständig. Ganz besonders erfreute ich mich der Achtung des verstorbenen Königs Ludwig II. Wir korrespondirten mit einander über wichtige politische Angelegenheiten bis in die letzten Jahre seines Lebens, und er war in der Kundgebung seiner Anschauungen ebenso liebenswürdig gegen meine Person wie geistreich in Bezug auf die verschiedenen Sachen, die in Frage standen. In die inneren bayerischen Angelegenheiten habe ich mich grundsätzlich nie eingemischt. Mit Minister= krisen und Ministerwechseln hatte ich nichts zu thun. Allerdings als im Unglücksmonat 1886 die Katastrophe herannahte, wurde ich durch den Flügel= adjutanten Grafen Dürckheim mittelst eines in Tyrol aufgegebenen Telegramms von dem Stande der Angelegenheit unterrichtet und sozusagen meine Hülfe für den König angerufen. Ich telegraphirte zurück an den Grafen nach Tyrol: Seine Majestät soll sofort nach München fahren, sich seinem Volke zeigen und selbst sein Interesse vor dem versammelten Landtage vertreten. Ich rechnete so: Entweder ist der König gesund, dann befolgt er meinen Rath. Oder er ist geisteskrank, dann wird er seine Scheu vor der Oeffentlichkeit nicht ablegen. Der König ging nicht nach München, er kam zu seinem Entschluß, er hatte die geistige Kraft nicht mehr und ließ das Verhängniß über sich hereinbrechen.

Daß der König auch in den letzten Tagen und nach seiner Entthronung noch so viel Liebe und Anhänglichkeit im bayerischen Volke gefunden hat, stellt diesem treuen Volke das ehrendste Zeugniß aus. Die richtige Entscheidung war ja auch dem Volke nicht so leicht. Daher entschuldigte ich auch etwas die bayerischen Redakteure, welche damals einer der Regierung feindlichen Volksmeinung Ausdruck verliehen haben und diesen ihren Muth mit schweren Freiheits= und Vermögensstrafen büßen mußten. Aber nachdem die Sache geklärt und die allgemeine Erregung sich gelegt hatte, wäre es von Seiten dieser königstreuen Redakteure ein Unrecht ohne gleichen gewesen, wenn sie der besseren Einsicht entgegen den ausgezeichnet braven Prinz=Regenten, einen durch und durch ehrlichen und wohlwollenden Fürsten, fort und fort hätten kränken wollen. Es freut mich, daß auch Sie, Herr Redakteur, der Sie mit an der Spitze der regierungsfeindlichen Opposition gestanden haben, bei ruhigerer Betrachtung der Thatsachen zu dem einzig richtigen Schlusse gelangt sind und zu Ihrem Prinz=Regenten stehen. Jede Anfeindung desselben wäre ein schweres Unrecht, denn es mußte so kommen wie es gekommen ist. Der König war wirklich geisteskrank und regierungsunfähig geworden. Sein Verhalten meinem Telegramm gegenüber beweist das für jeden Verständigen. Minister von Lutz war ein gescheidter und tüchtiger und dazu ein muthiger Staatsmann."

In der Unterhaltung kam Fürst Bismarck einige Male auf die Bayern zurück und betonte, daß sie in dem jetzigen Rahmen ihrer Selbstverwaltung die Garantie ihrer deutschen Eigenart hätten. Diese sollten sie nur recht bewahren, das sei auch für das Reich und für das deutsche Volk am besten.

Ebenso nothwendig sei die Erhaltung Oesterreichs. Darauf sei ein Haupt= augenmerk zu richten. „An einen Krieg mit Rußland denken wir nicht. Was wollen wir auch mit Rußland? Deutschland ist uns selbst genug. Wir sind satt. Je größer ein Reich, desto schwerer ist es zu erhalten, desto leichter zerfällt es. Darum wurde das Gebiet Oesterreichs im Jahre 1866 nicht weiter angetastet und später der Ton auf die ungeschmälerte Erhaltung des östlichen Nachbars gelegt. In die inneren Angelegenheiten Oesterreichs darf sich die deutsche Politik nicht hineinlegen. Sollte sie sich einmischen, um der dortigen Deutschen willen? Nein! Die deutschen Liberalen in Oesterreich sind selbst Schuld daran, daß sie aus der herrschenden Partei eine mindere Partei geworden sind. Sie haben in politischer Beziehung nicht klug, nicht maßvoll operirt. Sie haben im Parlament und in ihrer Presse, welche die maßgebende im Kaiserstaate war, Ziele angedeutet, Forderungen gestellt, Kritiken geübt und Widerstände geleistet, welche den Kaiser Franz abstoßen, und zu dem Entschlusse bringen mußte, sich eine neue Stütze im Parlamente zu suchen. Eine andere als die slavisch-konservative Koalition konnte er aber nicht haben. Die deutschen Liberalen hatten den Fehler gemacht, daß sie vergaßen, Kaiser Franz Joseph werde als deutscher Fürst, der er ist, der beste Wahrer der deutschen Rechte sein."

Bei dem Kapitel Oesterreich kam Fürst Bismarck im Gespräche mit dem jene östlichen Länder, namentlich Bulgarien kennenden Redakteur vornehmlich auf das letztere Land zu sprechen. „Nach Allem — meinte der Fürst — was man sehen und beobachten kann, haben die Bulgaren ein staatenbildendes und staatserhaltendes Element in sich. Sie sind ein tüchtiges, arbeitsames und sparsames Volk, das einem langsamen, bedächtigen Fortschritt huldigt. Es ehrt, nährt und wehrt sich und gefällt mir besser als dessen serbischer Nachbar, der ein aufschäumendes, unwirsches Wesen zur Schau trägt, etwas zu viel südländisches Temperament zeigt. Die Bosniaken waren recht arm, als sie zu Oesterreich kamen. Aber sie scheinen sich zu machen. Die Militärdiktatur, welche dort an Stelle der Civilbureaukratie eingeführt werden mußte, hantirt fest und streng, milde und gerecht. Die wirthschaftlichen Verhältnisse bessern sich. Eisenbahnen und Straßen werden gebaut, die Staatsfinanzen sind günstig. Die Kultur schreitet vorwärts, Oesterreich erfüllt dort seine Aufgabe."

Montenegro scheint dem Fürsten Bismarck nicht besonders sympathisch zu sein. „Die Montenegriner — bemerkte er — die ich gesehen habe, sind große Menschen, aber ihre trotzigen, grimmigen Mienen, dieser eigenthümlich unschöne Gesichtsausdruck wollten mir nicht gefallen. Die Montenegriner sind in ihrer Schriftsprache den Russen verständlich, in ihren Volkssprachen und Dialekten verstehen sich die Slaven unter einander wohl nur schwer." Dabei erinnerte der Fürst an den Slavenkongreß in Moskau, auf dem die Delegirten deutsch sprechen mußten, um sich verständlich zu machen.

„Deutschland hat an allen diesen südslavischen Ländern, ausgenommen Oesterreich, kein direktes Interesse. Die deutsche Politik kann sich auch bezüglich Bulgariens nicht engagiren.¹) Aber wir könnten auch ihren etwaigen Wunsch, mit einer deutschen Fürstentochter eine Dynastie zu begründen, vorderhand nicht erfüllen. Wenn wir unter den gegenwärtigen Verhältnissen das gethan hätten, dann würden wir auch gewissermaßen die Verpflichtung übernommen haben, dem Brautpaar unseren politischen Schutz angedeihen zu lassen. Eine solche Verantwortung und ein solches Opfer durfte man dem deutschen Volke nicht zumuthen, weil es eben in Bulgarien kein direktes Interesse hat. Der Fürst hätte irgend eine russische Prinzeß, deren es ja genug giebt, oder eine Herzogin von Leuchtenberg zur Frau nehmen sollen. Eine deutsche Fürstentochter konnten wir in ein solch unsertiges und unsicheres Verhältniß nicht abgeben. Was nachgekommen ist, hat ja mir Recht gegeben. Uebrigens ist es schwer zu begreifen, daß der Battenberger sofort wieder auf und davon ging, als er im Triumph zurückgeholt worden war. Es muß ihm die böse Erinnerung an jene Nacht, da er aufgehoben und fortgeschafft worden ist, noch in allen Gliedern gesteckt haben . . . . . Kurz und gut, wir Deutsche haben dort im Osten und Südosten nur ein Interesse, das ist die Erhaltung und Zukunft Oesterreichs. Darauf muß sich unsere dortige Politik beschränken."

Noch einmal kehrte der Fürst bei Besprechung wirthschaftlicher Verhältnisse zu Oesterreich respektive Ungarn zurück und sprach seine Verwunderung über die zahlreiche Auswanderung des Landvolkes aus Oberungarn aus. „Das

¹) Die Bulgaren sollen, dies schien dem Interviewer aus der Rede des Fürsten hervorzugehen, und können sich mit der Zeit schon selbst helfen, wenn sie mit stetiger Ruhe eine starke Regierung sich erhalten und nicht von einem Extrem ins andere fallen.

und wohl namentlich die Slowaken, ein gutmüthiges Bauernvolk . . . . Und sie haben doch ein gutes Ackerland." Der Redakteur erlaubte sich die Be= merkung, daß diese Erscheinung nicht aus nationalen Gegensätzen zu erklären sei, denn die Kroaten und Sachsen wanderten nicht im gleichen Maße aus. „Ja — meinte der Fürst — die Sachsen in Siebenbürgen sind immer ein tüchtiger Stamm gewesen, die besten Deutschen in Ungarn. Und die Kroaten sind körperlich und geistig gut entwickelt, sie gehörten immer zu den besten Soldaten und sind auch sonst brauchbare Leute."

Ueber die deutschen und die bayerischen Zeitungen älteren und neueren Datums urtheilt der Fürst nach ihrem wahren Werthe. „Die „Allgemeine Zeitung" — sagte er — habe ich früher gerne gelesen, besonders weil ihre Beilage recht vielseitige und unterrichtende Artikel aus den Gebieten der Wissenschaft enthielt. Die „Augsburger Abendzeitung" soll den politischen An= schauungen des Herrn Bürgermeisters Fischer nahe stehen. Den Herrn Bürger= meister schätze ich als einen gescheidten Mann hoch, er besitzt einen praktischen Blick und vertritt seine Anschauungen mit Freimuth und Schneidigkeit. An Fischer und dem leider schon verstorbenen Völk hatte ich gute Freunde."

Als ich dazu bemerkte, daß der Herr Bürgermeister von Augsburg, trotz= dem wir politisch und namentlich kirchenpolitisch nicht übereinstimmen, dennoch mein kleines Blatt lese, meinte der Fürst: „Auch ich habe schon manchen Artikel der kleinen „Landeszeitung"[1]) gelesen. Mir gefällt darin die frische, originelle Sprache, die eigene lebendige Denkart und das historische, vielseitige Wissen der Redaktion. Auch gefällt mir an der „Landeszeitung", daß sie nicht gedankenlos mitschreit, wenn die Menge schreit." Der Fürst hat gegen die bayerische Tendenz der „Landeszeitung" nichts einzuwenden, da diese zur rechten Zeit auch recht kräftige deutsche Klänge anschlage. Der Fürst bemerkte noch, daß er an der „Landeszeitung" auch bei allem Festhalten ihres spezifisch bayerischen Standpunktes die Objektivität anerkenne, mit welcher der Re= dakteur in wichtigen Momenten die politischen Vorgänge in Berlin bespreche.

Zum Schlusse kam die Unterhaltung auf militärische Vorgänge, namentlich die Soldatenmißhandlungen. Als ich dem Fürsten freimüthig sagte, daß die Großzahl der Soldatenschinder bei uns in Bayern auf das Kontingent der bei uns eingeführten preußischen Unteroffiziere treffe, erwiderte er: „Es scheint, daß man in Bayern in der Auswahl der Dienstbewerber nicht genügende Vorsicht walten ließ. Heute wird der gute Unteroffizier gerade in Preußen,

---

[1]) Die „Bayerische Landeszeitung" charakterisirt der „W. U. Grenzbote" als ein schneidig geschriebenes, selbständiges Blatt, das scharf für die bayerische Selbständigkeit gegen preußische Uebergriffe eintritt, die Politik Bismarck's öfter bekämpft und auch gegen die Errichtung eines bayerischen Bismarck=Denkmals am Starnberger See sich gewehrt hatte, bevor nicht der unglückliche König Ludwig dort ein Denkmal besitze, welches aber bei der Entlassung Bismarck's wie die meisten süddeutschen Blätter der Staatskunst und der Persönlichkeit des Kanzlers Gerechtigkeit wiederfahren ließ, und die Feigheit der meisten preußischen Zeitungen bei dieser Gelegenheit brandmarkte.

wo man mit Recht auf diese Kategorie von Vorgesetzten den größten Werth legt, förmlich umworben, damit er bleibe. Unter denen, die außer Landes gingen, mögen wohl manche gewesen sein, die ein Loch im Kleide hatten, oder auch Streber, die rasch etwas werden wollten und dabei in ihrem Uebereifer und in ihrer Einbildung sich zu Ausschreitungen hinreißen ließen. Ich hoffe aber, daß die Soldatenmißhandlungen durch gehörige Anwendung von Strenge gegen die Fehlbaren immer mehr abnehmen."

Der Fürst meinte noch, daß man in Bayern beim Militär wohl seine liebe Noth mit dem Raufen habe. „Die Bayern raufen gerne, das macht, weil sie etwas viel Bier trinken." Darauf erlaubte ich mir zu antworten, daß nicht mehr so viel gerauft werde, namentlich in Niederbayern nicht mehr, weil das Bier immer dünner werde; auch sei die Ursache der Raufereien oft nicht in dem vielen Bier zu suchen, sondern darin, daß die Leute nichts vertragen könnten. Der Fürst nahm diesen Einwand lachend, aber mit dem Ausdruck einiger starken Zweifel hin.[1]

11. Dezember 1891. Friedrichsruh. Empfang des Chef-Redakteurs der Lübecker „Eisenbahn-Zeitung" T. Szafranski.[2] Derselbe schreibt:

[1] Durch die Blätter ging die Nachricht, daß ein Korrespondent der italienischen Zeitung „Corriere di Napoli" mit dem Fürsten Bismarck eine Unterredung gehabt habe. Diese Meldung war mit allen Einzelheiten völlig erfunden. („Hamburger Nachrichten" Nr. 90 vom 16. April 1891, Abend-Ausgabe.)

[2] Abgedruckt findet sich das Referat in der „Eisenbahn-Zeitung" Nr. 293 vom 13. Dezember 1891. Da ich bezüglich dieses Interviews überall meist nur sehr dürftige Auszüge gefunden habe, die früheren Jahrgänge der in Lübeck erscheinenden „Eisenbahn-Zeitung" auch schwer zugänglich sind, so habe ich geglaubt, hier auch die Aeußerlichkeiten des Empfanges und die Veranlassung ausführlicher beschreiben zu sollen. Der politische Theil des Referats wird von Szafranski wie folgt eingeleitet: Es ist bekannt, daß Fürst Bismarck bei Gelegenheit seiner neulichen Anwesenheit in Ratzeburg wiederholt betonte, er betrachte sich nicht mehr als Berliner, sondern als Lauenburger. Die „Eisenbahn-Zeitung" war damals in der Lage, diese Bemerkung des Fürsten noch dahin zu ergänzen, daß der Fürst absolut keine Neigung habe, die wohlthätige Ruhe, deren er sich in seinem Inskutum erfreut, durch Eingreifen in das große politische Getriebe, sei es im Reichstage oder sonst wo, zu stören. Fürst Bismarck wünscht lediglich den engeren Interessen seines Kreises, dem er als Grundbesitzer angehört, zu leben und hat diesem Wunsche bereits sehr deutlichen Ausdruck verliehen dadurch, daß er der Wahl von Mitgliedern zum Kreistage (in Ratzeburg) beiwohnte, die Bekanntschaft der ihm benachbarten Grundbesitzer suchte und — schließlich heute auch den Leiter desjenigen Blattes empfing, welches ihm in seinem Kreise als das verbreitetste bekannt ist. Lediglich also dem erhöhten Interesse, welches der Fürst der Umgegend seines nunmehr ständigen Wohnsitzes — und nicht zum Wenigsten auch der Stadt Lübeck — bekundet, verdanke ich die Ehre des Empfanges. Die mir bewilligte Audienz war bereits zu gestern angereizt. Fürst Bismarck hatte sich jedoch inzwischen entschlossen, einer dringenden Einladung des Herrn Baron von Schröder in Hamburg Folge zu leisten. Der Fürst reiste bereits um 2½ Uhr allein ab, um vorher noch dem Grafen Waldersee in Altona einen Besuch abzustatten. Die Fürstin ist später nachgereist. Erst gegen 11½ Uhr trafen die Herrschaften wieder in Friedrichsruh ein. Herr Dr. Chrysander legte mir nahe, in Friedrichsruh

Die Augen mit einer Brille bewaffnet und gefolgt von seinen beiden
Doggen, trat der Fürst in die Thür und wehrte meine feierliche Verbeugung
nebst obligater Ansprache durch einen kräftigen Händedruck und mit den
Worten ab: „Aber, lieber Freund, im Frack? Das sind wir ja hier gar
nicht mehr gewohnt! — Ich bin im Begriffe, meinen Spaziergang zu machen.
Begleiten Sie mich, wenn es Ihnen recht ist."

Natürlich beeilte ich mich, dieser Einladung Folge zu leisten. Der Fürst
empfahl mir, meinen Mantel ja recht fest zuzuknöpfen und mich auch meines
Halstuches zu bedienen. Er wolle mich nicht auf dem Gewissen haben. Trotz
des furchtbaren Windes, der uns im Freien entgegenwehte, erzählte der Fürst
ohne Anstrengung von seiner Lebensweise, welche durch die Behandlungs-
methode der Aerzte streng geregelt sei. Ich bat ihn, seine Gesundheit durch
lautes Sprechen in diesem Sturmwinde nicht zu gefährden. Der Fürst
erwiderte, daß ihn dies nicht angreife. Er führte mich alsdann in einen ge-
schützten Nadelholzgang, den er sich eigens für seine Spaziergänge angelegt.
Hier war es fast windstill. Auf meine Frage nach dem allgemeinen Gesundheitszustande Sr. Durchlaucht erzählte mir der Fürst im freundlichsten Plauder-
tone, daß er sich heute nicht gerade sehr wohlfühle. Auf der Soiree bei dem
Baron von Schröder habe er von einem vortrefflichen weißen Bordeaux und
nachher sogar Thee getrunken; er müsse diesen verbotenen Genuß regelmäßig
mit einer schlaflosen Nacht bezahlen. „Im Uebrigen aber — sagte der Fürst
weiter — geht's Berg auf, Berg ab, mal besser, mal schlechter, wie das bei
meinen 77 Jahren nicht anders zu erwarten. Früher haben mir Seebäder
sehr gut gethan, jetzt aber darf ich damit nicht wieder anfangen. Ich vermisse das Vergnügen des Reitens sehr. Leider büße ich jeden Versuch ebenso
wie allzu rasche Spaziergänge durch eine Erkältung, die sich in heftigen neu-
ralgischen Gesichtsschmerzen äußert. Nun, diese Schmerzen wären zwar noch
auszuhalten, aber sie nehmen mir die Nachtruhe, und das ist das Schlimmste."

Auf meine Bemerkung, daß sich Se. Durchlaucht unter diesen Umständen
gewiß nicht den gesundheitlichen Gefahren einer Reise nach bezw. eines Aufenthalts in Berlin aussetzen werde, mit Rücksicht besonders auf die dort
grassirende Influenza, benutzte der Fürst diese Andeutung, um mit folgenden
Worten auf politisches Gebiet hinüberzulenken.

„Allerdings. Ich würde den Bitten meiner Frau und den wohlbe-
gründeten Vorstellungen meiner Aerzte direkt entgegenhandeln, wenn ich nach
Berlin fahren wollte, um an den Verhandlungen des Reichstags theilzunehmen. Dort würde mir die Ruhe und die Bequemlichkeit fehlen, welche

Aufenthalt zu nehmen und die Audienz am nächsten Tage abzuwarten. Ich that, wie
mir empfohlen — und bin heute für das halbe Dutzend tödtlich langweiliger Abendstunden reichlich entschädigt. Um 12½ Uhr Nachmittags gab ich dem Kammerdiener
meine Karte, mit der Bitte, Seine Durchlaucht aufwarten zu dürfen. Ich wurde darauf
in ein mit einfacher Eleganz ausgestattetes Zimmer geführt, das den drei Söhnen des
Grafen Raupan zum Aufenthalte dient.

ich hier genieße. Aber selbst dann, wenn ich den wohlgemeinten Abmah=
nungen nicht Folge geben wollte, wenn mich keine gesundheitlichen Bedenken
abhielten, würde ich es dennoch abgelehnt haben, an den Berathungen der
Handelsverträge im Reichstage theil zu nehmen. Ich bin nicht in der Lage
über die Verträge[1] mein Votum als Abgeordneter abgeben zu können und
zwar aus dem einfachen Grunde, weil uns nicht genügend Zeit gegeben ist
zur Information. Kein Abgeordneter sollte sich über etwas entscheiden, was
er nicht genau kennt. Es ist kaum möglich, in drei Tagen ein wissenschaft=
liches Werk von dem Umfange der Vorlage zu studiren, viel weniger denn
eine so komplizirte Materie mit ihren zahllosen Tabellen. Es ist doch un=
logisch, daß ein Abgeordneter sich in drei Tagen beschlußfertig gemacht haben
soll über eine Vorlage, an deren Fertigstellung die Regierung viele Monate
lang angestrengt gearbeitet hat. Ich bin auch der Ansicht, daß die Wähler,
die öffentliche Meinung überhaupt, zu wenig unterrichtet sind über die
Handelsverträge und ihre wirthschaftlichen Zwecke und Folgen. Ich habe
meiner Zeit immer danach gestrebt, so früh als nur irgend möglich das Ur=
theil der Oeffentlichkeit herauszufordern.[2]

Des Weiteren entwickelte der Fürst in schnellerem Sprachtempo aber
ohne jede Spur von Erregung seine Ansichten über unsere wirthschaftlichen
Beziehungen zu Oesterreich und die verhältnißmäßig niedrigen Konsumziffern
dieses Staates.[3]

---

[1] Ueber die Stellung des Fürsten Bismarck zu dem Handelsvertrage mit Oesterreich
vergleiche „Kleines Journal" Nr. 352 vom 23. Dezember 1890, „Freisinnige Zeitung"
Nr. 301 vom 24. Dezember 1890, „Wiener Tageblatt" Nr. 352 vom 25. Dezember 1890
(Tribut an Oesterreich), „Berliner Börsen=Courier" Nr. 635 vom 26. Dezember 1890,
„Breslauer Zeitung" Nr. 40 vom 17. Januar 1891, „National=Zeitung" Nr. 305 vom
21. Mai 1891, „Kölnische Volkszeitung" Nr. 221 vom 14. August 1891 und Nr. 339 vom
10. Dezember 1891, „Hamburger Nachrichten" Nr. 225 vom 22. September 1891 (Fürst
Bismarck und der österreichische Handelsvertrag) und Nr. 294 vom 11. Dezember 1891,
„Danziger Zeitung" Nr. 19245 vom 6. Dezember 1891, „Frankfurter Zeitung" Nr. 343
vom 9. Dezember 1891, „Zittauer Morgen=Zeitung" Nr. 4348 vom 28. Dezember 1891.

[2] Die im Texte stehenden Ausführungen sind bis hierher auch in die „Hamburger
Nachrichten" Nr. 398 vom 14. Dezember 1891 (Abend=Ausgabe) übergegangen.

[3] Der Berichterstatter bemerkt hierzu: Je der Fürst je schneller desto leiser sprach,
ist es mir trotz erklärlicher Aufmerksamkeit nicht möglich gewesen, seinen Worten so zu
folgen, daß ich deren Wiedergabe mit meiner publizistischen Gewissenhaftigkeit und mit
der Verantwortlichkeit meines Berichts vereinbaren könnte. Dagegen bin ich in der
Lage zu betonen, daß der Fürst mich noch kurz vor der Rückkehr ins Schloß autorisirt
hat, in einem etwaigen Zeitungsberichte den Grund mitzutheilen, weshalb er den Ver=
handlungen über die Handelsverträge nicht beiwohne. Dieser Aufgabe habe ich mich in
Obigem entledigt. Ich gestatte mir, an dieser Stelle zu bemerken, daß es ursprünglich
nicht meine Absicht war, die etwaigen politischen Aeußerungen des Fürsten an die
Oeffentlichkeit zu bringen und daß ich das auch Seiner Durchlaucht gegenüber betonte.
Aus obiger Anregung jedoch, welche sich übrigens nicht leicht aus dem begründenden
Zusammenhange herausschälen ließe, glaube ich mich zu der Annahme berechtigt, daß
auch der Veröffentlichung eines umfassenderen Berichts keinerlei besondere Diskretions=
bedenken im Wege stehen.

Darauf wurde ich zur Frühstückstafel geladen.[1]) Nachdem sich der Fürst in liebenswürdigster Weise nach meinen Familienverhältnissen und auch danach erkundigt hatte, wie lange ich bereits die Redaktion der „Eisenbahn-Zeitung", die er von früher kenne und die ihn oft nicht allzu sanft behandelt habe, leite, äußerte der Fürst, daß man sich als verheiratheter Mann viel leichter in einer fremden Stadt einlebe. Das Gefühl der Vereinsamung könne, wenn man Frau und Kind habe, garnicht aufkommen. Ich konnte das dem Fürsten aus eigener Empfindung bestätigen und nahm Gelegenheit zu betonen, daß man sich in Lübeck bei einigem guten Willen und Fügung in die berechtigte Eigenart der Hanseaten leicht einlebe.

Meine Hoffnung, daß der Fürst Gelegenheit nehmen werde, sich über einen etwaigen Besuch in Lübeck zu äußern, erfüllte sich — leider aber mit vorläufig negativem Resultate. Er werde vielleicht auch einmal nach Lübeck kommen; aber er sei so sehr abhängig von seinem körperlichen Zustande, daß er Bestimmtes nicht in Aussicht stellen könne. Hierzu bemerkte der Fürst noch etwa Folgendes: „Lübeck ist eine schöne Stadt, die mir sehr gut gefällt. Ich habe sie früher in meiner Petersburger Zeit öfter besucht. Einmal traf ich in einer Julinacht dort ein. Es war ein eigener Genuß, durch die vom Monde tagbell erleuchteten Straßen zu gehen. Die ehrwürdige Alterthümlichkeit der Stadt wirkte um so nachhaltiger auf mich, als ich keinen Menschen begegnete, die mir in ihrer modernen Kleidung die mittelalterliche Romantik störten."

Der Fürst ging alsdann zu einem anderen Thema über und erzählte, wie er in Varzin nur mit knapper Noth einer Lebensgefahr entgangen sei. Bei einem genau so heftigen Sturme, wie er gerade jetzt tobe, sei ein armdicker Baumast gebrochen und auf eine untenstehende eichene Bank mit solcher Vehemenz niedergeschlagen, daß Bank und Lehne zerschmettert wurden. Wenige Sekunden vorher habe er noch auf jener Bank gesessen.

---

[1]) Im Schlosse hatte ich, so fährt S. fort, die Ehre, von Durchlaucht der Fürstin vorgestellt und zur Frühstückstafel gezogen zu werden. Der Fürst wies mir den Platz zu seiner Rechten an. Links saß ein Herr von Unger — ich kann mich bei der flüchtigen Vorstellung in dem Namen irren —, neben demselben hatte die Frau Fürstin von Bismarck Platz genommen, an deren Seite sich später die Frau Gräfin Rantzau niederließ. Die drei Kinder der Gräfin nahmen, nachdem sie den Großvater ehrfurchtsvoll durch Handkuß begrüßt, am unteren Ende der Tafel Platz, neben ihnen Herr Dr. Chrwiander und ein junger Herr, den ich für den Hauslehrer der Kinder halte. Rechts neben mir saß Geheimrath Lothar Bucher, der seit etwa 6 Tagen wieder täglich mit dem Fürsten arbeitet. Es wurde zuerst ein vorzüglicher Caviar gereicht, dem der Fürst mit Vorliebe zusprach, sodann Reh-Filet und Spiegeleier, des Weiteren Gänsklein, Käse, Früchte und Kaffee. Wiewohl ich den Gerichten nach meiner Ansicht wacker zugesprochen hatte, äußerte sich der Fürst, welcher übrigens einen bewundungswürdigen Appetit entwickelte, dennoch scherzhaft über meine Mäßigkeit. Wiederholt füllte er mein Glas mit einem geradezu köstlich mundenden Bier, das, wenn ich nicht irre, ein Bräu von Sedlmaÿr in München war. Später befahl der Fürst eine Flasche Marsala, einen feurigen sizilianischen Wein, von dem er mir erzählte, daß ihm seiner Zeit die Sizilianer mit einem größeren Gebinde davon beschenkt hätten.

Inzwischen war die Tafel beendet. Ein Diener hatte, wie täglich, die Zeitungen vor ihn hingelegt. Der Fürst griff nach den „Fliegenden Blättern", die obenauf lagen. Er blätterte in dem Hefte und las einige Scherze, die ihm treffend schienen, laut vor. Der Fürst zeigte mir auch einige in der Nummer enthaltene Karrikaturen und äußerte seinen Widerwillen gegen so plumpe Verzerrung der menschlichen Gestalt. Der Humor trete in einer nur fein angedeuteten Schwäche viel wirksamer zu Tage.[1]) Dann vertiefte sich der Fürst auf kurze Zeit in einen ihm mit Blaustift angemerkten Artikel in einem Hefte, das ich für die von v. Glasenapp herausgegebene militärische Zeitschrift hielt. Der Fürst reichte mir das Blatt schweigend herüber, indem er mich auf den Schlußpassus verwies. In demselben war betont, daß der Kaiser als Monarch berechtigt fei, das „suprema lex regis voluntas" in seinem thatsächlichen Sinne zu äußern.

Ich wies auf die Thatsache hin, daß ein Theil des Militärs, besonders der neuesten Aushebungen, vom Sozialismus angekränkelt fei.

Die durch die Presse gegangene Behauptung der „Hamburger Nachrichten", daß es auch bei den Unteroffizieren Sozialdemokraten gebe, erschiene mir nicht glaubhaft, dagegen hielte ich es für erwiesen, daß viele ausgediente Unter= offiziere mit ihrer im Allgemeinen wirklich höchst mangelhaften Civilversorgung unzufrieden seien und dann zu sozialistischen Tendenzen hinneigten. Der Fürst bestätigte das. Was die Verbreitung der Sozialdemokratie unter den Soldaten betrifft, so exemplifizirte der Fürst auf Hamburg und Lübeck. Beide Orte hätten Sozialdemokraten in den Reichstag deputirt. Die hanseatischen Re= gimenter rekrutirten sich aus diesen Städten. Man könne also leicht aus= rechnen, wieviel Sozialdemokraten in den Regimentern dienten.

Auf die „Eisenbahn=Zeitung" zurückkommend versprach mir der Fürst, dieselbe zu etwa nothwendigen Aeußerungen in Betreff innerer Angelegenheiten des Kreises zu benutzen.[2]) Er sprach sodann die Absicht aus, demnächst auch den Kreistag für Stormarn zu besuchen.

Er fei entschieden gegen die Errichtung von Gewerbeschiedsgerichten. Dieselben seien bekanntlich nicht obligatorisch sondern fakultativ, und halte er fie nur für geeignet innerhalb einzelner größerer Etablissements. Er könne den Arbeitern nicht zumuthen, bei Wind und Wetter Stunden Wegs zu laufen, ihren Verdienst zu versäumen, um in Angelegenheiten zu verhandeln, die fie mitunter garnicht verständen. Das fei eine Belästigung der Arbeiter, gegen die er sich unbedingt erkläre.

Ich warf ein, daß überhaupt viele dem Arbeiter erwiesene „Wohlthaten" mit Recht als Plage empfunden, als Belästigung gehaßt würden. Ich wies auf den neuerdings immer energischer auftretenden Protest gegen die Alters= und

---

[1]) Der folgende Absatz bis zu den Worten: „Ich wies auf die Thatsache hin", findet sich wieder abgedruckt in den „Hamburger Nachrichten" Nr. 296 vom 14. Dezember 1891.

[2]) Auch der folgende Absatz bis zu den Worten: „Der Fürst kam alsdann", ist in d.e „Hamburger Nachrichten" übergegangen.

Invalididätsversicherung hin, welche sich wahrhaft als eine wenig ersprießliche, ja gefährliche Belästigung der Arbeitnehmer wie der Arbeitgeber herausgestellt habe. Fürst Bismarck bemerkte darauf: „Die Agitation gegen das Alters= gesetz scheint mir in den rechten Bahnen zu sein. Die Sache ist auch nicht haltbar.[1]) Es lag im Sinne der von mir verfaßten Botschaft des alten Herrn, daß die Arbeiter nicht zu Beiträgen herangezogen werden dürften.[2]) Das Tabackmonopol sollte die Mittel liefern. Ich kenne doch die Arbeiter. So ein junger Mann von siebenzehn beziehungsweise achtzehn Jahren läßt sich nicht gerne Lohnabzüge machen, und ganz besonders nicht für eine Sache, von der er erst nach vierzig oder fünfzig Jahren vielleicht Nutzen ziehen kann. Und das ist dem Manne garnicht zu verargen. Bei dem Gesetz ist die Psychologie und Menschenkunde außer Acht gelassen."

Der Fürst kam alsdann, nach einer bezüglichen Anfrage meinerseits, auf die „Hamburger Nachrichten" zu sprechen. Man solle doch nicht glauben, daß er eine Redaktion leite. Hie und da besuche ihn einer der Herren und er unterhalte sich mit ihm ebenso wie jetzt mit mir. Außer Zusammenhang damit äußerte Fürst Bismarck schließlich, nach einem flüchtigen Blick in eine vor ihm

---

[1]) Ueber die Stellung des Fürsten Bismarck zu dem Alters= und Invaliditätsgesetz bemerkten die „Hamburger Nachrichten" Nr. 19 vom 22. Januar 1892: Die freisinnig= demokratische Presse fährt fort, den Fürsten Bismarck für die Mängel des Versorgungs= gesetzes verantwortlich zu machen. Wir sehen nicht ein, weßhalb man sich in dieser Sache ausschließlich an den damaligen Reichskanzler hält und nicht auch an den Bundes= rath. Dieser hatte weit mehr Arbeitskräfte als der Reichskanzler zur Verfügung, um das Gesetz in seinen Einzelbestimmungen entsprechend zu prüfen und umzugestalten. Aber nicht nur der Bundesrath hat dem Entwurf zugestimmt, sondern auch die Mehrheit des Reichs= tags, welche mindestens in demselben Maße die Verantwortlichkeit für das Gesetz in seiner Ausgestaltung trifft, wie den Fürsten Bismarck, der zur Zeit der Verhandlungen über die Vorlage überdies in seinen vielen Aemtern wahrscheinlich wichtigere Dinge zu thun hatte als die Einzelheiten des Klebewesens zu studiren.

Fürst Bismarck hält, wie wir wiederholen, das Gesetz auch jetzt noch für richtig und heilsam, wenn man es von der ungeschickten und lästigen Ausübungsbestimmung des Klebe= systems befreit. Eine Remedur in dieser Richtung kann von jedem Reichstagsabgeordneten wie von jeder Bundesregierung und namentlich von Preußen beantragt werden. Daß die Gesetzgebung auf einem ganz neuen Gebiete mit dem Bedürfniß und dem Vorbehalt im Leben trat, durch die Erfahrung rektifizirt zu werden, ist bei den Verhandlungen über das Versorgungsgesetz sowohl von den Regierungsbevollmächtigten wie von den Rednern des Hauses vielfach ausgesprochen worden.

[2]) Weiter wird in den „Hamburger Nachrichten" Nr. 302 vom 20. Dezember 1892 (Morgen=Ausgabe) ausgeführt: Bismarck hatte die Hoffnung gehabt, daß dem invaliden Arbeiter mit Eintritt der Invalidität durch Alter oder sonstige Umstände eine vom Armenrechte unabhängige Unterstützung gewährt werden sollte, ohne daß er schriftlichen oder Markenbeweis über das Maß seiner Arbeitsleistung in der Vergangenheit zu führen hätte. Dieser Gedanke ist ohne Zuthun des Reichskanzlers lediglich im Wege der Reichstags= verhandlungen und der vom Reichskanzler unabhängigen staatlichen Ausführung verloren gegangen, und dadurch war das Interesse des Fürsten Bismarck an der weiteren Ver= folgung seiner ursprünglichen Anregung allerdings erkaltet.

liegende Zeitung:[1]) „Da soll ich auch, als ich den Namen meines Nachfolgers
erfuhr, gesagt haben: Gott sei Dank, also nicht der Andere! Ich wüßte nicht,
wen ich damit gemeint haben könnte. Etwa den Grafen Waldersee? Ich
kenne ihn schon von lange her und er ist mir ein guter Freund, den ich ja
auch gestern wieder besucht habe. Ich wußte ganz genau, daß Caprivi mein
Nachfolger werden würde, und ich habe ihn dem Kaiser sogar empfohlen,[2]) als
ich dessen Absicht merkte, sich von mir zu trennen. Caprivi ist General und
das kommt ihm in heutiger Zeit sehr zu statten."[3])

Mai 1892. Friedrichsruh. Unterredung mit einem Berichterstatter des
„New-York Herald".[4]) Derselbe schreibt darüber:

„Eckart, der Verfasser der Flugschrift „Berlin-Wien-Rom" ist — äußerte
sich der Fürst — einer von den baltischen Deutschen, die aus Rußland ausgewiesen wurden entweder auf Grund der Proskriptionsliste der Polizei oder
auf einen Spezialbefehl hin. Er kam vor langer Zeit einmal nach Deutschland
und ließ sich in Hamburg nieder. Seine Ansichten sind alle gefärbt durch den
Haß gegen Rußland, so sehr, daß er seine damalige Stellung als Mitarbeiter
am „Hamburger Correspondent" nicht beibehalten konnte, obwohl das Blatt
ausgesprochen russenfeindlich ist. Seine Stellung gefiel ihm nicht. Es ist
ziemlich erwiesen, daß Eckart seine Broschüre vor der Veröffentlichung zum
Grafen Caprivi schickte, und daß letzterer davon in den schmeichelhaftesten
Ausdrücken sprach, so daß man Eckart's Auseinandersetzung über die russische
Frage als halboffiziell ansehen kann. Wenn man den Standpunkt des Herrn
Eckart als einen nothwendig antirussischen ansieht, so ist es eine sonderbare
Thatsache, daß auf die Beziehungen Deutschlands zu Rußland nicht ein einziges
Mal Bezug genommen worden ist, und daß er von Deutschland spricht, als
wenn es tausend Meilen von Rußland entfernt wäre. Er stellt Deutschland
in antirussischen Dienst und folgt dabei demselben Weg wie die Polen, die
Sozialdemokraten oder die Juden; die letzteren sind in Rußland fast ebenso
schlecht behandelt worden, wie die Polen oder die baltischen Deutschen; so
kommt es, daß diese drei, der Pole, der baltische Deutsche und der Jude, in
der russischen Presse thätig daran arbeiten, den Haß zwischen Rußland und
Deutschland zu schüren und einen Krieg anzufachen. Französisches Geld ist
auch zu diesem Zwecke in der russischen Presse thätig gewesen. Viele Russen

---

[1]) Dieser Schlußabsatz ist wiederum in die „Hamburger Nachrichten" übergegangen.

[2]) Vergleiche hierüber den Aufsatz in den „Hamburger Nachrichten" Nr. 102 vom
29. April 1892 (Morgen-Ausgabe).

[3]) Hier hob der Fürst, schreibt Szafranski, die Tafel auf. Mein Besuch hatte sich
bereits auf zwei Stunden ausgedehnt. Dr. Chrysander erschien mit einem Posten ein-
gegangener Briefe und ich bat um die Erlaubniß, mich verabschieden zu dürfen. Der Fürst
reichte mir die Hand und entließ mich mit den Worten: „Ich habe mich gefreut, Sie zu
sehen und hoffe, es ist nicht das letzte Mal!"

[4]) Vergl. die „Hamburger Nachrichten" Nr. 129 vom 31. Mai 1892 (Abend-Ausgabe)
und die „Berliner Börsen-Zeitung" Nr. 253 vom 2. Juni 1892.

v. Bismarck. Tischgespräche. 24

haben französische Frauen. Durch diese ist die russische öffentliche Meinung beeinflußt oder besser gefälscht. Die Russen sind Novellisten, aber keine Zeitungs-Redakteure, Dichter, aber keine Politiker. In politischer Intrigue und Zeitungsschreiberei stehen sie unter der Führung von Ausländern — zu Zeiten möglicherweise von Engländern. Dies ist nur natürlich, denn der Haß zwischen Rußland und Deutschland dient den englischen Interessen. England braucht nicht mit Rußland zu kämpfen, wenn ihm Deutschland die Mühe abnimmt. So versuchte England auch stets während des Krimkrieges den Kriegsschauplatz von der Krim nach der Weichsel zu verlegen. England hat Recht. Wenn ich einen großen und starken, dummen Kerl finden könnte, der für mich mit meinem Feinden kämpft, so würde ich ihn absolut nicht daran zu hindern suchen; und wenn ich ein englischer Staatsmann wäre, würde ich es ebenso machen wie sie. Ich wäre ein Esel, wenn ich es nicht thäte. Wir sind Gutfreund mit England und würden seine Partei nehmen, aber nicht im Osten, noch in entfernteren Gegenden der Erde. England nahm niemals unsere Partei während des französischen Krieges. Keiner von uns steht zur Verfügung seiner Freunde. Ein großes Volk wie das deutsche kann nur in den Krieg gehen in Vertheidigung der Interessen der deutschen Bevölkerung, und solche giebt es im Osten nicht. Kein deutscher Vater würde seinen Sohn um eine östliche Frage in den Krieg schicken; und es giebt drei Millionen solcher Väter in Deutschland, deren Söhne in den Krieg ziehen müßten. Gegen Frankreich und Rußland werden sie sie schicken; aber nicht um den Osten oder den Balkan oder die indische Frage. Das ist Oesterreichs, Italiens, Englands Sache, aber nicht unsere. Alles, was wir für England im Falle eines Krieges mit Rußland thun könnten, wäre, Frankreich im Schach zu halten."

Auf die Bemerkung des „Herald"-Korrespondenten, daß es in diesem Falle der französischen Regierung schwer fallen würde, Frankreich ruhig zu verhalten, sagte der Fürst: „Dann laßt sie nur kommen, wir sind immer bereit, gegen Frankreich zu kämpfen, denn es ist die einzige Großmacht, welche unsere Un= abhängigkeit bedroht, und wenn Frankreich wieder gegen Rußland kämpfen würde, so würden wir keine Interesse haben, Frankreich davon abzuhalten. Wären wir mit Rußland verbündet, so würden wir gegen Frankreich sofort kämpfen, wenn zwischen ihm und Rußland Krieg ausbräche. Da wir aber keine Allianz mit Rußland haben, so müssen wir unsere Stellung zu Frankreich allein nach unseren eigenen Interessen beurtheilen. Wir könnten keinen Angriff Frankreichs auf Oesterreich dulden. Ein unabhängiges und mächtiges Oesterreich ist eine Nothwendigkeit für Deutschland, und wenn Frankreich oder Rußland es angriffen, so könnten wir nicht gleichgültige Zuschauer bleiben. Aber es besteht keine Gegenseitigkeit in diesem Falle. Oesterreich garantirt uns keineswegs, daß es unser Alliirter sein wird, wenn Frankreich uns angreift, trotzdem sind wir verpflichtet, Oesterreich sowohl im Osten wie im Westen zu vertheidigen. Oesterreich ist nur verpflichtet, uns im Falle eines Krieges mit Rußland bei= zustehen, so daß diese Broschüre Ecart's gerade über den wichtigsten Punkt

schweigt. Die Broschüre soll Deutschland wie einen Fleischerhund gegen Ruß=
land hetzen."

Wir müssen, so bemerken die „Hamburger Nachrichten", bei Reproduktion
dieser Unterredung natürlich dahingestellt sein lassen, ob dieser Bericht in allen
Punkten genau zutrifft.

20. Mai 1892. Friedrichsruh. Kurze Unterredung auf einem Spazier=
gange mit Don Emilio Schweder, Korrespondenten des „Buenos Aires
Standard".[1]

23. Juni 1892. Wien. Unterredung mit dem Mitherausgeber der
„Wiener Neuen Freien Presse" Moritz Benedikt.[2] Derselbe berichtet:

Fürst Bismarck hatte den Wunsch, eine Danksagung in unserem Blatte
zu veröffentlichen und dieser Umstand verschaffte einem der Herausgeber der
„Neuen Freien Presse" die Ehre, heute Vormittag von dem großen Staats=
manne empfangen zu werden. Der folgende Bericht[3] soll das Gespräch,

---

[1] Von einem eigentlichen Interview kann man im vorliegenden Falle nicht sprechen.
Das Gespräch kam über die Witterung und argentinische Verhältnisse nicht hinaus.
Vergleiche einen gedrängten Bericht in der „Berliner Börsen = Zeitung" Nr. 384 vom
20. August 1892.

[2] Der Bericht darüber findet sich abgedruckt in der „Neuen Freien Presse" Nr. 9907
vom 24. Juni 1892 (Morgenblatt). Vergleiche über dieses Interview: den „Pester Lloyd"
Nr. 143 vom 24. Juni 1892 (Abendblatt), die „Dresdner Nachrichten" Nr. 178 vom 26. Juni
1892 und die „Germania" Nr. 143 vom 26. Juni 1892. Die „Hamburger Nachrichten"
(Beilage zu Nr. 149 vom 24. Juni 1892, Abend-Ausgabe) brachten zuerst die Unterredung
Bismarck's mit dem Redakteur der „Neuen Freien Presse" auf Grund eines Wiener
Privat=Telegramms, d. d. 24. Juni 1892. Demnächst (Nr. 150 vom 25. Juni 1892)
brachten die „Hamburger Nachrichten" folgende Notiz: Es liegt uns jetzt der Wortlaut
des Berichts in der „Neuen Freien Presse" über das Gespräch vor, das einer der Herausgeber dieses Blattes mit dem Fürsten Bismarck gehabt hat. Wir ersehen daraus, daß
das gestern von uns publizirte Wiener Telegramm die Aeußerungen des Fürsten wörtlich
wiedergegeben hat, daß also keine Ergänzung mehr nöthig ist.

[3] Ich war ein wenig befangen — so heißt es in dem Berichte — als Professor
Schweninger in das Parterrezimmer des Palais Palffy trat, um mich zum Fürsten Bismarck
zu geleiten. Ein Gespräch mit dem Fürsten Bismarck ist ein Ereigniß, welches eine
Erinnerung für das ganze Leben bildet, und in dem Augenblicke, wo ich dem Manne
gegenüber stehen sollte, welcher durch seinen Geist unserer Zeit den politischen Inhalt
gegeben hat, bemächtigte sich meiner ein eigenthümliches Gefühl, welches man unvollkommen
als Scheu und Verwirrung bezeichnet werden kann, und der Erregung gleicht, die uns auf
Berghöhen überfällt. Professor Schweninger führte mich über eine ziemlich schmale Treppe
in den ersten Stock, ich folgte schweigend bis zum letzten Stufenabsatze, wo sich rechts der
Speisesaal befindet und links eine weiße Thür den Eingang zu den Gemächern, welche
Fürst Bismarck hier bewohnt, verschließt. Das Alles war so jäh gekommen, daß ich mich
kaum gesammelt hatte, als ich schon vor dem Fürsten stand. Eine breite, kräftige und doch
nicht unedel geschnittene Hand streckte sich mir entgegen und wies mir dann einen Sitz an.
Das Gespräch hatte noch keine Minute gedauert, und alle Befangenheit war von mir ge-
wichen. Fürst Bismarck empfing mich in einem mäßig großen Zimmer mit bescheidener
aber bequemer Einrichtung, er hatte sich auf einem Sopha niedergelassen und ich saß an

24*

welches bei dieser Gelegenheit geführt wurde, mit der möglichen Treue wieder=
geben:

Zunächst handelte es sich um den Text der Danksagung, dessen Entwurf
der Sekretär Dr. Chrysander vorlegte und an dem Fürst Bismarck mit seinem
langen, einem kleinen Spazierstocke gleichenden Bleistifte einige Verbesserungen
vornahm.

„Man kann doch — sagte er — von einer „Theilnahme" auch bei einem
freudigen Anlasse sprechen?"

„Gewiß, Durchlaucht!"

Es war mir interessant, als Zeuge dieser Arbeit der Abfassung eines
Schriftstückes beiwohnen zu können, wobei Fürst Bismarck mich mehr durch
Geberden als durch Worte ins Gespräch zog. Fürst Bismarck drückte den
Wunsch aus, daß diese Danksagung in unserem Blatte veröffentlicht werde.
Er habe auch das Bedürfniß, der Wiener Bevölkerung für die sympathische
Aufnahme den Dank auszusprechen. Fürst Bismarck fuhr dann fort:

„Ich habe mich in Wien sehr wohl gefühlt. Es freut mich besonders,
daß man in Oesterreich mehr Erinnerung hat für jene Thätigkeit, bei welcher
es mir vergönnt war, mit Oesterreich zu gehen und Oesterreich zu nützen, als
für jene Thätigkeit, durch welche ich gezwungen war, gegen Oesterreich zu
gehen. Ich habe eben als Staatsmann meines Landes gehandelt, die Politik
meines Landes geführt, das Interesse meines Landes vertreten, und das war
doch natürlich und selbstverständlich. Seither ist ein Umschwung eingetreten,
das Bündniß wurde geschlossen, welches dem gemeinsamen Interesse dient."

seiner Seite in einem Fauteuil. Ich hatte ihn schon früher wiederholt auf der Gasse
gesehen, aber ich fand, daß alle Vorstellungen, die man sich von ihm macht, falsch sind.
Fürst Bismarck ist sehr groß und hat einen mächtigen Körperbau, aber in dem schwarzen
Anzuge mit dem weißen Gilet, welchen er trug, erschien er mir durchaus proportionirt,
schlank und geradezu elegant. Ich bemerkte keine Spur von Schwerfälligkeit oder Schwäche,
er bewegte sich so frisch und gewandt, daß es fast wie eine Koketterie klingt, wenn er mit
einer gewissen Vorliebe auf sein Alter hinweist. Auf dem hochaufgeschlossenen Körper sitzt
ein Kopf, der im Verhältnisse klein ist, den aber Niemand vergessen kann, der ihn je
gesehen hat. Energie, Klugheit, Hang zur Lebensfreudigkeit, Humor, Würde und Ernst,
das Alles läßt sich rasch ablesen und wird durch ein lebhaftes Mienenspiel versinnlicht,
das gleichsam einseitig je nach der Wendung des Gespräches bald diesen und bald jenen
Charakterzug stärker ins Gesicht prägt. Das Schönste in aber das offen geschnittene,
etwas hervortretende, große glänzende Auge mit seiner stahlblauen Farbe. Dieses Auge
muß das wichtigste Werkzeug des Fürsten Bismarck gewesen sein, denn der Besucher
fühlt, wie es sich prüfend einbohrt, das Ganze der Persönlichkeit zu ergründen sucht, am
Körper von oben bis unten mit dem Blicke niedergleitet und nach dem Aufschlage auch
das Urtheil kundgiebt. Fürst Bismarck selbst sprach von seinen Augen, indem er lächelnd
bemerkte: „Ich lese so oft, daß mir die Thränen über die Wangen liefen und daß ich
geweint habe. Dieses Thränen der Augen ist eine Eigenthümlichkeit, welche schon mein
Vater und, wie ich glaube, auch mein Großvater hatte, und nun schreibt man, was doch
nur Schwäche der Augen ist, einer Schwäche der Empfindung zu." — In der Nähe des
Fürsten Bismarck muß die Befangenheit schwinden. Er ist nicht liebenswürdig im Sinne
der Herablassung oder der sichtbaren Lust, zu gefallen, er ist einfach, natürlich, menschlich.

„Durchlaucht, wir betrachten heute das Vergangene im versöhnlichen Lichte der Geschichte, welche unabänderliche Thatsachen schafft, aber ich gestehe offen, daß sich die Deutschen in Oesterreich besonders hart getroffen fühlen, wenn Eure Durchlaucht . . .“

Der Fürst fiel mir ins Wort: „Wenn ich eine Phrase gebrauche, die für anti-österreichisch gilt. Nun sehen Sie, das ist so. Ich habe gewiß nichts gegen Oesterreich.[1]) Man darf mir auch nicht Alles in die Schuhe schieben, was die „Hamburger Nachrichten“ bringen.[2]) Dieses Blatt hat zu einer Zeit, wo sich alle Welt von mir zurückgezogen hat, den Muth gefunden, für mich einzutreten und sich mir anzuschließen. Das wäre ja doch undankbar, wenn ich das nicht anerkennen würde. Aber Zeitungen zu schreiben oder zu redigiren, dazu habe ich weder die Zeit, da mich meine Korrespondenzen sehr stark in Anspruch nehmen, noch die Arbeitsfähigkeit, noch bei meinem hohen Alter die Lust. Ich empfange hie und da einen Herrn aus Hamburg, der sich mit mir über Politik unterhält, das ist aber auch Alles. Man darf mir nicht Alles in die Schuhe schieben, was in den Zeitungen steht unter der

offen, ohne die Spur einer Affektation. Man hat als Publizist sofort die Vorstellung einer Art von entfernter Vernis[s]gemeinschaft auf dem Boden der Politik, er versetzt den Besucher in eine angenehme, bequeme und im Gleichgewichte ruhende Stimmung, und in die Spannung des Hörers mengt sich das Vergnügen, wenn er vernimmt, wie die seine Stimme mit einem leisen norddeutschen Accent, aber fast frei von wirklichem Dialekt die Sätze bald fließend, bald stockend, da ein Wort suchend und dort ein gebrauchtes verbessernd aus dem Munde holt und wie sich Alles ohne jeden Zwang zur Pointe zuspitzt, die brillant und überraschend zugleich plötzlich hervorbricht. Dann hat wohl der Fürst selbst zuweilen ein Gefallen daran, er lacht mit dem Munde, den Augen und dem ganzen Gesichte, er schlürft das Wort wie ein Feinschmecker nach und sucht zu erforschen, ob der Hörer auch wirklich bis in die letzte Feinheit mit eingedrungen ist. Dabei hat er die Eigenthümlichkeit, daß er vor jeder wichtigen Wendung tief aufathmet und sich räuspert, daß es wie ein dumpfes Rollen klingt, als wolle er die Zeit gewinnen, den Ausdruck für den Gedanken zu formen und die Aufmerksamkeit seines Hörers zu wecken. Ein solches Gespräch ist ein geistiger Genuß, dem sich nichts vergleichen läßt.

[1]) Ueber das Verhältniß Bismarck's zu Oesterreich vergleiche die „Hamburger Nachrichten“ Nr. 178 vom 29. Juli 1890 (Morgen-Ausgabe), Nr. 163 vom 11. Juli 1891 (Fürst Bismarck und Oesterreich), die „Freisinnige Zeitung“ Nr. 128 vom 5. Juni 1891, den „Schwäbischen Merkur“ Nr. 115 vom 19. April 1891 (Deutschland und Oesterreich), die „Frankfurter Zeitung“ Nr. 205 vom 24. Juni 1890, den „Pester Lloyd“ vom 21. Juli 1890 und die „Volks-Zeitung“ Nr. 168 vom 22. Juli 1890.

[2]) Die „Hamburger Nachrichten“ brachten zu dieser Stelle folgende Note: Wir bringen in Erinnerung, daß wir in Uebereinstimmung mit dem Fürsten Bismarck im Laufe der letzten beiden Jahre oft genug Gelegenheit genommen haben, gegenüber willkürlichen Insinuationen der Presse über den Ursprung unserer Artikel darauf hinzuweisen, daß die Redaktion der „Hamburger Nachrichten“ sich nicht in Friedrichsruh sondern in Hamburg befindet, daß wir auf die Vertretung unserer eigenen Ansichten nicht verzichten und wie jedes andere Blatt den Anspruch festhalten, die Verantwortlichkeit für unsere Publikationen selbst zu tragen. (Vergleiche unsere diesbezüglichen Erklärungen vom 21. Mai, 23. Juli 1890 und vom 28. Februar, 1. und 3. März 1891. — Die Redaktion der „Hamburger Nachrichten“.)

Formel: Wie das Organ des Fürsten Bismarck sagt, oder: Wie von der Bismarck-Seite gemeldet wird, und was dergleichen mehr ist. Das gilt auch von der „Münchener Allgemeinen Zeitung" und von der „Westdeutschen Zeitung".

Mein Standpunkt war, daß ich den Handelsvertrag mit Oesterreich als unseren landwirthschaftlichen Interessen widersprechend gefunden habe. Dies gilt noch viel mehr von dem Vertrage mit der Schweiz, welcher übrigens auch für Sie, für Oesterreich nicht besonders günstig ist, und außerdem von dem italienischen Vertrage, für welchen unser Weinbau die größten Opfer zu bringen hat. Beim österreichischen Vertrage beanstandete ich eben die landwirthschaftlichen Konzessionen und die Zugeständnisse für einige Industrie-Produkte.[1] Aber einen Vorwurf kann ich Ihren Staatmännern daraus nicht machen, wenn sie mit Geschicklichkeit die Schwäche und Unzulänglichkeit unserer Unterhändler auszunützen suchten.[2] Da bin ich doch zu lange in der Politik, um dies nicht selbverständlich zu finden. Ich habe es dem Grafen Kalnoky, den ich besuchte und nicht traf, und mit dem ich hierauf bei seinem Gegenbesuche längere Zeit gesprochen hatte, ausdrücklich gesagt, daß ich es ganz natürlich finde, wenn Oesterreich die Schwäche und Unzulänglichkeit unserer Unterhändler zu seinem Vortheile benutzt hat. Das ist doch die Pflicht Ihrer Staatsmänner und Ihrer Regierung; ich hätte es nicht anders gemacht, und auch die Schweiz hat darin Recht. Wenn ich dagegen unseren Standpunkt vertheidigte, so kann man daraus nicht schließen, daß ich eine gegen Oesterreich gerichtete Gesinnung hätte. Dieses Resultat ist dadurch eingetreten, daß bei uns Männer in den Vordergrund gekommen sind, welche ich früher im Dunkeln hielt, weil eben Alles geändert und gewendet werden mußte."

[1] Das Urtheil, welches Bismarck über den Handelsvertrag mit Oesterreich gefällt hat, wird heute bei den leitenden Kreisen nicht mehr verstimmen können, seitdem der preußische Minister für Landwirthschaft, Domänen und Forsten Freiherr von Hammerstein in der Sitzung des Abgeordnetenhauses vom 29. Januar 1895 erklärte: „Ich bin ein entschiedener Gegner des österreichischen Handelsvertrages gewesen. Sie wissen auch alle, daß ich denselben im Landesökonomiekollegium mit einem sehr weitgehenden Antrage bekämpft habe. Ich glaube den allgemeinen Satz aufstellen zu dürfen, daß die geographische, die politische und die wirthschaftliche Lage Deutschlands nicht gestattet, eine Wirthschaftspolitik lediglich nach Interessenstandpunkten zu führen. Es entzieht sich meiner Kenntniß, wie weit beim Abschluß der Handelsverträge politische Gesichtspunkte maßgebend gewesen sind; ich will mir auch kein Urtheil darüber erlauben, ob es nicht möglich gewesen wäre, selbst wenn man die Handelsverträge abschloß, doch für die Agrarverhältnisse in den Handelsverträgen günstigere Bedingungen zu erlangen, als sie erlangt sind. Aber bei der Generaldiskussion ist auch die Frage gestreift, ob es nicht, nachdem die Wirksamkeit der Handelsverträge für beide Kontrahenten, für Deutschland, Oesterreich und Rußland, doch nicht die Früchte gezeitigt hat, die man davon erwartet hat — denkbar sei, an eine Revision dieser Verträge heranzutreten und nach dieser Richtung hin zu versuchen, ob man die Fehler — ich will mich so ausdrücken, obgleich ich das Wort nicht gebrauchen will — die man beim Abschluß gemacht hat, nicht wieder gut machen kann."

[2] Die Regierung nahm demnächst in der offiziösen Presse die deutschen Unterhändler gegen diesen Vorwurf lebhaft in Schutz.

Das Gespräch nahm nun von selbst eine rein politische Wendung und Fürst Bismarck sagte:

„Mein Standpunkt war, daß wir nach dem Jahre 1871 Alles erreicht hatten, was wir zur Selbständigkeit und zu einer anständigen nationalen Existenz brauchten. Deutschland kann unmöglich die Vermehrung seines Gebietes anstreben, nach keiner Richtung, sei es nun an der französischen, holländischen, belgischen oder russischen Grenze. Was sollen wir denn auch wünschen? Wir sind gesättigt, und der Zustand Deutschlands erinnert mich an eine Aeußerung des Grafen Andrassy, welcher sagte: „Das Schiff Ungarns ist so voll, daß ein Pfund mehr, sei es nun Dreck oder Gold, es zum Scheitern bringen könnte." Wir haben ohnehin nichtdeutsche Elemente genug, und ein Krieg ist keine Kleinigkeit. Ich habe selbst Kriege mitgemacht. Der böhmische, der war weniger bedeutend, aber der französische, der war viel mehr. Ich schrecke vor einem nothwendigen Kriege nicht zurück und selbst nicht vor einem anständigen Untergang. Aber was soll ein Krieg, der kein Ziel hat und der, wenn uns Gott den Erfolg giebt, gar keinen Gewinn bringt? Sollen wir einen Raub=zug nach Rußland unternehmen, um dort Geld zu holen? Das wäre schwer — sagte der Fürst lachend. — Oder soll Rußland Aehnliches in Deutschland thun? Auch Rußland kann keinen Wunsch haben, sein Gebiet auf unsere Kosten zu vermehren, denn es wird mit den Deutschen in den baltischen Provinzen ohnehin schwer fertig. Deshalb war mein Gedanke, bei der Schaffung des österreichischen Bündnisses gerade im österreichischen Interesse und damit wir die österreichische Politik wirksamer unterstützen und fördern könnten, den Zusammenhang mit Rußland nicht zu verlieren und uns immer die Möglichkeit zu erhalten, mit der russischen Politik in Fühlung zu bleiben. Das liegt ja im österreichischen Interesse, denn was will Oesterreich? Oesterreich will den Frieden, und ich denke, Oesterreich hat Bosnier wohl genug. Nicht wahr — wiederholte der Fürst — Sie haben genug Bosnier und wünschen sich keine Vermehrung?"

„Und hat sich dieser Zustand seit der Demission Eurer Durchlaucht ge= ändert?"

Der Fürst antwortete mit einer raschen Wendung des Kopfes sehr energisch: „Ja! Ja!"

„Wodurch?"

„Dadurch, daß wir keinen Einfluß mehr auf die russische Politik besitzen, daß wir nicht mehr in die Lage kommen, Rußland zu rathen. Was kann denn ein Staatsmann thun? Er muß die Kriegsgefahr kommen sehen und sie verhüten. Es ist wie bei der Steeple=Chase. Man muß wissen, wie das Terrain ist, auf dem man sich bewegt, ob man auf Sumpf= oder auf festen Boden kommt. Man muß die Erfahrung haben, ob man die Kraft hat, ein Hinderniß zu nehmen, und ob der Graben nicht zu breit ist, um über ihn hinwegzusetzen. Nicht wahr, Sie verstehen mein Gleichniß?"

„Gewiß, Durchlaucht, aber durch welche Thatsachen sind die Veränderungen in den Beziehungen zu Rußland nach der Demission Eurer Durchlaucht eingetreten?"

Fürst Bismarck antwortete: „Diese Thatsachen sind das Schwinden des persönlichen Vertrauens und somit des persönlichen Einflusses auf den Kaiser von Rußland.[1]) Ich hatte durch das Vertrauen, welches man mir schenkte, Einfluß auf den russischen Botschafter in Berlin. In der letzten Unterredung, die ich mit dem Kaiser von Rußland vor meiner Demission hatte, sagte er mir, nachdem ich ihm meine politischen Anschauungen dargelegt hatte: Ja, Ihnen glaube ich, und in Sie setze ich Vertrauen, aber sind Sie auch sicher, daß Sie im Amte bleiben? Ich sah den Kaiser von Rußland erstaunt an und sagte ihm: Gewiß, Majestät, ich bin dessen ganz sicher, ich werde mein Lebenlang Minister bleiben; denn ich hatte keine Ahnung davon, daß eine Aenderung bevorstehe, während der Zar selbst, wie die Frage zeigt, von der Wandlung, die sich vollziehen sollte, bereits unterrichtet sein mochte. Diese persönliche Autorität und das Vertrauen fehlen bisher meinem Nachfolger. Und daraus, daß ein solcher Faktor fehlt, welcher auf die russische Politik Einfluß zu nehmen vermag, erklärt sich die Veränderung, welche seit meiner Demission in der politischen Situation Europas eingetreten ist.“

„Und halten Eure Durchlaucht diese Veränderung für eine Verschlimmerung?“

Fürst Bismarck sagte mit großer Entschiedenheit: „Ja! Der Draht ist abgerissen, welcher uns mit Rußland verbunden hat. Ich betrachte als das Hauptziel der Politik die Erhaltung des Friedens. Und wohin würde es kommen, wenn wir nach einem glücklichen Kriege mit Rußland zwei Nachbarn hätten, die uns mit ihren Revanche=Gedanken immer bedrohen würden, einer vom Westen und einer vom Osten? Der Krieg mit Frankreich mag unaus= weichlich sein. Es handelt sich da immer darum, daß der Mann sich dort finde, welcher das Pulver in das Wasser — der Fürst wies dabei auf sein Glas — schüttet, damit es aufschäumt. Das ist eine Frage, der wir im Laufe der Jahre kaum ausweichen werden. Anders ist es jedoch mit Ruß= land. Deutschland hat nicht das geringste Interesse daran, einen Krieg mit Rußland zu führen, und umgekehrt. Zwischen uns liegt nicht der geringste Gegensatz der Interessen. Wir haben von einander nichts zu wünschen und von einander nichts zu gewinnen. Auch Oesterreich ist ein friedfertiger Staat, und gerade Oesterreich könnten wir dienen, wenn der Draht, der uns mit Rußland verband, nicht abgerissen wäre.“

„Durchlaucht, hat sich die Lage auch durch politische Thatsachen ver= schlimmert?“

„Wie gesagt, in erster Reihe durch die Schwächung des deutschen Ein flusses auf die russische Politik. Der deutsche Botschafter in Petersburg hat jetzt viel weniger Einfluß als früher. Dazu treten noch andere Umstände, insbesondere die Wandlung in der polnischen Politik Preußens.[2]) Man hat

---

[1]) In der Zwischenzeit hat sich das Verhältniß Deutschlands zu Rußland wieder freundlich gestaltet (Handelsvertrag mit Rußland).

[2]) Ueber die Stellung Bismarck's zu der unter seinem Nachfolger veränderten Polenpolitik vergleiche die „Hamburger Nachrichten“ Nr. 21 vom 24. Januar 1892, Nr. 261

einen Polen zum Erzbischof gemacht und ihm eine Stelle gegeben, welche im Interesse der deutschen Politik einem deutschen Katholiken gebührt hätte. Gewiß hat dieser polnische Bischof in Elbing eine staatstreue Rede gehalten, und er hat bezüglich der deutschen Nation besser gesprochen, als ein Pole es sonst thut, aber doch wieder den Gegensatz zu Rußland ziemlich deutlich hervorschimmern lassen. Die Politik gegenüber den Polen in Posen hat das Vertrauen, welches unsere Regierung früher in Rußland genoß, geschwächt, und unseren Einfluß ebenfalls herabgemindert."

„Und ist, angesichts dieser Bedenken, welche Eure Durchlaucht gegen die jetzige deutsche Politik hegen, nicht bei Ihnen das Bedürfniß vorhanden, wieder die Leitung zu übernehmen?"

„Das ist ganz aussichtslos. Ich bin in diesem Jahre nicht in den Reichstag gegangen, nicht weil ich mich körperlich nicht rüstig fühle, im Gegentheil. Ich war beinahe ein ganzes Jahr vor meiner Demission nicht in Berlin gewesen, habe mich sehr wohl gefühlt, was ich immer daran erkenne, wie es mir mit dem Reiten geht. Ich wäre sehr gut im Stande gewesen, kraft meiner schon früher gewonnenen Autorität im gleichen Geleise den Wagen fortzuziehen. Die Politik ist keine Wissenschaft, wohl aber eine Kunst, zu deren Ausübung Erfahrung gehört. Aber jetzt — wer weiß, ob ich in Rußland das alte Vertrauen, welches ich früher genossen, wieder fände, und wer weiß, ob in Oesterreich? Das Letztere glaube ich wohl. Ich bin aber nicht in den Reichstag gegangen, weil ich, wenn ich dort erscheinen würde, die Regierung en visière ouverte angreifen müßte, gewissermaßen als Chef der Opposition. Das würde mich in zahlreiche persönliche Gegensätze bringen. Allerdings habe ich gar keine persönlichen Verpflichtungen mehr gegen die jetzigen Persönlichkeiten und gegen meinen Nachfolger. Alle Brücken sind abgebrochen. Man hat davon gesprochen, mich zum Präsidenten des Staatsrathes zu machen. Warum nicht lieber zum General-Adjutanten, da ich doch die Uniform trage. Dann könnte ich die Minister gegen den Kaiser oder den Kaiser gegen die Minister stützen, und die Kamarilla wäre fertig. Auf solche Dinge gehe ich nicht ein — und hier lachte der Fürst herzlich und sagte — dazu fehlt mir doch die christliche Demuth."

„Und haben Eure Durchlaucht den Plan, in den Reichstag zu gehen, aufgegeben?"

„Gewiß nicht, das hängt von den Umständen ab."

„Und könnte nicht eine äußere Nothwendigkeit Sie dazu veranlassen, die politische Bühne wieder zu betreten?"

„Ich glaube nicht. Das ist vorüber. Der Fehler der jetzigen Politik besteht darin, daß eben der Draht, welcher uns mit Rußland verknüpfte, abgerissen wurde. Und ob er wieder anzuknüpfen ist, vermag ich nicht zu sagen.

vom 2 November 1892, Abend-Ausgabe, Nr. 216 vom 17. Oktober 1893, Abend Ausgabe, das „Kleine Journal" Nr. 3 vom 3 Januar 1891, den „Berliner Börsen-Courier" Nr. 3 vom 4. Januar 1891.

Wenn einmal ein falsches Geleise eingeschlagen ist, dann ist die Lage schwierig. Fortwährend mich auf Nebengeleisen zu bewegen und immer auszuweichen ist überhaupt nicht meine Sache. Das ist wohl für immer vorüber. Freilich eine Kritik des heimathlichen Zustandes kann man einem so alten Politiker nicht verwehren. Dieses Recht kann ich mir für die wenigen Jahre meines Lebens nicht nehmen lassen und ich habe nur unsere Regierung, welche unsere handels=politische Situation nicht genügend gewahrt hat, getadelt, aber nicht die Ihre, welche von dieser Situation mit Recht Gebrauch machte."

Der Fürst kam dann wieder auf Wien zu sprechen und sagte: „Es klingt ein wenig wie Ueberhebung, wenn ich von meiner Popularität in Wien spreche, aber ich finde kein anderes Wort, und diese Popularität hat mich sehr gefreut. Ich war nie ein grundsätzlicher Gegner Oesterreichs, sondern immer nur der Wahrer unserer eigenen Interessen, was man mir als vaterländischem Staats=mann nicht übelnehmen kann. Ich würde am liebsten wie ein einfacher Privatmann durch die Straßen Wiens spazieren gehen, wenn ich nicht — wie der Fürst lächelnd hinzufügte — fürchten müßte, daß dann die Polizei wieder Arbeit bekommt. Ich lege den größten Werth darauf, daß meine Dankbarkeit für die Aufnahme in Wien der Bevölkerung bekanntgegeben wird."

Fürst Bismarck erzählte hierauf, er sei gestern in die Ausstellung gegangen, weil seine Gemahlin die Zigeunermusik hören wollte, für welche sie stets eine große Vorliebe gezeigt habe. Durch einen Irrthum sei jedoch das fürstliche Paar nach „Alt=Wien" geführt worden, und da die Fürstin Bismarck an Asthma leide und nicht gerne zu Fuß gehe, mußte um die Erlaubniß nachgesucht werden, den Wagen in den Ausstellungspark fahren zu lassen. Der Fürst und die Fürstin hätten mit Vergnügen der Musik gelauscht, er selbst aber habe weniger gut geschlafen, als in den früheren Nächten.

Fürst Bismarck hatte mit großer Lebhaftigkeit gesprochen, die Unterredung schien ihn selbst zu interessiren, denn er wurde ungeduldig, wenn ein Diener ins Zimmer trat und eine Störung verursachte. Das Gespräch hatte nahezu drei Viertelstunden gedauert, die Gräfin Hoyos wurde gemeldet, und ich erhob mich unter dem mächtigen Eindrucke des Gehörten und einer so bedeutenden und doch so anziehenden Persönlichkeit. Fürst Bismarck bat mich, seine Dank=sagung noch einmal durchzusehen, er drückte mir zweimal mit Herzlichkeit die Hand und verabschiedete mich. Ich habe in dem ganzen Gespräche kein Aus=weichen wahrgenommen. Der Fürst sprach wie ein freier Privatmann, dem seine Vergangenheit den Anspruch giebt, ein Mahner und Rather seines Volkes zu sein. Der Aufenthalt in Wien hat einen sonnigen Schimmer über sein ganzes Wesen gebreitet. Er scherzte über die Zumuthung, welche der Auf=nahmsfähigkeit seines Magens gemacht worden sei, und meinte, er habe sich oft über die Souveräne gewundert, welche bei festlichen Gelegenheiten genöthigt seien, drei oder vier Mal im Tage zu speisen. Fürst Bismarck zeigt nicht die Merkmale der Verbitterung, der heitere Untergrund seines Gemüthes bricht stets im Gespräche hervor, welches sich wie mit einem Zaubermantel bis zu den steilsten Gipfeln der Politik erhob. Ich verließ ihn mit dem Eindrucke, als hätte ich der Geschichte selbst ins Angesicht gesehen.[1]

25. Juni 1892. München. Unterredung mit einem Korrespondenten der „Allgemeinen Zeitung". Derselbe berichtet darüber:[2]

„Der Fürst sprach seine volle Befriedigung über den überaus herzlichen Empfang aus, den er in München und Dresden gefunden. Schon in letzterer Stadt fand er, daß, um ihn zu sehen, weit größere Menschenmassen die Straßen füllten, als er geglaubt hätte, daß bei dieser Gelegenheit sich einfinden würden. Und nun erst in München! Es freuen ihn diese großen und herzlichen Begrüßungen auch insofern, als die bekannten Gegner daraus neuen Anlaß finden, gegen ihn förmlich Gift in ihren Blättern zu speien. Daß auch München viele Sozialdemokraten zähle, hätten ja die Wahlen bewiesen; er selber geize nicht nach Wohlwollen von dieser Seite, würde ihm von daher ein besonderes Wohlwollen zu theil, so müßte er sein eigenes gutes Gewissen fragen, ob und wodurch er am Wohlwollen seiner alten Freunde eingebüßt haben könne. So aber könne er die Angriffe verschiedener Blätter auf ihn als eine Quittung über sein Wohlverhalten betrachten. Uebrigens wäre es Unrecht, alle Leute, die sozialdemokratisch wählen, auch der sozialdemokratischen Partei zuzuzählen; sie wollten mit ihrer Wahl vielmehr nur beweisen, daß sie unzufrieden seien; so dumm seien sie nicht, daß sie glaubten, daß das sozialdemokratische Programm ihren Leiden abhelfen könne; Viele wüßten vielmehr, daß ihnen die Ausführung dieses Programms neue Leiden brächte, da es ja die Welt zu einem Zuchthause und Zellengefängniß machen würde.

Es sei eine Anomalie, wenn just die Deutschen, die doch sonst so schwer unter Einen Hut zu bringen wären, soviel von ihrer individuellen Selbständigkeit, dem sozialdemokratischen Programm zu Liebe, aufzugeben bereit wären. Bei Franzosen und Russen sei es eher erklärlich, daß sie ohne Widerspruch gehorchen und entsagen.

Fürst Bismarck bedauerte, daß bei seiner Anwesenheit in Wien Leute bei den Ruhestörungen geschädigt wurden, und meinte, dieselben hätten, nach ihren Sympathiebeweisen für ihn, wohl selber gelegentlich noch Händel mit der Polizei gesucht. Er könne über solche Auflehnungen gegen die österreichische Polizei doch sicher nicht erfreut sein. In Wien glaubte der Fürst in der Bevölkerung zwei Strömungen zu beobachten, eine auf Seiten der Bevölkerung

---

[1] Die „Norddeutsche Allgemeine Zeitung" brachte demnächst (29. Juni 1892) in mehreren Artikeln scharfe Erwiderungen auf das vorstehende Interview. Das angebliche gute persönliche Verhältniß Bismarck's zu Rußland beruhe auf Selbsttäuschung. Seine Erinnerungen fingen bereits an sich zu verwirren. Die Handelsverträge wurden vertheidigt. Der sogenannte amtliche Krieg gegen Bismarck hatte hiermit seinen Höhepunkt erreicht.

[2] Der Bericht findet sich abgedruckt in der „Münchener Allgemeinen Zeitung" Nr. 176 vom 26. Juni 1892, und ist daraus übergegangen in die „Hamburger Nachrichten" Nr. 151 vom 27. Juni 1892, Abend-Ausgabe.

von großem Wohlwollen und eine auf Seiten namentlich mancher Staatsdiener, die einer anbefohlenen Zurückhaltung ähnlich sah. Er sei mit den Hofkreisen Wiens seit vierzig Jahren in Verkehr gewesen, sei er doch schon 1852 dort als Abgesandter gewesen. Oesterreich und er hätten in Gutem und Bösem viel miteinander erlebt, aber allezeit sei zwischen ihnen der Verkehr ein wohl=wollender gewesen; ohne unhöflich zu sein, habe er nicht anders als um eine Audienz bei Kaiser Franz Joseph nachsuchen können und er habe dies schon von Friedrichsruh aus, und zwar auf amtlichem Wege durch die deutsche Botschaft gethan. Anfangs sei seinem Gesuche die Stimmung günstig gewesen, aber dann habe diese umgeschlagen, wohl kaum ohne eine starke Pression von Berlin. Er habe nur mündlich die Antwort erhalten, daß die Audienz, um die er als Verehrer des Kaisers und als Militär nachgesucht, nicht gewährt werden könne. In Dresden und München habe er, ohne unhöflich zu sein, nicht um Audienz nachsuchen können, da die Frist seines Aufenthaltes an=fänglich zu kurz bemessen gewesen sei.

Ob und wie lange er in München hätte bleiben können, sei ja ganz davon abgegangen, ob ihn die Aufregung, die Freude und das ungewohnte längere Reisen nicht etwa so ermüdeten, daß der Arzt die sofortige Reise nach Kissingen oder Friedrichsruh diktirte. Jetzt freue er sich, da ruhiger Zuschauer zu sein, wo er früher Mitarbeiter gewesen sei, und er freue sich namentlich der ungemeinen Herzlichkeit, mit der er in München empfangen worden sei. Diese Tage würden ihm unvergeßlich bleiben, so lange er noch in Friedrichs=ruh seine Bäume pflegen könne.

27. Juni 1892. Kissingen. Unterredung mit dem Vertreter der „Münchener Neuesten Nachrichten" Fritz Trefz. Seinem Bericht darüber[1]) entnehmen wir das Folgende: Der Fürst kam zunächst auf die Eindrücke der letzten Tage zu sprechen. Mit inniger Rührung wies der Fürst auf die spon=tanen, so von Herzen kommenden Ovationen hin, die ihm überall dargebracht

---

[1]) Derselbe findet sich abgedruckt in den „Münchener Neuesten Nachrichten". Ver gleiche das „Kleine Journal" Nr. 178 vom 1. Juli 1892 und die „Hamburger Nachrichten" Nr. 155 vom 1. Juli 1892, Abend=Ausgabe. (Ziemlich vollständiger Auszug.) Der Be richt, datirt vom 28. Juni 1892, lautet in seinem Eingange: Gestern Nachmittag vier ein halb Uhr wurde ich auf der oberen Saline von dem Fürsten Bismarck empfangen, der die Anstrengungen der letzten Woche mit erstaunlicher, körperlicher und geistiger Frische überstanden hat. Die enthusiastischen Ovationen, die ihm auf der Fahrt durch Bauern zu Theil geworden, haben auf die Gemüthsstimmung und das körperliche Wohlbefinden des alten Kanzlers ganz verjüngend gewirkt. Die Besprechung fand in dem kleinen, einfach und bescheiden eingerichteten Arbeitszimmer des Fürsten statt. Der Fürst hieß mich nach einer herzlichen Begrüßung und nach meinem Dank für die Ehr. des Em pfanges in einem Lehnstuhl am Fenster Platz nehmen und rückte mit meiner Hülfe einen andern solchen mir gegenüber heran und ließ sich darin nieder. Der Fürst meinte, bei einem Glase Bier — der Kissinger Stoff sei wirklich vorzüglich und munde ihm sehr — lasse sich besser plaudern und lud mich ein, einen Schoppen mit ihm zu trinken und mit ihm anzustoßen.

werden. Er sei in seinem Leben schon viel mit hohen und höchsten Persönlich= keiten auf Reisen gewesen, er habe aber eine ähnliche, herzliche, unmittelbare Begrüßung noch nicht erlebt. Am meisten freue ihn die Herzlichkeit und die gemüthvolle Art, mit der er im Süden Deutschlands empfangen worden. Ueberall, wo er hinkomme, streckten ihm die Leute die Hände entgegen und wollten ihm die Hand drücken. Seine Hand thue ihm oft recht weh, aber das mache nichts. Nur habe er gefürchtet, es könne einmal ein Unglück passiren. Wie leicht sei es möglich, daß besonders Kinder unter die Eisen= bahnräder kämen. Er sei übrigens in der großen „Blumenschlacht" der letzten Tage etwas verwundet worden. Die Drähte eines Blumenbouquets, welches ihm gerade unterhalb des Auges in das Gesicht geworfen worden sei, haben ihn verletzt, so daß er die ganze Nacht über Schmerzen gehabt habe und Auf= schläge machen mußte. Es sei ja dies Alles gewiß recht gut gemeint.

Dann nahm der Fürst mehrere Zeitungen in die Hand, in welchen mit Blaustift einige Artikel gezeichnet waren und las zuerst aus dem Begrüßungs= artikel der „Münchener Neuesten Nachrichten" folgenden Passus vor: „Aber ein Mann von der historischen Größe Bismarck's sollte an denen, die ihm wehe gethan haben, edlere Rache nehmen und nicht den blitzenden Strahlen= kranz seines Ruhmes selbststeigener Hand mit düsteren Schleiern umhüllen."

Der Fürst fügte mit überzeugungsvollem Ausdruck hinzu: „Rache zu nehmen, ist nicht mein Zweck und nicht meine Absicht, das liegt mir ganz fern. Wozu sollte ich mich denn rächen und an wem? Am allerwenigsten an meinem Nachfolger, der mir ja nie etwas zu Leide gethan hat. Rachsüchtig bin ich durchaus nicht. Man sagt zwar, der Prophet gilt nichts in seinem Vater= lande. Aber wenn ich doch hier und da meine Stimme vernehmen lasse, so thue ich das zum Besten des Vaterlandes. Ich will, soweit meine Erfahrung reicht und meine Autorität noch Geltung hat — und nach dem Lärm und dem Aufheben, das man in der ganzen Welt über jede meiner Aeußerungen macht, scheine ich sie noch zu besitzen — jene Handlungen der jetzigen Re= gierung, die ich für eine gedeihliche Entwickelung des Landes nicht zuträglich finde, beeinflussen und sie, der Ausdruck ist wohl nicht anmaßend, korrigiren. Dies allein ist meine Absicht." — Ueber die Handelsverträge äußerte der Fürst: „Ich bin überzeugt, daß die Handelsverträge unseren Interessen wider= sprechend seien. Sie sind nach Inhalt und Form nicht nach meinem Sinne. Ich erwähne nur das Algäu mit den Vieh= und Käsezöllen und vor allem auch die durch die Zollgesetzgebung geschädigten Weingegenden. Dann hat man auch, um ein weiteres Beispiel anzuführen, die Papierfabrikation durch Konzessionen an Oesterreich preisgegeben. Die Gegenden in Oesterreich, wo große Holzbestände und billigere Arbeitskräfte als bei uns sind (Galizien), haben einen großen Theil unserer Papierindustrie brach gelegt. Zu Varzin besindet sich eine Papierfabrik — sie gehört nicht mir —, die unter den jetzigen Verhältnissen zu leiden hat. Ich hätte den Entwurf der Handels= verträge, so wie ich ihn für gut befunden hätte, zuerst publicirt, die

Stimmen der weitesten Kritik gesammelt und dann mir von Fachleuten, wie ich es immer that, nach sorgfältigen Informationen Gutachten verschafft und dann erst gehandelt.[1]

Ich habe, das kann ich wohl behaupten, wenigstens die äußere Form immer auf das sorgfältigste dem Reichstag gegenüber gewahrt. In früheren Jahren, zur Zeit meines Kampfes mit dem Landtag, da war ich noch ein reaktionär-militärischer Junker, der in einer Zeit sich die Stärkung des Königs-thums mit der Monarchie zur Aufgabe gestellt, als der König selbst nicht mehr weiter regieren wollte, die Abdikationsurkunde bereits unterzeichnet hatte, und Niemand das Ministerium übernehmen wollte. Ich glaube — meinte der Fürst mit humorvollem Lächeln — das ist mir auch, vielleicht in zu starkem Maße gelungen. Damals habe ich schwere Kämpfe mit dem Parlament geführt. Heutzutage ist das nicht mehr nöthig, da die Verfassung in gerechter Würdigung die gegenseitigen Befugnisse ausgetheilt, die von beiden Seiten geachtet werden sollten. Parlament und Presse halte ich aber für ein nothwendiges Korrektiv für die Regierung."

Auf meine abermalige Frage, ob der Fürst von den Handelsverträgen wirklich einen Nachtheil erwarte, versicherte er nochmals, seiner Ansicht nach könne die Unzufriedenheit mit der Zeit nicht ausbleiben.

Im weiteren Verlauf der interessanten Unterhaltung wurde auch die Frage gestreift, ob der Partikularismus zunehme oder nicht. Der Fürst meinte, wenn das Vertrauen zu der Zentrale in Berlin abnehme, wende sich das Denken und Fühlen naturgemäß mehr engeren Verhältnissen zu. Er glaube aber, und zwar sei das seine vollste Ueberzeugung, daß der Partikularismus in Deutschland nie und nimmer eine Form annehmen werde, die dem Bestande des Reiches auch nur irgendwie gefährlich werden könne. Das sei ganz aus-geschlossen. Im Augenblicke der Noth und der Gefahr sei Alles einig.

Der Fürst blätterte hierauf wieder unter den bereitgehaltenen Preß-äußerungen über das Wiener Interview und kam dann auf die Beziehungen zwischen Rußland und Deutschland zu sprechen: „Ich bin — sagte er un-gefähr — vielfach irrig verstanden worden. Man wirft mir vor, daß ich mich in Wien als Schöpfer des deutsch-österreichischen Bündnisses habe feiern lassen, während ich andererseits beklage, daß der Draht zwischen Deutschland und Rußland abgeschnitten sei! Die Sache liegt doch sehr einfach. Das Bündniß verdanken wir zunächst dem äußeren Anlaß, daß von Petersburg äußerst ungeschickte Briefe nach Berlin gesandt worden waren. Man muß doch ins Auge fassen, daß das Bündniß mit Oesterreich nur ein Defensiv-Bündniß ist. Es soll nur die Sicherheit dafür geben, daß Oesterreich und Deutschland nicht angegriffen werden können. Es war dies eine Sicherstellung, die auf Gegen-

---

[1] Die Reichsregierung hat die Erinnerungen, welche Bismarck gegen die geschäftliche Behandlung der Verträge erhoben hat, bei dem späteren Abschluß des russischen Handels-Vertrages berücksichtigt. Das Institut des Zollbeiraths hat hier in vollem Maße das er-reicht, was Bismarck bei dem österreichischen Vertrage vermißt hat.

feitigkeit beruht. Unsere guten Beziehungen zu Rußland konnten trotzdem fortbestehen bleiben, da ja in Petersburg genau bekannt war, daß das Bündniß nur einen defensiven Charakter trage. Man konnte doch Oesterreich nicht zumuthen, wegen ein Paar Haummeldieben an der Donau sich in einen Krieg zu verwickeln. Oesterreich und Rußland waren die gegnerischen Mächte und unsere guten Beziehungen zu Rußland hätten uns stets erlaubt, Mißverständnisse zu beseitigen und für Oesterreich ein gutes Wort einzulegen. Ich muß nochmals versichern, daß ich das Vertrauen des Kaisers Alexander III. im höchsten Maße genossen habe und es ist ganz falsch, was zum Beispiel der „Berliner Börsen-Courier" in Nr. 316 schreibt. Dort heißt es: Es ist doch sattsam bekannt, daß Fürst Bismarck außerordentliche Mühe hatte, dem Zaren Alexander die Beweise dafür zu erbringen, daß die Schriftstücke gefälscht waren, welche bei dem russischen Selbstherrscher die Meinung von der Zweizüngigkeit der deutschen Politik in der bulgarischen Angelegenheit hervorgerufen hatten! In jener Unterredung im Jahre 1889 genügte allein meine mündliche Versicherung, daß die Schriftstücke, welche sehr geschickt mit Stempel und Unterschriften gefälscht waren, — sie waren angeblich zwischen dem Fürsten Ferdinand von Bulgarien und der Gräfin von Flandern gewechselt worden — unecht waren; Fürst Ferdinand von Bulgarien hat mich in München bei unserer Unterredung wieder an jene Dinge erinnert. Meiner mündlichen Versicherung schenkte der Zar sofort das vollste Vertrauen. Ich war darüber sehr gerührt. Die guten Beziehungen zu Rußland beruhen lediglich auf dem Vertrauen, das ich bei Seiner Majestät dem Kaiser von Rußland hatte. Er sagte damals noch: Ihnen schenke ich mein vollstes Vertrauen, wenn ich nur die Garantien hätte, daß Sie auch immer Minister blieben. Ich sagte: Ich denke wohl Majestät daß ich bis zum Ende meiner Tage die Geschäfte führen werde, da ich keinen Grund hatte, anderer Meinung zu sein."

Im weiteren Gange der Unterhaltung äußerte sich der Fürst auf meine Anfrage auch über die vom ganzen deutschen Volke so sehr gewünschte und jüngst wieder in Aussicht gestellte Versöhnung zwischen dem Altreichskanzler und dem Kaiser. Der Fürst entgegnete mit sichtlicher Rührung: „Ich bin bei dem Kaiser in Ungnade gefallen und ich weiß heute noch nicht warum. Von einer Versöhnung kann man doch nicht sprechen. Der Kaiser ist ja nicht, meinte der Fürst lächelnd, bei mir in Ungnade gefallen. Wenn Seine Majestät die Ungnade aufhebt, wäre das Verhältniß ja das alte. Ich glaube gewiß, daß Intriguen mit unter gelaufen sind. Der Kaiser hätte ja gewiß sein eigener Kanzler sein können. Ich habe zwar immer gedacht, daß ich die Geschäfte erst niederlege, wenn mich Krankheit dazu zwingt oder der letzte Seufzer aus dieser Brust (der Fürst hat während er spricht vielfach mit kleinen asthmatischen Anfällen zu schaffen) sich entringt."

Nach einer kurzen Pause, während welcher der Fürst mit mir anstieß und einen kräftigen Schluck aus seinem Glase nahm, führte der Lauf der Gespräches auch zum preußischen Volksschulgesetz.[1) „Das Gesetz an sich — meinte der Fürst — wäre nicht so sehr gefährlich gewesen. Es kommt hierbei Alles auf die Ausführung an. So wie die Dinge sich entwickelten wäre es aber ein Kulturkampf[2) mit anderer „Front" geworden, die Regierung mit dem Zentrum auf der einen Seite. Das Bedenklichste an der Sache war der Rückzug. Es ist in der Politik immer besser und für das Ansehen der Regierung vortheilhafter, auf dem einmal beschrittenen Wege weiter zu gehen."

Zum Schlusse äußerte der Fürst nochmals seine Genugthuung über den großartigen Empfang, den er auf seiner Reise gefunden. In Wien habe es ihm recht gut gefallen und er wird sich stets an den dortigen Aufenthalt erinnern. Lebhaft bedaure er, daß er den guten Kaiser Franz Joseph nicht angetroffen habe, der ihm stets ein so gnädiger Herr gewesen.

Er fühle sich jetzt frisch und behaglich fern von den Geschäften und er habe neuen Muth geschöpft, im Winter nach Berlin zu kommen und sich im Reichstage sehen zu lassen. Es seien zwar dort alle Beziehungen zwischen ihm und den aristokratischen und offiziellen Kreisen abgebrochen. Es sei eine große Erkältung eingetreten, seitdem er aus dem Amte geschieden. Man wolle eben nach oben nicht anstoßen.[3)

Anfangs September 1892. Varzin. Empfang des Herausgebers der „Zukunft" Maximilian Harden.[4) Derselbe schreibt:
Auf den Spaziergängen, wenn er, den schweren Stock in die Armhöhlen gestemmt, aufrecht einherschritt, oder vom Wagen aus zeigte er dann wohl dem Begleiter die einzelnen Lindenstämme, deren Geburtsjahr er ganz genau im Kopfe hatte. „Das ist noch Podewils'sche Pflanzung, aber hier nebenan, da habe ich schon gepflanzt. Terrain und Pflege waren für alle diese Bäume

---

[1) Vergleiche hierüber die „Hamburger Nachrichten" Nr. 63 vom 13. März 1892.
[2) Ueber die Stellung Bismarck's zum Kulturkampf vergleiche die „Kölnische Zeitung" Nr. 442 vom 29. Mai 1890, die „Volks-Zeitung" Nr. 122 vom 29. Mai 1891, die „Germania" Nr. 119 und 120 vom 30. und 31. Mai 1891, die „Schlesische Volks-Zeitung" Nr. 249 vom 6. Juni 1891, die „Post" Nr. 302 vom 3. November 1891.
[3) Während des letzten Theiles der Unterredung hatte sich die große schwarze Dogge, ein prächtiges Thier, vom Boden erhoben und schmeichelte dem Fürsten. Der Fürst meinte das Thier mache ein so geschentes Gesicht, als ob es verstehe, was gesprochen werde. „Sehen Sie, das ist ein Geschent des jungen Kaisers", fügte der Fürst hinzu. Mehrmals wurde der Fürst aufmerksam gemacht, daß der Wagen zur nachmittägigen Spazierfahrt bereit stehe, aber immer wieder folgte ein neuer Gedanke dem anderen. Es ist rührend und giebt zugleich ein Bild von der geistigen Frische des Altkanzlers, mit welch' jugendlicher Kraft er noch die einzelnen Phasen des öffentlichen Lebens verfolgt, wie sehr er noch mit seinem ganzen Fühlen und Denken an dem Gange der Ereignisse und des Staatslebens theilnimmt. Eine Unmasse Zeitungen aller Schattirungen bilden die tägliche Lektüre. Mit einer Einladung, wieder zu kommen, schüttelte mir der Fürst die Hand, indem er noch auf ein Zeitungsblatt hindeutete, dessen Ausführungen ihm Gelegenheit zur Darlegung seines Standpunktes in anderen Fragen zu geben schienen.
[4) Der Bericht Harden's findet sich veröffentlicht in „Die Zukunft" vom 29. Oktober 1892.

gleich, und doch ist der eine in die Höhe geschossen und der Andere einge=
gangen; — und da bildet man sich ein, man könnte die Menschen gleich
machen! Hier herum hatte ich so meine depeschensicheren Plätze, so in den
schmalen Seitenwegen, da war ich gegen alle Beunruhigungen der hohen
Politik geschützt und konnte ungestört an meine Forstkulturen denken, in denen
ich einen für einen Familienvater eigentlich unverantwortlichen Luxus treibe.
Na, jetzt habe ich ja Ruhe, allmählich saugen selbst meine guten Freunde
wohl an zu glauben, daß ich nicht wieder ins Amt zurück will, dafür reiten
sie nun desto mehr auf meinem Sohn herum. Und nun heißt es wieder, er
wolle mit aller Gewalt Minister werden, und ich hätte eine fürchterliche
Intrigue gesponnen, um ein Kompagniegeschäft Waltersee=Herbert in der
Wilhelmstraße zu etabliren. Mein Sohn ist wirklich kein Stellenjäger; er ist
das verwöhnte Kind einer erfolgreichen Politik und ich wüßte nicht, was ihn
heute nach Berlin locken sollte. Man hat sich ja im März 1890 Mühe genug
gegeben, ihn im Amte zu halten, auch an mich trat die Bitte heran, ich möchte
nach dieser Richtung meinen Einfluß anwenden, aber ich habe mit Octavio
geantwortet: Mein Sohn ist mündig. Er ist jung, deshalb weit weniger
resignirt als ich.

Da schreiben die Zeitungen[1]) jetzt, es wäre meine Pflicht gewesen, ein
offizielles Beileidschreiben an den Hamburger Senat zu richten. Den Leuten
kann ich nur antworten, was der alte Wrangel zum Sultan sagte, als der ihn
nicht ins Serail lassen wollte: Majestät überschätzen mir! Ich bin heute
nichts als un particulier de distinction und es wäre eine lächerliche Wichtig=
macherei von mir, wenn ich da offene Briefe losließe. Das können und sollen
offizielle Persönlichkeiten thun; ich habe mich damit begnügt, dem mir be=
freundeten Oberbürgermeister[2]) und anderen Bekannten privatim meine Theil=

---

[1]) Der nun folgende Abschnitt ist den „Hamburger Nachrichten" Nr. 267 vom
28. Oktober 1892 (Abend=Ausgabe) entnommen.

[2]) Der gedachte, erst im April 1893 bekannt gewordene Brief Bismarck's lautet:
„Seiner Magnifizenz Herrn Bürgermeister Dr. Petersen, Hamburg. Varzin, 11. Sep=
tember 1892. Geehrter Freund! Ich bedaure, daß meine Abwesenheit von Friedrichsruh
mich der Möglichkeit beraubt, Ihnen mündlich die herzlichste Theilnahme auszusprechen,
mit der ich seit den jüngsten traurigen Wochen an Sie und an Hamburg denke. Es ist
hart, in unserem Alter, eine solche Kalamität der Heimath erleben zu müssen und der vis
major der anonymen Seuche gegenüberzustehen, eines ungreifbaren Feindes. Ich kann in
meiner heutigen privaten Stellung den Antheil, den ich an diesen Vorgängen nehme, nicht
öffentlich zum Ausdruck bringen; es gehört weniger Uebelwollen, als meine Feinde hegen
dazu, um mich der Ueberhebung und Falschwerbung zu bezüchtigen, wenn ich dem Staate
Hamburg meine persönlichen Gefühle mittheilen wollte; das würde auch, wenn ich noch
Reichskanzler wäre, Geschick und Bescheidenheit der Fassung erfordern, wenn ich die Sand=
bank der Ueberhebung vermeiden wollte. In meiner jetzigen Stellung wäre es taktlos und
ein Vergnügen für meine Feinde.

Ich beschränke mich darauf, Ihnen verehrter Freund, vertraulich meine Gefühle für
unsere Mitbürger und insbesondere für Sie und die Ihrigen persönlich auszusprechen,
damit Sie wissen, daß wir Ihrer in Liebe gedenken. Die Noth der Armen wird erst nach

v. Bismarck, Tischgespräche. 25

nahme auszusprechen. Hätte ich mehr gethan, dann hätten es meine guten Freunde in der Presse und — anderswo mit einiger Berechtigung als Vordringlichkeit bezeichnet. Ich sehe die Notizen ordentlich: Nichts ist dem Alten heilig, heute der Marktplatz von Jena, morgen die Cholera, er ist nur zufrieden, wenn recht viel von ihm geredet wird. Jetzt können sie wenigstens nur schreien, ich sei ängstlich. Du lieber Gott, ich habe in meinem Leben so manchen Cholerakranken gepflegt und bin angstfrei; vor Jahren bekam ich mal aus Nizza ein sehr schönes Spitzentuch geschickt, in dem Koch dann Bazillen fand; übrigens eine recht entwicklungsfähige Art, seine Feinde aus der Welt zu schaffen ... Aber ich spräche gern wieder mit meinen Hamburgern. Man hat ihnen mit dem pharisäischen Geschimpfe schweres Unrecht gethan."

Ueber die Polenpolitik sprach sich der Fürst auf eine Bemerkung seines Besuchers über die Versöhnlichkeit des neuen Erzbischofs von Posen u. A. wie folgt aus: „Die Tonart kenne ich! Die ist nur für den Anfang, um den Kaiser und die Regierung zu beschwichtigen. Ledochowski hat das eine Weile auch sehr geschickt gemacht; aber mein Herr Nachfolger brauchte mich doch nicht gerade da zu kopiren, wo ich einen Fehler begangen habe; einmal kann schließlich jedem das passiren, ich habe nie wie gewisse Leute behauptet, in einem besonderen Geheimrathsverhältniß zu unserm lieben Herrgott zu stehen, aber zweimal ist zu viel und sehr vom Uebel. Als ich mich damals wegen Ledochowski in Rom erkundigte, schrieb mir Pius der Neunte zurück: Ich biete Ihnen einen Edelstein und Sie schicken erst noch zum Juwelier, um ihn tariren zu lassen!" Na, und nachher mußte ich den Edelstein fassen; er war immer derselbe geblieben, der er in Bogota war, und er wurde erst in Ostrowo etwas still. Ich habe gegen Stablewski persönlich nichts, obgleich er ja im Kulturkampfe einer von den Wildesten war. Aber seine Ernennung war eine Ermuthigung für die polnischen Wünsche und das vertragen die gewaltthätigen Elemente unter den Polen nicht. Wir haben ja seit 1848 immer polnische Sympathien im Lande gehabt, trotzdem wir doch sehen, wie schon die polnischen Arbeiter überall sich durch Gewaltthätigkeit hervorthun. Nur bei uns findet man die Neigung, sich für fremde Nationalbestrebungen zu begeistern, die am Ende doch nur auf Kosten des eigenen Vaterlandes verwirklicht werden können. Die anderen Völker haben sich viel mehr gesunden Egoismus angeschafft und ein Mieroslawski würde heute nicht mehr die Unterstützung der internationalen Revolution finden. Gerade wir hätten nicht die geringste Veranlassung zur Polenschwärmerei, denn wir sollten aus der Geschichte gelernt haben, wie die Polen im fünf-

dem Erlöschen der Seuche zur vollen Wirkung kommen und ich hoffe, daß alle Deutschen im Reiche bereit sein werden, sie mit zu tragen, nachdem die pharisäische Kritik gegen Hamburg anfängt, der Beschämung über die feige und gesetzwidrige Boykottierung leidender Mitbürger Platz zu machen.

In Friedrichsruh hat hoffentlich Lange die Thüren offen gehalten.

Mit den herzlichsten Wünschen für rasches Ende der Plage und mit der Bitte um verbindliche Empfehlung an Ihr Haus, der Ihrige von Bismarck.

zehnten Jahrhundert, nach dem Frieden von Thorn, namentlich in Westpreußen gehaust haben. Da wurde mit Feuer und Schwert polonisirt und — gegen die Verträge, die volle Religionsfreiheit verbürgten — rücksichtslos katholisirt. Die Polen haben erst Rußland und später die Besitzthümer des deutschen Ordens angeschnitten und überall, wohin sie kamen, haben sie den Bauernstand einer schrankenlosen Adelstyrannei unterjocht. Und daß sie heute nicht auf die Wiederherstellung des Polenreiches spekuliren, das glaubt ihnen kein vernünftiger Mensch. Sie zeigen uns freundliche Gesichter, weil sie wünschen, wir möchten Rußland schlagen und dann den siebeneinhalb Millionen Polen — mehr giebt es überhaupt nicht auf der Welt — das ganze Gebiet der Ruthenen und Weißrussen restituiren, so etwa das, was sie im vierzehnten Jahrhundert bei der Theilung Rußlands in die Tasche steckten, bis über Kiew, Tschernigow und Smolensk hinaus. Das Volk, das jetzt da lebt, will aber von einer polnischen Herrschaft gar nichts wissen, es ist kernrussisch im Denken und Glauben; wo man den Polen als Herrn kennen gelernt hat, da ist man nach einer Erneuerung dieser Bekanntschaft überhaupt nicht begierig; der polnische Bauer, der sich auf unseren Schlachtfeldern als ein tapferer Soldat bewährt hat, wird sich für eine Wiederkehr der Adelsdiktatur bestens bedanken, er ist ganz zufrieden mit den Vortheilen der germanischen Kultur und nur die Adligen und die Priester machen den Lärm. Das sind aber zwei sehr intelligente und rührige, und deshalb besonders gefährliche Faktoren; sie haben auch in Rußland, durch die Presse und durch die Frauen, mehr Einfluß, als man gewöhnlich glaubt. Ich will mit allen meinen Mitbürgern in Frieden leben, aber in seiner exponirten Stellung kann Deutschland sich den Luxus slavischer oder römischer Nebenregierungen ungestraft nicht gestatten, und schließlich wollen wir doch Alle, glaube ich, nicht einen Krieg mit Rußland führen, nur um die Republik Polen unseligen Angedenkens wieder herzustellen. Darauf läuft die ganze Geschichte aber hinaus: die Polen betrachten Posen und Westpreußen nur als ein Uebungsterrain, wo sie ihre nationalen Besonderheiten bewahren können, um sie dann, wenn wir, wie sie hoffen, Rußland geschlagen haben, in aller Ruhe in einem slavischen Staat mit antigermanischer und antiprotestantischer Spitze weiter zu pflegen. Darum macht unsere neueste polnische Wirthschaft auch in Rußland so viel böses Blut, weil man da gleich den Glauben verbreitet, wir spekulirten auf die Revolution der russischen Polen."

Auf die jetzige Regierung und ihr durch die Polenfrage bedingtes Verhältniß zu Rußland übergehend bemerkte der Fürst: „Bei uns scheint man von alledem gar nichts zu merken. Man hält es mit dem Hofmeister des Candide und glaubt, daß wir in der besten aller Welten leben. Es fehlt an Rückgrat und auch an Detailkenntniß. Leute, die ich als wandelnde Repertorien benützte, juristisch sattelfeste Menschen, die man nachschlagen konnte, werden jetzt als Repräsentanten der germanischen Vormacht in die Welt geschickt und sollen mit ihren beschränkten Mitteln womöglich wilden Völkern imponiren . . . Außerdem ist die Sorte zu zahlreich vertreten, von der Friedrich der Große

25*

zu sagen pflegte: Amüsant bei Tische, dann rausschmeißen! Jetzt werden
sie nicht immer rausgeschmissen. Und aus diesen Kreisen rührt zum Theil
auch die Verstimmung mit Rußland her, deren Gründe ganz ähnlich denen
sind, die zum siebenjährigen Kriege führten: Klatschereien, angebliche oder
wirkliche Bonmots Friedrichs über die Kaiserin Elisabeth und die Pompadour.
Man läßt sich jetzt durch die Ruhe täuschen. Aber in solchen Situationen
muß ich immer an die Geschichte von dem Bataillon denken, das 1848 mit den
Barrikadenleuten fraternisirte. Großes Erstaunen. Plötzlich wurde dem Kommandeur eine Meldung gebracht und sofort hieß es: So, Kinder, nun haben
wir wieder Patronen, nun gehts los! Auch Rußland kann nicht eher an
eine aktive Politik in großem Stil denken, als bis es Geld und die richtige
Waffe hat. Aber die Verstimmung ist da und doch wäre sie gerade jetzt
sehr leicht zu vermeiden gewesen. Rußland hat das natürliche Bedürfniß,
sich durch Liebenswürdigkeiten über die Schwierigkeiten im Innern hinweg zu
helfen. Wir geben ihm keinen Anlaß dazu, deshalb ist es liebenswürdig mit
Italien, mit Oesterreich, mit dem Papst, vielleicht allzu sehr mit Rumänien,
und es tändelt mit Frankreich wie Don Juan mit einer neuen Schönen. Ein
aggressives Vorgehen in Europa oder Asien entspricht wohl bestimmt nicht den
Absichten des Zaren, der ein ruhiger, besonnener und im familiären Glück
behaglicher Herr ist; wenn er aber auf deutscher Seite eine unfreundliche Gesinnung und eine Stärkung des Polenthums zu erkennen glaubt, dann kann
er schließlich auch im Hieb die beste Parade sehen. Die Sehnsucht nach dem
Besitz Konstantinopels ist unter Alexander dem Zweiten etwas zurückgetreten;
er fürchtete eine Schwächung des Reiches — von Byzanz ist noch Niemand
seit geworden — und eine Erschwerung der Verwaltung, die jetzt schon fast
unübersehbar ist. Für die rein deutschen Interessen kann es im Grunde gleichgültig sein, ob Rußland eines Tages den Schlüssel zu den Dardanellen in die
Tasche steckt, dem Sultan sein Serail und seine Sicherheit garantirt und dann
abwartet, bis ihm Europa den Krieg erklärt. Ich weiß nicht, ob Frankreich
diese Probe bestehen würde, denn im Orient hat es doch eigene Ambitionen;
und ein Bündniß mit den Mohammedanern würde in Rußland, wo das
religiöse Empfinden immer noch das stärkste Movens ist, sicher nicht besonders
populär sein. Meine Politik ist heute noch dieselbe wie im Krimkrieg; ich
würde sagen: Laßt mich mit Euren Geschichten zufrieden, sie geben mich nichts
an und ich will damit nichts zu thun haben. Ich bin stets dafür, sich nicht
einzumischen, dann laufen Einem die Andern nach. Aber bei uns möchte
man jetzt am liebsten überall die Hand im Spiel haben und nur ja nicht
allein bleiben. Das erinnert mich an ein Hausmädchen, das meiner Frau
den Dienst kündigte mit der Motivirung: An Allem kann ich mir gewöhnen,
nur an dem Einsamen nicht."

Ueber die jetzige innere Lage ließ sich der Fürst folgendermaßen vernehmen:

„Das Schlimmste ist, daß die jetzige Regierung das Rechte zu thun glaubt,
weil sie Unterstützung findet. Wer unterstützt sie denn aber? Doch zunächst

die Parteien, die mit den historisch gewordenen Verhältnissen unzufrieden sind. Wir werden das bei der Militärvorlage [1]) vielleicht wieder erleben. Die Konservativen betheuern ihre Unabhängigkeit vom Zentrum, aber sie werden dem Druck der Regierung nachgeben und die Regierung wird sich vom Zentrum stimmen lassen, das mit seinen polnischen und welfischen Dependancen gern jede Unpopularität trägt, wenn diese Unpopularität in erster Reihe die bestehenden Reichsinstitutionen trifft. Die Regierung weiß auch ganz genau, daß sie auf das Zentrum angewiesen ist; daher in der „Norddeutschen" der Artikel über den Katholikentag, zu dem allerdings Herr Windter als Katholik und mit der leisen Rancune gegen Preußen, die auch ich stets zu überwinden hatte, noch einigen eigenen Honig gethan haben mag. Zur Klärung der Situation, wie die Zeitungen sagen, werden ja die Militär- und Steuergeschichten immerhin etwas beitragen."

Schließlich erklärte der Fürst über sein Erscheinen im Reichstage:

„Ich werde nur dann im Parlament erscheinen, wenn es unumgänglich nothwendig ist. Berlin ist Garnisonstadt und ich müßte als Einziger in des Königs Rock nach Pflicht und Gewissen Seiner Majestät Regierung Opposition machen. Das ist eine fatale Rolle für mich und ich habe eine Scheu davor, wie früher, als ich noch in offenem Wasser badete, wenn ich auf dem Sprungbrett stand. Auch würde die Presse ja doch Alles entstellen, was ich sage. Es ist ja so leicht, ohne Fälschung, nur durch Weglassungen und Striche den Sinn einer Rede vollkommen zu ändern. Ich habe mich selbst einmal in diesem Fache versucht, als Redakteur der Emser Depesche, mit der die Sozialdemokraten seit zwanzig Jahren krebsen geben. Der König schickte sie mir mit der Weisung, sie ganz oder nur theilweise zu veröffentlichen, und als ich sie nun durch Striche und Zusammenziehungen redigirt hatte, rief Moltke, der bei mir war, aus: Vorhin war's eine Chamade, jetzt ist's eine Fanfare! Ich sehe für die Zukunft des monarchischen Gedankens eine Gefahr darin, wenn ein Herrscher, selbst in der besten Absicht, allzu häufig vor der Oeffentlichkeit sich ohne ministerielle Bekleidungsstücke zeigt. Und weil mir diese Gefahr nahe scheint und ein Kampf mit Strohmännern mich nicht lockt, deshalb sage ich, wie Chamisso, als die Franzosen in Deutschland waren: Für mich hat die Situation kein Schwert." [2])

---

[1]) Ueber die Stellung des Fürsten Bismarck zur Militärvorlage vergleiche die „Hamburger Nachrichten" Nr. 273 vom 16. November und Nr. 284 vom 29. November 1892 (Abend-Ausgabe), Nr. 290 vom 6. Dezember 1892, Nr. 165 vom 18. Juli 1893, das „Kleine Journal" Nr. 321 vom 21. November 1892, „Vossische Zeitung" Nr. 326 vom 14. Juli 1893, „Berliner Tageblatt" Nr. 355 vom 15. Juli 1893, „Die Zukunft" vom 8. Oktober 1892.

[2]) Die Unterredung, welche der französische Schriftsteller Hugues le Roux, früher Redakteur des „Figaro" demnächst des Pariser „Journal", in Varzin gehabt haben will, hat nie stattgefunden. Zu vergleichen über diesen Phantasiebericht die „National-Zeitung" Nr. 660 vom 26. November 1892, die „Neue Preußische Zeitung" Nr. 558 vom 25. November 1892, die „Germania" Nr. 275 vom 30. November 1892, der „Leipziger

Ende November 1892. Varzin. Empfang des Redakteurs des „Matin"
Henri des Hour.[1] Des Hour schildert zuerst Varzin und seine Aufnahme
daselbst,[2] und fährt alsdann fort:

——

Tageblatt-Anzeiger" Nr. 622 vom 6. Dezember 1892, die „Hessischen Blätter" Nr. 1905
vom 7. Januar 1893 und der „Reichsbote" Nr. 251 vom 30. November 1892.

Die „Hamburger Nachrichten" Nr. 292 vom 8. Dezember 1892 bemerkten darüber
Das Pariser „Journal", das den Phantasie-Bericht des französischen Abranyi, le Hour,
über dessen nicht stattgefundene Unterredung mit dem Fürsten Bismarck in Varzin veröffentlicht hatte, bringt jetzt einen Brief, worin zwei uns unbekannte Herren dem Herrn
le Hour bestätigen, daß an seiner Wahrheitsliebe nicht zu zweifeln sei und daß er dem
Fürsten Bismarck so beglaubigt gewesen sei, daß dieser genöthigt gewesen wäre, ihn zu
empfangen. Wir wiederholen, daß Herr le Hour in Varzin gewesen ist, auch eine
Empfehlungskarte vorgezeigt hat, aber sofort abgewiesen wurde, daher den Fürsten
Bismarck gar nicht gesehen und erst recht nicht gesprochen hat, daß also sein Bericht eine
Lüge war. Es ist charakteristisch für die Gesinnungen der „Kreuzzeitung" gegen den
Fürsten Bismarck, daß sie französische Meldungen, die als tendenziös erfunden ohne
Weiteres erkennbar sind, der augenscheinlich autorisirten Mittheilung der „Hamburger
Nachrichten" entgegensetzt. Das Blatt stellt sich zwar scheinbar ungläubig den französischen
Angaben gegenüber, überläßt es aber im Grunde doch dem Leser, noch eine Wahl zu
treffen zwischen den französischen Lügen und dem Dementi der „Hamburger Nachrichten"
Die „Kreuzzeitung" macht sich dadurch zum Mitschuldigen des Herrn le Hour. — In den
„Hamburger Nachrichten" Nr. 299 vom 16. Dezember 1892 findet sich noch folgende Notiz:
Herr le Hour, dessen angebliches Gespräch mit dem Fürsten Bismarck wir in der Lage
waren, als gänzlich erfunden zu bezeichnen, unterscheidet sich dadurch von seinem Vorgänger Abranyi, daß er nur unser Treoaven schweigt. Es äußert sich hierin ein nationaler
Unterschied zwischen dem Franzosen und dem Ungarn. Der ungarische Phantasie-
Interviewer empfand den Schaden an seiner Reputation, die ihm unser Dementi ver-
ursacht hatte, so schwer, daß er das Bedürfniß hatte durch allerhand Korrespondenzen
dagegen zu reagiren und den Thatbestand zu verdunkeln; der Franzose hat unser
Dementi ruhig eingesteckt und begnügt sich damit, sich anderweitig bezeugen zu lassen,
daß Fürst Bismarck auf die Empfehlung, die er, le Hour, nach Varzin gebracht habe,
gezwungen gewesen sei, ihn zu empfangen; er übergeht die Thatsache, daß der Empfang
trotzdem nicht erfolgt ist, nonchalant mit Stillschweigen. Dieser Unterschied zwischen
Abranyi und le Hour ist immerhin geeignet, zu interessanten ethnologischen Vergleichen
der beiden Nationalitäten anzuregen.

[1] Publizirt hat des Hour seine Wahrnehmungen in einer mit den Aller'schen
Zeichnungen versehenen Supplements-Nummer des „Matin" vom 12. Dezember 1892,
betitelt „Vingt-quatreheures à Varzin." Vergleiche über dieses Interview die „Basler
Nachrichten" Nr. 341 und 342 vom 16. und 17. Dezember 1892, die „Kölnische Zeitung"
Nr. 993 vom 14. Dezember 1892, die „National-Zeitung" Nr. 698 vom 13. Dezember 1892,
den „Bund" (Bern) Nr. 318 vom 13. Dezember 1892, die „Frankfurter Zeitung"
Nr. 348 vom 13. Dezember 1892, den „Berliner Lokal-Anzeiger" Nr. 582 vom
12. Dezember 1892, die „Vossische Zeitung" Nr. 582 vom 12. Dezember 1892, den
„Hamburgischen Korrespondenten" Nr. 841 vom 28. November 1892, die „Berliner Börsen-
Zeitung" Nr. 1 vom 1. Januar 1893, die „Germania" Nr. 274 vom 29. November 1892.

[2] Im ersten Theil seines Berichtes erzählt des Hour über die häusliche Umgebung
des Fürsten, über die Wälder, die den Familiensitz in Varzin umgeben, und über die
vom Besitzer mit bekannter Vorliebe und großer Sachkenntniß betriebene Waldwirthschaft
manches Interessante, was jedoch für deutsche Leser nicht neu ist. Den Fürsten traf
des Hour, der ihn seit den Tagen unmittelbar nach seinem Sturze (vergleiche oben S. 276)

Retraite definitive.

„C'est au gouvernement de mes arbres que je donnerai les restes de ma vie. Car j'ai dit un adieu définitif à celui des hommes. Si on ne m'eût pas renvoyé du pouvoir, j'aurais pu sans doute l'exercer encore; j'avais assez de force pour continuer sans interruption les affaires qui m'étaient confiées. A présent, je ne puis me désintéresser de la politique, qui a été toute ma vie. Mais je regarde en philosophe et en spectateur les événements où je ne veux plus me mêler, quand même, par impossible ou par suite de circonstances in vraisemblables, je serais sollicité d'y prendre part de nouveau.

Il me foudrait alors reconstituer une partie de la machine que j'avais laborieusement construite, et que d'autres mains, en la maniant, ont au moins modifiée. Je n'en aurais plus le courage ni la force. Ce n'est pas à mon âge qu'on recommence. J'ai payé ma dette à ma patrie. Je veux mourir en paix." —

„Cependant, la popularité de Votre Altesse est encore vivante dans le peuple allemand." J'osai lui dire qu'à mon premier voyage en Allemagne, quelques jour après sa retraite, j'avais entendu comme un Ouf! de soulagement. „Aujourd'hui c'est autre chose" . . .

„Oui, je comprends ce Ouf! Mon administration avait été longue: elle avait été pesante pour beaucoup. A présent, si j'ai laissé des regrets, je crois que ce n'est ni dans le monde des politiciens, ni dans les masses révolutionnaires: c'est dans la foule des vrais et des bons travailleurs. Mais quoi qu'il arrive, j'ai donné à mon pays tout ce que j'ai pu lui donner; je suis quitte envers lui." —

---

nicht mehr gesehen, in bester Gesundheit. Seine Haltung ist — so schreibt er — gerade und straff geblieben trotz seiner 78 Jahre. Er hat sich seit meinem ersten Besuche gar nicht verändert und besitzt immer noch die unruhliche, imposante, strenge Schönheit, die bei einem Greise mehr noch als bei einem Manne auf der Höhe des Lebens uns den Begriff einer unüberwindlichen, fast unvergänglichen Kraft giebt. Er klagt nur, wie immer, über Schlaflosigkeit. Sein stets reglamer Gedankengang widersteht dem heran= schleichenden Schlummer. Die Ermüdung stellt sich erst in sehr vorgerückter Nachtstunde ein. Auch zählt er, im Gegensatz zu der sonstigen Ueberlieferung großer Männer, nicht zu den Frühaufstehern; allein die Thätigkeit in den Tages= und Abendstunden und das Nachdenken der schlaflosen Stunden der Nacht bringen die Zeit wieder ein, die er am Morgen dem Schlafe opfert. Auf einer Spazierfahrt bemerkte Bismard zu des Herrn: „Les sangliers détruisent les vers blancs, et la voracité de ces vilains fils de hannetons est cent fois plus dommageable que la course désordonnée d'une troupe de marcassins. Les agriculteurs se plaignent toujours: au lendemain d'une incursion de sangliers, ils viennent me raconter que toute la récolte est perdue, foulée, ravagée. Quinze jours après, il n'y paraît plus. Les marcassins sont des soldats. Au contraire, les mines et contre-mines des vers blancs ruinent la récolte en sa racine, par un travail incessant et invisible. Ce sont les socialistes du sol." Von dem sandigen Barginer Boden sagte Bismard, daß sie „à été destinée par le bon Dieu, à ne porter que des sapins et à ne nourrir que des oies."

„Votre Altesse n'ira-t-elle pas siéger au Reichstag?“
Après une hésitation, le prince me répond:
„Non, je ne crois pas, je suis même sûr que non. Je n'ai pas d'installation à Berlin. Je déteste les chambres et les lits d'hôtel. Je n'ai plus de bonheur qu'à rester chez moi, au milieu des miens, au milieu des choses qui m'appartiennent, et puis, je ne pourrais faire un pas dans les rues de Berlin sans être l'objet de manifestations. Je l'ai bien vu, cette année à mon retour d'Autriche. Cela me fatigue beaucoup et inutilement.

Enfin, si j'allais siéger au Reichstag, ce serait pour y prendre la parole. Chacun de mes mots serait commenté, exploité, controversé. Je n'ai plus l'indiscutable autorité que donne le pouvoir. Je ne serais qu'un soldat dans la mêlée, un embarras peut être. Non, décidément, je n'irai pas prendre ma place au Reichstag.

Je ne quitterai plus mon foyer, soit ici, soit à Friedrichsruh.“ —

„Pourtant, interrompit la princesse de Bismarck, le docteur Schweninger vous a ordonné les eaux de Kissingen. Là, vous n'êtes pas à l'hôtel: vous disposez d'une installation commode.“

„Sans doute, mais l'herbe, les arbres de Kissingen ne sont pas mon herbe et mes arbres. Je veux mourir, s'il plaît à Dieu, le plus tard possible, mais au milieu de mes choses! Même le déplacement de Varzin à Friedrichsruh est pour moi un ennui.“ [1])

---

[1]) In deutscher Uebersetzung: „Der Regierung über meine Bäume werde ich den Rest meines Lebens opfern. Der Regierung über die Menschen habe ich endgültig Lebewohl gesagt. Wenn man mich nicht vom Amte entfernt hätte, könnte ich es ohne Zweifel noch heute verwalten. Kraft besaß ich noch genug, um mich ohne Unterbrechung den mir anvertrauten Geschäften zu widmen. Dem Interesse für die Politik, die mein ganzes Leben ausgefüllt hat, kann ich mich noch heute nicht entziehen. Doch ich betrachte nur als Philosoph und als Zuschauer die Ereignisse, in die ich mich nicht mehr mischen will, selbst wenn man heute unmögliche oder doch unwahrscheinliche Fälle einträte, daß ich auf-gefordert würde, aufs neue thätigen Antheil an den Geschäften zu nehmen. Ich müßte in einem solchen Falle einen Theil der Maschine, die ich mühevoll zusammengestellt und die andere Hände mindestens verändert haben, wieder neu aufbauen. Dazu hätte ich weder den Muth noch die Kraft. Man kann in meinem Alter nicht mehr einen neuen Anfang machen. Nun, wenn mein Scheiden bedauert wird, glaube ich, in es nicht in der Welt der Politiker, noch in den revolutionären Massen, sondern in der Menge der wirklichen und guten Arbeiter; aber was auch geschehen möge — ich habe meinem Lande alles gegeben, was ich vermochte, ich bin meinem Lande gegenüber quitt.“ — „Werden Eure Durchlaucht Ihren Sitz im Reichstage einnehmen?“ fragte der Inter-viewer. Fürst Bismarck antwortete nach kurzem Bedenken: „Ich glaube nicht, sogar sicherlich nicht. Ich habe keine Wohnungseinrichtung in Berlin und verabscheue das

La Famille de „l'Ogre".

(Von feinen Enkeln und deren Studien sprechend bemerkte Fürst Bismarck:)
„Connaisez-vous rien de plus inutile et de plus difficile que les études
grecques? Pour moi, j'ai appris le grec et je m'en souviens encore.
Mais que de temps perdu! Avez-vous jamais connu un helléniste qui
ait jamais rendu de grands services à son pays?"

„Mais, certainement. Nous avons eu un ministre des affaires étrangères qui savait le grec autant qu'homme de France. Il a traduit Homère
en vers français, et Aristote dans une prose excellente. M. Barthélemy
Saint-Hilaire n'a pas été le pire de nos ministres."

„C'eût peut-être été un fort grand génie s'il avait appliqué à des
travaux plus utiles l'énorme dépense d'intelligence qu'il a consacrée à la
grammaire grecque.

Tandis que mon fils cadet Guillaume, étudiait encore à l'Université,
j'avais songé à le diriger vers des travaux plus utiles a sa fortune.

Il m'eut convenu, d'avoir dans ma famille un ingénieur qui eût
gagné des millions, en rendant à ses semblables d'autres services que
celui de les gouverner. Guillaume repoussa l'offre avec une extrême
vivacité. Il préféra le latin et le grec; aujourd'hui il administre la pro-
vince de Hannovre.

On demande à l'homme politique un rare assemblage de qualités
et de vertus. C'est ce qui m'a rendu parfois si difficile le choix des
ministres, quand j'étais chargé de constituer un gouvernement. Possèdes
la somme de connaisances, d'expérience, et d'habilité nécessaires au
service publique ce n'est pas encore assez. En Allemagne on exige
aussi l'intégrité au moins apparente, des mœurs. J'ai, par exemple,
été parfois fort embarassé, parce que l'homme, que je croyais apte à
occuper un poste était soupçonné de mal vivre en ménage ou d'avoir
des dettes. Qu'est-ce que cela me faisoi, à moi, s'il avait les qualités

Wohnen im Hotel. Ich habe kein größeres Glück als im eigenen Hause zu verweilen,
in Mitten der Meinigen, in Mitten der Dinge, welche mir gehören. Auch könnte ich
keinen Schritt in Berlin machen, ohne der Gegenstand von Manifestationen zu fein. Ich
fah das wohl, als ich dies Jahr von Oesterreich zurückkehrte; das ermüdet mich viel
und unnüßer Weise. Endlich, wenn ich meinen Sitz im Reichstage einnehme, wäre es,
um zu sprechen. Jedes meiner Worte würde kommentirt, ausgebeutet und bekrittelt
werden. Ich habe nicht mehr die unbestrittene Autorität, welche die Macht verleiht,
ich wäre nur ein Soldat in der Reihe der Andern, vielleicht gar eine Störung.
Nein, ich gehe nicht in den Reichstag, ich verlasse nicht mehr meinen Herd hier oder in
Friedrichsruh." — „Aber," unterbrach die Fürstin von Bismarck: „Dr. Schweninger hat
Dir die Kissinger Bäder verordnet; dort wohnt Du nicht im Gasthause, Du hast eine
bequeme Einrichtung zur Verfügung." — „Zweifellos, aber das Grün, die Bäume
Kissingens find mein Grün, meine Bäume. Ich will, wenn es Gott gefällt, so spät wie
möglich sterben, aber in Mitten meiner eigenen Dinge. Selbst der Umzug von Varzin
noch Friedrichsruh ist mir widerwärtig."

de l'emploi, auquel je le destinais? Je n'ai ˌas à regarder de trop près
la vie privée des gens capables. J'en parle à mon aise, puisque l'adultère
n'est jamais entré dans ma maison."[1])

La Dépêche de Ems.[1])

Je retracerai de mémoire, car je n'ai pris aucune note, ce que le
prince m'en a dit.

„Il ne m'était pas venu à l'idée que l'élection du prince de Hohenzollern au trône d'Espagne pût offenser Napoléon III. Le père de ce

---

[1]) In deutscher Uebersetzung: „Kennen Sie etwas Unnützeres und Schwierigeres
als griechische Studien? Ich habe meinerseits griechisch gelernt und erinnere mich dessen
noch. Aber wieviel verlorene Zeit! Haben Sie jemals einen Hellenisten gekannt, der
seinem Lande große Dienste geleistet?"

„Gewiß. Wir haben einen Minister der auswärtigen Angelegenheiten gehabt, der
verstand so gut griechisch wie irgend ein Mann in Frankreich. Er hat den Homer in
französische Verse übertragen und Aristoteles in eine vorzügliche Prosa. Herr Barthélemi
St. Hilaire ist nicht der schlechteste von unseren Ministern gewesen."

„Dann wäre er vielleicht ein sehr großes Genie geworden, wenn er den enormen
Aufwand an Intelligenz, welchen er der griechischen Grammatik opferte, nützlicheren
Arbeiten gewidmet hätte. Während mein jüngerer Sohn Wilhelm noch die Universität
besuchte, gedachte ich ihn zu für sein Fortkommen nützlicheren Arbeiten hinzulenken. Es
hätte mir gepaßt, in meiner Familie einen Ingenieur zu haben, der Millionen verdient
hätte, indem er seinen Mitmenschen andere Dienste leistete, als die, sie zu regieren.
Wilhelm wies meine Absichten mit größter Lebhaftigkeit zurück. Er zog Latein und
Griechisch vor. Heut verwaltet er die Provinz Hannover.

Man verlangt vom Manne der Politik eine seltene Vereinigung guter Eigenschaften
und Tugenden; das machte mir mitunter die Wahl von Ministern so schwer, wenn ich
mit der Bildung eines Ministeriums beauftragt war. Die für den Staatsdienst nöthigen
Kenntnisse, Erfahrungen und Geschicklichkeit zu besitzen, genügt nicht. In Deutschland
verlangt man auch noch zum Mindesten scheinbare Sittenreinheit. Ich war z. B. mitunter
sehr in Verlegenheit, weil der Mann, den ich für eine Stelle befähigt erachtete, verdächtig
war, eine schlechte Ehe zu führen oder Schulden zu haben. Was ging das mich an,
wenn er die Eigenschaften für das Amt besaß, zu welchem ich ihn bestimmte. Ich habe
in das Privatleben fähiger Leute nicht näher hineinzublicken. Ich kann wohl so sprechen,
denn der Ehebruch ist in mein Haus nie eingezogen." — Houx entwirft dann ein Bild
des innigen Familienlebens Bismarck's und der Sorgfalt der Fürstin für ihren Gatten,
dem sie selbst politische Gespräche gern ersparen möchte. Sie ließ mich durch Dr. Chru-
jander ersuchen, von ihm peinliche Empfindungen fern zu halten — bemerkt des Houx — aber
Bismarck fürchtete sich nicht vor der Politik. Auf den Spaziergängen und daheim sprach
er fortwährend von Politik. „Wovon denn — rief die Fürstin aus — könnte ein zur
Ruhe gesetzter Staatsmann mit Journalisten sprechen?"

[1]) Die „Hamburger Nachrichten" Nr. 270 vom 12. Januar 1892 (Abend-Ausgabe)
bemerkten hierzu: Die Vorgänge bei der Publikation der Emser Depesche sind aus be-
kanntem Anlasse in der Presse aufs Neue diskutirt worden; dabei hat man das Verhalten
des Grafen Bismarck häufig als als eine bedenkliche und tadelnswerthe Sache dargestellt.
Logisch wäre daraus zu schließen, daß alle Diejenigen, die so sprechen, es lieber sehen
würden, wenn der Krieg überhaupt nicht geführt worden wäre. Wenn Graf Bismarck
damals durch die Veröffentlichung der Depesche darauf hingewirkt hat, die Franzosen bis
zur vollen Uebernahme der Initiative und der Schuld am Kriege zu reizen, so glauben

prince était l'ami de l'empereur français; son grand-père, par son alliance avec une Murat, était allié à la famille des Bonaparte. Je croyais, au contraire, que le voisinage serait agréable au gouvernement impérial.

Pour nous, Allemands, l'avantage d'avoir à Madrid un roi de notre nation était d'une médiocre importane. — Nous ne pourrons jamais dire, comme Louis XIV: Il n'y a plus de Pyrénées. Entre l'Allemagne et l'Espagne, il y a autre chose que des montagnes: il y à la France.

Nous ne pouvons attendre de l'Espagne autrechose que des échanges commerciaux, et jamais, dans mes relations avec ce pays, je n'ai cherché qu'un plus facile débouché pour notre production nationale."

Ici, je me permis une interruption. Je dis au prince qu'on croyait, au contraire, en France, qu'il avait négocié assidûment l'alliance de l'Espagne, et qu'il n'avait rien négligé pour nous créer des embarras, éventuellement militaires, sur notre frontière du Sud-Ouest. Je rappelai le malencontreux voyage du roi Alphonse XII à Berlin et les scènes déplorables qui avaient accompagné son retour à Paris.

„Oui, je me souviens, dit le prince. Et même, cela me chicotait de penser qu'on avait sifflé à Paris moins le roi d'Espagne que l'officier prussien. Mais on se trompait en France. Je n'ai jamais cru qu'en cas de guerre entre nous, l'Espagne pût apporter sur vos frontières une diversion suffisante pour nous intéresser. La muraille des Pyrénées

wir, daß der damalige Leiter der Politik sich damit um Teutschland wohl verdient gemacht hat. Wäre die französische Kriegserklärung damals nicht erfolgt, wäre der ganze Krieg unterblieben, so blieb die Thatsache bestehen, daß Teutschland in einer spanischen Angelegenheit von Frankreich grundlos bedroht, in öffentlichen französischen Verhandlungen beschimpft und herausgefordert war und sich vor diesen Drohungen und Beschimpfungen von seiner eingenommenen Stellung zurückgezogen hatte. Es wäre in eine ähnliche Lage gekommen, wie sie 1850 den nationalen und liberalen Politikern als das Ergebniß von Olmütz erschien. Thatsächlich wäre die Lage 1870 aber demüthigender gewesen als die der Olmützer Zeit, weil in Olmütz Oesterreich im Bunde mit Rußland auftrat und der österreichischen Politik wirkliche österreichische Interessen zu Grunde lagen. während die französischen Herausforderungen 1870 rein muthwillig und händelsüchtig waren. Nur durch den gemeinsamen Krieg war die deutsche Einheit zu vollenden. Erfolgte der Kampf nicht, so hatte Norddeutschland eine schwere Schädigung seiner nationalen Ehre und seiner nationalen Aufgaben weg und konnte sich aus der ehrverletzten Lage, in die es gerathen war, nur durch Neuschaffung vielleicht ungeschickter Kriegsfragen retten, die nicht bloß im Auslande unverstanden geblieben oder unliebsam aufgenommen worden wären. Nicht um den „Krieg noch" heißet zu entflammen", wie sich ein nationalliberales Blatt ausdrückt, sondern um demüthigende Friedenssituationen und die Lahmlegung der nationalen Entwicklung zu hindern, und um diese nationale Entwicklung in den günstigen Weg gemeinsamer Kämpfe aller Teutschen gegen erneute französische Uebergriffe zu leiten, war der Krieg nothwendig. Wäre er unterblieben und an seine Stelle ein fauler Friede mit Beibehaltung der Maingrenze getreten, so wäre damit auch die junge Blüthe des Norddeutschen Bundes wahrscheinlich geknickt gewesen, ohne die Frucht der Reichs-Einigung zu bringen. — Ich schicke noch voraus, daß die obenstehende Unterredung vor der Reichstagsverhandlung stattfand, in der der Reichskanzler Graf Caprivi den Tenor der Emser Depesche verlas.

est facile à garder pour vous. Deux divisions y suffiraient. Cela n'en valait vraimant pas la peine, et je ne comprends pas vos terreurs. Là, comme ailleurs, vous n'avez pas le juste sentiment de votre force, et M. de Freycinet, le plus habile des ministres de la guerre que vous ayez jamais eu, ne me contredira pas.

J'étais donc fort éloigné de penser que l'acceptation du prince de Hohenzollern pût devenir un prétexte de guerre avec la France. Le 6. juillet 1870, j'étais ici, à Varzin, tranquille comme en Arcadie.

On m'envoya le compte rendu de la séance du Corps législatif. Je crus comprendre, d'après la futilité du motif invoqué, qu'il y avait en France un parti pris de nous faire la guerre. Je fus secoué des pieds à la tête. Je courus trouver mon roi; je lui démontrai la gravité de la situation, la nécessité de procéder aux armements, la volonté manifeste du gouvernement impérial de nous chercher querelle."[1]

---

[1] In beutſcher Ueberſetzung: „Es war mir nicht in den Sinn gekommen, daß die Wahl des Prinzen von Hohenzollern für den ſpaniſchen Thron Napoleon III. beleidigen könne. Der Vater des Prinzen war der Freund des franzöſiſchen Kaiſers, ſein Großvater war durch eine Heirath mit einer Murat mit der Familie Bonaparte verwandt. Ich glaubte im Gegentheil, daß dieſe Nachbarſchaft der Kaiſerlichen Regierung angenehm ſein würde. Für uns Deutſche war der Vortheil, in Madrid einen König unſerer Nationalität zu haben, von mäßiger Bedeutung. Wir werden niemals wie Ludwig XIV. ſagen können: Es giebt keine Pyrenäen mehr! Zwiſchen Deutſchland und Spanien giebt es etwas Anderes als Berge — nämlich Frankreich. Wir können von Spanien nichts Anderes erwarten, als gute Handelsbeziehungen, und ich habe in meinen Beziehungen mit dieſem Laube niemals etwas anderes geſucht, als einen Abſatzort für unſere nationalen Probulte."

Herr des Houx bemerkte hier dem Fürſten, daß man in Frankreich immer glaubte, er habe eifrig ſich um eine Allianz mit Spanien bemüht, um Frankreich eventuell militäriſche Verlegenheiten an ſeiner ſüdweſtlichen Grenze zu ſchaffen. Herr des Houx erinnerte bei dieſer Gelegenheit an die Unglücksreiſe des Königs Alphons XII. nach Berlin und bie beklagenswerthen Vorfälle bei ſeiner Ankunſt in Paris. Darauf ſagte der Fürſt: „Jawohl; ich erinnere mich deſſen. Und es ärgerte mich ſogar, daß man in Paris weniger den König von Spanien als den preußiſchen Cifizier ausgepfiffen bat. Aber man irrte ſich in Frankreich. Ich habe niemals geglaubt, daß im Kriegsfalle zwiſchen uns Spanien eine genügende Tiverſion an der franzöſiſchen Grenze vollziehen könnte. Die Mauer der Pyrenäen iſt leicht von Ihnen zu bewachen. Dazu genügen zwei Tiviſionen. Das war nicht der Mühe werth, und ich kann daher Euren Schred nicht begreifen. Hier wie auch anderswo habt Ihr nicht das richtige Gefühl Eurer Stärke, und Herr de Freycinet, der geſchickteſte Kriegsminiſter, den Sie jemals gehabt haben, wird gewiß meiner Anſicht ſein. Ich war alſo weit entfernt zu glauben, daß die Annahme der Wahl Seitens des Prinzen von Hohenzollern ein Vorwand zu einem Kriege mit Frankreich werden könnte. Am 6. Juli 1870 war ich hier in Barzin ruhig wie in Arkadien. Man ſandte mir den Bericht der Sitzung des Corps legislativ. Ich glaubte daraus bei den unbedeutenden Gründen, die man geltend machte, zu erkennen, daß man in Frankreich nur einen Vorwand ſuchte, um uns den Krieg zu erklären. Ich wurde vom Kopfe bis zum Fuße erſchüttert. Ich eilte zu meinem König, ich legte ihm den Ernſt der Lage dar, die Nothwendigkeit zu rüſten, und die offenbare Abſicht der Kaiſerlichen Regierung, mit uns Streit anzufangen. — Herr des Houx betont ausdrücklich,

Occasion saisie.

„J'étais agacé, continua-t-il, par deux choses. D'abord, il me déplaisait que le comte Benedetti négociät à Ems, directement avec le roi, mon maître. Puis, je recevais de Paris des nouvelles qui m'irritaient. Notre ambassadeur là-bas était le comte de Werther, un homme fatal, puisqu'il était à Vienne en 1866, à Paris en 1870. Il attirait la foudre, mais non pas à la façon des paratonnerres. J'appris qu'il avait accepté le texte d'une lettre dont on voulait imposer la signature à mon roi. Cette lettre était conçue dans des termes tels qu'on pouvait dire: „La Prusse cane."

„La princesse assistait à cette de l'entretien. et ce mot, inconnu d'elle, la surprit fort.

„Qu'est-ce que cela veut dire? s'écria-t-elle. Comment s'écrit ce mot? Quelle drôle de langue vous parlez!"

Je dus expliquer à la princesse le sens exact de ce vocable essentiellement parisien.

„Qui, reprit le prince, la Prusse ne devait pas caner. J'étais d'avis qu'on fit toutes les concessions compatibles avec l'honneur, et qu'on reculât encore l'époque de la guerre, bien que nous fussions prêts. Comme je vous l'ai dit, je n'ai jamais regardé ce motif comme suffisant pour déclarer la guerre. Mais enfin, nous n'avions aucune raison de céder devant la menace. Nous nous savions assez forts pour être maîtres de nos décisions.

Je rappelai aussitôt M. de Werther. On a pris cela pour une rupture de relations diplomatiques. Pas du tout. Je le rappelai parce qu'il laissait prendre aux négociations, à Saint-Cloud, une tournure qui ne me convenait pas et qui était humiliante pour mon pays.

Pendant ce temps, M. Benedetti était chargé, comme vous le savez, de demander au roi de contresigner, par un engagement liant l'avenir, la renonciation du prince de Hohenzollern. Le roi opposa le refus connu de tous; et l'incident fut traduit par une dépêche très longue, assez obscure, qui me fut communiquée avant d'être envoyée aux autres gouvernements.

C'est cette dépêche dont j'ai changé la rédaction, comme c'était mon droit de ministre des affaires étrangères, en l'abrégeant, en la rendant plus catégorique et plus nette, mais sans toucher au fond des choses, sans y introduire un mot qui ne fût pas vrai. Je nai sais plus

---

bemerkte die „Norddeutsche Allgemeine Zeitung" (Nr. 587 vom 15. Dezember 1892), daß er sich auf sein Gedächtniß verlasse, und will damit etwaige Fehler von vornherein entschuldigen. Ein solcher Fehler liegt hier vor, denn Bismarck kann ihm nicht gesagt haben, er sei zum Könige geeilt — er hat ihn am 15. Juli zuerst gesehen, — jene Vorstellungen müssen also schriftlich von Varzin aus erfolgt sein.

les termes exacts de ma dépêche, mais elle obtint l'assentiment du roi, avec lequel je ne me suis pas trouvé en désaccord ce jour là.

J'ai conscience, alors, d'avoir, autant que j'ai pu, sauvegardé la dignité de mon souverain et celle de mon pays. Est-ce que les débats du Corps législatif et les manifestations populaires de Paris et de toute la France ne constituaient par des menaces et des provocations? Est-ce qu'en ces conditions, nous pouvions souscrire à des sommations impératives?

Pensez-vous enfin que la guerre eût été évitée, et que ceux qui y poussaient votre Empereur ne l'ussent pas déclarée, si j'avais laissé passer une dépêche disant les mêmes choses, mais en termes moins brefs et moins précis? Pensez-vous que le sort du monde eût tenu à une question de rédaction? Le fond des choses a-t-il été changé avec les mots d'un télégramme?"[1]

---

[1] In deutscher Ueberfeßung: „Ich war durch zwei Dinge unangenehm berührt. Es mißfiel mir zunächft, daß Graf Benedetti in Ems direkt mit dem Könige, meinem Souverän, verhandelte. Ferner erhielt ich aus Paris Nachrichten, welche mich aufregten. Unfer dortiger Botschafter war Graf Werther, ein verhängnißvoller Mann, denn er war in Wien 1866, in Paris 1870. Er zog den Bliß an, aber nicht nach Art der Blißableiter. Ich erfuhr, daß er den Text eines Briefes acceptirt hatte, deffen Voll-ziehung man meinem Könige aufdrängen wollte. Tiefer Brief war in folchen Aus-drüden gehalten, daß man fagen konnte, Preußen zieht den Schwanz ein. Preußen follte aber nicht den Schwanz einziehen. Ich war der Ausicht, daß man alle mit der Ehre vereinbarlichen Zugeftändniffe mache und daß man den Zeitpunkt des Krieges hinaus-schiebe, obwohl wir bereit waren. Wie ich Ihnen schon fagte, ich habe diesen Grund nie für ausreichend gehalten, einen Krieg zu erklären, aber wir hatten schlichlich keine Urfache, vor der Trohung zu weichen, wir wußten uns ftark genug, um Herren unferer Entschlüffe zu fein. Ich berief Herrn v. Werther fofort ab. Man hat das für einen Bruch der Beziehungen angefehen, aber das war es nicht. Ich berief ihn ab, weil er zuließ, daß die Verhandlungen in St. Cloud eine Form annahmen, die mir nicht paßte und die für mein Land bemüthigend war. Inzwischen war Herr Benedetti, wie Sie wiffen, beauftragt, den König mit einer Verpflichtung für die Zukunft zu er-fuchen, die Verzichtleiftung des Prinzen von Hohenzollern zu bejcheinigen. Ter König feßte dem die allbekannte Weigerung entgegen und der Vorfall wurde in einer fehr langen und ziemlich unflaren Tepesche wiedergegeben, die mir mitgetheilt wurde, bevor fie an die übrigen Regierungen gefandt werden follte. Das ift die Tepesche, deren Faffung ich geändert habe, wie es mein Recht als Minifter des Auswärtigen war, in-dem ich fie kürzte, indem ich fie kategorischer und klarer machte, ohne aber an dem Mern der Sache felbft zu rühren, ohne ein Wort einzufügen, das nicht wahr ge-wefen. Ich weiß die genauen Ausdrüde meiner Tepesche nicht mehr, aber fie erhielt die Einwilligung des Königs, mit dem ich damals einer Meinung war. Ich habe auch das Bewußtfein, nach beften Kräften die Würde meines Souveräns und meines Landes gewahrt zu haben. Waren denn die Verhandlungen des gefeßgebenden Mörpers und die Volksfundgebungen in Paris und ganz Frankreich keine Trohungen und Herausforderungen? Konnten wir unter diefen Verhältniffen Aufforderungen nach-kommen, die wie Befehle lauteten? Und meinen Sie, der Krieg wäre vermieden worden; die, welche Ihren Kaiser dazu drängten, hätten ihn nicht erklärt, wenn ich eine Tepesche

Lugubre Souvenirs.

Bei dem Friedensſchluß mit Frankreich ſei ſich Bismarck der anfänglichen
Schwäche der anerkannten republikaniſchen Staatseinrichtung wohl bewußt
geweſen:

Quand il revint en Allemagne, au fort de la Commune, il rencontra,
je ne suis plus où, un camp de dix mille prisonniers français. Il eut
la curiosité d'inspecter ces braves, d'abord afin de s'inquiéter s'ils sub-
issaient un traitement convenable, et aussi afin de connaitre leur état
d'esprit. Il interrogea un grand nombre de nos infortunés compatriotes,
qui, tous, lui demandèrent le rapatriement immédiat.

„Si je vous renvoie, leur dit-il, que ferez-vous? Vous étiez soldats
de l'Empereur, serviriez-vous sa cause?

„Il n'y a plus d'Empereur." répondirent-ils avec unanimité.

„Alors vous serviriez le gouvernement légal?“

„Oui," répondirent-ils presque tous.

„Il n'y en eut guère qu'un seul, ajouta le prince, un grand maigre,
qui, du reste, m'avait fait un salut qui n'était pas très militaire, et qui
me dit qu'il ne savait pas où était la loi, à Paris ou à Versailles, et
qui réserva sa décision. Je renvoyai tout de suite ces dignes soldats
dans leur pays, et ils contribuèrent à aider M. Thiers dans la reprise de
Paris sur l'insurrection."[1]

Puis, faisant allusion aux conditions les plus douloureuses qu'il
nous imposa:

„On fit intervenir, dit le prince, le président de la Confédération
helvétique, pour réclamer d'abord Mulhouse, sur laquelle la Suisse pré-

---

durchgelaſſen hätte, die dieſelben Dinge weniger kurz und weniger genau geſagt hätte?
Glauben Sie, daß das Schickſal der Welt an einer Frage über die Redaktion gehangen,
daß der Grund der Dinge mit den Worten eines Telegramms geändert werden würde?"
[1] In deutſcher Ueberſetzung: Als Bismarck während der Kommune nach Deutſchland
zurückkehrte, traf er, ich weiß nicht wo, ein Lager von zehntauſend franzöſiſchen Gefangenen.
Er war begierig, dieſe Tapferen zu beſichtigen, zunächſt um ſich darüber zu vergewiſſern,
ob ſie eine zweckmäßige Behandlung erführen, dann auch um ihren Geiſteszuſtand kennen
zu lernen. Er befragte eine große Zahl von unſeren unglücklichen Landsleuten, welche
ihn alle um ſofortige Heimkehr in das Vaterland baten.

„Wenn ich Sie zurückſchicke — ſagte er zu ihnen — was werden Sie thun? Sie
waren Soldaten des Kaiſers, werden Sie ſeiner Sache dienen?"

„Es giebt keinen Kaiſer mehr", antworteten ſie alle übereinſtimmend.

„Dann würden Sie alſo der geſetzlichen Regierung dienen?"

„Ja," antworteten faſt alle.

„Es gab nur einen Einzigen — ſetzte der Fürſt hinzu — einen großen Dürren,
welcher mir übrigens einen nicht ſehr militäriſchen Gruß erwieſen hatte und welcher
mir ſagte, er wiſſe nicht, wo das Geſetz wäre, in Paris oder in Verſailles, und welcher
ſich ſeine Entſchließung vorbehielt. Ich ſchickte ſogleich dieſe braven Soldaten in ihr
Land, und ſie halfen Herrn Thiers bei der Wiedergewinnung von Paris gegen den
Aufſtand."

tendait des droit historiques, et aussi l'incorporation de l'Alsace-Lorraine
dans la Confédération helvétique. On eût ainsi constitué, entre la France
et l'Allemagne, une large zone neutre formée d'un canton suisse et de
la Belgique. Je ne pouvais souscrire à ce projet."[1])

Le prince m'en a donné une raison singulière, sous la forme d'une
de ces boutades ironiques, dont je parlais tout à l'heure et qu'il faut se
garder de prendre pour argent comptant.

„Alors, dit-il en souriant, quand nous aurions en envie de nous
flanqueur une pile, nous n'aurions pu nous rencontrer que sur mer. Là,
nous ne serons jamais aussi forts que vous!"[2])

La Poussée latérale.

Une fois la paix signée, les conditions exécutées, le prince de Bismarck n'ent plus qu'un souci; garantir l'intégrité allemande (augmentée,
comme il me l'a avoué à Friedrichsruh, de la partie de la Lorraine qu'il
n'a pas réclamée, mais qu'il a permis au parti militaire d'exiger par
surcroît) contre la poussée des voisins de l'Est et de l'Ouest.

---

[1]) Die „Hamburger Nachrichten" Nr. 311 vom 31. Dezember 1892 (Morgen-Ausgabe) bemerkten hierzu: Ein Berliner Blatt läßt sich in Bezug auf eine neuliche
Aeußerung des Fürsten Bismard von einem Korrespondenten aus Bern schreiben: „In
jeiner Unterredung mit dem Journalisten Hour hatte Bismard behauptet, 1871 hätte
der Schweizer Bundespräsident Schenl in dem Sinne bei ihm interveniren lassen, daß die
Stadt Mülhausen, die einst im Bunde mit den Schweizern gewesen sei, und ebenso
Elsaß-Lothringen neutralisirt würden. Der Bundesrath hat sich jetzt mit dem Interview
befaßt. Schenl erklärte, er erinnere sich nicht an eine solche Intervention. Auch liege
nichts Aktenmäßiges darüber vor. Bismard's Behauptung entbehre also jeder thatsächlichen Grundlage. Wie ich vernehme, haben im Jahre 1871 Abgeordnete von Mülhausen beim Schweizer Bundesrath antichambrirt. Sie erklärten, Mülhausen wolle bei
Frankreich bleiben, der Bundesrath möchte bei der deutschen Regierung in diesem Sinne
Schritte thun. Natürlich lehnte der Bundesrath eine Intervention ab. Der Bundesrath hat das Departement der auswärtigen Angelegenheiten beauftragt, jene Bismard'sche
Behauptung amtlich zu dementiren." Wir kennen die Verhandlungen, die zu jener Zeit
innerhalb der schweizerischen Regierung gepflogen worden sind, nicht, wohl aber diejenigen
die zwischen dem damaligen schweizerischen Gesandten in Berlin, Kern und dem Bundes-
tanzler stattgefunden haben. Danach können wir versichern, daß die Ablehnung der
Revindication Mülhausens für die Schweiz nicht von der schweizer Regierung, sondern von
deutscher Seite ausgegangen ist, nachdem sie von dem schweizerischen Gesandten — wir
wissen nicht, ob im Auftrage oder aus eigener Initiative — dem Grafen Bismard gegenüber angeregt worden war. Uebrigens handelte es sich nicht um das ganze Elsaß, sondern
um den Kanton Mülhausen.

[2]) In deutscher Uebersetzung: „Man ließ den Präsidenten des Schweizer Bundes
eingreifen, um zuerst Mülhausen zu rellamiren, auf welches die Schweiz historische Rechte
zu haben glaubte, und ferner die Einverleibung Elsaß-Lothringens in den Schweizer
Bund. Man hätte so zwischen Frankreich und Deutschland eine breite neutrale Zone
gebildet, bestehend aus Belgien und einem Schweizer Kanton. Ich konnte dieses Projekt
nicht billigen. Wenn wir Lust gehabt hätten, uns gegenseitig eins zu versetzen, hätten
wir uns nur zur See begegnen können. Und da werden wir niemals so stark sein,
wie Ihr!"

Au fur et à mesure que les bataillons de la France et de la Russie
s'augmentaient, le soin du chancelier fut d'augmenter aussi le nombre
des bataillons dont l'Allemagne peut disposer, en cas d'agression. Ce
motiv domina toute sa politique intérieure et extérieure.
La triple-alliance n'a pas eu d'autre objet. Car, pour M. de Bismarck, après la guerre de 1870, l'Allemagne était complète. Elle n'avait
plus rien à désirer, rien à convoiter, plus d'extension territoriale à rêver.
L'Europe se trouvait constituée sur le plan qu'il avait dessiné.

„Seulement, remarque-t-il, quand l'Italie a mis ses forces militaires
à la disposition de la Prusse pour une guerre défensive, les ministres de
ce pays ne m'ont pas dit que le peuple italien ne voulait pas supporter
les charges d'une puissance de premier ordre."[1])

Opinions sur la Russie.

Quant à la Russie et à la France, la tactique du chancelier fut de
diriger leur activité sur les points où l'Allemagne n'a pas d'intérêts, de
façon à alléger cette „poussée" latérale qui gêne la nation germanique
et la menace d'étouffement dan un étau.

Comme je parlais incidemment au prince de ma récente excursion
en Afrique, je lui demandai:

„Votre Altesse a-t-elle jamais quitté l'Europe?"

Après une hésitation:

„Je crois que oui . . . j'ai été en Russie."

N'y a-t-il pas toute une politique dans cette plaisanterie de table?

„J'ai passé là-bas trois années fort agréables. Il est vrai que j'avais
à Pétersburg la situation d'ambassadeur. Si, j'avais été moujik, je ne
sais pas si je m'y serais trouvé aussi bien. Du reste, les moujiks por-
tent gaiement leur condition.

---

[1]) In beutscher Ueberseßung: Nachdem der Frieden unterzeichnet, die Bedingungen
desselben ausgeführt waren, hatte Fürst Bismarck nur eine Sorge: Deutschland in seinem
Umfange (nach der Vergrößerung durch einen Theil Lothringens, den er, wie er mir in
Friedrichsruh gestand, nicht beansprucht, aber der Militärpartei zu fordern gestattet hat)
gegen Stöße der Nachbarn im Osten und Westen zu sichern.

In dem Maße, wie die Bataillone Rußlands und Frankreichs sich vermehrten, war
der Kanzler bedacht, auch die Zahl der Bataillone zu vermehren, über welche Deutschland
im Falle eines Angriffes verfügen kann. Dieser Grund beherrschte seine ganze Innere
und äußere Politik.

Der Dreibund hatte keinen anderen Zweck. Denn für Herrn von Bismarck war
nach dem Kriege von 1870 Deutschland gesättigt. Es hatte nichts mehr zu verlangen,
nichts mehr zu begehren, von keiner Gebietserweiterung mehr zu träumen. Europa war
nach dem von ihm vorgezeichneten Plane konstituirt.

„Nur haben — bemerkte er —, als Italien seine Militärkraft Preußen für einen
Vertheidigungskrieg zur Verfügung gestellt hat, die Minister dieses Landes mir nicht
gesagt, daß das italienische Volk nicht die Lasten einer Großmacht tragen wolle."

v. Bismarck, Tischgespräche.   26

J'ai beaucoup travaillé la langue russe, mais je m'y suis mis à l'âge de 44 ans: c'est trop tard pour se rendre familier avec un idiome aussi compliqué. Je sais le russe assez pour me faire entendre des domestiques et des cochers. C'est tout ce qu'il faut, puisque la société russe parle avec une égale facilité l'allemand et le français.

Une remarque à faire: c'est que le peuple russe tout entier parle la même langue depuis la pointe de la Crimée jusqu'au fin fond de la Sibérie. Il n'y a pas de patois; tout au plus quelque différence de prononciation. Je ne comprends guère comment, sur une étendue si grande, un peuple qui n'est pas encore très avancé en civilisation peut parler, avec cette pureté, une langue dont la grammaire est, au moins aussi enchevêtrée, aussi subtile que le grec de Démosthène ou de Thucydide." [1])

De l'alliance franco-russe, le prince m'a parlé fort peu.

„Vous souvenez-vous, me dit-il, de ce que fit la Russie en novembre 70? Pendant que nous étions occupés ensemble, elle dénonça le traité de 1856.

S'il vous arrivait, ce que je ne crois pas, de nous déclarer la guerre, ne pensez-vous pas que le premier soin de la Russie serait de filer vers le Sud. Je ne parle pas seulement de ses armées qui se meuvent lentement: il en resterait encore assez pour s'engager sur la route de Constantinople; mais de sa diplomatie.

---

[1]) Ju deutſcher Ueberſetzung: Was Rußland und Frankreich anbetrifft, ſo war es die Taktik des Manzlers, ihre Thätigkeit auf ſolche Punkte hinzulenken, wo Teutſchland keine Intereſſen hat, um ſo jenen Seitendruck abzuſchwächen, welcher die deutſche Nation genirt und ſie wie in einem Schraubſtock zuſammen zu preſſen droht.

Als ich zufällig auf meinem jüngſten Ausflug nach Afrika zu ſprechen kam, fragte ich den Fürſten:

„Haben Ew. Turchlaucht jemals Europa verlaſſen?"

Nach einigem Zögern:

„Ich glaube ja .... ich war in Rußland."

Liegt nicht eine ganze Politik in dieſem Tiſchſcherze?

„Ich habe dort drei ſehr angenehme Jahre verbracht. Freilich, ich war dort in der Situation eines Botſchafters. Wäre ich Muſchik geweſen, ſo weiß ich nicht, ob ich mich dort ebenſo wohl befunden hätte. Uebrigens ertragen die Muſchiks ihr Geſchick ſehr vergnügt.

Ich habe mich viel mit der ruſſiſchen Sprache beſchäftigt, aber ich habe mich im Alter von 44 Jahren daran gemacht, das iſt zu ſpät, um ſich mit einem ſo komplizirten Idiom vertraut zu machen. Ich verſtehe ruſſiſch hinreichend, um mich den Tienſtboten und Mutſchern verſtändlich zu machen. Das genügt auch vollkommen, da die ruſſiſche Nation mit gleicher Leichtigkeit deutſch und franzöſiſch ſpricht.

Um noch eins zu bemerken, das ganze ruſſiſche Volk ſpricht die gleiche Sprache von der Krimſpitze bis zum Ende Sibiriens. Es giebt kein Patois. Höchſtens einige Unter= ſchiede in der Ausſprache. Ich begreife kaum, wie ein Volk, das noch nicht jetzt in der Kultur fortgeſchritten iſt, in einer ſolchen Ausdehnung und in ſolcher Reinheit eine Sprache ſprechen kann, deren Grammatik wenigſtens ebenſo verwickelt, ebenſo ſubtil iſt wie das Griechiſche des Temoſthenes oder Thukidides."

Pour nous, c'est indifférent; nous n'avons rien à faire dans la Méditerranée.

Au contraire, il nous serait utile, pour dégager la pression latérale, que la Russie s'occupât dans le Midi et qu'elle y rencontrât les Anglais. A vous, cela ne vous ferait pas grand'chose; la mer Noire et le détroit ne vous intéressent guère, et, quant à votre influence aux Echelles du Levant, vous devez préférer avoir affaire aux Russes plutôt qu'aux Anglais.

Ainsi, en cas de conflit franco-allemand, nous n'avons aucun intérê. à nous occuper de ce que pourront faire les Russes dans les Balkhans! Ils auront carte blanche.

L'armée russe est très forte par la valeur de ses soldats. Le tzar Nicolas, je crois, disait à notre roi: Ah! si les troupes que nous avons étaient commandées par vos sous-officiers et par vos officiers, il y a longtemps que la Russie serait à Cadix! C'était une pure gasconnade moscovite."[1]

L'Expansion Française.

En ce qui regarde la France, M. de Bismarck a toujours désiré qu'elle trouvât, hors de l'Europe, toutes les compensations qui la peuvent consoler de la diminution de ses frontières.

„Vous avez à votre porte, sans avoir besoin de traverser des isthmes ni des océans, des Indes qui peuvent devenir plus riches et plus fructueuses que les Indes anglaises. Vous avez, dans l'Afrique occidentale, en laissant le Maroc à part, un immense empire à prendre. Jamais je ne vous y ai contrariés, au contraire. Je ne vous ai pas détournés de la Tunisie. Je ne vous aurais jamais cherché d'embarras

---

[1] Jn deutscher Ueberjesung: Bon der franco-rujsischen Allliance sprach der Fürst wenig zu mir: „Sie erinnern sich — jagte er — an das, was Rußland im November 1870 that? Während wir miteinander beschäftigt waren, fündigte es den Vertrag von 1856. Wenn es Jhnen begegnen jollte, was ich nicht glaube, daß Sie uns den Krieg erflärten glauben Sie dann nicht, daß es Rußlands erfte Sorge wäre, nach Süden abzuschwenken? Jch jpreche nicht nur von jeinen Heeren, die sich nur langjam bewegen, es blieben immer noch genug Truppen, um sich auf der Strede nach Konstantinopel zu schlagen, jondern von jeiner Tiplomatie. Für uns ift das gleichgültig, wir haben nichts im Mittelmeer zu thun. Jm Gegentheil, uns wäre es nüslich, um dem Seitendruck zu entgehen, daß Rußland sich im Mittelmeer beschäftige und dajelbst den Engländern begegne. Jhnen würde das nicht viel machen. Tas Schwarze Meer und die Meerenge interejsirt Sie lauru, und was Jhren Einfluß in den Seepläßen der Levante betrifft, jo dürjten Sie es vorziehen, es lieber mit den Rusjen als mit den Engländern zu thun zu haben. So haben wir im Falle eines franzöjisch-deutschen Monflifts fein Jnterejse, uns damit zu beschäftigen, was die Rusjen auf dem Pallan thun. Sie werden freies Spiel haben. Tie ruisjiche Armee ift jehr staat durch den Werth der Soldaten. Jar Nitolaus, glaube ich, jagte unjerem Mönig: „Ah, wenn die Truppen, die wir haben, von Euren Unterojsizieren und Cjsizieren fommandirt würden, wäre Rußland lange in Cadir. Tas war eine pure meslowitische Aujsdneiderei."

dans votre expension africaine, si large qu'elle fût, de manière à vous
laisser relier vos possessions du nord à celle du Sénégal et du Congo
Pourquoi n'avoir pas porté de ce côté toute votre activité? Convenez
que ce n'est pas moi qui ai poussé la France au Tonkin, à l'autre bout
du monde, là où vous vous trouvez aux prises avec les Anglais, avec
les Siamois, et où vous rencontrerez sans cesse sous vos pas trois cent
millions de serpents venimeux! Vous êtes allés là-bas: c'est plus que
je n'aurais jamais osé vous demander ... Mais l'Allemagne n'est pas
jalouse de votre extension coloniale, et elle applaudira à tous vos succès
en Afrique. Pour nous, nous sommes contents de ce que nous avons en
Europe, et c'est par le commerce seulement que nous voulons nous enrichir
dans le reste du monde."[1])

L'Internationale des Gouvernements.

„Il y a une autre question, ajoute le prince, sur laquelle, dans les
circonstances présentes, un accord serait possible et désirable, non seulement entre la France et l'Allemagne, mais entre tous les gouvernements
qui sont aux prises avec le même danger et qui doivent établir entre eux
une étroite solidarité.

Si j'avais encore l'honneur d'être aux affaires, c'est de ce côté
maintenant que je tâcherais de négocier.

Je veux parler du socialisme international, qui nous menace tous
également autant que vous. C'est une pauvre politique qui se réjouit du
mal arrivé au voisin, quand on est soi-même exposé au même danger.

J'ai souscrit à la pensée de mon jeune souverain quand il a con-
voqué à Berlin la Conférence internationale du travail. Les gouvernements doivent, par des lois appropriées, donner à la classe ouvrière

---

[1]) In deutscher Ueberseßung: „Was Frankreich betrifft, so habe ich stets gewünscht,
daß es außerhalb Europas alle Kompensationen finden möge, die es wegen der Ver-
ringerung seiner Grenzen trösten könnten. Ihr habt vor der Thüre, ohne daß Ihr
Eure Landungen oder Oceane zu überschreiten braucht, ein Indien, das reicher und ersprießlicher
werden kann, als das englische Indien. Ihr habt in Westafrika, indem Ihr Marokko
bei Seite lasset, ein immenses Reich zu nehmen. Ich bin Euch da niemals entgegen-
getreten, im Gegentheil. Ich habe Euch nicht von Tunis abgelenkt; ich hätte Euch nie
in Eurer afrikanischen Ausbreitung, so weit sie auch wäre, Verlegenheiten zu bereiten
gesucht, und würde nichts dawider gehabt haben, wenn Ihr zwischen Euren Besißungen
im Norden und den Senegal= und Kongo=Besißungen eine Verbindung hergestellt hättet.
Warum habt Ihr nicht nach dieser Richtung all Eure Thätigkeit gelenkt? Gestehen Sie,
daß nicht ich Euch nach Tongking gedrängt habe, ans andere Ende der Welt, wo Ihr
Euch mit Engländern und Siamesen zu balgen habt und unausgesetzt dreihundert
Millionen Giftschlangen unter Euren Tritten begegnet? Ihr seid dahin gegangen, das
ist mehr, als ich je von Euch zu verlangen gewagt hätte. Aber Deutschland ist nicht
eifersüchtig auf Eure koloniale Ausdehnung und wird allen Euren Erfolgen in Afrika
Beifall zollen. Wir sind damit zufrieden, was wir in Europa haben, und in den übrigen
Welttheilen wollen wir uns nur durch Handel bereichern."

ce qui est légitime dans leurs revendications. Moi-même j'ai été audevant des justes besoins de ouvriers de mon pays.

J'espérais aussi que la Conférence de Berlin aurait cet effet de réunir, sous les yeux de mon empereur, des hommes sages, expérimentés, qui pourraient jeter une douche d'eau froide sur certaines illusions généreuses. . . . Ce but n'a pu être complètement atteint. Les Etats nous ont envoyé des diplomates très fins, des courtisans très habiles, plus préoccupés de répondre à l'amabilité du souverain et d'entrer dans ses vues humanitaires, que de limiter, comme elle devait l'être, la question sociale. — Je dois rendre hommage à l'encens de première qualité qui a été brûlé à Berlin, dans les derniers jours de mon pouvoir, par certains vieux plénipotentiaires de votre connaissance. . . .

Mais, à présent, il ne s'agit plus de cela: vous avez chez vous les grèves, la dynamite, le découragement des patrons, l'exigence insatiable de ouvriers. Nous avons un parti socialiste puissant, plus méthodique, mais associé au vôtre, sinon par les moyens d'action (et encore!) du moins par la passion et par le but.

Les gouvernements, dans l'état actuel, ne se soutiennent guère entre eux. Ils ne s'aident, pour la répression et la recherche des crimes publics commis par l'Internationale ressuscitée, que s'ils le veulent bien.

Ne pensez-vous pas qu'il y aurait là un terrain de négociation, c'est-à-dire de rapprochement et d'entente?

Mais on s'occupe d'autres choses . . . et tous les gouvernements semblent travailler à plaisir pour le développement des doctrines qui sont leur perte commune.[1]

---

[1] In der Uebersetzung der „Hamburger Nachrichten" Nr. 298 vom 15. Dezember 1892: „Es giebt noch eine andere Frage, über welche unter jetzigen Verhältnissen eine Vereinigung möglich und wünschenswerth wäre, nicht nur zwischen Frankreich und Deutschland, sondern zwischen allen denjenigen Regierungen, die derselben Gefahr ausgesetzt sind und deshalb eine enge Solidarität unter einander begründen müssen. Wenn ich noch die Ehre hätte, an der Spitze der Geschäfte zu stehen, so würde ich mich bemühen, nach dieser Seite hin Unterhandlungen anzuknüpfen. Ich meine nämlich den internationalen Sozialismus, der uns Alle, gerade wie Sie, bedroht. Das ist eine armselige Politik, sich über das dem Nachbarn zustoßende Unglück zu freuen, wenn man von der nämlichen Gefahr bedroht wird. Den Gedanken meines jungen Herrschers habe ich unterschrieben, als er die internationale Arbeitskonferenz nach Berlin berief. Die Regierungen müssen durch zweckmäßige Gesetze der Arbeiterklasse geben, was in ihren Forderungen Rechtens ist. Ich selbst bin den gerechten Bedürfnissen der Arbeiter meines Vaterlandes entgegengekommen. Ich hoffte auch, daß die Berliner Konferenz die Wirkung haben würde, unter den Augen meines Kaisers weise, erfahrene Männer zusammen zu bringen, welche einen kalten Wasserstrahl auf gewisse großmüthige Einbildungen richten könnten. . . . Das Ziel hat nicht vollständig erreicht werden können. Die Staaten haben uns sehr feine Diplomaten gesandt, sehr geschickte Höflinge, welche sich mehr damit abgaben, der Liebenswürdigkeit des Herrschers zu entsprechen und auf seine menschenfreundlichen Gesichtspunkte einzugehen, als eng umschrieben die soziale Frage, wie sie

Que fait-on chez vous, sinon le pire socialisme quand on traduit devant, la juridiction de voleurs un de hommes les plus glorieux du monde, celui qui a ouvert l'isthme de Suez! Chacun sait que son honneur et sa probité ne peuvent être entamés par ce procès, non plus que sa gloire. C'est le grand „patron" qu'on livre en sa personne à la haine des anarchistes."[1])

Schon vor der Veröffentlichung vorstehenden Berichts theilte Henri des Houx im „Matin" in Betreff der oben S. 389 Note erwähnten erfundenen Unterredung des französischen Journalisten Hugues le Roux mit, Fürst Biemarck habe ihm bei Tisch gesagt: „Ein französischer Journalist, dessen Name dem Ihrigen ähnlich ist, hat mich, wie es scheint, vor ein paar Tagen aufgesucht. Ich habe seine Gegenwart nicht einmal geahnt; Dr. Chrysander hat ihn einer bestimmten Anweisung gemäß an der Thür aufgehalten und hat wohl daran gethan. Es war für den Herrn ohne Zweifel sehr hart, eine so weite Reise umsonst gemacht zu haben. Ich habe sie selber nur in der Erinnerung an Ihren Besuch in Friedrichsruh vor zweieinhalb Jahren empfangen; ich will ohne absolute Nothwendigkeit keine neuen Bekanntschaften machen. Um so mehr, als, wenn ich nicht mit einem Manne zu thun habe, dessen Takt und Verschwiegenheit ich schon erprobt habe, meine Aeußerungen leicht in die Oeffentlichkeit gebracht werden könnten, als ob sie vorbedacht und für die Geschichte bestimmt worden wären. Man hat mir die Freiheit der Sprache

sein sollte, zu erörtern. Alle Achtung vor dem Weihrauch erster Güte, der während der letzten Tagen meiner Amtsführung von gewissen alten Bevollmächtigten Ihrer Bekanntschaft in Berlin verbrannt wurde! Jetzt aber handelt es sich nicht mehr darum. Sie haben bei sich zu Hause die Ausstände, das Dynamit, die Einschüchterung der Arbeitgeber, die unersättlichen Forderungen der Arbeiter. Wir haben eine mächtige sozialistische Partei, die mehr methodisch ist, aber der Ihrigen verbündet, wenn auch nicht durch die Mittel der That, so doch durch die Leidenschaftlichkeit und das gemeinsame Ziel. Die Regierungen werden bei dem gegenwärtigen Zustande einander nicht unterstützen können. Sie helfen sich bei Unterdrückung und Untersuchung der von der wieder auferstandenen Internationale begangenen Verbrechen nur, wenn sie einander wohlwollen. Glauben Sie nicht, daß es da einen Boden für Unterhandlungen, gewissermaßen für Annäherung und Einvernehmen geben könnte? Aber man beschäftigt sich mit anderen Dingen, und alle Regierungen scheinen zum Vergnügen für die Ausbreitung von Lehren zu arbeiten welche ihr gemeinsames Verderben sind." Am Schlusse der vorstehenden Uebersetzung bemerken die „Hamburger Nachrichten": Es ist bekannt, daß Fürst Bismarck bei anderer Gelegenheit Rußland und Oesterreich gegenüber die Ansicht vertreten hat, daß die Regierungen der sozialen Revolution gegenüber viel mehr zu verlieren hätten, als sie durch Kriege gegen einander gewinnen könnten.

[1]) In deutscher Uebersetzung: „Was anderes treibt man bei Euch als den schlimmsten Sozialismus, wenn man auf die Anklagebank der Diebe einen der ruhmvollsten Männer der Welt zerrt, den Mann, welcher den Isthmus von Suez durchschnitten hat! Jeder weiß, daß seine Ehren und Rechtschaffenheit ebensowenig wie sein Ruhm durch diesen Prozeß angetastet werden können. Das ist der große „Lehnherr", den man in seiner Person dem Hasse der Anarchisten ausliefert."

wiedergegeben; es ist möglich, daß ich von ihr Gebrauch mache, aber die Un=
bescheidenen lassen mich ohne mein Wissen mit ihr Mißbrauch treiben und
das stört die Ruhe, in der ich hinfort leben will".[1]

Mit anderen Worten: Weil Bismarck so viele Interviewer kennen
lernte, welche ihn mißverstanden haben, und so wenige, welche den Takt be=
saßen, auch von dem Verstandenen nur dasjenige der Oeffentlichkeit zu über=
geben, was sich dafür schickte, gab derselbe den späteren vielfachen Gesuchen
von Journalisten um Bewilligung von Audienzen keine Folge mehr.

Ueberblickt man alle in den vorstehenden Interviews enthaltenen Kund=
gebungen Bismarck's, so wird man zugeben müssen: er treibt nach dem
18. März 1890 keine andere Politik als wie ehedem. Er folgt jetzt außer
Dienst wie seinerzeit im Dienst nur dem Leitstern der Interessen seines Landes
und seines erlauchten Königshauses.[2] Und nichts anderes wird man aus

---

[1] Von eigentlichen Interviews kann man nicht sprechen in Bezug auf die flüchtigen
Gespräche des Fürsten Bismarck a) mit Meister Conrad, dem Redakteur der „Werkstatt",
des Organs des Verbandes rheinisch-westfälischer Bildungsvereine („Hessische Morgen=
Zeitung" Nr. 315 vom 7. Juli 1893, „Berliner Börsen=Zeitung" Nr. 307 vom
4. Juli 1893); b) mit einem Berichterstatter der „Neuen Züricher Zeitung", welcher im
Mai 1893 auf der Reise nach Chicago mit Bismarck in Friedrichsruh während seiner
Promenade ein paar Worte sprach („Deutsche Zeitung", Wien, vom 13. Mai 1893). Das
Gespräch, das im August 1894 ein Mitarbeiter der „Magdeburger Zeitung" in Varzin
mit Bismarck geführt haben will („Berliner Tageblatt" Nr. 397 vom 7. August 1894,
„Dresdner Nachrichten" Nr. 219 vom 7. August 1894) ist erfunden („Hamburger Nach=
richten" Nr. 195 vom 19. August 1894, Morgen-Ausgabe).

[2] Treffend bemerkte die „Magdeburger Zeitung: Wer vom Wesen der großen
Männer der deutschen Geschichte den richtigen Begriff erhalten will, der hat ihre Eigen=
art nicht allein in den Staatsaktionen, dem Geräusch des öffentlichen Lebens, sondern
auch in der Stille des Familienkreises aufzuspüren. Wie falsch wäre das Bild, das wir
uns von dem Reformator Luther, dem Geistesheroen Goethe entwerfen, wenn wir Beide
einzig nach dem, was sie in der Oeffentlichkeit geäußert hatten, beurtheilen wollten. Und
verhält es sich bei unserem Nationalhelden, dem Fürsten Bismarck, anders? Würde
gerade der Zug, der uns den großen Staatsmann auch als Menschen zeigt, in diesem
reichen Staatsleben genügend hervortreten? Nein, es läßt sich bei ihm, wie bei Goethe
und Luther, der Nachweis erbringen, daß erst die häusliche, familiäre Seite den passen=
den Rahmen zum Bismarck=Gemälde liefert. Seit den Tagen seiner Thätigkeit am Frank=
furter Bundestage sind uns Aeußerungen Bismarck's aus dem engen Familien= und Freundes=
kreise überliefert, die über die ursprüngliche, divinatorische Weltanschauung, das zündende
Temperament, das tiefe Gemüthsleben des Helden vielfaches Licht verbreiten. Indessen
war es erst einer späteren Zeit der Reise vorbehalten, die volle, harmonische Ausgestaltung
dieser einzig angelegten Natur zu zeitigen. Zu der Idylle von Friedrichsruh ist die volle
Klärung erfolgt. Herzerquickende, reine Menschlichkeit ist es, die dort jedem Besucher ent=
gegentritt. Ein künstlerischer Zug von Heiterkeit, Stille und Größe durchweht die Räume,
in denen Fürst Bismarck mit seinen Angehörigen und Freunden weilt und in denen er
seine lieben Landsleute aus allen Theilen des Vaterlandes empfängt. Aus den Rede=
kundgebungen des Altreichskanzlers leuchtet die innige Liebe zu seinem Volke hindurch.
Und weil er Einer der Wenigen und Auserwählten ist, die in der Seele dieser reich ver=

seinen Tischgesprächen herauslesen können. Sie athmen nur noch nebenbei den milden, aber doch stets witzigen, oft auch mit Sarkasmus versetzten Geist eines über den Ereignissen stehenden Weltweisen.

anlagten, aber noch vielfach zerfahrenen und unabgeklärten Nation zu lesen verstieben, erscheint er den Mitlebenden als ein wahrer Prophet, ein Verkünder von Wahrheiten, deren Beherzigung nicht verabsäumt werden sollte.

Namen-Register.

Abeken, Geh. Legationsrath 50. 73.
Abranyi, ungar. Abgeordneter 177.
Abt, Abgeordneter 241.
Aegidi, Prof., Geh. Legationsrath 81—83.
92.
Aichberger, von, Wirkl. Legationsrath 161.
Albedyll, von, preuß. General 150.
Albert, König von Sachsen 190. 208. 209.
215.
Albrecht, Prinz-Regent von Braunschweig
194.
Alexander II., Kaiser von Rußland 95. 125.
263. 266. 267. 306. 307. 352. 353. 356. 358.
Alexander III., Kaiser von Rußland 142.
144. 164. 191. 321. 376. 388.
Alexander, Prinz von Battenberg 293. 297.
361.
Ali Nizami, Muschir 115.
Allers, Maler 210. 219.
Alphons XII., König von Spanien 306.
Alten, von, preuß. Major 72.
Ande, Stadtverordneter 67.
Andrassy, Graf, österr. Minister des Aus-
wärtigen 61. 88. 96. 101. 111. 171.
Andrassy, Graf Geza 219. 220.
Andrassy, Gräfin Gabriele 219. 220.
Anenokoff, Graf, japan. Attaché 132.
Angel de Balleyo, span. Journalist 54—60.
Angeli, Professor 319.
Arco-Valley, Graf. Legationsrath 145.
Arnim, Graf, Geh. Legationsrath 70. 227.
— Botschafter in Paris 73.
Arnim-Boitzenburg, Graf, Mitglied des
preuß. Herrenhauses 11.
Arnim-Kröchlendorff, von, Rittergutsbes.,
Mitgl. des Herrenhauses 2c.
Arnim-Kröchlendorff, Frau von 5. 185. 198.
210.
Asseburg-Falkenstein, Graf von der, Vize-
Oberjägermeister 191. 202.
Asseburg, Gräfin von der 191. 202.
Auerswald, von, preuß. Minister 10.
Augusta, Deutsche Kaiserin, Königin von
Preußen 25. 212.

Auguste Victoria, Deutsche Kaiserin, Königin
von Preußen 162. 163.

Balan, von, preuß. Gesandter in Stutt-
gart 10.
Bankroft, nordamerik. Gesandter in Berlin
49.
Bantleou, Abgeordneter 241.
Barral, Graf, italien. Gesandter in Frank-
furt a. M. 12.
— desgl. in Berlin 21.
Barthélemi St. Hilaire, franz. Minister des
Auswärtigen 291.
Bartholdy, Bürgermeister 21.
Bassermann, Abgeordneter 241.
Bassauer, Begründer des Leipziger Militär-
vereins 210.
Lazaine, franz. Marschall 260.
Beaconsfield, Lord, engl. Premierminister
12. 101. 102. 294.
de Beaufort d'Hautpoul, franz. General 61.
62. 63.
Becker, Dr., Oberbürgermeister 92. 103.
Becker, Jakob, Maler 2.
Becker, Professor 174.
Beethoven, Komponist 188.
Begas, Professor 120.
Behic, franz. Minister 23.
Behrend, Kaufmann 112.
Bejasevich, österr. General 51.
Bellegarde, Graf, österr. General 51.
Below, Graf 105.
Below, von, Legationssekretär 162.
Benedetti, Graf, franz. Botschafter in Berlin
29. 40. 50. 395.
Benedikt, Moriz, Mitherausgeber der „Wiener
Neuen Freien Presse" 371.
Benkendorff, Gräfin 72.
Bennigsen, Dr. von, Oberpräsident und Ab-
geordneter 330.
Benomar, Graf, span. Gesandter in Berlin
126.
Berchem, Graf, Unterstaatssekretär 132. 115.
161. 162.

410

Perchem, Gräfin 162.
Berg, Dr., Bürgermeister 70.
Berg, Graf, russ. Feldmarschall 51.
Berghoff. Kaufmann 86.
Berlepich, Frhr. von, preuß. Minister für
  Handel und Gewerbe 165. 333.
Berling, Kammerrath u. Abgeordneter 198.
Bernstorff, Graf, Großgrundbesitzer 1.
Bernstorff, Graf, deutscher Gesandter in
  London 86.
Bernstorff-Wotersen, Graf, 168. 231.
Bernstorff-Wotersen, Gräfin 165.
Besserer, Beigeordneter 177.
Beumer, Dr., Abgeordneter 241.
Beust, Frhr. von, sächs. Ministerpräsident
  8 12. 14. 15. 24.
— Graf, österr. Reichskanzler 72. 73. 127.
  252.
Beutner, Regierungsrath a. D. 108.
Bewer, Mag. Schriftsteller 153.
Bever, Oberbürgermeister 29.
Bildt, Baron von, schwed.=norw. Gesandter
  in Berlin 126.
Biron von Kurland, Prinz 162.
Biron von Kurland, Prinzessin 162.
Bismarck-Bohlen, Graf, preuß. General 46.
  51.
Bismarck-Bohlen, Graf, preuß. Lieutenant
  54. 61.
Bismarck, Gräfin Sibylla 220.
Bismarck-Naugard, von, Landrath 102. 219.
  220.
Blanckenburg, von, General=Landschaftsrath
  29. 78.
Blankenhorn, Dr., Abgeordneter 241.
Blasius, Dr. med. 174.
Bleichröder, von, Geh. Kommerzienrath 29.
  120. 168. 169.
Blowitz, Opvert de. Zeitungskorrespondent
  243. 264. 267. 268.
Blum, Dr. Hans, Rechtsanwalt 220. 227.
  228. 311.
Blumenthal, von, preuß. General 52.
Blumenthal=Stassielde, von 203.
Boccardo, ital. Senator 166.
Bodum=Delifs, von, Abgeordneter 11.
Bödecker, Konsistorialdirektor 50.
Bödiker, Geh. Regierungsrath 120. 121. 122.
  123. 124.
Böhme, Dr., Abgeordneter 241.
Böninger, L., Stadtverordneter 177. 178.
Böttcher, Oberbürgermeister 96.
Boetticher, Dr. von, Staatsminister, Staats=
  sekretär des Innern 115. 121. 124.
Bolk, Abgeordneter 241.
Bonnechose, franz. Kardinal 65.
Bonnell, Dr., Gymnasial Direktor 22. 31. 47.
  49. 50.
Boor, Frau de 199.
Borchelt, August 235.
Boulanger, franz. Kriegsminister 189.
Brandenburg, Graf, preuß. General 116. 142.
  143.
Brandes, Obermeister 160.

Brandt, von, preuß. General 29. 32.
Bratiano, rumän. Ministerpräsident 195.
Bräuer, W. 235.
Brauer, von, Geh. Legationsrath 164. 315.
Braune, Predigtamtskandidat 11.
Brehmer, Rendant 86.
Breudel, Dr. med 215.
Bremano, K. 70.
Bright, John 27.
Brockdorff, Gräfin, Ober=Hofmeisterin 162.
Brockdorff-Ahlefeld, Gräfin 102.
Bronsart von Schellendorff, preuß. Kriegs=
  minister 150.
Brüning, Oberbürgermeister 130.
Brugsch Pascha, Professor Dr. H. 11.
Bruhn, Direktor 203.
Brunn, von, Professor 235.
Brunnow, Baron von, russ. Gesandter in
  London 12.
Bucher, Lothar, Geh. Legationsrath 61. 63.
  81. 107. 114. 166. 168. 170. 171. 173. 174.
  186. 192. 194. 199. 200. 201. 202. 203.
  205. 210. 213. 220. 253. 254. 364.
Bueck, Generalsekretär 185.
Bülow, von, Staatsminister, Staatssekretär
  des Auswärtigen Amts 96. 102. 107.
Bülow, von, Landrath 190. 197.
Bülow, Dr. Baron von 199. 231.
Bülow, von, Offizier bei der afrikanischen
  Schutztruppe 193.
Bülow=Gudow, von, Erblandmarschall 191.
  198.
Bülow, Frau von 199. 231.
Bürdert, Kaufmann 87.
Burchard, Dr., Senator 199.
Burchard, Frau 199.
Burnside, amerik. General 58.
Busch, Dr., Unterstaatssekretär 115. 116.
  126.
Busch, Dr. Moriz, Schriftsteller 46. 54. 60.
  65. 98. 100. 113. 162.
Busche, von dem, Stadtverordneter 230.

Calvel, franz. Lieutenant 61. 63.
Camphausen, preuß. Finanzminister 97.
Caprivi, von, preuß. General 125.
— Graf, Reichskanzler 167. 168. 206. 207.
  209. 305. 369. 395.
Carnot, Präsident der franz. Republik 285.
  253.
Carolath=Beuthen, Fürst zu 72. 102.
Carolath=Beuthen, Fürstin zu 72.
Castelnau, franz. General 285.
Cbelius, von, preuß. Lieutenant 163.
Chorinski, Graf 220.
Christ, G. 72. 73.
Chrysander, Dr., Musikgelehrter 123. 142.
Chrysander, Dr. med., 168. 169. 173. 177.
  180. 184. 190. 192. 194. 211. 220. 231.
  292. 327. 335. 344. 345. 347. 351. 363.
  366. 369. 372. 394. 406.
Claßen, Stadtverordneter 92.
Cohnaug, franz. Minister des Auswärtigen
  259. 312.

Conrcel, Baron de, franz. Botschafter in Berlin 114. 126.
Costenoble, Wirkl. Geh. Rath 99.
Crailsheim, von, bayer. Minister 131.
Craismann, Handelskammer Präsident 231.
Cremer, Joseph Christoph, Abgeordneter 243.
Creffen, Polizei-Präfekt von Paris 66. 67. 68.
Crispi, ital. Ministerpräsident 134. 135. 136. 137. 138. 139. 141. 152. 153. 154. 156. 157. 158. 159. 160. 161. 163. 169. 170. 159.
Cucchi, ital. Senator 134
Curtius, Professor 101.

Dalwigt, Frhr. von, hessischer Minister-präsident 2.
Dannann, Herr 210.
Dechend, von, Reichsbank-Präsident 115.
Delbrück, preuß. Ministerialdirektor 46.
— Staatsminister, Präsident des Reichs-kanzler-Amts 69. 92. 96.
Delius, Oberbürgermeister 193.
Denzinger, Dombaumeister 70.
Depretis, ital. Ministerpräsident 134.
Deppe, Schlossermeister 166.
Ternburg, Professor 127.
Devrient, Mechaniker 163.
Diest, von, Assessor 2.
Dieterici, Professor Dr. 170.
Tirkfen, von, Legationsrath 161.
Diruf, Dr., Geheimrath 191.
Disraeli s. Beaconsfield.
Dönhoff-Friedrichstein, Graf, Legationsrath 72. 151.
Dönhoff, Gräfin 72.
Tolega-Moslerowski, von, Landrath und Kammerherr 191. 199. 219.
Dolgorouki, Fürst, ruff. Militärbevoll-mächtigter 115.
Doudukow, Fürst, ruff. Staatsmann 293.
Douglas, Graf, Abgeordneter 332.
Tromm de Lhuys, franz. Minister des Aus-wärtigen 14. 23. 154.
Türckheim, Graf, Flügeladjutant 359.
Türckheim-Montmartin, Graf 69. 72. 73. 74. 75.
Dutoit, Mitglied einer Gesandtschaft der Transvaal-Republik 125.
Duvernois, Clement 155.

Edinburg, Herzog von 178.
Edison, amerik. Elektrotechniker 103. 104.
Egelhaaf, Professor Dr. 170.
Ehlers, Meiereibesitzer 203.
Eichhorn, Dr. med. 57.
Eichhorn, von, Wirkl. Legationsrath 161.
Eichhorn, cand. hist. 191. 193.
Eichholz, Gräfin 205.
Eisendecher, Fräulein von 72.
Elisabeth, Kaiserin von Oesterreich 131.
Elisabeth, Kaiserin von Rußland 388.
Elisabeth, Königin-Wittwe von Preußen 25.
Elsässer, Ministerialpräsident 97.

Engel, Musikdirektor 30.
Engmann, Dr. Advokat 57.
Erlanger, Baron R. von, Bankier 70.
Ernst II., Herzog von Sachsen-Coburg und Gotha 52.
Ernst, Dr. 95.
Eherbahn, Fürstin 220.
Eugenie, Kaiserin der Franzosen 4. 155. 280.
Eulenburg, Graf Fritz zu, preuß. Minister des Innern 50.
Eulenburg, Graf Botho zu, preuß. Minister des Innern 107.
Eulenburg, Graf A. zu, Vize-Ober-Zere-monienmeister 107. 112.
Eulenburg, Graf Wend zu, Assessor 91. 92.

Fabrice, von, sächs. Kriegsminister 46. 311.
Fall, Dr., preuß. Kultusminister 104.
Faster, Obermeister u. Stadtverordneter 160.
Favre, Jules, franz. Minister 57. 59. 61. 62. 63. 64. 65. 66. 67. 68. 70. 71. 77. 88. 155. 177. 261. 251. 255.
Fedderien, Abgeordneter 241.
Ferdinand, Fürst von Bulgarien 353.
Ferrn, franz Minister des Auswärtigen 255.
Fink, Abgeordneter 241.
Finzelberg, Fräulein Helene 240.
Finzelberg, Fräulein Lilli 240.
Fischer, Dr. 231.
Fischer, von, Bürgermeister 186. 362.
Flandern, Gräfin von 353.
Fleury, franz General 23
Flotow, Friedrich von, Komponist 1.
Focke, Stadtrath 57.
Fonton, von, russisch. Gesandter in Frank-furt a. M. 10.
Fordenbeck, von, Oberbürgermeister 216.
Förster, Fabrikant 186.
Forinth, amerik. General 52.
Fraude, Stadtverordneter 190.
Frank, Abgeordneter 241.
Frankenberg, Graf Fred, Abg. 72.
Franz Joseph I., Kaiser von Oesterreich 72. 76. 80. 125. 249. 360. 350. 354.
Franzos, Karl Emil, Schriftsteller 126. 127.
Freyberg, Teppichfabrikant 229.
Freycinet, de, franz. Kriegsminister 289. 312. 398.
Freudorf, Frhr. von, bad. Minister 60. 61.
Freschlag, von, bayer. General 131.
Fride, Stadtverordneter 230.
Friedberg, Dr., preuß. Justizminister 115.
Friedjung, Dr., Literat 178.
Friedrich I., Großherzog von Baden 91.
Friedrich II., König von Preußen 19. 212. 222. 350. 387. 355.
Friedrich III., Teutscher Kaiser, König von Preußen 150. 151. 203. 210. 241. 297. 313. 325.
Friedrich, Herzog von Schleswig-Holstein 237.
Friedrich, Prinz von Hohenzollern 57. 142.
Friedrich Franz II., Großherzog v. Mecklen-burg-Schwerin 52. 107.

Friedrich Wilhelm I., Kurfürst von Hessen 172.
Friedrich Wilhelm IV., König von Preußen 1. 137. 160. 244. 280. 403.
Friedrich Wilhelm, Kronprinz des Deutschen Reichs und von Preußen 25. 30. 37. 38. 53. 54. 60. 75. 91. 101. 134. 159.
    f. Friedrich III., Deutscher Kaiser.
Fröbel, Julius, Redakteur 251. 253.
Fuchs, Bürgermeister 240.
Fuchs, Gustav 179.
Fürbringer, Professor 223.

Gallwitz, von, preuß. Oberstlieutenant 150.
Gambetta, franz. Staatsmann 57.
Gamp, Geh. Ober-Regierungsrath 121. 122. 123. 124. 165.
Garibaldi, ital. General 134. 151.
Geibel, Dichter 221.
Gelzer, Professor 223. 224.
Georg V., König von Hannover 155. 345.
Gerdts, Kreisdeputirter 159.
Gerhard, von, preuß. Hauptmann 16.
Gerlach, von, preuß. General 1. 2. 4. 5. 10.
Gern, Reichsbankbeamter 203.
Gersdorff, Fräulein von, Hofdame 162.
Gerster, Frau Etelka, Sängerin 196.
Geßner, Frau Teresina, Schauspielerin 164.
Giers, von, russ. Minister des Auswärtigen 131. 132.
Giese, Dr., Oberbürgermeister 231.
Gillet, Geh. Legationsrath 161.
Willi, Landdirektor 70.
Gladstone, engl. Premierminister 234. 331.
Goeben, von, preuß. General 61.
Goering, Wirkl. Geh. Legationsrath 161.
Göschen, ehem. engl. Botschafter 115.
Göße, A., Kommerzienrath 107.
Götz, Dr., Gemeinderath 171.
Goldammer, von, Oberst a. D. 214.
Golz, Graf von der, Admiral 132.
Golz, Graf von der, preuß. Botschafter in Paris 23.
Gontard, M. 70.
Gontaut-Biron, Vicomte de, franz. Botschafter in Berlin 57. 267. 307.
Gontaut-Biron, Vicomtesse de, 57.
Gortschakow, Fürst, russ. Reichskanzler 51. 101. 174. 155. 217. 248. 262. 261. 267. 265. 293. 294. 306. 307. 351. 353. 356.
Gouaita, Herr von 70.
Goulard, Mitgl. der franz. Nationalversammlung 71.
Govone, ital. General 24. 25.
Gräfe, Stadtverordnetenvorsteher 190.
Gramont, Herzog von, franz. Minister des Auswärtigen 155.
Grant, General, Präsident der Vereinigten Staaten 49. 52. 101.
Granville, Lord, engl. Minister des Auswärtigen 261.
Günther, Dr., Geh. Medizinalrath 93. 91.

Habel, Kommerzienrath 174.
Haedel, Professor 223. 224.

Hänle, Kommerzienrath 222.
Hänsler, Geh. Justizrath 240.
Hagen, von, Rechtsanwalt 56.
Hagen, von der, Geh. Regierungsrath 165.
Hahn, Dr. Diedrich 217. 218. 231.
Hahnke, von, preuß. Generallieutenant, Chef des Militärkabinets 162.
Halske, stellvertr. Stadtverordnetenvorsteher 29.
Hammerstein, Frhr. von, preuß. Minister für Landwirthschaft ꝛc. 374.
Hammerstein, Frhr. von, Chef Redakteur der „Kreuz-Ztg." 205.
Haniel, Geh. Kommerzienrath 108.
Haniemann, von, Geheim. Kommerzienrath 165. 242.
Harden, Maximilian, Schriftsteller 203, 354.
Hartmann, Gustav 107.
Hartmeyer, Dr., Chef-Redakteur 169. 213. 214. 339.
Hasse, Dr., Abgeordneter 211.
Haßelbach, Oberbürgermeister 96.
Hassenpflug, Kurfürstl. hessischer Minister 172.
Haltedt, Abg. und Brauereibesitzer 142.
Haßler, Kommerzienrath 104. 164.
Haßfeldt, Graf, preuß. Gesandter in Paris 1. 250.
Haßfeldt, Graf Paul, Geh. Legationsrath 42. 51. 57. 61. 63. 70. 72.
— Staatsminister, Staatsfekretär des Auswärtigen Amts 114.
— Botschafter in London 115. 116.
Haßfeldt, Gräfin 72.
Haudar-Pey, türk. Attachee 115.
Hahn, Frau Senator 210.
Heeren, Professor 127.
Hein, Johannes von 235.
Heinrich, Prinz von Preußen 133. 134.
Helldorf-Bedra, von, Abgeordneter 341.
Hellwig, Direktor im Auswärt. Amt 161.
Helmerding, Komiker 79. 60.
Helmholtz, von, Professor 101.
Hendel von Donnersmarck, Graf Guido 70. 151. 152. 220.
Hendel von Donnersmarck, Gräfin 152. 220.
Henke, preuß. Oberstlieutenant 191.
Herbette, französischer Botschafter in Berlin 161.
Herbst, Maler 153.
Hérisson d'Hannonville, Graf, französischer Offizier 61. 64. 65. 66.
Herrenschmidt, Großindustrieller 72.
Henning, Baron von, Legationsrath 115.
Heyse, Dr. Paul, Schriftsteller 221. 222.
Himburg-Hohengöhren, Rittergutsbes. 177.
Hinzpeter, Prof. Dr., Geh. Ober-Regierungsrath 332.
Hirsch, Dr., Chef-Redakteur 210. 212.
Hirsch, Prof. Dr., Geh. Medizinalrath 93.
Hirsche, Abgeordneter 241.
Hitze, Dr., Abgeordneter 332.
Hobrecht, preuß. Finanzminister 103. 104. 105. 106.

Hobrecht, Stadtverordnetenvorsteher-Stellvertreter 177.
Hoeven, van der, niederl. Gesandter in Berlin 126.
Hofmann, Abgeordneter 241.
Hofmann, Staatsminister, Präsident des Reichskanzler Amts 107. 110.
Hofmann, Rudolph, Verlagsbuchhändler 269.
Hofmann, von, österr. Sektionschef 73.
Hohenbaum, Dr. med. 45.
Hohenlohe Oehringen, Erbprinz zu 157.
Hohenlohe-Oehringen, Prinz Krafft zu 219.
Hohenlohe-Schillingsfürst, Fürst zu, bayer. Ministerpräsident 19. 254.
— Botschafter in Paris 107.
— Reichskanzler 182.
Hohenthal, Graf, sächs. Gesandter in Berlin 21.
Hohenthal, Dr. Graf, sächs. Gesandter in Berlin 162.
Hohenthal, Gräfin 162.
Holl, Rechtsanwalt 224.
Holnstein, Graf, bayer. Oberststallmeister 100. 220. 235.
Holnstein, Gräfin 220.
Holstein, von, Legationssekretär 11.
— Geh. Legationsrath 79. 107. 163.
Holtz, Dr., Direktor 170.
Homeyer, Unterstaatssekretär 151. 167.
Hopf, Dr., Geh. Regierungsrath 110. 165.
Hornboritel, Bürgermeister 191.
Horst, Stadtverordneter 92.
Horst, von dem, preuß. Oberstlieutenant 150.
Hojang, Abgeordneter 241.
Hour, Henri des, Chef-Redakteur des »Matin« 168. 276. 277. 278. 284. 290. 390. 391. 394. 396. 400. 406.
Hoyos, Graf Georg 219. 220.
Hoyos, Gräfin 216. 219. 220. 378.
Hoyos, Komtesse Margarete 216. 219.
Huber, schweiz. Oberstlieutenant 189.
Hugo, Professor 127.
Hugo, Viktor, franz. Schriftsteller 234. 322.
Humbert, Wirkl. Geh. Legationsrath 181.
Hupfeld, Justizrath 171.
Huste, Stadtverordneter 190.

Jacobi, Dr., Unterstaatssekretär 110. 111.
— Staatssekretär des Reichsschatzamts 151.
Jacobs, Maler 202.
Jebien, Abgeordneter 241.
Jende, Geh. Finanzrath 168.
Ignatieff, Graf, russ. General und Staatsmann 269.
Jhering, von, Prof. Dr., Geh. Regierungsrath 126.
Johann, König von Sachsen 14. 16. 91. 314.
Jorns, Abgeordneter 241.
Joudet, Vertreter des „Petit Journal" 301.
Jung, Bürgervorsteher 230.
Junge, Kaufmann 191.
Jxenplitz, Graf, preuß. Handelsminister 37.

Kablé, Mitgl. einer elsässischen Deputat. 72.
Kaemmel, Prof. Dr. 225. 226. 228. 229.

Kästner, Otto 208. 210.
Kalnoly, Graf, österr. Minister des Auswärtigen 121. 131. 174.
Kamele, von, preuß. Kriegsminister 86.
Karl, König von Rumänien 293.
Karl XII., König von Schweden 355.
Karl, Prinz von Preußen 2. 52.
Karl Alexander, Großherzog von Sachsen-Weimar 12. 52. 223. 224.
Katsunoske-Inouye, japan. Legationssekretär 132.
Kayserling, Graf 170. 171. 173. 174.
Keller, Bankdirektor 177.
Kennemann, Landesökonomierath 242.
Kern, Amtsgerichtsrath 163.
Kern, schweiz. Gesandter in Berlin 400.
Kessel, von, preuß. Major u. Flügeladjutant 152. 163.
Kessel, Frau von 163.
Kehler, Graf, cand. jur. 193.
Keudell, von, Reg.-Assessor 9.
— Legationsrath 28. 29. 245.
— Geh. Legationsrath 46. 73.
Keyserling-Rautenberg, Graf Heinrich, preuß. Geschäftsträger in St. Petersburg 245.
Kiderlen-Wächter, von, Legationsrath 152. 161.
Kind, Dr., Amtsrichter 226.
Kind, D., Garnisonprediger 223.
Kindervater, Dr., Bürgermeister 86.
Kingston, Beatty, engl. Journalist 171. 314. 315. 326.
Kleemann, Obermeister 174.
Klein, Maire von Straßburg 72.
Klein, Heinrich 195.
Klein-Rebow, Hans von, Oberpräsident a. D. rc. 102. 107. 162.
Kleser, Dr., Redakteur 216.
Kluge, Professor 223.
Knauß, Professor 120.
Koch, Dr. Robert, Bakteriologe 95.
Köckeritz, Frau von 208.
Köhler, Dr., Direktor des Kaiserl. Gesundheitsamts 96.
Köhler, Braumeister 223.
Koenig, Geh. Legationsrath 46.
Körner, Oekonomierath 242.
Körte, Geh. Ober-Regierungsrath 108.
Kösen, Stadtverordneter 105.
Köster, Kapitän zur See 132.
Kohl, Dr. Horst, Gymnasial-Oberlehrer 214. 243.
Kohnert, Güterdirektor 177.
Komatsubara, japanischer Legationssekretär 132.
Koisch, Dr, Abgeordneter 71.
Krähe, cand. jur. 193.
Krämer, Abgeordneter 241.
Krahn, Eisenbahnpräsident 156. 231.
Krall, C. 210.
Krauel, Dr., Geh. Legationsrath 132. 161.
Krause, Kommerzienrath 29.
Krause, Max, Fabrikant 133.
Kransold, Dr., Dekan 193.

414

Krüger, Präsident der Transvaal-Republik 125.
Krüger, Dr. 195.
Kruger, Hotelbesitzer 29.
Krupp, Alfred, Geh. Kommerzienrath 143. 171.
Kubn, Fräulein 211.
Mühl, Oberpostdirector 207
Künzel, Otto 208. 209
Kullmann, Böttchergeselle 90. 229. 240.
Kurowski, von, Regierungs-Assessor 82. 97. 101.
— Geh. Regierungsrath 116.
Kurowski, Frau von 116.
Kuserow, von, Geh. Legationsrath 126.
Kullmann, Baurath 171

Ladenburg, von, Legationsrath 161.
La Marmora, ital. Ministerpräsident 25.
Landgraf, von, Ministerialrath 97.
Lauge, Bürgermeister 177.
Lange, Oberschreiter 162. 236. 235. 386.
Laugen, Geh. Kommerzienrath 169.
Lappe, Kaufmann 203.
Laßler, Abg. 94.
Lassalle, sozial. Agitator 275.
Launay, Graf de, ital. Botschafter in Berlin 126. 133. 134. 139. 141. 156. 157. 161. 163. 165.
Lavale, von, Regierungsdirector 2c. 191.
Ledochowski, Graf, Erzbischof von Posen und Gnesen 358.
Leierbvre, franz. Geschäftsträger in Berlin 23.
Legeler, Stadtältester 177.
Lehmann, Frau Lilli, Opernsängerin 164.
Lehndorff, Graf, Flügeladjutant 51. 72. 92. 101. 102.
— Generaladjutant 107. 116. 190.
Lehndorff, Gräfin 190. 277.
Lehr, Oberbürgermeister 177.
Leisinger, Fräul., Opernsängerin 164.
Lenbach, Franz von, Professor 120. 129. 130. 133. 141. 155. 162. 174. 198. 211. 213. 214. 219. 220. 221. 231.
Lenbach, Frau von 219. 220.
Leopold, Erbprinz von Hohenzollern 50. 55. 285. 396. 395.
Lepsius, Professor 101.
Lerchenfeld, Graf, Großgrundbesitzer 121.
Lerchenfeld, von, Flügeladjutant 131.
Leszczynski, von, preuß. General 156.
Leszczynski, Frau von 156.
Leuthold, Professor Dr., Leibarzt 152.
Levetzow, von, Präsident des Reichstags 120.
Leyden, Frau 146.
Leyendecker, Abgeordneter 108.
Liebenow, von, Ober-Hof- u. Hausmarschall 162.
Liebenow, Frau von 162.
Liebermann, Jos. Joach., Fabrikbesitzer 29.
Liebknecht, Abgeordneter 275.
Lincoln, Präsident der Vereinigten Staaten 215.
Lindau, Dr., Geh. Legationsrath 110. 11. 116. 117. 132. 161.

Lindenfels, Frhr. von, Wirkl. Legationsrath 161.
Lindequist, von, Major und Flügeladjutant 107.
Listemann, Generaldirektor 26.
Lochner-Hensslein, Frhr. von 157. 191.
Lochner, Freifrau von 191.
Lod, Karl 235.
Loën, von, preuß. General 70.
Löweneck, Herr von 220.
Löwenfeld, Dr. H., Director 116.
Loftus, Lord August, engl. Botschafter in Berlin 27.
Lohmann, Geh. Ober-Regierungsrath 110. 115. 122. 165.
Lortzing, Professor 174.
Loß, Dr., Regierungsrath 165.
Lucanus, Dr. von, Unterstaatssekretär 151.
— Chef des Civilkabinets, Wirkl. Geheimer Rath 162.
Luchi, Bürgervorhalter 230.
Lucius, Dr., preuß. Minister für Landwirthschaft 2c. 132.
Ludwig II., König von Bayern 90. 91. 221. 359. 362.
Ludwig XIV., König von Frankreich 250. 396.
Lüders, Geh. Ober-Regierungsrath 165.
Lüning, Kaufmann 13. 14
Lüttgens, Stadtrath 230.
Lüttichau, Graf, Rittergutsbesitzer 177.
Luitpold, Prinz-Regent von Bayern 131. 157. 360.
Lutz, Guts- und Brauereibesitzer 191.
Lutz, Dr. von, bayer. Minister 95. 131. 215. 360.
Luxburg, Graf, Präfekt des Elsaß 64.
— Regierungspräsident 109. 182. 191.
Lwow, Jewgenij, russisch. Journalist 185. 291.
Lyncker, Frhr. von, Hausmarschall 152.

Macco, Ingenieur 195.
Machiavelli, ital. Staatsmann 243.
Mackenzie, Dr. 134.
Mac Mahon, franz. Marschall 256.
Madai, von, Polizei-Präsident 70. 59.
Magdeburg, Unterstaatssekretär 165.
Magliani, ital. Minister 155.
Malet, engl. Botschafter in Berlin 125. 161.
Malibran, Opernsängerin 196.
Manteuffel, Frhr. von, preuß. Ministerpräsident 3. 10. 140.
Manteuffel, Frhr. von, preuß. General 16. 17. 18.
— Kaiserl. Statthalter in Elsaß-Lothringen 112.
Maria Feodorowna, Kaiserin von Rußland 125.
Marie, Königin von Bayern 4.
Marlborough, engl. Feldherr und Staatsmann 342.
Marquardsen, Professor Dr. von 191.
Marschall, Frhr. von, badisch. Gesandter in Berlin 162.
Marschall, Freifrau von 162.

Massow, von, preuß. Minister des Königl. Hauses 10.
Massow, von, Abg. 190. 225.
Maucler, Baron von, württ. Legationsrath 72.
Maximilian, König von Bayern 153. 221.
Mau, Professor 124.
Maybach, Präsident des Reichs-Eisenbahn-Amts 96.
— preuß. Minister der öffentlichen Arbeiten 107 109. 151.
Maybach, Frau 107.
Mayor, Beamter des ital. Ministeriums der answ. Angelegenheiten 163.
Maur, Dr. von, Unteritaatssekretär 115.
Mehemed Ali Pascha, türk. General 101.
Mehlhausen, Dr., Generalarzt 93.
Meier, Vorsitzender des Schwarzenbeker Kriegervereins 202.
Mejer, Stadtrath 230.
Melwine, russ. Kriegsminister 81.
Memminger, Redakteur 357.
Mentschikoff, Fürstin 64.
Merck, Baron von 165. 231.
Merck, Baronin von 165. 190. 202. 219. 231.
Meyenburg, Steuerinspektor 86.
Meyer, J. Andreas, Oberingenieur 199. 231.
Meyer, Frau 199.
Meyer, Friedrich, Redakteur 245.
Meyer, John, Direktor der Hamburg-Amerik. Packetfahrt-A.-G. 190.
Meyer, Obermeister 160.
Michaëlis, Geheimer Ober-Regierungsrath 96.
Midhat Pascha, türk. Staatsmann 293.
Migge, Paul, cand. jur. 193.
Miller, von, Erzgießer 221.
Miquel, Dr., preuß. Finanzminister 330. 332. 335. 337. 338.
Mittnacht, von, württ. Staatsminister 128.
Möller, Mitglied des Vereins deutscher Krieger zu Altona 219.
Moeller, Dr. von, Unterstaatssekretär 111. 122.
Mönckeberg, Dr., Bürgermeister 170. 182. 199.
Mohl, von, Konsul 132.
Mohrenheim, von, russ. Botschafter in Paris 131.
Moldenhauer, Gasarbeiter 203.
Moltke, von, preuß. General, Chef des Generalstabes der Armee 28. 29. 30. 32. 50. 52. 53. 61. 63.
— Graf, General-Feldmarschall 74. 83. 112. 150. 226. 237. 254. 307. 389.
Mommsen, Professor 101.
Moosbrugger, Frau 170. 150.
Morny, Graf, franz. Staatsmann 8. 154.
Moeser, Geh. Ober-Regierungsrath 165.
Motley, Dr. John Lothrop 2. 3. 4.
— amerikanischer Gesandter in Wien 19. 20. 75. 77. 78. 157.
Mühlberg, von, Wirkl. Legationsrath 161.
Mühlsam, Apotheker 203.

Müller, Bürgermeister 87. 88.
Müller, von, Direktor der Kanzlei des russ. Reichskanzlers 247.
Münch-Ferber, Abgeordneter 241.
Münster, Graf, Botschafter in Paris 109.
Mutert, Pastor 103.
Mutert, Frau Pastor 103.
Mumm, Dr., Oberbürgermeister 70.
Murawiew, Graf, russ. Diplomat 293.

Naumann, Hofmusikalienhändler 214.
Napoleon I., Kaiser der Franzosen 155.
Napoleon III., Kaiser der Franzosen 4. 11. 23. 46. 52. 53. 78. 86. 89. 90. 99. 118. 139. 140. 154. 155. 205. 219. 260. 261. 262. 250. 251. 252. 254. 255. 396.
Napoleon, Prinz 47. 159.
Napoleon Louis, Prinz 226.
Nessel, Bürgermeister 73.
Niel, franz. Marschall 252.
Nikolaus I., Kaiser von Rußland 160. 247. 403.
Niplow, Stadtverordneten-Vorsteher 91.
Nissen, I. Vorsitzender der Hamburg-Amerikanischen Packetfahrt A.-G. 189. 190.

Obernier, Geh. Regierungsrath 91.
Obernitz, von, Telegraphen-Direktor 6.
Chan Bagdadlian, türk. Botschaftsrath 126.
Ohlen, Freiherr von 168.
Ohlen, Baronesse von 165. 292.
Ohlendorf, Albertus von 109.
Oldekop, Kriegsrath a. D. 50.
Olga, Königin von Hannover 87.
Ollivier, Emil, franz. Staatsmann 154.
Oriola, Graf, Abgeordneter 241.
Orini, Graf, Revolutionär 250.
Oßann, Dr., Abgeordneter 241.
Osman-Bey, türk. Adjutant 115.
O'Sullivan, John L. 54.

Pahlen, Gräfin 171. 174.
Palamenglio, Sekretär im ital. Civilkabinet 163.
Palffy, Graf 219. 220.
Pape, von, preuß. Generaloberst 150. 162.
Pappenheim, Graf 89.
Parlaghy, Frau Vilma 195.
Patow, Dr. Frhr. von, preuß. Minister 10.
Paulus, Sänger 161.
Penaficl, Marquis de, portug. Gesandter in Berlin 126.
Perglas, Graf Pergler von, bayer. Gesandter in Berlin 126.
Perponcher, Graf, Hofmarschall 143. 144.
Perrier, franz. General 109.
Peters, Geh. Ober-Medizinalrath 235.
Peterjen, Dr., Bürgermeister 170. 186. 199. 355.
Pettenkofer, Prof. Dr. von, Geheimer Rath 93. 94.
Philipsborn, von, Direktor im Auswärtigen Amt 16.
Pietscher, Oberbürgermeister 155.

Pindter, Geh. Kommissionsrath, Chef-Redakteur der „Nordd. Allg. Ztg." 311. 359
Pieichel, Dr, Abgeordneter 241
Pietri, Kabinetschef des Kaisers Napoleon III. 255.
Pisani-Dosii, Beamter des ital. Ministeriums der answ. Angelegenheiten 163.
Pitt, Graf, engl. Staatsmann 111
Pius IX., Papst 256
Plocke, Abgeordneter 241
Pleijen, Baron 220.
Pleijen, Baronin 220
Pleijen-Jvenach, Graf 107
Pleß, Fürst 72 107
Pleß, Fürstin 72 107
Polignac, Fürst, franz. Militär-Attachee 87
Ponner-Quertier, französischer Finanzminister 70. 71.
Preuße, Rentier 171
Priester-Wendorf, Gutsbesitzer 235.
Prim, Graf, spanisch. Marschall u Ministerpräsident 57. 58.
Profesch, von, österr Gesandter beim Bundestag L
Putbus, Fürst von 33—46 52
Puttkamer, von, preuß. Minister des Innern 151
Puttkamer-Barnow, von, Landschaftsrath 224
Puvogel, Bürgermeister 230.

Quadt, Graf, bayer. Minister 72
Luitzow, von, Major 107.

Radolinski, Graf, Legationsrath 115
Radziwill, Fürst Anton, preuß. General 107. 116.
Radziwill, Fürstin 107.
Randon, franz. Minister 23
Ranke, Professor Dr. von 125
Rantzau, Graf Kuno zu, Legationssekretär 72 102
Rantzau, Graf zu, Major 102
Rantzau, Gräfin zu, Frau Major 102.
Rantzau, Gräfin Charlotte zu 102
Raschdau, Legationsrath 132 161. 163.
Rascou, Graf, span. Botschafter in Berlin 161
Rauch, Oberbürgermeister 230. 231
Rauch, von, preuß. General und Generaladjutant 70. 191
Raudh, von, preuß. Major 191
Rechberg, Graf, österreich. Gesandter beim Bundestage 13.
— österr. Minister 20.
Reck, Frhr. von der, Kabinetsrath 163
Redern, Graf, persönlicher Adjutant des Prinzen Friedrich Karl 51
Reichard, A., Fabrikdirektor 73
Reichardt, Direktor im Answ. Amt 161
Reichardt, Dr. Erwin, Chef-Redakteur 176. 339. 340. 341 341
Reiche, Lehrer 191
Reicher, Hofschauspieler 161

Reichlin-Meldegg, Frhr. von, preuß. Oberstlieutenant 150.
Rein, Stadtrath 107
Rex, Graf, Legationssekretär 163
Rhangabé, griech. Gesandter in Berlin 101
Rheinhold, Frau 199
Richter, Eugen, Abgeordneter 113 205
Richter, Generaldirektor u. Abg. 108
Ridmers, P. 231
Rimpau, Abgeordneter 241
Rischid-Ben, Privatsekretär des Sultans der Türkei 115
Ritterhaus, Herausgeber des „Frankfurter Journals" 327. 336. 340. 341. 342
Roeder, von, Vize-Ober-Zeremonienmeister 107
Rödern, Graf 2
Rödiger, Kaufmann 226
Rogge, Friedr., cand. Jur. 193
Rohde, Pächter 202
Roland, Geh Hofrath 82
Rommel, Geh. Ober-Regierungsrath 110.
Roon, Graf von, preuß. Kriegsminister 29 30. 32. 50. 52 53. 61. 74. 91. 111.
Rojebern, Lord, engl. Premierminister 231
Rosenberg, von, preuß. Major 79 80.
Roth, Oberst, schweizer. Gesandter in Berlin 311.
Rothan, ehem. franz. Diplomat 4
Rothbarth, Abgeordneter 241
Rothschild, Baron von, Bankier in Paris 65
Rottenburg, Dr. von, Geh. Ober-Regierungsrath 53. 115. 131. 132. 134. 139. 150. 151. 160. 161. 163.
Routher, franz. Minister 23
Roux, Hugues le franz. Schriftsteller 389. 390. 406.
Rudhardt, von, bayer. Legationsrath 72
Rudolph, Ackermeister 96.
Rülle, Handelskammerpräsident 107
Runge, Fräulein 231
Russell, Lord Odo, engl. Botschafter in Berlin 108
Russell, Dr. W., Kriegsberichterstatter 258. 259. 262.
Russell, General-Konsul 168

Zadullah Pascha, türk. Botschafter in Berlin 115.
Said Pascha, türk. Botschafter in Berlin 126.
Saigo, Graf, japan. Marineminister 132
Saint Vallier, Graf de, franz. Botschafter in Berlin 105. 114. 115.
Salisburh, Lord, engl. Staatsmann 101. 325. 331.
Salisburh, Lady 101.
Savigny, von, preuß. Minister und Rechtsgelehrter 127
Savigny, von, preuß. Wirkl. Geheimer Rath 16
Scabell, preuß. Geh. Regierungsrath 29.
Schad, Superintendent 219.
Schad, Adolf Friedrich von, Dichter L

Schäffle, ehem. österr. Minister 115.
Schasfgotsch, Graf, österr. Flügeladjutant 219.
Schaper, Professor 119. 111. 120.
Schauß, Dr. von, Abg. 221.
Scheffel, Viktor von, Dichter 96. 97.
Scheiber, Stadtverordneter 230.
Schelling, Dr. von, Staatssekretär des Reichs-Justizamts 113. 151.
Schenk, Schweizer Bundespräsident 400.
Scherenberg, Ernst, Dichter 211. 212. 236.
Scheumann, Stadtrath 190.
Scheuren, Professor 92.
Schiedmauer, Bürgerausschußobmann 171.
Schirmeister, von, preuß. Lieutenant 177.
Schlatter, Stadtrath 160.
Schmidt, Domkapitular, bayer. Abg. 25.
Schmidt, Senator 159.
Schmieding, Oberbürgermeister 153.
Schmölder, Dr. med. 195.
Schnäbele, franz. Polizeikommissar 285.
Scholl, von, preuß. Major und Flügeladjutant 161.
Scholz, Staatssekretär des Reichsschatzamts 115.
Schoof, Abg. 231.
Schottenstein, Frhr. Schott von, Rechts-anwalt 153. 184.
Schow, Stadtrath 230.
Schreck, Kapellmeister 133.
Schredenstein, Frau von 72.
Schröder, Dr., Senator 97.
Schröder, Baron von 195. 363. 364.
Schulze-Heune, Abgeordneter 241.
Schumann, Geheimer Rath 96.
Schurz, Karl, amerik. Staatsmann 151.
Schuwalow, Graf Paul, russ. Botschafter in Berlin 142. 161. 164. 219. 220. 264. 265. 268. 293. 294. 352. 353. 354.
Schuwalow, Graf Peter, russ. General-Adjutant und Staatsmann 101. 112.
Schwalow, Gräfin Paul 219.
Schwanefeld, von, preuß. Lieutenant 39. 40.
Schwanenfeld, Gräfin 242.
Schwarz, Fabrikbesitzer 105.
Schwartzkopf, Geh. Kommerzienrath 105. 168.
Schwarze, Dr. von, Abg. 106.
Schweder, Don Emilio, Korrespondent des „Buenos Aires Standard" 371.
Schweitzer, Frhr. von, bad. Minister 72.
Schweninger, Professor Dr. 116. 120. 129. 134. 136. 138. 139. 140. 141. 146. 150. 157. 158. 167. 168. 169. 171. 179. 180. 185. 186. 189. 190. 192. 193. 203. 204. 213. 215. 220. 234. 239. 320. 371. 393.
Schwertfeger, Justizrath 87.
Sderl, Baumeister 202.
Seckendorff, Graf, preuß. Gesandter in Stuttgart 5.
Seckendorff, Frhr. von, Ober-Reichsanwalt 115.
Seckendorff, Frhr. von, Kapitän u. Flügel-Adjutant 152.
Sedlmayer, Kommerzienrath 222.

Seebeck, Kurator 221.
Seelberg, Mitglied des Leipziger Militär-vereins 209.
Segenwald, Handelskammer-Präsident 73.
Seidel, Werkführer 203.
Seitz, Professor 222.
Sepp, Professor Dr. 301.
Servaes, General-Direktor u. Abg. 104.
Seusserheld, S. 70.
Seydel, Oberbürgermeister 29. 30.
Seysallah-Bey, türk. Adjutant 115.
Seyfert, Stadtrath 87.
Sheridan, amerik. General 51. 52. 53. 54. 60.
Shibajama, japan. Kapitän zur See 132.
Siessert, Dr., Geh. Ober-Regierungsrath 165.
Sieveking, Dr., Oberlandesgerichts-Präsident 166. 199.
Sieveking, Frau 156. 199.
Silvania, Mlle. Sängerin 164.
Simon, Dr. Eduard, Vertreter des „New-York-Herald" 272.
— Redakteur der „New-Yorker Handels-Zeitung" 344. 345.
Simon, Jules, franz. Staatsmann 166.
Simson, Dr., Präsident des Zollparlaments 47.
— Präsident des Reichsgerichts 115.
Singer, Bürgermeister 223.
Sinz, Bürgermeister 190.
Smalley, Mr. G. W. 232. 233. 234.
Smit, Mitglied einer Gesandtschaft der Transvaal-Republik 125.
Sobbe, von, preuß. Oberstlieutenant a D. 150. 217.
Soden, Frhr. von, Reichskommissar 225.
Solms, Graf, Botschafter in Rom 163.
Sommerstorff, Otto, Schauspieler 164.
Sotier, Dr. 63.
Spiegel, von, sächs. Oberst und Militärbev. in Frankfurt a. M. 10.
Spieß, Dr. 70.
Spitemberg, Freifrau von 116. 169.
Staal, von, russ. Botschafter in London 131.
Stablewski, Dr. von, Erzbischof von Posen und Gnesen 386.
Stanley, Afrikareisender 128. 325.
Stauffenberg, Frhr. von, Abgeordneter 330.
Steffeck, Professor 29.
Steinmetz, Dr., Gymnasialdirektor 191.
Stephan, Ober-Postdirektor 46.
— Dr. von, Staatssekretär des Reichs-Postamts 151.
Stieber, Geh. Rath und Direktor der Feld-polizei 51.
Stinzing, Professor 223.
Stössel, von, franz. Oberst und Militärbevollmächtiger in Berlin 47.
Stolberg-Wernigerode, Graf Eberhard zu, Präsident des Herrenhauses 2c. 29. 30.
Stolberg-Wernigerode, Graf Otto zu, Oberst-kämmerer, Vice-Präsident des Staats-ministeriums 104. 142. 143. 151. 250.
Stolberg-Wernigerode, Gräfin Otto zu 107. 214.

Stoll, Karl 231.
Stolch, von, preuß. General 60. 61.
Straaten, Graf van der, belg. Gesandter in Berlin 126.
Strud, Dr., Ober-Stabsarzt 94. 95. 96.
Struwe, von, ruff. Gesandter in Washington 131.
Stülpnagel, von, preuß. Oberst 116.
Stülpnagel, Frau von 116.
Stüve, Dr., Geh. Ober-Regierungsrath 110. 111.
Stumm, Frhr. von, Geh. Kommerzienrath ꝛc. 177.
Stumm, Frhr. von, Legationssekretär 66.
— Botschafter in Madrid 169. 182. 292. 293.
Stumm, Freifrau von 182.
Sturbza, rumän. Minister 145.
Sybel, Dr. von, Direktor der Staatsarchive 191. 216.
Szafranski, Chef-Redakteur 193. 363. 368.
Szechényi, Graf, österr. Botschafter in Berlin 112. 126. 161.

Taglioni, Hofrath 51.
Tallenay, von, franz. Gesandter in Frankfurt a. M. 1.
Talleyrand, Fürst, franz. Diplomat 55. 71. 243.
Taylor, Bayard, amerik. Gesandter in Berlin 101.
Teschendorf, Professor 11.
Tewfik Bey, türk. Botschafter in Berlin 161.
Thadden, von, Gutsbesitzer 76.
Thiers, franz. Staatsmann 57. 65. 66. 77. 89. 155. 243. 263. 264. 286. 312. 399.
Thiersch, Professor 209.
Thouvenel, franz. Minister des Auswärtigen 13. 154.
Thümen, von 70.
Thun, Graf, österr. Stallhalter 121.
Tiedemann, von, Geh. Ober-Regierungsrath 85. 106. 108. 110. 111.
Tiedgens, 2. Vorsitzender der Hamburg-Amerik. Packetfahrt-A.-G. 190.
Toll, Graf, ruff. Gesandter in Kopenhagen 131.
Tomaschek, Musikdirektor 132.
Tournier, Redakteur 174.
Tresz, Fritz, Vertreter der „Münchener Neuesten Nachrichten" 350.
Treskow, von, preuß. General 61.
Trochu, franz. General 57.
Trotha, von, preuß. Major 231.
Trotha, von, Rittergutsbesitzer 177.

Ullmann, Geh. Regierungsrath 110. 165.
Unger, von, preuß. General 191. 368.
Usedom, Graf, preuß. Gesandter in Florenz 252.
Uslar, von, preuß. Lieutenant 54. 61. 63.
Uxküll, Graf, bayer. Geh. Legationsrath 72.

Vaillant, franz. Marschall 238. 239. 322. 351.
Valett, Privatdozent 127.

Varnbüler, Frhr. von, württemb. Staatsminister 253.
Varrentrapp, Dr. 70.
Veh, Herr be 2.
Versmann, Dr., Bürgermeister 180.
Victoria, Königin von England 4. 27. 326.
Victoria, Deutsche Kaiserin, Königin von Preußen 175. 299. 320.
Vietinghoff, Baron, cand. Jur. 193.
Viktor Emanuel, König von Italien 145.
Vilbert, franz. Publizist 27. 28. 29. 244.
Vind, von, dänischer Gesandter in Berlin 126.
Völk, Dr., Abgeordneter 362.
Vogel, Abgeordneter 106.
Vohwinkel, Kommerzienrath 191.
Voigt, Emil 185. 193. 199.
Voigt, Frau 199.
Voigts-Rhetz, von, preuß. General 83.
Vollgold, Kommerzienrath 29.
Volp, Dr., Ober-Medizinalrath 93.
Vopel, Abgeordneter 102.
Voß, Friedrich 235.
Vygen, Kommerzienrath 177. 178.

Wabbington, franz. Minister des Auswärtigen 101.
Wagener, Hermann, preuß. Geh. Regierungsrath 66.
Wagner, Adolph, Professor 115.
Wagner, Richard, Komponist 170.
Walde-Schuldt, von, Landschaftsrath 194. 198.
Walbersee, Graf, preuß. General 115. 116. 187. 363. 368. 385.
Wales, Prinz von 49.
Wallenberg, von, Kammerpräsident 116.
Walter, Abgeordneter 241.
Walter, engl. Oberst 52.
Walther, Schloßmeister 223.
Wamhof, Abgeordneter 241.
Wangemann 163. 164.
Wartensleben, Graf 70. 71.
Washburne, amerik. Gesandter 54.
Washington, 1. Präsident der Vereinigten Staaten von Nordamerika 49.
Weber (Berlin), Abg. u. Konsul 174.
Weber (Hamburg), Konsul 188.
Weber (Heidelberg), Abgeordneter 241.
Wedeky, Dr., Kommerzienrath 108.
Wedell, Graf, preuß. Oberst und Flügeladjutant 163.
Wegeler, Kommerzienrath 175. 176. 191.
Weiber, von, Landrath 224.
Weise, Oberbürgermeister 171.
Weißler, Stadtverordnetenvorsteher 177.
Wellington, Herzog von, engl. Staatsmann 27.
Wellmer, Arnold 33.
Wendt, Geh. Ober-Regierungsrath 110. 165.
Werder, von, preuß. General 28. 72.
Werner, Anton von, Akademie-Direktor 96. 97.

Werther, Frhr. von, preuß. Gesandter in Wien 19. 20.
— Botschafter in Paris 398.
Werthern, Graf, preuß. Gesandter in München 95. 131.
Wessel, Generaldirektor 195.
Westarp, Graf Adolf 219.
Westmann, von, Gehülfe des russ. Reichskanzlers 247.
Westphal, Werkführer 203.
Weymann, C., Zeichner 183.
White, engl. Botschafter in Constantinopel 298.
Whitehead, Herr 219. 220.
Whitehead, Frau 219. 220.
Whiteman, Sidney, engl. Schriftsteller 187. 199. 216.
Wibenmayer, Dr. von, Bürgermeister 221. 222.
Wibenmayer, Frau von 222.
Wilhelm, Prinz Regent von Preußen 10.
— I., Deutscher Kaiser, König von Preußen 14. 16. 17. 19. 75. 26. 27. 28. 30. 37. 36. 39. 46. 50. 51. 52. 53. 59. 60. 61. 63. 71. 72. 74. 75. 78. 83. 86. 69. 90. 91. 96. 89. 104. 107. 109. 112. 114. 116. 125. 131. 135. 150. 151. 156. 159. 193. 204. 214. 215. 221. 223. 226. 234. 237. 238. 239. 250. 256. 263. 280. 292. 294. 302. 306. 309. 313. 319. 332. 352. 356. 358. 359. 396. 398.
Wilhelm, Prinz von Preußen 133. 134.
— Kronprinz des Deutschen Reichs und von Preußen 150.
— II., Deutscher Kaiser, König von Preußen 151. 152. 156. 161. 162. 163. 164. 165. 166. 168. 183. 155. 194. 195. 205. 207. 241. 270. 271. 297. 298. 299. 303. 314. 321. 331. 332. 334. 341. 343. 350. 355. 369. 383. 394. 396. 405.

Wilhelm I., König von Württemberg 153. 261. 262. 308.
Wilhelm, Prinz von Oranien 179.
Bille, Dr., 181.
Bille, Friedrich 209.
Willisch, Geh. Hofrath 152.
Windthorst, Dr., Abg. ꝛc. 194. 195.
Winter, Bürgermeister 87.
Winter, Fabrikbesitzer 105.
Wißmann, von, Reichskommissar und preuß. Major 191. 228. 331.
Witt, Ludwig 235.
Witthöfft, Stadtrath 230.
Wittich, von, preuß. General und Generaladjutant 152.
Woermann, Adolf, Kaufmann 125. 126.
Woedtke, von, Geh. Regierungsrath 165.
Wolff, Kolonialbeamter 331.
Wolff, Kommerzienrath 109.
Wolter, Kronanwalt a. D. 130.
Worontzow-Daschkow, Graf, russ. General 161.
Wrangel, Graf, preuß. Generalfeldmarschall 27. 385.
Wright, amerik. Gesandter in Berlin 245.
Wurm, Fabrikant 194.
Wyl, B., amerik. Schriftsteller 146.

Dienburg, Prinz 172.
Zabel, Dr., Redakteur 244.
Zapf, Opernsänger 223.
Zedlitz, von, Studiosus 124.
Zeppelin, Graf, württemb. Gesandter in Berlin 162.
Zeppelin, Gräfin 162.
Ziehn, Graf 219.
Ziegler, Professor, Dr., 183.
Zieniß, Stadtverordneter 230.
Zitzewitz-Ludwigslust, von, Rittmeister 231.
Zorn von Bulach, Baron 154.
Zschille, Geh. Kommerzienrath 107. 108.

Sach-Register.

Abschiedsgesuch Bismarck's. Absicht der
Einreichung l. J. 1869: 256.

Adressen an Bismarck von: den deutschen
Burschenschaften 167; dem Centralverband deutscher Industrieller 168; den technischen Hochschulen Deutschlands 169; dem
Bürger-Verein zu Charlottenburg 170; der
Düsseldorfer Vereinigung der Mittelparteien 171; Berliner Bürgern 174; der
Stadt Straßburg i. E. 153; den Deutschen
in den La Plata-Staaten 215; bergischen
Frauen und Jungfrauen 242.

Aerzte. In denselben steckt immer etwas
vom Priester 140.

Alters- u. Invaliditätsversicherung.
Zu beseitigende Mängel 368.

Anekdoten 109.

Antisemitische Bewegung. Mißbilligung
113.

Arbeit. Dieselbe hat im Kampfe mit dem
Kapital die meisten Siege errungen 273;
Kapital und Arbeit sollten die besten
Freunde sein 319.

Arbeiter. Verbesserung der Lage ders. in
der letzten Hälfte dieses Jahrhunderts 273,
311; je mehr sie erhalten, desto mehr bedürfen sie 318; die persönliche Freiheit
ders. darf nicht beschränkt werden 343;
die Regierungen müssen dens. durch zweckmäßige Gesetze geben, was in ihren Forderungen Rechtens ist 405.

Arbeiter-Erlasse vom Jahre 1890, Redaktion 332, 333, 339.

Arbeiterfrage. Unlösbarkeit 299, 317
—319.

Arbeiterschutz. Illusion, dens. international machen zu wollen 333.

Arbeiterschutzgesetzgebung. Internationale Regelung würde für Deutschland
von Nachtheil sein 172; Abneigung Bismarck's gegen dies. 343.

Arbeiterschutzkonferenz, internationale. Ergebnißlosigkeit 299, 332, 333, 405.

Arbeiterversicherung. Unterhaltung über
dieselbe 115.

Arbeitgeber. Gegensatz zwischen dens. und
den Arbeitnehmern ist Naturgesetz 271.

Attentate. Blind'sches 26; Kullmann'sches
59, 90.

Ausstellungen, internationale. Bringen dem Lande im Allgem. keinen Gewinn 234.

Auswanderungen. Kommen bei uns
nicht von Uebersüllung des Landes und
aus Dürftigkeit 298.

Balkan. Vorgänge das. berühren Deutschland nicht 309.

Baltische Provinzen s. Rußland.

Bayern. Haben im jetzigen Rahmen ihrer
Selbstverwaltung die Garantie ihrer
deutschen Eigenart 360.

Bazar des Frauen-Groschen-Vereins 145
—150.

Berlin. Feuersin im Kroll'schen Lokale am
16./6. 1866: 29; schnelles Wachsthum 170;
Vergleich mit früher 217.

Berliner Kongreß 101, 102, 264—268,
291, 351—354.

Bier. Nothwendigkeit der Untersuchung auf
Verfälschung 91.

Börse. Frage der Beschränkung der Differenzgeschäfte an ders. 115.

Bosnien. Vortheile durch Einverleibung
in Oesterreich 361.

Branntwein. Unverhältnißmäßiger Gewinn beim Ausschank 129; Detailverkauf
dess. darf kein Gewinn für Privatleute
sein 347.

Branntweinsteuer. Gesetzentwurf vom
Jahre 1868: 123, 124.

Büreaukratie. Bekämpfung ders. 206, 207.

Büste Bismarck's Anfertigung durch Prof.
Schaper 119, 120.

Bulgarien. Deutschland hat keine Interessen das. 297, 323; die Bulgaren haben ein staatenbildendes und staatserhaltendes Element in sich 360, 361.

Bund, deutscher. Absicht, denselben zu sprengen 12.

Bundesrath. Schwierigkeit der Verhandlungen ohne die kleineren Staaten 126.

Bundestag. Ernennung Bismarck's zum Gesandten bei dems. 1, 3; Haushalt Bismarck's in Frankfurt a. M. 4; Verlauf der Mittagessen 5; Erlebnisse eines Attachées 7—10.

Cholera. Interesse Europas an der Verminderung der Gefahr 23; Epidemie 1892 in Hamburg 365, 366.

Cholera-Kommission, Errichtung 94, 95.

Congo. Deutschland wünscht das. nur Handelsfreiheit 126.

Dänemark. Geschichte des Krieges 1864: 20—22.

Dardanellenfrage 297.

Deputationen. Empfang und Bewirthung: der deutschen Partei zu Heilbronn 178—180; des Kissinger Veteranen- und Kriegervereins 182; nationalliberaler Vertrauensmänner des 12. hannov. Wahlkreises 189; des Petersburger Vereins zur Unterstützung hülfsbedürftiger Landsleute 190, 191.

Deutsche. Festhalten der in New-York lebenden D. an deutscher Gesittung 340.

Deutsche Nation. Dieselbe hat in ihrer einheitlichen und freiheitlichen Entwickelung eine höhere Aufgabe zu lösen, als andere Nationen 253.

Deutsches Reich. Verdienste König Ludwig's II. um die Errichtung 221; Begründung nur unter Berücksichtigung der berechtigten Ueberlieferungen und Forderungen der Bundesstaaten 355—360.

Deutschconservative Partei. Ablehnung der „Nordd. Allgem. Ztg." als Parteiorgan 341.

Deutschland. Absicht, demselben unter Preußens Führung eine nationale Einheit zu geben 12; wird kein anderes Land angreifen und die baltischen Provinzen als Geschenk nicht annehmen 77; die kleineren Staaten im Bunde sind der Mörtel für die übrigen 126; ist allein im Stande, sich ev. nach Osten und Westen zu schützen 160; kann nur deutsche Länder annektiren 154; Wunsch für dauernden Bestand des guten Einvernehmens mit Rußland 190, 191; konnte nach 1866 eine zu rasche Unifikation nicht vertragen 251; die Krone steht in D. mächtig da 302; hat genug der Annektirten 308; kann nach keiner Richtung eine Vermehrung seines Gebietes anstreben 375, 401.

Deutsch-österreichisches Bündniß. Genesis des. 356; dass. ist nur ein Defensiv-Bündniß 370, 382.
f. auch Dreibund.

Differenzgeschäfte an der Börse. Frage der Beschränkung 115.

Doctor juris. Ernennung Bismarck's durch die Universität Göttingen 127.

Donaufürstenthümer, Preußens Interesse an dem Schicksal ders. 21.

Dreibund. Derselbe ist stark genug, um eine Garantie für die europäische Ruhe zu gewähren 323, 324; hat nur den Zweck der Vertheidigung 401.

Dresden. Herzlicher Empfang Bismarck's das. 379.

Drohbriefe an Bismarck 22.

Egyptische Frage. Zusammentritt der Botschafter-Konferenz 116.

Ehrenbürgerrecht. Verleihung an Bismarck durch die Städte: Bülow 48, 49; Stendal 66; Genthin 67; Chemnitz 67; Lauenburg i. P. 92; Köln 92, 93; Magdeburg 96; Göttingen 97; Osnabrück 130; Stuttgart 171; Kassel 171; Duisburg 177; Dortmund 183; Bernburg 185; Augsburg 186; Bischofswerda 190; Siegen 195; Wandsbek 230.

Ehrengabe des Zentral-Verbandes deutscher Industrieller, Ueberreichung 162.

Ehrenpforten der deutschen Studentenschaft, Ueberreichung 191.

Ehrenmitgliedschaft. Verleihung an Bismarck durch den Kriegerverein in Kissingen 187; den Braunschweiger plattdeutschen Verein 194; den Schwarzenbeker Kriegerverein 202; den Lübecker Kampfgenossen-Verein 203; den Militärverein der Kampfgenossen in Leipzig 208; den Deutschen Ziegler- und Kalkbrenner-Verein 210; den Kriegerverein zu Osten a. Oste 217; den Verein deutscher Krieger von 1870/71 zu Altona 218.

Elsaß-Lothringen. Besprechungen wegen der Verwaltung ec. 69, 72, 73, 75; der Regent darf sein Fürst sein 75; Umfang und Grund der beabsichtigten Annexion 259, 259, 261, 262, 263, 254, 255; Besitz Straßburgs zur Sicherung Süddeutschlands erforderlich 308; Versuch der Einverleibung Elsaß-Lothringens in den Schweizer Bund 400.

Emser Depesche 50, 51, 369, 394, 395.

England. Hat seinen Vortheil beim deutsch-englischen Vertrag vom 1. Juli 1890 zu wahren verstanden 172, 228, 229, 331; hat auf dem Berliner Kongreß einen großartigen Erfolg errungen 263; Unmöglichkeit eines kriegerischen Zusammenstoßes zwischen E. und Deutschland 324, 325; E. braucht nicht mit Rußland zu kämpfen, wenn ihm Deutschland die Mühe abnimmt 370.

Entlassung Bismarck's s. Rücktritt.

Faſan. Derſ. iſt ein dummer Vogel 227, 315.

Feſtdiner der Stadt Berlin 1866: 29.

Finanzreform ſ. Steuerreform.

Flüſſe. Unterſuchungen über Verunreinigungen 94.

Frankreich. Kriegsgerüchte 1866: 29; Bedenken gegen einen Krieg 1867: 47; Vorgänge in Ems 50—51; Anerbieten an Preußen, betr. Annexion der ſüddeutſchen Staaten 51, 77; Schlacht bei Sedan 11. Gefangennahme Napoleon's 52; Vorausſage der Republik 53; Bemühungen um Herſtellung des Friedens 54—60; Entbehrungen des großen Hauptquartiers 60; Kapitulations=, Waffenſtillſtands= und Friedensverhandlungen 61—69, 71, 77, 88, 155, 177, 285; die Republik wird Teutſchland in keiner Weiſe genieren 69; Unterzeichnung des Friedens=Inſtruments 70; Erinnerung an den 17. Auguſt 1870: 83; Begegnung mit Napoleon nach der Schlacht bei Sedan 89, 90; Vortheil für Teutſchland, daß die klerikale Strömung die Oberhand hat 92; Berührungen Bismard's mit Kaiſer Napoleon 118; Folgen der Politik Napoleon's 139; Preußen hat den Krieg nicht gewollt 155; im franzöſiſchen Charakter liegt etwas Weibliches 157; Erinnerung an Sedan 182; Preußen wird F. nie angreifen 249; daſelbſt kann ein augenblicklicher Entſchluß einen Krieg heraufbeſchwören 257; Belagerung von Paris 259, 260; mit den Franzoſen waren wir nie Freunde und können es überhaupt nie ſein 263, 264; F. hat in der Krim, im italieniſchen und mexikaniſchen Kriege Fehler gemacht 263; Möglichkeit einer Allianz mit Rußland 264; Politik Napoleon's III. i. J. 1857: 290; Vorſtellungen der Großmächte wegen Verhinderung des Bombardements von Paris 298; Teutſchland wird F. niemals angreifen 297, 305; Fortſchritte der Nation 312; eine Möglichkeit, den franzöſ. Zorn gegen Teutſchland auszutilgen, giebt es nicht 322; F. iſt die einzige Großmacht, welche unſere Unabhängigkeit bedroht 370; Krieg zwiſchen F. und Teutſchland mag unausweichlich ſein 376; Teutſchland iſt nicht eiferſüchtig auf die koloniale Ausdehnung Frankreichs 404.

Frauen. Einfluß derſ. in der Politik ſchwer zu bekämpfen 157; Antheil der deutſchen Frauen an unſerer Einheit und Einigkeit 112.

Frieden. Thätigkeit Bismard's für die Erhaltung und Befeſtigung deſſ. 321, 350.

Friedrichsruh. Zuſtand bei Uebernahme durch Bismard 135; Einſamkeit daſ. 204.

Fürſtentag in Frankfurt a. M. Ablehnung der Einladung zur Theilnahme ſeitens des Königs von Preußen 14—16.

Gaſteiner Konferenz 262, 263.

Geburtstag Bismard's. Feier 129, 133, 150, 162, 187, 210, 211.

Germaniſche Raſſe. Gute Eigenſchaften derſ. 55; Verſchmelzung mit dem ſlaviſchen Element liefert etwas Tüchtiges, allein zu rauh 94.

Geſundheitsamt, Kaiſerliches. Errichtung 95.

Geſundheitspflege, öffentliche. Entwickelung 94.

Getreidezölle. Beſprechung wegen der Erhöhung 124; Erklärung einer ſüddeutſchen Bauernverſammlung 186; Herablegung derſ. ein vaterländiſches Unglück 191.

Gewerbeordnung. Vertretung der Novelle von 1882 im Reichstag 120, 121.

Gewerbeſchiedsgerichte. Nur innerhalb einzelner größerer Etabliſſements geeignet 367.

Gold= und Silberwaaren. Geſetzentwurf, betr. den Feingehalt 124.

Grabſchrift. Hoffnung Bismard's auf eine gute 180.

Groß- und Kleingrundbeſitz gehören eng zuſammen 225.

Hamburg. Selbſtändigkeit der freien Stadt wird nicht angetaſtet 125, 126.

„Hamburger Nachrichten", Organ Bismard's 169; Beziehungen zu denſelben 369.

Hammelbratengeſchichte 110, 111.

Handelsminiſterium. Uebernahme durch Bismard 110; Vorſchlag der Vereinigung mit dem Reichsamt des Innern 112; Uebernahme durch Frhrn. von Berlepſch 165.

Handelsverträge von 1891. Stellung Bismard's zum Handelsvertrage mit Oeſterreich 191, 365, 374, 351; durch dieſelben hat ſich die Regierung reiche Einnahmequellen abgeſchnitten 233; dieſelben ſind unſeren Intereſſen widerſprechend 351; Unzufriedenheit mit denſ. kann mit der Zeit nicht ausbleiben 352.

Hannover. Vortheile für die Bewohner durch die Vereinigung mit Preußen 217; Beſeitigung des ehem. Königreichs war eine gebieteriſche Pflicht 359.

Heere. Die großen Heere ſind eine Verſicherungsprämie für Aufrechterhaltung des Friedens 290.

Helgoland. Werth der Erwerbung für Teutſchland 172; um daſſelbe hätte Bismard niemals Opfer gebracht 229; daſſelbe war wohlfeiler zu bekommen und kann uns im Falle eines Krieges gefährlich werden 231.

Herrenhaus. Daſſelbe iſt oktroyirt und kann daher auch abgeſchafft werden 11; Gründe für das Nichterſcheinen Bismard's daſ. 205—207.

Hessen-Kassel, ehemalig. Kurfürstenthum. Haltung 1866: 172; Beseitigung dess. war eine gebieterische Pflicht 359.

Hochzeit der Gräfin Marie Bismarck mit dem Grafen zu Rantzau, Feier 102.

Hoftracht, neue. Unbequemlichkeit 204, 205.

Holland. Wahnsinn, die Unabhängigkeit dess. antasten zu wollen 77; sein Deutscher denkt an eine Annexion 259, 257.

Holzpflaster ist am zweckmäßigsten 122.

Huldigung eines Unterthans sollte in Gegenwart des Souveräns unterbleiben 156.

Huldigungen Bismarck's in Küssingen 152.

Hunde. Vorliebe Bismarck's für dieselben 100, 179; diej. haben eine höhere Intelligenz als Pferde 169.

Hygiene, wissenschaftl., Entwickelung 94.

Hygienisches Institut der Universität München 95.

Jagd. Bismarck hat die Theilnahme daran aufgegeben 173, 175.

Interviews Bismarck's. Während seiner Dienstzeit 243—268; nach dem Rücktritt 269—406; Verstimmung wegen des Empfangs auswärtiger Journalisten 337; Grund für die fernere Ablehnung bezüglicher Gesuche 407.

Invaliditätsversicherung, s. Alters- und Invaliditätsversicherung.

Irredentisten, Triestiner. Wünsche derj. chimärisch 169.

Italien. Bündniß mit Preußen 1866: 24, 25; der Treibund eine Nothwendigkeit für dass. 169; Tüchtigkeit und Anspruchslosigkeit des ital. Arbeiters 216; würde stärker sein, wenn es den Süden der Halbinsel mit dem Norden nicht so gleich vereinigt hätte 251.

Judenfrage 113, 114.

Jugend. Von einer Ueberbürdung derj. in der Schule kann jetzt nicht die Rede sein 214.

Kaiser von Deutschland. Anregung zur Führung des Titels von dem König von Preußen 91.

Kapital und Arbeit sollten die besten Freunde sein 319.

Karolinenfrage 309, 310.

Königgrätz. Ein zweites K. werden wir wohl nicht mehr erleben 223.

Kolonien. Geringe Unterstützung der kolonial. Bestrebungen in kaufmännischen Kreisen 165; Nachtheil für diej. durch den deutsch-englischen Vertrag v. L. Z. 90 172, 228; Unterschied zwischen der engl. und deutschen Kolonialpolitik 208.

Koloquinte. Denaturirungsmittel 159.

Krieg. Bedenken gegen denj. 47; Kostspieligkeit der jetzigen Kriegführung 152;

Grundsatz, einen solchen nur im Interesse des Landes zu führen 310.

Kultusminister. Ein Jude wäre als solcher Bismarck am liebsten 71.

Ländliche Zurückgezogenheit, Sehnsucht Bismarck's danach 162.

Landwirthschaft. Bisher geübte Bescheidenheit derj. nicht immer am Platze 225.

Lateinische Masse. Dieselbe ist verbraucht 35.

Lebensgefahr. Errettung Bismarck's 366.

Luxemburger Frage 47, 83, 252.

Memoiren Bismarck's. Bei Lebzeiten nicht zu erwarten 193; schwierige und zeitraubende Arbeit 335.

Militär-Dienstbildung, 50 jähriges Bismarck's 150, 151.

Militäretat. Verkürzung unzulässig 256.

Militärvorlage. Bedenklichkeit der Vorlage von 1892: 227; Mängel derj. 232; Stellung Bismarck's zu derj. 369.

Minister-Jubiläum, 25 jähriges, Bismarck's 133.

Ministerposten, nichtpreußische. Mehrfaches Angebot an Bismarck 155.

Ministerthätigkeit Bismarck's. Glaube an Fortführung der Geschäfte sein Lebe lang 376.

Mönchgut (Rügen), verschollene Volkssitte das. 42, 43.

Monarchisches Gefühl. Bestreben, dass. im Volke zu heben 222.

Mordanschläge gegen Bismarck 22.

Mord, politischer. Aus demj. hat noch niemals eine Partei Vortheil gezogen 22.

Mülhausen, Stadt. Reklamirung durch die Schweiz 100.

München. Herzlicher Empfang Bismarck's das. 379, 380.

Müsfrage. Unterhaltung über dies. 115.

Museum. Absicht der Errichtung in Schönhausen 174.

Nährstand. Gesammtbegriff für Landwirthschaft, Handwerk und Industrie 189.

Nationalliberale Partei. Aeußerung von dem „an die Wand drücken" derj. erbittert 178, 242, 329; Revision des Programms 335.

Niederlande. Bitte um Annexion derj. müßte Preußen ablehnen 184.

Nihilismus. Demj. darf nicht die geringste Konzession gemacht werden 316.

Nordamerika. Konflikt wegen Samoa 310.

Nordische Völker. Denselben gehört die Zukunft 35.

Nord-Ostsee-Kanal. Erstes Projekt desselben 237.

Oelzweig von Avignon 11.

Oesterreich. Nach Reorganisation der

preuß. Armee wird Bismarck es zum Kriege treiben 12, 24; Mission Bismarck's, Neu-Oesterreich zu zerstören und Schmach von Olmütz auszuwetzen 19; Monarchie in staatlicher Beziehung wenig deutsch 22; Abneigung des preuß. Königshauses gegen einen Krieg 23; Erlebnisse im Kriege 1866: 37—42, 226; Entrevue zwischen Bismarck und Beust 72; Mittheilungen über die Nikolsburger Konferenzen 76, 98, 159; Intervention Napoleon's 1866: 86; beabsichtigter Angriff Oesterreichs durch Napoleon 118; Versöhnung mit Oesterreich 173; Handelsvertrag 191; Sympathie zu Oesterreich-Ungarn Herzens- bedürfniß in Deutschland 220; O. kann nicht Frankreichs Bundesgenosse gegen Deutschland sein 249; Usedom'sche Note 252; O. hat mit uns so viel gemein- schaftliche Interessen, daß wir Freunde sein müssen 263; ist dem Zerfall nicht so nahe wie man denkt 291; Erhaltung eine Nothwendigkeit 360, 369; Stellung Bis- marck's zum Handelsvertrage mit O. 365, 374, 351. s. auch Deutsch-österreichisches Bündniß.

Offiziere kann man nie genug ausbilden 160.

Orientalische Frage 297

Ostseeprovinzen, russische, s. Rußland.

Papier-Industrie. Anerkennung der Wirthschaftspolitik Bismarck's durch dies. 132.

Papst. Ders. ist an erster Stelle eine politische Figur 68; für unsere kon- fessionellen Angelegenheiten eine Potenz 310.

Paris, Belagerung, s. Frankreich.

Pariser Kongreß i. J. 1856: 139.

Parlament. Ein nothwendiges Korrektiv für die Regierung 242.

Partikularismus. Kann in Deutschland dem Bestande des Reichs nicht gefährlich werden 352.

Phonograph, Edison'scher, Vorführung 163, 184.

Polen. Schwenkung in der Politik gegen- über Polen 195; Preußen hat niemals begehrliche Absichten auf dass. gehabt 217; Stellung Bismarck's zur veränderten Polen- politik 376, 386; die P. haben den Bauern- stand einer schrankenlosen Adelstyrannei unterjocht 357.

Politik. Von seiner Thätigkeit in der- selben hat Bismarck wenig Freude und Befriedigung gehabt 99; Einfluß der Frauen in ders. schwer zu bekämpfen 157; Leidenschaft zu ders. hat alle andern Leiden- schaften aufgefressen 173; sich gänzlich von ders. zurückzuziehen unmöglich 176; Ver- gleich der Leitung ders. mit dem Wetter- machen 181; Interesse an derselben im Schwinden begriffen 199; Politik ist die Lehre vom Möglichen 248; ist keine Wissen- schaft, wohl aber eine Kunst 377; für das Ansehen der Regierung besser, in der P. auf dem einmal beschrittenen Wege weiter zu gehen 331.

Portugal. Neubildung eines Ministeriums 54.

Presse. Gewinnung der Korrespondenten durch die Regierung 183; Stellung ders. zur Regierung 244; Verhalten ders. nach dem Rücktritt Bismarck's 327; Vorwurf der Feigheit 328, 329, 340, 341, 342; Ob- jektivität der bayer. Zeitungen 337; die- selbe ist ein nothwendiges Korrektiv für die Regierung 382.

Preußen. Mission Bismarck's, dasselbe zu vergrößern 13; Bündniß mit Italien 1866: 24, 25; traurige Lage zur Zeit des Pariser Kongresses 139, 140; kann die Niederlande nicht annektiren 154; wird i. F. der Annektionen 1866 seinen Ver- bindlichkeiten ehrenhaft gerecht werden 230.

Rakete. Vergleich des Menschengeistes mit ders. 141.

Regierung. Dieselbe kann nicht vom grünen Tisch aus geführt werden 207; Aufgabe ders. ist, zu regieren 234; erstes Erforderniß ders. ist Energie 278.

Reichs-Handelsamt. Bereitwilligkeit zur Schaffung 112.

Reichstag. Einberufung wegen des Tabak- monopols 116; Erscheinen Bismarck's bei wichtigen Fragen 189; Gründe für sein Nichterscheinen 205—209, 218, 377, 359, 392, 393; Beweggründe der Opposition im Jahre 1869 (Steuervorlagen) 251— 256; Mandibatur Bismarck's 313, 314; Ablehnung für Kaiserslautern-Kirchheim- bolanden 330, 331, 338; Gründe zur Ablehnung der Theilnahme Bismarck's an der Berathung der Handelsverträge 365.

Revolutionen machen in Preußen nur die Könige 118.

Rücktritt Bismarck's von seinen Aemtern 168; bedingtes Wohlbefinden nach dems. 217; fühlt sich noch zu jung, um nichts zu arbeiten 278; Ursachen 299, 300, 303, 321, 334, 339, 349, 350; öffentliche Meinung 305, 345, 349; Freude über die Entbindung von der drückenden Last des Amtes 358; veränderte Verhältnisse in Berlin 331.

Rügen, Aufenthalt Bismarck's das. 1866: 33—46.

Rußland. Hätte 1864 mit Erfolg inter- veniren können 21; Deutschland würde die baltischen Provinzen als Geschenk nicht annehmen 77; Schwierigkeiten der russischen Sprache 159; R. fehlt ein den Bedürfnissen des Heeres entsprechendes Offizierkorps 160; Sympathien Bismarck's für die Deutschen in den Ostseeprovinzen 181; Wunsch für dauernden Bestand des guten Einvernehmens mit Deutschland

190, 191; R. bereitet sich durch Russi-
fizirung der Ostseeprovinzen selbst den
größten Schaden 193; Haß der nationalen
Partei daf. gegen die Deutschen 246; der
Russe wird den Deutschen nie entbehren
können 246; Erwerb der russischen Ostseeprovinzen würde für Preußen nur eine
Schwächung sein 247; R. und Preußen
sind auf das freundschaftlichste Verhältniß
zu einander angewiesen 247; der zum
Russen gewordene Deutsche ist ärger als
der Russe selbst 248; R. hat orientalische
Gelüste und eine große Zukunft 250;
Allianz mit Rußland bei den Opponenten Bismard's nicht beliebt 256; R.
ist so groß, daß weitere Ausdehnung es
schwächen würde 263, 264; Möglichkeit
einer Allianz mit Frankreich 264; Bruch
mit Gortschakow 287, 294, 307, 351;
wir wollen die baltischen Provinzen nicht
287; Anlaß der Schädigung unserer Beziehungen 294; Ursache des Verbots der
Lombardirung russischer Papiere 295;
Möglichkeit eines Konfliktes mit R. ausgeschlossen 296, 354, 355; Schwierigkeit
der Einrichtung irgend einer Regierungsform daf. 316; R. wird uns nicht angreifen 323; Sympathien für R. 351—
353; Aenderung der guten Beziehungen
nach dem Berliner Kongreß 354, 355;
an einen Krieg mit R. denken wir nicht
360; Elemente, welche den Haß zwischen
Rußland und Deutschland schüren 369;
dieser Haß dient englischen Interessen
370; Veränderungen in den Beziehungen
zu R. nach dem Abgange Bismard's 375
—378, 383; kann nicht eher an eine aktive
Politik im großen Stil denken, als bis es
Geld und die richtige Waffe hat 398;
Verhalten bei einem ev. Kriege zwischen
Frankreich und Deutschland 405.

Sachsen. Königreich. Krieg 1866: 24;
Tapferkeit der Sachsen 89; sollte 1866
nicht annektirt werden 111; man hält die
Sachsen für sanfter und gutmüthiger als
sie wirklich sind 215.

Salz. Denaturirung zu landwirthschaftlichen
Zwecken 158.

Salzburger Zusammenkunft 249.

Samoafrage 310.

Schädelmaaße Bismard's 119.

Schleswig = Holstein. Diplomatische
Kampagne, auf die Bismark am stolzesten
ist 99.

Schnelldampfer „Fürst Bismard",
Besichtigung 189.

Schönhausen. Absicht der Errichtung eines
Museums daselbst 174.

Schweiz. Sozialpolitischer Zustand 181;
Veranlassung derf. zur Ueberwachung der
internationalen Sozialistenumtriebe 310,
311, 342.

Sedan. Auf ein zweites S. werden wir
noch gefaßt sein müssen 223.

Seeschifffahrt. Jede Entwickelung derf.
ist eine Entwickelung des Landes 295.

Siebenbürgen. Sachsen daf. die besten
Deutschen in Ungarn 162.

Silberne Hochzeit Bismard's. Feier 75.

Slaven. Verschmelzung mit dem germanischen Element liefert etwas Tüchtiges,
allein zu welch 94.

Soldatenmißhandlungen in Bayern
362, 363.

Sonntagsarbeit. Verbot derf. beschränkt
die persönliche Freiheit 172.

Sozialdemokratie. Muth der Presse
derf. 342; Mittel zur Begegnung der
sozialistischen Gefahr 342; Verbreitung
derf. unter den Soldaten 367; nicht alle
Leute, die sozialdemokratisch wählen, sind
der Partei zuzuzählen 172.

Soziale Frage 311, 350.

Sozialismus. Interview Bismard's
wegen deff. 272—276; gemeinsame Maßregeln aller betheiligten Regierungen gegen
den internationalen Sozialismus wünschenswerth 405.

Sozialisten. Die Behandlung derf. als
eine politische Partei ist schlechshaft 233;
sind unfähig, ihre Versprechungen zu
halten 311; die Sozialistenfrage zuletzt
eine militärische 343.

Sozialistengesetz. Stellung Bismard's
gegenüber der Aufhebung 334; beabsichtigte
Erweiterung deff. (Verbannung statt Aus-
weisung) 343.

Spanien. Kandidatur des Erbprinzen von
Hohenzollern auf den spanischen Thron
50, 51, 58; erwartete Allianz gegen Frankreich 57; Wahl eines deutschen Prinzen
wäre vortheilhaft gewesen 58; Konflikt
wegen der Karolinen 309, 310; wir können
von Spanien nichts Anderes erwarten, als
gute Handelsbeziehungen 398.

Spirituosen. Gotenburger System des
Handels mit spirituösen Getränken 347,
348.

Staatsrath. Abnahme der Theilnahme an
den Verhandlungen 130, 131; Diner der
Mitglieder deff. 166.

Steuerreform. Ausarbeitung der Pläne
einer Finanz- und Steuerreform 103—106.

Steuervorlagen. Opposition im Reichstag gegen das Steuer-Bouquet von 1869:
254—256.

Stormarn. Wahl Bismard's zum Kreistagsmitgliede 197.

Studentenwohnung Bismard's in Göttingen 167.

Süddeutscher Bund. Derselbe dürfte
nicht ohne ein süddeutsches Parlament sein
251, 253; Haupthinderniß der Entstehung
253.

Süddeutschland. Anerbieten Frankreichs
an Preußen, betr. Annexion der süd-

deutschen Staaten 51, 77; der nationale
Reichsgedanke hat daselbst Wurzeln geschlagen 160; muß aus freien Stücken in
den Norddeutschen Bund eintreten 249,
251, 257; herzlicher Empfang Bismarck's
daf. 351.

Tabak. Wirkung deff. auf Bismarck 154.
Tabackmonopol. Dasselbe ist wünschens-
und erstrebenswerth 105; Hauptgrund für
die Einführung 129; Aufgabe der Idee
159; sollte die Mittel für die Alters- und
Invaliditätsversicherung liefern 369.
Tabacksteuer. Ungenügendes Ergebniß der
Enquete 105.
Temperament Bismarck's 191.
Theater. Bismarck findet am Besuch keinen
Gefallen 170.
Transvaal-Republik. Empfang einer
Gesandtschaft 125.
Türkei. Krieg mit Rußland 1877: 92.
Turnfest, allgemeines deutsches in Leipzig
1863. Rede des Frhrn. von Beust 15.

Unfallversicherung. Ausarbeitung des
Gesetzentwurfs 122—124.
Ungarn. Bereisung des ungar. Tieflandes
durch Bismarck i. J. 1852: 196.
Urlaub Bismarck's i. J. 1879: 107.

Warzin. Aufenthalt Bismarck's daf. 75—79,
81—85, 99, 112.
Vereinigte Staaten von Nordamerika.
Gute Beziehungen zu Preußen 49; der
Norden ist Preußens wahrer Alliirter 215.

Verträge, internationale, von 1815, 1856
und 1878: 135.
Volksschulgesetz, preußisches. Wäre ein
Kulturkampf mit anderer Front geworden
391.
Volksvertreter. Sehen nicht ein, daß sie
zur Mithülfe an der Regierung berufen
sind 256.
Währungsfrage, Unterhaltung über dief.
113.
Wein. Nothwendigkeit der Untersuchung
auf Verfälschung 94; Abnahme des Wein-
baues in Preußen 94; Güte des Syrakufer
Weins 161; wo derselbe wächst sind die
Leute von Natur heiter 189; Gewinnung
in Schönhausen 211.
Wien. Sympathische Aufnahme Bismarck's
daf. 372, 378.
Wirthschaftspolitik. Entschiedenes Festhalten an Durchführung der Reform 107;
Zustimmungs Adressen 107, 108.

Xeres. Humoristische Beschreibung der
Fabrikation 292.

Zeitungen, s. Presse.
Zeitungskorrespondent, politischer.
Eigenschaften für seine Brauchbarkeit 143.
Zollparlament. Frühstück zu Ehren der
Mitglieder deff. 47.
Zolltarifreform. Zustimmungs-Adressen
107, 108.

Druck:
Canon Deutschland Business Services GmbH
im Auftrag der KNV-Gruppe
Ferdinand-Jühlke-Str. 7
99095 Erfurt